1921

# 中国基本经济理论百年探索

## （1921—2021）

上部

蒋永穆 唐 永 马文武 张晓磊 张海浪 等◎著

图书在版编目（CIP）数据

中国基本经济理论百年探索：1921—2021 / 蒋永穆
等著. 一成都：四川大学出版社，2022.12
ISBN 978-7-5690-5784-3

Ⅰ．①中… Ⅱ．①蒋… Ⅲ．①中国经济－经济理论－
研究－1921-2021 Ⅳ．①F12

中国版本图书馆CIP数据核字（2022）第207269号

| 书　　　名： | 中国基本经济理论百年探索（1921—2021） |
| --- | --- |
| | Zhongguo Jiben Jingji Lilun Bainian Tansuo(1921—2021) |
| 著　　　者： | 蒋永穆　等 |

---

出 版 人：侯宏虹
总 策 划：张宏辉
选题策划：蒋姗姗　邱小平
责任编辑：蒋姗姗
责任校对：刘　畅　庄　溢　曹雪敏
装帧设计：墨创文化
责任印制：王　炜

---

出版发行：四川大学出版社有限责任公司
　　　　　地址：成都市一环路南一段24号（610065）
　　　　　电话：（028）85408311（发行部）、85400276（总编室）
　　　　　电子邮箱：scupress@vip.163.com
　　　　　网址：https://press.scu.edu.cn
印前制作：四川胜翔数码印务设计有限公司
印刷装订：成都市新都华兴印务有限公司

---

成品尺寸：185 mm×260 mm
印　　张：62.75
字　　数：2003千字

扫码查看数字版

---

版　　次：2022年12月 第1版
印　　次：2022年12月 第1次印刷
定　　价：248.00元（上下部）

四川大学出版社
微信公众号

---

本社图书如有印装质量问题，请联系发行部调换

**版权所有 ◆ 侵权必究**

# 序　言

中国共产党已走过百年光辉历程。一百年来，党团结带领各族人民夺取新民主主义革命伟大胜利、完成社会主义革命和推进社会主义建设、进行改革开放和社会主义现代化建设、开创中国特色社会主义新时代，创造了举世瞩目的发展奇迹，取得了彪炳史册的辉煌成就，改变了近代以来中国积贫积弱的社会现状，中华民族迎来了从站起来、富起来到强起来的伟大飞跃，迎来了实现伟大复兴的光明前景。

百年接续探索取得的成就是全方位的，其中经济发展成就无疑是中国共产党绚烂成就谱系中的一颗耀眼"明珠"。而总结我们党取得巨大经济成就的历史经验，可以发现，把马克思主义基本原理同中国具体实际相结合、同中华优秀传统文化相结合，加强对中国基本经济理论问题研究并形成具有中国特色的经济学理论是重要保障。在这一过程中，马克思主义经典作家对经济发展规律的科学论断、历代中国共产党人立足中国实际对经济发展的艰辛探索、理论界众多学者对中国基本经济理论与实践问题的研究与争鸣，汇成了推动百年来中国基本经济理论形成、创新与发展的强大合力。

尤其值得关注的是，百年来我国学者始终是探索完善我国基本经济理论、推进经济实践发展的活跃因素。比如，老一辈经济学家孙冶方在计划经济时代对管理体制的研究，较早开始对国有企业自主权问题的思考；卫兴华教授对非公有制经济与社会主义市场经济的关系问题研究，对于完善我国社会主义市场经济所有制理论和推进经济体制改革实践具有重要意义；厉以宁教授对股份制的研究，对推动我国国有企业改革与经济发展产生了重要影响；吴敬琏先生论证了我国建立社会主义市场经济的合理性与必然性，对于推进我国市场化改革、建立社会主义市场经济体制做出了贡献；还有无数学者结合中国经济发展现实，进行的许多卓有成效的研究，成为推动我国经济理论和实践发展的重要力量。

可以说，百年来广大学者对我国重大经济理论积极探索，取得了巨大成就。他们基于不同视角、运用不同方法、侧重不同问题，对中国基本经济理论勇毅探究，形成了浩如烟海的研究成果。但是鉴于中国经济理论的复杂性和多样性，要对这些分散于不同时空的理论结晶进行系统梳理和回顾，既是一个重大挑战，也具有重要意义，更需要甘于坐冷板凳的精神。因此，学界一直缺乏对百年基本经济理论探索成果的学术史梳理，这未免是经济学研究领域的一大遗憾。

四川大学蒋永穆教授以中国共产党百年华诞为契机，率领团队研究形成了这部《中国基本经济理论百年探索（1921—2021）》专著，为基本经济理论百年探索成果的学术史梳理做出了重要贡献。著作以恢宏的视野展现了中国共产党成立以来国内学术界对我国经济建设基本理论探索概貌，从源与流、经与维的视角，全面再现基本经济理论产生、发展、争鸣、演变的浩瀚历史过程，既是一部百年经济思想的大汇编，也是一部百年学术史料的大汇编，对我国学界同仁从事经济学相关研究具有重要的参考价值和借鉴意义。纵观整部著作，概括起来我觉得具有如下几个鲜明特点：

第一，重视思想指引。该著作坚持马克思主义根本立场，对各基本经济理论的学术思想史挖掘研究均以马克思主义基本思想为源头，结合我国历史发展规律，呈现不同阶段国内学术界对基本经济理论的研究观点、研究内容、研究特点。这些基本经济理论问题既是马克思主义政治经济学中的重要理论问题，又是我国经济社会发展进程中面临的重大理论问题。

第二，立足学者视角。与相关研究从中国共产党思想演变视角、多维度视角等研究不同，该著作紧紧聚焦中国学者视角，回顾、分析、总结我国学者对中国基本经济理论问题的重要研究成果，深刻反映中国学界对中国基本经济理论问题的百年探索历程。

第三，占有文献充分。该著作在研究文献的占有上，竭力做到数量与质量兼备。一方面，尽可能占有更多的文献资料。著作研究查阅了近5000位学者的研究成果，广泛搜集了各类相关研究文献4000余种，其中专著近400本，旨在全面考察不同学者对基本经济理论问题的不同认识。这些文献不仅包括大量中华人民共和国成立以后的文献，还包括诸多中华人民共和国成立前的文献。另一方面，该著作选取文献时十分重视文献质量。著作特别注重分析各个时期、各个领域中的代表性学者、代表性文献的重要观点。

第四，突出理论争鸣。经济理论探索历程必然存在大量争论。该著作研究过程中，特别注重各种不同观点之间的理论争鸣，而不是强调一家之言。尽量站在一个中立的第三方视角客观反映中国基本经济理论问题百年探索与争鸣的全貌。

第五，反映思想逻辑。该著作全景式呈现中国学者对中国基本经济理论百年探索和争鸣的历程，目的在于从理论争鸣中进一步分析、凝练、提升基本经济理论，反映各个经济理论和各种经济思想的内在发展逻辑。

第六，力求知往鉴今。正如习近平总书记所指出的"历史是最好的教科书"。该著作研究中国基本经济理论百年探索过程，目的在于揭示基本经济理论发展演变的规律，为构建中国特色的基本经济理论，形成中国特色的"系统化经济学说"，提升中国理论自信，指导中国未来经济实践，贡献世界经济发展的中国方案提供历史借鉴和理论指引。

对中国基本经济理论问题研究的学术史梳理是一个浩瀚工程，需要更多的学者进行更多基于不同视角、方法、史料的深入总结。希望本著作的出版可以促使更多学界同仁关注中国基本经济理论问题的学术史研究，形成更多高质量的相关研究成果，不断开拓当代中国马克思主义政治经济学新境界，为中国特色社会主义政治经济学创新发展提供重要的理论参考和经验借鉴。

刘伟

中国人民大学校长

2022年6月

# 前　言

在百年历史进程中，中国共产党团结带领中国人民艰苦奋斗、披荆斩棘、爬坡过坎、前仆后继，完成新民主主义革命，建立了中华人民共和国；完成社会主义革命，确立了社会主义基本制度；探索社会主义建设，基本建立了独立的、比较完整的工业体系和国民经济体系；进行改革开放和社会主义现代化建设，实现了从站起来到富起来的飞跃；开创中国特色社会主义新时代，迈向了社会主义现代化强国的新征程。100年的接续奋斗，使中国从一个内忧外患、积贫积弱、仰人鼻息的旧中国发展成为安全稳定、繁荣富强、独立自主的社会主义新中国。100年的奋发图强，使中国从一个一穷二白的落后国家发展成为世界第二大经济体、第一大工业国、第一大货物贸易国、第一大外汇储备国。发展历史波澜壮阔，发展成就举世瞩目。

"时代是思想之母，实践是理论之源。"当今世界正经历百年未有之大变局，世界经济和我国经济都面临许多新的重大课题，需要做出科学的理论回答。深入研究我国经济面临的新情况新问题，揭示新特点新规律，不仅需要立足于当今中国的基本国情，还需要立足于中国百年的发展实践。中国共产党带领中国人民走过的百年发展历程，成就举世瞩目，蕴藏着理论创造的动力之源、活力之源和潜力之源，这也为众多中国学者探索经济理论提供了生动的实践资料。中国共产党成立以来，广大中国学者坚持马克思主义立场、观点、方法，立足中国国情与发展实践，深入研究中国经济发展中面临的各种问题，不懈探索中国基本经济理论，总结中国经济发展的基本经验和发展规律，取得了丰硕的学术研究成果，推动了中国经济理论的发展与创新。面对错综复杂的国内外经济形势和纷繁多样的经济现象，系统总结中国基本经济理论，有助于开拓当代中国马克思主义政治经济学新境界，掌握科学的经济分析方法，认识经济运动过程，把握社会经济发展规律，提高驾驭社会主义市场经济能力，应对新时代国内国际的各种挑战，更好实现第二个百年奋斗目标。

百年经济实践中，中国学者从不同角度对中国基本经济理论进行了不懈探索，形成了极为丰富的研究成果。对这些研究成果进行系统总结，无疑是一个巨大挑战。为此，我们团队查阅了近5000位学者的研究成果，广泛搜集了各类相关研究文献4000余种，其中专著近400本，旨在全面考察百年历史进程中不同学者对不同经济理论的探索与争鸣。同时，我们也十分注重所选文献的质量，特别重视不同历史时期的代表性学者和代表性文献关于中国基本经济理论问题的不同观点。此外，我们前期出版了《新中国"三农"十大理论问题研究：70年发展与变迁》《中国农村改革四十年：回顾与经验》等经济思想史相关著作，为本著作的撰写工作打下了重要基础。

基本经济理论问题涉及范围广，包罗万象。按照"制度—运行—发展—开放"的基本逻辑，我们将本著作分为四篇：第一篇为制度篇（第一至七章），第二篇为运行篇（第八至十章），第三篇为发展篇（第十一至十六章），第四篇为开放篇（第十七至十八章）。在结构安排上，我们将本著作分为上、下两部，上部包含制度篇和运行篇，下部包含发展篇和开放篇。

第一篇是制度篇。本篇首先探讨了社会主义本质理论和社会主义坚持以人民为中心的发展思想，旨在回答什么是社会主义和怎样发展社会主义的问题。接着探讨社会主义发展阶段理论，指出社会主义发展不是一蹴而就的，而是有阶段性的。最后探讨社会主义三大基本经济制度和经济体制改革理论。正是由于社会主义发展的阶段性，中国在社会主义初级阶段存在生产力不发达、生产关系与生产力发展不适应现象，需要对中国的经济制度进行改革，逐步形成了中国特色社会主义三大基本经济制度。本篇各章主要内容如下：

第一章，社会主义本质理论。社会主义本质是对社会主义社会普遍规律的揭示。本章探讨了国内学术界对马克思主义经典作家关于社会主义本质论述、中国共产党关于社会主义本质认识的变迁、社会主义根本任务、实现共同富裕四个方面内容的不同观点。我们发现，对社会主义本质的认识会经历一个逐渐发展、不断升华的过程；社会主义的根本任务在于解放生产力和发展生产力；实现共同富裕是社会主义的本质要求和最终目标。

第二章，坚持以人民为中心的发展思想。以人民为中心的发展是社会主义的本质要求，也是经济发展的根本目的所在。本章探讨了国内学术界对马克思主义经典作家关于以人民为中心论述、以人民为中心发展思想的生成逻辑、以人民为中心发展思想的科学内涵、以人民为中心发展思想的实践路径四个方面的不同见解。我们发现，以人民为中心的发展思想具有主旨上的继承性、理论上的创新性、目的上的一致性和实践上的时代性；该思想的形成是理论逻辑、实践逻辑和历史逻辑共同作用的结果；以人民为中心的发展思想具有丰富内涵，核心在于发展为了人民、发展依靠人民和发展成果由人民共享；不断保障和改善民生、增进人民福祉是以人民为中心的发展思想的根本实践路径。

第三章，社会主义发展阶段理论。发展的阶段性是社会主义发展特征演变的体现，也是社会主义发展历史规律的反映。本章探讨了国内学术界对马克思主义经典作家关于社会主义发展阶段论述、中国共产党对社会主义发展阶段认识的变迁、中国社会主义过渡时期、中国社会主义初级阶段、中国特色社会主义新时代五个方面的不同看法。我们发现，对于社会主义发展阶段理论的探索具有长期性，中国社会主义过渡时期是中国社会性质发生转变的过渡阶段，中国社会主义初级阶段具有多种多样的特征以及多种阶段划分方式，中国特色社会主义进入新时代具有划时代的历史意义，社会主义发展阶段划分与中国社会主要矛盾转变紧密相关。

第四章，社会主义所有制理论。生产资料所有制是生产关系的核心，是经济制度的基础。社会主义公有制是社会主义经济的主体，是社会主义生产关系的基础，是社会主义制度优越性的本质体现。本章探讨了国内学术界对马克思主义经典作家关于社会主义所有制论述、中国共产党对社会主义所有制认识的变迁、社会主义所有制结构、公有制经济及其实现形式、积极发展非公有制经济五个方面的不同阐释。我们发现，社会主义所有制的发展历程体现了生产力和生产关系之间的相互作用关系；我国所有制结构的变化经历了多元化所有制到单一公有制，再到多元化所有制的发展历程；社会主义所有制结构的核心问题在于公有制和非公有制的关系；公有制的实现形式经历了从单一形式到多样化形式的演变历程；非公有制经济经历了从有到无，再从无到有的"否定之否定"的发展过程。

第五章，社会主义分配理论。按劳分配为主体、多种分配方式并存的分配制度是由公有制为主体、多种所有制经济共同发展的所有制制度决定的。社会主义分配制度是实现社会主义公平正义、全体人民共同富裕的重要保障。本章探讨了国内学术界对马克思主义经典作家关于社会主义分配理论论述、中国共产党对社会主义分配理论认识的变迁、社会主义初级阶段的分配格局、社会主义的按劳分配、按生产要素分配等多种分配方式、正确处理效率与公平的关系六个方面的不同解释。我们发现，马克思主义分配理论是社会主义分配理论的重要基础；劳动报酬占比下降是国民劳动收入差距扩大的主要原因；按劳分配与社会主义市场经济互为条件，可以相互兼容；按生产要素分配是社会主义分配制度的重要内容；按生产要素分配与按劳分配是并存与结合、主体与补充的关系；公平与效率之间有着内在统一的基础，二者可以实现有机的统一，初次分配和再次分配都要处理好效率和公平的关系，再分配更加注重公平。

第六章，社会主义市场经济理论。社会主义市场经济制度是我国的基本经济制度，对经济发展意义重大。本章探讨了国内学术界对马克思主义经典作家关于商品与市场论述、中国共产党对社会主义市场经济认识的变迁、社会主义市场经济的内涵和性质、社会主义市场经济体制的建立和完善、社会主义市场经济与资本主义市场经济、社会主义市场经济中政府和市场的关系六个方面的不同解析。我们发现，中国共产党对社会主义市场经济的认识经历了一个逐渐深化的过程；社会主义市场经济理论的本质在于将作为社会制度的社会主义与作为资源配置手段的市场经济有机结合起来，并发挥各自长处，形成新的优势；社会主义市场经济与资本主义市场经济既有区别，也有联系，社会主义市场经济是对资本主义市场经济的超越；正确处理政府与市场的关系是不断完善社会主义市场经济的关键所在。

第七章，社会主义经济体制改革理论。社会主义经济体制是社会主义国家的社会主义生产关系的集合，经济体制改革则是对生产关系进行调整以适应生产力发展的需要。本章探讨了国内学术界对计划经济体制、经济体制改革的性质与目标、经济体制改革的方式及进程、农村经济体制改革、财税体制改革、流通体制改革、金融体制改革、社会主义保障制度改革八个方面的不同理解。我们发现，尽管计划经济存在一定局限性，但计划经济体制是社会主义本质的要求；经济体制改革的性质是社会主义的自我完善和发展；中国经济体制改革是一场"上下结合""摸着石头过河与顶层设计相结合"的渐进式改革；农村经济体制改革是我国经济体制改革的突破口；"统收统支"的制度模糊了中央和地方界限，而分税制改革初步规范了中央和地方财政分配的关系；流通体制改革使市场化程度提高，形成了多元流通市场主体格局；金融体制改革促使金融监管制度逐渐完善；社会主义保障体制改革使得中国特色的社会保险模式逐步建立。

第二篇是运行篇。本篇主要从经济运行的主体视角，重点考察了社会主义经济中三个重要经济主体的相关理论，即社会主义企业理论、社会主义"三农"发展理论和政府经济职能理论。本篇各章主要内容如下：

第八章，社会主义企业理论。企业是微观经济运行的重要主体之一。企业理论反映了企业管理制度的手段、组织结构、方式、效果等不同侧面，对企业发展及社会经济增长具有重要作用。本章探讨了国内学术界对马克思主义经典作家关于企业理论论述、中国共产党对社会主义企业理论认识的变迁、企业产权制度、企业治理结构、国有企业改革与发展五个方面的不同分析。我们发现，中国共产党对企业理论的认识经历了一个由浅入深的过程；明晰的产权是市场经济下企业发展的本质要求；企业产权制度改革历程根据不同标准可划分为不同阶段，主要包括放权让利、扩大企业自主权、建立现代企业制度、股份制改革、混合所有制改革等；我国企业治理结构有三种类型，一是政府主导型，二是家族主导型，三是法人主导型；国有企业是党和国家重要支柱和依靠力量，混合所有制改革是当前国有企业改革的核心问题。

第九章，社会主义"三农"发展理论。农业农村农民问题是关系国计民生的根本性问题。本章探讨了国内学术界对马克思主义经典作家关于"三农"的论述、中国共产党关于"三农"的认识、农业基础地位、农村基本经营制度、农村贫困与反贫困五个方面的不同看法。我们发现，马克思主义经典作家的"三农"思想是我国"三农"发展理论的重要基础；中国共产党人在实践中创造性地运用和发展马克思主义经典作家的"三农"思想，形成了具有中国特色的"三农"发展理论；农业是国民经济的基础，粮食安全则是中华民族生存和发展的先决条件；农村基本经营制度是党在农村工作的基石，不断创新农村基本经营制度的实现形式是农村基本经营制度改革的重要途径；农村贫困和反贫困问题是中国农村工作的核心问题，如何解决相对贫困问题是党和国家在新发展阶段面临的时代任务。

第十章，政府经济职能理论。政府经济职能，指政府从社会经济生活宏观角度，履行对国民经济进行全局性的规划、协调、服务、监督的职能和功能，对经济健康稳定发展至关重要。本章探讨了国内学术界对马克思主义经典作家关于政府经济职能论述、中国共产党对政府经济职能认识的变迁、社会主义市场经济条件下的政府经济职能、社会主义市场经济中的宏观调控、社会主义市场经济中的市场监管五个方面的不同剖析。我们发现，在计划经济时期、经济转轨时期以及社会主义市场经济时期，政府经济职能差异较大；政府经济职能的发挥与市场化程度相关；政府经济职能涵盖范围广，包括制定经济政策、宏观调控、财政保障、金融支持、社会保障、市场监管等诸多内容；我国宏观调控经历了由政府按计划直接调控到按市场规律间接调控的渐进过程，呈现出社会主义宏观调控的内在规定性；社会主义市场监管在监管体制、监管体系、监管方式、监管权等方面仍面临诸多挑战。

第三篇是发展篇。本篇从社会主义经济发展及其方式、发展战略、经济发展道路、经济结构、生态文明建设、统筹发展与安全六个方面论述了中国学者对相关基本经济理论问题的探索与争鸣。本篇各章主要内容如下：

第十一章，社会主义经济发展及其方式。经济发展是实现国家现代化的重要保障，是解决我国所有问题的关键所在。转变经济发展方式是实现经济高质量发展的必由之路。本章探讨了国内学术界对马克思主义经典作家关于经济发展论述、中国共产党关于经济发展论述、经济增长与经济发展、经济发展方式及其转变、新时代转变经济发展方式的新要求五个方面的不同认识。我们发现，中国共产党对经济发展的认识随着经济实践的推进不断深化；经济增长是经济发展的前提和基础，经济发展是经济增长的目的；思想理念滞后、体制机制障碍、创新能力不足等因素制约着经济发展方式的转变；贯彻新发展理念、推进供给侧结构性改革、推动经济高质量发展、构建新发展格局是新时代转变经济发展方式的新要求。

第十二章，社会主义发展战略。战略问题是一个政党、一个国家的根本性问题，关系着党和国家的兴衰成败。本章探讨了国内学术界对中国共产党关于社会主义发展战略认识、"两步走"发展战略、"三步走"发展战略、建设小康社会战略、新时代现代化强国发展战略五个方面的不同意见。我们发现，社会主义发展战略的制定必须坚持中国共产党的领导，坚持以人民为中心，紧密结合当下国内国际环境，尊重客观规律，不断与时俱进；"两步走"发展战略为中华民族和中国人民真正"站起来"打下坚实基础；"三步走"发展战略发展了马克思主义的科学社会主义学说，为中国和世界上社会主义国家的现代化建设提供了理论指导；建设小康社会战略经历了从小康社会到全面建设小康社会，再到全面建成小康的进程；全面建成小康社会战略是实现"两个一百年"奋斗目标的关键一步，是实现中国梦的前提和基础；新时代现代化强国发展战略是具有实践理性的战略思想和理论体系，为中国由"富起来"向"强起来"提供了战略部署和行动纲领。

第十三章，社会主义经济发展道路。中国特色社会主义经济发展道路是党和国家立足于中国经济发展实际，探索出的一条适合中国国情、独具中国特色的经济发展道路。本章探讨了国内学术界对苏联社会主义经济发展道路论述、中国共产党关于社会主义经济发展道路认识、中国特色社会主义工业化道路、中国特色社会主义信息化道路、中国特色社会主义城镇化道路、中国特色社会主义自主创新道路六个方面的不同观点。我们发现，中国特色社会主义经济发展道路在借鉴苏联经济发展道路基础上，实现了对苏联经济发展道路的突破与超越；中国共产党对中国特色社会主义发展道路的认识经历了不断深化的过程；中国特色社会主义工业化道路的形成与产业结构调整、人力资源开发、城市化进程、制度创新等因素紧密相关；中国特色社会主义信息化道路最大的特点在于和新型工业化、农业现代化等的融合发展；从城乡统筹、城乡一体化到城乡融合发展体现了中国特色社会主义城镇化道路注重处理城乡关系的逻辑主线；完善科技创新体制机制是中国特色社会主义自主创新道路的关键所在。

第十四章，社会主义经济结构。经济结构理论揭示了国民经济各个部门、各个地区、各种经济成分、各种经济组织及社会再生产各个方面的构成形式及其发展变化规律。本章探讨了国内学术界对马克思主义经典作家关于社会主义经济结构论述、中国共产党对社会主义经济结构认识、产业结构理论、区域经济结构理论、二元经济结构理论、实体经济与虚拟经济的关系六个方面的不同理解。我们发现，经济结构问题的产生源于生产力和生产关系的矛盾运动；马克思主义经济结构理论，建立在对资本主义社会化大生产条件下经济运行分析的基础上,包含在再生产理论中;产业结构理论的基本体系大致可以分为演变、关联、优化与布局四个方面;区域经济结构理论就是一个由复杂系统构成的多层次、多因素的复合体,包含区域产业结构、区域经济空间结构、区域人口结构等内容;城乡二元经济结构在一定历史阶段对我国完成工业化起到了不可替代的作用,但也是我国推进城乡融合发展需要重点解决的问题;虚拟经济对实体经济发展具有两面性,适度的虚拟经济发展有利于资本集中和社会资源的优化配置,促进实体经济增长,而经济过度虚拟化则会导致投机行为和金融风险,阻碍实体经济发展。

第十五章,社会主义生态文明建设。生态文明建设是新发展理念的客观要求,对我国生产方式和生活方式的转变具有重要意义。本章探讨了国内学术界对马克思主义经典作家关于生态文明建设论述、中国共产党关于社会主义生态文明建设认识、生态文明建设的历程、"两山"理论、绿色生产方式和绿色生活方式、生态文明制度建设六个方面的不同解释。我们发现,在马克思主义经典作家的相关论述中包含着丰富的生态文明思想,如人与自然的关系、生态危机的根源等;中国共产党的生态思想演变反映了中国经济社会发展的现实要求和生态环境变化的客观实际;中国生态文明建设经历了初步探索、逐渐重视与日趋完善的逐步深化历程;习近平总书记的"两山"理论深刻体现了经济发展与生态保护之间的辩证统一关系;绿色生产方式和绿色生活方式是贯彻绿色发展理念、推动生态文明建设的重要内容;生态文明制度体系构成、生态文明体制改革任务是生态文明建设的重要内容,转变政府职能、完善法律支持体系是生态文明制度建设的重要方式。

第十六章,统筹发展和安全理论。安全是发展的前提,发展是安全的保障。统筹发展与安全,正确处理发展与安全的关系,对中国经济安全稳定发展与全面建设社会主义现代化国家具有重大意义。本章探讨了国内学术界对马克思主义经典作家关于发展与安全论述、中国共产党关于统筹发展和安全认识变迁、国家安全观、经济安全、对外开放与独立自主五个方面的不同理解。我们发现,马克思主义经典作家关于发展与安全的相关论述是统筹发展与安全思想的重要理论来源;对于统筹发展与安全认识的内容,中国共产党所关注的重点随着不同历史时期主要矛盾变化而不断变化;中国国家安全观依次经历了传统国家安全观、非传统国家安全观和总体国家安全观三个阶段;对经济安全的系统性认识不断深化,建立国家经济安全保障机制、树立新的国家经济安全理念、推动国家经济安全立法是保障经济安全的重要措施;正确认识对外开放与独立自主的辩证关系是中国践行对外开放和独立自主的重要理论前提。

第四篇是开放篇。本篇主要从对外开放、全球经济治理两个方面,阐释了中国学者对社会主义对外开放理论、经济全球化与全球经济治理理论的相关研究成果。本篇各章主要内容如下:

第十七章,社会主义对外开放理论。实行对外开放,发展对外经济关系,是社会化大生产和商品经济发展的客观要求。本章探讨了国内学术界对马克思主义经典作家关于对外开放理论论述、中国共产党关于对外开放认识的变迁、中国对外开放历史进程及经验、中国对外开放的政策选择、中国的对外经济关系、全面开放新格局六个方面的不同阐释。我们发现,马克思主义经典作家关于对外开放相关问题的研究主要体现在马克思恩格斯的世界历史理论，共产主义本质论和列宁、斯大林的对外开放思想中；中国特色对外开放理论在实践中不断发展、深化和升华；始终坚持中国共产党的领导和始终坚持对外开放的基本国策不动摇是中国对外开放的基本经验；对外开放是国家繁荣发展的必由之路，是顺应经济全球化发展的客观规律；我国对外经济关系发展历程可以分为改革开放前的对外经济关系、改革开放后的对外经济关系以及加入WTO后的对外经济关系三个阶段；构建全面开放新格局是新时代开放型经济发展新阶段的必然选择，是构建"双循环"新发展格局的必然要求。

第十八章，经济全球化和全球经济治理理论。经济全球化是生产力发展的客观要求和科技进步的必然结果，是不可逆转的时代潮流。深刻把握经济全球化的发展大势，积极参与全球经济治理是维护全人类共同利益的必然选择。本章探讨了国内学术界对马克思主义经典作家关于经济全球化和全球经济治理论述、对中国共产党关于经济全球化和全球经济治理认识、经济全球化及其对中国的影响、全球治理与全球经济治理、全球经济治理的主体及其经济关系、全球经济治理的历史进程和现实困境、人类命运共同体与全球经济治理的中国方案七个方面的不同阐释。我们发现，马克思主义经典作家关于经济全球化和全球经济治理的思想是学者们开展相关研究的重要指导；中国共产党人始终坚持马克思主义的立场、观点和方法，着眼于世界历史大势的深刻变动，不断推进中国特色社会主义经济全球化和全球治理理论的发展；经济全球化对中国经济发展来说是一把"双刃剑"，中国选择了主动开放、积极融入的发展道路，并在实践中取得了举世瞩目的发展成果；治理主体是全球经济治理的践行者，彼此间的经济关系决定着经济治理体系的变革方向；如何更好地参与经济全球化和全球经济治理，是我国实行高水平对外开放、开拓合作共赢新局面需要解决的重大问题；人类命运共同体理念的提出，为全球经济治理贡献了中国方案，日益显示出强大的国际影响力、感召力、塑造力。

本书是2022年度国家出版基金项目（批准号：2022F-053）、2021年成都市社科规划重点项目（批准号：ZY0420210535）、四川省2020—2021年度重点出版规划项目、四川大学"马克思主义与当代中国"一流学科（群）建设的研究成果。四川大学经济学院、四川大学马克思主义学院和电子科技大学马克思主义学院的师生共同参与了项目的研究和本书的编写。蒋永穆主持了全书内容的设计、组织、修改和统稿工作，唐永、马文武、张晓磊、张海浪参与了全书内容的修改、统稿、部分内容的撰写和协调工作，纪志耿、周宇晗参与了全书内容的修改工作，赵苏丹、王瑞、祝林林、胡筠怡、赖珩媛、何媛、王运钊、谢强、豆小磊、李想、孟林、亢勇杰、侯婉月、贺璐琦、张惠颖、刘尧晨、邓康侯、苗婷、叶紫、赵灵林等参与了部分章节的写作和修改工作。同时，南开大学经济学院何自力教授和四川大学经济学院张衔教授对本书内容提出了诸多宝贵意见，四川大学出版社在本书撰写和出版过程中给予了大力支持和帮助，在此谨致谢意。

谨以此书献给中国共产党百年华诞！

编写组<br>2022年5月

# 目　录

## 上　部

### 制度篇

**第一章　社会主义本质理论** ································· (003)
　第一节　对马克思主义经典作家关于社会主义本质论述的阐释 ············· (003)
　第二节　对中国共产党关于社会主义本质认识的变迁 ··················· (008)
　第三节　社会主义根本任务 ······································· (023)
　第四节　实现共同富裕 ·········································· (032)
　第五节　总体考察 ·············································· (043)

**第二章　坚持以人民为中心的发展思想** ························· (046)
　第一节　对马克思主义经典作家关于以人民为中心论述的阐释 ············· (046)
　第二节　以人民为中心的发展思想的生成逻辑 ························ (051)
　第三节　以人民为中心的发展思想的科学内涵 ························ (061)
　第四节　以人民为中心的发展思想的实践路径 ························ (072)
　第五节　总体考察 ·············································· (080)

**第三章　社会主义发展阶段理论** ······························· (084)
　第一节　对马克思主义经典作家关于社会主义发展阶段论述的阐释 ········· (084)
　第二节　中国共产党对社会主义发展阶段认识的变迁 ··················· (090)
　第三节　中国社会主义过渡时期 ··································· (096)
　第四节　中国社会主义初级阶段 ··································· (101)
　第五节　中国特色社会主义新时代 ································· (110)
　第六节　总体考察 ·············································· (117)

**第四章　社会主义所有制理论** ································· (120)
　第一节　对马克思主义经典作家关于社会主义所有制论述的阐释 ··········· (120)
　第二节　中国共产党对社会主义所有制认识的变迁 ····················· (128)
　第三节　社会主义所有制结构 ····································· (134)

第四节　公有制经济及其实现形式 …………………………………… (140)
　　第五节　积极发展非公有制经济 ……………………………………… (154)
　　第六节　总体考察 ……………………………………………………… (160)

第五章　社会主义分配理论 …………………………………………………… (164)
　　第一节　对马克思主义经典作家关于社会主义分配理论的阐释 …… (164)
　　第二节　中国共产党对社会主义分配理论认识的变迁 ……………… (168)
　　第三节　社会主义初级阶段的分配格局 ……………………………… (173)
　　第四节　社会主义的按劳分配 ………………………………………… (182)
　　第五节　按生产要素分配等多种分配方式 …………………………… (187)
　　第六节　正确处理效率与公平的关系 ………………………………… (190)
　　第七节　总体考察 ……………………………………………………… (194)

第六章　社会主义市场经济理论 ……………………………………………… (198)
　　第一节　对马克思主义经典作家关于商品与市场论述的阐释 ……… (198)
　　第二节　中国共产党对社会主义市场经济认识的变迁 ……………… (201)
　　第三节　社会主义市场经济的内涵和性质 …………………………… (211)
　　第四节　社会主义市场经济体制的建立和完善 ……………………… (222)
　　第五节　社会主义市场经济与资本主义市场经济 …………………… (226)
　　第六节　社会主义市场经济中政府和市场的关系 …………………… (229)
　　第七节　总体考察 ……………………………………………………… (235)

第七章　社会主义经济体制改革理论 ………………………………………… (238)
　　第一节　计划经济体制 ………………………………………………… (238)
　　第二节　经济体制改革的性质与目标 ………………………………… (245)
　　第三节　经济体制改革的方式、进程及评价 ………………………… (249)
　　第四节　农村经济体制改革 …………………………………………… (256)
　　第五节　财税体制改革 ………………………………………………… (266)
　　第六节　流通体制改革 ………………………………………………… (271)
　　第七节　金融体制改革 ………………………………………………… (278)
　　第八节　社会主义保障制度改革 ……………………………………… (281)
　　第九节　总体考察 ……………………………………………………… (283)

## 运行篇

第八章　社会主义企业理论 …………………………………………………… (289)
　　第一节　对马克思主义经典作家关于企业理论论述的阐释 ………… (289)
　　第二节　中国共产党对社会主义企业理论认识的变迁 ……………… (296)

- 第三节　企业产权制度 （303）
- 第四节　企业治理结构 （309）
- 第五节　国有企业的改革与发展 （316）
- 第六节　总体考察 （332）

## 第九章　社会主义"三农"理论 （335）
- 第一节　对马克思主义经典作家关于"三农"论述的阐释 （335）
- 第二节　对中国共产党关于"三农"认识的阐释 （347）
- 第三节　农业基础地位 （371）
- 第四节　农村基本经营制度 （397）
- 第五节　农村贫困与反贫困 （408）
- 第六节　总体考察 （427）

## 第十章　政府经济职能理论 （432）
- 第一节　对马克思主义经典作家关于政府经济职能论述的阐释 （432）
- 第二节　中国共产党对政府经济职能认识的变迁 （435）
- 第三节　社会主义市场经济条件下的政府经济职能 （444）
- 第四节　社会主义市场经济中的宏观调控 （451）
- 第五节　社会主义市场经济中的市场监管 （467）
- 第六节　总体考察 （477）

# 下　部

## 发展篇

### 第十一章　社会主义经济发展及其方式 （483）
- 第一节　对马克思主义经典作家关于经济发展论述的阐释 （483）
- 第二节　对中国共产党关于经济发展论述的阐释 （490）
- 第三节　经济增长与经济发展 （504）
- 第四节　经济发展方式及其转变 （515）
- 第五节　新时代转变经济发展方式的新要求 （527）
- 第六节　总体考察 （564）

### 第十二章　社会主义发展战略 （568）
- 第一节　对中国共产党关于社会主义发展战略认识的阐释 （568）
- 第二节　"两步走"发展战略 （586）
- 第三节　"三步走"发展战略 （589）

第四节　建设小康社会战略 ················································· (599)
　　第五节　新时代现代化强国发展战略 ····································· (611)
　　第六节　总体考察 ······························································ (620)

第十三章　社会主义经济发展道路 ················································ (624)
　　第一节　对苏联社会主义经济发展道路论述的阐释 ················· (624)
　　第二节　对中国共产党关于社会主义经济发展道路认识的阐释 ··· (637)
　　第三节　中国特色社会主义工业化道路 ································· (647)
　　第四节　中国特色社会主义信息化道路 ································· (657)
　　第五节　中国特色社会主义城镇化道路 ································· (663)
　　第六节　中国特色社会主义自主创新道路 ····························· (675)
　　第七节　总体考察 ······························································ (686)

第十四章　社会主义经济结构 ······················································· (689)
　　第一节　对马克思主义经典作家关于社会主义经济结构论述的阐释 ··· (689)
　　第二节　中国共产党对社会主义经济结构认识的变迁 ············· (698)
　　第三节　产业结构理论 ························································ (709)
　　第四节　区域经济结构理论 ·················································· (722)
　　第五节　二元经济结构理论 ·················································· (738)
　　第六节　实体经济与虚拟经济的关系 ····································· (749)
　　第七节　总体考察 ······························································ (759)

第十五章　社会主义生态文明建设 ················································ (763)
　　第一节　对马克思主义经典作家关于生态文明建设论述的阐释 ··· (763)
　　第二节　对中国共产党关于社会主义生态文明建设认识的阐释 ··· (767)
　　第三节　生态文明建设的历程 ··············································· (774)
　　第四节　"两山"理论 ·························································· (779)
　　第五节　绿色生产方式和绿色生活方式 ································· (784)
　　第六节　生态文明制度建设 ·················································· (790)
　　第七节　总体考察 ······························································ (798)

第十六章　统筹发展和安全理论 ···················································· (801)
　　第一节　对马克思主义经典作家关于发展与安全论述的阐释 ····· (801)
　　第二节　对中国共产党统筹发展和安全认识变迁的阐释 ·········· (809)
　　第三节　国家安全观 ···························································· (826)
　　第四节　经济安全 ······························································· (839)
　　第五节　对外开放与独立自主 ··············································· (846)
　　第六节　总体考察 ······························································ (854)

## 开放篇

**第十七章 社会主义对外开放理论** ………………………………… (861)
    第一节 对马克思主义经典作家关于对外开放理论论述的阐释 ………… (861)
    第二节 对中国共产党关于对外开放认识的变迁 …………………… (866)
    第三节 中国对外开放的历史进程及经验 ………………………… (889)
    第四节 中国对外开放的政策选择 ………………………………… (896)
    第五节 中国的对外经济关系 …………………………………… (904)
    第六节 全面开放新格局 ………………………………………… (910)
    第七节 总体考察 ……………………………………………… (916)

**第十八章 经济全球化和全球经济治理理论** ………………………… (919)
    第一节 对马克思主义经典作家关于经济全球化和全球经济治理论述的阐释
      ……………………………………………………………… (919)
    第二节 对中国共产党关于经济全球化和全球经济治理认识的阐述 …… (926)
    第三节 经济全球化及其对中国的影响 …………………………… (947)
    第四节 全球治理与全球经济治理 ………………………………… (954)
    第五节 全球经济治理的主体及其经济关系 ………………………… (960)
    第六节 全球经济治理的历史进程和现实困境 ……………………… (964)
    第七节 人类命运共同体与全球经济治理的中国方案 ………………… (970)
    第八节 总体考察 ……………………………………………… (976)

# 中国基本经济理论百年探索（1921—2021）
## 制度篇

# 第一章 社会主义本质理论

社会主义本质是对社会主义社会普遍规律的揭示，是中国共产党带领中国人民艰辛探索和发展中国特色社会主义的重要理论成果。中国共产党成立100年以来，中国学术界对社会主义本质理论进行了诸多探讨并形成了大量研究成果。在本章中，我们将从以下几个方面对学界关于社会主义本质理论的研究进行回顾与展望。首先，探讨中国学者对马克思主义经典作家关于社会主义本质论述的阐释。其次，回顾中国共产党关于社会主义本质认识的变迁。然后，着重分析社会主义根本任务和实现共同富裕这两个体现社会主义本质的重要方面。最后，总结关于社会主义本质的研究特点，并对社会主义本质的未来研究方向进行展望。

## 第一节 对马克思主义经典作家关于社会主义本质论述的阐释

对于社会主义本质，马克思主义经典作家都曾有过相关论述，由于所处时代背景的不同，马克思主义经典作家对社会主义本质的阐释也有所差别。

### 一、对马克思恩格斯关于社会主义本质论述的阐释

学术界普遍认为，马克思恩格斯从未使用过"社会主义本质"这一概念，也并未形成系统的论述或专著，但他们对社会主义本质的理解和阐述散见于其诸多著作中，蕴藏在马克思主义理论体系中。学界在理解和总结马克思恩格斯社会主义本质相关论述的来源和内容时，产生了不同观点。

#### （一）关于马克思恩格斯社会主义本质来源的相关论述

关于马克思恩格斯对社会主义本质的论述，理论界普遍认为其来源于马克思主义理论的三大部分，基于此，学者进行了深入研究，形成了三种不同观点。

第一，哲学视角本质说。这种观点是在马克思恩格斯探索人类社会发展规律、形成历史唯物主义哲学时诞生的。关于生产关系与生产力相适宜、上层建筑和经济基础相适宜的部分，布成良（2002）也提到，资本主义私有制限制了人们的发展，资本主义的生产关系不适应发达的生产力，必须建立符合生产力发展状况的生产关系，即社会主义公

有制,才能为实现人自由而全面的发展奠定基础。① 历史唯物主义强调人在历史发展中的作用,而社会主义的本质也是以人为核心的。如王占阳(2004)提到,马克思恩格斯认为,人的各种需要及其满足才是最根本、最重要的事情,可以理解为,满足人的需要是社会主义的本质。②

第二,政治经济学本质说。这种观点是在考察整个人类社会的发展规律,尤其是资本主义社会的社会分工和生产力发展状况、揭露资本主义社会本质的过程中形成的。如冯良勤(2002)认为,人们创造的物质财富仅能满足谋生需求时是谈不上自由的,只有不断提高劳动生产率,增加人们可自由支配的时间,才有可能获得自由而全面的发展,所以生产力发展对社会主义的建设有重要作用。③ 布成良(2002)也提到,无产阶级代表了人民群众的利益,是被压迫群众解放运动的主力军和领导力量,他们必将领导广大劳动群众从资本主义制度下解放出来,只有使人民群众过上幸福美满的生活,才合乎建立社会主义的目的。④

第三,科学社会主义视角本质说。这种观点的提出是基于马克思恩格斯对人类社会发展规律的考察,以及对未来社会的美好畅想。薛汉伟(1998)提到,马克思用"自由人联合体"来描述新社会,体现了社会主义的价值目标。⑤ 冯良勤(2002)指出,恩格斯强调了人自由发展的重要性,它是人类解放的最高境界,体现了伟大而崇高的共产主义理想,也是对共产主义本质最精辟的概括。⑥ 李海青(2013)认为,人的发展层次是社会主义本质最深层的部分,也是推行社会主义最主要的目的。⑦

### (二)关于马克思恩格斯社会主义本质内容的相关论述

学术界在讨论马克思恩格斯关于社会主义本质的论述时,对社会主义本质和特征的辨别上,以及社会主义本质的内容上存在一定争议。

#### 1. 区分社会主义本质和社会主义特征

马克思恩格斯在对未来社会进行描述时,并未对其本质和特征作出区分,但马克思恩格斯基于对资本主义社会基本矛盾的考察,曾经设想未来社会应当具有以下五个特征:生产资料由全社会共同占有、按劳分配、按照社会需要对生产进行有计划的调节、过渡时期内实行无产阶级专政、共产主义社会将是一个自由人的联合体。但王锐生(1996)认为,作为一种社会形态的社会主义,其存在的根据就是它的本质,而社会主义的出现是生产力发展的产物,所以发展生产力才是社会主义的本质,前文提到的五个

---

① 布成良:《马克思社会主义本质理论的当代思考》,《理论探讨》,2002年第2期,第6~8页。
② 王占阳:《新民主主义与新社会主义——一种新社会主义的理论研究和历史研究》,中国社会科学出版社,2004年,第15~16页。
③ 冯良勤:《马克思恩格斯论社会主义本质》,《社会科学研究》,2002年第1期,第1~6页。
④ 布成良:《马克思社会主义本质理论的当代思考》,《理论探讨》,2002年第2期,第6~8页。
⑤ 薛汉伟:《从马克思的社会主义观到邓小平的社会主义本质论》,《马克思主义与现实》,1998年第6期,第3~8页。
⑥ 冯良勤:《马克思恩格斯论社会主义本质》,《社会科学研究》,2002年第1期,第1~6页。
⑦ 李海青:《马克思恩格斯社会主义思想再认识》,《中国特色社会主义研究》,2013年第6期,第12~17页。

特征仅属于特征，而非本质。① 李金龙（1999）提到，以上五个特征都属于社会主义区别于以往一切社会形态的根据和特质，都是社会主义特有的，属于社会主义本质，尤其是社会主义"公有制"。②

2. 社会主义本质的"制度论"及"功能论"

由于对社会主义本质和特征的认识不同，学术界对于马克思恩格斯社会主义本质的研究，还可以分为"制度论"和"功能论"（见表1-1）。

表1-1 学界关于马克思恩格斯社会主义本质的研究观点汇总表

| 观点 | 主要代表学者 |
| --- | --- |
| 制度论 | 邓初民（1939），李金龙（1999），曹自立（2008），等等 |
| 功能论 | 戚攻（1998），薛汉伟（1998），李海青（2013），等等 |

"制度论"。不强调社会发展的水平和目标，而是从经济制度的角度来理解社会主义，将纯粹公有制的制度结构视为社会主义的本质而进行坚守。邓初民（1939）指出，我们不知道还要多久才能进入社会主义的高级形态，但当生产手段被社会共同占有、社会全体成员能获得劳动的平等和工资的平等之后，一定能使生产力得到极大发展，从而不断接近我们的理想。③ 李金龙（1999）提到，马克思恩格斯在研究和表述社会制度时，从来都是把生产资料所有制问题放在突出位置上，认为它是决定社会制度的本质因素，是一种社会制度区别于另一种社会制度的根本标志。但他也提到，任何所有制关系的变革，都是与旧的所有制关系不再相适应的新生产力发展的必然结果。加之苏联和我国对纯粹公有制的尝试和探索的失败，纯粹的公有制并不是社会主义的本质，社会主义的本质还是离不开生产力的发展。④ 曹自立（2008）指出，马克思主义创始人认为社会主义是以生产力的巨大增长和高度发展为前提的，而马克思恩格斯当年设想的共产主义应该建立在生产力高度发达的社会，所以发展生产力自然不是社会主义首要任务，因此，马克思恩格斯是从生产关系出发来界定社会主义的，认为公有制和按劳分配是社会主义的本质特征。⑤

"功能论"。不以制度作为唯一评判标准，而是以功能为核心，即主要从社会主义应该具有的功能——生产力发展基础之上人的自由全面发展的角度来把握社会主义的深层规定性。陈侠（1956）指出，培养智力和体力全面发展的人，是过渡到共产主义的基本前提，而培养全面发展的人这个理想，只有在消灭了剥削的社会主义社会才能实现。⑥ 戚攻（1998）提到，马克思恩格斯认为未来社会（社会主义、共产主义）的本质是劳动

---

① 王锐生：《社会主义本质论》，《中国社会科学》，1996年第4期，第4~10页。
② 李金龙：《马克思主义经典作家关于社会主义本质特征的基本思想》，《求索》，1999年第3期，第70~72页。
③ 邓初民：《新政治学大纲》，生活书店出版社，1939年，第96页。
④ 李金龙：《马克思主义经典作家关于社会主义本质特征的基本思想》，《求索》，1999年第3期，第70~72页。
⑤ 曹自立：《张闻天关于社会主义本质思想的萌芽》，《河南社会科学》，2008年第6期，第43~45页。
⑥ 陈侠：《全面发展是指"人"的全面发展》，《人民教育》，1956年第12期，第14~16+23页。

者的自由联合体、人的自由联合体、实现人的全面自由的发展,社会关系只是为实现社会主义的目的而服务,而目的是人自由而全面的发展,也就是社会主义本质。① 薛汉伟(1998)认为,马克思的社会主义理论就是围绕着社会主义崇高的价值目标建立起来的,而构建"自由人联合体"进而实现人自由全面的发展便是社会主义的价值目标,当然,生产力的发展和人的自由全面发展相辅相成。② 李海青(2013)指出,马克思恩格斯实际上主要从三个层次对未来的理想社会进行了规定,分别是制度层次、生产力层次、人的发展层次,这三个层次步步深入社会主义本质,即人的全面发展。制度变革和生产力发展固然重要,但这只是实现功能的手段,而非目的本身。③

### (三) 关于马克思恩格斯社会主义本质特点的相关论述

虽然马克思恩格斯对社会主义本质并没有进行明确的阐释,但其相关论述的理论来源、研究方法等都具有一定的特点和价值。李金龙(1999)指出,马克思恩格斯关于社会主义本质特征的理论实质上是不断发展、开放的科学理论。马克思主义经典作家关于社会主义本质特征的理论是以唯物辩证法为根本方法的,唯物辩证法强调在对现存事物的肯定的理解中同时包含对现存事物的否定的理解,马克思主义经典作家把自己的理论植根于实践并随实践发展而不断发展的原则,是我们继续探索社会主义本质问题的重要方法论原则。④ 李育富和金海龙(2014)提到,马克思恩格斯设想的关于社会主义的特征,具有宏观性、分辨性和先进性,阐释了社会主义与资本主义的本质区别,以及社会主义先进性的来源。⑤

## 二、对列宁关于社会主义本质论述的阐释

列宁作为世界上第一个社会主义国家的缔造者和领导人,他对社会主义最伟大的贡献,就是把社会主义从理论变成了现实。俄国十月革命胜利后,他根据马克思主义的基本原理和俄国的具体实际,对社会主义的本质特征进行了分析和概括。学者们认为,列宁对社会主义本质的相关论述和研究主要集中在以下两个方面(见表1-2)。

表1-2 学界关于列宁对社会主义本质的认识汇总表

| 观点 | 主要代表学者 |
| --- | --- |
| 生产力本质论 | 林春(1977),林先发(1978),刘爱莲(1999),等等 |
| 公有制本质论 | 白春实(2000),黄明理和徐梓彦(2015),等等 |

---

① 戚攻:《马克思恩格斯与邓小平的社会主义本质观比较》,《探索》,1998年第4期,第8~12页。
② 薛汉伟:《从马克思的社会主义观到邓小平的社会主义本质论》,《马克思主义与现实》,1998年第6期,第3~8页。
③ 李海青:《马克思恩格斯社会主义思想再认识》,《中国特色社会主义研究》,2013年第6期,第12~17页。
④ 李金龙:《马克思主义经典作家关于社会主义本质特征的基本思想》,《求索》,1999年第3期,第70~72页。
⑤ 李育富,金海龙:《社会主义本质、特征与实践——论毛泽东的社会主义本质观》,《福建省社会主义学院学报》,2014年第5期,第64~69页。

观点一，把发展生产力作为社会主义本质。林春（1977）强调，列宁认为劳动生产率是保证新社会制度胜利最主要的东西。① 林先发（1978）指出，列宁提到，社会主义要么灭亡，要么开足马力奋勇前进，这样才遵循社会发展规律和生产力发展的客观要求。② 阳明（1994）指出，列宁认为资本主义之所以可以被彻底战胜，就是因为社会主义能够造成新的高得多的劳动生产率，必然要把提高劳动生产率的任务提到首位。③ 邬农和朱冬（1998）提到，由于"战时共产主义"给农业和农民带来的负面影响，列宁在"新经济政策"中主张公有制与生产力并重，并逐渐转到以经济建设为中心，以实现社会主义的生产力比资本主义发展得更快。④ 刘爱莲（1999）指出，列宁认为社会主义社会是生产力高度发展，将创造出高于资本主义社会并保证最终过渡到共产主义的劳动生产力的社会。⑤ 关朝斯（2000）指出，列宁曾明确提到，无产阶级取得国家政权后，它的最主要最根本的需要就是增加产品数量，大大提高社会生产力。⑥ 侯文文（2019）认为，列宁在十月革命前就已论述了社会主义的本质就是解放和发展生产力而且一定能够解放和发展生产力的思想，并在十月革命成功后短暂的企业国有化实践过程中认识到，无产阶级在取得政权之后，最困难和最根本的任务是提高劳动生产率，创造高于资本主义的劳动经济组织。⑦

观点二，把"公有制"作为社会主义本质。白春实（2000）认为，列宁一直将"公有制"作为社会主义本质，尤其是在实行"新经济政策"之后，列宁认为倒退回了国家资本主义，呈现了观念和现实上的矛盾，这也充分体现了列宁对于社会主义本质是"公有制"的认同。⑧ 黄明理和徐梓彦（2015）指出，虽然列宁在初创社会主义时特别强调生产力的发展，但其总体上仍然是将社会主义本质理解为公有制。⑨

### 三、对斯大林关于社会主义本质论述的阐释

相较于列宁所处的时代，斯大林所处的国际国内环境有所变化，斯大林对社会主义本质的理解也有所不同，但"在一个国家首先建立社会主义"的主张仍与列宁一脉相承。关于斯大林对社会主义本质的理解，学者们看法较为统一，只有个别学者有不同看法。

大部分学者指出，斯大林认为"计划经济体制"和"公有制"是社会主义本质，忽

---

① 林春：《论生产力在历史发展中的作用》，《历史研究》，1977年第5期，第37~53页。
② 林先发：《试论生产力的发展规律》，《武汉大学学报》（哲学社会科学版），1978年第3期，第28~32页。
③ 阳明：《发展生产力是社会主义最根本的任务》，《中国人才》，1994年第1期，第12~14页。
④ 邬农，朱冬：《邓小平关于社会主义本质理论的重大突破》，《云南社会科学》，1998年第4期，第15~21页。
⑤ 刘爱莲：《邓小平对马克思主义生产力理论的贡献》，《江西社会科学》，1999年第11期，第61~65页。
⑥ 关朝斯：《邓小平的社会主义本质论是对马克思主义的重大发展》，《中州学刊》，2000年第3期，第40~42页。
⑦ 侯文文：《列宁晚年关于解放和发展生产力的艰难探索及其启示》，《马克思主义理论学科研究》，2019年第5期，第70~77页。
⑧ 白春实：《论邓小平市场经济思想的形成》，《经济问题探索》，2000年第1期，第7~8页。
⑨ 黄明理，徐梓彦：《〈共产党宣言〉的社会主义观及其中国化发展》，《东南大学学报》（哲学社会科学版），2015年第6期，第12~18+146页。

视了生产力的作用。陆南泉（1998）认为，斯大林是把国家所有制、按劳分配、计划经济、无产阶级专政作为社会主义的本质特征来捍卫，颠倒生产力与生产关系之间的关系，在忽略生产力发展的情况下急于追求生产资料公有制的实现。① 马理文（2001）也提到，在斯大林的带领下，苏联曾凭借高度集中的政治经济体制迅速完成了现代化道路，但由于斯大林对社会主义本质的认识停留在"计划经济"，他对所处社会发展阶段的认识存在偏差，误以为苏联进入了马克思所说的共产主义第一阶段。② 赵智奎（2004）指出，斯大林过早放弃了"新经济政策"，过度强调计划经济，将科学社会主义某些重大原则教条化并推向极端。③ 关斯玥（2017）提到，在斯大林领导下形成的高度中央集权的苏联社会主义模式，及其在经济领域的单一指令性计划经济和政治领域的国家和官僚制度的不断强化，都是斯大林对"公有制"核心的强调。④

部分学者有不同看法。白春实（2000）指出，斯大林确信社会主义的本质是共同富裕，同时斯大林也强调"公有制"的重要性。斯大林在新经济政策中强调生产资料的社会主义所有制已经确立，并成为苏联不可动摇的基础，而社会主义的目标不是要大家贫困，而是要消灭贫困，为社会全体成员建立富裕的和文明的生活。⑤

## 第二节　对中国共产党关于社会主义本质认识的变迁

社会主义的本质作为社会主义内在属性，既是社会主义社会区别于其他社会形态的特有属性，也是社会主义优越性的体现。对社会主义本质的认识与解答是与社会主义建设实践相伴随的。建设社会主义是一个在实践中不断探索、不断校正、不断前进的过程，中国共产党人对社会主义本质的认识也是一个不断发展、逐渐升华的历史过程。

### 一、对毛泽东思想中关于社会主义本质相关论述的变迁

毛泽东思想作为马克思主义中国化第一次飞跃的集中成果，包含了对社会主义本质的重要论述。在新民主主义革命、社会主义改造，以及对社会主义建设的艰辛探索中，毛泽东等党内重要人物都对社会主义本质进行了各自的表达。

#### （一）关于毛泽东思想中社会主义本质主要内容的研究

毛泽东思想中有关社会主义本质的论述，是对马克思主义经典作家相关论述的进一

---

① 陆南泉：《吸取苏联剧变教训的若干重要问题的思考》，《东欧中亚研究》，1998年第1期，第39～46页。
② 马理文：《艰辛的探索、创新历程——马克思主义百年回眸之一》，《马克思主义研究》，2001年第3期，第3～15页。
③ 赵智奎：《邓小平理论：科学社会主义新的理论形态》，《马克思主义研究》，2004年第5期，第8～14页。
④ 关斯玥：《斯托扬诺维奇关于苏联东欧社会主义实践中的马克思主义理解的反思》，《学术交流》，2017年第9期，第12～16页。
⑤ 白春实：《论邓小平市场经济思想的形成》，《经济问题探索》，2000年第1期，第7～8页。

步发展。学者们普遍认为,毛泽东思想中虽然未明确提出社会主义本质这一概念,但对社会主义本质的认识仍充斥其中,学者们从不同的视角对此进行了研究。

视角一,社会发展的基本矛盾和主要矛盾。韩克兴(1999)从社会主义探索阶段出发,提到毛泽东对生产力和社会主义公有制的重视,强调公有制经济对生产力发展的推动作用。① 李桂琴(2001)指出,以毛泽东社会主义矛盾学说为理论依据的"八大路线",强调大力发展生产力,以改革的手段变革不适宜的生产关系,调动一切积极因素来建设强大的社会主义祖国。② 熊启珍(2003)也认为,毛泽东强调消灭剥削是生产力发展的前提,达到共同富裕是社会主义的目标,实现了工业化的社会主义才是完全意义上的社会主义。③ 周耀宏(2008)提到,毛泽东把社会主义社会的矛盾学说作为认识社会主义本质的逻辑起点,强调要解放和发展生产力,通过变革生产关系和上层建筑来消灭剥削、消除两极分化、实现共同富裕。④ 李育富和金海龙(2014)分别从生产力、生产关系和上层建筑进行了分析,就生产力方面而言,毛泽东把解放发展生产力作为社会主义本质;就生产关系方面而言,毛泽东提到要消灭剥削、完成社会主义所有制过渡,追求公有制和实现人人平等;就上层建筑方面而言,毛泽东开展的整风运动和"文化大革命",都体现了他对社会主义思想纯正性的重视,所以他对社会主义本质的认识是综合的,而不是局限于某一方面。⑤

视角二,社会主义的发展路径和发展目的。谭献民和熊吕茂(1993)指出,毛泽东是从社会发展目的上认识社会主义本质的,即通过提高劳动生产率,来提高人们的物质文化生活水平,这是毛泽东展开社会主义本质探索的思路,但他后期却着重从道德和政治上把握生产力发展水平,从社会制度而非社会发展目的上去肯定社会主义本质特征,使结果南辕北辙。⑥ 邓金堂(1999)提到,毛泽东发展战略的动力点在于制度革命,以制度革命推动的发展战略,他认为社会主义的生产关系是基本适合生产力发展的,所以完成社会主义建设的集中表现是实现社会主义的全面的全民所有制,而生产力发展只是推动公社所有制由小全民向大全民的转变的手段。⑦ 高宝柱(2003)认为,毛泽东站在完成近代以来中华民族的"两大历史任务"角度,强调工人阶级领导下人民大众的力量和社会主义制度的重要性,把解放生产力、发展生产力、实现全体人民的共同富裕作为终将在我国建立起社会主义社会制度的人民革命的根本"目的",而"四化"是实现本质的手段。⑧ 李育富和金海龙(2014)尤其提到,"大跃进"虽然失败,但不能否认

---

① 韩克兴:《试析毛泽东与邓小平关于社会主义本质的再认识》,《求实》,1999年第7期,第3~5页。
② 李桂琴:《毛泽东、邓小平与党的基本路线》,《社会科学战线》,2001年第5期,第204~208页。
③ 熊启珍:《什么是社会主义——20世纪50年代至60年代初毛泽东的求索》,《武汉大学学报》(社会科学版),2003年第3期,第345~350页。
④ 周耀宏:《论毛泽东对社会主义本质的认识》,《毛泽东思想研究》,2008年第6期,第50~54页。
⑤ 李育富,金海龙:《社会主义本质、特征与实践——论毛泽东的社会主义本质观》,《福建省社会主义学院学报》,2014年第5期,第64~69页。
⑥ 谭献民,熊吕茂:《毛泽东对社会主义本质的艰辛探索》,《湖南师范大学社会科学学报》,1993年第6期,第30~34页。
⑦ 邓金堂:《毛泽东与邓小平发展战略观之比较》,《毛泽东思想研究》,1999年第S2期,第96~98页。
⑧ 高宝柱:《指明社会主义本质的根本实现方式——毛泽东与中国社会主义建设概论之四》,《党史文汇》,2003年第4期,第4~9页。

"大跃进"的主观目的还是为追求生产力的极大发展的,也从一个侧面让我们更加明了发展生产力在毛泽东社会主义本质认识中的突出地位。① 王瑞芳(2017)认为,以毛泽东为代表的中国共产党人对社会主义本质的认识经历了一个变化的过程,从最初的"发展生产力,实现共同富裕",转为"以生产资料公有制为主体和全体人民共同富裕",而其对社会主义本质认识的改变,是在社会主义实践的不断摸索中得到的。②

视角三,人民中心与基本经济制度。沈文锋和刘桂平(1995)提到,毛泽东在论述社会主义基本特征时讲到了生产资料公有制、按劳分配原则、国民经济有计划按比例发展、人民群众当家做主的政权等,并未把发展生产力提高到社会主义本质的高度来认识。③ 黄显中和蒋建军(2018)从毛泽东反对官僚主义的思想出发,提到毛泽东所认为的社会主义本质是以人民为中心,坚持人民主体,实现人民民主,人民民主不仅是社会主义的本质规定,也是社会主义最大的优越性和最主要的奋斗目标。④

除了毛泽东本人,其他代表性的中国共产党人在社会主义探索的过程中,提出了自己对社会主义本质的认识。徐久刚(2003)、丁兆梅(2012)、周建超和吴恒(2013)指出,李达或许是中国马克思主义者中最早使用"社会主义本质"这一概念的人,他在20世纪20年代就提出了"社会主义本质"这一概念,为社会主义的研究提供了新角度,他强调社会主义本质由其自身的特殊矛盾所决定,与封建社会和资本主义社会的矛盾不同;而生产水平低下并不影响我们搞社会主义,但生产力的进步与发展,有利于推动社会进步。⑤ 王晓荣和张楠(2010)指出,李大钊对社会主义本质进行了初步论述,他认为社会主义要解决的主要问题是"经济问题",所以李大钊强调社会主义要着重发展生产力,进而实现共同富裕,满足人们精神和物质的需要。⑥ 王家云(2002)提到,周恩来也对社会主义本质进行了一些思考:首先,他强调了经济建设和发展生产力的重要性,社会主义经济的唯一目的就在于满足人民的物质和文化的需要,结合我国正进行社会主义改造的实际,强调提高生产力也是巩固国家独立和安全的重要手段;其次,周恩来从生产关系的发展和成熟程度来区别完全社会主义与不完全社会主义两个阶段,要建成社会主义就要消灭剥削和贫困,实际上也是把"消灭剥削"提高到社会主义本质上来认识;最后,在分配政策上,周恩来既坚持按劳分配的原则、反对平均主义,又顾及大多数人的生活水平,主张共同富裕,坚持把照顾绝大多数人的生活视为"首先要注意的方向",就是从根本上回答了社会主义与资本主义的本质区别。⑦ 曹自立(2008)指

---

① 李育富,金海龙:《社会主义本质、特征与实践——论毛泽东的社会主义本质观》,《福建省社会主义学院学报》,2014年第5期,第64~69页。
② 王瑞芳:《1960年前后毛泽东对社会主义本质问题的认识》,《晋阳学刊》,2017年第5期,第14~19页。
③ 沈文锋,刘桂平:《邓小平同志的社会主义本质论是对毛泽东思想的继承和发展》,《武陵学刊》,1995年第2期,第21~24页。
④ 黄显中,蒋建军:《反对官僚主义:社会主义的本质要求——毛泽东反对官僚主义思想新论》,《湘潭大学学报》(哲学社会科学版),2018年第41期,第1~7页。
⑤ 徐久刚:《社会主义本质论研究六题》,《毛泽东思想研究》,2003年第2期,第117~122页。丁兆梅:《论李达社会主义观的三重维度》,《河南师范大学学报》(哲学社会科学版),2012年第1期,第14~17页。周建超,吴恒:《论李达的社会有机体理论》,《社会科学》,2013年第12期,第118~125页。
⑥ 王晓荣,张楠:《李大钊与马克思主义中国化》,《社会主义研究》,2010年第2期,第44~48页。
⑦ 王家云:《试论周恩来对社会主义本质论的思考》,《毛泽东思想研究》,2002年第5期,第36~38页。

出,张闻天同志从基础、途径、目的三方面对社会主义本质进行了说明。张闻天同志在20世纪60年代初就提到,发展生产力、提高人民生活水平,是社会主义建设中的首要任务,如果脱离发展生产力的需要而不断调整生产关系,不但不利于生产力的发展,而且会阻碍生产力的发展。张闻天同志还提到,像新式资本主义这样明显带有剥削性质的经济在新民主主义阶段是不可避免的,这是为将来过渡到社会主义和共产主义打基础,消灭剥削是一个长期的历史过程,现在适度利用剥削搞新式资本主义是为了将来最终消灭剥削。在发展目标方面,张闻天指出共产主义的理想就是消灭剥削、消灭私有制度、解放无产阶级、解放全人类,大幅度地提高社会生产力,使全体社会成员日益增长的需要能够得到满足,此外,他还突出强调了"按劳分配"的重要性。①

### (二)毛泽东思想中社会主义本质内容的价值体现

毛泽东思想中对社会主义本质的认识,是中国共产党对社会主义本质的初次探索,虽然其认识还不够完善,但对当代具有重要的价值和意义。

第一,必须加强理论学习,认识到社会主义实现的长期性。谭献民和熊吕茂(1993)认为,毛泽东一开始是从社会发展目的上认识社会主义本质的,这是一个正确的思路,可以避免社会主义基本制度僵化乃至偏失方向,虽然他由于认识原因发生转向而中止了在这个思路上的继续探索,但其探索过程却为后人提供了深刻的历史启迪。②李桂琴(2001)提到,毛泽东对社会主义建设的长期性复杂性认识不够,面对复杂的国内外形势,党内滋长了急于求成的思想,忽视社会主义本质,犯了阶级斗争扩大化的错误。③李育富和金海龙(2014)指出,毛泽东虽然意识到生产关系变革对生产力发展的重要性,但错误地由以发展生产力和经济建设为中心转变为以生产关系和上层建筑的变革为中心,尤其是在晚年阶段,仍将"阶级斗争"理论和"党内两条道路""两条路线"的斗争作为社会主义建设的动力,决定了他对社会主义本质的认识不可能达到深化和发展的程度。④

第二,为共产党人后续对社会主义本质的探索奠定了基础。熊启珍(2003)提到,20世纪60年代初,毛泽东曾为供干部学习用的《社会主义建设的几个问题》一书(第一部分就是"什么是社会主义")做过专门修改,体现了毛泽东对"什么是社会主义和建设社会主义道路"问题的重视,虽然毛泽东那时的认识有一些非科学的成分,但主要方面还是正确的或比较正确的,具有颇多创造性。⑤周耀宏(2008)指出,尽管毛泽东始终没有使用过"社会主义本质"这一概念,也没有完整地揭示社会主义本质,但他对生产力和共同富裕的强调,都不同程度地接近对社会主义本质的认识,他的探索和思考

---

① 曹自立:《张闻天关于社会主义本质思想的萌芽》,《河南社会科学》,2008年第6期,第43~45页。
② 谭献民,熊吕茂:《毛泽东对社会主义本质的艰辛探索》,《湖南师范大学社会科学学报》,1993年第6期,第30~34页。
③ 李桂琴:《毛泽东、邓小平与党的基本路线》,《社会科学战线》,2001年第5期,第204~208页。
④ 李育富,金海龙:《社会主义本质、特征与实践——论毛泽东的社会主义本质观》,《福建省社会主义学院学报》,2014年第5期,第64~69页。
⑤ 熊启珍:《什么是社会主义——20世纪50年代至60年代初毛泽东的求索》,《武汉大学学报》(社会科学版),2003年第3期,第345~350页。

在主要方面还是正确的或比较正确的。① 贾建芳（2009）提到，毛泽东带领全党在许多领域进行积极探索，对社会主义如何发展生产力的认识有了创新和突破，虽然在"大跃进"中，毛泽东对如何实现社会主义的本质发生了一些偏差与错误，但总的来说，毛泽东对社会主义的艰辛探索，在建设有中国特色社会主义理论的形成过程中起到了奠基作用。② 余正琨和黄淑娟（2011）提到，毛泽东关于社会主义本质问题提出了许多有价值的思想，主要体现在以下三个方面：一是批判了苏联社会主义建设僵化的模式，从社会主义社会的基本矛盾、社会主义建设中的各种关系等方面来把握社会主义的本质；二是论述了解放和提高生产力，从社会主义社会发展动力上来认识社会主义本质；三是提出了要实现"共同的富"和"共同的强"的目标，毛泽东强调要通过解放和发展生产力，使中国成为一个富强的国家。③

## 二、对中国特色社会主义理论体系中关于社会主义本质相关论述的阐释

中国特色社会主义理论体系是对马克思列宁主义和毛泽东思想的继承发展，也是社会主义实践中的经验总结，更是改革开放后中国共产党进行社会主义探索的结晶。

建设中国特色社会主义的首要问题就是要搞清楚"什么是社会主义，怎样建设社会主义"，而要搞清楚这个基本理论问题，不仅要了解社会主义的基本特征，更要了解社会主义的本质，也就是社会主义不同于资本主义和其他社会形态的主要标志（见表1-3）。

表1-3　学界关于中国特色社会主义理论体系中社会主义本质认识的研究汇总表

| 研究角度 | 主要代表学者 |
| --- | --- |
| 人的全面发展 | 王锐生（1996），辛世俊（2010），等等 |
| 社会形态理论 | 毛东进（2005），等等 |
| 社会结构原理 | 杨清涛（1998），陈学法（2004），等等 |
| 科学社会主义的继承 | 雷云（2012），等等 |
| 理论的普遍性与特殊性 | 吴敏和范俊彦（2003），杜黎明（2018），等等 |
| 价值意义 | 赵春荣（2000），张爱武（2007），邱乘光（2012），等等 |
| 历史唯物主义 | 郑晔（2001），赵锡顺和曲维加（2001），刘晓云（2003），等等 |
| 主体与客体 | 周安伯（2003），贾建芳（2009），等等 |
| 民主 | 田广清（2003），等等 |
| 价值意义 | 臧乃康（2001），黄红发（2010），余正琨和黄淑娟（2011），等等 |
| 实现路径 | 房良钧（2001），樊汉祯（2002），等等 |
| 科学发展观 | 孙茂新（2004），樊文娥（2006），贾建芳（2009），等等 |

---

① 周耀宏：《论毛泽东对社会主义本质的认识》，《毛泽东思想研究》，2008年第6期，第50~54页。
② 贾建芳：《60年来对社会主义本质的认识再认识》，《科学社会主义》，2009年第5期，第9~12页。
③ 余正琨，黄淑娟：《论中国共产党对社会主义本质理论的丰富与发展》，《求实》，2011年第10期，第70~73页。

续表1-3

| 研究角度 | 主要代表学者 |
|---|---|
| 和谐社会 | 丛松日和井文豪（2007），余正琨和黄淑娟（2011），等等 |
| 价值意义 | 郭劲松（2005），蒋桂芳（2013），等等 |
| 实现路径 | 郭劲松（2005），辛世俊（2010），等等 |

（一）对邓小平关于社会主义本质相关论述的阐释

国内外社会主义建设实践中的重大失误和挫折表明，我们对什么是社会主义，什么是马克思主义的认识不是完全清醒的。因此，社会主义本质问题是邓小平思考整个社会主义问题中的一个根本的、核心的问题。自改革开放以来，邓小平一直在考虑中国社会主义的前途和命运，并从历史和实践中理出一条思路，形成了具有鲜明特色的社会主义本质论。学术界对邓小平社会主义本质论的研究主要集中在两个方面，一是从不同角度对其内容进行解读，二是社会主义本质论的意义和价值。

1. 关于邓小平社会主义本质主要内容的研究

邓小平的社会主义本质论集中体现了他对社会主义本质的认识：社会主义的本质，是解放生产力，发展生产力，消灭剥削，消除两极分化，最终达到共同富裕。针对其内容，学者们主要从以下几个角度进行了解读。

角度一，人的全面发展。王锐生（1996）指出，社会主义不仅是合乎历史规律的社会发展产物，还应当是对人有意义的，也就是能使每个社会成员都获得自由和全面发展。[1] 辛世俊（2010）指出，邓小平所说的"富裕"不仅是指物质生活的富裕，还包括精神生活的富裕。如果说物质生活的贫穷不是社会主义的话，那么精神生活的匮乏则更不是社会主义。强调共同富裕是社会主义的题中应有之义，更集中地反映了落后国家建设和发展社会主义的美好愿望。在邓小平的"社会主义本质论"中，尽管没有"人""人民"这些字眼，但事实上已经凸显出为了人的发展目的和人的主体地位。[2]

角度二，社会形态理论的系统观。毛东进（2005）指出，马克思的社会形态理论贯彻了系统观，表现为一定的生产力为基础的生产关系和上层建筑的总和。邓小平社会主义本质理论继承了这一系统观方法论，他把生产力与生产关系的变革统一起来，从生产力的高度把社会主义与资本主义这两种社会形态区分开来，奠定了生产力在社会主义本质论中的重要地位。此外，他还要求贯彻民主和法制，这在上层建筑领域极大地丰富和完善了社会主义本质，对社会主义本质的认识更加系统化。[3]

角度三，社会结构原理。杨清涛（1998）提到，社会主义社会是由社会主义形态、社会主义制度和社会主义体制所组成的有机整体，表现为社会主义本质、社会主义制度特征和社会主义体制模式。社会主义本质是从社会形态这一最高层次上反映了生产力、

---

[1] 王锐生：《社会主义本质论》，《中国社会科学》，1996年第4期，第4~10页。
[2] 辛世俊：《科学发展观对"社会主义本质论"的深化与发展》，《学习论坛》，2010年第3期，第5~9页。
[3] 毛东进：《邓小平社会主义本质理论的系统观探微》，《毛泽东思想研究》，2005年第3期，第84~86页。

经济基础和上层建筑之间的内在联系,生产力将贯穿于社会主义的始终,从而构成社会主义的最本质内容。① 陈学法(2004)从社会结构中的"社会主义制度"出发,指出应当从生产资料公有制本身来理解邓小平关于社会主义本质的思想,生产资料公有制是社会主义本质属性的核心,它本身既有质的问题,也有量的问题,只有解放发展生产力,使生产资料的量不断增加,社会主义才能得以不断发展。②

角度四,科学社会主义的继承。雷云(2012)提到,社会主义本质论中的三层含义是对科学社会主义学说基本原理、原则的继承和概括:发展生产力是社会主义最终战胜资本主义的最根本途径和保证,是进入无阶级的共产主义社会的基本前提,但列宁也强调了消灭阶级的艰巨性、复杂性、长期性,指出只有在共产主义高级阶段才能实现这一任务。此外,社会主义就是要使生产力归人民所有,人民是一切生产活动的主体,社会主义和资本主义发展生产力的区别在于目的和结果不同。③

角度五,理论的普遍性和特殊性。吴敏和范俊彦(2003)提到,邓小平关于社会主义本质的精辟概括,不是要从理论上回答什么是社会主义的社会形态,而是要从实践上回答什么是有中国特色社会主义的道路,清除实行社会主义市场经济的思想认识障碍。邓小平所说的社会主义本质不等于社会主义社会的本质,从邓小平揭示的建设有中国特色社会主义道路的本质来看,它着重解决的是我国社会主义初级阶段的主要矛盾,这是生产力生产关系领域的问题,不包括上层建筑范畴本质讲的是最根本最深层次的问题。④ 雷云(2012)提到,社会主义本质论虽然是邓小平立足于当代中国提出的,但实际上反映的是社会主义所固有的一般规律,在生产力、生产关系、发展路径和目的等方面都对马克思主义经典作家的社会主义认识进行了继承,揭示了社会主义普遍性和共有特征。⑤ 杜黎明(2018)指出,邓小平社会主义本质论揭示的是社会主义的一般本质,而不仅仅是"中国特色社会主义的本质""社会主义初级阶段的本质",社会主义是人类最终迈向共产主义"自由人联合体"的过渡阶段,社会主义本质论强调生产力发展、生产关系调整,都要指向实现共同富裕的目标,深刻揭示了从剥削制度消灭到"自由人联合体"这段历史进程的特征。⑥

2. 关于邓小平社会主义本质主要内容的价值体现

"社会主义本质论"作为中国共产党对社会主义本质探索所提出的第一个准确概括,在社会主义发展的历史上有着重要作用,而学术界也对社会主义本质论的内容和现实意义进行了客观评价。

---

① 杨清涛:《从社会结构原理看邓小平社会主义本质论》,《郑州大学学报》(哲学社会科学版),1998年第6期,第8~13页。
② 陈学法:《邓小平的社会主义本质思想新探》,《江苏社会科学》,2004年第6期,第70~73页。
③ 雷云:《把握社会主义的普遍性,加深对社会主义本质论的认识》,《中国特色社会主义研究》,2012年第1期,第5~10+1页。
④ 吴敏,范俊彦:《关于社会主义本质问题的探讨》,《理论前沿》,2003年第18期,第44~46页。
⑤ 雷云:《把握社会主义的普遍性,加深对社会主义本质论的认识》,《中国特色社会主义研究》,2012年第1期,第5~10+1页。
⑥ 杜黎明:《习近平新时代中国特色社会主义经济思想对邓小平社会主义本质论的继承和创新》,《江西社会科学》,2018年第4期,第53~60页。

首先，从理论意义来看。赵春荣（2000）指出，社会主义本质论是立足于初级阶段的现实来揭示社会主义本质的一种科学观点，具有强烈的针对性；是从最高层次上来揭示社会主义本质的一种科学观点，是邓小平理论的逻辑起点和理论基石；是在坚持和发展马克思主义的前提下才作出结论的一种科学观点，具有重大的创新意义；是站在政治家的立场上来揭示社会主义本质的一种科学观点，主要着眼于全局、大局；是被实践证明和检验了的一种强国富民的理论，为广大人民群众所理解和接受，具有经典性和权威性，我们应以科学的态度去对待它。[①] 雷云（2012）认为，社会主义本质论反映的不仅是中国式社会主义的特殊性，更揭示了社会主义的普遍性；反映的不仅是社会主义初级阶段的要求，更是包括将来成熟阶段在内的整个社会主义历史阶段的要求。[②]

其次，从实践意义来看。荣长海（2002）指出，社会主义本质论是从高层次对社会主义的概括，在具体的建设实践中，各种体制、政策、措施、方法等，都必须符合社会主义本质的要求，才能有利于社会主义的发展。[③] 王敏（2003）提到，邓小平的社会主义本质论是对马克思科学社会主义理论的与时俱进和创新，是对马克思恩格斯创立的关于社会主义特征和本质学说的坚持和继承，是马克思主义的基本原理同中国实际相结合的硕果，并用社会主义实践的新鲜经验加以充实和完善。这些年改革开放和现代化建设的不断进步，所有的成功无一不得益于社会主义本质论这一光辉思想。[④] 毛东进（2005）指出，邓小平社会主义本质理论的意义在于第一次把对社会主义的认识提高到新的科学水平，从整体上和层次上把握了社会主义本质让我们在把解放、发展生产力作为党执政兴国的第一要务时，还要在实践中不断重视社会主义生产关系和上层建筑各个领域的建设。[⑤] 张爱武（2007）提到，邓小平关于社会主义本质论断使人们看清了社会主义存在和发展的依据，从根本上破除了脱离生产力来抽象谈论社会主义的种种错误观念，为把发展生产力作为社会主义的根本任务提供了理论根据，为坚持和完善社会主义公有制为主体的所有制结构与按劳分配为主体的分配方式指明了明确的方向，突破了把计划经济当作社会主义本质特征的传统观念，使我们明确了社会主义经济体制的改革目标。[⑥] 邱乘光（2012）指出，社会主义本质论的概括和界定表明，社会主义的本质是既定的，但社会主义本质的实现又具有过程性，即其并不是在社会主义的基本制度建立之初就已经实现了的，而是必须经历一个长期的历史发展过程才能逐步地充分实现。[⑦]

---

[①] 赵春荣：《关于如何看待社会主义本质的问题》，《社会主义研究》，2000年第5期，第2～6页。
[②] 雷云：《把握社会主义的普遍性，加深对社会主义本质论的认识》，《中国特色社会主义研究》，2012年第1期，第5～10+1页。
[③] 荣长海：《不断深化关于社会主义本质的认识——纪念邓小平南方谈话发表十周年》，《天津社会科学》，2002年第2期，第4～5+13页。
[④] 王敏：《对社会主义本质的认识要与时俱进》，《生产力研究》，2003年第5期，第123～125页。
[⑤] 毛东进：《邓小平社会主义本质理论的系统观探微》，《毛泽东思想研究》，2005年第3期，第84～86页。
[⑥] 张爱武：《从社会主义本质论到社会主义和谐：对社会主义认识的具体化》，《社会主义研究》，2007年第3期，第17～19页。
[⑦] 邱乘光：《辩证地理解邓小平社会主义本质论》，《中国延安干部学院学报》，2012年第5期，第17～22页。

## (二) 对江泽民关于社会主义本质相关论述的阐释

20世纪90年代，随着改革开放的持续推进和社会主义探索的深化，以江泽民同志为核心的党的第三代中央领导集体坚持和发展了邓小平的社会主义本质论，并深化了对社会主义本质的认识。学术界对江泽民关于社会主义本质论述的研究主要集中在两个方面，一是对其论述的主要内容的探讨，二是对其论述的评价。

### 1. 关于江泽民社会主义本质主要内容的研究

对于江泽民社会主义本质相关论述的内容，学者们主要从三个维度进行分析和阐释。

一是历史唯物主义维度。如郑晔（2001）提到，江泽民同志关于中国共产党始终"代表中国先进生产力的发展要求"的论断，是对马克思主义唯物史观关于生产力是人类社会发展的最终决定力量的准确把握，社会主义作为先进的社会制度，其本质就在于它比资本主义制度更能"解放生产力，发展生产力"。[①] 赵锡顺和曲维加（2001）从江泽民"七一"讲话出发，提出国际国内的实践一再证明，经济发展并不能解决社会主义社会发展中的所有问题，社会问题归根到底是人的问题；[②] 张启华（2001）也提到我们的一切工作都要着眼于"努力促进人的全面发展"，阐明了"人的全面发展"是马克思主义关于建设社会主义新社会的本质要求。[③] 刘晓云（2003）提到要坚持社会主义本质、保持党的工人阶级先锋队性质，就是要忠实代表最广大人民的根本利益，社会主义本质的实现要有无产阶级政党的领导，执政党实现社会主义本质必然要有着与其一致的先进性。[④]

二是发展中主体和客体的维度。如周安伯（2003）认为，江泽民坚持以人为中心、以主体与客体的统一为原则，提出"既要着眼于人民现实的物质文化生活需要，同时又要着眼于促进人民素质的提高"，把社会的全面进步与人的全面发展同时纳入建设社会主义新社会价值追求的科学视野，阐明社会主义新社会同资本主义社会的本质区别不仅在于为解放和发展生产力提供更加优越的制度基础，而且在于把两个"着眼于"作为自己的本质要求；[⑤] 贾建芳（2009）也提到，江泽民明确了社会主义与人的全面发展的关系，从而把我们对社会主义本质的认识提高到了新的境界。[⑥]

三是"民主"维度。田广清（2003）提到，党的十六大报告明确指出"发展社会主义民主政治、建设社会主义政治文明，是全面建设小康社会的重要目标"，不仅将社会主义民主作为社会主义政治文明的核心，更明确地把民主作为社会主义本质内容，并上

---

[①] 郑晔：《论"三个代表"思想与"社会主义本质"理论的高度统一》，《毛泽东思想研究》，2001年第5期，第9~11页。
[②] 赵锡顺，曲维加：《"努力促进人的全面发展"是建设社会主义新社会的本质要求——学习江泽民同志"七一"讲话的体会》，《社会科学》，2001年第12期，第2~5+22页。
[③] 张启华：《不断推进人的全面发展是建设社会主义的本质要求——学习江泽民同志"七一"讲话的一点体会》，《当代中国史研究》，2001年第5期，第22~23页。
[④] 刘晓云：《从社会主义本质到"三个代表"》，《毛泽东思想研究》，2003年第3期，第101~103页。
[⑤] 周安伯：《把握建设社会主义本质要求的新境界》，《社会主义研究》，2003年第2期，第19~23页。
[⑥] 贾建芳：《60年来对社会主义本质的认识再认识》，《科学社会主义》，2009年第5期，第9~12页。

升到人类文明的层次。①

2. 江泽民关于社会主义本质论述的价值及实现路径

学者们普遍认同,江泽民对社会主义本质的认识是对马克思主义经典作家相关理论,尤其是邓小平的社会主义本质论的继承和发扬。臧乃康(2001)指出,江泽民对"人的发展及人的作用"十分重视,是对马克思主义经典作家的继承,"三个代表"思想从党的建设的高度深化了社会主义本质的理论,是对社会主义本质的科学论断在新时期的理论创新,反映了社会主义本质对执政党的要求,实现了从社会主义本质到党的性质认识的飞跃。② 郑晔(2001)认为,"三个代表"重要思想是一个有机统一的整体,其最终目标和归宿就是要始终代表中国最广大人民的根本利益,这与"全心全意为人民服务"的宗旨相一致,也与邓小平社会主义本质论的最终目标相统一,"三个代表"的内容都是为了更好地解放和发展生产力、更好地消灭剥削、消除两极分化,最终达到共同富裕。③ 吴敏和范俊彦(2003)提出,"三个代表"重要思想特别强调要准确把握社会主义初级阶段的基本国情,这个基本国情正是邓小平提出社会主义本质的出发点和立足点。④ 黄红发(2010)提到,"三个代表"重要思想提出了在经济社会全面发展的基础上努力促进人的全面发展的新要求,进一步回答了"什么是社会主义、怎样建设社会主义"的基本问题,从社会主义发展的根本目标上深化了对社会主义本质的认识。⑤ 余正琨和黄淑娟(2011)提到,江泽民从"人"这一社会主体去认识社会主义本质,坚持了马克思主义关于人的全面发展的思想,强调了促进人的全面发展的重要性,同时,江泽民从经济、政治、文化建设三个方面去认识社会主义本质,比以往仅从经济建设方面去认识社会主义更加全面,丰富和发展了邓小平对社会主义本质的认识。⑥

此外,学者们也对江泽民关于社会主义本质的实现路径进行了阐释。房良钧(2001)指出,江泽民在庆祝建党80周年的讲话中谈到,实现"人的全面发展"这一社会主义本质要求是一个逐步提高、永无止境的过程。⑦ 臧乃康(2001)提到,"三个代表"重要思想强调在发展生产力的同时把握先进文化的前进方向,其目的是及时有效调节生产力与生产关系、经济基础与上层建筑之间的矛盾,只有这样,中国共产党才能真正代表最广大人民的根本利益,发挥无产阶级先锋队在中国革命和建设中的领导核心作用,全面实现社会主义本质。⑧ 樊汉祯(2002)认为,"三个代表"是一个紧密联系的整体,生产力是社会发展进步的决定力量,文化对经济和政治的发展起巨大作用,人民

---

① 田广清:《"社会主义本质"应当包括民主》,《理论前沿》,2003年第10期,第41~42页。
② 臧乃康:《从社会主义本质到"三个代表"》,《理论导刊》,2001年第4期,第8~10页。
③ 郑晔:《论"三个代表"思想与"社会主义本质"理论的高度统一》,《毛泽东思想研究》,2001年第5期,第9~11页。
④ 吴敏,范俊彦:《关于社会主义本质问题的探讨》,《理论前沿》,2003年第18期,第44~46页。
⑤ 黄红发:《对社会主义本质认识的不断深化与拓展》,《社会主义研究》,2010年第6期,第38~42页。
⑥ 余正琨,黄淑娟:《论中国共产党对社会主义本质理论的丰富与发展》,《求实》,2011年第10期,第70~73页。
⑦ 房良钧:《促进人的全面发展是建设社会主义的本质要求》,《天津社会科学》,2001年第5期,第5~6页。
⑧ 臧乃康:《从社会主义本质到"三个代表"》,《理论导刊》,2001年第4期,第8~10页。

群众推动着历史的发展,为人民群众根本利益而奋斗是社会主义的根本目的。①余正琨和黄淑娟(2011)提到,江泽民明确了促进人的全面发展在物质文明、政治文明、精神文明三方面的本质要求,提出了促进人的全面发展必须在经济、政治、文化等方面进行体制改革的具体方法。②

### (三) 对胡锦涛关于社会主义本质相关论述的阐释

21世纪初,随着社会主义发展的持续推进,以胡锦涛同志为主要代表的中国共产党人坚持和发展了马克思主义经典作家对社会主义本质的认识,并着眼于当下实际问题,对社会主义本质的内容进行了深化和丰富,其提出的"科学发展观"和"社会主义和谐社会"思想是其对社会主义本质认识的集中体现。学术界对胡锦涛关于社会主义本质论述的研究主要也是从"科学发展观"和"社会主义和谐社会"思想进行分析和阐释,并对其价值和实现路径进行了探讨。

1. 关于胡锦涛社会主义本质主要内容的研究

对于胡锦涛社会主义本质相关论述的内容,学者们主要从两方面进行分析。

一是"科学发展观"角度。孙茂新(2004)指出,为共产主义创造条件是社会主义的基本使命,努力促进人的全面发展是马克思主义关于建设社会主义新社会的本质要求,而每个人自由而全面的发展要经过条件要素的长期积累才能实现,坚持科学发展观既能促进经济社会的进步,也能推进人的全面发展。③樊文娥(2006)认为,科学发展观是针对我国经济、社会发展中存在的突出问题和矛盾提出来的,它不是对以经济建设为中心的否定,而是对20多年来经济建设中的发展思路、发展观念、发展模式的新调整,只有尊重经济规律、社会规律和自然规律,社会主义的发展才能符合社会主义本质,满足人民的需要。④贾建芳(2009)提到,"以人为本"是科学发展观的核心,以人为本的原则和最高价值取向突出了社会主义本质的主体向度,体现了人的自由而全面发展的要求。⑤辛世俊(2010)提到,科学发展观提出让发展的成果惠及全体人民,是对社会主义本质论的升华,它强调"以人为本"的价值观,而科学发展观中对人民群众社会主体、历史主体、实践主体的地位的强调,体现了马克思主义社会历史观的基本原则,明确了中国特色社会主义的依靠力量。⑥

二是"和谐社会"思想角度。郭劲松(2005)指出,胡锦涛提出的"和谐社会"是党在新的历史时期对社会主义本质认识的进一步深化和发展,既有对生产力的强调,也

---

① 樊汉祯:《"三个代表"是社会主义本质的集中体现》,《山西大学学报》(哲学社会科学版),2002年第6期,第81~85页。
② 余正琨,黄淑娟:《论中国共产党对社会主义本质理论的丰富与发展》,《求实》,2011年第10期,第70~73页。
③ 孙茂新:《促进人的全面发展是建设社会主义社会的本质要求》,《党建研究》,2004年第4期,第25~27页。
④ 樊文娥:《科学发展观:社会主义发展的本质要求》,《毛泽东邓小平理论研究》,2006年第2期,第45~49+87页。
⑤ 贾建芳:《60年来对社会主义本质的认识再认识》,《科学社会主义》,2009年第5期,第9~12页。
⑥ 辛世俊:《科学发展观对"社会主义本质论"的深化与发展》,《学习论坛》,2010年第3期,第5~9页。

有对"人"的重视,"民主法治、公平正义、诚信友爱、充满活力、安定有序、人与自然和谐相处"六大"和谐社会"基本特征中,民主法治是社会主义本质的内在要求,而人与自然和谐相处体现了党对如何发展社会生产力的深层思考。① 丛松日和井文豪(2007)提到,要以实现人的全面发展为目标,就要把实现好、维护好、发展好最广大人民的根本利益作为工作的出发点和落脚点,而和谐社会是实现人全面发展的基础,所以构建社会主义和谐社会,是社会主义本质的内在要求和本质属性。② 张爱武(2007)提到,"社会主义和谐社会"是对社会主义本质认识的具体化,社会主义本质是社会主义社会形态的内部联系,社会和谐是对社会主义本质属性的丰富,使人们认识到社会主义本质在社会发展方面的内在规定性,对社会主义本质的认识进一步具体化。③ 余正琨和黄淑娟(2011)提到,从中国特色社会主义伟大事业的历史经验和新实践出发,胡锦涛创造性地提出了"社会和谐是中国特色社会主义的本质属性""社会和谐是发展中国特色社会主义的基本要求",从"推进社会建设"和"促进社会和谐"方面揭示了社会主义本质的科学内涵,进一步丰富和发展了社会主义本质理论,从而深化和拓展了对社会主义本质的认识。④ 蒋桂芳(2013)指出,马克思主义经典作家没有明确提出"社会主义和谐社会"的概念,但他们认为,未来理想社会是人与人和谐相处、人与自然和谐共生、每个人自由而又全面发展的社会,实际上就是和谐社会。社会和谐是社会主义的题中应有之义,也是社会主义优越于其他社会形态的固有属性。她还提到,胡锦涛强调了意识形态问题对社会主义发展的重要性,强调社会主义核心价值体系是兴国之魂,从精神方面加深了对社会主义本质的认识。⑤

2. 胡锦涛关于社会主义本质主要内容的创新及实现路径

"科学发展观"和"社会主义和谐社会"思想是以胡锦涛同志为总书记的党中央对社会主义本质内容的深化和丰富,除了论述其内容,学者们也对其价值和实现路径进行了阐述。

价值意义方面,学术界普遍认同,胡锦涛的"科学发展观"和"社会主义和谐社会"思想是在对马克思主义经典作家关于社会主义本质理论继承和发展基础上的创新。郭劲松(2005)指出,"构建社会主义和谐社会"不是对以往简单的经验总结,而是共产党在直面中国社会现实问题时的积极回应,在传承前人思想的基础上,体现了共产党对于建设社会主义现代化的实践方向的科学把握以及对建设有中国特色社会主义理论的

---

① 郭劲松:《和谐社会是对社会主义本质认识的深化和发展》,《当代世界与社会主义》,2005 年第 4 期,第 59~62 页。
② 丛松日,井文豪:《胡锦涛对社会主义本质论的丰富和发展——"什么是社会主义、怎样建设社会主义"由"不是完全清醒"到"逐渐清醒"的发展》,《长江论坛》,2007 年第 5 期,第 4~8 页。
③ 张爱武:《从社会主义本质论到社会主义和谐论:对社会主义认识的具体化》,《社会主义研究》,2007 年第 3 期,第 17~19 页。
④ 余正琨,黄淑娟:《论中国共产党对社会主义本质理论的丰富与发展》,《求实》,2011 年第 10 期,第 70~73 页。
⑤ 蒋桂芳:《试论胡锦涛对社会主义本质论的深化与发展》,《郑州大学学报》(哲学社会科学版),2013 年第 3 期,第 13~17 页。

创新与发展。① 丛松日和井文豪（2007）提到，胡锦涛关于"社会主义和谐社会"的理论是对"什么是社会主义"理论的进一步丰富和发展，"科学发展观"就是怎样建设社会主义和谐社会的发展观，是对"怎样建设社会主义"理论的进一步丰富和发展，把对社会主义的认识推到了新高度。② 蒋桂芳（2013）指出，胡锦涛通过"社会主义和谐社会"理论揭示了"什么是社会主义和谐社会、怎样建设社会主义和谐社会"的问题，从而进一步搞清了"什么是社会主义，怎样建设社会主义"的问题。③

路径研究方面，郭劲松（2005）提到，要实现社会主义和谐社会的目标，我们必须按照胡锦涛同志强调的几个原则去努力，坚持五个统筹、坚持以人为本、注重社会公平，正确处理改革、发展、稳定的关系。④ 辛世俊（2010）提到，科学发展观是对邓小平社会主义本质论的全面继承和发展：由"解放生产力，发展生产力"到"第一要义是发展"，强调了发展的全面性；由"消灭剥削，消除两极分化"到"发展的成果由人民共享"，将前景与实际相结合；由"实现共同富裕"到"以人为本"，彰显了社会主义最根本的价值追求。科学发展观明确提出"以人为本"，是对"社会主义本质论"的升华，因为社会主义的本质不会自动地实现，必须依靠人们自觉实践。"为了人"是以人为本的目的，为了达到"为了人"这个目的，又必须通过人自己的奋斗。⑤

### 三、对习近平新时代中国特色社会主义思想中关于社会主义本质相关论述的阐释

党的十八大以来，以习近平同志为核心的党中央坚持并创造性地发展了邓小平社会主义本质论，在实践中不断深化对社会主义本质的认识，谱写了破解时代难题的新篇章。学术界的研究集中在两个方面，一是对其社会主义本质相关论述的内容探讨，二是对其社会主义本质相关论述的价值阐述。

#### （一）关于习近平社会主义本质论述的主要内容的研究

关于习近平对社会主义本质的阐述，学者们普遍认同其对社会主义本质的发展融于新发展理念、扶贫思想和人类命运共同体等内容中，着重体现为共享发展理念和精准扶贫的提出。

第一，共享发展理念是对社会主义本质的深入解读。王淑荣和许力双（2016）提到，共享发展理念的提出，是对科学发展观的丰富，也是对共同富裕这一社会主义原则的坚持；是从改革与发展的目的性层面对中国经验的深刻反思与系统总结，也是对全面

---

① 郭劲松：《和谐社会是对社会主义本质认识的深化和发展》，《当代世界与社会主义》，2005年第4期，第59~62页。
② 丛松日，井文豪：《胡锦涛对社会主义本质论的丰富和发展——"什么是社会主义、怎样建设社会主义"由"不是完全清醒"到"逐渐清醒"的发展》，《长江论坛》，2007年第5期，第4~8页。
③ 蒋桂芳：《试论胡锦涛对社会主义本质论的深化与发展》，《郑州大学学报》（哲学社会科学版），2013年第3期，第13~17页。
④ 郭劲松：《和谐社会是对社会主义本质认识的深化和发展》，《当代世界与社会主义》，2005年第4期，第59~62页。
⑤ 辛世俊：《科学发展观对"社会主义本质论"的深化与发展》，《学习论坛》，2010年第3期，第5~9页。

深化改革的根本方向和突破口的正确认识；既具有强烈的时代感，也具有鲜明的现实针对性。① 陈江波（2017）提到，"共享"发展理念丰富了共同富裕的民本内涵，拓宽了社会主义本质的认识维度。② 蔡克文（2017）指出，习近平的共享发展理念，是对中国共产党历任领导人的思想继承，是对"以人民为中心"的深入解读，也是对实现共同富裕的路径探索。共享发展不仅是要享受那些看得见的发展成果，还要满足人的尊严、价值追求等看不见的无形的主观感受。使人民共享共富，既是由社会主义本质决定的，也是人民的迫切愿望。③ 刘洪刚（2017）提到，共享的实质是坚持以人民为中心的发展思想，体现了人民群众是推动社会发展的根本力量的唯物史观和中国共产党全心全意为人民服务的根本宗旨，为构建社会主义和谐社会和促进人的全面发展提供物质基础。④ 蒋晶和蒋英州（2018）指出，共享发展是解决当代中国发展过程中的突出问题和矛盾、努力实现共同富裕目标的必然选择，全民共享社会发展的文明成果是社会主义本质的内在要求和应有之义。⑤ 刘建武（2018）提到，共享发展理念所包含的全民共享、全面共享、共建共享和渐进共享，不仅回答了共享的覆盖面和共享的基本内容，而且回答了实现共享的基本途径和具体进程，是一个完整的体系。这是改革开放40年来、中华人民共和国成立60多年来、中国共产党成立90多年来和马克思主义诞生170年来对共享发展与共同富裕关系认识的高水平和新境界。⑥ 叶燕华和吴莎（2019）指出，"共享"发展理念，既是基于我国发展不平衡的实际，也是共同富裕思想在新的时代条件下的展现。⑦

第二，精准扶贫的提出为社会主义本质的实现指明了方向。蒋永穆和周宇晗（2015）指出，消除贫困是社会主义的本质要求这一论断，是习近平同志对于社会主义本质的最新发展。消除贫困是解放生产力、发展生产力的重要目标；消除贫困是消灭剥削，消除两极分化的应有之义；消除贫困是达到共同富裕的必经途径。实现全体人民共同富裕，要落到全面建成小康社会上来，而最终还要落到扶贫工作上来。⑧ 洪名勇和洪霓（2016）认为，共同富裕作为中国特色社会主义的本质要求，也是精准扶贫思想产生的理论基础，"全面建成小康社会"是精准扶贫思想产生的现实需求。要实现共同富裕，重点在农村、困难也在农村。⑨ 黄承伟（2016）提到，做好扶贫开发工作，使发展成果更多更公平地惠及人民，是一项体现社会主义的根本价值追求和奋斗理想的工作，是社

---

① 王淑荣，许力双：《共享发展理念的重大意义与实践指向》，《红旗文稿》，2016年第4期，第14~16页。
② 陈江波：《习近平执政为民理念对社会主义本质论的拓展》，《南通大学学报》（社会科学版），2017年第3期，第31~35页。
③ 蔡克文：《从毛泽东到习近平：共享发展理念的演进》，《改革与战略》，2017年第2期，第31~34页。
④ 刘洪刚：《中国特色社会主义本质理论研究》，《科学社会主义》，2017年第3期，第37~41+64页。
⑤ 蒋晶，蒋英州：《改革开放以来社会主义本质观的认识发展及其内在逻辑》，《中共福建省委党校学报》，2018年第12期，第29~36页。
⑥ 刘建武：《习近平共享发展思想的历史由来与重大意义》，《马克思主义研究》，2018年第3期，第39~46+159~160页。
⑦ 叶燕华，吴莎：《习近平对中国特色社会主义本质的新认识》，《兵团党校学报》，2019年第4期，第22~27页。
⑧ 蒋永穆，周宇晗：《习近平扶贫思想述论》，《理论学刊》，2015年第11期，第11~18页。
⑨ 洪名勇，洪霓：《论习近平的精准扶贫思想》，《河北经贸大学学报》，2016年第37期，第1~5页。

会主义的题中应有之义。习近平关于扶贫开发是社会主义本质要求的思想，是对马克思主义价值观的坚守和捍卫，更是对它的发展。只有将社会主义的理想转化为实际的战略，让农民过上好日子，才能焕发他们身上的巨大活力，夯实党执政为民的社会基础和群众基础。① 陈江波（2017）认为，从"全面小康"到"精准扶贫"的执政实践延拓了共同富裕的实现路径，体现了社会主义初级阶段的共同富裕本质。② 刘永富（2018）提到，习近平总书记表示，人民对美好生活的向往就是我们的奋斗目标。习近平总书记也提到，如果贫困地区长期贫困，群众生活长期得不到明显提高，那就没有体现社会主义制度的优越性，那也不是社会主义。所以精准扶贫思想，充分体现了人民性，体现了"人的全面发展"这一中国特色社会主义发展目标。③ 潘慧等（2018）提到，习近平总书记提出的"精准扶贫"思想是对马克思主义关于"共同富裕"理论的继承，其产生和发展是在中国特色社会主义理论体系中进行的，也是适应我国发展目标和中国扶贫实践的客观规律以及现实需要而提出的。④ 雷明（2018）指出，习近平精准扶贫思想的核心在于"以人民为中心"，这也是对社会主义本质的深入理解。⑤

### （二）习近平关于社会主义本质论述的主要内容的价值体现

关于习近平对中国特色社会主义本质的认识，学者们认为其价值如下。

内容方面，陈江波（2017）提到，习近平执政为民的治国理念与实践，基于马克思主义坚定的"人民立场"，丰富和发展了邓小平"共同富裕"的社会主义本质论。⑥ 蒋晶和蒋英州（2018）提到，习近平将党的领导作为社会主义最本质的特征，将共享作为社会主义的本质要求，继承了邓小平、江泽民、胡锦涛三位领导人时期的中国共产党社会主义本质观的基本思想，既体现了社会主义的公平，又展现了社会主义的美好，是实现共同富裕的必然选择。⑦ 叶燕华和吴莎（2019）指出，党的十八大以来，以习近平同志为核心的党中央，既坚持科学社会主义的基本原则，又结合新时代中国特色社会主义的实践对社会主义本质理论进行了丰富和发展。这些重要的认识成果，丰富发展了社会主义本质论，为新时代条件下坚持和发展中国特色社会主义提供了科学理论指南，推动新时代中国特色社会主义顺利向前发展，激励人民为实现中国特色社会主义本质要求而

---

① 黄承伟：《习近平扶贫思想体系及其丰富内涵》，《中南民族大学学报》（人文社会科学版），2016年第6期，第129~133页。

② 陈江波：《习近平执政为民理念对社会主义本质论的拓展》，《南通大学学报》（社会科学版），2017年第3期，第31~35页。

③ 刘永富：《习近平扶贫思想的形成过程、科学内涵及历史贡献》，《行政管理改革》，2018年第9期，第4~7页。

④ 潘慧，滕明兰，赵嵘：《习近平新时代中国特色社会主义精准扶贫思想研究》，《上海经济研究》，2018年第4期，第5~16+26页。

⑤ 雷明：《论习近平扶贫攻坚战略思想》，《南京农业大学学报》（社会科学版），2018年第1期，第1~11+160页。

⑥ 陈江波：《习近平执政为民理念对社会主义本质论的拓展》，《南通大学学报》（社会科学版），2017年第3期，第31~35页。

⑦ 蒋晶，蒋英州：《改革开放以来社会主义本质观的认识发展及其内在逻辑》，《中共福建省委党校学报》，2018年第12期，第29~36页。

奋斗。①

意义方面，王振光（2017）认为，中国特色社会主义本质是传统社会主义本质的本土化拓展和实践需求，是基于传统社会主义本质基础上的传承和创新，习近平对中国特色社会主义本质特征的新论断，是基于我国权力腐化问题，为通过制度化、法制化的有效路径来约束权力，从而不断巩固党的领导核心地位而提出的，有深刻的现实意义。② 陈江波（2017）提到，通过对社会主义本质的创新发展，强化了广大党员和民众对共产主义远大理想与中国特色社会主义共同理想的坚定，对"四个自信"的实现具有重要的现实意义，在实践中体现出了社会主义制度的优越性。③ 李宏伟（2019）指出，习近平对社会主义本质的发展是生动的、多元的，不局限历史、更面向未来，不仅仅聚焦于普通人的全面发展，更要实现全球和全世界人民的"共生共赢"。④

## 第三节 社会主义根本任务

社会主义的根本任务是为了实现根本目标，针对社会主义根本任务的内涵、社会主义根本任务的重要性以及根本任务的实现路径，学者们进行了一系列探讨。

### 一、社会主义根本任务的内涵

要实现共同富裕，就要不断发展生产，不断丰富物质资料，只有将解放和发展生产力作为社会主义的根本任务，才能推动目标的实现。学界对社会主义根本任务内涵进行了一系列研究（见表1-4）。

表1-4 学界对社会主义根本任务内涵的研究汇总表

| 内涵 | 观点来源 | 主要代表学者 |
| --- | --- | --- |
| 理论来源 | 历史唯物主义 | 邓初民（1939），葛名中（1939），薛汉伟（1985），等等 |
| | 发展的衡量标准 | 刘爱莲（1999），黄承宗（2000），等等 |
| 实践需要 | 发展目的 | 卫兴华和何伟（1980），周治滨（1994），李挺（2012），等等 |
| | 现实问题 | 李宗远（1994），王德孝（1995），梁柱（1998），等等 |
| | 社会矛盾 | 梁柱（1998），李挺（2012），等等 |
| | 社会主义优越性 | 袁秉达（1994），刘玉恒（1994），黄红发（2010），等等 |

---

① 叶燕华，吴莎：《习近平对中国特色社会主义本质的新认识》，《兵团党校学报》，2019年第4期，第22~27页。
② 王振光：《习近平关于中国特色社会主义本质的新论断》，《桂海论丛》，2017年第3期，第85~90页。
③ 陈江波：《习近平执政为民理念对社会主义本质论的拓展》，《南通大学学报》（社会科学版），2017年第3期，第31~35页。
④ 李宏伟：《中国特色社会主义新时代的本质特性》，《江汉论坛》，2019年第1期，第5~10页。

## （一）把解放和发展生产力作为根本任务的理论来源

视角一，历史唯物主义。邓初民（1939）指出，马克思恩格斯认为社会主义社会的高级形态无法立刻实现，必须以巨大的生产力发展为前提。[①] 葛名中（1939）提到，社会形态的更替是量变到质变的过程，只有社会主义的社会生产超过资本主义社会，才会产生新的质变。[②] 薛汉伟（1985）认为，恩格斯用生产力决定生产关系的基本原理，阐明了过渡时期的客观必然性，马克思则把共产主义两阶段的发展归结于生产力发展的不同水平。只有随着生产力的发展，集体财富的一切源泉都充分涌流之后，才能够实现共产主义。斯大林认识到社会主义改造基本完成以后，应当把工作重点进一步集中到经济建设上来，但在解决苏联社会主义经济问题时，斯大林没有用是否有利于生产力的发展这个最根本的标准来衡量一切。[③] 崔矗（1992）指出，历史唯物主义认为物质资料的生产是一切社会赖以生存和发展的基础，离开了生产和生产力的发展，人类就不可能存在，更谈不上社会的发展，生产力是一切社会发展的最终决定力量。社会主义社会得以建立，也是生产力的发展冲破了资本主义生产关系束缚的结果，而社会主义社会要得以巩固和发展，仍必须大力发展生产力。[④] 阳明（1994）提到，马克思主义认为，社会生产力的发展决定并推动了历史变革，社会主义的实现是为了解脱束缚它前进的私有制，代之以公有制。社会主义要实现就需要社会生产力的发展。[⑤] 刘玉恒（1994）也提到，生产力是人类社会产生、存在和发展的最根本的前提和基础。人类由于产生了向自然界谋取生活物质资料的能力，才从动物界脱离出来，并形成了社会。[⑥] 王德孝（1995）指出，人类社会最基本的矛盾运动是人类社会发展的根本动力，在社会基本矛盾中，生产力决定生产关系，所以生产力是社会发展的最终决定力量。[⑦] 王桂英（2002）认为，生产力是社会生产中最活跃最革命的因素，是推动人类社会发展的最终决定力量。人类社会形态从低级到高级的更替，从根本上说是社会生产力不断发展的结果。[⑧] 秦宣（2007）提到，生产力是社会发展最根本的决定性因素，社会主义社会必须建立在高度发达的生产力基础之上。[⑨]

视角二，衡量社会发展的标准。刘爱莲（1999）指出，人们所达到的生产力总和决定着社会状况，未来的社会里消灭异化以生产力的巨大增长和高速度发展为前提，生产力的高度发展是从社会主义过渡到共产主义的一个重要前提，只有生产力增长，才能消

---

[①] 邓初民：《新政治学大纲》，生活书店出版社，1939年，第97页。
[②] 葛名中：《科学的哲学》，生活书店出版社，1939年，第151页。
[③] 薛汉伟：《社会主义阶段最根本的任务是发展生产力》，《学习与探索》，1985年第1期，第4～9页。
[④] 崔矗：《以经济建设为中心，大力发展生产力，是社会主义的根本任务》，《湖南大学社会科学学报》，1992年第2期，第1～3页。
[⑤] 阳明：《发展生产力是社会主义最根本的任务》，《中国人才》，1994年第1期，第12～14页。
[⑥] 刘玉恒：《社会主义最根本的任务是发展生产力的科学依据》，《理论研究》，1994年第1期，第19～22页。
[⑦] 王德孝：《邓小平的社会主义根本任务论》，《兰州大学学报》，1995年第1期，第54～58页。
[⑧] 王桂英：《马克思主义的生产力理论与践行》，《齐鲁学刊》，2002年第4期，第122～126页。
[⑨] 秦宣：《中国特色社会主义道路的科学内涵》，《思想理论教育导刊》，2007年第12期，第17～21页。

灭分工和脑体力差别。① 黄承宗（2000）提到，马克思主义经典作家把是否容许生产力不断向前发展作为衡量社会制度是否优越的标准，认为无产阶级夺取政权以后，应该尽一切办法发展社会生产。列宁也强调，创造优于资本主义的经济制度，提高劳动生产力是苏维埃的根本任务。② 黄承宗和黄波（2001）指出，斯大林强调社会主义要比资本主义创造出更高的劳动生产率，就含有社会主义的根本任务是发展生产力的萌芽。③ 刘泰来和徐继开（2011）提到，马克思认为，生产力的发展是绝对必需的实际前提，以避免极端贫困情况下陈腐污浊东西的死灰复燃；列宁认为生产力的发展是社会进步的最高标准。④

## （二）解放和发展生产力是中国特色社会主义的实践需要

将解放发展生产力作为社会主义的根本任务，并不只是来源于马克思主义经典作家的理论，更是来自中国共产党人的实践。

第一，发展目的视角。卫兴华（1980）提到，生产是满足生活需要的物质基础。只有在生产发展的基础上，才可能提高人民群众的物质文化生活水平。生产搞得越好，发展得越快，生活问题才能解决得越好越快。因此，关心社会主义生产目的的实现，就首先要关心社会主义生产的高速度发展。⑤ 周治滨（1994）指出，邓小平同志把解放和发展生产力与社会主义的本质联系起来，从内在突出了发展生产力对于社会主义的决定性作用。也就是说，发展生产力不再仅仅是巩固社会主义制度的物质手段，而且是社会主义本身的必然要求，是衡量是否搞了社会主义之首要的和第一的判断标准。⑥ 潘峰（2000）强调，"三个代表"重要思想，首要的或基础的是代表"先进生产力的发展要求"，这就从党的建设角度集中突出了党的根本任务和使命，强调社会主义的根本任务是发展生产力。⑦ 黄承宗和黄波（2001）提到，毛泽东同志曾明确表示，我们的根本任务是由解放生产力变为在新的生产关系下保护和发展生产力，但是由于他方法上的错误，仍然局限在生产力量的扩张和量的增长上。⑧ 张雷声（2005）认为，社会主义本质关于"解放生产力、发展生产力"的强调，说明了社会主义发展必须讲效率，而解放生产力则蕴涵着社会主义的发展必须注重公平的意义。只有通过解放生产力和发展生产力，才能真正体现社会主义的本质；也要注意我国在经济建设中忽视生产力发展、不讲效率的错误观念和做法，强调了社会主义初级阶段必须既注重生产力的发展又注重生产

---

① 刘爱莲：《邓小平对马克思主义生产力理论的贡献》，《江西社会科学》，1999年第11期，第61～65页。
② 黄承宗：《社会主义的根本任务是发展生产力》，《求是》，2000年第18期，第22～24页。
③ 黄承宗，黄波：《邓小平关于社会主义根本任务的科学论断是对国际共运的新贡献》，《理论与改革》，2001年第4期，第55～58页。
④ 刘泰来，徐继开：《解放和发展生产力是构建和谐社会的物质基础》，《生产力研究》，2011年第2期，第43～44页。
⑤ 卫兴华，何伟：《关于社会主义生产的目的问题》，《山西财经学院学报》，1980年第2期，第10～14页。
⑥ 周治滨：《社会主义的本质和根本任务》，《理论与改革》，1994年第1期，第42～43页。
⑦ 潘峰：《代表先进生产力发展要求承担好根本任务和使命》，《生产力研究》，2000年第6期，第26～27页，第30页。
⑧ 黄承宗，黄波：《邓小平关于社会主义根本任务的科学论断是对国际共运的新贡献》，《理论与改革》，2001年第4期，第55～58页。

力的解放，说明了社会主义制度更利于人们自觉地运用它来建设和发展社会主义。① 刘泰来和徐继开（2011）指出，解放和发展生产力是每一个新社会制度固有的历史使命和根本任务。和谐社会是物质极大丰富、社会财富充分涌流的社会，没有生产力的发展，根本谈不上和谐。② 李挺（2012）指出，毛泽东关于实现"四个现代化"的思想和实践，以及对走中国式工业化道路的重视，体现了他对生产力发展的重视。③ 黄小华（2016）指出，习近平认为解放和发展生产力是实现中华民族伟大复兴的中国梦的根本路径，是解放和发展生产力是实现"两个一百年"奋斗目标的必由之路，是引领经济发展新常态的重要路径。④

第二，现实问题视角。李宗远（1994）提到，刘少奇关于社会主义根本任务的思想源远流长，他第一次领导工人运动取得胜利之后，提出社会主义的根本任务是让无产阶级夺取政权，并用最大的力量、最快的速度发展实业。在战争环境中，刘少奇强调要重视和发展生产力，这不仅关系战争的胜利，而且是在准备由革命向社会主义转变的经济基础。中华人民共和国成立之后，刘少奇提到，民主革命结束以后的中心问题是"恢复与发展中国的经济"，并在不同场合多次强调党和全国人民当前的主要任务就是要聚精会神地发展生产力，坚持以经济建设为中心。⑤ 王德孝（1995）指出，过去十分强调社会主义的公有制程度和分配形式，在实践中忽视生产力的发展和共同富裕的目标，结果社会主义运动几十年，反而扩大了和资本主义国家的差距，受到国际敌对势力的挑战和压力。⑥ 梁柱（1998）提到，江泽民同志在十五大报告中重申了社会主义初级阶段的科学论断，强调一切工作必须从社会主义初级阶段这个最大的实际出发，各项工作都要服从和服务于经济建设这个中心。⑦ 刘爱莲（1999）提到，邓小平指出，社会主义是共产主义的低级阶段，所以社会主义社会的根本任务或首要任务是发展生产力。在中国这样生产力水平比较落后的国家建设社会主义，更要把发展生产力当作根本任务。从国际角度看，现在都是综合国力的竞争，只有发展生产力，国家才能立于不败之地。⑧ 黄承宗（2000）指出，邓小平关于中国社会主义的根本任务是要发展生产力的论断，以"文化大革命"为思考的起点，以"贫穷"问题作为研究社会主义根本任务的切入点，发达国家生产力发展的现实是他思考社会主义根本任务的对比点，共产主义国际运动的变化是他思考社会主义根本任务的归宿点。⑨ 王桂英（2002）、黄亚玲（2010）指出，以毛泽东同志为核心的党的第一代中央领导集体主要生活在革命与战争时代，他们深刻地

---

① 张雷声：《从效率与公平统一的视角理解社会主义本质》，《学术界》，2005年第4期，第20~29页。
② 刘泰来，徐继开：《解放和发展生产力是构建和谐社会的物质基础》，《生产力研究》，2011年第2期，第43~44页。
③ 李挺：《毛泽东思想与中国特色社会主义关系研究——基于发展生产力与社会主义建设根本任务的视界》，《毛泽东思想研究》，2012年第6期，第31~34页。
④ 黄小华：《习近平对党的解放，发展生产力理论的继承与发展》，《探索》，2016年第3期，第15~20页。
⑤ 李宗远：《刘少奇论社会主义社会的根本任务》，《青海社会科学》，1994年第4期，第10~13页。
⑥ 王德孝：《邓小平的社会主义根本任务论》，《兰州大学学报》，1995年第1期，第54~58页。
⑦ 梁柱：《正确理解初级阶段与党的根本任务》，《河北大学学报》（哲学社会科学版），1998年第3期，第14~18页。
⑧ 刘爱莲：《邓小平对马克思主义生产力理论的贡献》，《江西社会科学》，1999年第11期，第61~65页。
⑨ 黄承宗：《社会主义的根本任务是发展生产力》，《求是》，2000年第18期，第22~24页。

认识到中国发生革命的深刻原因在于旧的生产关系严重束缚了中国生产力的发展,要领导人民胜利完成国家独立、民族解放的历史任务,必须以革命的形式打破旧的生产关系以解放社会生产力。毛泽东明确提出中国革命的目的就是为了解放生产力。① 贺朝霞(2008)认为,我国是在经济文化比较落后的条件下建设社会主义,发展生产力具有特殊重要的意义。我国原有的经济体制、政治体制和其他方面的体制等束缚了生产力的发展,必须通过改革为生产力的发展开辟出广阔的前景。② 宗寒(2015)提到,解放和发展生产力是最重要最迫切的任务,发展是解决所有问题的关键,这样才能进一步展现社会主义制度的优越性、提高人民消费水平、夯实物质基础。③

第三,社会矛盾视角。梁柱(1998)提到,毛泽东同志不仅看到了刚刚建立的社会主义制度还不完善的一面,而且看到了生产力还十分落后的一面,认为只有大力发展社会生产力,建立起强大的物质技术基础,才能"巩固我们的新制度"。所以大力发展社会生产力,是解决社会主义初级阶段社会矛盾的根本途径,也是巩固和发展社会主义的头等重要的大事。④ 李挺(2012)指出,毛泽东认为社会主义生产关系和生产力之间的关系是既相适应又相矛盾的,这就决定了我们国内的主要矛盾的本质是落后生产力和先进制度的不匹配,只有发展生产力才能从根本上解决社会主义社会的基本矛盾。⑤

第四,社会主义优越性视角。袁秉达(1994)提到,邓小平认为,走社会主义道路,首先要了解什么叫社会主义,贫穷不是社会主义,发展太慢也不是社会主义。由此,邓小平指出社会主义阶段的最根本任务就是发展生产力,社会主义的优越性归根到底要体现在它的生产力比资本主义发展得更快,并且在发展生产力的基础上不断改善人民的物质文化生活。⑥ 刘玉恒(1994)指出,社会生产力的发展是资本主义灭亡的根据,也是社会主义建立的前提,大力发展生产力理应成为社会主义的根本任务,而在相对落后的国家建立的社会主义制度,更有赖于生产力的高度发展。⑦ 梁柱(1998)指出,毛泽东同志曾经更多地注意了制度方面的问题,忽略了实际。邓小平同志多次强调,社会主义初级阶段是不可超越的一个很长的历史阶段;社会主义的根本任务是发展生产力,在社会主义初级阶段尤其要把发展生产力放在首位。⑧ 李国安和王桂林(2002)指出,江泽民同志认为,社会主义的根本任务是发展生产力,增强社会主义国家的综合国力,使人民的生活日益改善,不断体现社会主义优于资本主义的特点。只有坚持把发展生产力作为社会主义首要的根本任务,才能更加积极主动地体现和展示社

---

① 王桂英:《马克思主义的生产力理论与践行》,《齐鲁学刊》,2002年第4期,第122~126页。
黄亚玲:《新中国成立以来中国共产党生产力发展观研究》,《思想理论教育导刊》,2010年第2期,第44~46页。
② 贺朝霞:《社会主义本质论与构建和谐社会》,《求实》,2008年第5期,第69~72页。
③ 宗寒:《中国最根本任务是解放和发展生产力》,《当代经济研究》,2015年第1期,第29~35+2+97页。
④ 梁柱:《正确理解初级阶段与党的根本任务》,《河北大学学报》(哲学社会科学版),1998年第3期,第14~18页。
⑤ 李挺:《毛泽东思想与中国特色社会主义关系研究——基于发展生产力与社会主义建设根本任务的视界》,《毛泽东思想研究》,2012年第6期,第31~34页。
⑥ 袁秉达:《社会主义的本质与根本任务》,《党政论坛》,1994年第1期,第43~44页。
⑦ 刘玉恒:《社会主义最根本的任务是发展生产力的科学依据》,《理论研究》,1994年第1期,第19~22页。
⑧ 梁柱:《正确理解初级阶段与党的根本任务》,《河北大学学报》(哲学社会科学版),1998年第3期,第14~18页。

主义的优势和特色,增强社会主义的吸引力和感召力,争取和保持在与资本主义的比较和竞争中赢得优势。① 黄红发(2010)提到,发展生产力与解放生产力是统一的,都体现了社会主义本质要求,共同构成了社会主义的根本任务,突破了在社会主义条件下只有保护和发展生产力而没有解放生产力任务的传统认识。②

## 二、社会主义根本任务的实现路径

马克思主义经典作家和中国共产党人处于不同的时代,面临不同的社会情况,对社会主义根本任务的实现路径便有不同看法,学术界也从以下几个角度对实现路径进行了探讨(见表1-5)。

表1-5 学界关于社会主义根本任务的实现路径的研究汇总表

| 实现路径 | 主要代表学者 |
| --- | --- |
| 发展科技与教育 | 余立(1994),袁贵仁(1994),潘峰(2000),等等 |
| 推进经济体制改革 | 魏淑萍(1994),周治滨(1994),秦宣(2007),等等 |
| 坚持和加强共产党的领导 | 阳明(1994),徐卫国(2002),等等 |
| 优化产业结构与扩大开放 | 阳明(1994),潘峰(2000),徐卫国(2002),等等 |

视角一,发展科技与教育。林先发(1978)指出,人是生产力的重要组成部分,尤其是具有科学知识和生产经验的人。③ 鲁洁(1978)提出,教育把可能的生产力转化为直接的生产力,培养出具有一定文化科学知识的体力劳动者,以及科学家和专业技术人员。④ 余立(1994)强调,邓小平同志在1978年就提出了"四个现代化",并强调科学技术现代化的重要性,而科学技术人才培养的关键就在教育。有了教育带来的人才优势,加上先进的社会主义制度,我们就有把握达到目标。提高全民族的思想道德、科学文化素质,培养有理想、有道德、有文化、有纪律的社会主义的建设者和接班人,不仅直接影响到社会主义现代化建设的进程,而且在很大程度上决定着民族的精神面貌。⑤ 袁贵仁(1994)提到,邓小平同志明确提出"科学技术是第一生产力"。马克思曾经提出"主体生产力"论,列宁进一步提出"首要生产力"论,毛泽东也赞同发展的决定因素是人不是物,邓小平的"第一生产力"论进一步强调劳动者人力中智力的作用高于体力。所以要把牢科技和教育,国力的强弱和经济发展后劲的大小,越来越取决于劳动者的素质和知识分子的数量质量。⑥ 潘峰(2000)提到,要大力发展生产力,就必须紧紧着眼于先进生产力的发展要求,依循生产力发展规律。突出强调科学技术的地位作用,

---

① 李国安,王桂林:《第三代中央领导集体对邓小平"什么是社会主义,怎样建设社会主义"理论的新发展》,《毛泽东思想研究》,2002年第4期,第75~77页。
② 黄红发:《对社会主义本质认识的不断深化与拓展》,《社会主义研究》,2010年第6期,第38~42页。
③ 林先发:《试论生产力的发展规律》,《武汉大学学报》(哲学社会科学版),1978年第3期,第28~32页。
④ 鲁洁:《试论教育对生产力的发展作用》,《南京师大学报》(社会科学版),1978年第4期,第21~27页。
⑤ 余立:《试论社会主义的根本任务与高等教育》,《辽宁高等教育研究》,1994年第3期,第12~17+34页。
⑥ 袁贵仁:《社会主义的根本任务和目标》,《高校理论战线》,1994年第3期,第23~25页。

大力发展第一生产力；同时重视优先发展教育，全面提高劳动者素质。① 徐卫国（2002）强调，马克思恩格斯非常重视科学技术对社会发展的作用，认为科学是历史的有力的杠杆，是最高意义上的革命力量，劳动生产力是随着科学和技术的不断进步而不断发展的。列宁也提到，没有最新的技术，没有新的科学发现，我们无法建成共产主义。② 李挺（2012）指出，毛泽东把科技作为发展生产力的重要途径和手段，他提出"技术革命"就是要全国人民重视科学、学习科技，以便中国能迅速摆脱科技和生产力落后的状况，摆脱落后挨打的局面。正是在以毛泽东的"向科学进军"思想的指导下，在毛泽东为首的党中央的领导下，中国初步建成了一套完整的重工业和国民经济体系，为中国日后全面开展经济建设奠定了扎实的基础。③

视角二，推进经济体制改革。魏淑萍（1994）提到，社会主义市场经济有利于优化资源配置，提高经济效益，有利于竞争，增强企业的活力，有利于加快发展并参与国际竞争，有利于进一步解放生产力和发展生产力。④ 周治滨（1994）指出要坚持社会主义市场经济体制，强调了除公有制经济和按劳分配外其余分配方式对生产力发展的重要作用。⑤ 梁柱（1998）提到，我们进行经济体制改革，建立与发展社会主义市场经济，归根到底是要更有力地发展生产力，加强公有制经济。公有制实现形式可以而且应当多样化，要努力寻找能够极大促进生产力发展的公有制实现形式。⑥ 刘爱莲（1999）提到，社会主义基本的制度确立以后，要从根本上改变束缚生产力发展的经济体制，建立起充满生机和活力的社会主义经济体制，促进生产力的发展，这是对生产力的解放；还要把是否有利于生产力的发展看作是衡量一切工作的最根本的是非标准。⑦ 潘峰（2000）指出，要大力解放生产力，就要通过不断的、深入的改革，破除不适应生产力发展的生产关系弊端和过时形式。第一，在以公有制为主体、多种所有制经济共同发展中，不断深化公有制实现形式的改革；第二，在按劳分配为主体、多种分配方式并存中，推进分配结构和分配方式的改革；第三，健全市场经济体制，推进各方面体制创新，为大力解放生产力开辟广阔天地；第四，不断解放思想，勇于开拓创新，解放生产力无止境，解放思想也无止境，解放思想是不断解放生产力的先导。⑧ 徐卫国（2002）认为，战时共产主义的实践表明，在一个小农经济占优势的国家里取消商品生产必然招致"惨败"，新经济政策的实行让苏维埃俄国的经济有所转变，所以依据我国目前的发展状况，仍然要

---

① 潘峰：《代表先进生产力发展要求承担好根本任务和使命》，《生产力研究》，2000年第6期，第26~27+30页。
② 徐卫国：《列宁论无产阶级执政党的根本任务》，《中南财经政法大学学报》，2002年第1期，第36~39页。
③ 李挺：《毛泽东思想与中国特色社会主义关系研究——基于发展生产力与社会主义建设根本任务的视界》，《毛泽东思想研究》，2012年第6期，第31~34页。
④ 魏淑萍：《市场经济与社会主义根本任务》，《经济问题》，1994年第5期，第45~46页。
⑤ 周治滨：《社会主义的本质和根本任务》，《理论与改革》，1994年第1期，第42~43页。
⑥ 梁柱：《正确理解初级阶段与党的根本任务》，《河北大学学报》（哲学社会科学版），1998年第3期，第14~18页。
⑦ 刘爱莲：《邓小平对马克思主义生产力理论的贡献》，《江西社会科学》，1999年第11期，第61~65页。
⑧ 潘峰：《代表先进生产力发展要求承担好根本任务和使命》，《生产力研究》，2000年第6期，第26~27+30页。

推行社会主义市场经济。① 秦宣（2007）指出，要解放和发展生产力，必须实行改革，改革不是否定和抛弃社会主义基本制度，而是要推动我国社会主义制度的自我完善和发展。②

视角三，坚持和加强共产党的领导。黄顺基和刘炯忠（1963）指出，由于共产党的正确领导，大大促进了我国少数民族地区的生产力发展。③ 阳明（1994）提到，要坚持生产力标准，作为我们衡量一切工作的根本标准。生产力标准为我们的一切改革举措确立了行动准则，是保证社会主义建设的正确方向的指路明灯。黄承宗指出，邓小平认为坚持"一个中心、两个基本点"的基本路线是集中精力发展生产力的重要原则。④ 徐卫国（2002）提到，要按照生产力发展的要求来加强党的自身建设，并同人民群众保持密切联系。同时，执政党必须学会管理经济，从经济建设特点出发，按经济规律办事，不能操之过急。⑤

视角四，优化产业结构与扩大开放。阳明（1994）指出，只有深化改革，扩大对外开放，引进先进的科学技术，采用一切人类文明的先进成果，才能使国民经济实行良性循环，求得持续、稳定、协调和较快的发展。要抓住有利时机，要力争国民经济几年上一个台阶。⑥ 潘峰（2000）指出，加快发展第三产业，优化产业结构，产业结构状况和第三产业尤其知识密集型高级服务业的比重，标志着一个国家生产力发展水平的高低。扩大对外开放，加速我国现代化进程，引进国外的先进技术和管理经验，从最关键处促进我国生产力发展，尽快缩短我国与发达国家差距。只有扩大开放，最大限度地开放，才能加速发展我国的生产力，迎头赶上世界发达水平。⑦ 徐卫国（2002）认为，要发展对外经济关系，吸收和利用外国资本主义国家的先进技术、资金和管理经验来发展我国经济。革命的共产党人不应简单地抛弃和否定资本主义在生产技术和管理经验方面的长处，而要充分利用这些长处。⑧

此外，刘玉恒（1994）还指出，把发展生产力作为根本任务，必须把发展生产力提到社会主义的本质的高度去认识，必须把是否有利于发展生产力作为判断一切工作是非得失的标准。⑨ 徐卫国（2002）强调，必须调动广大群众的积极性和创造性，只有依靠广大群众，才能把经济建设搞好，才能建成社会主义。还强调经济建设和文化建设要同时进行，只有提高全体劳动者的科学文化素养，改变他们的精神道德面貌，增强他们的革命觉悟，才能为发展生产力、提高劳动生产率打下必要的基础。⑩

---

① 徐卫国：《列宁论无产阶级执政党的根本任务》，《中南财经政法大学学报》，2002年第1期，第36~39页。
② 秦宣：《中国特色社会主义道路的科学内涵》，《思想理论教育导刊》，2007年第12期，第17~21页。
③ 黄顺基，刘炯忠：《关于生产力发展的决定动力问题》，《教学与研究》，1963年第6期，第6~14页。
④ 阳明：《发展生产力是社会主义最根本的任务》，《中国人才》，1994年第1期，第12~14页。
⑤ 徐卫国：《列宁论无产阶级执政党的根本任务》，《中南财经政法大学学报》，2002年第1期，第36~39页。
⑥ 阳明：《发展生产力是社会主义最根本的任务》，《中国人才》，1994年第1期，第12~14页。
⑦ 潘峰：《代表先进生产力发展要求承担好根本任务和使命》，《生产力研究》，2000年第6期，第26~27+30页。
⑧ 徐卫国：《列宁论无产阶级执政党的根本任务》，《中南财经政法大学学报》，2002年第1期，第36~39页。
⑨ 刘玉恒：《社会主义最根本的任务是发展生产力的科学依据》，《理论研究》，1994年第1期，第19~22页。
⑩ 徐卫国：《列宁论无产阶级执政党的根本任务》，《中南财经政法大学学报》，2002年第1期，第36~39页。

### 三、实现社会主义根本任务的意义

社会主义根本任务的提出与社会主义本质和发展目标息息相关，根本任务的实现也关系到社会发展的方方面面。

实现社会主义根本任务有助于加深对社会主义初级阶段的理解。卫兴华和黄泰岩（1987）提到，社会主义初级阶段存在的客观必然性是由较低的社会生产力水平决定的。在像我国这类生产力落后的国家建立社会主义，需要一个大力发展社会生产力的时期，社会主义初级阶段的时间会更长一些，路程更曲折一些。初级阶段的结束要取决于生产力的水平和生产关系的成熟程度。① 袁贵仁（1994）指出，社会主义根本任务的提出有助于我们加深对社会主义初级阶段主要矛盾的理解，有助于理解生产力标准、夯实经济建设这个中心。②

实现社会主义根本任务是解决我国实际问题的必由之路。薛汉伟（1985）指出，只有了解社会主义阶段的最根本任务是发展生产力，才能了解为什么要建设中国特色的社会主义，以及怎样建设、怎样改革。我国社会主义建设的困难，不仅在于物质基础不够雄厚，而且在于要冲破不适合我国实际情况的经济体制和社会主义的固定观念。最根本任务是发展生产力这个论断的提出，为我们彻底扫除一切"左"的思想束缚、进一步解放思想提供了强大的思想武器。③ 崔矗（1992）提到，只有大力发展生产力，具备了现代化的强大的物质基础，才能有效地实现社会主义的最大限度满足人民的物质和文化生活需要这一生产目的，促进社会主义精神文明建设，为建设强大的国防力量提供物质保证，保卫住来之不易的社会主义的成果，充分显示社会主义制度的生机与活力。④ 阳明（1994）指出，邓小平同志从多方面论述了发展生产力这一根本任务的客观必然性和必要性：是有效地解决我国现阶段社会主义主要矛盾的客观需要，有助于巩固我国社会主义制度，也是完成祖国统一大业和处理好国际问题的客观需要，而且只有生产力得到高度发展，才能为过渡到共产主义创造物质条件。⑤

实现社会主义根本任务才能为从社会主义向共产主义过渡打下基础。崔矗（1992）认为，大力发展生产力是保证社会主义向共产主义过渡的根本条件，任何质变都要有量变的积累和准备，如果不强调发展生产力，就不可能建设起高度的现代化的物质基础，那么试图向共产主义过渡就只能成为 20 世纪和 21 世纪的新空想。⑥

---

① 卫兴华，黄泰岩：《关于社会主义初级阶段几个理论问题的探讨》，《教学与研究》，1987 年第 5 期，第 8~12 页。
② 袁贵仁：《社会主义的根本任务和目标》，《高校理论战线》，1994 年第 3 期，第 23~25 页。
③ 薛汉伟：《社会主义阶段最根本的任务是发展生产力》，《学习与探索》，1985 年第 1 期，第 4~9 页。
④ 崔矗：《以经济建设为中心，大力发展生产力，是社会主义的根本任务》，《湖南大学社会科学学报》，1992 年第 2 期，第 1~3 页。
⑤ 阳明：《发展生产力是社会主义最根本的任务》，《中国人才》，1994 年第 1 期，第 12~14 页。
⑥ 崔矗：《以经济建设为中心，大力发展生产力，是社会主义的根本任务》，《湖南大学社会科学学报》，1992 年第 2 期，第 1~3 页。

## 第四节　实现共同富裕

实现全体人民共同富裕，既是社会主义的本质要求和最终目标，也是中国特色社会主义高扬的一面旗帜。要完成共同富裕这一目标，需要在了解其重要性和全方位内涵的基础上，探讨有效的实现路径。

### 一、共同富裕是社会主义本质的内在要求

作为社会主义的本质，共同富裕的重要性不是凭空提出的，而是来源于马克思主义经典作家的理论和推断，更是来源于一代代中国共产党人坚守的初心和实践的经验。

#### （一）共同富裕是马克思主义经典作家的核心思想

共同富裕这一思想在马克思恩格斯对现实资本主义社会的不满中诞生，是他们对未来共产主义的美好畅想和寄托。学者们对马克思恩格斯这一思想的起因和思想内容进行了探讨。

思想成因方面。邱海平（2016）指出，马克思主义理论充分说明了资本主义生产方式并不是一种绝对的、永恒的社会生产方式，必然被更高级的社会生产方式所替代。只有在高度发达的社会生产力的基础上建立社会主义和共产主义的生产方式和经济制度，才能消灭两极分化，进而促进社会生产力的进一步发展、劳动人民物质生活水平的不断提高、全体社会成员的共同富裕以及人的全面自由发展。[①] 刘琪（2018）认为，马克思恩格斯共同富裕思想是在资本主义进入社会化大生产的背景下逐渐形成的，彼时资本主义社会充满了多种社会矛盾，他们看到了以私有制为基础的资本主义的弊端，提出了只有消灭剥削的共产主义才能实现共同富裕。[②] 韩文龙和祝顺莲（2018）提到，马克思恩格斯共同富裕的思想萌芽于贫富分化和阶级压迫严重的背景，来源于西方启蒙思想中的人权、自由、平等等观点。私有制下的剥削与被剥削让资本主义社会无法实现无产阶级的平等和自由，只有共产主义社会才能实现共同富裕。实现共同富裕的物质基础是生产力的高度发展，在保证社会主义公有制与生产力高度发展的基础上才能实现共同富裕的价值追求，从而促进劳动者的全面发展。[③]

思想内容方面。卫兴华（2012）强调，快速发展生产力、民生为重、共同富裕，是马克思主义科学社会主义旗帜上写明的东西，社会主义要实现全体劳动人民的共同富裕

---

[①] 邱海平：《马克思主义关于共同富裕的理论及其现实意义》，《思想理论教育导刊》，2016年第7期，第19~23页。

[②] 刘琪：《实现共同富裕的基本条件有哪些》，《人民论坛》，2018年第35期，第114~115页。

[③] 韩文龙，祝顺莲：《新时代共同富裕的理论发展与实现路径》，《马克思主义与现实》，2018年第5期，第31~37页。

是其区别于以往一切社会制度的本质所在。① 易重华和席学智（2013）指出，马克思恩格斯表达了共同富裕是社会主义基本原则的观点：社会主义既是富裕的，又是共享的，二者缺一不可。离开了富裕，社会主义是反动的；离开了共享，社会主义实则就是资本主义的。② 邱海平（2016）提到，马克思主义理论不仅把实现人类的共同富裕理解为一个历史发展的过程和趋势，而且也把争取工人阶级的物质利益和经济权利理解为工人阶级及其政党进行社会主义革命的目的和内容之一。③ 李瑞军和董晓辉（2021）指出，历史唯物主义理论揭示了共同富裕的基础和前提，即社会生产力的不断发展；马克思主义理论揭示了实现共同富裕的历史渐进性和阶段过渡性，只有在社会主义高级阶段才能实现通过按需分配对生活资料的平等占有；通过对资本主义社会经济运动规律的分析，马克思主义理论揭示了人类最终走向共同富裕的共产主义社会的发展趋势和历史必然性。④

### （二）共同富裕是中国共产党的奋斗目标

为中国人民谋幸福是共产党人的初心，而实现共同富裕则是使每个中国人幸福的必要条件。所以实现共同富裕是中国共产党几代领导人孜孜以求的梦想，从共产党的第一代领导人开始，共产党始终坚持把实现人民的共同富裕确立为党的事业的宗旨和社会主义建设的根本目的，始终坚持通过探索一条中国特色社会主义道路来实现共同富裕的雄伟目标。学者们从不同视角对共同富裕与中国共产党的关系进行了说明。

视角一，总体目的方面。白建华（1954）提到，劳动力是创造一切的财富，我们将不断满足人民需要，到我们的社会主义建设完成的时候，我国将完全消灭失业和半失业的现象，保证全体人民都能享受幸福生活。⑤ 卫兴华（2012）指出，共同富裕是社会主义最本质的规定，无论马克思主义的科学社会主义，还是中国特色社会主义，共同富裕都是区别于以往一切社会的本质要求和目的。原始社会虽然没有私有制，但由于生产力极端落后，不可能有共同富裕和美好的生活。奴隶社会、封建社会、资本主义社会，都存在阶级剥削与对立，不可能共同富裕。中国特色社会主义强调以经济建设为中心，快速发展生产力，保障和改善民生，走共同富裕道路。⑥ 孙武安（2013）强调，贫困无法体现社会主义的优越性，而我国社会矛盾的一个焦点问题就是贫富差距扩大，只有缩小差距，实现共同发展、共同富裕，才能从根本上化解矛盾。把实现共同富裕作为现阶段为人民服务的"中心课题"，这既是深化改革开放、持续发展的要求，更是实践共产党的根本宗旨、巩固共产党的执政地位的迫切要求。⑦ 段希（2016）指出，"共同富裕"

---

① 卫兴华：《共同富裕是中国特色社会主义的根本原则》，《经济问题》，2012年第12期，第4~8+114页。
② 易重华，席学智：《邓小平共同富裕思想的内涵、地位及其现实指导意义》，《湖北社会科学》，2013年12期，第8~11页。
③ 邱海平：《共同富裕的科学内涵与实现途径》，《政治经济学评论》，2016年第7期，第21~26页。
④ 李瑞军，董晓辉：《新时代共同富裕的深刻内涵和实现路径：回顾与展望》，《晋阳学刊》，2021年第1期，第13~20页。
⑤ 白建华：《六万万人——我国社会主义建设的伟大力量》，《统计工作通讯》，1954年第8期，第11~12页。
⑥ 卫兴华：《共同富裕是中国特色社会主义的根本原则》，《经济问题》，2012年第12期，第4~8+114页。
⑦ 孙武安：《共同富裕的内涵、价值及其紧迫性》，《江西社会科学》，2013年第2期，第168~172页。

是共产党为巩固自身执政党地位、体现人民利益代表者这一历史角色而设立的政治追求,可以说它是社会主义初级阶段我党的主要任务,也是共产党对当代中国社会发展的总体规划,只有实现共同富裕才可以体现社会主义优越性。①

视角二,具体探索方面。熊晞(2006)依次阐述了共产党的三代领导人对共同富裕的重视:毛泽东将农民脱贫致富作为中国重大问题的出发点和着眼点,但由于他后期的认识偏差和政策失误,在现实中未达到预计目标;邓小平强调贫困不是社会主义,创新性地提出农村家庭联产承包责任制,推进共同富裕;以江泽民为核心的第三代中央领导集体,高度重视农民脱贫致富问题,提出帮助农民脱贫致富是全面建设小康社会的必然要求,并将扶贫开发工作和共同富裕结合起来。②杨兴林(2008)指出,邓小平把共同富裕这一社会主义的基本价值追求置于解放思想、实事求是的理论根基和社会主义初级阶段基本国情的根基之上,在新的历史条件下对马克思的共同富裕理论作出了新的丰富和发展。③易重华和席学智(2013)提到,邓小平提出的"三步走"经济发展战略就是一个对我国在不同经济发展时期的共同富裕水平的规划:由社会富裕程度较低、贫富差距较大的低水平的状态逐步走向社会更加富裕、贫富差距较小的较高水平的状态,由注重物质生活上的共同富裕逐步发展到注重每个社会成员在物质、精神、民主等各项社会权益上的共同富裕。④王春玺和高骊(2013)提到,从党的十六大开始,已经开启了逐步实现共同富裕的征程:党中央先后实施了西部大开发战略、振兴东北地区等老工业基地战略和中部崛起战略,而全面建成小康社会是逐步实现共同富裕的关键阶段。共同富裕的逐步实现,体现了共同富裕的实现过程与最终目标的有机统一。⑤郭飞(2018)指出,党的十九大报告中关于共同富裕有不少论述,不仅将其列入习近平新时代中国特色社会主义思想的重要内容范畴,还将其列入新时代坚持和发展中国特色社会主义的基本方略,提出"保证全体人民在共建共享发展中有更多获得感,不断促进人的全面发展、全体人民共同富裕"。并明确提出"两步走"战略,不断推进共同富裕。⑥李瑞军和董晓辉(2021)指出,虽然不同发展阶段共同富裕的侧重点有所不同,但是对共同富裕的认识不断深化是一个总趋势。

## 二、共同富裕的内容组成

要实现共同富裕的目标,就要对共同富裕的相关内容进行深入解读,以为实践提供理论启迪。学术界从以下几个方面,对共同富裕进行了全面探讨。

---

① 段希:《论共同富裕及其道德内涵》,《广东社会科学》,2016年第2期,第53~59页。
② 熊晞:《党的三代领导集体对实现共同富裕的探索与创新》,《中国特色社会主义研究》,2006年第3期,第12~16页。
③ 杨兴林:《关于共同富裕内涵的新透视》,《云南行政学院学报》,2008年第1期,第9~12页。
④ 易重华,席学智:《邓小平共同富裕思想的内涵、地位及其现实指导意义》,《湖北社会科学》,2013年12期,第8~11页。
⑤ 王春玺,高骊:《"逐步实现全体人民共同富裕"的目标内涵及实现途径》,《中国特色社会主义研究》,2013年第1期,第25~28页。
⑥ 郭飞:《朝着实现共同富裕的目标不断迈进》,《经济纵横》,2018年第1期,第14~16页。

## （一）共同富裕的深层内涵

共同富裕的内涵蕴含于农民和工人被剥削的现实中。陈达（1926）通过对几次工人大罢工的分析，指出劳资对立而导致的经济压迫和待遇问题是他们罢工的重要原因。虽然罢工有成功有失败，但都体现了人民对平等的追求和对美好生活的向往。[1] 赵凤喈（1934）指出，中国农村的凋敝，受苛捐杂税、重利盘剥、地主剥削等影响。而要实现农村复兴，可以创设农村银行，实现各类合作、保护佃农等。最重要的则是要利用法律解决土地分配问题，实现耕者有农地，农地之外的其余土地收归国有，消灭因土地所有权与使用权不统一而产生的剥削。只有农村复兴，才能巩固国本。[2] 吴景超（1934）提到，佃农是被压迫的阶级，要让佃户变成自耕农，从地主手里把他们解放出来，就需要政府的帮助。既可以限制地主的田地，也可以通过减租的方式来实现。[3] 汪缉熙（1935）指出，中国农村经济的崩溃存在诸多原因，其中一条便是土豪劣绅的剥削，佃户人多地少，各种赋税、债务、捐款多而繁复，多重剥削让农民们走投无路。解决该问题要从农民自身出发，发扬其组织合作力以取消苛捐杂税，由此不仅有利于实现耕者有其田，还有利于建成民主法制的国家。通过建立全国农民自身的组织，和由政府联合有意愿的志愿者而形成的组织，共同进行上下合作，以合作的力量，求大众的利益。[4] 宦乡（1946）提到，只有维持和平与合作，才能壮大人民的力量，满足广大人民的希望与要求。[5]

共同富裕的内涵不是单一的，而是多个部分的统一体。金太军等（1998）指出，全面富裕内在包含物质和精神两个方面的含义，既表现为社会成员对生活资料占有数量上的极大丰富，更集中地表现为社会成员生活质量上的极大提高。[6] 徐华府（2002）强调，共同富裕是物质文明与精神文明的有机统一，是经济、政治和文化的有机统一，是国家制定宏观政策理论的基础，是维护社会稳定的基础。共同富裕是在社会物质、精神财富较为丰富的条件下，社会成员相对平等地分配和占有社会创造的财富和成果，保证最低收入者的收入以特定的标准衡量也是富裕的。[7] 王泽应（2015）认为，在共同富裕这个概念中，包含着生产力与生产关系两方面的特质："富裕"是社会生产力发展水平的集中体现，"共同"则是社会生产关系性质的集中体现。共同富裕不等于同步富裕和同等富裕，必然具有差异伴随性。同时，共同富裕是一种立足于财富伦理而向着政治伦理、文化伦理和社会伦理发展和提升的伦理精神建构。[8]

共同富裕的理论含义和内容。杨兴林指出（2008），马克思恩格斯深刻阐明了实现

---

[1] 陈达：《近八年来国内罢工的分析》，《清华大学学报》（自然科学版），1926年第1期，第803~919页。
[2] 赵凤喈：《农村救济的法律问题》，《清华大学学报》（自然科学版），1934年第2期，第357~384页。
[3] 吴景超：《从佃户到自耕农》，《清华大学学报》（自然科学版），1934年第4期，第973~992页。
[4] 汪缉熙：《复兴中国农村的根本方案》，《复旦学报》，1935年第00期，第99~112页。
[5] 宦乡：《过渡时期的国际形势》，《世界知识》，1946年第12期，第8~11页。
[6] 金太军，张桂岳，焦忠祝：《论精神共同富裕的意义及实现途径——兼论物质共同富裕与精神共同富裕的辩证关系》，《唯实》，1998年第3期，第18~20页。
[7] 徐华府：《共同富裕及其实现途径》，《社会科学研究》，2002年第1期，第12~14页。
[8] 王泽应：《共同富裕的伦理内涵及实现路径》，《齐鲁学刊》，2015年第2期，第61~66页。

共同富裕的四个基本历史前提：变革生产资料私有制，这是实现共同富裕的根本前提；生产力的巨大发展，这是实现共同富裕的坚实保障；劳动权的保障以及公平、公正的分配制度，这是实现共同富裕的重要条件；不断提高劳动者素质，造就全面发展的人，这是实现共同富裕的主体条件。[1] 谷亚光和谷亚华（2012）指出，对共同富裕的认识只有从社会主义"根本目标"的高度来把握。共同富裕在社会主义发展中具有发展导向和目标约束的作用，保证我们在发展过程中，既不会重回"平均主义"，也不会扩大两极分化而产生新的资产阶级。[2] 赵学清（2014）指出，在马克思的著作中，共同富裕是指在生产资料社会所有制基础上劳动者通过按劳分配实现的生活资料平等占有状态。共同富裕的制度基础是生产资料社会所有制，物质基础是"资本主义时代的成就"即高度发展的社会生产力，实现机制是按照劳动分配生活资料。共同富裕具有历史性，在共产主义社会第一阶段和高级阶段具有不同的特性。[3] 邱海平（2016）从一般和特殊两方面探讨了共同富裕的内涵。一般内涵包括：实现所有人的生活基本保障和劳动力的简单再生产，彻底消灭人与人之间的贫富差距，进入绝对意义上的共同富裕。特殊内涵即社会主义初级阶段共同富裕的内涵，不是指实现所有人绝对相同的富裕程度，而是指逐步缩小社会成员之间贫富差距的程度，承认在社会主义初级阶段不可能实现绝对意义上的平均富裕的同时，把逐步缩小贫富差距理解为社会主义初级阶段所必须解决的重大任务。[4]

### （二）共同富裕的衡量标准

共同富裕是需要比较的。杨兴林（2006）认为，人们对社会共同富裕认可的程度取决于两个向度的比较：一是与自己比，各个阶段的收入水平、生活水平、生活质量与过去比是否提高，是否在不断地向好的或更好的方向发展；二是与"左邻右舍"比，各方面情况相同者在同一时期的收入水平、生活水平、生活质量是否大体一致，是否可以接受或承受与他人存在的差异。若对这两方面都满意，人们的心理会保持平衡，从而认可社会的共同富裕，促进社会和谐发展。[5] 孙武安（2013）指出，共同富裕是先后有序逐步实现的、有底线有层次的、差距适度的社会发展目标，并且共同富裕的目标是相对的而非绝对的。"共"有两层含义：一是在范围上表示"全体""大家"；二是在过程上表示"同时""同步"。此外，共同富裕是以经济生活和物质文明为基础，同时包含政治生活和精神文化生活在内的全面发展的社会文明；共同富裕既包含人民生活水平的提高，也包含综合国力的增强，是民富与国富的统一，也是民族复兴的根本标志。[6]

共同富裕不只是物质的，还有精神的。金太军等（1998）指出，社会主义只有实现了全体社会成员在物质与精神两个方面的共同富裕，才称得上真正实现了共同富裕。物质富裕是精神富裕的前提，精神富裕则为物质富裕的实现提供强有力的精神动力、智力

---

[1] 杨兴林：《关于共同富裕内涵的新透视》，《云南行政学院学报》，2008年第1期，第9~12页。
[2] 谷亚光，谷亚华：《论共同富裕的内涵、道路及重点》，《中州学刊》，2012年第5期，第34~37页。
[3] 赵学清：《马克思共同富裕思想探讨》，《中国特色社会主义研究》，2014年第4期，第52~56页。
[4] 邱海平：《共同富裕的科学内涵与实现途径》，《政治经济学评论》，2016年第7期，第21~26页。
[5] 杨兴林：《共同富裕内涵的新解读及其实践意义》，《新视野》，2006年第5期，第21~23页。
[6] 孙武安：《共同富裕的内涵、价值及其紧迫性》，《江西社会科学》，2013年第2期，第168~172页。

支持和思想保证。① 段希（2016）认为，"富裕"合在一起作为一个专有名词，不再只是单纯的金钱多少的意思了，还包含对目前生活水平的满意等心理、精神层面的内容。要将人们的兴趣点和动力因延伸至精神性的富裕这一方面的内容上来。此外，"共同富裕"还指全体国民持续拥有并能按主观意愿占有、支配、转移财富，有利于国民身心获得安稳的保障。②

### （三）共同富裕的发展过程

实现共同富裕的过程，是多方面统一的过程，是立足现实的过程。杨兴林（2006）强调，共同富裕，首先是社会主义的价值追求，是科学社会主义创始人关于社会主义社会的基本规定，在追求其终极意义的过程中，也不能不看到，共同富裕的实现程度始终不能超出社会经济发展的程度，共同富裕的实现必须与社会生产力水平提高的程度相一致。社会主义发展的历史阶段不同，共同富裕的具体要求和实现程度也不同。③ 谷亚光和谷亚华（2012）指出，共同富裕是目标与过程的统一，而且追求共同富裕这一社会主义最终目标的过程和发展社会主义本身就构成了共同富裕的实际步骤，而共同富裕的实现是一个由少到多、由个别到一般逐步完成的过程。④ 易重华和席学智（2013）提到，共同富裕是生产力和生产关系的辩证统一，是经济和政治的辩证统一，是物质文明和精神文明的辩证统一，还是绝对性和相对性的辩证统一。⑤

## 三、实现共同富裕的路径

共同富裕的实现要以生产力高度发展为前提，以社会主义公有制和按劳分配作为制度保障，通过解决我国存在的发展不平衡问题，逐步实现共同富裕。关于具体路径，学术界进行了以下几方面的探讨（见表1-6）。

表1-6　学界对实现共同富裕的路径研究汇总表

| 实现路径 | 主要代表学者 |
| --- | --- |
| 推动生产力发展 | 马文瑞（1959），卫兴华（1980、2012），赵学清（2014），等等 |
| 坚持公有制主体地位 | 谷亚光（2006），卫兴华（2012），徐传谌（2014），等等 |
| 变革分配方式 | 徐华府（2002），彭月英和李红雁（2005），邱海平（2006），等等 |
| 坚持市场经济 | 徐华府（2002），谷亚光（2006），邱海平（2016），等等 |
| 先富带动后富 | 熊晞（2006），王泽应（2015），郭飞（2018），等等 |
| 坚持党的领导 | 杨兴林（2008），杨承训和李怡静（2016），等等 |

---

① 金太军，张桂岳，焦忠祝：《论精神共同富裕的意义及实现途径——兼论物质共同富裕与精神共同富裕的辩证关系》，《唯实》，1998年第3期，第18~20页。
② 段希：《论共同富裕及其道德内涵》，《广东社会科学》，2016年第2期，第53~59页。
③ 杨兴林：《共同富裕内涵的新解读及其实践意义》，《新视野》，2006年第5期，第21~23页。
④ 谷亚光，谷亚华：《论共同富裕的内涵、道路与重点》，《中州学刊》，2012年第5期，第34~37页。
⑤ 易重华，席学智：《邓小平共同富裕思想的内涵、地位及其现实指导意义》，《湖北社会科学》，2013年12期，第8~11页。

续表

| 实现路径 | 主要代表学者 |
|---|---|
| 生态与精神协调发展 | 金太军等（1998），孙武安（2013），张立群（2018），等等 |

### （一）推动生产力持续发展，构建发达的物质基础

发达的生产力是实现共同富裕的重要保障。马文瑞（1959）认为，发展生产是全国人民的根本利益，只有迅速地发展生产才能为满足人民需要奠定物质基础。① 卫兴华和何伟（1980）指出，社会主义生产必须达到足以充分地、最大限度地满足社会成员需要，保证他们过富裕的生活和全面发展的程度。② 卫兴华（2012）进一步指出，只有通过快速发展生产力，不断提高人民的物质文化生活水平，满足人民日益增长的需要，全面建成小康社会，才能走向共同富裕。③ 唐思航（2010）提到，经济社会发展是实现共同富裕必须满足的首要条件，共同富裕实现程度是由社会生产力的发展水平即一国的经济社会发展水平所决定的，我国目前正处于初步实现共同富裕的阶段，而富裕程度的提高不仅仅是指经济增长，还要考虑经济增长的可持续性。④ 赵学清（2014）指出，如果没有高度发达的生产力，没有充裕的可供分配的社会总产品，就不可能实现共同富裕。⑤ 邱海平（2016）认为，只有通过经济和社会生产力的持续发展，才能为最终实现共同富裕不断提供更为坚实的物质基础。他把实现共同富裕的途径分为根本途径和具体途径。从根本途径这个方面来说，它包括社会生产力的不断提高和社会经济的持续发展，以及社会主义公有制的不断壮大。同时，还应该注重探索各种有利于改善收入分配状况的具体途径和政策措施。⑥

### （二）坚持社会主义基本经济制度，为实现共同富裕提供坚实保障

学术界普遍认为，社会主义基本经济制度是实现共同富裕的坚定制度保障。学者们从不同角度对该问题进行了阐释。

角度一，维护公有制主体地位，推动多种所有制协调发展。常巧章（1979）指出，生产资料公有制，给每个劳动者同等地提供了富裕的可能和条件。⑦ 谷亚光（2006）提到，在发展壮大公有制经济的同时，需要引导非公企业的发展和合理分配，让非公经济

---

① 马文瑞：《为促进生产力高速度发展和改善职工生活而奋斗的十年》，《劳动》，1959年第19期，第1~7页。
② 卫兴华，何伟：《关于社会主义生产的目的问题》，《山西财经学院学报》，1980年第2期，第10~14页。
③ 卫兴华：《共同富裕是中国特色社会主义的根本原则》，《经济问题》，2012年第12期，第4~8+114页。
④ 唐思航：《构建社会主义共同富裕的实现机制》，《内蒙古社会科学》（汉文版），2010年第1期，第10~14页。
⑤ 赵学清：《马克思共同富裕思想探讨》，《中国特色社会主义研究》，2014年第4期，第52~56页。
⑥ 邱海平：《共同富裕的科学内涵与实现途径》，《政治经济学评论》，2016年第7期，第21~26页。
⑦ 常巧章：《且说"先富"》，《思想战线》，1979年第4期，第14~15页。

在社会主义制度下为实现全国人民的共同富裕服务。① 卫兴华（2012）提到，实行公有制为基础或为主体，是实现共同富裕的制度保证，私有化必然导致两极分化，不可能实现共同富裕。所以中国特色社会主义必须坚持实行公有制为主体，只有在公有制为主体前提下发展非公有制经济，才能保证我国的社会主义性质。② 谷亚光和谷亚华（2012）指出，社会主义的本质和中国的国情决定了，离开公有制我们就失去了实现共同富裕的物质基础。要实现共同富裕的目标，就必须坚持生产资料公有制为主体、多种所有制经济共同发展的基本经济制度，保持国有经济控制力，才不会使社会两极分化。③ 王春玺和高骊（2013）认为，发达的生产力只是共同富裕的物质基础，不能自动实现共同富裕，实现共同富裕还必须要靠社会主义制度来保证。既要不断巩固和增强公有制的主体地位，还要改革分配制度，也要坚持维护社会公平正义，建立社会公平保障体系。④ 易重华和席学智（2013）提到，始终保持国有企业对国民经济的主导作用和经济总量上的相对优势，是防止两极分化、实现共同富裕的制度保证。同时在非公有制企业中建立健全工资集体协商制度，使劳动报酬增长和劳动生产率提高同步。⑤ 徐传谌等（2014）提到，国有经济是社会主义最重要的经济基础，是实现共同富裕的重要先决条件。中国要纠正贫富两极分化、实现共同富裕，必须坚持发展和壮大以国有经济为主体的公有制经济，遏制社会贫富两极分化。⑥ 邱海平（2016）指出，在既要发展公有制经济又要发展非公有制经济的前提下，唯有通过公有制经济的更快更大规模的发展，才能逐步缩小全社会范围内的收入分配差距。⑦ 杨承训和李怡静（2016）认为，坚持公有制主体地位不动摇、国有经济主导作用不动摇，是增进人民福祉、保证我国各族人民共享发展成果的制度性保证，也是巩固党的执政地位、坚持我国社会主义制度的重要保证。同时要以好的国企为榜样，倡导、推进所有企业承担社会责任。⑧

角度二，坚持基本分配制度，推动分配方式变革。徐华府（2002）指出，保证社会主义市场经济发展的首要条件是经济的有效增长，并合理分配收入。解决"富裕"靠生产力发展，但解决"共同"富裕的任务主要依赖于社会收入分配制度和分配政策，建立合理的分配关系是社会主义的内在要求。⑨ 彭月英和李红雁（2005）认为，分配制度的改革、创新和完善对个人收入分配公平和实现共同富裕目标具有非常重要的意义。我国

---

① 谷亚光：《实现共同富裕的依据和措施——引导与利用非公经济，为实现共同富裕服务》，《当代经济研究》，2006年第10期，第49~52页。
② 卫兴华：《共同富裕是中国特色社会主义的根本原则》，《经济问题》，2012年第12期，第4~8+114页。
③ 谷亚光，谷亚华：《论共同富裕的内涵、道路及重点》，《中州学刊》，2012年第5期，第34~37页。
④ 王春玺，高骊：《"逐步实现全体人民共同富裕"的目标内涵及实现途径》，《中国特色社会主义研究》，2013年第1期，第25~28页。
⑤ 易重华，席学智：《邓小平共同富裕思想的内涵、地位及其现实指导意义》，《湖北社会科学》，2013年12期，第8~11页。
⑥ 徐传谌，何彬，艾德洲：《逐步实现共同富裕必须发展和壮大国有经济》，《马克思主义研究》，2014年第9期，第51~66页，第160页。
⑦ 邱海平：《共同富裕的科学内涵与实现途径》，《政治经济学评论》，2016年第7期，第21~26页。
⑧ 杨承训，李怡静：《共享发展：消除两极分化，实现共同富裕——新常态下优化公有制经济"主体"功能探析》，《思想理论教育导刊》，2016年第3期，第58~64页。
⑨ 徐华府：《共同富裕及其实现途径》，《社会科学研究》，2002年第1期，第12~14页。

分配制度的改革和完善是以共同富裕为目标的，从否定平均主义、肯定按劳分配的社会主义性质到形成"按劳分配为主，多种分配方式并存"的分配制度，再到"按劳分配与按生产要素分配相结合"，"扩大中等收入者比重，提高低收入者收入水平"，都在实践上保证了个人收入分配公平的价值取向和共同富裕目标的逐步实现。① 易重华和席学智（2013）提到，初次分配对国民分配结构的影响远远大于再分配，要兼顾公平和效率原则。② 赵学清（2014）认为，在生产资料公有制基础上劳动者通过按劳分配共享生产力高度发展的成果是马克思共同富裕思想的要义。③ 邱海平（2016）指出，必须全面辩证地认识既有财产占有和收入分配状况与共同富裕的关系，必须通过加大税收改革和实施相关配套政策，有效调节和改善财产占有和收入分配关系，使财产占有和收入分配差距保持在一个合理的限度之内。④

角度三，坚持社会主义市场经济体制，推动经济又好又快发展。徐华府（2002）认为，建设有中国特色的社会主义道路，是通过发展社会主义市场经济来最终实现共同富裕。市场自由竞争经济可促进生产力发展，积累财富，提高综合国力，加速实现人民的富裕，但也要避免市场自由竞争会带来的两极分化。⑤ 谷亚光（2006）指出，要注意发挥社会主义和市场经济两个方面的优势，避免把两者割裂开来，只发展一个方面。⑥ 邱海平（2016）提到，要全面认识市场经济与共同富裕的辩证关系：一方面，从促进我国经济发展的角度出发，正确认识市场在资源配置中的决定性作用；另一方面，认识市场经济与收入分配和共同富裕之间存在的现实矛盾，在强调市场的决定性作用的同时，必须更好地发挥政府在收入分配和再分配中的重要作用。⑦

此外，唐思航（2010）指出，除社会主义基本经济制度外，其他的制度保障机制也起着重要作用：财税调节机制对缩小区域差距、实现共同富裕具有不可替代的作用；完善的社会保障制度是消除贫困、维护公平，促进社会改革和发展的强大动力，对我国全面建设小康社会和实现共同富裕具有十分重要的意义；适应社会主义市场经济发展需要的伦理道德机制，能引导人们树立正确的富裕观，为共同富裕的实现起到积极作用。经济社会发展机制促进"富裕"，制度保障机制保证"共同"，两者同等重要，这是社会主义共同富裕实现机制的两个重要方面，必须同时兼顾。⑧

### （三）先富带动后富，推动城乡和区域协调发展

地区间和城乡间发展不平衡是当前社会主要矛盾的重要体现之一，促进地区间、城

---

① 彭月英，李红雁：《分配制度改革与共同富裕目标实现路径》，《求索》，2005年第9期，第21~22页。
② 易重华，席学智：《邓小平共同富裕思想的内涵、地位及其现实指导意义》，《湖北社会科学》，2013年12期，第8~11页。
③ 赵学清：《马克思共同富裕思想探讨》，《中国特色社会主义研究》，2014年第4期，第52~56页。
④ 邱海平：《共同富裕的科学内涵与实现途径》，《政治经济学评论》，2016年第7期，第21~26页。
⑤ 徐华府：《共同富裕及其实现途径》，《社会科学研究》，2002年第1期，第12~14页。
⑥ 谷亚光：《实现共同富裕的依据和措施——引导与利用非公经济，为实现共同富裕服务》，《当代经济研究》，2006年第10期，第49~52页。
⑦ 邱海平：《共同富裕的科学内涵与实现途径》，《政治经济学评论》，2016年第7期，第21~26页。
⑧ 唐思航：《构建社会主义共同富裕的实现机制》，《内蒙古社会科学》（汉文版），2010年第1期，第10~14页。

乡间均衡发展是实现共同富裕的重要任务和有效途径。常巧章（1979）提到，允许一部分人先富起来，有利于鼓励人们为社会创造更多的财富，不仅不与共同富裕相矛盾，还为共同富裕创造了条件。[1] 高云（1980）认为，让一部分人先富起来是遵循"按劳分配"的必然结果，是达到共同富裕的必经步骤。[2] 徐华府（2002）指出，共同富裕是一个历史发展的动态过程，允许一部分人先富的政策是推动生产力更快发展和加速实现共同富裕的捷径。[3] 熊晞（2006）认为，要积极推动形成东部与中西部地区互惠互利的合作机制，通过各种方式帮助和支持中西部地区加快发展。同时将我国扶贫工作由传统救济式扶贫向开发式扶贫转变，减少对政府的依赖，使贫困人口真正脱贫。[4] 谷亚光和谷亚华（2012）指出，教育是缩小城乡差距、实现城乡融合的重要手段，如果农民能够得到像城市居民那样的基础教育，他们在工作中会有更高的生产率，所以需要推进义务教育的普及，开展多种形式的职业教育。[5] 王泽应（2015）提到，国家实施扶贫战略是实现共同富裕的必由之路，坚持先富带动后富是广大人民群众根本利益的体现，要正确认识和对待地区差距，解决地区差距问题需要一个过程；要通过运用社会主义国家的宏观调控和发挥制度的优越性来解决社会主义市场经济中存在的问题，采取切实措施缩小城乡差距，加强农村义务教育和医疗保障等。[6] 郭飞（2018）指出，就我国今后实现共同富裕的阶段性目标而言，必须高度重视并妥善解决或缓解居民收入差距较大和财产差距较大这两个重大问题，否则，我国共同富裕的阶段性目标难以实现。此外，还要深化收入、财税、社会保障制度改革，努力实现基本公共服务均等化，加强正面引导和相关建设，大力倡导和普遍树立"勤劳守法致富"和"共建共享"理念，继续加强党风廉政建设和法制建设。[7] 刘琪（2018）认为，我们在不断促进经济增长的情况下，要兼顾效率与公平，通过区域协同发展、乡村振兴等举措来解决区域与城乡发展不平衡问题；通过构建多层次社会保障体系、完善收入分配制度、实现公共服务均等措施缩小收入差距；通过精准扶贫、产业扶贫、教育扶贫等打赢脱贫攻坚战。[8] 韩文龙和祝顺莲（2020）指出，改革开放初期，中国采取的是区域非均衡发展战略，大力支持东部地区的经济发展，这是特定历史阶段下作出的必然选择，为中国实现共同富裕奠定了坚实的经济基础。现阶段，中国社会主要矛盾发生转变，应通过地区间横向带动体系和机制的不断完善，推动实现共同富裕。[9]

---

[1] 常巧章：《且说"先富"》，《思想战线》，1979年第4期，第14~15页。
[2] 高云：《先富与共同富》，《理论导刊》，1980年第2期，第34~37页。
[3] 徐华府：《共同富裕及其实现途径》，《社会科学研究》，2002年第1期，第12~14页。
[4] 熊晞：《党的三代领导集体对实现共同富裕的探索与创新》，《中国特色社会主义研究》，2006年第3期，第12~16页。
[5] 谷亚光，谷亚华：《论共同富裕的内涵、道路及重点》，《中州学刊》，2012年第5期，第34~37页。
[6] 王泽应：《共同富裕的伦理内涵及实现路径》，《齐鲁学刊》，2015年第2期，第61~66页。
[7] 郭飞：《朝着实现共同富裕的目标不断迈进》，《经济纵横》，2018年第1期，第14~16页。
[8] 刘琪：《实现共同富裕的基本条件有哪些》，《人民论坛》，2018年第35期，第114~115页。
[9] 韩文龙，祝顺莲：《地区间横向带动：实现共同富裕的重要途径——制度优势的体现与国家治理的现代化》，《西部论坛》，2020年第1期，第19~30页。

### (四) 坚持党的领导

党的领导是中国特色社会主义最根本的特征,也是实现共同富裕的有力保障。杨兴林(2008)认为,共同富裕的实现程度受党和国家大政方略的影响。为稳步推进共同富裕,需要建立起一套科学决策、民主决策的运行机制,切实提高党和国家决策的科学化水平,最大限度地减少决策失误。① 杨承训和李怡静(2016)提到,让适应公有制根基上的上层建筑即政府发挥促进共同富裕的职能十分重要。经济基础决定上层建筑,上层建筑又反作用于经济基础,我国的经济基础主体是公有制,作为上层建筑主体的人民政府有推进分配公平的责任和义务。② 刘琪(2018)指出,共同富裕的实现是以公有制为基础的,同时共同富裕的实现具有反复性、复杂性,这都需要保持社会的和谐稳定,而保持社会的和谐稳定需要坚持中国共产党的集中统一领导,坚持中国特色社会主义道路。③

### (五) 推动实现协调的共同富裕

共同富裕并非单一的,要实现物质与精神相协调、人与自然相协调的共同富裕。郑文汉(1932)指出,教育的目标是改变人民的生活,尤其是要推行除书本之外的、实践的、积极的教育,才能让人民适应社会,从而实现生活安定、经济丰裕、自治力和自卫力充实坚强的全方位发展的生活。④ 金太军等(1998)认为,共同富裕既包括物质富裕,也包括精神富裕。精神富裕对共同富裕的作用体现在:崇高的理想和道德是实现共同富裕的精神动力,教育、科学和文化为物质富裕提供智力支持,从长远来看,也是创造共同富裕所需要的雄厚物质基础的决定性力量。努力形成物质富裕、精神富裕两者紧密结合、相互促进的良性机制,使人们的精神生活质量随着市场经济的发展而不断提高。⑤ 孙武安(2013)提到,要把实现社会主义现代化与实现共同富裕统一起来,把实现共同富裕与实现人、社会、自然全面协调发展统一起来;要把共同富裕作为中国特色社会主义的核心价值和共同理想大力宣传和教育,在全社会营造强大的集体主义舆论氛围,建构中国特色社会主义的共同理想,使共同富裕理念深入人心,建设既能代表当代中国最广大人民根本利益、又能充分反映当今世界各国人民普遍要求的先进文化和精神文明,从而促进人与社会的共同发展、共同富裕。⑥ 刘琪(2018)指出,马克思恩格斯共同富裕思想也离不开人文、生态发展,要实现个人自由全面发展,除物质与生产力方面的建设外,还需要加强社会主义文化建设和生态文明建设。为此,我国一方面要加强公民的思想道德建设、教育科学文化建设,另一方面要推进绿色发展理念,促进人与自

---

① 杨兴林:《关于共同富裕内涵的新透视》,《云南行政学院学报》,2008 年第 1 期,第 9~12 页。
② 杨承训,李怡静:《共享发展:消除两极分化,实现共同富裕——新常态下优化公有制经济"主体"功能探析》,《思想理论教育导刊》,2016 年第 3 期,第 58~64 页。
③ 刘琪:《实现共同富裕的基本条件有哪些》,《人民论坛》,2018 年第 35 期,第 114~115 页。
④ 郑文汉:《中国所需要的是那一种教育》,《教育与职业》,1932 年第 9 期,第 500~501 页。
⑤ 金太军,张桂岳,焦忠祝:《论精神共同富裕的意义及实现途径——兼论物质共同富裕与精神共同富裕的辩证关系》,《唯实》,1998 年第 3 期,第 18~20 页。
⑥ 孙武安:《共同富裕的内涵、价值及其紧迫性》,《江西社会科学》,2013 年第 2 期,第 168~172 页。

然的和谐，实现绿色健康可持续发展。① 张立群（2018）提到，提高发展质量、促进共同富裕成为新时代发展经济、改善民生的主要任务。要在社会生产力高质量发展的基础上，大幅度提高人民生活质量，大幅度提高共同富裕的程度。②

## 第五节　总体考察

对社会主义本质正确和全面的认识，是推动我国改革和发展的基础，对中国共产党制定有效的方针和策略有重要的推动作用。总体来看，学术界对这一内容进行了充分的讨论，既有对不同问题的研究争议，也有对同一问题研究视角和方法拓展。本节在综合考察前面各小结的基础上，提炼出关于社会主义本质思想研究的特点，也对其未来研究重点进行了展望。

### 一、研究特点

对社会主义本质的认识在中国共产党百年奋斗历程中不断丰富拓展，学术界对这一主题的探讨也不断深入，其研究整体上呈现以下特点。

（一）重视生产力的作用

学术界对社会主义本质的解读颇为丰富，突出强调了生产力的重要作用。从对马克思主义经典作家关于社会主义本质的阐释来看，学者们在研究时坚持历史唯物主义，强调发达的生产力与先进的生产关系相互作用，指出只有发达的生产力才能体现社会主义应有的优势，展现社会主义本质。在对中国共产党人关于社会主义本质认识的阐释中，学者们也强调了生产力的重要作用，例如，关于毛泽东对社会主要矛盾的认识，"大跃进"是根据我国主要矛盾发展生产力的重要性体现；周恩来同志指出经济建设和发展生产力才能满足人民的物质文化需要、巩固国家独立和安全；邓小平同志提出解放生产力和发展生产力这一根本任务，并将生产力的重要性提到了第一位。总之，学者们在把握马克思主义基本原理基础之上，充分强调生产力在社会主义本质中的作用，理论与实践相统一，历史与现实相一致。

（二）强调以人民为中心

人民性是马克思主义理论的重要特点之一。学者们在对社会主义本质进行研究时，也充分体现了这一特点。历史唯物主义强调人民在历史进程中的重要作用，马克思恩格斯提出的共产主义也是为了实现人自由而全面的发展，既要把人作为发展的推动力，也要把人作为发展的目标。学者们指出，毛泽东关于社会主要矛盾的提出，就体现

---

① 刘琪：《实现共同富裕的基本条件有哪些》，《人民论坛》，2018年第35期，第114~115页。
② 张立群：《发展经济　改善民生　实现共同富裕》，《经济与管理》，2018年第2期，第5~8页。

了对人民物质文化需要的重视;"科学发展观",也是把"以人为本"作为核心立场,把促进人的全面发展作为社会主义本质要求;习近平提出的共享发展以及精准扶贫理念,是对以人民中心的深刻理解,人民参与奋斗、人民共享成功、人民共同富裕,无不强调人的主观能动作用,深刻体现了中国共产党的人民立场。

### (三) 突出对共同富裕的科学阐述

共同富裕这一思想形成于马克思恩格斯对资本主义现实的批判和对未来共产主义的畅想,践行于中国共产党人的伟大实践。学者们在对马克思主义经典作家的理论进行分析时,认为共同富裕是其理论的核心思想,全体劳动人民的共同富裕是社会主义区别于以往一切社会制度的本质所在。同时,学者们也强调了这一目标的实现离不开生产力的发展,这一点在共产党人的实践中也得到了体现。在共产党的五代领导人的前行路上,都将共同富裕作为主要的奋斗目标,结合实际情况,探索不同路径,不论是改革开放、"三步走"战略,还是西部大开发战略、精准扶贫,都是对共同富裕的深刻理解和实践。此外,学者们还从内涵和实现途径上深化了对共同富裕的理解,进一步明确了"共同富裕"作为社会主义的本质要求和最终目标的重要地位,理论联系实践,为共同富裕的实现指出了方向。

## 二、研究展望

对社会主义本质理论的认识始终伴随中国共产党的实践而不断深入,随着中国特色社会主义进入新时代,对社会主义本质理论的研究也将随之发展。

### (一) 加强对新时代深化社会主义本质的机遇与挑战研究

要不断接近共同富裕的目标,逐步实现"人全面发展"的愿景,我们还有很长的路要走,在这条并不平坦的路上,既有机遇,也有挑战。

机遇来自中国共产党的有力领导,挑战则来自世界各国各方的势力。在中国共产党的领导下,我国的经济水平和人民的生活水平较过去已有了较大提高,已经全面建成了小康社会。但我们要看到发展中存在的困难,国内仍存在发展不平衡不充分现象,国际上,西方资本主义国家也对我国进行经济和科技上的封锁,我国面临着"卡脖子"的威胁,前进的路上可谓是困难重重。此外,西方资本主义的意识形态也在或明或暗地冲击我国马克思主义思想的指导地位,同时利用发达的网络平台,传播不良思想和情绪,阻碍社会主义奋斗目标的实现。而随着机遇和挑战的变化,我们也要不断加强对这方面的研究,坚持马克思主义理论在意识形态领域的指导地位,加强人民群众对社会主义本质的认识,才能充分实现社会主义本质。

虽然目前的发展面临诸多挑战,但当今是近代以来中国在世界上最具有影响力的时期,也是中华儿女最为团结的时期,只要坚持党的领导,坚持马克思主义思想,牢记"四个意识",增强"四个自信",克服"四种危险",相信我们定会早日实现社会主义伟大的奋斗目标。

（二）加强对社会主义市场经济条件下有关社会主义本质的理论和现实问题辨析

要实现社会主义的发展目标，需要强大的物质基础作保障。作为我国社会主义基本经济制度的重要组成部分，社会主义市场经济为我国健康稳定的长远发展提供了强大动力。社会主义发展市场经济是邓小平同志在当时的背景下，对社会主义本质进行了深刻理解之后，为解放和发展生产力，以及满足人民物质文化需要而提出的。经过了几十年的发展，党对社会主义本质的认识不断加深，人民和社会的需要也在不断变化。我们要在坚持社会主义市场经济的条件下，深入理解现实问题，寻求社会主义市场经济在深化社会主义本质中的作用。

社会主义市场经济准确把握了市场和政府的关系，既发挥了政府宏观调控作用，又发挥了市场对资源配置的决定性作用，在保证了社会主义基本制度的情况下，推动了经济增长，不断满足了人民的物质需要。但目前在有的领域仍存在分配不够合理、公有制经济与非公有制经济协调性还须加强的问题，如何在坚持社会主义市场经济的条件下推动制度改革，让更多百姓感受社会主义制度的优越性，我们还需要进一步研究。

（三）加强对共同富裕的研究

共同富裕是中国共产党人一直以来的美好愿望，也是社会主义的奋斗目标。这样一个党和全体人民共同的奋斗目标，它的实现必然是艰难的。而要更快更好地实现这一目标，就需要加强对共同富裕的研究，认同实现共同富裕的重要性，深挖共同富裕的内涵，找到共同富裕的实现路径。比如消除绝对贫困、全面建成小康社会，便是推动实现共同富裕的重要一步。党的十九届五中全会明确提到了"扎实推动共同富裕"，并将其作为我们的奋斗目标，这充分体现了党在新时代对实现共同富裕的高度重视，它在未来必定是研究的重点，而全方位加强对共同富裕的研究，也有助于我国更快实现这一奋斗目标。

# 第二章　坚持以人民为中心的发展思想

"人民是我们党执政的最深厚基础和最大底气。"① 实现发展为了人民、发展依靠人民、发展成果由人民共享。中国共产党自诞生以来，就高举马克思主义旗帜、坚持马克思主义指导，将马克思主义基本原理与中国革命、建设、改革的具体实际、实践相结合，形成了以人民为中心的发展思想的马克思主义中国化理论。学术界围绕这一主题进行了多次探讨交流，形成了众多研究成果。本章首先从学者对马克思主义经典作家关于以人民为中心的论述进行阐释，然后梳理理论界对以人民为中心的发展思想的生成逻辑、科学内涵和实践路径的解读，最后对以人民为中心的发展思想作出总结、概括和展望。

## 第一节　对马克思主义经典作家关于以人民为中心论述的阐释

坚持以人民为中心的发展思想，是马克思主义政治经济学的根本立场。以人民为中心的发展思想是马克思主义理论不可分割的重要组成部分，虽然马克思主义经典作家没有直接提出以人民为中心的表述，但是其人民立场等相关表述是以人民为中心的发展思想的理论源头。随着我国经济建设实践的深入发展、改革开放进程的加速推进，学术界也不断深入挖掘马克思主义经典作家关于以人民为中心的论述，以此为我国经济改革、经济建设、经济发展提供科学的理论指导。

### 一、对马克思恩格斯关于以人民为中心论述的阐释

马克思恩格斯高度重视劳动人民在无产阶级革命运动中的重要作用。同时，也十分关心劳动人民的生活状况、物质利益，从而形成了丰富的有关以人民为中心发展思想。学术界对马克思恩格斯关于以人民为中心论述的研究阐释，总体来看，主要集中于科学内涵、价值意蕴、实践路径等方面，具体观点如下。

#### （一）关于马克思恩格斯以人民为中心论述科学内涵的阐释

人民立场是马克思主义政治经济学的根本立场，马克思主义以实现人的自由全面发

---
① 习近平：《把握新发展阶段、贯彻新发展理念、构建新发展格局》，中央文献出版社，2021年，第479页。

展为根本奋斗目标。学术界对马克思恩格斯关于以人民为中心论述科学内涵进行了研究阐释，形成了系列研究成果，总体来看，有以下三种代表性的观点（见表2-1）。

表2-1　学术界关于马克思恩格斯以人民为中心论述科学内涵的研究阐释汇总表

| 类型 | 主要内容 | 主要代表作者 |
| --- | --- | --- |
| 利益论 | 主要研究了维护人民利益 | 曹萍和李仁银（2015），李桂花和巢陈思（2016），等等 |
| 作用论 | 主要研究了强调人民作用 | 刘化军（2014），谷正（2015），等等 |
| 关系论 | 主要研究了人民与政党关系 | 杨威和马强（2014），饶旭鹏和何芳芳（2019），等等 |

利益论。持有这一观点的学者主要研究了马克思恩格斯关于以人民为中心论述科学内涵涉及的维护人民利益等的问题。例如，李桂花和巢陈思（2016）着重研究阐释了马克思恩格斯关于以人民为中心科学内涵相关论述包括人民群众是社会物质财富的创造者；一切为了群众，一切以人民群众的利益为出发点和落脚点。① 曹萍和李仁银（2015）认为，马克思恩格斯关于以人民为中心科学内涵相关论述包括人民群众是社会物质财富的创造者，为绝大多数人谋利益是无产阶级政党的历史使命。② 江晓萍和姜建成（2014）认为，马克思恩格斯关于以人民为中心科学内涵相关论述包括人民群众利益为最高利益。③ 孟宪平（2013）认为，马克思恩格斯关于以人民为中心科学内涵相关论述相当丰富，主要涉及群众利益观等方面。④

作用论。持有这一观点的学者主要研究了马克思恩格斯关于以人民为中心论述科学内涵涉及的强调人民作用的问题。例如，谷正（2015）认为，马克思恩格斯关于以人民为中心论述科学内涵高度强调人民的作用，他指出人民群众是社会物质财富的创造者；人民群众的劳动生产和实践活动是人类精神财富的源泉；人民群众是社会变革的决定力量；马克思主义群众观在承认人民群众是历史的创造者的同时，也肯定个人在历史发展过程中的作用。⑤ 刘化军（2014）也认为，马克思恩格斯关于以人民为中心论述科学内涵包括：人民群众不仅是社会物质财富和精神财富的创造主体，而且还是社会变革的主体力量。⑥

关系论。持有这一观点的学者主要研究了马克思恩格斯关于以人民为中心论述科学内涵涉及的人民与政党关系问题。例如，杨威和马强（2014）认为，马克思恩格斯关于以人民为中心论述科学内涵主要内容包括无产阶级政党与群众的关系。⑦ 饶旭鹏和何芳芳（2019）也认为，马克思恩格斯关于以人民为中心科学内涵相关论述强调了人民群众

---

① 李桂花，巢陈思：《马克思主义群众观的科学内涵及其践行路径》，《理论学刊》，2016年第1期，第18~25页。
② 曹萍，李仁银：《马克思主义群众观与党的群众路线》，《理论学刊》，2015年第5期，第44~46页。
③ 江晓萍，姜建成：《马克思主义群众观及其实现路径》，《求实》，2014年第9期，第17~21页。
④ 孟宪平：《马列主义群众观论析》，《中国特色社会主义研究》，2013年第5期，第43~49页。
⑤ 谷正：《群众路线：马克思主义群众观的中国化》，《理论导刊》，2015年第1期，第63~65+79页。
⑥ 刘化军：《论马克思群众主体观》，《学术探索》，2014年第6期，第42~46页。
⑦ 杨威，马强：《马克思主义群众观及其在中国的实践与发展》，《辽宁大学学报》（哲学社会科学版），2014年第3期，第57~62页。

是共产党稳固执政的可靠保证。①

### （二）关于马克思恩格斯以人民为中心论述价值意蕴的阐释

学术界认为马克思恩格斯关于以人民为中心论述具有思想丰富、内涵深刻等特征，具有重要的理论价值和实践价值。学者们围绕马克思恩格斯关于以人民为中心论述价值意蕴，主要从理论意义、实践意义、现实意义三个方面展开研究阐释，主要观点如下：从理论意义方面而言，谢美玉（2018）认为，在新时代践行马克思恩格斯关于以人民为中心论述，就是要在工作中要始终坚持以群众为主体，不断满足群众的利益诉求。② 从实践意义方面而言，张燕（2012）认为，马克思恩格斯关于以人民为中心论述的实践意义在于，尊重人民群众的首创精神，推动经济社会发展；着力解决民生问题，维护人民群众的切身利益。③ 从现实意义方面而言，童亚新（2020）认为，在新时代践行马克思恩格斯关于以人民为中心论述的现实意义，即是我国社会发展的重要根基、是实现"中国梦"的动力之源。④

### （三）关于马克思恩格斯以人民为中心论述实践路径的阐释

学术界认为马克思恩格斯关于以人民为中心论述具有科学性、真理性等的特征，具有重要的指导意义。学者们结合我国经济发展需要，侧重研究阐释了其具体实践路径，主要观点如下：徐中和张哲（2014）认为，新形势下践行马克思恩格斯关于以人民为中心论述的实践路径主要包括四个方面，即以增进与人民群众的感情为重点，提升服务群众的能力；以解决民生问题为核心，切实维护群众的根本利益；以发扬民主为切入点，推进群众政治参与有序扩大；以健全制度机制为保障，做好新形势下的群众工作。⑤ 董延升（2014）也从七个方面着重研究阐释了马克思恩格斯关于以人民为中心论述的实践路径，即思想上要尊重群众、感情上要贴近群众、作风上要深入群众、工作上要依靠群众、行动上要服务群众、内心上要敬畏群众、目标上要造福群众。⑥

## 二、对列宁关于以人民为中心论述的阐释

列宁作为马克思主义的坚定捍卫者和忠实继承者，在社会主义国家建设的实践中，不仅坚持着马克思恩格斯关于以人民为中心论述的指导，而且还丰富了其思想。列宁关于以人民为中心论述对我国社会主义建设具有重要的指导意义。学术界围绕列宁关于以

---

① 饶旭鹏，何芳芳：《马克思主义群众观及其在中国的丰富与发展》，《南京航空航天大学学报》（社会科学版），2019年第4期，第11～15页。
② 谢美玉：《马克思主义群众观中国化的演进及价值》，《重庆社会科学》，2018年第2期，第30～37页。
③ 张燕：《马克思主义群众观的中国化及其实践意义》，《毛泽东邓小平理论研究》，2012年第2期，第32～38+114～115页。
④ 童亚新：《论马克思主义群众观在中国的发展及其价值意义》，《延边党校学报》，2020年第1期，第21～25页。
⑤ 徐中，张哲：《中国共产党与马克思主义群众观》，《中共天津市委党校学报》，2014年第2期，第3～8页。
⑥ 董延升：《准确把握马克思主义群众观的科学内涵与实践要求》，《山东农业工程学院学报》，2014年第2期，第118～120页。

人民为中心论述的研究，主要集中于形成发展、科学内涵、价值意蕴等方面展开阐释。

### （一）关于列宁以人民为中心论述形成发展的阐释

学术界认为列宁在坚持马克思恩格斯以人民为中心发展思想的指导下，进行着社会主义国家发展经济的实践，其关于以人民为中心论述的形成，不是一蹴而就的，而是一个逐渐发展、不断完善的过程。关于列宁以人民为中心论述形成过程，学者们进行了研究，主要观点如下：吴高杰（2016）认为，列宁关于以人民为中心论述的生成历程分为四个阶段，第一阶段为萌芽时期，是从1894年列宁发表《什么是"人民之友"以及他们如何攻击社会民主党人？》一文直到1905年俄国资产阶级革命；第二阶段为发展时期，是从1905年俄国资产阶级革命到俄国十月革命爆发；第三阶段为成熟时期，是从1917年俄国十月革命胜利到战时共产主义政策结束；第四阶段为完善时期，是从俄共（布）开始实施新经济政策到列宁逝世。[①]

### （二）关于列宁以人民为中心论述科学内涵的阐释

列宁以人民为中心论述丰富并发展了马克思恩格斯以人民为中心发展思想，同样具有思想丰富、内涵深刻等特征。学术界关于列宁有关以人民为中心论述科学内涵进行了大量研究，形成了丰富的研究成果，学者们既有共同的认识，也有不同的见解。总体来看，主要有以下四种代表性的观点：

"四个观念论"。持有这种观点的学者主要以孟宪平（2020）为典型代表，其认为，列宁关于以人民为中心科学内涵相关论述概括为"四个观念"，即群众动力观、群众实践观、群众利益观、群众历史观，具体内容为：群众动力观——推动社会前进的力量之源，群众实践观——彰显能动创造的主体活动，群众利益观——寄托价值关怀的社会主题，群众历史观——书写历史长卷的"丹青妙手"。[②]

"四个力量论"。持有这种观点的学者主要以汲广运等（2014）为典型代表，其认为，列宁关于以人民为中心科学内涵相关论述概括为"四个力量"，即人民群众是社会主义革命的可靠力量、人民群众是社会主义建设的依靠力量、人民群众是社会主义社会管理的重要力量、人民群众是无产阶级政党的力量源泉。[③]

"四个逻辑论"。持有这种观点的学者主要以李雪梅和王洁（2015）为典型代表，其认为，列宁关于以人民为中心论述科学内涵概括为"四个逻辑"，即逻辑主线、逻辑起点、逻辑支点、逻辑归宿，具体内容为：以相信群众、依靠群众为逻辑主线，以尊重群众、维护群众利益为逻辑起点，以教育群众、引导群众为逻辑支点，以服务群众、发展群众为逻辑归宿。[④]

"四个论点论"。持有这种观点的学者主要以赵文（2013）为典型代表，其认为，

---

[①] 吴高杰：《列宁群众观的发展历程及其思考》，《钦州学院学报》，2016年第6期，第74~78页。
[②] 孟宪平：《列宁群众观及其体系结构论析》，《思想理论教育导刊》，2020年第8期，第34~39+58页。
[③] 汲广运、徐东升、李纪岩、费聿辉：《马克思主义群众观研究》，山东人民出版社，2014年，第159~165页。
[④] 李雪梅、王洁：《列宁群众观的内在逻辑分析》，《思想理论教育导刊》，2015年第2期，第25~28页。

列宁关于以人民为中心论述科学内涵为密切联系群众,主要表现为"四个论点",即出发点、立足点、制高点、落脚点,具体内容为:以全心服务群众为出发点,以相信依靠群众为立足点,以教育引导群众为制高点,以组织领导群众为落脚点。①

另外,不同的学者从不同的角度切入,提出了不同的看法。例如,杨威和马强(2014)从人民群众的重大作用、作用发挥的条件、党群的密切联系等方面阐释了列宁关于以人民为中心论述的科学内涵,具体内容为:人民群众是社会历史发展和革命中发挥决定作用的力量;人民群众推动社会发展和革命的作用得以发挥,需要一定的主客观条件,特别是要有先进的无产阶级革命政党的领导、组织与教育;党同群众的密切联系,是能够取得革命和建设胜利的重要保证,也是无产阶级政党区别于其他一切政党的显著标志。②

### (三)关于列宁以人民为中心论述价值意蕴相关论述的阐释

列宁关于以人民为中心论述,不仅丰富了马克思恩格斯以人民为中心的发展思想,而且有效地指导了社会主义国家经济建设,被实践证明了是科学的理论。学术界围绕列宁关于以人民为中心论述价值意蕴开展了大量研究,学者们主要集中于当代价值、当代启示等方面展开阐释,具体观点如下:

从当代价值视角而言,寇清杰(2013)认为,列宁关于以人民为中心论述的当代价值主要表现为四个方面,即人民群众的信任和拥护是党无往不胜的保证;必须代表广大人民群众的利益和愿望;执政党必须提高自己的执政能力,取得执政的实际成效;必须保持党同群众的密切联系。③ 从当代启示视角而言,赵文和林修果(2012)认为,列宁关于以人民为中心论述的当代启示为人民性是现代政治的根本属性,即以增强政治回应性来强化中国政治体制的人民性——实现人民的共同意志;以增强政治参与性来强化中国政治体制的人民性——实现人民的主体地位。④ 许蓉(2009)认为,要制定维护人民群众利益的方针政策。⑤

## 三、对斯大林关于以人民为中心论述的阐释

斯大林在社会主义国家进行经济建设的实践中,坚持马克思主义以人民为中心发展思想的指导。学术界围绕斯大林关于以人民为中心论述的研究,主要从科学内涵、价值意蕴、实践路径等方面展开。

### (一)关于斯大林以人民为中心论述科学内涵的阐释

斯大林在社会主义国家经济建设实践中,进一步发展了马克思主义以人民为中心的

---

① 赵文:《列宁群众观的理论与实践——基于文本分析的视角》,《理论建设》,2013年第2期,第28~33页。
② 杨威,马强:《马克思主义群众观及其在中国的实践与发展》,《辽宁大学学报》(哲学社会科学版),2014年第3期,第57~62页。
③ 寇清杰:《列宁人民群众观及其当代价值》,《思想理论教育导刊》,2013年第10期,第17~22页。
④ 赵文,林修果:《列宁群众观的文本诠释与当代启示》,《江汉大学学报》(人文科学版),2012年第5期,第37~43页。
⑤ 许蓉:《列宁关于密切党群关系的思想及启示》,《理论探索》,2009年第2期,第65~68页。

发展思想，学术界围绕其科学内涵展开了大量研究。对斯大林关于以人民为中心论述科学内涵的阐释，以陈晓红和于文龙（2018）为典型代表学者，其认为，斯大林关于以人民为中心论述的主要内容包括三个方面，即人民群众是历史的创造者、领袖不能脱离群众并应接收群众的监督和批评、把坚持群众路线提升到事关党和国家生死存亡的高度。①

### （二）关于斯大林以人民为中心论述价值意蕴的阐释

斯大林关于以人民为中心论述对于社会主义国家发展经济具有重要作用，学者们纷纷研究其价值意蕴。对斯大林关于以人民为中心论述价值意蕴的阐释，以斯钦（2014）为典型代表学者，他从当代价值方面认为，斯大林群众路线思想的当代价值为三个方面，即无产阶级执政党必须依靠群众，保持党同广大人民群众密切联系，这是党不可战胜的强大力量；无产阶级执政党必须做好新形势下的群众工作，巩固和扩大党的执政基础；无产阶级执政党必须重视和加强作风建设，确保改进作风、联系群众的常态化、长效化。②

### （三）关于斯大林以人民为中心论述实践路径的阐释

斯大林关于以人民为中心论述，在社会主义国家建设中具有重要体现，学术界对其表现形式进行了大量研究。对斯大林关于以人民为中心论述实践路径的阐释，以王保彦（2013）为典型代表学者，他认为，斯大林以人民为中心论述的实践路径表现为两个方面，即依靠人民群众进行社会主义工业化和农业集体化，经济建设取得突出成就、群众生活得到改善；维护和实现人民群众的根本利益，将苏联建成为重工业和军事大国，领导人民打败了德国法西斯。③

## 第二节  以人民为中心的发展思想的生成逻辑

以人民为中心的发展思想是对马克思主义经典作家关于以人民为中心论述的继承，是马克思主义中国化理论成果的重要组成部分，我国大批学者对以人民为中心发展思想的生成逻辑进行了不同侧重点、不同视角的研究。其中，既有横向比较，又有纵向对比，可谓研究出发点新颖、研究成果丰硕。学者们对于以人民为中心发展思想的生成逻辑的研究，主要集中于理论逻辑、实践逻辑、历史逻辑三个层面。

---

① 陈晓红，于文龙：《斯大林的群众史观及其实践的异化》，《历史教学问题》，2018年第5期，第97～100+140页。
② 斯钦：《斯大林群众路线思想的主要内容及其当代价值》，《内蒙古师范大学学报》（哲学社会科学版），2014年第1期，第24～26+39页。
③ 王保彦：《试论斯大林的人民群众观及其实践》，《中共天津市委党校学报》，2013年第5期，第27～33页。

## 一、以人民为中心发展思想生成的理论逻辑

以人民为中心的发展思想不是凭空捏造的,而是在批判继承已有成果的基础上形成的。学术界围绕以人民为中心发展思想生成的理论逻辑进行了众多讨论与交流,形成了大量的研究成果。学者们对于以人民为中心发展思想生成的理论逻辑主要聚焦于马列主义说、传统民本说、西方思想说(见表2-2)。与此同时,对于同一理论来源根据不同的主体划分,不同的学者还存在一主体说、二主体说、三主体说、四主体说、五主体说等不同观点。

表2-2 学术界对于以人民为中心发展思想生成的理论逻辑的研究汇总表

| 研究方向 | 主要观点 | 主要代表作者 |
| --- | --- | --- |
| 马列主义说 | 理论来源于马克思主义经典作家 | 李慎明(2007),杨根乔(2020),等等 |
| 传统民本说 | 理论继承了中华优秀传统文化 | 江成荣(1990),杨勇诚(2014),等等 |
| 西方思想说 | 理论借鉴了西方人本主义思想 | 利丹(2008),杜黎明(2020),等等 |

### (一)马列主义说

马列主义说,即以人民为中心发展思想生成的理论逻辑来源于马克思主义经典作家关于以人民为中心的重要论述。众多学者普遍持有这种观点,尤其是以张秀丽(2002)、南俊英和张运景(1999)、申小翠(2004)、李慎明(2007)、杨根乔(2020)等学者为典型的代表,具体观点如下。

张秀丽(2002)认为,毛泽东有关以人民为中心的发展思想,其生成的理论来源于马克思主义经典作家关于以人民为中心的重要论述。[①] 南俊英和张运景(1999)认为,邓小平有关以人民为中心的发展思想,其生成的理论来源于马克思主义经典作家关于以人民为中心的重要论述。[②] 申小翠(2004)认为,马克思主义经典作家关于以人民为中心的重要论述,是江泽民有关以人民为中心的发展思想生成的理论基础。[③] 李慎明(2007)认为,胡锦涛有关以人民为中心的发展思想,马克思主义经典作家关于以人民为中心的重要论述是其生成的理论基础。[④] 杨根乔(2020)认为,习近平以人民为中心的发展思想,其生成理论来源于马克思主义经典作家关于以人民为中心的重要论述。[⑤]

其中,对于同一理论来源根据不同的主体划分,不同的学者还持有不同的观点。总体来看,主要有以下五种代表性的观点。

第一种观点为一主体说。学术界认为一主体说是特指毛泽东有关以人民为中心的发

---

① 张秀丽:《毛泽东人民群众观探析》,《延安大学学报》(社会科学版),2002年第2期,第17~19+23页。
② 南俊英,张运景:《邓小平的群众观》,甘肃人民出版社,1999年,第11页。
③ 申小翠:《论"始终代表最广大人民的根本利益"的理论传承和实践要求》,《中国社会科学院研究生院学报》,2004年第1期,第21~26页。
④ 李慎明:《以人为本的科学内涵和精神实质——学习胡锦涛同志所作党的十七大报告的体会》,《毛泽东邓小平理论研究》,2007年第11期,第8~20+84页。
⑤ 杨根乔:《全面把握习近平以人民为中心的新发展理念》,《贵州社会科学》,2020年第4期,第4~10页。

展思想，其生成的理论来源于马克思主义经典作家关于以人民为中心的发展思想。持有这一观点的典型代表学者为宋筱改（2013），其认为，马克思主义的唯物观是毛泽东有关以人民为中心发展思想的核心理论来源。① 赵言舟和游景军（2002）认为，历史唯物主义的群众观是毛泽东有关以人民为中心发展思想生成的理论基础。②

第二种观点为二主体说。学术界认为二主体说是特指邓小平有关以人民为中心的发展思想，其生成的理论来源于两方面，既来源于马克思主义经典作家关于以人民为中心的发展思想，又来源于毛泽东有关以人民为中心的发展思想。持有这一观点的典型代表学者为迟汗青（1994）、周琳（1999）、漆玲（2004）、陶小平（2001）、利丹（2008）等。迟汗青（1994）认为，邓小平有关以人民为中心的发展思想，其理论来源于马列主义和共产党关于人民群众的思想观点。③ 周琳等（1999）认为，邓小平有关以人民为中心发展思想生成的理论来源于马列主义、毛泽东思想的有关以人民为中心的发展思想。④ 漆玲等（2004）认为，邓小平有关以人民为中心的发展思想源于历史唯物主义的群众史观，与毛泽东的群众观一脉相承。⑤ 陶小平（2001）认为马克思主义有关以人民为中心的发展思想、毛泽东有关以人民为中心的发展思想是邓小平有关以人民为中心的发展思想生成的理论依据。⑥ 利丹（2008）认为，马克思主义关于人民群众是历史的创造者的理论是邓小平有关以人民为中心发展思想生成的理论基础、以毛泽东为代表的第一代中央领导集体形成的"以广大人民群众为本"的思想成为邓小平有关以人民为中心发展思想生成的直接理论来源。⑦

第三种观点为三主体说。学术界认为三主体说是特指江泽民有关以人民为中心的发展思想，其生成的理论来源于三方面，即马克思主义经典作家关于以人民为中心的发展思想、毛泽东有关以人民为中心的发展思想、邓小平有关以人民为中心的发展思想。持有这一观点的典型代表学者为罗华文（2003）、张云（2010）、杨小冬（2002）等。罗华文（2003）认为，历史唯物主义是江泽民有关以人民为中心的发展思想生成的理论基础。⑧ 张云（2010）认为，江泽民有关以人民为中心发展思想的理论来源于马克思主义经典作家的人民利益观、毛泽东的人民利益观、邓小平的人民利益观。⑨ 杨小冬（2002）认为，江泽民有关以人民为中心的发展思想，其理论既来源于毛泽东的人民观，又来源于邓小平的人民观。⑩

第四种观点为四主体说。学术界认为四主体说是特指胡锦涛有关以人民为中心的发

---

① 宋筱改：《毛泽东的群众观述论》，《理论导刊》，2013年第9期，第72~75页。
② 赵言舟，游景军：《从马克思的"公仆"观到江泽民的"代表"观》，《南京政治学院学报》，2002年第3期，第6~10页。
③ 迟汗青：《论邓小平的人民本位思想》，《学习与探索》，1994年第5期，第56~62页。
④ 周琳，平文艺，李庆：《略论邓小平的群众观》，《社会科学研究》，1999年第4期，第4~8页。
⑤ 漆玲，赵晓呼，杨升详，等：《群众至上——论邓小平群众观及其发展》，《天津行政学院学报》，2004年第3期，第5~10页。
⑥ 陶小平：《论邓小平群众观的重大意义》，《喀什师范学院学报》，2001年第3期，第5~9页。
⑦ 利丹：《论邓小平以人为本思想》，《求实》，2008年第11期，第11~14页。
⑧ 罗华文：《论江泽民的群众观》，《学术探索》，2003年第11期，第15~17页。
⑨ 张云：《浅析江泽民的人民利益观》，《经济与社会发展》，2010年第11期，第82~85页。
⑩ 杨小冬：《邓小平、江泽民对毛泽东人民观的发展》，《江西社会科学》，2002年第3期，第142~144页。

展思想,其生成的理论来源于四方面,即马克思主义经典作家关于以人民为中心的发展思想、毛泽东有关以人民为中心的发展思想、邓小平有关以人民为中心的发展思想、江泽民有关以人民为中心的发展思想。持有这一观点的典型代表学者为辛世俊(2012)、张福海(2010)、龙佳解(2009)等。辛世俊(2012)认为,胡锦涛有关以人民为中心的发展思想的生成理论来源体现了马克思主义的基本观点,继承了毛泽东、邓小平、江泽民的人学思想。[①] 张福海(2010)认为,马克思主义关于人的发展学说为胡锦涛有关以人民为中心发展思想的生成提供了理论基础。[②] 龙佳解和罗泽荣(2009)同样认为,马克思主义民生思想是胡锦涛有关以人民为中心的发展思想形成的理论基石。[③]

第五种观点为五主体说。学术界认为五主体说是特指习近平以人民为中心的发展思想的生成理论来源于五方面,即马克思主义经典作家关于以人民为中心的发展思想和毛泽东、邓小平、江泽民、胡锦涛有关以人民为中心的发展思想。持有这一观点的学者比较多,典型的代表学者为高巍翔和余榕(2021)、刘荣材(2020)、卢国琪(2020)、孙宇和栾亚丽(2020)、罗红杰和平章起(2020)、王晶晶(2017)等。高巍翔和余榕(2021)认为,新时代习近平提出"以人民为中心"思想,是对马克思主义人民理论的继承,即是对马克思主义人民观、列宁主义人民观、中国共产党人民观的继承。[④] 刘荣材(2020)认为,习近平以人民为中心的发展思想坚守马克思主义唯物史观的基本立场、中国共产党为人民谋福利的初心与使命。[⑤] 卢国琪(2020)认为,习近平以人民为中心的发展思想的生成,在理论上是对马克思主义政治经济学的基本理论、中国共产党"执政为民"的传统理念的继承和发展。[⑥] 孙宇和栾亚丽(2020)认为,习近平以人民为中心的发展思想的生成的理论来源主要有科学运用和发展马克思群众史观、传承历届中国共产党领导人的人民观思想。[⑦] 罗红杰和平章起(2020)认为,习近平以人民为中心的发展思想生成的理论溯源体现在两个方面,即理论基石:马克思主义"人学"思想;思想基础:中国共产党"以人为本"的执政理念。[⑧] 王晶晶(2017)认为,习近平以人民为中心的发展思想生成的理论逻辑主要包括:马克思主义唯物史观为以人民为中心的发展思想奠定深厚的理论基础、以人民为中心的发展思想是几代中国共产党人持之以恒的执政追求。[⑨]

---

① 辛世俊:《十六大以来中国共产党对以人为本思想的发展》,《学习论坛》,2012年第10期,第8~13页。
② 张福海:《浅析"以人为本"的理论渊源——读〈科学发展观重要论述摘编〉》,《中国出版》,2010年第13期,第61~63页。
③ 龙佳解,罗泽荣:《胡锦涛民生思想初探》,《学术论坛》,2009年第2期,第59~62页。
④ 高巍翔,余榕:《"以人民为中心"思想的理论逻辑、历史逻辑和实践逻辑》,《湖北师范大学学报》(哲学社会科学版),2021年第1期,第1~10页。
⑤ 刘荣材:《以人民为中心的发展思想的理论逻辑与实践基础》,《南方论刊》,2020年第9期,第11~15页。
⑥ 卢国琪:《习近平以人民为中心的经济思想探源》,《观察与思考》,2020年第12期,第46~56页。
⑦ 孙宇,栾亚丽:《以人民为中心的发展思想探析》,《长沙大学学报》,2020年第3期,第1~4页。
⑧ 罗红杰,平章起:《"以人民为中心的发展思想"的理论诠释和价值意蕴》,《江西财经大学学报》,2020年第1期,第3~12页。
⑨ 王晶晶:《以人民为中心的发展思想:理论基础、主要内容和价值意蕴》,《中共福建省委党校学报》,2017年第10期,第18~25页。

## (二) 传统民本说

传统民本说，即以人民为中心的发展思想生成的理论逻辑继承了中华优秀传统文化中的民本思想，这是一些学者从不同视角得出的结论。持有这一观点的学者也比较多，以杜新华（2013）、江成荣（1990）、俞念胜（2015）、杨勇诚（2014）、许创强（2018）为典型的学者代表，具体观点如下。

关于毛泽东有关以人民为中心的发展思想，权宗田（2009）认为，其生成的理论来源于中国传统的民本思想。[①] 宋筱改（2013）也认为，毛泽东有关以人民为中心发展思想生成的理论来源于中国传统文化中的民本思想，并指出这是毛泽东有关以人民为中心发展思想的文化根基。[②] 江成荣（1990）认为，在经济方面，毛泽东对民族文化中"平均"思想进行了革命的改造，既继承了其中合理的东西，又加进了新的革命内容，把它变为无产阶级领导下的同甘苦、共患难，全心全意为人民谋利益。[③]

关于中国特色社会主义理论体系中有关以人民为中心发展思想，俞念胜和黄利顺（2015）认为，中国传统文化中的"重民"思想是邓小平有关以人民为中心的发展思想生成的思想基础。[④] 利丹（2008）也认为，我国古代历史上延续下来的民本思想是邓小平有关以人民为中心的发展思想形成的社会历史基础。[⑤] 杨勇诚（2014）认为，胡锦涛有关以人民为中心的发展思想生成的理论基础汲取了中华民族优秀传统的民本思想。[⑥] 韦三（2005）认为，胡锦涛有关以人民为中心的发展思想是以中华民族优良传统文化为理论基础生成的。[⑦] 辛世俊（2012）认为，胡锦涛有关以人民为中心的发展思想的生成吸收了中国传统文化的民本思想。[⑧] 龙佳解和罗泽荣（2009）认为，中国传统文化中的民生思想是胡锦涛有关以人民为中心发展思想形成的理论来源。[⑨]

关于习近平以人民为中心的发展思想，卢国琪（2020）认为，其生成在理论上是对中华传统文化中重民与爱民、顺民与安民、富民与利民、厚民与忧民的民本思想的吸收借鉴。[⑩] 陈选华和蔡宁静（2020）也认为，其生成在理论上是对传统民本思想精髓的继承，即重民、爱民、富民、恤民。[⑪] 孙宇和栾亚丽（2020）认为，其生成的理论来源主

---

[①] 权宗田：《人民观视角下的毛泽东执政思想》，武汉理工大学出版社，2009年，第90页。
[②] 宋筱改：《毛泽东的群众观述论》，《理论导刊》，2013年第9期，第72~75页。
[③] 江成荣：《毛泽东创立党的群众路线的民族文化渊源》，《探索》，1990年第6期，第58~60页。
[④] 俞念胜，黄利顺：《论邓小平的群众观及其当代价值》，《淮海工学院学报》（人文社会科学版），2015年第8期，第5~9页。
[⑤] 利丹：《论邓小平以人为本思想》，《求实》，2008年第11期，第11~14页。
[⑥] 杨勇诚：《基于理论与实践辩证关系基础上的胡锦涛群众观及其当代价值》，《学术论坛》，2014年第2期，第5~9页。
[⑦] 韦三：《"三为民"群众观探论》，《学术论坛》，2005年第7期，第8~11页。
[⑧] 辛世俊：《十六大以来中国共产党对以人为本思想的发展》，《学术论坛》，2012年第10期，第8~13页。
[⑨] 龙佳解，罗泽荣：《胡锦涛民生思想初探》，《学术论坛》，2009年第2期，第59~62页。
[⑩] 卢国琪：《习近平以人民为中心的经济思想探源》，《观察与思考》，2020年第12期，第46~56页。
[⑪] 陈选华，蔡宁静：《以人民为中心发展思想的传统文化根基探究》，《安徽工业大学学报》（哲学社会科学版），2020年第4期，第5~6+9页。

要是中华民族优秀传统文化中的民本思想。① 叶静（2020）认为，习近平以人民为中心的发展思想生成的理论逻辑包括：继承了中华优秀传统文化中"以经济世""经世济民"的重要思想，同时中国发展经济的取向是始终坚持"以人为本"的。② 刘儒和王媛（2019）认为，传统经济思想强调避免因贫富差距过大而导致社会动乱，主张均衡社会财富，这种共同富裕观念是其人民性思想的源流。③ 吴海江（2019）认为，传统民本思想为以人民为中心的发展思想提供了方法指导和逻辑支撑。④

### （三）西方思想说

西方思想说，即以人民为中心的发展思想生成的理论逻辑借鉴了西方人本主义思想，扬弃了西方市场经济理性，这是一些学者从不同视角切入研究而得出的结论。持有这一观点的学者不多，以杜黎明（2020）、利丹（2008）、杨勇诚（2014）、许创强（2018）为典型学者代表，具体观点如下。

杜黎明（2020）认为，以人民为中心，必然要关注和回应绝多大数个体民众的利益诉求，但绝不是个体利益诉求的简单汇总，"以人民为中心"是对西方市场经济理性的扬弃。⑤ 利丹（2008）认为，西方人本主义思想是邓小平有关以人民为中心的发展思想形成的重要思想资料。⑥ 杨勇诚（2014）认为，胡锦涛有关以人民为中心的发展思想生成的理论基础包括借鉴西方人本主义思想的合理成分。⑦ 许创强（2018）认为，习近平以人民为中心的发展思想生成的理论逻辑借鉴和超越西方人本主义思想。⑧

## 二、以人民为中心的发展思想生成的实践逻辑

理论来源于实践，以人民为中心的发展思想的生成也同样来源于实践。学术界围绕以人民为中心的发展思想生成的实践逻辑进行了众多研究与探讨，可谓成果丰富。其中，学者们对于以人民为中心的发展思想生成的实践逻辑主要持有"社会发展实践"说、"经验总结实践"说、"理念坚守实践"说三种不同的观点。

### （一）社会发展实践说

社会发展实践说，即以人民为中心的发展思想生成的实践逻辑来源于社会发展实践，这是一些学者们从不同视角切入而得出的结论。其具体可以分为三阶段，即

---

① 孙宇，栾亚丽：《以人民为中心的发展思想探析》，《长沙大学学报》，2020年第3期，第1~4页。
② 叶静：《习近平新时代中国特色社会主义经济思想生成的三重逻辑》，《湖北经济学院学报》（人文社会科学版），2020年第8期，第4~7+15页。
③ 刘儒，王媛：《中国特色社会主义政治经济学发展新阶段——习近平新时代中国特色社会主义经济思想的学习与研究》，《贵州社会科学》，2019年第1期，第119~124页。
④ 吴海江：《以人民为中心的发展思想研究》，人民出版社，2019年，第90页。
⑤ 杜黎明：《新时代超越于西方的经济理性研究》，《党政研究》，2020年第5期，第119~128页。
⑥ 利丹：《论邓小平以人为本思想》，《求实》，2008年第11期，第11~14页。
⑦ 杨勇诚：《基于理论与实践辩证关系基础上的胡锦涛群众观及其当代价值》，《学术论坛》，2014年第2期，第5~9页。
⑧ 许创强：《深刻理解习近平以人民为中心思想的基本内涵》，《思想政治教育研究》，2018年第3期，第9~13页。

"1921—1978年实践"说、"1979—2012年实践"说、"2013—2021年实践"说。

第一种观点为"1921—1978年实践"说。"1921—1978年实践"说,特指中国共产党成立到改革开放之前的实践,这里特指毛泽东有关以人民为中心的发展思想生成的实践逻辑。持有这一观点的典型代表学者为王国玉和张增海(1993)、赵言舟和游景军(2002)、张秀丽(2002),具体体现如下:王国玉和张增海(1993)认为,毛泽东有关以人民为中心的发展思想生成的实践来源于其领导工人运动、指导农民运动的实践。① 赵言舟和游景军(2002)也认为,毛泽东有关以人民为中心的发展思想是在紧贴革命战争实践的基础上形成的。② 张秀丽(2002)同样认为,毛泽东有关以人民为中心的发展思想是在领导中国革命的实践过程中逐渐确立的。③

第二种观点为"1978—2012年实践"说。"1978—2012年实践"说,特指改革开放之后到党的十八大之前这一段时期的实践,这里特指中国特色社会主义理论体系中有关以人民为中心的发展思想生成的实践逻辑。持有这一观点的学者较多,以李国泉和高奇(2014)、赵言舟和游景军(2002)、杨金洲(2009)等为典型的学者代表。

关于邓小平有关以人民为中心发展思想,李国泉和高奇(2014)认为,邓小平有关以人民为中心的发展思想形成于推进改革开放和社会主义现代化建设的历史进程中。④ 赵言舟和游景军(2002)也认为,邓小平有关以人民为中心的发展思想是在紧贴建设有中国特色社会主义实践的基础上形成的。⑤ 漆玲等(2004)认为,邓小平有关以人民为中心的发展思想是根据20世纪80年代以来,世界形势发生了重大变化,时代的主题由战争与革命转化为和平与发展而形成的。⑥ 关于江泽民有关以人民为中心的发展思想,李国泉和高奇(2014)认为,江泽民有关以人民为中心的发展思想形成于建立和巩固社会主义市场经济体制的实践中。⑦ 赵言舟和游景军(2002)也认为,江泽民有关以人民为中心的发展思想是在紧贴社会主义发展实践的基础上形成的。⑧ 杨金洲(2009)认为,胡锦涛有关以人民为中心的发展思想形成于改革开放后党的领导集体对中国特色社会主义道路的探索。⑨ 龙佳解和罗泽荣(2009)也认为,改革开放以来我国国情的新变

---

① 王国玉,张增海:《毛泽东的群众观与党的群众路线》,河北人民出版社,1993年,第20页。
② 赵言舟,游景军:《从马克思的"公仆"观到江泽民的"代表"观》,《南京政治学院学报》,2002年第3期,第6~10页。
③ 张秀丽:《毛泽东人民群众观探析》,《延安大学学报》(社会科学版),2002年第2期,第17~19+23页。
④ 李国泉,高奇:《改革开放以来党的群众观发展及其阶段性特征》,《重庆社会科学》,2014年第4期,第88~95页。
⑤ 赵言舟,游景军:《从马克思的"公仆"观到江泽民的"代表"观》,《南京政治学院学报》,2002年第3期,第6~10页。
⑥ 漆玲,赵晓呼,杨升详,杜鸿林:《群众至上——论邓小平群众观及其发展》,《天津行政学院学报》,2004年第3期,第5~10页。
⑦ 李国泉,高奇:《改革开放以来党的群众观发展及其阶段性特征》,《重庆社会科学》,2014年第4期,第88~95页。
⑧ 赵言舟,游景军:《从马克思的"公仆"观到江泽民的"代表"观》,《南京政治学院学报》,2002年第3期,第6~10页。
⑨ 杨金洲:《"以人为本":马克思主义人学思想中国化的最新成果》,《湖北社会科学》,2009年第10期,第13~15页。

化是胡锦涛有关以人民为中心的发展思想形成的社会背景。①

第三种观点为"2012—2021年实践"说。"2012—2021年实践"说，即特指中国特色社会主义进入新时代之后的实践，这里是特指习近平以人民为中心的发展思想生成的实践逻辑。持有这一观点的学者以徐奇和鲁宽民（2020）、梁伟（2020）、冯颜利和李怀征（2020）、罗会德（2019）、陈智（2018）、胡锦玉（2020）、段光鹏和王向明（2020）为典型的代表。

徐奇和鲁宽民（2020）认为，习近平以人民为中心的发展思想是新时代基本实现现代化、建成社会主义现代化强国的必然要求。②梁伟（2020）也同样认为，习近平以人民为中心的发展思想生成的实践逻辑是植根于新时代中国特色社会主义伟大实践，具体表现为：新时代我国社会主要矛盾转化及其对执政党的新要求、人民群众在新时代中国特色社会主义实践中的主体地位、推进新时代党的建设伟大工程的内在动力。③冯颜利和李怀征（2020）认为，习近平以人民为中心的发展思想生成的实践逻辑主要包括三个方面，即坚持党对一切工作的领导、把党的群众路线贯彻到治国理政全部活动之中、不断满足人民日益增长的美好生活需要。④罗会德（2019）也认为，习近平以人民为中心的发展思想生成的实践逻辑主要包括三个方面，即凝聚中国力量、实现中国梦的必然选择，改善党与人民的关系、巩固党的执政基础的现实需要，着眼社会主要矛盾变化、满足人民对美好生活的需要的迫切要求。⑤陈智（2018）同样认为，习近平以人民为中心发展思想生成的实践逻辑主要包括三个方面，即中国共产党的初心和使命是为人民谋幸福、新时代是以人民为中心的时代、"五位一体"的总体布局是践行以人民为中心的发展思想的具体路径。⑥胡锦玉（2020）也认为，习近平以人民为中心的发展思想生成的实践逻辑为对新时代中国特色社会主义实践发展的科学回应。⑦段光鹏和王向明（2020）同样认为，习近平以人民为中心的发展思想生成的实践逻辑为以人民为中心使新矛盾和新问题的解决愈加紧迫。⑧

## （二）经验总结实践说

经验总结实践说，即以人民为中心的发展思想生成的实践逻辑来源于对之前实践经验的总结。学者们认为，其中既包括成功的经验，也包括失败的教训，这里特指邓小平

---

① 龙佳解，罗泽荣：《胡锦涛民生思想初探》，《学术论坛》，2009年第2期，第59~62页。
② 徐奇，鲁宽民：《新时代以人民为中心的发展思想的逻辑理路》，《毛泽东思想研究》，2020年第4期，第59~66页。
③ 梁伟：《论"以人民为中心"思想的生成逻辑》，《社会主义研究》，2020年第1期，第54~59页。
④ 冯颜利，李怀征：《习近平以人民为中心发展思想的内在逻辑》，《理论视野》，2020年第2期，第28~33页。
⑤ 罗会德：《新时代以人民为中心发展思想的形成逻辑》，《东南学术》，2019年第1期，第9~15页。
⑥ 陈智：《习近平新时代以人民为中心思想的生成逻辑》，《内蒙古社会科学》（汉文版），2018年第2期，第1~8页。
⑦ 胡锦玉：《习近平新时代人民主体论生成的逻辑理路》，《西安财经大学学报》，2020年第4期，第21~28页。
⑧ 段光鹏，王向明：《以人民为中心：习近平新时代中国特色社会主义思想的价值取向》，《思想教育研究》，2020年第2期，第3~8页。

有关以人民为中心的发展思想生成的实践逻辑。持有这一观点的学者以漆玲等（2004）、万吉琼（2017）为典型的代表。漆玲（2004）等认为，邓小平有关以人民为中心的发展思想是对中国特色社会主义胜利和挫折的历史经验和其他社会主义国家兴衰成败的经验教训进行的科学总结的成果。① 万吉琼（2017）也认为，邓小平以人民为中心的发展思想生成的实践基础是对中国革命和社会主义建设实践的经验积累与总结。②

### （三）理念坚守实践说

理念坚守实践说，即以人民为中心的发展思想生成的实践逻辑来源于对理想信念的坚守，这是一些学者从"以人民为中心发展思想"理念视角得出的结论。持有这一观点的学者以韦三（2005）、付海莲和邱耕田（2018）为典型的代表。例如：韦三（2005）认为，胡锦涛有关以人民为中心的发展思想的生成是以党的光荣革命传统为实践来源。③ 付海莲和邱耕田（2018）认为，习近平以人民为中心的发展思想生成的实践逻辑为对我们党人民利益至上观念的诠释与坚守。④

## 三、以人民为中心的发展思想生成的历史逻辑

以人民为中心的发展思想的生成，学者们认为，其既有理论来源，也有实践来源，更有历史来源。学术界围绕以人民为中心的发展思想生成的历史逻辑进行了众多研究与商榷。其中，学者们对于以人民为中心的发展思想生成的历史逻辑研究，总体来看，主要持有以下三种代表性观点，即社会历史环境说、社会历史传承说、社会历史发展说。

### （一）社会历史环境说

社会历史环境说，即以人民为中心的发展思想生成的历史逻辑来源深受成长发展环境影响、当时社会历史条件影响，这是一些学者们从独特视角研究的成果。持有这一观点的典型学者代表为张浩明（2018）、刘荣材（2020）、郑曙村和于子轩（2019）、王海柳（2007）、胡锦玉（2020），具体观点如下。

第一，从成长环境的视角来看。张浩明（2018）认为，毛泽东有关以人民为中心的发展思想生成的历史逻辑为：毛泽东出生在中国传统的小农家庭中，早年起就受到中国传统优秀思想的熏陶，他在学习中国传统哲学思想时，就重实践、重实际，强调把理论付诸实践，积极投身实践活动。随着马克思主义的传入，他接触到实践的观点，并科学地运用了"人民群众是实践的主体"，不得不说是受到中国传统哲学思想的影响，并找到中国传统哲学思想和马克思主义的契合点。⑤ 刘荣材（2020）认为，习近平以人民为

---

① 漆玲，赵晓呼，杨升详，杜鸿林：《群众至上——论邓小平群众观及其发展》，《天津行政学院学报》，2004年第3期，第5~10页。
② 万吉琼：《邓小平群众观的实践困境与对策思路》，《四川警察学院学报》，2017年第2期，第101~106页。
③ 韦三：《"三为民"群众观探论》，《学术论坛》，2005年第7期，第8~11页。
④ 付海莲，邱耕田：《习近平以人民为中心的发展思想的生成逻辑与内涵》，《中共中央党校学报》，2018年第4期，第21~30页。
⑤ 张浩明：《毛泽东的人民群众历史观及现实意义》，《党史博采》（理论），2018年第1期，第19~20页。

中心信念在知青经历的磨砺中孕育，以人民为中心的发展思想在为人民服务的从政实践中不断发展。① 郑曙村和于子轩（2019）同样认为，习近平以人民为中心发展思想生成的实践基础为习近平的生活和工作经历。②

第二，从历史条件的视角来看。王海柳（2007）认为，江泽民有关以人民为中心的发展思想生成的历史背景为国际社会对人权的"关注"、知识经济时代对人才的渴求、全面建设小康社会的必然要求、市场经济顺利推进的现实需求。③ 胡锦玉（2020）认为，习近平以人民为中心的发展思想生成的历史逻辑为对"如何实现人民群众根本利益"时代课题探索的必然产物。④

### （二）社会历史传承说

社会历史传承说，即以人民为中心的发展思想生成的历史逻辑来源于对社会历史文化等的传承，这是一些学者们从历史传承视角研究的成果。持有这一观点的典型学者代表为刘旭娜和夏巍（2020）、姜强强和张晓东（2018）、付海莲和邱耕田（2018）、徐奇和鲁宽民（2020），具体观点如下。

刘旭娜和夏巍（2020）认为，习近平以人民为中心的发展思想生成的历史逻辑主要包括：继承传统民本思想的文化智慧、传承中国共产党的优良传统。⑤ 姜强强和张晓东（2018）也认为，习近平以人民为中心的发展思想生成的历史逻辑主要表现为对优秀传统文化价值精华的创造性转化和创新性发展；即对传统民本主义的继承与发展、对传统义利观的深化与超越、对传统人类之爱的改造与升华。⑥ 付海莲和邱耕田（2018）同样认为，习近平以人民为中心的发展思想生成的历史逻辑为对中国古代"民本思想"的传承与超越。⑦ 徐奇和鲁宽民（2020）认为，习近平以人民为中心的发展思想是中国共产党近百年奋斗历程的经验结晶。⑧

### （三）社会历史发展说

社会历史发展说，即以人民为中心的发展思想生成的历史逻辑来源于两个方面，即从不同主体看，是对社会历史发展的接续；从同一主体看，是对社会历史发展的分区，这是一些学者们从历史阶段视角得出的结论。学者们普遍持有这一观点，以冯颜利和李

---

① 刘荣材：《以人民为中心的发展思想的理论逻辑与实践基础》，《南方论刊》，2020年第9期，第11~15页。
② 郑曙村，于子轩：《习近平人民中心思想及时代价值》，《中共云南省委党校学报》，2019年第1期，第65~69页。
③ 王海柳：《江泽民的以人为本思想探析》，《南方论刊》，2007年第5期，第8~11页。
④ 胡锦玉：《习近平新时代人民主体论生成的逻辑理路》，《西安财经大学学报》，2020年第4期，第21~28页。
⑤ 刘旭娜，夏巍：《习近平以人民为中心的发展思想生成逻辑》，《攀登》，2020年第5期，第1~6页。
⑥ 姜强强，张晓东：《以人民为中心：习近平新时代中国特色社会主义思想的价值核心》，《江西社会科学》，2018年第12期，第180~188页。
⑦ 付海莲，邱耕田：《习近平以人民为中心的发展思想的生成逻辑与内涵》，《中共中央党校学报》，2018年第4期，第21~30页。
⑧ 徐奇，鲁宽民：《新时代以人民为中心的发展思想的逻辑理路》，《毛泽东思想研究》，2020年第4期，第59~66页。

怀征（2020）、罗会德（2019）、梁伟（2020）、楚向红（2019）等为典型的代表学者，具体观点如下。

第一，从不同主体看。冯颜利和李怀征（2020）认为，习近平以人民为中心的发展思想生成的历史逻辑主要包括新民主主义革命的胜利是中国人民浴血奋战的结果、社会主义革命和建设的成功离不开人民群众的鼎力支持、全国各族人民共同创造了改革开放的伟大成就。① 罗会德（2019）认为，习近平以人民为中心的发展思想生成的历史逻辑主要包括：坚持中国共产党的初心和使命、接续中国化马克思主义的发展理念。② 陈智（2018）认为，习近平以人民为中心的发展思想生成的历史逻辑是对毛泽东思想、邓小平理论、"三个代表"重要思想和科学发展观的丰富和发展。③ 梁伟（2020）认为，习近平以人民为中心的发展思想生成的历史逻辑是对中国共产党人民观的丰富与发展，具体表现为：中国共产党革命、建设和改革的根本立场；党的十八大以来党中央治国理政的根本价值取向；新时代中国特色社会主义思想活的灵魂。④

第二，从同一主体看。楚向红（2019）认为，习近平以人民为中心的发展思想生成的历史逻辑主要分为三个阶段，即初创阶段（党的十七大召开以前）、发展阶段（党的十七大召开后至党的十八大召开前）、成熟阶段（党的十八大以来）。⑤

## 第三节 以人民为中心的发展思想的科学内涵

以人民为中心的发展思想，具有思想丰富、内涵深刻等特征。关于以人民为中心的发展思想的科学内涵，大批学者进行了不同侧重点的研究，或者同一侧重点不同视角的探讨，可谓研究范围之广、探讨领域之深，从而研究成果丰硕。在众多的研究成果中显示以人民为中心的发展思想的科学内涵主要集中于科学定义、主要内容、主要特征，学者们主要是从这三个方面来展开阐释的。

### 一、以人民为中心的发展思想科学内涵的科学定义

关于以人民为中心的发展思想科学内涵的科学定义，学术界对此问题展开了较全面的研究。总体来看，有的学者持理念论，也有的学者持人民论。

#### （一）理念论

关于理念论，即学者们将以人民为中心的发展思想科学内涵定义为一种或多种理

---

① 冯颜利，李怀征：《习近平以人民为中心发展思想的内在逻辑》，《理论视野》，2020年第2期，第28～33页。
② 罗会德：《新时代以人民为中心发展思想的形成逻辑》，《东南学术》，2019年第1期，第9～15页。
③ 陈智：《习近平新时代以人民为中心思想的生成逻辑》，《内蒙古社会科学》（汉文版），2018年第2期，第1～8页。
④ 梁伟：《论"以人民为中心"思想的生成逻辑》，《社会主义研究》，2020年第1期，第54～59页。
⑤ 楚向红：《习近平以人民为中心的发展思想探微》，《学习论坛》，2019年第1期，第15～19页。

念,学界有"一个理念"论、"两个理念"论、"三个理念"论、"四个理念"论和"五个理念"论,具体观点如下。

第一种观点为"一个理念"论。持有"一个理念"论观点的典型代表学者为张秀贵(1990)、韦三(2005)、洪银兴(2018)。张秀贵(1990)认为其科学内涵为"一个理念",即全心全意为人民服务,具体而言:既要为人民谋取个人利益,又要为人民谋取局部利益和全局利益;既要为人民谋取眼前利益,又要为人民谋取长远利益;既要为人民的利益坚持真理,又要为人民的利益改正错误。① 关于胡锦涛有关以人民为中心的发展思想,韦三(2005)认为其科学定义为"一个理念"论,即始终坚持全心全意为人民服务的宗旨,具体而言为:心里装着人民,凡事想着人民,工作依靠人民,一切为了人民。② 关于习近平以人民为中心发展思想,洪银兴(2018)也认为其科学定义为"一个理念"论,即以人民为中心实现发展成果的全民共享,具体而言为:发展生产力、增进人民福祉,不断促进人的全面发展,实现全体人民共同富裕。③

第二种观点为"两个理念"论。持有"两个理念"论观点的典型代表学者为江雪铭和包毅(2014)、竭长光和张澍军(2010)等。江雪铭和包毅(2014)认为,胡锦涛有关以人民为中心的发展思想的科学定义为"两个理念"论,即其一,把"权为民所用、情为民所系、利为民所谋"作为执政理念;其二,坚持"群众利益无小事"的基本理念。④ 竭长光和张澍军(2010)也同样认为,胡锦涛有关以人民为中心的发展思想的科学定义为"两个理念"论,即其一,基本内涵是以人民群众的现实生活为本;其二,根本内涵是以人民群众的利益为本。⑤

第三种观点为"三个理念"论。持有"三个理念"论观点的典型代表学者为吕一军(2000)、刘怀松(2011)等。关于邓小平有关以人民为中心的发展思想,吕一军(2000)认为,其科学定义为"三个理念"论,即其一,邓小平同志把握社会主义的本质,突出了提高人民生活水平这一群众观的核心;其二,邓小平同志提出了"领导就是服务"的观点,摆正了"公仆"与"主人"的关系;其三,邓小平同志提出了"掌权为民""党是人民群众工具"的观点,摆正了党和人民的关系。⑥ 关于江泽民有关以人民为中心的发展思想,欧阳超(2004)认为,其科学定义为"三个理念"论,即其一,一切以人民利益为根本出发点和归宿,始终代表最广大人民的根本利益;其二,关心群众的切身利益,建立公平合理的利益关系,让各方面群众不断获得看得见的利益;其三,

---

① 张秀贵:《牢固树立马克思主义群众观》,《山东社会科学》,1990年第4期,第22~25页。
② 韦三:《"三为民"群众观探论》,《学术论坛》,2005年第7期,第8~11页。
③ 洪银兴:《习近平新时代中国特色社会主义经济思想引领经济强国建设》,《红旗文稿》,2018年第1期,第7~9页。
④ 江雪铭,包毅:《改革开放以来党的领导集体对马克思主义群众观的重大贡献》,《宁夏党校学报》,2014年第3期,第41~44页。
⑤ 竭长光,张澍军:《论"以人为本"科学内涵的"民生"底蕴》,《理论学刊》,2010年第12期,第71~74页。
⑥ 吕一军:《学习坚持邓小平的群众观》,《党政论坛》,2000年第8期,第14~16页。

党员和干部必须牢固树立人民利益观，坚持执政为民，决不允许以权谋私。① 关于胡锦涛有关以人民为中心的发展思想，刘怀松（2011）认为，其科学定义为"三个理念"论，即其一，要以全体人民为本，确保全体人民的主体地位，最大限度地保障广大人民群众真正享有人权；其二，要以人的权利为本，实现好、维护好、发展好最广大人民群众的权利尤其是基本权利；其三，要以满足人的全面需求和促进人的全面发展为本，切实保障广大人民群众在政治、经济和文化等各方面的正当合法权益，不断提高全体人民的生活质量和幸福指数。②

第四种观点为"四个理念"论。持有"四个理念"论观点的典型代表学者为吴珍美（2005），她认为，邓小平有关以人民为中心的发展思想的科学定义为"四个理念"论，即其一，"领导就是服务"的理念；其二，"有利于提高人民的生活水平"的理念；其三，"人民赞成不赞成"的理念；其四，"依靠群众"的理念。③

第五种观点为"五个理念"论。持有"五个理念"论观点的典型代表学者为杨勇诚（2014），他认为，胡锦涛有关以人民为中心的发展思想的科学定义为"五个理念"论，即其一，根基在人民、血脉在人民、力量在人民的党群理念；其二，全面、协调、可持续的科学发展理念；其三，发展为了人民、发展依靠人民、发展成果由人民共享的人民利益至上理念；其四，人民群众是党的最广泛、最可靠、最牢固基础的执政理念；其五，促进公平正义、保持良好秩序、维护和谐稳定的社会管理理念。④

## （二）人民论

关于人民论，即学者们将以人民为中心的发展思想科学内涵定义为深入于民、依靠于民、服务为民、尊重于民、发展为民、发展靠民、成果于民、负责于民、学习于民、评价由民、主体是民、奋斗为民、取决于民、富裕是民、至上是民、造福于民等观点。学界有"一个人民"论、"两个人民"论、"三个人民"论、"四个人民"论、"五个人民"论和"六个人民"论，具体观点如下。

第一种观点为"一个人民"论。持有"一个人民"论观点的典型代表学者为江雪铭和包毅（2014）等，他们认为，习近平以人民为中心的发展思想的科学定义为"一个人民"论，即深入于民，具体而言为：以开展群众路线教育实践活动为契机推进新时期党的建设；把密切党群关系的重要任务聚焦到作风建设上来；从完善制度层面对党的群众路线理论进行了卓有成效的探索。⑤

第二种观点为"两个人民"论。持有"两个人民"论观点的典型代表学者为李国泉和高奇（2014），他们认为，邓小平有关以人民为中心发展思想的科学定义为"两个人

---

① 欧阳超：《论江泽民的人民利益观》，《西南民族大学学报》（人文社科版），2004 年第 11 期，第 323~326 页。
② 刘怀松：《"以人为本"的科学内蕴析论》，《湖北社会科学》，2011 年第 4 期，第 13~14+18 页。
③ 吴珍美：《略论邓小平"以民为本"的群众观》，《新视野》，2005 年第 5 期，第 64~65 页。
④ 杨勇诚：《基于理论与实践辩证关系基础上的胡锦涛群众观及其当代价值》，《学术论坛》，2014 年第 2 期，第 5~9 页。
⑤ 江雪铭，包毅：《改革开放以来党的领导集体对马克思主义群众观的重大贡献》，《宁夏党校学报》，2014 年第 3 期，第 41~44 页。

民"论，即其一，依靠于民；其二，服务为民，具体而言为：强调改革开放必须要做到取信于民、指出改革开放事业必须紧紧依靠广大人民来推进，把权力下放给基层和群众、明确提出在改革开放和社会主义现代化建设过程中要一切以人民利益为最高准绳。也认为，习近平以人民为中心的发展思想的科学定义为"两个人民"论，即其一，奋斗为民；其二，依靠于民，具体而言为：深刻阐明人民对美好生活的向往就是党的奋斗目标；明确提出中国梦归根到底是人民的梦，必须紧紧依靠人民来实现，必须不断为人民造福。①

第三种观点为"三个人民"论。持有"三个人民"论观点的典型代表学者为陶小平（2001）、钱智勇和解斯棋（2020）、孙宁华和洪银兴（2017）、邱海平（2019）等。关于邓小平有关以人民为中心发展思想，陶小平（2001）认为其科学定义为"三个人民"论，即其一，尊重于民；其二，服务为民；其三，深入于民，具体而言为：尊重群众的首创精神；坚持人民利益标准；坚持和加强党的全面领导必须接受人民监督，听取群众意见，要消除腐败，密切党群关系。② 关于习近平以人民为中心的发展思想，钱智勇和解斯棋（2020）认为其科学定义为"三个人民"论，即其一，发展为民；其二，发展靠民；其三，成果于民，具体而言为：中国社会的财富生产要以满足人民美好生活需要的使用价值为目的；人民美好生活需要的实现依赖于人民劳动创造的财富的使用价值；让人民劳动创造的价值在财富分配中实现。③ 孙宁华和洪银兴（2017）认为，习近平以人民为中心的发展思想的科学定义为"三个人民"论，即发展为民、发展靠民、成果于民，具体而言为：这一思想坚持人民主体地位，顺应人民群众对美好生活的向往，不断实现好、维护好、发展好最广大人民根本利益，做到发展为了人民、发展依靠人民、发展成果由人民共享。④ 邱海平（2019）也同样认为，习近平以人民为中心的发展思想体现为"三个人民"论，即发展为民、发展靠民、成果于民，具体而言为：发展为了人民、发展依靠人民、发展成果由人民共享的有机统一。⑤

第四种观点为"四个人民"论。持有"四个人民"论观点的典型代表学者为王春梅（2012）、付海莲和邱耕田（2018）等。关于毛泽东有关以人民为中心的发展思想，王春梅（2012）认为其科学定义为"四个人民"论，即其一，服务为民；其二，负责于民；其三，学习于民；其四，深入于民，具体而言为：一切为了人民群众，全心全意为人民服务的观点；相信群众、依靠群众，一切向人民负责的观点；密切联系群众，向人民群众学习的观点；从群众中来，到群众中去的观点。⑥ 关于习近平以人民为中心的发展思

---

① 李国泉，高奇：《改革开放以来党的群众观发展及其阶段性特征》，《重庆社会科学》，2014年第4期，第88~95页。
② 陶小平：《论邓小平群众观的重大意义》，《喀什师范学院学报》，2001年第3期，第5~9页。
③ 钱智勇，解斯棋：《"坚持以人民为中心的发展思想"在〈资本论〉中的理论溯源》，《思想理论教育导刊》，2020年第10期，第39~43页。
④ 孙宁华，洪银兴：《新发展理念与中国特色社会主义政治经济学》，《毛泽东邓小平理论研究》，2017年第8期，第17~23+108页。
⑤ 邱海平：《新发展理念的重大理论和实践价值——习近平新时代中国特色社会主义经济思想研究》，《政治经济学评论》，2019年第6期，第42~55页。
⑥ 王春梅：《毛泽东的群众观及其当代价值》，《临沂大学学报》，2012年第6期，第129~133页。

想，祝林林（2018）认为其科学定义为"四个人民"论，即其一，发展为民；其二，发展靠民；其三，成果于民；其四，评价由民，具体而言为：明确经济发展的目的是为了人民、经济发展的动力是依靠人民、经济发展的价值是人民共享、经济发展的效果由人民检阅。① 付海莲和邱耕田（2018）认为，习近平以人民为中心的发展思想的科学定义为"四个人民"论，即发展为民、发展靠民、成果于民、评价由民，具体而言为：发展为了人民是根本立场；发展依靠人民是方法论；发展成果由人民共享是价值观；发展效果要由人民"说了算"是检验论。②

第五种观点为"五个人民"论。持有"五个人民"论观点的典型代表学者为楚向红（2019），其认为习近平以人民为中心的发展思想的科学定义为"五个人民"论，即其一，主体是民；其二，依靠于民；其三，奋斗为民；其四，取决于民；其五，富裕是民，具体而言为：即坚持人民主体地位的思想、依靠人民创造历史伟业的思想、把人民对美好生活的向往作为党的奋斗目标的思想、以最广大人民根本利益为最高标准的思想、实现全体人民共同富裕的思想。③

第六种观点为"六个人民"论。持有"六个人民"论观点的典型代表学者为许先春（2020），其认为习近平以人民为中心的发展思想的科学定义为"六个人民"论，即其一，至上是民；其二，奋斗为民；其三，依靠于民；其四，造福于民；其五，取决于民，其六，深入于民，具体而言为：坚持人民至上、人民对美好生活的向往就是党的奋斗目标、人民是党执政的最大底气、把为民造福作为最重要的政绩、人民是党的工作的最高裁决者和最终评判者、把党的群众路线贯彻到治国理政全部活动之中。④

## 二、以人民为中心的发展思想科学内涵的主要内容

以人民为中心的发展思想是经济学重要的理论，其主要内容也是学者们重点研究的方面。关于以人民为中心发展思想科学内涵的主要内容，学术界对此问题展开了多方面、较全面的研究。总体来看，主要有"主要方面论"和"人民群众具体论"两种观点。

### （一）主要方面论

关于主要内容方面论，即学者们将以人民为中心的发展思想科学内涵的主要内容从一个或多个方面进行归纳和总结。学界有"一个方面"论、"两个方面"论、"三个方面"论、"四个方面"论、"五个方面"论和"六个方面"论，具体观点如下。

第一种观点为"一个方面"论。持有"一个方面"论观点的典型代表学者有王修章

---

① 祝林林：《习近平新时代中国特色社会主义经济思想的人民立场论析》，《改革与战略》，2018年第12期，第22~29页。
② 付海莲，邱耕田：《习近平以人民为中心的发展思想的生成逻辑与内涵》，《中共中央党校学报》，2018年第4期，第21~30页。
③ 楚向红：《习近平以人民为中心的发展思想探微》，《学习论坛》，2019年第1期，第15~19页。
④ 许先春：《深入理解和着力践行以人民为中心的发展思想》，《当代世界与社会主义》，2020年第4期，第59~66页。

和朱文华（1960）、冯缉熙（1960）、高巍翔和余榕（2021）等，具体体现如下：王修章和朱文华（1960）认为，毛泽东群众路线在经济方面，坚持一切从群众的利益出发，而不是从个人或小集团的利益出发。① 冯缉熙（1960）认为，党的群众运动在财政方面，集中优势兵力，促进生产，促进国民经济高速度按比例地发展。② 高巍翔和余榕（2021）认为，习近平以人民为中心的发展思想在经济建设方面，指引了经济建设中"五大发展理念"，具体表现为：人民是创新理念的第一推动力、是协调理念中的根本环节、是绿色理念的主体、是开放理念的出发点、是共享理念的根本取向。③

第二种观点为"两个方面"论。持有"两个方面"论观点的典型代表学者有杨威和马强（2014）、王士俊（1965）等。杨威和马强（2014）认为，毛泽东有关以人民为中心的发展思想的主要内容包括两个方面：其一，党的群众观点；其二，群众路线。④ 王士俊（1965）认为，党的群众路线包括两个方面：一方面为人民群众必须自己解放自己，党的全部任务就是全心全意为人民服务，党对于人民群众的领导作用就是要正确地给人民群众指出斗争的方向，帮助人民群众自己动手争取和创造自己的幸福生活；另一方面为在党的一切工作中，必须贯彻"从群众中来，到群众中去"的工作方法。⑤

第三种观点为"三个方面"论。持有"三个方面"论观点的学者较普遍，典型代表学者为张秀丽（2002）、张可芬（2005）、江雪铭（2014）、包毅（2014）等。关于毛泽东有关以人民为中心的发展思想，张秀丽（2002）认为，其主要内容为三个方面：其一，"人民，只有人民，才是创造历史的动力"；其二，"一切为了群众，一切依靠群众"；其三，"从群众中来，到群众中去"。⑥ 蔡晓良和谢强（2017）也同样认为，其主要内容包括三个方面：其一，人民群众是革命的主体和社会主义建设的主体；其二，为人民服务；其三，党的群众路线。⑦ 关于邓小平有关以人民为中心的发展思想，张可芬（2005）认为，其主要内容包括三个方面：其一，实行改革开放，使人民群众走上了共同富裕的道路；其二，一切想着人民，一切为了人民；其三，给人民群众真正的民主和权利。⑧ 薛永苹（2015）也同样认为，邓小平人民利益观的主要内容包括三个方面：其一，人民利益高于一切；其二，人民生活水平是否得到提高是判断改革开放成败的标准；其三，维护和保障人民利益必须坚持党的群众路线。⑨ 关于胡锦涛有关以人民为中心的发展思想，蔡晓良和谢强（2017）认为，其主要内容包括三个方面：其一，以人为

---

① 王修章，朱文华：《高举毛泽东同志群众路线的思想红旗》，《理论战线》，1960年第2期，第24～26页。
② 冯缉熙：《党的群众路线在财政工作中的光辉胜利——纪念中国共产党成立三十九周年》，《财经研究》，1960年第7期，第3～12页。
③ 高巍翔，余榕：《"以人民为中心"思想的理论逻辑、历史逻辑和实践逻辑》，《湖北师范大学学报》（哲学社会科学版），2021年第1期，第1～10页。
④ 杨威，马强：《马克思主义群众观及其在中国的实践与发展》，《辽宁大学学报》（哲学社会科学版），2014年第3期，第57～62页。
⑤ 王士俊：《社会主义时期的群众路线和阶级路线》（上），《前线》，1965年第17期，第43～44+36页。
⑥ 张秀丽：《毛泽东人民群众观探析》，《延安大学学报》（社会科学版），2002年第2期，第17～19+23页。
⑦ 蔡晓良，谢强：《论习近平的人民主体思想》，《思想理论教育导刊》，2017年第4期，第25～29页。
⑧ 张可芬：《邓小平的群众观及其理论和实践价值》，《理论探讨》，2005年第2期，第33～34页。
⑨ 薛永苹：《邓小平人民利益观及其重大价值》，《人民论坛》，2015年第29期，第211～213页。

本；其二，权为民所用；其三，始终站稳群众立场。①

第四种观点为"四个方面"论。持有"四个方面"论观点的学者也比较多，典型代表学者为杜新华（2013）、熊志勇（1994）等。关于毛泽东有关以人民为中心的发展思想，杜新华（2013）认为，其主要内容包括四个方面：其一，毛泽东正确论述了领导和群众的关系，把马克思主义的群众观点集中概括为"一切为了群众，一切依靠群众，从群众中来，到群众中去"的群众路线；其二，毛泽东十分强调人民群众的作用，始终把人民群众放在国家主人的位置上；其三，毛泽东始终把最广大人民群众的利益放在首位，以"全心全意为人民服务"作为我们党从事革命活动和社会主义建设的出发点；其四，毛泽东坚持向人民负责的原则，以此作为党的路线方针政策得以正确制定和贯彻落实的有效途径。②孙金华（2014）也认为，其主要内容包括四个方面：其一，充分肯定人民群众的历史地位和作用；其二，人民至上的群众观点；其三，亲民的群众路线；其四，密切联系群众要处理好的三大关系。③关于邓小平有关以人民为中心发展思想，熊志勇（1994）同样认为，其主要内容包括四个方面：其一，尊重群众首创精神；其二，关注最广大人民的意愿；其三，摒弃大搞群众运动；其四，社会主义观与群众观的有机统一。④利丹（2008）也认为，其主要内容包括四个方面：其一，社会主义本质论；其二，"三步走"发展战略；其三，社会主义市场经济理论；其四，社会主义民主理论。⑤

第五种观点为"五个方面"论。持有"五个方面"论观点的学者也比较多，典型的代表学者为李慎明（2007）、宋筱改（2013）、李学林（2015）、王晶晶（2017）等。关于毛泽东有关以人民为中心的发展思想，宋筱改（2013）认为，其主要内容包括五个方面：其一，中国共产党和党所领导的军队的唯一宗旨就是全心全意为人民服务；其二，共产党不能脱离群众，党和群众的关系是鱼与水的关系；其三，提倡坚持"从群众中来，到群众中去"的领导方法；其四，群众是真正的英雄，必须善于向人民群众学习；其五，党要依靠群众又要教育引导群众前进。⑥关于邓小平有关以人民为中心的发展思想，李学林和刘俊岐（2015）认为，其主要内容包括五个方面：其一，充分尊重人民群众的首创精神，让人民群众的智慧成为科学决策的重要源泉；其二，尽力争取人民群众的支持，把获得人民群众的肯定性评价作为党和政府开展工作的基础与动力；其三，牢牢把握人民群众根本利益与社会主义制度之间的本质联系，将维护人民群众的根本利益作为搞好社会经济建设的出发点和归宿；其四，运用马克思主义群众观，对党的群众路线进行了新阐释；其五，用群众观剖析群众运动，强调在社会主义时期多做群众的思想工作，不搞不是出自群众自愿的群众运动。⑦关于胡锦涛有关以人民为中心的发展思想，李慎明（2007）认为，其主要内容包括五个方面：其一，坚持以最广大人民群众和

---

① 蔡晓良，谢强：《论习近平的人民主体思想》，《思想理论教育导刊》，2017年第4期，第25~29页。
② 杜新华：《毛泽东的群众观述论》，《理论探讨》，2003年第5期，第110~111页。
③ 孙金华：《论毛泽东的群众观及其当代价值》，《思想理论教育导刊》，2014年第2期，第43~48页。
④ 熊志勇：《邓小平的群众观初探》，《社会主义研究》，1994年第4期，第39~42页。
⑤ 利丹：《论邓小平以人为本思想》，《求实》，2008年第11期，第11~14页。
⑥ 宋筱改：《毛泽东的群众观述论》，《理论导刊》，2013年第9期，第72~75页。
⑦ 李学林，刘俊岐：《邓小平的群众观及其当代价值》，《邓小平研究》，2015年第2期，第70~78页。

他们的根本利益为本是我们党根本宗旨的集中体现；其二，体现了马克思主义人性论和社会主义人道主义的基本观点与鲜明立场；其三，是社会主义本质的集中体现；其四，是我国社会主义初级阶段根本特点的必然要求；其五，反映了个人、集体、社会和国家之间的辩证关系，并把它们有机地统一起来。① 关于习近平以人民为中心的发展思想，王晶晶（2017）认为，其主要内容包括五个方面：其一，坚定了必须走中国特色社会主义政治发展道路；其二，确立了践行"五大发展理念"的基本原则；其三，指明了文化建设"为了谁、依靠谁"的基本立场；其四，要求抓住人民最关心最直接最现实的社会利益问题；其五，致力协同推进人民富裕、国家富强、中国美丽。②

第六种观点为"六个方面"论。持"六个方面"论观点的学者比较少，典型代表学者为黄美（2014），其认为，毛泽东有关以人民为中心的发展思想的主要内容包括六个方面：其一，一切依靠群众，相信群众自己解放自己；其二，一切为了群众，全心全意为人民服务；其三，一切对群众负责，与群众同甘共苦；其四，一切向群众学习，与群众共同进步；其五，一切从群众利益出发，维护群众权益；其六，一切从群众中来，再到群众中去。③

## （二）人民群众具体论

关于人民群众具体论，即学者们将以人民为中心的发展思想科学内涵的主要内容从人民群众根本立场论、人民群众主体地位论、人民群众至高无上论、人民群众实践主体论、人民群众利益至上论、人民群众优先培养论、人民群众价值取向论、人民群众共享成果论、人民群众共同富裕论、人民群众无穷智慧论、人民群众全面发展论等视角切入进行具体而全面的研究。学界有"一个具体"论、"两个具体"论、"三个具体"论、"四个具体"论和"五个具体"论，具体观点如下。

第一种观点为"一个具体"论。持有"一个具体"论观点的典型代表学者有王士俊（1965）、东行（1959）。王士俊（1965）认为人民群众至高无上，人民群众是集体经济最积极的拥护者，是无产阶级专政在农村的坚强支柱和党在农村的依靠力量，是我们建设社会主义和共产主义事业在农村中的社会基础。④ 东行（1959）认为人民群众利益至上，党的一切工作都是为人民群众的最大利益服务的。⑤

第二种观点为"两个具体"论。持有"两个具体"论观点的典型代表学者为王晓漪（2018），其认为习近平以人民为中心的发展思想的主要内容包括"两个具体"：其一，人民群众主体地位；其二，人民群众共同富裕。具体而言为：人民群众是发展主体；不断促进人的全面发展、全体人民的共同富裕的发展方向与目标。⑥

---

① 李慎明：《以人为本的科学内涵和精神实质——学习胡锦涛同志所作党的十七大报告的体会》，《毛泽东邓小平理论研究》，2007年第11期，第8~20+84页。
② 王晶晶：《以人民为中心的发展思想：理论基础、主要内容和价值意蕴》，《中共福建省委党校学报》，2017年第10期，第18~25页。
③ 黄美：《试论毛泽东群众观及其当代启示》，《党史文苑》，2014年第4期，第24~26+30页。
④ 王士俊：《社会主义时期的群众路线和阶级路线（下）》，《前线》，1965年第18期，第21~22页。
⑤ 东行：《谈群众路线的工作方法》，《理论与实践》，1959年第8期，第11~13页。
⑥ 王晓漪：《以人民为中心的发展思想的理论内涵及价值》，《观察与思考》，2018年第5期，第34~39页。

第三种观点为"三个具体"论。持有"三个具体"论观点的学者比较多，其中典型的代表学者有俞念胜和黄利顺（2015）、李国泉（2014）、郑曙村（2019）等，具体体现如下。

关于邓小平有关以人民为中心发展思想，俞念胜和黄利顺（2015）认为，其主要内容包括"三个具体"：其一，人民群众主体地位；其二，人民群众价值标准；其三，党的群众路线。具体而言为：坚持人民主体地位，实现人民当家做主；确立人民价值标准，谋求人民大众福祉；推动制度优化升级，践行党的群众路线。① 耿庆彪（2003）也同样认为，邓小平有关以人民为中心的发展思想的主要内容包括"三个具体"，其一，人民群众主体地位；其二，人民群众利益至上；其三，党的群众路线。具体而言为：群众是力量之源，要相信群众、依靠群众；把人民群众的利益要求作为判断一切工作的准则和制定一切路线方针政策的出发点与归宿；反对官僚主义，反对干部特殊化，坚持群众路线。②

关于胡锦涛有关以人民为中心的发展思想，李国泉和高奇（2014）认为，其主要内容包括"三个具体"：其一，人民群众主体地位；其二，人民群众共享成果；其三，人民群众利益至上。具体而言为：鲜明阐述人民群众是科学发展的主体，必须尊重人民群众的首创精神；明确阐明以人为本是科学发展观的核心，要努力让人民群众得到实实在在的利益，共享改革发展的成果；主张群众利益无小事，明确提出要在思想感情上贴近人民群众，认真解决群众最关心、最直接、最现实的利益问题。③

关于习近平以人民为中心的发展思想，郑曙村和于子轩（2019）认为，其主要内容包括"三个具体"：其一，人民群众根本立场；其二，人民群众主体地位；其三，人民群众价值取向。具体而言为：根本立场即坚持人民立场；首要原则即尊重人民主体地位；评判标准即坚持人民标准。④

第四种观点为"四个具体"论。持有"四个具体"论观点的学者也比较多，其中典型的代表学者有汤志华和李雪（2011）、张晓雯（2009）、饶旭鹏和何芳芳（2019）等，具体体现如下。

关于胡锦涛有关以人民为中心的发展思想，汤志华和李雪（2011）认为，其主要内容包括"四个具体"：其一，人民群众主体地位；其二，人民群众利益至上；其三，人民群众实践主体；其四，党的群众路线。具体而言为："以人为本"的人民群众历史主体观；"人民利益至上"的人民群众利益主体观；"立党为公、执政为民"的人民群众权力主体观；务求实效的群众工作方式方法。⑤ 张晓雯（2009）也同样认为，其主要内容

---

① 俞念胜，黄利顺：《论邓小平的群众观及其当代价值》，《淮海工学院学报》（人文社会科学版），2015年第8期，第5～9页。
② 耿庆彪：《论邓小平的群众观》，《社会主义研究》，2003年第5期，第21～23页。
③ 李国泉，高奇：《改革开放以来党的群众观发展及其阶段性特征》，《重庆社会科学》，2014年第4期，第88～95页。
④ 郑曙村，于子轩：《习近平人民中心思想及时代价值》，《中共云南省委党校学报》，2019年第1期，第65～69页。
⑤ 汤志华，李雪：《十六大以来党对马克思主义群众观的丰富与发展》，《江汉大学学报》（社会科学版），2011年第2期，第5～9页。

包括"四个具体":其一,人民群众主体地位;其二,人民群众至高无上;其三,人民群众共同富裕;其四,党的群众路线。具体而言为:人民群众是历史的创造者、践行全心全意为人民服务的宗旨、中国共产党人最主要的任务和目标是兴国富民、人民群众的拥戴是维系党的生命的根本动力。①

关于习近平有关以人民为中心的发展思想,蔡晓良和谢强(2017)认为,其主要内容包括"四个具体":其一,人民群众主体地位;其二,人民群众利益至上;其三,人民群众共同富裕;其四,人民群众全面发展。具体而言为:践行群众路线,尊重人民主体地位;推进依法治国,保障人民根本权益;加大扶贫开发力度,实现人民共同富裕;贯彻五大发展理念,促进人的全面发展。②饶旭鹏和何芳芳(2019)也同样认为,其主要内容包括"四个具体":其一,人民群众主体地位;其二,人民群众全面发展;其三,人民群众共同富裕;其四,人民群众利益至上。具体而言为:在坚持群众路线中尊重人民主体地位、在贯彻新发展理念中促进人的全面发展、在精准扶贫的道路上实现人民共同富裕、在全面依法治国中保障人民的根本权益。③

第五种观点为"五个具体"论。持有"五个具体"论观点的典型代表学者为田德祥(1995),他认为,邓小平有关以人民为中心发展思想的主要内容包括"五个具体":其一,人民群众利益第一;其二,人民群众实践主体;其三,人民群众主体地位;其四,人民群众价值取向;其五,人民群众共同富裕。具体而言为:人民群众的根本利益是我党一切工作的出发点;人民群众的伟大实践是建设有中国特色社会主义伟大理论的重要客观基础;人民群众的积极性是社会主义事业前进的根本动力;人民群众的大多数是我们看问题的基本原则;人民群众共同富裕,是社会主义的基本目的。④

## 三、以人民为中心的发展思想科学内涵的主要特征

关于以人民为中心的发展思想科学内涵的主要特征,学术界对此问题开展了总结性的研究,归纳起来主要有"时代气息性"和"问题导向性"两种观点。

### (一)时代气息性

关于时代气息性的特征,即学者们将以人民为中心发展思想科学内涵特征与时代发展特点紧密结合,具有浓厚的时代气息性。其中,根据学术界研究成果,可以得知学者们持有"三个时代"论和"四个时代"论的不同观点。

持有"三个时代"论观点的典型代表学者为孙宇和栾亚丽(2020),他们认为,习近平以人民为中心的发展思想的科学内涵具有明显的时代气息型特征,主要表现为"三个时代":其一,坚持发展为了人民,不断满足人民对美好生活的向往;其二,坚持

---

① 张晓雯:《论胡锦涛同志的民本思想》,《毛泽东思想研究》,2009年第3期,第37~41页。
② 蔡晓良,谢强:《论习近平的人民主体思想》,《思想理论教育导刊》,2017年第4期,第25~29页。
③ 饶旭鹏,何芳芳:《马克思主义群众观及其在中国的丰富与发展》,《南京航空航天大学学报》(社会科学版),2019年第4期,第11~15页。
④ 田德祥:《试论邓小平的群众观》,《广西民族学院学报》(哲学社会科学版),1995年第1期,第11~14页。

人民主体地位，依靠人民创造历史伟业；其三，坚持人民共享发展成果，实现人民共同富裕。①

持有"四个时代"论观点的典型代表学者为周明明（2019），他认为，习近平以人民为中心的发展思想的科学内涵具有明显的时代气息型特征，主要表现为"四个时代"：其一，为中国人民谋幸福、为中华民族谋复兴的初心使命观；其二，以践行群众路线为核心的群众观；其三，以人民为中心的发展观；其四，构建人类命运共同体的大同观。②

## （二）问题导向性

关于问题导向性的特征，即学者们将以人民为中心发展思想科学内涵特征与回应发展问题紧密结合，具有浓厚的问题导向性。其中，根据学术界研究成果，可以得知学者们持有"三个问题"论和"五个问题"论的不同观点。

持有"三个问题"论观点的典型代表学者为段光鹏和王向明（2020），他们认为，习近平以人民为中心发展思想的科学内涵具有明显的问题导向型特征，主要表现为"三个问题"：其一，坚持人民主体地位，充分调动人民群众的积极性、主动性和创造性，回答当代中国究竟"靠谁发展"的问题；其二，践行全心全意为人民服务的宗旨，充分展现人民立场、为民情怀，回答当代中国究竟"为谁发展"的问题；其三，增进民生福祉，实现最广大人民群众的"幸福梦"和"美好生活梦"，回答当代中国"发展成果由谁享有"的问题。③

持有"五个问题"论观点的典型代表学者为杨根乔（2020），他认为，习近平以人民为中心发展思想的科学内涵具有明显的问题导向型特征，主要表现为"五个问题"：其一，发展为了人民，是发展的目的问题，主要解决发展"为了谁"的问题；其二，发展依靠人民，是发展的方法问题，主要解决发展"怎么办"的问题；其三，发展成果由人民共享，是我国社会主义现代化建设的价值取向，主要解决发展成果"由谁共享"的问题；其四，发展成效由人民检验和评判，是让人民来衡量发展水平和质量，解决的是发展成效"由谁说了算"的问题；其五，发展是和平、开放、合作、共赢的发展，是表明中国的发展同世界的发展紧密相关，解决的是"发展的担当"问题。④

---

① 孙宇，栾亚丽：《以人民为中心的发展思想探析》，《长沙大学学报》，2020年第3期，第1~4页。
② 周明明：《习近平人民主体思想研究的省视与展望》，《思想理论教育导刊》，2019年第9期，第151~155页。
③ 段光鹏，王向明：《以人民为中心：习近平新时代中国特色社会主义思想的价值取向》，《思想教育研究》，2020年第2期，第3~8页。
④ 杨根乔：《全面把握习近平以人民为中心的新发展理念》，《贵州社会科学》，2020年第4期，第4~10页。

## 第四节 以人民为中心的发展思想的实践路径

任何一种理论,既来源于实践的探索,又接受着实践的检验,同时指导着实践。以人民为中心的发展思想在实践中形成,并且随着实践而不断丰富与发展。同时,也回归到实践、指导着实践。学术界关于以人民为中心的发展思想的实践路径进行了大量的讨论与商榷,研究成果惊人地丰富。在众多的研究成果中显示,学者们对于以人民为中心发展思想的实践路径的研究主要是从主要内容、主要特征这两个方面来展开阐释的。

### 一、以人民为中心的发展思想实践路径的主要内容

马克思主义政治经济学始终致力维护广大劳动人民的根本利益。以人民为中心的发展思想,既体现着经济发展为了人民,又强调了依靠人民发展经济。关于以人民为中心的发展思想实践路径的主要内容,学术界对此问题展开了较全面的研究,不同的学者研究既有统一的观点又持不同的见解。总体来看,主要有以下五种代表性的观点:改革路径说、创新路径说、制度路径说、利益路径说、领导路径说(见表2-3)。

表2-3 学术界对于以人民为中心发展思想实践路径的主要内容的研究汇总表

| 研究方向 | 主要观点 | 主要代表作者 |
| --- | --- | --- |
| 改革路径说 | 阐释了在经济改革中坚持人民价值取向 | 徐志诚(1990),张友鹏(2020),等等 |
| 创新路径说 | 阐释了在创新机制中更好践行群众路线 | 赵士红(2014),郭玮(2018),等等 |
| 制度路径说 | 阐释了在坚持公有制中实现人民的富裕 | 段学慧和程恩富(2017),黄志高(2011),等等 |
| 利益路径说 | 阐释了在解决民生问题中维护人民利益 | 许先春(2020),刘浩(2011),等等 |
| 领导路径说 | 阐释了在坚持党领导下为人民发展经济 | 张占斌和钱路波(2018),黄美(2014),等等 |

#### (一)改革路径说

所谓改革路径说,是指学者们认为在坚持、深化经济改革实践中能更好地践行以人民为中心的发展思想。持有这一观点的典型代表学者有徐志诚(1990)、林庭芳和曹现军(2012)、许先春(2020)、张友鹏(2020)、许洋毓(2020)、方茜和周文(2018)等。

站在深化改革视角,徐志诚(1990)认为,只有通过改革,才能从经济上充分调动亿万群众建设社会主义的积极性。①李培林(2019)认为,坚持以人民为中心就要深化

---

① 徐志诚:《人民利益高于一切——谈谈群众路线和群众观点》,《党政干部学刊》,1990年第11期,第41~43页。

农业供给侧改革。① 牛先锋和杨磊（2021）认为，要在深化科技体制改革中促进经济持续健康发展，从而保障人民群众的切实利益。② 林庭芳和曹现军（2012）认为，要在改革发展中保障人民的经济权益、在深化收入分配制度改革中保障人民的经济权益。③ 许先春（2020）认为，着力践行习近平以人民为中心的发展思想的现实路径主要包括：站在人民立场深化改革开放。④ 站在经济改革视角，张友鹏（2020）认为，在经济改革中坚持以人民为中心的发展思想的价值取向。⑤ 许洋毓（2020）认为，在深化经济体制改革的实践活动中，必须把广大人民群众的切身利益放在核心位置。⑥ 站在改革立场视角，方茜和周文（2018）认为，在改革立场上要坚持以人民为中心。⑦

### （二）创新路径说

所谓创新路径说，是指学者们认为在发展经济实践中坚持创新发展理念，进行机制创新和理念创新，能更好地践行以人民为中心的发展思想。持有这一观点的典型代表学者为郭玮（2018）、赵士红（2014）、刘浩（2011）。

站在创新机制视角，郭玮（2018）认为，新形势下坚持毛泽东有关以人民为中心发展思想的路径选择在于，创新践行群众路线的长效机制。⑧ 站在创新理念视角，赵士红（2014）认为，邓小平有关以人民为中心的发展思想的实践路径在于，创新群众工作理念，为密切党群关系提供思想保证。⑨ 刘浩（2011）认为，实践胡锦涛有关以人民为中心的发展思想的途径，即必须坚持马克思主义的群众观，做好党的群众工作，必须创新群众工作理念。⑩

### （三）制度路径说

所谓制度路径说，是指学者们认为在发展经济实践中加强制度建设、推进制度创新、提供制度保障，能更好地践行以人民为中心的发展思想，同时还得坚持公有制的主体地位。持有这一观点的典型代表学者有林洁（2014）、赵士红（2014）、许先春

---

① 李培林：《坚持以人民为中心的新发展理念》，中国社会科学出版社，2019年，第134页。
② 牛先锋，杨磊：《人民至上：从〈共产党宣言〉到〈为人民服务〉》，广西人民出版社，2021年，第135~136页。
③ 林庭芳，曹现军：《论胡锦涛同志的人民观》，《毛泽东思想研究》，2012年第3期，第91~94页。
④ 许先春：《深入理解和着力践行以人民为中心的发展思想》，《当代世界与社会主义》，2020年第4期，第59~66页。
⑤ 张友鹏：《习近平新时代中国特色社会主义经济思想的改革维度》，《改革与战略》，2020年第10期，第26~34页。
⑥ 许洋毓：《习近平经济思想的三重逻辑探究》，《佳木斯大学社会科学学报》，2020年第4期，第1~3页。
⑦ 方茜，周文：《习近平新时代中国特色社会主义经济思想的现实背景、实践基础与显著特征》，《经济纵横》，2018年第11期，第52~59页。
⑧ 郭玮：《毛泽东群众路线思想的当代价值》，《沈阳师范大学学报》（社会科学版），2018年第1期，第17~22页。
⑨ 赵士红：《邓小平群众观的科学内涵及其当代价值》，《河南工程学院学报》（社会科学版），2014年第4期，第5~9页。
⑩ 刘浩：《论胡锦涛"以人为本"群众观的现实基础与现实意义》，《党史苑》，2011年第16期，第27~29页。

(2020)、张博（2017）、黄志高（2011）、段学慧和程恩富（2017）等。

站在加强制度建设视角，赵士红（2014）认为，邓小平有关以人民为中心的发展思想的实践路径在于，加强制度建设，把群众的主体地位落到实处。① 站在推进制度创新视角，许先春（2020）认为，着力践行习近平以人民为中心发展思想的现实路径主要包括，突出人民利益导向加强制度创新。② 站在提供制度保障视角，黄志高（2011）认为，胡锦涛有关以人民为中心的发展思想的实践要求，通过具体的制度、体制和政策，把以人为本的价值诉求贯彻到经济社会发展的各方面。③ 站在坚持公有制主体地位视角，段学慧和程恩富（2017）认为，公有制是实现共同富裕共同享受共同幸福的前提和保障。只有在公有制条件下，劳动才能成为唯一的分配依据，剩余归生产资料的所有者共同占有，才能消除生产资料占有上的不公平所导致的财富和收入分配上的不公平，逐步实现人民共同的富裕、享受和幸福。④

### （四）利益路径说

所谓利益路径说，是指学者们认为在发展经济实践中应密切联系群众，并且要求重视人民利益、维护人民利益。持有这一观点的典型代表学者有黄美（2014）、贺全胜（2016）、赵士红（2014）、许先春（2020）、张博（2017）、黄志高（2011）、李小辉和罗春梅（2012）、宋俭和唐祯熹（2005）、刘浩（2011）、程恩富（2018）等。

站在联系群众视角，黄美（2014）认为，践行毛泽东有关以人民为中心的发展思想的路径在于密切同人民群众的联系，领导人民群众胜利前进。⑤ 贺全胜（2016）也认为，毛泽东有关以人民为中心的发展思想的实践路径是群众路线，即深入社会基层，密切联系群众，把握群众工作规律，不断提高群众工作的能力和水平。⑥ 赵士红（2014）同样认为，邓小平有关以人民为中心的发展思想的实践路径在于真正坚持党的群众路线，密切联系群众。⑦

站在依靠群众视角，张博（2017）认为，新形势下践行毛泽东有关以人民为中心的发展思想的路径，即根据群众的变化分析如何更好地依靠今天的群众。⑧ 贺全胜（2016）认为，毛泽东有关以人民为中心的发展思想的实践路径是群众路线，即调查研究，学习民众，科学正确制定工作路线方针政策。⑨ 黄志高（2011）认为，胡锦涛有关

---

① 赵士红：《邓小平群众观的科学内涵及其当代价值》，《河南工程学院学报》（社会科学版），2014年第4期，第5~9页。
② 许先春：《深入理解和着力践行以人民为中心的发展思想》，《当代世界与社会主义》，2020年第4期，第59~66页。
③ 黄志高：《以人为本：理论原则、现实基点和实践要求》，《天府新论》，2011年第5期，第7~10页。
④ 段学慧，程恩富：《以人民为中心：中国特色社会主义政治经济学的根本立场》，《福建论坛》，2017年第12期，第5~16页。
⑤ 黄美：《试论毛泽东群众观及其当代启示》，《党史文苑》，2014年第4期，第24~26+30页。
⑥ 贺全胜：《毛泽东的群众观及其当代意义》，《湖南第一师范学院学报》，2016年第2期，第55~61页。
⑦ 赵士红：《邓小平群众观的科学内涵及其当代价值》，《河南工程学院学报》（社会科学版），2014年第4期，第5~9页。
⑧ 张博：《毛泽东群众路线思想在新形势下的发展路径》，《学理论》，2017年第8期，第40~41页。
⑨ 贺全胜：《毛泽东的群众观及其当代意义》，《湖南第一师范学院学报》，2016年第2期，第55~61页。

以人民为中心的发展思想的实践要求，即要尊重群众的主体地位，切实发挥人民群众的主动性、积极性。①

站在重视人民利益视角，赵士红（2014）认为，邓小平有关以人民为中心的发展思想的实践路径在于把人民利益放在第一位，不断改善人民生活。② 杭晓平（2001）认为，新时期共产党人必须以最广大人民的根本利益为最高标准。③ 许先春（2020）认为，着力践行习近平以人民为中心的发展思想的现实路径主要包括，把人民放在心中最高位置谋划发展。④

站在维护人民利益视角，黄美（2014）认为，践行毛泽东有关以人民为中心的发展思想的路径在于从根本上解决群众利益问题，解民生之忧。⑤ 李小辉和罗春梅（2012）认为，中国特色社会主义理论体系中有关以人民为中心的发展思想的实践路径，即建立健全和完善流畅的民意和利益表达机制，最大限度地维护好和发展好最广大人民群众的根本利益。⑥ 宋俭和唐祯熹（2005）认为，江泽民有关以人民为中心的发展思想的实践路径是要不断把"最广大人民的根本利益实现好、维护好、发展好"。⑦ 刘浩（2011）认为，实践胡锦涛有关以人民为中心的发展思想的途径为正确理解和把握胡锦涛群众观的内涵和实质，坚持以人为本，努力实现好广大人民的根本利益。⑧ 程恩富（2018）认为，习近平新时代中国特色社会主义经济思想提出共享是以人民为中心的发展方针。为此，应注重解决突出民生问题，积极主动回应群众关切。⑨

## （五）领导路径说

所谓领导路径说，是指学者们认为在践行以人民为中心的发展思想实践中要坚持党的领导，从而为我国经济发展提供政治保障。同时，还要在践行以人民为中心的发展思想实践中加强廉政建设，加大反腐力度。持有这一观点的典型代表学者有张占斌和钱路波（2018）、黄美（2014）。张占斌和钱路波（2018）认为，只有坚持党对经济工作的集中统一领导，才能准确把握时代变化的趋势，确保我国经济发展始终沿着正确方向前

---

① 黄志高：《以人为本：理论原则、现实基点和实践要求》，《天府新论》，2011 年第 5 期，第 7~10 页。
② 赵士红：《邓小平群众观的科学内涵及其当代价值》，《河南工程学院学报》（社会科学版），2014 年第 4 期，第 5~9 页。
③ 杭晓平：《江泽民"三个代表"重要思想研究》，苏州大学出版社，2001 年，第 234 页。
④ 许先春：《深入理解和着力践行以人民为中心的发展思想》，《当代世界与社会主义》，2020 年第 4 期，第 59~66 页。
⑤ 黄美：《试论毛泽东群众观及其当代启示》，《党史文苑》，2014 年第 4 期，第 24~26+30 页。
⑥ 李小辉，罗春梅：《中国特色社会主义人民群众观的实现路径探析》，《荆楚理工学院学报》，2012 年第 10 期，第 76~80 页。
⑦ 宋俭，唐祯熹：《密切党群关系 巩固执政基础——论江泽民对邓小平群众观的丰富和发展》，《周口师范学院学报》，2005 年第 1 期，第 67~70 页。
⑧ 刘浩：《论胡锦涛"以人为本"群众观的现实基础与现实意义》，《党史文苑》，2011 年第 16 期，第 27~29 页。
⑨ 程恩富：《马克思主义及其中国化理论的巨大成就——习近平新时代中国特色社会主义经济思想述论》，《东南学术》，2018 年第 5 期，第 1~8+246 页。

进,为解放发展生产力、实现社会主义现代化提供有力政治保障。① 黄美(2014)认为,践行毛泽东有关以人民为中心的发展思想的路径在于坚定不移地加强廉政建设,努力克服消极腐败现象。②

此外,一些学者还从作风方面、宗旨方面、方式方面、基础方面、本领方面加以细化和区分。

从作风方面而言。学者们认为在践行以人民为中心的发展思想实践中要加强作风建设、弘扬务实作风。持有这一观点的典型代表学者为唐祯熹(2004)、林洁(2014)。关于加强作风建设,唐祯熹(2004)认为,江泽民有关以人民为中心发展思想的实践路径,即加强党员干部党性修养和党风建设。③ 关于弘扬务实作风,林洁(2014)认为,毛泽东有关以人民为中心的发展思想的实践路径,即弘扬务实作风,固践行群众观之基。④

从宗旨方面而言。学者们认为在践行以人民为中心的发展思想实践中要坚持根本宗旨、树立正确宗旨。持有这一观点的典型代表学者为许先春(2020)、唐祯熹(2004)、黄志高(2011)、刘浩(2011)。关于坚持根本宗旨,许先春(2020)认为,着力践行习近平以人民为中心的发展思想的现实路径主要包括,牢记根本宗旨、践行初心使命。⑤ 唐祯熹(2004)认为,江泽民有关以人民为中心的发展思想的实践路径为坚持"立党为公、执政为民"。⑥ 关于树立正确宗旨,黄志高(2011)认为,胡锦涛有关以人民为中心的发展思想的实践要求,领导干部要按照以人为本的要求,树立正确的宗旨观、利益观和政绩观。⑦ 刘浩(2011)认为,实践胡锦涛有关以人民为中心的发展思想的路径为端正对群众的根本态度,树立"亲民"理念。⑧

从方式方面而言。学者们认为在践行以人民为中心的发展思想实践中要改进群众工作方式、改进党的领导方式。持有这一观点的典型代表学者为郭玮(2018)、李小辉和罗春梅(2012)。关于改进群众工作方式,郭玮(2018)认为,新形势下坚持毛泽东有关以人民为中心的发展思想的路径选择在于,改进群众工作的方式、方法。⑨ 关于改进党的领导方式,李小辉和罗春梅(2012)认为,中国特色社会主义理论体系中有关以人

---

① 张占斌,钱路波:《习近平新时代中国特色社会主义经济思想的学理逻辑》,《国家行政学院学报》,2018年第6期,第37~41+187页。
② 黄美:《试论毛泽东群众观及其当代启示》,《党史文苑》,2014年第4期,第24~26+30页。
③ 唐祯熹:《江泽民对邓小平群众观的继承和发展》,《湖北省社会主义学院学报》,2004年第4期,第28~31页。
④ 林洁:《毛泽东群众观的当代发展和实践要求》,《中共桂林市委党校学报》,2014年第2期,第17~20页。
⑤ 许先春:《深入理解和着力践行以人民为中心的发展思想》,《当代世界与社会主义》,2020年第4期,第59~66页。
⑥ 唐祯熹:《江泽民对邓小平群众观的继承和发展》,《湖北省社会主义学院学报》,2004年第4期,第28~31页。
⑦ 黄志高:《以人为本:理论原则、现实基点和实践要求》,《天府新论》,2011年第5期,第7~10页。
⑧ 刘浩:《论胡锦涛"以人为本"群众观的现实基础与现实意义》,《党史文苑》,2011年第16期,第27~29页。
⑨ 郭玮:《毛泽东群众路线思想的当代价值》,《沈阳师范大学学报》(社会科学版),2018年第1期,第17~22页。

民为中心的发展思想的实践路径为加强、改进和完善党的执政水平和领导方式，为实现最广大人民群众利益提供根本政治保障。①

从基础方面而言。学者们认为在践行以人民为中心的发展思想实践中加强党的群众基础、夯实党的执政基础。持有这一观点的典型代表学者为黄美（2014）、许先春（2020）。关于加强党的群众基础，黄美（2014）认为，践行毛泽东有关以人民为中心的发展思想的路径在于从根本上加强党的群众基础，巩固党的执政地位。② 关于夯实党的执政基础，许先春（2020）认为，着力践行习近平以人民为中心的发展思想的现实路径主要包括牢牢植根人民、夯实执政基础。③

从本领方面而言。学者们认为在践行以人民为中心的发展思想实践中提高做好群众工作的本领。持有这一观点的典型代表学者为刘浩（2011），他认为，实践胡锦涛有关以人民为中心的发展思想的途径为认真研究社会生活的新变化和群众工作的新特点，树立"三为民"理念，提高做好群众工作的本领。④

## 二、以人民为中心的发展思想实践路径的主要特征

对于以人民为中心的发展思想实践路径的主要特征，学术界开展了全方位的研究。总体来看，学者们主要持有以下三种代表性的观点，即历史的阶段性、民生的紧密性和路径的多样性。

### （一）历史的阶段性

关于历史的阶段性特征，学术界主要持三种观点。

第一种观点为"第一阶段"说。学者们认为这一阶段主要是指1921—1978年，即从中国共产党成立到中国改革开放之前的时段。持有这一观点的典型代表学者为黄美（2014），她认为，践行毛泽东有关以人民为中心的发展思想的路径在于正确处理人民内部关系，化解社会矛盾。⑤

第二种观点为"第二阶段"说。学者们认为这一阶段主要是指1978—2012年，即从中国改革开放之后到党的十八大之前的时段。持有这一观点的典型代表学者为宋俭和唐祯熹（2005）、李慎明（2007）。关于践行江泽民有关以人民为中心的发展思想，宋俭和唐祯熹（2005）认为，其实践路径为：把"发展作为党执政兴国的第一要务"，不断开创现代化建设的新局面；要不断学习好、掌握好、实践好"三个代表"这个执政兴国

---

① 李小辉，罗春梅：《中国特色社会主义人民群众观的实现路径探析》，《荆楚理工学院学报》，2012年第10期，第76~80页。
② 黄美：《试论毛泽东群众观及其当代启示》，《党史文苑》，2014年第4期，第24~26+30页。
③ 许先春：《深入理解和着力践行以人民为中心的发展思想》，《当代世界与社会主义》，2020年第4期，第59~66页。
④ 刘浩：《论胡锦涛"以人为本"群众观的现实基础与现实意义》，《党史文苑》，2011年第16期，第27~29页。
⑤ 黄美：《试论毛泽东群众观及其当代启示》，《党史文苑》，2014年第4期，第24~26+30页。

的规律。① 关于践行胡锦涛有关以人民为中心的发展思想，李慎明（2007）认为，其实践路径为：全党特别是党的各级领导干部必须认真学习马克思主义，把以人为本的理念置于贯彻落实科学发展观的中心地位和全过程，作为我们党在新时期的执政理念和要求；必须进一步解放思想，破除妨碍以人为本的一切陈腐观念，牢固树立正确的群众观；必须把以人为本作为构建社会主义和谐社会的重要指导原则；必须毫不动摇地坚持"一个中心，两个基本点"的党的基本路线，为坚持以人为本提供巩固而有力的政治保证。②

第三种观点为"第三阶段"说。学者们认为这一阶段主要是指2012—2021年，即从党的十八大到2021年中国共产党百年华诞之间的时段。持有这一观点的典型代表学者有胡伯项和艾淑飞（2017）、孙宇和栾亚丽（2020）、王秀华和刘晨畅（2020）等。胡伯项和艾淑飞（2017）认为，习近平以人民为中心的发展思想的实践路径主要包括践行落实共享发展理念、着力推进全面建成小康社会的战略布局、扎实做好"五位一体"的工作布局。③ 孙宇和栾亚丽（2020）也认为，习近平以人民为中心的发展思想必须贯穿于国家发展的总布局和战略布局的始终，体现在习近平治国理政各个方面，即统筹推进"五位一体"总体布局、协调推进"四个全面"战略布局、统揽推进"四个伟大"。④ 王秀华和刘晨畅（2020）同样认为，习近平以人民为中心发展思想的实践路径主要包括以深入贯彻新发展理念为动力、以精准扶贫改善民生为抓手。⑤

## （二）民生的紧密性

关于民生的紧密性特征，学者们认为践行以人民为中心的发展思想要以解决民生问题、改善人民生活为出发点、落脚点。持这一观点的典型代表学者为许先春（2020）、李雪梅和张雅妮（2020）。许先春（2020）认为，着力践行习近平以人民为中心的发展思想的现实路径主要包括着眼人民美好生活需要改善民生。⑥ 李雪梅和张雅妮（2020）认为，习近平以人民为中心的发展思想的实践路径为在经济建设方面要处理好"量"和"质"的关系，提高人民生活水平。⑦

---

① 宋俭，唐祯熹：《密切党群关系 巩固执政基础——论江泽民对邓小平群众观的丰富和发展》，《周口师范学院学报》，2005年第1期，第67~70页。
② 李慎明：《以人为本的科学内涵和精神实质——学习胡锦涛同志所作党的十七大报告的体会》，《毛泽东邓小平理论研究》，2007年第11期，第8~20+84页。
③ 胡伯项，艾淑飞：《习近平以人民为中心的发展思想探析》，《思想教育研究》，2017年第1期，第28~32页。
④ 孙宇，栾亚丽：《以人民为中心的发展思想探析》，《长沙大学学报》，2020年第3期，第1~4页。
⑤ 王秀华，刘晨畅：《习近平"以人民为中心"思想渊源、价值逻辑与实践路径》，《绥化学院学报》，2020年第9期，第1~4页。
⑥ 许先春：《深入理解和着力践行以人民为中心的发展思想》，《当代世界与社会主义》，2020年第4期，第59~66页。
⑦ 李雪梅，张雅妮：《习近平新时代人民观的理论维度与实践维度》，《中北大学学报》（社会科学版），2020年第5期，第14~20页。

## （三）路径的多样性

关于路径的多样性特征，学术界有"三路径"说和"五路径"说等不同观点。

对于"三路径"说，学者们认为践行以人民为中心发展思想从三个方面开展，持有这一观点的典型代表学者为申小翠（2004）、顾玉平（2018）。关于江泽民以人民为中心的发展思想，申小翠（2014）认为，其实践路径为"三个必须"：其一，必须坚持大力发展生产力与增强政府经济实力的统一，为实现最广大人民的经济利益提供保障；其二，必须坚持人民当家做主、依法国和加强党的自身建设的统一，为实现最广大人民的政治利益提供保障；其三，必须坚持发展和繁荣社会主义文化与合理配置教育资源的统一，为实现最广大人民的精神文化利益提供保障。① 关于习近平以人民为中心的发展思想，顾玉平（2018）认为，其实践路径主要包括三个方面：其一，民生为要，即把以人民为中心的发展思想贯穿治国理政全过程；其二，"三位一体"，即坚持党的领导、人民当家做主和依法治国的统一；其三，"三问于民"，即确保党始终同人民同呼吸、共命运、心连心。②

对于"五路径"说，学者们认为践行以人民为中心发展思想从五个方面开展，持有这一观点的典型代表学者为韦三（2005）、齐卫平（2002）。关于胡锦涛有关以人民为中心发展思想，韦三（2005）认为，其实践路径为"五个坚持"：其一，坚持以人为本；其二，坚持群众利益无小事；其三，坚持艰苦奋斗；其四，坚持惩治腐败，取信于民；其五，坚持依法执政，将维护人权写入宪法。③ 关于习近平以人民为中心的发展思想，齐卫平（2002）认为，其实践路径主要包括"五个必须"：其一，必须把加强执政能力与提升化解重大风险能力紧密结合，牢牢把握党在治国理政中应对各种考验的主动权；其二，必须发扬为人民履职、为人民担当、为人民作为的精神，脚踏实地推进党治国理政实践的创新发展；其三，必须把人民放在至高无上的地位，使党创造治国理政的成绩与满足人民对美好生活的期待相统一；其四，必须认真解决好党治国理政的"最后一公里"问题，把以人民为中心的发展思想落实到位；其五，必须充分利用好社会主义民主政治的各种资源，在治国理政创新实践中最大限度地发挥人民群众的国家治理主体作用。④

此外，不同的学者还从不同的视角切入，得出不同的观点。司继胜（2016）认为，习近平以人民为中心发展思想的实践路径为"五个坚持"：其一，坚持党性与人民性的统一；其二，坚持认识与实践的统一；其三，坚持维护群众利益与实现发展的统一；其四，坚持真理标准与从严治党的统一；其五，坚持创新、协调、绿色、开放、共享发展

---

① 申小翠：《论"始终代表最广大人民的根本利益"的理论传承和实践要求》，《中国社会科学院研究生院学报》，2004年第1期，第21~26页。
② 顾玉平：《习近平人民中心观的哲学逻辑与实践进路》，《南通大学学报》（社会科学版），2018年第6期，第1~8页。
③ 韦三：《"三为民"群众观探论》，《学术论坛》，2005年第7期，第8~11页。
④ 齐卫平：《读懂以人民为中心发展思想新的时代内涵》，《人民论坛》，2020年第24期，第28~31页。

相统一。①

## 第五节　总体考察

坚持以人民为中心的发展思想贯穿着中国共产党百年的辉煌历史，是中国共产党能得到民心、巩固基础的原因所在，是中国共产党能风华正茂、长期执政的关键所在，对我国能实现从"站起来"到"富起来"，再到"强起来"作用重大。总体来看，学术界对这一问题进行了充分的研究，学者们既有对同一领导人以人民为中心的发展思想不同视角的研究，也有对不同时期领导人以人民为中心的发展思想纵向比较的研究。本章在整体考察前面内容的基础上，对中国共产党百年来坚持以人民为中心的发展思想的历史演进特点进行了总结，同时也对以人民为中心发展思想的未来研究重点进行了展望。

### 一、研究特点

以人民为中心的发展思想，是中国共产党人一以贯之、接续为之的。中国共产党人始终坚持着发展经济为了人民、依靠人民发展经济的理念。总体来看，伴随着世情、国情、党情的变化，学术界关于以人民为中心发展思想的研究，主要呈现出以下三个方面的特点：一是在总体方向上，学者们关注并研究以人民为中心的发展思想的理论来源和创新成果；二是在取向把握上，学者们关注并研究以人民为中心的发展思想的科学定义和主要特征；三是在关键领域上，学者们关注并研究以人民为中心的发展思想的主要内容和重要方面。

#### （一）重视研究以人民为中心的发展思想的理论来源和创新成果

在研究中，学术界非常重视研究以人民为中心发展思想的理论来源和创新成果，充分体现了研究的持续性和延续性。在理论来源方面，百年来学术界统一研究了以人民为中心的发展思想的理论来源，学者们认为主要是包括马克思主义理论、中华民族优秀传统文化中的民本思想、西方人本主义思想，学者们普遍持"马列主义"说和"传统民本"说观点，但也有较少部分学者们持"西方思想"说观点；学术界也分别研究了百年来中国共产党主要领导人以人民为中心的发展思想的理论来源，学者们认为他们具有理论来源的一脉相承、不断延续的特点。在创新成果方面，学术界分别研究了百年来中国共产党主要领导人以人民为中心的发展思想，学者们认为：毛泽东有关以人民为中心的发展思想创新表述为全心全意为人民服务；邓小平有关以人民为中心的发展思想创新表述为维护群众根本利益；江泽民有关以人民为中心的发展思想创新表述为代表中国最广大人民的根本利益；胡锦涛有关以人民为中心的发展思想创新表述为以人为本。党的十

---

① 司继胜：《深刻理解以人民为中心的发展思想》，《山东理工大学学报》（社会科学版），2016年第4期，第33~36页。

八大以来，习近平在理论实践基础上正式提出以人民为中心的发展思想，将其作为我国经济发展的根本立场。

### （二）关注研究以人民为中心的发展思想的科学定义和主要特征

百年来，学术界在研究以人民为中心发展思想的科学定义时，展开了全面、深入的研究，学者们主要是从"理念"论和"人民"论两个方面的观点进行阐释的。第一，从"理念"论视角来看，学者们认为其科学定义为人民利益至上理念等，即切实维护人民的利益。第二，从"人民"论视角来看，学者们认为其科学定义为富裕是民，即发展经济是为了让人民富裕。同时，百年来学术界沿着以人民为中心的发展思想的主要特征这一主线，与时俱进，不断深化研究认识，主要从两个方面展开研究。第一，随着实践的发展，学者们认为以人民为中心发展思想科学内涵的主要特征具有时代气息性和问题导向性，学者们认为满足人民对美好生活的向往等具有时代气息性，"靠谁发展""由谁共享"等具有问题导向性。第二，随着时代的变化，学者们认为以人民为中心的发展思想实践路径的主要特征具有历史的阶段性、民生的紧密性、路径的多样性，学者们认为百年来的三阶段划分等具有历史的阶段性、经济建设以提高人民生活水平为目的等具有民生的紧密性、坚持新发展理念等具有路径的多样性。

### （三）聚焦研究以人民为中心的发展思想的主要内容和重要方面

在研究中，学术界比较关注以人民为中心的发展思想科学内涵和实践路径的主要内容。学术界对于其科学内涵主要内容的研究主要从两个方面进行展开讨论。一是从主要内容方面论来看，学者们持有不同的观点，比较典型的有"一个方面"论、"两个方面"论、"三个方面"论等。二是从人民群众具体论来看，学者们同样持有不同的观点，比较典型的有"人民群众共同富裕"论、"人民群众利益至上"论、"人民群众共享成果"论等。学术界对于其实践路径主要内容的研究，既全面又深入，学者们主要从五个方面展开研究。一是从改革路径说视角来看，学者们认为要在进行经济改革、促进经济发展中坚持人民价值取向。二是从创新路径说视角来看，学者们认为要在贯彻创新理念、坚持创新发展中更好践行群众路线。三是从制度路径说视角来看，学者们认为要在坚持经济制度、进行制度完善中逐步实现人民富裕。四是从利益路径说视角来看，学者们认为要在重视民生问题、解决民生问题中切实维护人民利益。五是从领导路径说视角来看，学者们认为要在坚持党的领导、提供政治保障中为人民大力发展经济。

## 二、研究展望

以人民为中心的发展思想由于受历史实践、时代条件、发展水平的限制，而具有明显的内容阶段性、内容时代性、内容发展性等特征，其科学内涵、主要内容也会与时俱进而不断丰富与发展。随着时代的发展、实践的丰富，以人民为中心的发展思想的未来研究重点将与国家发展进程、民族复兴进程紧密结合、环环相扣。

## （一）聚焦社会主要矛盾

党的十九大报告指出，"中国特色社会主义进入新时代，我国社会主要矛盾已经转化为人民日益增长的美好生活需要和不平衡不充分的发展之间的矛盾。"① 新时代我国社会主义社会主要矛盾的转化，是相对于先后在党的八大报告上提出的"我国国内的主要矛盾已经是人民对于建立先进的工业国的要求和落后的农业国的现实之间的矛盾，已经是人民对于经济文化发展的需要同当前经济文化不能满足人民需要的状况之间的矛盾"②、党的十三大报告上提出的"我国现阶段面临的主要矛盾，是人民日益增长的物质文化需要同落后的社会生产之间的矛盾"③ 而言的，突出强调了"人民美好生活需要日益广泛，不仅对物质文化生活提出了更高要求，而且在民主、法治、公平、正义、安全、环境等方面的要求日益增长"。④ 新时代我国社会主要矛盾，以我国国情的变化为基本前提、人们需求的变化为核心内容、发展的不平衡不充分为具体表现。就学术界目前对新时代我国社会主要矛盾的研究成果而言，其视角多集中于其理论来源、演进历程、现实依据、战略意义等方面，而在满足人民对美好生活的需要中解决发展的不平衡、不充分的问题等方面研究则过少。为此，学术界必须继续聚焦新时代社会主要矛盾，在理论和实践研究中进一步思考如何有效地实现协调各方面的平衡发展、促进落后地区的充分发展，从而更好地满足人民对美好生活的需要。

## （二）关注新发展格局

党的十九届五中全会提出了要"加快构建以国内大循环为主体、国内国际双循环相互促进的新发展格局"。⑤ 构建新发展格局作为我国新时代、新阶段的重大战略部署，开拓了马克思主义政治经济学的新境界，对于贯彻落实"以人民为中心"的发展思想、推动我国"十四五"时期经济社会发展具有重大的现实意义。构建新发展格局的提出，并不是主观臆断、凭空想象的，而是依据于我国的发展阶段、外部环境、内部条件经济内生演化新情况产生。就我国发展阶段变化情况而言，随着中国特色社会主义进入新时代，我国的经济发展也进入了新时代，其显著特征就是我国经济已由高速增长阶段转向高质量发展阶段，同时我国人民对美好生活的需要不断地提高、向往更加地强烈；就我国发展外部环境变化情况而言，当今世界正经历百年未有之大变局，其显著特征就是"东升西降""南升北降"等发展趋势，尤其是新冠肺炎疫情的全球大流行使这个大变局更是加速变化；就我国发展的内部条件变化情况而言，我国制度的优势得到充分彰显、

---

① 习近平：《决胜全面建成小康社会 夺取新时代中国特色社会主义伟大胜利——在中国共产党第十九次全国代表大会上的报告》，《人民日报》，2017年10月28日。
② 中共中央党史研究室：《中国共产党历史：1949—1978》（第2卷），中共党史出版社，2011年，第396页。
③ 中共中央党史研究室：《十一届三中全会以来党的历次全国代表大会中央全会重要文件选编》（上），中央文献出版社，1997年，第447页。
④ 习近平：《决胜全面建成小康社会 夺取新时代中国特色社会主义伟大胜利——在中国共产党第十九次全国代表大会上的报告》，《人民日报》，2017年10月28日。
⑤ 《中共中央关于制定国民经济和社会发展第十四个五年规划和二〇三五年远景目标的建议》，《人民日报》，2020年11月4日。

国家治理的效能得到新的提升。在新时代、新阶段构建新发展格局,是满足我国人民对美好生活强烈需要的现实逻辑。为此,我国学术界必须高度关注、深入研究新发展格局,在构建新发展格局的实践中思考如何有效地"疏浚'堵点'和接上'断点',实现'产业循环、市场循环、经济社会循环'的畅通"。①

### (三)突出共同富裕目标

党的十九届五中全会规划了到2035年基本实现社会主义现代化的远景目标,其中就提到了要实现"全体人民共同富裕取得更为明显的实质性进展"②目标。这是第一次在党的全会文件中突出共同富裕目标,深刻地彰显了我国要实现的现代化是全体人民共同富裕的现代化,而不是一部分人富裕、一部分人贫穷的现代化,更不是贫富差距悬殊、有着天壤之别的现代化。2020年,在看到我国实现了国内生产总值突破100万亿元目标、取得了7.7亿农村贫困人口摆脱绝对贫困成就的同时,我们还应看到我国存在着地区发展之间的差距、城乡发展之间的差距、收入分配之间的差距。就地区发展之间的差距而言,主要表现为东中西部地区之间经济发展差距较大、南北区域之间经济发展差距较大、同一区域内部之间经济发展差距较大;就城乡发展之间的差距而言,主要表现为城市与农村之间收入差距呈扩大趋势、城市和农村各自内部收入差距特别明显;就收入分配之间的差距而言,主要表现为我国基尼系数居高不下、农村居民收入差距较大。城乡发展之间的差距、地区发展之间的差距、收入分配之间的差距的现实问题直接制约着我国共同富裕的推进进程和实现水平。③为此,我国学术界必须突出共同富裕目标,在贯彻落实党的十九届五中全会精神时思考如何有效地解决"三大差距"问题,从而促进全体人民的共同富裕、实现全体人民共同富裕的现代化。

---

① 蒋永穆,祝林林:《构建新发展格局:生成逻辑与主要路径》,《兰州大学学报》(哲学社会科学版),2021年第1期,第29~38页。
② 《中共中央关于制定国民经济和社会发展第十四个五年规划和二〇三五年远景目标的建议》,《人民日报》,2020年11月4日。
③ 蒋永穆,谢强:《扎实推动共同富裕:逻辑理路与实现路径》,《经济纵横》,2021年第4期,第15~24+2页。

# 第三章 社会主义发展阶段理论

阶段性是社会主义发展特征演变的体现,也是社会主义发展历史规律的反映。在社会主义发展过程中形成的社会主义发展阶段理论是马克思主义重要理论之一。中国共产党成立 100 年以来,中国学者从各个方面对社会主义发展阶段理论进行了大量研究,对丰富和发展社会主义发展阶段理论具有重要意义。本章将从四个方面对这些研究进行回顾与展望。一是对马克思主义经典作家关于社会主义发展阶段论述的阐释;二是中国共产党对社会主义发展阶段认识的升华;三是从社会主义过渡时期、社会主义初级阶段和中国特色社会主义新时代几个重要发展时期进行分析;四是总结关于社会主义发展阶段理论的研究特点,并对社会主义发展阶段理论的未来研究方向进行展望。

## 第一节 对马克思主义经典作家关于社会主义发展阶段论述的阐释

马克思主义经典作家对社会主义发展阶段有过很多论述。学术界对马克思主义经典作家的社会主义发展阶段论述进行了大量研究,形成了许多重要成果,为后来社会主义阶段发展奠定了重要的理论基础。

### 一、马克思恩格斯关于未来社会发展阶段的论述

马克思恩格斯关于未来社会发展阶段的理论,是科学社会主义理论的一个重要组成组成部分。学界有关马克思恩格斯关于未来社会发展阶段的论述,主要是从以下几个方面来进行阐释的。

#### (一)从资本主义向共产主义转变过程中会经历一个过渡时期

学者们对马克思恩格斯关于资本主义社会向共产主义社会转变的论述进行了大量研究,共识是马克思恩格斯认为资本主义社会向共产主义社会转变会经历一个过渡时期。杨娴和辛守良(1979)指出,"过渡时期"的学说是马列主义理论宝库中一个极其重要的组成部分。马克思恩格斯不仅论证了资本主义必然灭亡、社会主义必然胜利,而且论证了在无产阶级取得政权之后,一定要经过一个从资本主义到共产主义的过渡时期。[①]

---

[①] 杨娴,辛守良:《关于社会主义会社发展阶段问题》,《经济科学》,1979 年第 1 期,第 75~80 页。

陈锡喜（2005）指出，马克思恩格斯依据19世纪中叶欧洲的历史条件，预测了无产阶级革命胜利后未来社会发展的总趋势，大致分为两个阶段：从资本主义到共产主义的革命转变时期（或称政治上的过渡时期）和共产主义。① 肖柯（2011）认为，在《哥达纲领批判》中，马克思首次使用了过渡时期这一概念，资本主义社会和共产主义社会之间存在过渡时期，这是马克思就未来社会发展的阶段性特点所做的又一极为重要的论断，这一论断揭示了生产力与生产关系矛盾运动导致的变革是一个复杂的过程，量变与质变共同存在、交互作用是这一过程的鲜明特点。② 俞良早（2012）认为，马克思恩格斯在1875年的《哥达纲领批判》中第一次明确地提出，无产阶级夺取政权后，社会首先会经历一个过渡时期，即由资本主义到共产主义第一阶段的过渡时期，这个时期必须实行无产阶级的革命专政。③

此外，学者们还对马克思恩格斯关于过渡时期的时间进行了分析。李达（1959）认为，社会主义和共产主义既然是同一社会经济形态的两个不同阶段，那么从社会主义向共产主义过渡是逐步的，不是经过革命爆发来实现的。④ 王怀超（1988）认为，马克思恩格斯论述表明了过渡时期不是一个短暂的过渡阶段，而是一个相当长的历史过程。这个过程在于把一系列人和环境都完全改变。马克思集中了相当的笔墨详细论述反复强调过渡时期的长期性和复杂性，断然否定了企图一下子过渡到新社会的幻想。⑤ 石镇平（2007）指出早在19世纪40年代的著作中，马克思恩格斯就提出了过渡时期长期性的问题。在经历了1848年、1871年两次革命之后，马克思恩格斯对过渡时期长期性的认识得到进一步的深化和具体化，不仅进一步认识到过渡时期长期性，而且还提出了过渡时期的阶段性。⑥ 俞敏（2019）指出，马克思认为"过渡时期"是一个不太长的时期，在这个时期，无产阶级要做的事不太复杂，同时，这一时期的无产阶级国家和政党具有消亡的趋势。⑦

### （二）关于共产主义社会两个发展阶段的论述

关于马克思恩格斯对共产主义发展两个阶段的论述，学者们大都是根据《哥达纲领批判》进行观点阐述的。尤金（1950）指出，1875年马克思在《哥达纲领批判》一书中，第一次规定了关于共产主义的两个阶段的原则，科学地论证了社会主义和共产主义

---

① 陈锡喜：《马克思社会发展阶段理论与社会主义和谐社会的构建》，《江西师范大学学报》，2005年第5期，第5~10页。
② 肖柯：《马克思的未来社会发展阶段思想及其中国化成果》，《理论月刊》，2011年第5期，第23~26+50页。
③ 俞良早：《经典作家社会主义社会发展阶段的理论及其当代发展》，《河海大学学报》（哲学社会科学版），2012年第1期，第1~7+89页。
④ 李达：《共产主义社会的两个阶段》，《武汉大学学报》（人文科学版），1959年第1期，第3~9页。
⑤ 王怀超：《社会主义发展阶段研究》，黑龙江人民出版社，1998年，第24~25页。
⑥ 石镇平：《马克思主义经典作家过渡时期长期性思想研究》，《理论学刊》，2007年第4期，第4~8+128页。
⑦ 俞敏：《列宁对马克思"过渡时期"理论的重要发展及当代启示》，《社会主义研究》，2019年第1期，第36~42页。

是两个发展阶段,是一个共产主义社会经济形态的两个阶段。① 肖闻(1979)根据马克思恩格斯在《哥达纲领批判》中的论述指出,马克思已经预见到共产主义社会有两个阶段。从发展过程和差别来说,前者是"刚刚从资本主义社会中产生出来的",后者是"在它自身基础上已经发展了的"。② 罗郁聪(1979)认为,马克思在《哥达纲领批判》中,明确指出共产主义社会划分为两个阶段,而且从经济上把高级阶段和第一阶段作了区别,阐述得比较具体。同时还留下了划分发展阶段的基本原则——以共产主义在经济上的不同成熟程度,作为划分发展阶段的主要标准。③ 柯木火(1980)认为,马克思根据自己所处的历史条件,提出共产主义社会由于经济上的成熟程度不同,又分为两个发展阶段:共产主义社会的第一阶段,也就是通常所说的社会主义社会;共产主义社会的高级阶段。④ 王君正(1987)也认为,马克思在《哥达纲领批判》中,第一次明确划分了共产主义社会发展的两个阶段,阐述了两个阶段的特征,分析了两个阶段的区别和联系,把马克思主义关于共产主义社会形态的学说发展成为完善的关于共产主义社会发展阶段的理论。⑤ 杨菲蓉和郭文亮(2004)指出,在马克思看来,过渡时期结束后的共产主义社会分为第一阶段和更高级阶段,它们是同属一个社会形态,其区别在于成熟程度的不同,同时马克思恩格斯对不同阶段的特征进行了分析。⑥

同时,还有学者指出,要准确地理解马克思恩格斯所说的两个阶段。薛汉伟(1986)认为,马克思所说的共产主义两个阶段,是指人类从资本主义制度下获得彻底解放必然经历两个阶段,而并非说人类社会的未来发展只有两个阶段。⑦ 魏洪彬(1988)也指出,马克思关于共产主义社会的第一阶段和共产主义社会最高阶段的论断,是在没有社会主义社会的现实的条件下提出的,是马克思从一个侧面对未来社会发展趋势的预测。我们一定要按照马克思的原意去解释马克思,不要附加任何马克思没有说过的话。⑧ 杨玲(1993)则认为,当今世界上的许多社会主义国家在革命和建设上都犯了"左"倾冒进的错误。一方面将马克思对未来社会的设想作为固定的模式,以此来匡正自己所处的社会;另一方面是没有掌握马克思关于共产主义社会发展两阶段的精神实质。⑨ 我们正确认识两个阶段的区别就可以防止那种企图超越社会主义而跳入共产主义的空想,正确认识两个阶段的联系就可以避免陷入右倾机会主义的泥潭,而走在时代前列,促进共产主义的早日到来。⑩

---

① 尤金:《论苏联由社会主义逐渐过渡到共产主义》,《人民日报》,1950年12月4日,第2版。
② 肖闻:《试述我国社会主义的发展阶段》,《社会科学》,1979年第3期,第25~30页。
③ 罗郁聪:《试论社会主义社会的发展阶段问题》,《中国经济问题》,1979年第4期,第29~34页。
④ 柯木火:《关于从资本主义向共产主义发展的分阶段问题的看法》,《学术研究》,1980年第1期,第91~95页。
⑤ 王君正:《马克思关于共产主义社会发展阶段理论的形成》,《理论学刊》,1987年第4期,第28~31页。
⑥ 杨菲蓉、郭文亮:《从马克思到邓小平:社会主义发展阶段理论在当代中国的新发展》,《中山大学学报》(社会科学版),2004年第5期,第105~109+127页。
⑦ 薛汉伟:《人类社会的未来发展只有两个阶段吗?》,《社会主义研究》,1986年第6期,第14~15页。
⑧ 魏洪彬:《关于"共产主义两阶段"的理论思考》,《理论探讨》,1988年第3期,第10~13页。
⑨ 杨玲:《共产主义发展两阶段理论评说》,《理论探讨》,1993年第3期,第20~23页。
⑩ 石大较:《正确认识共产主义两个阶段的关系》,《教学与研究》,1960年第3期,第31~32页。

### （三）对马克思恩格斯未来社会发展阶段理论贡献的评价

对于马克思恩格斯关于未来社会发展阶段论的贡献，学术界形成了两种不同观点。

"局限论"。这种观点认为马克思恩格斯并没有对社会主义发展阶段作出直接的论述，具有一定的局限性。孙云（1987）认为，马克思恩格斯只是论述了共产主义社会发展阶段的问题，并未明确提出社会主义社会发展阶段的思想。他们明确地指出，从资本主义社会到共产主义社会，需要经历三个发展阶段，至于从社会主义社会到共产主义社会还要经历哪些阶段，由于历史条件的限制，他们对此没有也不可能作出明确的论述。[①] 阎宝宏（1987）认为，科学社会主义的创始人马克思和恩格斯，由于没有亲身经历过社会主义，因而不可能对社会主义进行详尽的论述。马克思恩格斯对共产主义低级社会的社会主义社会的构想，只有把它同当初设想的社会主义革命只能在大多数高度发达的资本主义国家同时胜利这一思想联系起来加以理解，才能领会它的真正含义。[②] 徐恕（2002）指出，马克思恩格斯并没有对社会主义发展阶段问题作出直接的论述，这一状况与他们所处的客观历史时代相关联，也同他们的哲学观、历史观有因果关系。[③] 曹元（2018）认为，从理论上讲，马克思恩格斯对未来社会主义或共产主义社会形态的论述总体上还属于一种设想，并没有具体地展开关于社会主义社会发展的历史阶段论述。这种设想是基于资本主义社会制度的分析和批判基础上，虽有着坚实的现实基础和理论逻辑，但却不足以使它能够完全解决未来社会主义或共产主义国家关于社会主义社会发展的历史阶段的具体问题。[④]

"贡献论"。这种观点认为马克思恩格斯关于未来社会发展阶段论述的探索为我们作出了重大的贡献。陈为群（1989）用发展的观点理性地看待马克思恩格斯发展阶段学说的贡献，他指出尽管马克思和恩格斯经过长期探索对过渡时期和共产主义社会发展阶段的学说作出了巨大贡献，完成了社会主义思想史上的一次飞跃，但是这种探索并没有结束，作为共产主义社会发展阶段的理论体系并没有最终完成。恩格斯在晚年也谈到了社会主义不是一成不变的。马克思和恩格斯对未来社会的理论探索为后人进一步研究过渡时期和共产主义社会发展阶段奠定了良好的基础。[⑤] 邓昌福（2007）认为，"阶段论"的创立，标志着马克思共产主义社会形态学说趋于完备，它为马克思探讨未来共产主义社会不同发展阶段的基本特征奠定了基础，也为我们今天认识和研究社会主义社会基本特征提供了重要启迪。[⑥] 谢霄男和王让新（2014）认为，马克思恩格斯运用他们所创立的科学方法论，对共产主义社会阶段作出了许多天才的构想。马克思恩格斯从理论上对

---

[①] 孙云：《关于社会主义社会发展阶段问题的探讨》，《求是学刊》，1987年第4期，第8～13+69页。
[②] 阎宝宏：《浅谈社会主义发展的阶段论》，《理论探讨》，1987年第5期，第15～17页。
[③] 徐恕：《社会主义发展阶段理论与实践研究》，中国人民大学出版社，2002年，第5～7页。
[④] 曹元：《新时代的中国特色社会主义历史阶段演进分析》，《河海大学学报》（哲学社会科学版），2018年第6期，第28～32+91页。
[⑤] 陈为群：《论马克思恩格斯的共产主义发展阶段学说的形成》，《马克思主义研究》，1989年第3期，第121～134+192页。
[⑥] 邓昌福：《马克思的共产主义社会发展阶段论是开放的、发展的理论》，《探索》，2007年第4期，第125～127页。

人类社会的发展阶段问题进行了探索，对未来社会发展的特殊性进行了描绘。这些宝贵思想对我们从整体上把握人类社会发展阶段有着重要的启示意义。①

## 二、列宁关于社会主义发展阶段的论述

列宁关于社会主义发展阶段的论述，主要是在继承马克思恩格斯观点的基础上，有了自己的创新发展。学界主要从以下几个方面对列宁社会主义发展阶段理论进行阐述。

### （一）未来社会划分为三个阶段

有的学者认为，列宁关于社会主义发展阶段的表述，明确地把未来社会划分为了三个阶段。薛汉伟（1986）指出，列宁在《国家与革命》和《马克思主义论国家》等著作中，根据马克思的提法，把未来社会的发展划分为三个阶段："长久的阵痛"或"从资本主义向共产主义过渡"，共产主义第一阶段，共产主义高级阶段。② 唐莉（2004）认为，列宁继承马克思的思想，认为无产阶级夺取政权后，社会的发展进程将分为过渡时期，社会主义社会和共产主义社会三个大的阶段。列宁把共产主义社会的第一阶段命名为社会主义社会，把共产主义高级阶段命名为狭义的共产主义社会，对社会主义和共产主义进行了严格的区分，发展了马克思关于未来社会发展阶段的思想。③

对于其中的过渡时期，有学者也有自己的见解。秋萍（1960）认为，列宁和马克思一样，把社会主义看作共产主义的低级阶段，看作是由资本主义到共产主义之间的过渡。这个时期在政治上就是无产阶级专政时期。人类社会只有经过无产阶级专政，经过社会主义阶段，才能过渡到社会主义。④ 张震廷和朱桂英（1980）认为，过渡时期是同社会主义前后相承的一个特殊阶段，同时，过渡时期区别于社会主义社会的质的规定性。⑤

但是，另一部分学者认为，列宁当年没有明确地划分出社会主义社会的各个发展阶段。牛继升（1985）认为，一些同志根据列宁使用过"初级形式的社会主义""发达的社会主义""完全的社会主义"等概念术语，认为列宁把社会主义社会的发展阶段明确地划分为"初级形式的社会主义社会"和"发达的社会主义社会"两个阶段，这个看法是值得商榷的。由于受历史条件的局限和实际斗争的不同需要，列宁当年没有明确地划分出社会主义社会的各个发展阶段。⑥ 王笑鸿（1988）指出，列宁并没有把"初级形式的社会主义""发达的社会主义""完全的社会主义"看作社会主义发展的三个阶段。从这三个概念提出的时间次序上说，列宁首先提出的不是"初级形式的社会主义"，而是

---

① 谢霄男，王让新：《马克思主义对人类社会发展阶段的探索及理论贡献》，《求实》，2014年第10期，第4～8页。
② 薛汉伟：《列宁关于过渡时期和社会主义阶段划分的理论》，《马克思主义研究》，1986年第2期，第26～44页。
③ 唐莉：《从列宁到戈尔巴乔夫：苏联社会主义发展阶段理论的历史嬗变》，《社会主义研究》，2004年第1期，第15～18页。
④ 秋萍：《列宁论由资本主义到共产主义的两个过渡》，《江海学刊》，1960年第4期，第1～8页。
⑤ 张震廷，朱桂英：《试论列宁关于过渡时期的理论》，《复旦学报》，1980年第5期，第71～76页。
⑥ 牛继升：《列宁对社会主义社会是否具体地划分过阶段？》，《教学与研究》，1985年第6期，第43～46页。

"完全的社会主义"。①

## （二）社会主义将经历不同发展阶段

十月革命后，列宁根据俄国的实践特点，科学阐明了社会主义将经历不同发展阶段的理论。王学君（2002）指出，列宁在新的历史条件下，总结俄国革命和建设的实践经验，对社会主义的阶段划分问题作了进一步的理论论述，认为社会主义社会是一个相当长的历史时期，有一个产生、发展和成熟的过程，并且提出社会主义还需要划分若干阶段的重要思想。② 文晓明（1992）指出，根据俄国革命和建设中出现的许多具体做法和形式是"俄国的形式"，各国由于开始向建立社会主义前进时所处的条件不同，这种过渡的具体形式和途径必然是多种多样这一特点，列宁告诫各国共产党人要从本国实际出发去探寻适合本国国情的革命和建设道路。③ 邓昌福（2009）认为，列宁提出社会主义将经历不同发展阶段的理论的根据是：社会主义社会是不断发展的；各国向共产主义过渡应有自己的特点；必须从实际出发，根据经验来划分社会主义社会发展阶段等。④ 王成兰和胡如葵（2011）认为，特别需要指出的是，列宁在对社会主义发展阶段进行预测时，主要是根据当时苏联的情况进行预测的，因此列宁坚决反对把苏联的社会发展阶段当作其他一切国家都必须经历的阶段。⑤

## （三）对列宁社会主义发展阶段贡献的阐释

有关列宁对社会主义发展阶段的相关论述的贡献，大部分学者都从列宁对马克思恩格斯观点的继承与发展角度进行阐述。张芸（1988）指出，列宁从两个方面发展了马克思恩格斯的观点：作为对过渡时期理论的发展，列宁提出了经济越落后的国家，向社会主义过渡的时期越长的观点；作为对共产主义两个阶段理论的发展，列宁提出了社会主义的长期性和发展阶段性的观点。⑥ 晁增寿（1991）认为，列宁由于领导了经济不发达的俄国进行社会主义革命，又经历了一段过渡时期的实践，因而在社会主义发展阶段问题上比马克思恩格斯具有更丰富的实践经验，提出了一些新观点，发展了科学社会主义。⑦

## 三、斯大林关于社会主义发展阶段的论述

列宁逝世后，斯大林成为苏联的领导人。很多学者认为斯大林在一定程度上继承了列宁的某些思想，但是总体来说，斯大林的思想还存在着很大的局限性。关于斯大林对社会主义发展阶段的贡献，陈荻（1987）指出，在斯大林的晚年，由于积累了社会主义

---

① 王笑鸿：《正确理解列宁关于社会主义社会阶段划分思想》，《学术界》，1988年第2期，第18～19页。
② 王学君：《当代中国改革发展的理论与实践：邓小平理论学习研究》，中山大学出版社，2002年，第37页。
③ 文晓明：《列宁的共产主义社会发展阶段思想述论》，《江苏社会科学》，1992年第4期，第26～30页。
④ 邓昌福：《列宁关于社会主义社会发展阶段思想论略》，《探索》，2009年第6期，第160～162页。
⑤ 王成兰，胡如葵：《社会主义发展阶段论》，光明日报出版社，2011年，第37页。
⑥ 张芸：《列宁对共产主义发展阶段理论的研究与贡献》，《理论学刊》，1988年第2期，第16～17页。
⑦ 晁增寿：《浅谈列宁关于社会主义社会发展阶段的思想》，《山西师大学报》，1991年第1期，第1～3页。

建设三十年的经验，他对有关社会主义的理论进行了多方面的探讨和反思，提出了一些有实践意义的观点，为发展社会主义理论作出了贡献。但与此同时，在他的社会主义观念中也存在理论脱离实际、主观主义的问题。① 刘土尧和肖贵毓（1987）认为，由于斯大林对社会主义社会的长期性和阶段性认识不足，当时把社会主义设想得很短暂，认为紧接着过渡时期，就可以逐步向共产主义过渡。但是实践证明这是脱离实际的。② 周家雷（2001）认为，斯大林把社会主义看作是向共产主义过渡的短暂阶段，正是这个错误认识，使斯大林在社会主义制度建立以后不久，就提出了向共产主义过渡的任务。③ 唐莉（2004）认为，斯大林没有继承和吸取列宁正确的思想遗产，相反在实践中，不断产生超越阶段的思想与做法。斯大林认为过渡时期是短暂的，社会主义是短暂的历史阶段，还降低了社会主义和共产主义社会的标准。④ 杨艺（2013）认为，斯大林社会主义发展阶段思想的核心是超越阶段，而超越阶段的思想和实践，折射出斯大林对苏联社会主义发展阶段的错误判断。⑤

## 第二节　中国共产党对社会主义发展阶段认识的变迁

中国共产党对社会主义发展阶段的认识，经历了一个漫长的过程。在不同的历史时期，中国共产党及其领导人结合当时的历史实际，有着不同的认识。

### 一、对毛泽东思想中关于社会主义发展阶段论述的阐释

毛泽东关于社会主义发展阶段的论述，构成了毛泽东思想中关于社会主义有可能分为两个阶段构想的论述。

#### （一）对毛泽东关于社会主义发展阶段论述的阐释

毛泽东在对社会主义发展道路曲折艰辛的探索中，曾经提出过不发达社会主义与比较发达的社会主义的两阶段的构想。杨卓华（2000）认为，毛泽东不仅提出了社会主义有一个不发达的发展阶段，而且还提出了与其相适应的不发达社会主义的基本构想，主要有：社会主义制度从确立到建成是不发达社会主义阶段；不发达社会主义阶段需要经历上百年时间等多方面内容。⑥ 熊启珍（2001）认为，"社会主义又可能分为两个阶段"的构想是毛泽东经历了对社会主义发展阶段曲折复杂的认识历程，反思一步走战略和一

---

① 陈荻：《斯大林晚年对社会主义发展阶段的认识》，《理论月刊》，1987年第11期，第49～51+65页。
② 刘土尧，肖贵毓：《试论马克思主义关于共产主义发展阶段理论的发展》，《理论月刊》，1987年第10期，第29～33+41页。
③ 周家雷：《社会主义发展阶段问题的历史探索》，《前线》，2001年第12期，第9～11页。
④ 唐莉：《从列宁到戈尔巴乔夫：苏联社会主义发展阶段理论的历史嬗变》，《社会主义研究》，2004年第1期，第15～18页。
⑤ 杨艺：《社会主义本质论》，吉林出版集团有限责任公司，2013年，第25～26页。
⑥ 杨卓华：《毛泽东不发达社会主义构想探析》，《中共天津市委党校学报》，2000年第3期，第26～29页。

阶段完成社会主义建设的设想后得出的探索社会主义发展阶段的一个总结。① 文记东（2003）认为，毛泽东在探索社会主义建设道路中，不断总结经验教训，对我国社会主义发展阶段认识的深化：提出了完全建成社会主义社会要经过由低级到高级一系列发展阶段；社会主义社会这个阶段分为不发达的社会主义和比较发达的社会主义两个阶段，每个阶段又分为各自不同的若干个阶段的构想；社会主义是一个很长的历史阶段。② 张国立（2006）指出，1959 年 12 月至 1960 年 2 月，毛泽东在读苏联教科书《政治经济学〈教科书〉》社会主义部分时，对社会主义发展以及我国所处阶段问题，又进行了进一步的探索，提出了新的重要见解：把社会主义划分为"不发达的社会主义"和"比较发达的社会主义"两个阶段的思想。③

### （二）对毛泽东关于社会主义发展阶段论述的贡献的阐释

关于毛泽东社会主义发展阶段论述的贡献，不同的学者是从不同角度进行分析的。

还有学者是从不同时期的角度分阶段看待毛泽东关于社会主义发展阶段理论的，刘随清（2001）认为，在 20 世纪 50 年代前期到中期，毛泽东的观点以比较正确为主，但是也存在一些不完全符合中国情况的观点。到了 50 年代中后期，正确的成分越来越少。④ 熊启珍（2001）认为，"社会主义又可能分为两个阶段"是认识社会主义（包括我国社会主义）发展阶段的一个良好开端，但毛泽东并没有循着这条正确的思路前进。⑤ 逯原和阎治才（2010）则辩证地看待毛泽东的贡献，认为毛泽东在我国社会主义发展阶段问题上的正确认识，是我们今天正确认识社会主义发展阶段的一个重要的理论根据。他在这一问题上的错误认识，给我们留下深刻的教训，对我们今天正确认识社会主义初级阶段问题也有一定的借鉴意义。⑥

## 二、对中国特色社会主义理论体系中关于社会主义发展阶段论述的阐释

### （一）对邓小平关于社会主义发展阶段论述的阐释

对邓小平关于社会主义发展阶段的论述，学者们的研究主要集中于他关于"初级阶段的社会主义"的论述。

#### 1. 对社会主义发展阶段论述的阐释

邓小平关于社会主义发展阶段的论述，最突出的就在于他提出了"初级阶段的社会主义"理论。学者们对邓小平这一理论进行了分析。左亚文（2002）认为，邓小平关于

---

① 熊启珍：《试析毛泽东"社会主义又可能分为两个阶段"的思想》，《武汉大学学报》（社会科学版），2001 年第 3 期，第 348~353 页。
② 文记东：《浅析毛泽东对我国社会主义发展阶段的探索》，《世纪桥》，2003 年第 6 期，第 8~10 页。
③ 张国立：《试论毛泽东对社会主义发展理论的有益探索》，《前沿》，2006 年第 5 期，第 10~13 页。
④ 刘随清：《毛泽东探讨中国社会主义发展阶段的理论和实践》，《当代中国史研究》，2001 年第 2 期，第 47~59 页。
⑤ 熊启珍：《中国共产党对社会主义发展阶段的探索》，《中国共产党与现代中国》，2001 年，第 562~569 页。
⑥ 逯原，阎治才：《毛泽东对我国社会主义社会发展阶段问题的认识》，《东北师大学报》（哲学社会科学版），2010 年第 6 期，第 19~24 页。

社会主义发展阶段的论述主要包括三个方面的内容：第一，关于社会主义初级阶段的内涵；第二，关于判断社会发展的阶段和检验是非的标准问题；第三，关于社会主义初级阶段的指导方针和经济、政治、文化纲领。① 鄢新萍（2004）指出，邓小平关于社会主义发展阶段的思想是第一次在马克思主义历史上提出了社会主义初级阶段的理论，也明确指出社会主义初级阶段就是"不够格"的社会主义。② 李忠杰（2004）指出，邓小平紧紧围绕社会主义发展阶段问题，全面分析和思考我国国情的基本状况和主要特点，确认我国正处在社会主义社会的初级阶段，并围绕这一判断，解决了有关国情的几个关键问题，形成了系统的社会主义初级阶段理论。③

2. 对邓小平关于社会主义发展阶段论述贡献的阐释

邓小平关于社会主义发展阶段的论述的贡献，学者们大都从其与马克思理论的关系角度以及对中国的现实意义角度进行阐述。杨菲蓉和郭文亮（2004）认为，以邓小平为代表的中国共产党人在探索有中国特色社会主义建设道路的伟大实践中逐步形成了社会主义初级阶段理论，继承和发展了马克思主义关于未来社会即社会主义社会发展阶段理论，它不仅为中国共产党人建设有中国特色社会主义奠定了坚实的理论基础，而且也为其他经济文化相对落后的国家进行社会主义建设提供了有益的历史启示。④ 吴怀友和陈兴康（2014）认为，邓小平"初级阶段的社会主义"的命题，准确揭示了中国现实社会主义的历史方位，丰富和发展了社会主义社会形态理论，而且成功解决了马克思晚年提出的、列宁没有完全解决的经济文化落后的国家跨越资本主义制度"卡夫丁峡谷"这一国际共产主义运动史上的重大而现实的课题。⑤ 李捷（2019）指出，以邓小平为代表的中国共产党人提出社会主义初级阶段理论，科学分析了我国社会的主要矛盾，准确判定了党和国家所处的历史方位，制定了党在社会主义初级阶段的基本路线。⑥

## （二）对以江泽民同志为主要代表的中国共产党人关于社会主义发展阶段论述的阐释

学者们对江泽民关于社会主义发展阶段的论述的研究主要集中于他关于社会主义初级阶段的论述。

1. 对社会主义发展阶段论述的阐释

江泽民在继承马列主义、毛泽东思想以及邓小平理论的基础上，结合我国发展面临的新挑战，提出了许多关于社会主义发展阶段的观点。杨世平（2003）指出，江泽民提

---

① 左亚文：《邓小平社会主义阶段论对列宁思想的继承与发展》，《马克思主义研究》，2002年第6期，第59~64+78页。
② 鄢新萍：《社会主义发展阶段理论的认识与推进》，《社会主义研究》，2004年第5期，第3~5页。
③ 李忠杰：《邓小平与社会主义初级阶段的基本路线》，《中共党史研究》，2004年第5期，第12~20页。
④ 杨菲蓉、郭文亮：《从马克思到邓小平：社会主义发展阶段理论在当代中国的新发展》，《中山大学学报》（社会科学版），2004年第5期，第105~109+127页。
⑤ 吴怀友、陈兴康：《邓小平"初级阶段的社会主义"命题的提出及其理论价值》，《毛泽东邓小平理论研究》，2014年第8期，第14~19+91页。
⑥ 李捷：《邓小平理论为中国特色社会主义大厦奠定了坚实基础》，《毛泽东思想研究》，2019年第4期，第18~31页。

出了一系列关于中国社会主义社会发展阶段的思想：社会主义初级阶段是很长的历史过程；中国现在处于并将长期处于社会主义初级阶段；社会主义初级阶段是整个建设有中国特色社会主义的很长历史过程中的初始阶段等。① 鄢新萍（2004）指出，江泽民对社会主义初级阶段的长期性有了更加深刻的认识，并区分了"中国特色社会主义"和"初级阶段社会主义"两个概念：根据我国所处的社会主义初级阶段的实际，要建设有中国特色的社会主义。但是有中国特色的社会主义绝不限于初级阶段的社会主义，它是一个很长的历史过程。② 赵家祥（2004）指出，江泽民在党的十五大报告中重申了社会主义初级阶段理论，为其增添了许多新内容，将其提到了一个新的高度。③

2. 对江泽民社会主义发展阶段理论贡献的阐释

江泽民对社会主义发展阶段的贡献，学者们普遍是从与社会主义初级阶段理论的关系上来阐释的。翟昌民（2003）认为，在领导全国人民进行现代化建设的实践中，以江泽民为代表的第三代领导集体对社会主义发展阶段思想作出了新的伟大贡献：对社会主义初级阶段的基本国情有了更加深刻的认识，并制定了社会主义初级阶段的基本纲领；对社会主义初级阶段的长期性有了更加深刻的认识；在强调社会主义初级阶段长期性的同时，深刻阐述了其在自身发展过程中的阶段性问题。④ 刘爱军（2007）认为，党的十三大以后，以江泽民为代表的中国共产党人根据我国社会主义改革开放事业取得的新鲜经验，进一步丰富和发展了社会主义初级阶段理论。⑤

### （三）对以胡锦涛同志为主要代表的中国共产党人关于社会主义发展阶段论述的阐释

学者们对胡锦涛关于社会主义发展阶段的论述的研究主要集中于他关于社会主义初级阶段进一步的论述。

1. 对社会主义发展阶段论述的阐释

胡锦涛关于社会主义发展阶段的论述，主要是关于对社会主义初级阶段的进一步阐释。秦宣（2007）认为，胡锦涛在党的十七大报告中对当今中国社会发展阶段作了深刻的论述，明确指出中国仍处于并将长期处于社会主义初级阶段。⑥ 梅定国和谢永萍（2010）认为，胡锦涛在党的十七大报告中还提出了"两个没有变"的思想，指出中国特色社会主义是个很长的历史阶段，是我们长期奋斗的历史任务。社会主义初级阶段只是中国特色社会主义很长历史阶段的起始阶段，只要我们基本实现现代化的目标没有完

---

① 杨世平：《论江泽民同志关于我国社会主义发展阶段的思想》，《毛泽东思想研究》，2003 年第 6 期，第 68~71 页。
② 鄢新萍：《社会主义发展阶段理论的认识与推进》，《社会主义研究》，2004 年第 5 期，第 3~5 页。
③ 赵家祥：《社会主义初级阶段理论的形成和发展》，《北京大学学报》（哲学社会科学版），2004 年第 5 期，第 20~27 页。
④ 翟昌民：《江泽民对社会主义发展阶段思想的新贡献》，《天津师范大学学报》（社会科学版），2003 年第 3 期，第 1~5 页。
⑤ 刘爱军：《关于社会主义发展阶段的探索述评》，《吉首大学学报》（社会科学版），2007 年第 1 期，第 155~158 页。
⑥ 秦宣：《深刻认识社会主义初级阶段及其阶段性特征》，《人民论坛》，2007 年第 Z1 期，第 17 页。

成，我们就将仍然处于社会主义初级阶段。①

2. 对胡锦涛社会主义发展阶段理论贡献的阐释

黄志高（2011）认为，以胡锦涛同志为总书记的党中央对新世纪经济和社会发展特征与矛盾的分析，必将推动全党树立和落实科学发展观、构建社会主义和谐社会、加强党的执政能力建设等重大战略决策的实施，必将深入推进中国的经济、政治、文化、社会建设的伟大历史进程。② 赵俊兰（2014）认为，胡锦涛发展了社会主义初级阶段理论，提出了我国社会主义初级阶段的阶段性特征，"新四化"建设的同步发展，并对中国特色社会主义总体布局进行了新的概括，强调要始终不渝地坚持党的基本路线就必须做到不动摇、不懈怠、不折腾。

## 三、对习近平新时代中国特色社会主义思想中关于社会主义发展阶段论述的阐释

学者们对习近平社会主义发展阶段的论述的研究主要集中于他关于中国特色社会主义进入新时代的论述。

### （一）对习近平关于社会主义发展阶段论述的阐释

习近平关于社会主义发展阶段的论述，主要体现在他作出了中国特色社会主义进入新时代的重大政治判断。白显良和崔建西（2019）认为，习近平在党的十九大报告中提出经过长期努力，中国特色社会主义进入了新时代，这是我国发展新的历史方位，并用"三个意味着"和"五个是"对其战略意义和科学内涵进行了深刻阐明。③ 高继文（2020）提到习近平在党的十九大报告中明确提出"中国特色社会主义进入新时代"这一崭新论断，新时代是社会主义初级阶段长期进程中新的历史方位、新阶段，是中国特色社会主义几十年发展的结果，又是新的发展起点。④ 杜仕菊和程明月（2020）认为，习近平在党的十九大报告中勘定了中国特色社会主义进入新时代的历史方位，这一论断体现了深厚的理论思维、纵深的历史脉络以及鲜明的价值意蕴。⑤ 王国胜等（2020）认为，习近平在党的十九大报告中明确指出中国特色社会主义进入了新时代，中国的发展进入了新的历史方位。新时代观是习近平新时代中国特色社会主义思想的重要组成部分，是基于唯物史观和中国的现实国情对中国特色社会主义发展阶段的重大判断，是全

---

① 梅定国，谢永萍：《中国共产党人社会主义发展阶段思想之探析》，《中共乐山市委党校学报》，2010 年第 4 期，第 66~68 页。

② 黄志高：《中共十六大以来社会主义初级阶段理论的新发展》，《湖南师范大学社会科学学报》，2011 年第 3 期，第 30~33 页。

③ 白显良，崔建西：《新时代中国特色社会主义是科学社会主义发展的新阶段》，《思想理论教育》，2019 年第 10 期，第 56~61 页。

④ 高继文：《新时代历史方位与中国特色社会主义发展新境界》，《当代世界社会主义问题》，2020 年第 2 期，第 40~49 页。

⑤ 杜仕菊，程明月：《习近平新时代观：理论之源、历史之脉及价值意蕴》，《江西师范大学学报》（哲学社会科学版），2020 年第 2 期，第 18~25 页。

面学习和把握习近平新时代中国特色社会主义思想的重大理论与实践问题。①

### (二) 对习近平社会主义发展阶段理论贡献的阐释

习近平作出"中国特色社会主义进入新时代"的重大政治判断，既有其深刻的理论意义，也有重大的现实意义。杨守明和杨鸿柳(2018)认为，习近平新时代观是对马克思主义时代理论体系的创新与发展，同时，中国特色社会主义进入新时代，标志着中国社会发展又面临一次重大转变，习近平新时代观，对于当前制定国家发展战略、方针政策以及实施方案都有重要的实践意义。② 郝立新和王丽丽(2019)认为，习近平时代观立足于中国特色社会主义伟大实践，科学分析了中国特色社会主义新的历史方位，准确把握了中国特色社会主义进入新时代的多重维度和显著特征，体现了科学与价值的高度统一。③ 高继文(2020)指出，新时代重大判断反映我国发展新的历史方位，指明我国基本国情的新变化和面临的新课题，深化了社会主义初级阶段理论。新时代是社会主义初级阶段长期进程中由富起来到强起来的阶段，赋予了社会主义初级阶段新内涵和新特点。④

## 四、对中国共产党社会主义发展阶段认识变迁的评述

中国共产党关于社会主义发展阶段认识的变迁，体现了不同领导人在当时的时代背景下，运用马克思主义理论分析国情，对我国的社会主义所处阶段作出的判断，学者们对其认识的变迁也进行了深刻的分析。张奇才(2002)认为，以毛泽东、邓小平和江泽民为代表的中国共产党的三代领导人，立足于中国的社会主义实践，坚持把马克思主义基本原理与中国的具体实际相结合，深入地研究和探索了中国社会主义的发展阶段，创立和发展了社会主义初级阶段理论，科学地解决了生产力落后的半殖民地半封建中国不经过资本主义的充分发展而直接过渡到社会主义后，所必须经历的发展阶段问题，实现了社会主义发展阶段理论在中国的创新和发展。⑤ 王拓彬(2009)认为，以毛泽东、邓小平、江泽民和胡锦涛为代表的历代中央领导集体，立足于我国的社会主义实践，坚持把马克思主义的基本原理与中国的具体实际相结合，深入地研究和探索了我国社会主义的发展阶段问题，创立、丰富和完善了社会主义初级阶段的科学理论，逐步找准了我国社会主义所处的历史方位，开创了我国社会主义现代化建设的新局面。⑥ 王

---

① 王国胜，武玉婷，杨文亮：《论习近平新时代观的形成与发展逻辑》，《河南师范大学学报》(哲学社会科学版)，2020年第2期，第1～6页。
② 杨守明，杨鸿柳：《论习近平新时代观的内涵、依据和价值》，《中国特色社会主义研究》，2018年第6期，第13～19页。
③ 郝立新，王丽丽：《论习近平新时代中国特色社会主义时代观及其当代价值》，《江汉论坛》，2019年第3期，第5～11页。
④ 高继文：《从新时代历史方位深化认识我国社会主义初级阶段》，《理论与改革》，2020年第4期，第74～83页。
⑤ 张奇才：《中共三代领导人对社会主义发展阶段理论的创新》，《安徽师范大学学报》(人文社会科社版)，2002年第6期，第627～632页。
⑥ 王拓彬：《建国以来中国共产党"社会主义发展阶段理论"的探索》，《中国浦东干部学院学报》，2009年第21期，第40～46页。

怀超（2011）认为，中国共产党在社会主义革命和建设的实践中，对社会主义发展阶段进行了长达70年的艰苦探索，取得了丰硕的认识成果，大大丰富、发展了马克思主义的社会主义发展阶段学说，实现了社会主义发展阶段理论的创新。这种创新集中表现在新民主主义社会理论和社会主义初级阶段理论之中。[①] 康晓强（2020）认为，以毛泽东、邓小平、江泽民、胡锦涛、习近平等为主要代表的中国共产党人，从区间、发展程度、空间三大维度明确析解并详细论述了社会主义社会的发展阶段，为科学社会主义理论宝库增添了新的元素。[②]

## 第三节　中国社会主义过渡时期

中国社会主义过渡时期指的是从1949年新中国成立到1956年社会主义改造的完成，学者们对于过渡时期的性质、主要矛盾、总路线等方面都进行了探讨。

### 一、中国社会主义过渡时期的性质

关于过渡时期的社会性质，学界一直有很大的争论，主要的观点见表3-1。

表3-1　学界关于社会主义过渡时期性质的研究汇总表

| 社会性质 | 主要代表作者 |
| --- | --- |
| 社会主义社会 | 杜明（1980），陈善智（1981），董宝训（2001），等等 |
| 过渡性质的社会 | 铁木尔·哈达（1979），汤以新（1981），等等 |
| 新民主主义社会 | 李锦坤（1980），马广荣（2002），金冲及（2008），等等 |

第一种观点是过渡时期属于社会主义社会。杜明（1980）认为，无论从马克思主义经典作家理论上讲，还是从我国社会主义发展实际情况看，应该肯定我们是社会主义社会，怀疑是没有根据的，否定它那是极端错误的。[③] 陈善智（1981）认为，新中国成立初期的社会性质是社会主义性质的社会，是社会主义制度（主要是经济制度方面）尚未全面建立起来的社会主义社会。并从政权的性质、社会经济形态和社会主要矛盾等方面论证了这个问题。[④] 董宝训（2001）通过对我国过渡时期的政治、经济以及文化三个方面的综合考察，得出结论，认为我国过渡时期属于社会主义社会。但是这种社会主义还

---

[①] 王怀超：《中国共产党对社会主义发展阶段理论的创新》，《当代世界与社会主义》，2011年第3期，第14～21页。

[②] 康晓强：《新中国成立以来中国共产党对社会主义发展阶段认识的演进》，《中共中央党校（国家行政学院）学报》，2020年第20卷第1期，第71～78页。

[③] 杜明：《关于过渡时期和我国现阶段的社会性质问题》，《山西大学学报》（哲学社会科学版），1980年第3期，第82～87页。

[④] 陈善智：《关于我国建国初期社会性质问题初探——学习马列主义关于社会主义过渡时期理论的一点体会》，《福州大学学报》，1981年第1期，第58～62页。

很不成熟、很不完善，它在许多方面还带有它刚刚脱胎出来的那个旧社会的明显痕迹，但它毕竟是社会主义社会。①

第二种观点是过渡时期属于过渡性质的社会。既不是社会主义社会，也不是新民主主义社会，而是已经属于社会主义体系的过渡性质的社会。铁木尔·哈达（1979）先是分别对过渡时期和社会主义社会作了概述，再指出我国现阶段社会虽可称为社会主义社会，但仍具有某种过渡时期性质，因为生产资料还没有全部转归社会公有，还没有完全消灭阶级。②汤以新（1981）从对经典作家的具体论述出发，认为过渡时期就是介于资本主义和社会主义之间这一命题，在理论上也就是毫无疑义的了，我国现阶段就是处在这样的一个过渡时期。③

第三种观点是过渡时期属于新民主主义社会。李锦坤（1980）认为，中华人民共和国成立后，我国即进入了由半殖民地半封建社会到社会主义社会的过渡时期，这一时期的社会性质是新民主主义社会而不是社会主义社会。新中国成立后，在我党的一系列文件和决议中，尤其是在1954年通过的中华人民共和国宪法和1956年通过的中国共产党章程中，都明确地表达了这一基本观点。④马广荣（2002）认为，新中国成立初期的中国社会性质是新民主主义社会而非社会主义社会。新民主主义社会是中国历史发展的产物，也是中国共产党根据中国国情所作出的正确选择。新民主主义社会有两个基本特征即必然性和过渡性，它既有社会主义成分，也有资本主义成分，是一种特殊的历史形态。⑤金冲及（2008）认为，从1949年新中国成立到1956年的七年时间里，中国还不能说是社会主义国家，而是新民主主义国家；1956年，社会主义制度在中国基本上建立起来，从这时起中国成为社会主义国家，进入社会主义初级阶段。⑥乔梁（1982）也认为中华人民共和国成立之初的七年，我国社会是新民主主义社会。⑦

---

① 董宝训：《我国过渡时期的社会性质和主要矛盾再认识》，《文史哲》，2001年第1期，第86~93页。
② 铁木尔·哈达：《我国现在的社会主义社会还带有过渡时期的性质》，《人文杂志》，1979年第2期，第13~17页。
③ 汤以新：《对我国现阶段所处的历史时期及其社会性质的探讨——兼与三种过渡论者商榷》，《河北师范大学学报》（哲学社会科学版），1981年第1期，第34~40+45页。
④ 李锦坤：《关于我国过渡时期社会性质问题的探讨》，《山西师院学报》（社会科学版），1980年第2期，第32~38页。
⑤ 马广荣：《建国初期的中国社会性质及其特征》，《延安大学学报》（社会科学版），2002年第1期，第80~83页。
⑥ 金冲及：《新民主主义社会和社会主义初级阶段》，《党的文献》，2008年第5期，第59~62页。
⑦ 乔梁：《为什么说我国建国后的头七年是新民主主义社会？》，《教学与研究》，1982年第4期，第60~64页。

## 二、中国社会主义过渡时期的主要矛盾

毛泽东在党的七届二中全会上指出,中国还存在着两种基本的矛盾:工人阶级和资产阶级的矛盾、中国和帝国主义国家的矛盾。但是学界在过渡时期的社会主要矛盾问题上存在很多的争议。

一部分学者认为,主要矛盾在于发展生产力。黄春生(1980)认为,从社会基本矛盾来看,当前主要的问题已不是资本主义的生产关系和上层建筑阻碍生产力发展,因而不是两个阶级、两条道路的斗争,而是如何迅速发展生产力。① 甄宝亭(1982)认为,工人阶级同资产阶级的矛盾不是社会的主要矛盾。党的中心工作,从政策上反映出社会主要矛盾是发展生产与满足人民需要的矛盾,阶级矛盾则是处于第二位的。② 董国强(1995)根据他对马克思主义基本原理的理解,结合对中华人民共和国成立之初历史的全面考察,认为当时的主要矛盾是中国经济的极端落后的现实和中国共产党要确保人民群众最基本的物质生活条件,巩固新民主主义社会形态和中国共产党政权,并为进入社会主义社会创造必要的经济基础的目标之间的矛盾,而不是无产阶级与资产阶级、社会主义与资本主义之间的矛盾。③ 董宝训(2001)认为,我国过渡时期的主要矛盾已经是人们对于物质和文化日益增长的需求同落后的社会生产之间的矛盾。④

另一部分学者认为主要矛盾不在生产力而是其他方面。汪锋(1958)认为,生产资料所有制改变以后,社会主义和资本主义两条道路斗争谁胜谁负的问题还没有解决,而且这个斗争依然是过渡时期的主要矛盾。⑤ 赖仁光(1983)认为,新中国成立初期的社会主要矛盾是中国人民同国民党反动派参与和地主阶级之间的矛盾,革命的主要任务是继续完成民主革命的任务,只有到1952年底,全国土地改革完成,工人阶级同资产阶级的矛盾才成为主要矛盾。⑥ 赵绪莹(2010)认为,过渡时期的主要矛盾是无产阶级与资产阶级之间的矛盾这种观点不符合我国过渡时期的客观实际。她认为过渡时期无产阶级与资产阶级有矛盾,但不是主要矛盾。⑦

## 三、中国社会主义过渡时期总路线

关于社会主义过渡时期总路线的讨论,学界的争议主要出现在以下两方面:社会主义过渡时期总路线的理论依据;社会主义过渡时期总路线与新民主主义社会论的关系。

---

① 黄春生:《过渡时期和当前的主要矛盾》,《中山大学学报》(哲学社会科学版),1980年第1期,第25~30页。
② 甄宝亭:《关于建国初期的革命性质、任务和主要社会矛盾》,《社会科学》,1982年第2期,第74页。
③ 董国强:《论建国初期的国内主要矛盾》,《南京大学学报》(哲学社会科学版),1995年第1期,第144~147页。
④ 董宝训:《我国过渡时期的社会性质和主要矛盾再认识》,《文史哲》,2001年第1期,第86~93页。
⑤ 汪锋:《是社会主义,还是民族主义?》,《人民日报》,1958年3月2日,第2版。
⑥ 赖仁光:《建国初期的主要社会矛盾和革命性质》,《南昌大学学报》(人文社会科学版),1983年第4期,第71~73页。
⑦ 赵绪莹:《对过渡时期社会主要矛盾的再认识》,《中共山西省直机关党校学报》,2010年第3期,第26~27页。

## (一) 中国社会主义过渡时期总路线的理论依据

关于社会主义过渡时期的总路线，毛泽东曾经指出其理论基础是列宁关于过渡时期的学说。对此，学者们的主要争论出现在如何认识党对列宁关于过渡时期的理解。主要观点有以下两种。[1]

第一种观点认为，过渡时期总路线是以列宁1921年前的论述和斯大林过渡时期理论为依据，而没有依据列宁的新经济政策。石仲泉（1996）依据中宣部的《宣传提纲》在说明总路线时也主要引述的是列宁和斯大林这方面的言论，认为毛泽东提出的过渡时期总路线受"苏联过渡时期的理论和实践的影响"，而"列宁关于过渡时期的学说有一个变化过程"。"毛泽东提出过渡时期总路线是以列宁1921年前的和斯大林的过渡时期理论与实践为根据的"。[2] 林蕴晖（2004）在经过仔细研读列宁的有关论著后认为，过渡时期总路线的理论依据，主要是列宁在战时共产主义时期的直接过渡思想，而不是新经济政策思想。[3] 汤水清和李小萍（2005）认为，斯大林不顾列宁晚年的思想转变，不仅在理论上直接继承了列宁在"战时共产主义"时期关于过渡时期的理论，将其付诸实践，而且在实践中发展了这一理论，形成了自己的一套理论主张。而斯大林对过渡时期的这一认识深刻地影响了中国共产党，尤其是党的领袖毛泽东。[4]

第二种观点认为过渡时期总路线理论依据不仅有列宁关于过渡时期的学说，还有新经济政策的思想。乔东光（1992）认为，毛泽东提出过渡时期总路线时也依据了列宁论新经济政策的思想，特别是运用国家资本主义的形式逐步改造私营工商业的思想。[5] 王玉贵（1995）也持这一观点，他认为当时视为过渡时期理论依据的，很重要的是列宁关于国家资本主义和新经济政策的论述。[6] 庞松（2002）则从1953年李维汉的调查报告与过渡时期总路线决策的关系的角度指出，对国家资本主义的实践所做的系统总结和理论上的说明，为"从现在起逐步过渡到社会主义"提供了急需的思想原料，"显然在党中央决策过程中起了'催化剂'的作用"。"党对国家资本主义过渡途径的探索"，是"制定党在过渡时期总路线的重要认识环节"。[7]

## (二) 中国社会主义过渡时期总路线与新民主主义社会论的关系

1952年过渡时期总路线的提出，标志着毛泽东从新民主主义向社会主义转变理论

---

[1] 董军明：《列宁过渡时期学说、新民主主义社会论与过渡时期总路线关系研究综述》，《内蒙古师范大学学报》（哲学社会科学版），2007第2期，第38~42页。
[2] 石仲泉：《毛泽东的艰辛开拓》，中共党史出版社，1996年，第179页。
[3] 林蕴晖：《国家工业化战略和过渡时期总路线》，《中华人民共和国专题史稿》（第1卷），四川人民出版社，2004年，第382~388页。
[4] 汤水清、李小萍：《对中共过渡时期总路线理论基础的历史考察》，《江西社会科学》，2005年第4期，第104~109页。
[5] 乔东光：《毛泽东提出的过渡时期总路线研究述评》，载《毛泽东研究述评》，中共中央文献研究室科研管理部，1992年，第16页。
[6] 王玉贵：《党对列宁过渡时期学说的理解与我国的过渡时期总路线》，《党史研究与教学》，1995年第4期，第34~37页。
[7] 庞松：《党对国家资本主义过渡途径的探索》，《中共党史研究》，2002年第2期，第22~29页。

发生了明显变化。逄先知和金冲及（2003）指出，"他关于由新民主主义向社会主义转变的步骤、方法，同原来的设想，发生了变化"。① 对于毛泽东的思想转变的认识，学术界有以下几种观点见表3-2。

表3-2 学界关于社会主义过渡时期总路线与新民主主义社会论的关系的研究汇总表

| 观点 | 主要代表作者 |
| --- | --- |
| 发展论 | 薄一波（1991），李境顺（1995），龚育之（2002），等等 |
| 对立论/否定论 | 林蕴晖（2000），于光远（2005），雍涛（2009），等等 |
| 既有联系也有区别 | 石仲泉（1996），李安增（1999），边宏伟（2013），等等 |

第一种观点是发展论，认为过渡时期总路线的提出并不违背党的新民主主义社会论。薄一波（1991）指出，过渡时期总路线并没有违背七届二中全会决议的精神。过渡时期总路线将七届二中全会提出的由农业国转变为工业国和由新民主主义国家转变为社会主义国家的任务融为一体，结合进行，这是根据实践的要求对七届二中全会精神的新发展。② 李境顺（1995）认为，新中国成立后，中国共产党的指导方针经历了从建设新民主主义社会的构想到实行过渡时期总路线的转变。它是由中国革命历史的发展和当时国际国内的社会环境决定的，也是对原来"设想"基本精神的发展与进步，当然也有其历史的局限和不足。③ 龚育之（2002）认为，总路线同原来宣传的全国胜利后还要经过十几、二十年的新民主主义发展，再向社会主义转变的思路有不同，应当如实肯定，这是一个新的判断，新的思路。当然，同原来的总的思路是相连续的，但是毕竟是原来的总的思路基础上的一个新的思路。④

第二种观点是对立论或否定论，认为过渡时期总路线的提出是对新民主主义社会论的否定。林蕴晖（2000）认为，总路线的基本理论和指导思想，同七届二中全会决议是不一致的。七届二中全会的思路是，先允许私人资本主义经济有一个发展，总路线则强调通过改变生产关系，即消灭资本主义私有制来促进生产力的发展。虽然当时所要实现的社会主义目标是一样的，但路子不同。从程序上看，恰恰是倒了个个儿。⑤ 于光远（2005）指出，中共七届二中全会出现了离开新民主主义社会论，向列宁在俄国提出的从资本主义向社会主义过渡时期理论靠拢的苗头，过渡时期总路线的提出，标志着新民主主义社会论的正式放弃。⑥ 雍涛（2009）指出，1953年6月15日，毛泽东在政治局会议上批评了被斥为右倾错误的几个观点，接着宣布党在过渡时期的总路线，就是要在10年到15年或者更多一些的时间内，基本上完成国家工业化和对农业、手工业、资本

---

① 逄先知，金冲及：《毛泽东传（1949—1976）》，中央文献出版社，2003年，第237页。
② 薄一波：《若干重大决策与事件的回顾》（上卷），中共中央党校出版社，1991年，第229页。
③ 李境顺：《过渡时期总路线是对新民主主义社会构想之现实的发展》，《天津党校学刊》，1995年第3期，第34~38+23页。
④ 龚育之：《党史札记》，浙江人民出版社，2002年，第31页。
⑤ 林蕴晖：《新民主主义向社会主义过渡的再思考》，《当代世界社会主义问题》，2000年第2期，第5页。
⑥ 于光远：《"新民主主义社会论"的历史命运——读书笔记》，长江文艺出版社，2005年，第99~100页。

主义工商业的社会主义改造,等于公开抛弃了自己提出的"新民主主义社会论"。①

第三种观点认为,社会主义过渡时期总路线与新民主主义社会论既有区别又有联系。石仲泉(1996)认为,过渡时期总路线与新民主主义社会论可以说是向社会主义转变的大体相同又有所不同的两种设想,两个方案。相同性在于过渡性、目标和任务、转变的方法、转变的规划时间是一致的;但过渡时期总路线的提出,对新民主主义社会论也作了重大改变:对主要矛盾和任务的认识、非社会主义所有制经济的态度和政策、转变或过渡的时间起点和实施步骤都有所改变。②李安增(1999)认为,新民主主义社会理论与过渡时期总路线是两种既有一致性又有差异的过渡战略,从理论角度分析,二者各有优劣。无论是理论上的缺陷还是实践中发生的问题,都与对什么是社会主义、怎样建设社会主义这一重要问题的认识不深刻有关。③边宏伟(2013)认为,"过渡时期总路线"与"新民主主义社会论"的关系是这样的:二者共处于向社会主义过渡这个大的思想体系中,但同时二者又是向社会主义过渡这个大体系中两个相对独立的小思想体系。④

## 第四节 中国社会主义初级阶段

社会主义初级阶段是指我国生产力落后、商品经济不发达条件下,建设社会主义必然要经历的特定阶段。这一阶段的研究主要是围绕社会主义初级阶段理论进行的。

### 一、关于建成社会主义与过渡到共产主义的讨论

1956年底三大改造完成标志着社会主义基本制度在我国的建立,此后,关于社会主义建成与向共产主义过渡的问题引起了广泛的讨论。

一种观点认为社会主义建成之时,就是进入共产主义之日。李海平(1959)认为,社会主义建设的任何进展,都是意味着共产主义社会的愈来愈近,当社会主义社会建成,社会主义阶段结束,即开始进入共产主义社会。⑤

另一种观点认为社会主义建成并不意味着共产主义社会的开始。求实(1959)认为,我国建成社会主义,并不意味着具有了进入共产主义的必备条件。进入共产主义比

---

① 雍涛:《从新民主主义到中国特色社会主义——新民主主义理论的历史命运及其现实启示》,《重庆邮电大学学报》(社会科学版),2009年第1期,第1~11页。
② 石仲泉:《毛泽东的艰辛开拓》,中共党史出版社,1996年,第173~176+183页。
③ 李安增:《过渡时期总路线与新民主主义社会论》,《党史研究与教学》,1999年第6期,第38~42页。
④ 边宏伟:《"新年民主主义社会论"与"过渡时期总路线"的关系》,《改革与开放》,2013年第8期,第138页。
⑤ 李海平:《我国社会主义社会建成就是共产主义社会的开始——与徐崇温、吴平两同志商榷》,《学术月刊》,1959年第4期,第54~56页。

建成社会主义要求具备更高的条件。① 巩重起（1959）认为，社会主义建成是由资本主义到共产主义这一转变过程中必须解决的实际任务之一。它可以作为由社会主义向共产主义过渡的起点，也可以作为它的终点，也可以不作为这种起点或终点的标志，而只是这一过渡中按实际任务区分的时期之一，这要看建成社会主义的标准如何。② 吴平（1959）认为，社会主义建成只是指社会主义社会的社会主义建设时期的结束，标志由资本主义到社会主义的过渡最终完结，进入共产主义建设时期的开始，而这时期也是属于社会主义阶段之内的，社会性质依然是社会主义的。③ 李安民（1959）认为，在建成社会主义以后，并不能立即进入共产主义，而还有一个或长或短的过渡阶段，即社会主义发展成熟为共产主义，或社会主义逐渐转变为共产主义的阶段，这个阶段的社会性质仍然是社会主义的。④

## 二、社会主义初级阶段理论的提出与形成过程

社会主义初级阶段理论从最初的提出到最终形成，经过很长的一个发展时期。

### （一）社会主义初级阶段的正式提出

对于社会主义初级阶段理论的提出，理论界已经形成了比较一致的看法，即认为社会主义初级阶段理论是在1987年党的十三大报告中系统提出和详细阐发的。向翔（1999）指出，1987年10月召开的党的十三大正式提出了社会主义初级阶段的理论，作出了我国正处在社会主义初级阶段的科学论断。⑤ 龚育之（2007）也指出，十三大报告在共产党的纲领性文件中，第一次比较系统地提出和比较详细地论述了中国社会主义初级阶段的理论、路线、战略和各项基本政策。⑥ 张建君（2011）指出，1987年10月党的十三大报告全面提出并系统阐发了社会主义初级阶段理论。所谓社会主义的初级阶段，并不是泛指任何国家进入社会主义都会经历的起始阶段，而是特指我国在生产力落后、商品经济不发达条件下建设社会主义必然要经历的特定阶段。这在马克思主义发展史上具有开创性的理论意义，是社会主义初级阶段理论正式确立的标志。⑦

### （二）社会主义初级阶段理论的形成发展过程

关于社会主义初级阶段理论的形成和发展过程，学界有四种观点（见表3-3）。

---

① 求实：《谈我国建成社会主义的问题——兼论我国何时进入共产主义阶段》，《财经研究》，1959年第2期，第7～9页。
② 巩重起：《社会主义建成与向共产主义过渡问题》，《人文杂志》，1959年第4期，第7～12页。
③ 吴平：《社会主义建成是否就是共产主义社会的开始》，《学术月刊》，1959年第3期，第27～30页。
④ 李安民：《关于我国从社会主义向共产主义过渡的问题》，《吉林大学人文科学学报》，1959年第3期，第37～46页。
⑤ 向翔：《论社会主义初级阶段理论的提出、发展及其重要意义》，《学术探索》，1999年第2期，第22～25页。
⑥ 龚育之：《从社会主义初级阶段的观点回顾党的历史》，《学习时报》，2007年10月3日。
⑦ 张建君：《社会主义初级阶段理论的演进历程与理论创新》，《学习与实践》，2011年第7期，第28～35页。

表3-3 学界关于社会主义初级阶段理论的形成和发展过程的观点汇总表

| 观点 | 主要代表作者 |
|---|---|
| 两阶段论 | 秦宣（2002），等等 |
| 三阶段论 | 庄祖武（1998），陈述（2017），等等 |
| 四阶段论 | 刘振彪（1998），陈仕龙（1999）、郑必坚（2001），等等 |
| 五阶段论 | 马渤（2014），等等 |

第一种观点是两阶段论。秦宣（2002）概括了党的十五大前后党在社会主义初级阶段认识上的发展。以党的十五大为界限，把初级阶段的理论的形成分为两大阶段。①

第二种观点是三阶段论。庄祖武（1998）分析了社会主义初级阶段理论形成和发展的历史过程，将其分为三个阶段，即酝酿阶段、形成阶段和发展阶段，并对每一阶段提出的理论观点作出了概括，进行了分析。②陈述（2017）认为，中共十一届三中全会以来，伴随着思想解放的深入，以邓小平为核心的中央领导集体开始重新认识什么是社会主义，提出中国处于社会主义初级阶段的论断。这个认识过程大约分为三个时期。第一个时期是党的十一届三中全会前后开始到党的十二大；第二个时期是党的十二大到十三大之前；第三个时期是中共十三大前后。③

第三种观点是四阶段论。④刘振彪（1998）持四阶段的观点：十一届六中全会第一次提出我国社会主义制度还"处于初级阶段"的论断；十二大政治报告第二次提到我国还处于"社会主义初级阶段"的论断；十二届六中全会第三次指出我国还处于社会主义初级阶段；1987年10月党的十三大报告进行了全面的论述。⑤陈仕龙（1999）认为，社会主义初级阶段理论作为邓小平理论的一个重要组成部分，有一个逐步形成的发展的过程。这个过程，大体上可以分为四个阶段：酝酿准备阶段、确立命题阶段、基本形成阶段、不断完善阶段。赵家祥（1999）认为，社会主义初级阶段理论是在党的十一届三中全会以后，在改革开放新的历史条件下逐步形成和发展的。从1981年党的十一届六中全会到1987年党的十三大共经历四个阶段。⑥郑必坚（2001）认为，1979年至1986年的一系列探讨为社会主义初级阶段理论奠定了基础。系统论述中国社会主义初级阶段的是党的十三大。党的十四大指出社会主义初级阶段理论是建设中国特色社会主义理论的重要内容并在这个理论体系中处于基础地位。党的十五大进一步强调我国现在处在并将长期处在社会主义初级阶段，对我国社会主义初级阶段的基本特征、发展进程、主要

---

① 秦宣：《邓小平理论研究述评》，中国人民大学出版社，2002年，第280页。
② 庄祖武：《社会主义初级阶段理论的形成和发展》，《理论建设》，1998年第1期，第4~7页。
③ 陈述：《社会主义初级阶段理论的由来和发展》，《紫光阁》，2017年第9期，第17~19页。
④ 陈仕龙：《论社会主义初级阶段理论的理论依据及其形成发展》，《理论建设》，1999年第2期，第20~24页。
⑤ 刘振彪：《社会主义初级阶段理论的提出、形成和发展》，《湘潭大学学报》（哲学社会科学版），1998年第1期，第44~47页。
⑥ 赵家祥：《社会主义初级阶段理论的形成和发展》，《暨南学报》（哲学社会科学），1999年第2期，第33~41页。

矛盾和根本任务等作了更为系统地论述。①

第四种观点是五阶段论：马渤（2014）认为，总体来说，社会主义初级阶段理论研究划分为以下几个阶段：一是党的十一届三中全会之前，十一届三中全会是社会主义初级阶段理论研究的起点；二是从党的十一届三中全会到十一届六中全会，社会主义初级阶段理论研究形成主题；三是从党的十二大到十三大，社会主义初级阶段理论研究形成体系；四是从党的十三大到十四大，社会主义初级阶段理论研究为中国特色社会主义理论形成体系奠定了基础；五是党的十五大以来，社会主义初级阶段理论研究继续不断深入。②

### 三、社会主义初级阶段的划分标准与基本特征

学者们关于社会主义初级阶段理论的划分标准、基本特征存在着很大的争议。

#### （一）社会主义初级阶段的划分标准

关于社会主义初级阶段的划分标准，学界一般持有以下四种观点（见表3-4）。

表3-4　学界关于社会主义初级阶段的划分标准的研究汇总表

| 观点 | 主要代表作者 |
| --- | --- |
| 生产关系标准论 | 晓亮（1987），等等 |
| 生产力标准论 | 孙明华（1937），项启源（1988），李建新（1988），等等 |
| 生产方式标准论 | 赵广社（1987），江陆（1988），蒋家俊（1988），等等 |
| 综合标准论 | 周思源（1987），赵俊臣（1987），屈万山（1988），等等 |

生产关系标准论。这种观点以生产关系作为划分社会主义初级阶段的标准。划分社会主义社会发展阶段，主要依据应是社会历史要素，不是物质技术要素，应根据生产关系的部分质变的区别来划分阶段。晓亮（1987）认为，决定我国社会主义处于初级发展阶段的根本原因是社会生产力水平低，我们判断一个社会究竟处于什么发展阶段，主要看其生产关系经济制度。③

生产力标准论。这种观点以生产力作为划分社会主义社会初级阶段的标准。孙明华（1937）认为，在社会主义社会中，划分社会发展阶段的标志，虽然也要看生产关系公有制的发展与完善程度，但根本上取决于生产力发展的水平。生产力的阶段性特征，决定了社会发展的阶段性。因为它直接制约着社会主义公有化程度的高低，制约着分配和人与人之间的关系。④ 项启源（1988）认为，划分一个社会形态内不同发展阶段的标准

---

① 郑必坚：《邓小平理论基本问题》，中共中央党校出版社，2001年，第1页。
② 马渤：《我国社会主义初级阶段理论研究的历史回顾》，《哈尔滨市委党校学报》，2014年第6期，第38～44页。
③ 晓亮：《社会主义初级阶段的若干理论问题》，《经济日报》，1987年1月4日。
④ 孙明华：《社会主义初级阶段的生产力标准问题》，《天津日报》，1937年8月5日。

的前提就是不改变基本社会制度，划分标准应侧重于生产力方面。① 李建新（1988）认为，生产关系以及在此基础上建立的上层建筑是划分不同社会形态的标准，而划分社会主义初级阶段的根本标准，只能是生产力的发展水平。② 薛殿昌（1988）认为，我们今天仍然没有超出社会主义初级阶段，其决定因素是生产力，生产力是划分社会主义初级阶段的主要标准和依据。③

生产方式标准论。这种观点以生产力和生产关系的统一体——生产方式作为划分社会主义社会初级阶段的标准。赵广社（1987）认为，划分社会发展阶段的标准应该是由生产力决定的社会生产关系和上层建筑的统一。④ 江陆（1988）认为，随着社会主义现代化的逐步实现，在经济基础和上层建筑方面也将发生相应的变革。因此，任何片面强调生产力是划分阶段的直接标准，或片面强调生产关系是划分阶段的首要标准的观点，都是站不住脚的。⑤ 蒋家俊（1988）认为，划分社会发展各个不同的历史阶段，主要是根据生产力水平和生产关系状况，它是一个社会阶段区别于其他社会阶段最根本的也是最明显的标志。⑥ 王正萍和罗子桂（1992）认为，社会主义初级阶段的划分有两个标准，一是生产力标准，另一个是生产关系标准。前者是划分社会主义初级阶段的最终标准，后者是划分社会发展阶段的直接标准。这两个标准的辩证统一，才能科学地划分社会主义的发展阶段。⑦ 于光远（2000）提出，要辩证地理解和运用生产力与生产关系之间关系。采用生产关系为标志划分社会发展阶段的方法把中国现在所处的社会划分为社会主义社会；同时根据社会生产力发展标志把中国目前建立在生产力相当不发达的基础上社会主义社会归为社会主义的初级阶段。⑧

综合标准论。这种观点认为划分社会主义初级阶段标准需要综合考虑多方面。周思源（1987）认为，确定社会主义发展阶段的划分标准主要要看生产力的发展水平，也要看到生产关系的完善程度，还应该注意到社会政治关系和思想文化的发达状况等。只有这样的标准，才能全面揭示并反映社会主义的发展水平，才能为正确地划分社会主义阶段提供完整而科学的依据。⑨ 赵俊臣（1987）认为，生产力是划分社会主义初级阶段的标准，但是并不是唯一的或孤立的标准，决定社会历史发展的因素是多方面的，划分的标准也是多方面的，但就其主要的方面来看，则是以生产力为主、包括生产关系和上层建筑在内的综合标准。⑩ 屈万山（1988）认为，只有将生产力标准、生产关系（经济基础）标准与上层建筑标准三者统一起来才能成为划分社会主义初级阶段的综合的、全面

---

① 项启源：《社会主义初级阶段的生产力标准问题》，《中国工业经济》，1988年第5期，第11~17页。
② 李建新：《生产力水平是划分社会主义初级阶段的根本标准》，《社会主义研究》，1988年第1期，第16~19页。
③ 薛殿昌：《生产力是划分社会主义初级阶段的主要标准》，《学术论坛》，1988年第3期，第9~11页。
④ 赵广社：《也谈划分社会主义初级阶段的标准》，《长白学刊》，1987年第6期，第14~15页。
⑤ 江陆：《略论社会主义初级阶段的划分标准》，《商业经济与管理》，1988年第1期，第14~16页。
⑥ 蒋家俊：《论社会主义初级阶段的基本经济特征》，《上海经济研究》，1988年第1期，第13~18页。
⑦ 王正萍，罗子桂：《生产力标准研究》，中共中央党校出版社，1992年，第189~190页。
⑧ 于光远：《中国社会主义初级阶段的经济》，广东经济出版社，1998年，第24~26页。
⑨ 周思源：《划分社会主义初级阶段的依据》，《社会科学研究》，1987年第6期，第22~24页。
⑩ 赵俊臣：《正确认识划分社会主义初级阶段的生产力标准问题》，《云南社会科学》，1987年第6期，第1~5页。

的、系统的、正确的、科学的标准。①秦宣（2002）认为，这种标准应该是全面的、综合的。具体应该是：生产力的发展程度，生产关系的成熟程度，社会政治关系的完善程度，思想文化的发展程度这四个方面是相互联系不可分割的。②王克忠（2005）认为，划分标准要以包括生产力、生产关系和上层建筑三个方面，其中又以生产力为主要标准的复合标准③。

### （二）社会主义初级阶段的基本特征

学界关于社会主义初级阶段的基本特征问题的研究，观点众多，如表3-5所示。

表3-5 学界关于社会主义初级阶段的基本特征的研究汇总表

| 观点 | 主要代表作者 |
| --- | --- |
| 一特征论 | 陈德华（1987），于光远（1987），薛志坚（1988），等等 |
| 二特征论 | 周锦尉（1987），金志华（1988），等等 |
| 三特征论 | 王志伟（1988），谷景华（1988），刘士俊（1988），等等 |
| 四特征论 | 蒋家俊（1988），单怀沧（1989），等等 |
| 五特征论 | 陈志强和李子林（1987），等等 |
| 六特征论 | 卫兴华（1987），张志祥（1987），李稼蓬（1988），等等 |
| 九特征论 | 叶进和曾言（2008），等等 |

一特征论。陈德华（1987）认为，社会主义初级阶段的提出，是由于原来经济落后的国家建立起社会主义制度以后，生产力和经济发展水平还大大地落后于发达的资本主义国家。这种落后状态就是社会主义初级阶段的基本特征，是社会主义初级阶段区别于以后的发展阶段的基本标志。④于光远（1987）认为，物质文明不发达是社会主义初级阶段的根本特征。由此出发，就要求与这样的社会生产力水平相适应能促使社会生产力发展的生产关系。这就要求有力地坚持社会主义的基本经济制度和经济发展的社会主义方向。⑤薛志坚（1988）认为，确认生产力落后是社会主义初级阶段生产力的基本特征，才能牢牢地把握这个阶段的主要矛盾——人民日益增长的物质文化需要同落后的社会生产之间的矛盾。⑥也有的学者认为"紧运行"是我国社会主义初级阶段经济运行的基本特征。⑦王克忠（2005）认为我国已进入社会主义社会，但是，只进入了社会主义

---

① 屈万山：《社会主义初级阶段的划分标准和基本特征》，《理论导刊》，1988年第9期，第38~40页。
② 秦宣：《邓小平理论研究述评》，中国人民大学出版社，2002年，第176页。
③ 王克忠：《社会主义市场经济及其体制研究 王克忠文选》，复旦大学出版社，2005年，第17页。
④ 陈德华：《社会主义初级阶段的基本特征是经济发展水平落后于发达的资本主义国家》，《北京社会科学》，1987年第4期，第121~122页。
⑤ 于光远：《社会主义初级阶段和社会主义初级阶段的经济》，《经济及研究》，1987年第7期。
⑥ 薛志坚：《生产力落后是社会主义初级阶段的基本特征》，《生产力研究》，1988年第2期，第73~74页。
⑦ 中国社会主义经济运行机制研究课题组：《紧运行：我国社会主义初级阶段经济运行的基本特征》，《经济研究》，1987年第8期，第50~58+28页。

社会初级阶段。这个阶段的最基本特征是物质生产力的不发达。①

二特征论。周锦尉（1987）认为在社会主义初级阶段，我们的经济特征之一是以公有制为主体的多种经济形式并存，这适应了我国生产力发展不平衡的实际状况，有利于生产力的发展；特征之二是以按劳分配为主体的多元化分配形式。②金志华（1988）根据十三大报告的启示，认为社会主义初级阶段是有两个显著特征的。第一个显著特征：已是以生产资料公有制为基础的社会；第二个显著特征：它是生产力落后的社会。③

三特征论。王志伟（1988）从经济、政治以及文化三大方面介绍了社会主义初级阶段的基本特征。④ 王诚宏和吴筠（1998）也是从经济、政治和文化三方面进行分析的。⑤ 谷景华（1988）认为，初级阶段的基本特征概括起来就是三句话：生产力不发达，生产关系不完善，上层建筑不成熟。⑥ 刘士俊（1988）从生产力、生产关系以及上层建筑三方面分析了社会主义初级阶段的基本特征。⑦ 李宗阳（1988）认为，研究我国社会主义初级阶段的特征，就应当从构成基本矛盾运动的生产力、经济基础及其上层建筑三个方面及其相互主次关系的现状来把握。⑧

四特征论。蒋家俊（1988）认为，社会主义初级阶段有四个基本特征：一是社会生产力的落后性、不平衡性和多层次性；二是以公有制为主体的多种所有制并存的结构；三是在经济运行机制上，是社会主义有计划商品经济的体制，也就是计划与市场内在统一的体制；四是在利益分配关系上，是以按劳分配为主体，其他分配方式为补充的分配关系。⑨ 单怀沧（1989）则是从生产力、经济成分和分配方式、计划商品经济以及上层建筑四个方面进行的分析。⑩

五特征论。第一，从生产资料所有制来看，在相当长的历史时期内，还要在公有制为主体的前提下发展多种经济成分。第二，从分配关系来看，按劳分配是基本的原则，此外，还存在多种分配形式。第三，有计划的商品经济还不发达，自给自足的自然经济还占相当比重。第四，从政治领域来看，我国已经建立起了历史上最先进的政治制度，但是，社会主义的民主政治还很不完善。第五，从思想文化领域来看，马克思主义作为指导我们思想的理论基础已得到确认，但社会主义精神文明还没有达到高度发达的程度。⑪

六特征论。卫兴华和黄泰岩（1987）从多种所有制经济成分、公有制为主体、市场

---

① 王克忠：《社会主义市场经济及其体制研究：王克忠文选》，复旦大学出版社，2005年，第11页。
② 周锦尉：《关于社会主义初级阶段的对话》，《文汇报》，1987年7月14日。
③ 金志华：《试论社会主义初级阶段两个显著特征》，《学术界》，1988年第1期，第19～22页。
④ 王志伟：《试论我国社会主义初级阶段的基本特征》，《经济科学》，1988年第1期，第8～11+25页。
⑤ 王诚宏，吴筠：《论社会主义初级阶段的基本特征》，《龙江党史》，1998年第6期，第22～23页。
⑥ 谷景华：《论社会主义初级阶段的特殊性质、基本特征和主要矛盾》，《内蒙古大学学报》（哲学社会科学版），1988第3期，第1～4+66页。
⑦ 刘士俊：《试论我国社会主义初级阶段的基本特征》，《新疆社会科学》，1988第2期，第8～12页。
⑧ 李宗阳：《试论我国社会主义初级阶段的基本特征》，《人文杂志》，1988年第1期，第69～71页。
⑨ 蒋家俊：《论社会主义初级阶段的基本特征》，《上海经济研究》，1988年第1期，第13～18页。
⑩ 单怀沧：《社会主义经济理论与经济改革》，石油大学出版社，1989年，第18～20页。
⑪ 陈志强，李子林：《社会主义初级阶段经济理论与经济政策》，辽宁科学技术出版社，1987年，第17～18页。

机制、分配方式、共同富裕以及动力机制六个方面分析了基本特征。① 张志祥（1987）从所有制、分配、商品经济、政治、思想文化以及人民生活六个方面分析了基本特征。② 曹序和金喜在（1988）从生产力、所有制、收入分配、计划商品经济、政治以及思想文化六个方面进行了分析，这些基本特征表明，社会主义初级阶段必须经历一个长期、复杂、艰巨的过程，才能发展成为成熟、完善的社会主义。③ 李稼蓬（1988）从生产力、经济成分、分配形式、发展商品经济、民主政治以及思想文化六个方面概述了社会主义初级阶段的基本特征。④

九特征论。叶进等（2008）指出，在1997年党的十五大江泽民所做的政治报告中，对它作了具体的、全面的概括和描述，包括现代化发展水平、产业结构状况、经济运行方式、文化教育发展水平、人民富裕程度、地区差别状况、经济政治和其他体制改革、精神文明建设和国与国间横向比较等方面的内容。⑤

## 四、社会主义初级阶段与新民主主义社会

在社会主义初级阶段理论提出以后，有将社会主义初级阶段等同于马克思共产主义第一阶段的理论观点，这显然是一种教条主义的解读方式。⑥ 那么社会主义初级阶段的社会形态相关问题，主要是围绕它与我国过渡时期或新民主主义时期的关系进行探讨，理论界大致有三种观点（见表3-6）。

表3-6 学界关于社会主义初级阶段与新民主主义社会的关系研究汇总表

| 观点 | 主要代表作者 |
| --- | --- |
| 复归论 | 杨家志（1994），董淑芬（1999），乔耀章（2008），等等 |
| 区别论 | 张学安和邓启惠（1996），龚育之（2002），于光远（2006），等等 |
| 区别与联系论 | 金春明（2001），张奇志（2006），金冲及（2008），等等 |

复归论。这种观点将社会主义初级阶段大致等同于过渡时期或新民主主义时期，或者说社会主义是新民主主义社会的复归。杨家志（1994）认为，毛泽东的"新民主主义经济形态"和邓小平的"摆脱贫困的社会主义"，都是从中国国情出发，对中国革命胜利后社会主义初级阶段的科学界定。不同历史时期内的这两种探讨，在理论本质上是完全同一的。社会主义初级阶段就是新民主主义社会发展模式的复归。它们在理论上的承袭可以追溯到列宁的新经济政策。⑦ 汪连兴（1994）认为，新民主主义社会与社会主

---

① 卫兴华，黄泰岩：《社会主义初级阶段基本经济特征引论》，《光明日报》，1987年6月29日。
② 张志祥：《社会主义初级阶段理论的依据》，《经济学周报》，1987年10月18日。
③ 曹序，金喜在：《社会主义初级阶段政治经济学》，吉林人民出版社，1988年，第17~19页。
④ 李稼蓬：《社会主义初级阶段的基本特征》，《马克思主义研究》，1988年第2期，第25~32页。
⑤ 叶进，曾言，崔泽去：《中国特色社会主义理论概论》，湖南师范大学出版社，2008年，第89~91页。
⑥ 卫兴华：《不能把"社会主义初级阶段"混同于"共产主义社会第一阶段"——与方生同志商榷》，《当代财经》，2000年第9期，第28~30页。
⑦ 杨家志：《社会主义初级阶段与新民主主义发展模式的复归》，《中南财经大学学报》，1994年第5期，第1~7+109页。

社会不是互相拒斥或互相交叉的两个并列概念；它们之间的关系是包含关系、从属关系，即前者真包含于后者、从属于后者。换言之，新民主主义社会是社会主义社会的一个阶段，是社会主义初级阶段的早期形态。① 董淑芬（1999）认为，社会主义初级阶段实质上是在新的历史条件下对我国新民主主义社会的复归。② 乔耀章（2008）认为，中国特色社会主义初级阶段是新民主主义社会的特定阶段，或称"后新民主主义社会"，"后新民主主义社会"是中国特色社会主义初级阶段的另一种表达法。③

区别论。这种观点将社会主义初级阶段与新民主主义阶段区分开来。张学安和邓启惠（1996）认为，社会主义初级阶段是建立了社会主义制度，但生产力还落后的历史阶段，它的经济形态与新民主主义阶段有原则的区别，因而社会主义初级阶段的经济形态不是新民主主义经济形态的复归。我国新民主主义经济与俄国革命后的新经济政策时期的经济也有本质区别，因而社会主义初级阶段、新民主主义阶段与俄国新经济政策时期各处于不同历史阶段，三者不能一概而论。④ 龚育之（2002）认为，新民主主义社会和社会主义初级阶段有两大不同。一个不同是经过社会主义改造和几十年社会主义建设，现在已经拥有相当强大的社会主义国有经济；另一个不同是无论城市还是乡村，社会主义公有制的主体地位都已确立。⑤ 林蕴晖（2002）对两种社会形态存在的长短时限认识不同：当年对新民主主义社会的长期性，多数时候是讲10到15年，再长是20年，最多讲过30年，而对社会主义初级阶段的认识是"至少需要上百年的时间"。⑥ 于光远（2006）认为，社会主义初级阶段是社会主义社会，社会主义经济就一定居统治地位，而新民主主义社会就不是那样。这两种社会事实上都是将"资本主义经济"限制在有利于国计民生这一范围内，但在社会主义初级阶段，资本主义被限定为只能是补充和助手，而新民主主义社会则没有这一条。⑦

区别与联系论。这种观点认为社会主义初级阶段与新民主主义社会既有区别又有联系。金春明（2001）认为，社会主义初级阶段与新民主主义的共同点是：都是以中国经济文化落后的客观现状为出发点；都是要完成中国从落后的农业国到先进的工业国的转化，实现国家工业化、农业现代化和组织社会化；都是以国营（国有）经济为领导（主体），多种经济成分并存与发展。差异点是：社会发展阶段、社会主要矛盾、政权的性质、经济发展的起点和趋向、时代大气候都不同。⑧ 张奇志（2006）指出，社会主义初级阶段与新民主主义社会在政治经济方面有着许多共同之处，但是，我们不能由此认

---

① 汪连兴：《新民主主义社会是社会主义初级阶段的早期形态》，《史学理论研究》，1994年第4期，第63~73页。
② 黄淑芬：《重评新民主主义社会与社会主义初级阶段的关系》，《西南民族大学学报》，1999年第8期。
③ 乔耀章：《"后新民主主义社会"——中国特色社会主义初级阶段的另一种表达法》，《江苏科技大学学报》（社会科学版），2008年第1期，第32~38页。
④ 张学安，邓启惠：《社会主义初级阶段经济形态不是新民主主义经济形态的复归——与杨家志先生商榷》，《中南财经大学学报》，1996年第5期，第46~52页。
⑤ 龚育之：《从毛泽东到邓小平》，中共党史出版社，2002年，第449页。
⑥ 林蕴晖：《走出误区——我观共和国之路》，济南出版社，2002年，第261~262页。
⑦ 于光远：《"新民主主义社会论"的历史命运——读史笔记》，长江文艺出版社，2005年，第41页。
⑧ 金春明：《试析社会主义初级阶段与新民主主义之异同》，《教学与研究》，2001年第1期，第47~51页。

为，社会主义初级阶段就是对于新民主主义社会的回归。社会主义初级阶段是从新民主主义社会发展而来的。新民主主义社会的建立和发展为社会主义社会的建立提供了前提条件。[①] 金冲及（2008）认为，社会主义初级阶段与新民主主义社会的联系在于新民主主义社会本来就是一个向社会主义发展的过渡性质的阶段；根本区别在于公有制经济在整个国民经济中是否处于主体的地位。[②]

### 五、社会主义初级阶段理论的贡献

有关社会主义初级阶段理论的贡献的问题，学者们从不同的角度对初级阶段理论持有积极的看法。肖正（1987）认为，社会主义初级阶段理论，是马克思主义与我国实践相结合的产物，是对科学社会主义理论的重大发展和最新贡献。[③] 许征帆（1987）认为，社会主义初级阶段理论的精辟独到之处，突出表现在它发展了社会主义理论固有的科学性，并创造性地发挥这种科学性的威力去对待社会主义初级阶段特有的复杂性。[④] 吴树青（1987）指出，由于认识了社会主义初级阶段的历史必然性，也就保证了我党在制定政策和策略时依据的正确性。"正确判断一个社会主义国家在一定时期内处于社会主义哪个发展阶段上，是这个国家的工人阶级及其政党判定正确的战略与策略的最重要的出发点和最基本的依据。"[⑤] 向翔（1999）认为，社会主义初级阶段理论的提出和不断丰富发展，不论是在我国的改革开放和现代化建设的实践中，还是在马克思主义的发展上，都具有极其重要的意义。[⑥] 张建君（2011）指出，社会主义初级阶段的理论价值有三点：一是马克思主义中国化的重大理论创新，二是邓小平理论的基石，三是中国特色社会主义理论体系的理论基础。[⑦]

## 第五节 中国特色社会主义新时代

党的十九大报告作出了"中国特色社会主义进入新时代"的重大判断，具有划时代的里程碑意义。

### 一、新时代"新"在何处

中国特色社会主义进入新时代，对于"新"在何处，学者们有不同的理解，主要有

---

① 张奇志：《关于新民主主义社会与社会主义初级阶段的思考》，《首都师范大学学报》（社会科学版），2006年第1期，第113～115页。
② 金冲及：《新民主主义社会和社会主义初级阶段》，《党的文献》，2008年第5期，第59～62页。
③ 肖正：《社会主义初级阶段理论意义重大》，《天津日报》，1987年11月16日。
④ 许征帆：《科学社会主义理论的新光辉》，《光明日报》，1987年11月13日。
⑤ 吴树青：《关于社会主义初级阶段的几个问题》，《光明日报》，1987年3月23日。
⑥ 向翔：《论社会主义初级阶段理论的提出、发展及其重要意义》，《学术探索》，1999年第2期，第22～25页。
⑦ 张建君：《社会主义初级阶段理论的演进历程与理论创新》，《学习与实践》，2011年第7期，第28～35页。

以下几方面的观点（见表3-7）。

表3-7 学界关于新时代"新"在何处的研究汇总表

| 观点 | 主要代表作者 |
| --- | --- |
| 三方面说 | 王向明和王孟秋（2018），李正华（2018），林伯海（2018），等等 |
| 四方面说 | 欧阳淞（2017），刘景泉和肖光文（2018），陶富源（2019），等等 |
| 五方面说 | 李文阁（2017），张建（2017），张润枝（2017），等等 |

三方面说。这种观点认为"新"在三个方面。王向明和王孟秋（2018）认为，新时代的阶段性特征，即新时代"新"在以下几方面：第一，迎来了发展的崭新历史起点；第二，明确了发展的全新奋斗目标；第三，中国已日益走近世界舞台的中央。① 李正华（2018）认为，新时代的"新"主要体现在党的十八大以来，党和国家事业发展取得了历史性变革，中国发展站在了新的历史起点上，面临着新的社会主要矛盾，确立了新的奋斗目标，形成了习近平新时代中国特色社会主义思想。新时代的主要特征是新矛盾、新目标、新理论。② 林伯海（2018）认为，党的十九大作出"中国特色社会主义进入新时代"这个重大判断，是运用唯物辩证法分析当前我国国情得出的具有战略意义的结论，它揭示了新时代的以下三大特征：新的历史起点、新的矛盾变化、新的历史任务。③

四方面说。这种观点认为"新"在四个方面。欧阳淞（2017）指出，新时代具有新的历史方位、新的社会主要矛盾、新的历史使命、新征程四个特征。④ 刘景泉和肖光文（2018）认为，在这个新时代，中国共产党人所面临的时代课题、所解决的主要矛盾、所拥有的实践基础、所需要的理论创新，与改革开放之初或以往中国特色社会主义推进过程相比都发生了明显的变化，彰显出独特而又鲜明的阶段性特征。⑤ 陶富源（2019）认为，新时代"新"在继往而开来，即"新"在对毛泽东作为艰辛探索者、邓小平作为主要创立者的中国特色社会主义，加以坚持和划时代发展；"新"在肩负更大历史使命，即追求更高目标，绘就更美蓝图，实现更好向往；"新"在进行更大历史作为，关系全局的大作为；"新"在激发更强胜利信心。⑥

五方面说。这种观点认为"新"在五个方面。李文阁（2017）认为，新时代"新"在以下五个方面：成就新，新起点昭示新时代；矛盾新，社会主要矛盾是时代的重要标志；思想新，新时代催生新思想，新思想引领新时代；征程新，新时代要有新目标，新起点开启新征程；作为新，新时代要有新气象，新作为成就新时代。⑦ 张建（2017）认

---

① 王向明，王孟秋：《以马克思主义时代观分析"新时代"的阶段性特征》，《前线》，2018年第5期，第12~14页。
② 李正华：《新时代的深刻内涵和重大意义》，《当代中国史研究》，2018年第1期，第6~10页。
③ 林伯海：《中国特色社会主义新时代的基本特征》，《邓小平研究》，2018年第1期，第29~30页。
④ 欧阳淞：《新时代的思想灯塔和行动指南》《中共党史研究》，2017年第11期，第10~13页。
⑤ 刘景泉，肖光文：《当代世界格局与中国特色社会主义新时代》，《南开学报》（哲学社会科学版），2018年第1期，第1~11页。
⑥ 陶富源：《中国特色社会主义新时代之"新"的内涵解析》，《社会主义研究》，2019年第6期，第28~35页。
⑦ 李文阁：《新时代新在何处》，《北京日报》，2017年11月20日。

为，新时代"新"在社会阶段特征，"新"在崭新发展成就，"新"在社会主要矛盾，"新"在党的指导思想，"新"在更高奋斗目标。① 张润枝（2017）认为，新时代基于新成就，新时代生发新判断，新时代确立新理论，新时代开启新征程，新时代肩负新使命。② 高兴伟和马明阳（2018）认为，新时代源于新成就，新时代基于新矛盾，新时代肩负新使命，新时代诞生新思想，新时代展现新作为。新时代、新矛盾、新使命、新思想、新作为是既互相联系又相辅相成的统一整体。新时代是"新"的坐标和依据，新矛盾是"新"的判断和表述，新使命是"新"的目标和任务，新思想是"新"的理论和指南，新作为是"新"的呼唤和行动。③

## 二、新时代中国的社会主要矛盾

中国特色社会主义进入新时代，我国社会主要矛盾已经发生变化，由人民日益增长的物质文化需要和落后的社会生产之间的矛盾，转化为人民日益增长的美好生活需要和不平衡不充分的发展之间的矛盾。这一政治判断在学术界引起强烈反响，学者们围绕我国社会主要矛盾的新论断进行了深入研究。

### （一）新时代社会主要矛盾的科学内涵

对于新时代社会主要矛盾，学者们从不同角度对其科学内涵进行了解读。

1. 从整体视角理解主要矛盾的科学内涵

杨生平（2017）认为，新时代社会主要矛盾只是一个量变（准确地说，应该是总的量变过程中的部分质变），而不是质变，它是对非对抗性社会矛盾性质下的社会主义社会人民不断发展的生活需要与社会供给（主要是生产供给）之间这个社会主义社会发展总矛盾的具体体现与阶段性发展。④ 吴家华（2017）认为，新时代社会主要矛盾的变化，一方面是社会主义初级阶段的第一个时期社会主要矛盾的质的变化，因而是"关系全局的历史性变化"；另一方面是社会主义初级阶段社会主要矛盾的部分质变，也就是被主要矛盾所规定和影响的其他许多次要矛盾状况发生了显著的变化。⑤ 杨承训（2018）认为，社会主要矛盾的转换体现了我国社会生产力质的变化，标志着中国特色社会主义建设上升到一个新台阶。新时代的主要任务是破解社会发展不平衡不充分问题。⑥ 廖小琴（2018）认为，生产力的发展和人民需要的满足作为矛盾的双方始终处于变动之中。社会主要矛盾的变化是中国人民从站起来、富起来到强起来的过程中必然要

---

① 张建：《论中国特色社会主义进入新时代》，《中共石家庄市委党校学报》，2017年第12期，第14~18页。
② 张润枝：《中国特色社会主义新时代"新"在何处》，《理论导报》，2017年第11期，第49页。
③ 高兴伟，马明阳：《论新时代中国特色社会主义之"新"》，《辽宁大学学报》（哲学社会科学版），2018年第3期，第18~23页。
④ 杨生平：《关于新时代中国特色社会主义"主要矛盾"的理解与意义》，《贵州社会科学》，2017年第11期，第10~14页。
⑤ 吴家华：《正确认识和深刻领会我国社会主要矛盾的变化》，《红旗文稿》，2017年第24期，第7~9页。
⑥ 杨承训：《系统把握化解主要矛盾的三个维度——学习十九大精神感悟》，《当代经济研究》，2018年第6期，第25~32+95+2页。

面对的。① 庞元正（2018）认为，社会主要矛盾的主要方面是对事物的性质起着规定作用的方面，可以明确地判定不平衡不充分的发展才是新时代我国社会主要矛盾的主要方面，即不平衡不充分的发展制约着人民日益增长的美好生活需要。②

2. 从局部视角理解主要矛盾的科学内涵

对美好生活需要的内涵的理解：陈跃（2017）认为，美好生活的需要除了对物质文化的需要，还包括社会政治民主的发展、社会法治体系的完善、社会的安全稳定、社会的公平正义以及人与自然的和谐发展等需要。③ 戴立兴（2017）认为，美好生活需要已经不仅仅表现为满足基本生活的物质文化这些"硬性需要"，还表现为在此基础上衍生出的人民的参与感、公平感、安全感、幸福感、获得感等"软性需要"。④ 马拥军（2018）认为，美好生活的需要并不是某种单一的"需要"，而是一个由不同层次构成的、具有内在结构的动态体系。只有把各个层次的需要整合为一个和谐一致的整体，才能谈得上"美好生活"。⑤ 赵中源（2018）指出，"需要"是中心词和落脚点，其主体是"人民"，客体是"美好生活"，特征是"日益增长"。因此，把握"人民日益增长的美好生活需要"的要义与特性需要从上述四个基本层面加以分析。⑥

对"不平衡不充分的发展"的内涵的理解：卫兴华（2018）认为，要从主要矛盾的需求侧与供给侧两方面的关系来理解"不平衡不充分的发展"，需求侧需要的产品面临着从低端向高端发展的趋势，但是，供给侧的产品是低端产品过剩而高端产品的数量、质量和品类不足，因此有不平衡不充分问题。⑦ 马拥军和陈瑞丰（2018）认为，"不平衡发展"除了经济政治、文化、社会、生态发展的不平衡，还有城乡区域领域等不平衡。⑧ 赵中源（2018）认为，"发展"内涵不能脱离"社会生产"内涵，"社会生产"包括物质、人自身、精神、社会关系四个方面的生产，又是生产、分配、交换和消费的整体。⑨ 王中汝（2018）认为，不平衡不充分可以从经济发展和社会发展方面去认识。⑩ 李慎明（2018）则从拓展"发展"的内涵出发，认为社会生产指生产力和生产关系两个方面，而"发展"则涉及"五位一体建设"和党的建设的方方面面。发展不平衡主要体

---

① 廖小琴：《新时代我国社会主要矛盾的逻辑生成与实践指向》，《马克思主义与现实》，2018年第2期，第188~195页。
② 庞元正：《新时代我国社会主要矛盾转化需要深入研究的若干问题》，《哲学研究》，2018年第2期，第10~15+128页。
③ 陈跃：《新时代我国社会主要矛盾的新变化》，《重庆社会科学》，2017年第12期，第26~32页。
④ 戴立兴，于晓雷：《科学把握新时代我国社会主要矛盾》，《成都日报》，2017年11月22日。
⑤ 马拥军，陈瑞丰：《如何看待新时代的社会主要矛盾》，《江苏行政学院学报》，2018年第2期，第5~10页。
⑥ 赵中源：《新时代社会主要矛盾的本质属性与形态特征》，《政治学研究》，2018年第2期，第55~65+126页。
⑦ 卫兴华：《辨析我国当前社会主要矛盾转化问题解读的理论是非》，《人文杂志》，2018年第4期，第1~5页。
⑧ 马拥军，陈瑞丰：《如何看待新时代的社会主要矛盾》，《江苏行政学院学报》，2018年第2期，第5~10页。
⑨ 赵中源：《新时代社会主要矛盾的本质属性与形态特征》，《政治学研究》，2018年第2期，第55~65+126页。
⑩ 王中汝：《社会主要矛盾新变化提出的新要求》，《前线》，2018年第3期，第26~29页。

现在经济领域，具体表现为宏观和微观上的收入分配不平衡；而发展的不充分则体现为其他领域的发展不充分。①

3. 从矛盾两方面或供需两方面视角理解主要矛盾的科学内涵

逄锦聚（2017）认为，包括两个重要的矛盾方面：一方面，我国生产力水平和由生产力水平决定的经济社会发展已经达到新的高度和水平，但发展不平衡不充分的问题还相当突出。另一方面，人民日益增长的需要不仅在质和量上都上了新层次，而且在内涵上大大扩展，从物质文化的需要扩展到民主、法治、公平正义、安全、环境等更高层次和更宽领域。②刘少波（2017）认为，社会主要矛盾判断的着眼点是人民利益及实现程度和路径，需求和供给的不匹配是主要矛盾的经济学表达形式。③钱智勇和薛加奇（2018）从政治经济学角度分析了人类社会需求和生产矛盾关系的理论演进，认为社会主义需求具有欲望和理性两种属性、生产决定理性欲望需求。④赵中源（2018）分析了矛盾两方面的内涵，认为新旧主要矛盾的本质属性未发生改变，仍属于"需要"和"生产"之间的矛盾范畴，但表现形态发生了变化。⑤康伟（2018）认为，我国社会主要矛盾的表述有变化，但是，矛盾的两个基本面都是"需要"和"社会生产"（或"发展"）。⑥贾康（2018）认为，不平衡不充分问题中最关键的是不平衡问题。⑦胡鞍钢等（2018）认为，主要矛盾主要方面即发展不平衡不充分是制约新时代发展的关键制约因素；而"不平衡"与"不充分"的关系中，虽然生产力发展没有达到极高水平，但"不平衡"比"不充分"更加突出。⑧

### （二）社会主要矛盾转化的依据

关于社会主要矛盾转化的依据，学界展开了研究并获得丰富的成果，主要概括为以下三个方面。

一是理论依据，学者们有以下的观点：陈跃（2017）认为，从理论依据讲，对马克思主义矛盾学说的具体运用，是以习近平同志为核心的党中央作出新时代我国社会主要矛盾新变化论断的理论依据。⑨栾亚丽和宋则宸（2018）认为，马克思、恩格斯和

---

① 李慎明：《正确认识中国特色社会主义新时代社会主要矛盾》，《红旗文稿》，2018年第5期，第7~12页。
② 逄锦聚：《深刻认识和把握新时代我国社会主要矛盾》，《经济研究》，2017年第11期，第20~22页。
③ 刘少波：《社会主要矛盾转化与建设现代化经济体系》，《暨南学报》（哲学社会科学版），2017年第12期，第8~15+126页。
④ 钱智勇，薛加奇：《关于生产和需求关系的经济学演进研究——基于对新时代社会主要矛盾的经济学阐释》，《吉林大学社会科学学报》，2018年第3期，第78~86+205页。
⑤ 赵中源：《新时代社会主要矛盾的本质属性与形态特征》，《政治学研究》，2018年第2期，第55~65+126页。
⑥ 康伟：《厘清关于社会主要矛盾变化的四个认识误区》，《中国党政干部论坛》，2018年第5期，第61~63页。
⑦ 贾康：《建设新时代的现代化经济体系——从我国社会主要矛盾的转化看以供给侧结构性改革为主线》，《人民论坛·学术前沿》，2018年第5期，第52~54页。
⑧ 胡鞍钢，程文银，鄢一龙：《中国社会主要矛盾转化与供给侧结构性改革》，《南京大学学报》（哲学·人文科学·社会科学），2018年第1期，第5~16+157页。
⑨ 陈跃：《新时代我国社会主要矛盾的新变化》，《重庆社会科学》，2017年第12期，第26~32页。

列宁三位经典作家关于矛盾的经典论述和思想为新时代中国社会主要矛盾判断提供了重要的理论依据。[①] 罗永宽（2018）认为，党的十九大对我国社会主要矛盾作出的新的重大判断，是对唯物史观的自觉运用，是把唯物史观作为准确判断我国新的历史方位、科学把握时代特征、深刻揭示时代内涵的"伟大认识工具"。[②] 易淼和赵磊（2018）认为，新的利益失衡是主要矛盾转化的内在动因，利益失衡不是由利益总量性矛盾激化而是由利益结构性矛盾激化而激发。[③]

二是历史依据，学者们有以下的观点：王永贵和徐俊（2017）认为，历史依据来源于，以习近平同志为主要代表的中国共产党人对新中国成立以来党对我国社会主要矛盾认识和判断历程的正确把握。[④] 徐茂华和李晓雯（2017）从历史维度进行阐释，新论断的是我们党深刻总结历史正反两面的经验教训，顺应中国社会发展大势。[⑤] 艾四林和康沛竹（2018）从革命、建设和改革三个时期回顾了党对社会主要矛盾判断和应用的经验，认为如果正确认识社会主要矛盾，那么，党的事业就兴旺，反之就会遭受挫折。[⑥] 李景治和王瑶（2018）从新中国成立以来党对社会主要矛盾认识史的分析中也得出这个结论。[⑦] 高文兵和吴争春（2018）从中国共产党的历史使命的变化（站起来—富起来—强起来）分析了社会主要矛盾的演化，隐藏着中华民族伟大复兴（生存—从小变大—从大变强）的逻辑。[⑧]

三是现实依据，学者们有以下的观点：陈跃（2017）认为，以习近平同志为核心的党中央深刻总结我国社会发展现实，是提出新时代我国社会主要矛盾新变化的论断的实践依据。[⑨] 王永贵和徐俊（2017）指出，现实依据来源于，以习近平同志为主要代表的中国共产党人对十八大以来中国特色社会主义建设事业迈入新时代的敏锐把握。[⑩] 汪亭友（2018）指出，社会主要矛盾的转变有着充分的现实依据。在我国成为世界第二大经济体的过程中，人民物质文化生活水平也在不断提高。我国总体上实现小康，不久将全

---

① 栾亚丽，宋则宸：《新时代中国社会主要矛盾转化及其深远影响》，《宁夏社会科学》，2018年第1期，第5~11页。
② 罗永宽：《社会主要矛盾新论断对唯物史观的坚持与发展》，《中国地质大学学报》（社会科学版），2018年第1期，第6~9页。
③ 易淼，赵磊：《新时代我国社会主要矛盾转变内在动因探析——基于中国特色社会主义政治经济学利益分析方法》，《西部论坛》，2018年第1期，第1~6页。
④ 王永贵，徐俊：《论新时代我国社会主要矛盾转化战略判断的深刻意涵——深刻领会习近平新时代中国特色社会主义思想"八个明确"之一》，《苏州大学学报》（哲学社会科学版），2017年第6期，第8~13页。
⑤ 徐茂华，李晓雯：《新时代我国社会主要矛盾变化的三重维度及现实价值》，《重庆社会科学》，2017年第11期，第6~11页。
⑥ 艾四林，康沛竹：《中国社会主要矛盾转化的理论与实践逻辑》，《当代世界与社会主义》，2018年第1期，第13~18页。
⑦ 李景治，王瑶：《热话题与冷思考——关于"正确认识和处理新时代中国社会主要矛盾"的对话》，《当代世界与社会主义》，2018年第1期，第4~12页。
⑧ 高文兵，吴争春：《习近平新时代社会主要矛盾论的三重逻辑》，《山西大学学报》（哲学社会科学版），2018年第3期，第134~139页。
⑨ 陈跃：《新时代我国社会主要矛盾的新变化》，《重庆社会科学》，2017年第12期，第26~32页。
⑩ 王永贵，徐俊：《论新时代我国社会主要矛盾转化战略判断的深刻意涵——深刻领会习近平新时代中国特色社会主义思想"八个明确"之一》，《苏州大学学报》（哲学社会科学版），2017年第6期，第8~13页。

面建成小康社会。在此基础上,人民对美好生活的需求范围日益广泛、层次不断提高,涵盖了经济、政治、文化、社会、生态等方方面面。① 栾亚丽和宋则宸(2018)认为新时代我国社会主要矛盾的判断,是由近40年改革开放的社会实践的发展引发的。② 聂辉华(2018)认为,从GDP总量、恩格尔系数、热点问题关注排名三个方面可以解释矛盾转化。③ 胡鞍钢等(2018)定量实证分析了经济、社会、文化、生态等几个方面的不平衡不充分发展,并且认为社会发展不平衡不充分最为严峻,后续排序是生态、文化、经济。④

(三)新时代社会主要矛盾转化的意义

目前,学界对新时代我国社会主要矛盾转化重大意义的认识大致相似,只是在表述上略有不同。

徐茂华和李晓雯(2017)认为,党的十九大作出的新时代我国社会主要矛盾转化的新论断,彰显了我们党顺应时代变化、善于抓主要矛盾的实践能力和理论品格,具有重要的现实意义和理论意义。⑤ 逄锦聚(2017)认为,我国社会主要矛盾的转化,是关系全局的历史性变化,对新时代改革开放和现代化建设必然提出许多新要求。⑥ 李燕(2017)认为,对社会主要矛盾转变的判断体现了党的先进性本质,彰显了党强有力的执政能力和领导能力。党的十九大对社会主要矛盾的新表述,是事关全局的一次重大历史性判断,体现了党全心全意为人民服务的宗旨,体现了党求真务实、精准解决矛盾的踏实工作作风。⑦ 唐正东(2017)认为,对新时代社会主要矛盾的判断,深刻地揭示了马克思主义社会矛盾观的本质内涵,清晰地建构了新时代中国特色社会主义的社会矛盾观,为解决人类社会发展过程中的社会主要矛盾贡献了中国智慧和中国方案。⑧ 徐茂华和李晓雯(2017)认为,习近平关于新时代中国社会主要矛盾的阐释具有重要的时代价值和现实意义,丰富和发展了马克思主义关于社会基本矛盾和矛盾的主要方面的理论,为科学制定新时代中国特色社会主义建设的大政方针提供了基本遵循。⑨ 冯立鳌(2017)认为,理论层面上,对社会主要矛盾的判断为习近平新时代中国特色社会主义思想的形成提供了客观依据,同时也使"五大发展理念"具备了更加牢靠的理论依托。从实践层面看,社会主要矛盾的确立,为新时代我们全部工作的顶层设计提供了目标和

---

① 汪亭友:《如何认识新时代我国社会主要矛盾的转变》,《人民论坛》,2018年第4期,第58~59页。
② 栾亚丽,宋则宸:《新时代中国社会主要矛盾转化及其深远影响》,《宁夏社会科学》,2018年第1期,第5~11页。
③ 聂辉华:《社会主要矛盾转化的经济学分析》,《经济理论与经济管理》,2018年第2期,第17~19页。
④ 胡鞍钢,程文银,鄢一龙:《中国社会主要矛盾转化与供给侧结构性改革》,《南京大学学报》(哲学·人文科学·社会科学),2018年第1期,第5~16+157页。
⑤ 徐茂华,李晓雯:《新时代我国社会主要矛盾变化的三重维度及现实价值》,《重庆社会科学》,2017年第11期,第6~11页。
⑥ 逄锦聚:《深刻认识和把握新时代我国社会主要矛盾》,《经济研究》,2017年第11期,第20~22页。
⑦ 李燕:《对我国社会主要矛盾转化的理解和认识》,《学习与实践》,2017年第12期,第19~23页。
⑧ 唐正东:《社会主要矛盾新阐释:内涵及意义》,《唯实》,2017年第11页,第18~21页。
⑨ 徐茂华,李晓雯:《新时代我国社会主要矛盾变化的三重维度及现实价值》,《重庆社会科学》,2017年第11期,第6~11页。

方向。[①]

## 第六节 总体考察

如上所述，理论界围绕社会主义发展阶段展开了富有成效的研究，并着重对中国社会主义的过渡时期、初级阶段、中国特色社会主义新时代等阶段进行了深入阐述，形成极富价值的争论。基于前文的分析，本节主要就上述研究演进的基本特点和未来研究演进的方向进行总结和展望。

### 一、研究特点

纵观百年来学术界对社会主义发展阶段的研究，主要呈现出以下几个特点：一是从总体上来说，对于社会主义发展阶段理论的探索具有长期性；二是从对社会主义发展阶段认识观念的变化上来看，经历了一个从抽象到具体、简单到复杂的过程；三是从社会主义发展阶段理论内容上来看，每个发展阶段都始终注重对社会主要矛盾变化的研究。

#### （一）对于社会主义发展阶段理论的探索具有长期性

百年来，我国对社会主义发展阶段理论的探索不断深入，取得了很大的进展。但是社会主义社会作为共产主义社会的第一阶段，必将经历一个相当长的历史过程。所以，关于社会主义发展阶段问题的探索，不可能在一个短暂的时期内完成，也需要一个长过程的认识和实践。就像社会主义本身的发展一样，对于社会主义发展阶段问题的认识，我们需要有一个由浅入深，再由知之不多到日渐丰富的过程。对我国社会主义发展从过渡时期，到社会主义初级阶段，再到中国特色社会主义新时代，恰恰体现了我们对社会主义发展阶段理论的长期不断探索。

#### （二）从抽象到具体、简单到复杂的认识趋向

我国对社会主义发展阶段的认识，经历了一个从抽象到具体、简单到复杂的发展过程。这突出地表现在我们对我国社会主义初级阶段的认识上。在中国共产党成立之初，我们也探讨过社会主义的发展阶段，但多是泛泛而论，很难深化。现在我们紧密联系中国实际，从基本国情出发，探讨我国社会主义的发展阶段。我们不仅认识到我国目前尚处在社会主义初级阶段，同时还强调我国社会主义的初级阶段，不是泛指任何国家进入社会主义之后都将要经历的起始阶段，而是在我国这样一个特殊历史条件下，在这样一个特殊的国情中确立社会主义制度之后，所要经历的特指的社会主义初级阶段。同时，还在社会主义初级阶段的基础之上进一步发展，作出了进入中国特色社会主义新时代的重大政治判断。

---

① 冯立鳌：《社会主要矛盾的转化及其意义》，《中国社会科学报》，2017 年 11 月 07 日。

### （三）注重对每个发展阶段的社会主要矛盾变化的研究

社会主义发展阶段的变化过程，也是社会主义主要矛盾变化的过程；社会主义发展阶段理论发展的过程，也是社会主要矛盾理论不断丰富的过程。一定时期的社会主要矛盾，是建立在一定的社会发展阶段基础上的。对社会主义发展阶段的研究，也必定离不开对所处阶段社会的主要矛盾的分析。只有对社会处于哪一发展阶段作出正确判断，才能对这一历史时期的社会主要矛盾有正确认识，才能据此确定党和国家的主要任务以及正确的路线、方针和政策。同时，对社会主要矛盾的分析，能帮助我们更好地理解当时所处的社会主义发展阶段。我国不同的社会主义发展阶段，有着不同的社会主要矛盾。在各个发展阶段，学术界都始终注重对社会主要矛盾的分析。

## 二、研究展望

社会主义社会的发展阶段问题，尤其是社会主义在当前所处的发展阶段问题，是一个具有重大实践意义的理论问题。能否正确认识当前社会主义所处的发展阶段，不仅关系本国社会主义建设事业的兴衰，而且还影响着世界社会主义的进程。未来，在研究社会主义发展阶段理论时，应注意以下几方面。

### （一）从社会主义社会的客观现实出发揭示社会主义社会的发展阶段

只有从社会主义社会的客观现实出发，才能对社会主义社会具体进程进行科学剖析，正确揭示社会主义社会的发展阶段。从最基本的事实出发，从对社会客观进程的剖析中揭示社会的发展规律，这是马克思主义最基本的研究方法，也是最科学的研究方法。社会主义社会在其发展历程中究竟要经历几个发展阶段，各个发展阶段究竟具有哪些特点，这首先是个实践问题，只能由社会主义社会发展的客观进程来说明。关于社会主义发展阶段的理论只能从对社会主义社会具体进程的分析中提炼，不能离开社会主义社会的现实运动和具体行程进行抽象的概念推演。

### （二）用发展的观点来研究社会主义社会发展阶段

所谓发展的观点，包含双重含义。一是要把研究对象——社会主义社会，即认识客体看作是一个不断发展和变化的过程，要在社会主义社会的发展过程中来把握社会主义社会的发展阶段及其变化规律；二是要用发展的观点对待我们已经获得的关于社会主义发展阶段的认识，即用发展的观点对待认识主体，把对社会主义发展阶段的认识也视为一个发展过程。目前我们对社会主义的发展阶段，即使是对社会主义初级阶段、中国特色社会主义新时代的认识，也还知之甚少，了解颇浅，切忌把已经获得的认识绝对化，要随着社会主义社会的发展，不断拓宽和深化对社会主义发展阶段及其演变规律的认识。

### （三）把对社会主义发展阶段的研究同整个人类的发展进程联系起来

社会主义从本质上说，是世界性的进程。因此，还应把对社会主义发展阶段的研究同整个人类的发展进程联系起来。社会主义社会是人类社会发展进程中的一个特定历史阶段，只有从整个人类社会发展的总体上，考察社会主义社会的产生和发展过程，才能从根本上弄清楚社会主义社会的本质及其在人类发展史上的历史地位，也才能对社会主义社会的发展阶段作出科学的阐述。同样，在当今时代，理论研究也必须面向世界。对本国社会发展阶段的研究，不仅要考察本国社会的具体进程，还要考虑整个世界的进程。即要把本国社会的发展进程及其发展阶段，同当今世界发展到一个什么水平、我们目前正处在一个什么时代紧密结合起来进行总体思考，才能站得高，看得远，才能得出科学的、经得起历史检验的结论。

# 第四章 社会主义所有制理论

生产资料所有制是生产关系的核心，是经济制度的基础。生产资料归谁所有，由谁支配，不仅决定直接生产过程中人与人的关系，而且决定着分配关系、交换关系和消费关系。社会主义公有制是中国特色社会主义制度的重要内容之一，是社会主义生产关系的基础，是社会主义制度优越性的本质体现。中国共产党成立100年以来，国内学术界对社会主义所有制理论进行了大量研究，形成了诸多研究成果。本章将首先回顾马克思主义经典作家关于社会主义所有制论述的阐释，接着阐释中国共产党对社会主义所有制认识的变迁，然后从社会主义所有制结构、公有制经济及其实现形式、积极发展非公有制经济三个方面梳理学界对社会主义所有制的研究，最后总结国内学术界对社会主义所有制研究的特点，并对社会主义所有制理论的未来研究方向进行展望。

## 第一节 对马克思主义经典作家关于社会主义所有制论述的阐释

### 一、对马克思恩格斯关于社会主义所有制论述的阐释

马克思恩格斯对于社会主义所有制相关概念并没有形成系统的理论，但相关概念的论述散见于各经典著作中。国内学者们对于马克思恩格斯关于社会所有制的论述的一些基本阐释有以下几个方面。首先，马克思尤其注重对所有制的概念的解释，严格区分所有制概念与法律概念里所有权，学者们对所有权概念的界定也进行了不同的阐释，尤其是就政治经济学的研究对象生产关系和所有制的关系有过争论；其次，由于马克思恩格斯并没有对革命胜利后未来社会的所有制进行具体的论述，只是设想未来社会即社会主义社会，是一切生产资料归全社会占有和共同使用，即单一的公有制社会，学者们对马克思恩格斯对未来社会所有制的发展形式进行过探讨；最后，马克思恩格斯还对无产阶级革命胜利后，如何建立社会主义所有制以及不同时期社会所有制的具体形式和实现方式也进行过说明，国内学者们也对我国社会主义发展的不同时期进行了不同的阐释。

（一）关于马克思对所有制定义的阐释

马克思将所有制定义为整个社会全部生产关系的总和。我国学者强调要正确区分法律上的"所有权"概念与政治经济学范围的"所有制"。如孙冶方（1979）指出，原来

财产关系（或译作所有制关系或所有制形式）只是生产关系的法律用语，而政治经济学是研究生产关系的，既不是研究它的法律形式，更不是研究它的法律用语的。①周叔莲和吴敬琏（1980）指出，所有制是从法学引入政治经济学的（马克思指出，所有制关系"只是生产关系的法律用语"。）但是，政治经济学不是把所有制作为法学概念，而是作为经济范畴来研究。作为经济范畴，所有制指的也就是生产关系的总和。因此，政治经济学研究的社会主义所有制，也就是全部社会主义生产关系，而决不能把它们两者分割开来。②刘诗白（1991）指出人们对所有制通常有两种看法：一种是作为政治经济学范畴的表现经济关系的所有制，一种是作为法学范畴的表现法律关系的所有制。作为经济学意义上的所有制概念，表现的是社会生产关系，即通过人与物的关系而展示出来的人与人的关系。马克思主义的所有制概念，则是要通过人与物的法权关系的形式，去揭示人与人的社会生产关系的实质，揭示社会的占有制度和社会的阶级关系③。周文和刘少阳（2020）解释了马克思对所有制里关于法律概念的所有权和经济学概念里的所有制的区别。他们指出，在现实生活中，容易混淆所有制和所有权的概念。马克思又说财产关系只是生产关系的法律用语，它不能脱离一定的生产关系独立存在④。

## （二）对马克思恩格斯关于未来社会所有制的阐释

学界对马克思恩格斯关于未来社会所有制的有关设想问题，都是从马克思恩格斯经典著作的理解阐释出发。主要讨论无产阶级革命胜利后未来社会是否直接建立公有制的单一所有制结构的问题。

第一种观点认为，未来社会的所有制需要分阶段建立社会主义公有制，即未来社会主义所有制并不能直接建立社会主义公有制的单一所有制结构。如贺弘毅（1983）认为马克思对未来共产主义社会存在两个阶段。他指出，马克思对未来社会的设想，是把社会组织成自由平等的生产者的联合体。这种理想的社会制度是建立在社会化大生产的基础上的。要实现这样的一种理想制度，有一个发展的过程。马克思认为，无产阶级取得政权后，需要有一个由资本主义社会到共产主义社会的过渡时期。共产主义社会又有低级的和高级的两个发展阶段，进入了共产主义社会的低级阶段，即我们常说的社会主义阶段，还不可避免地带有旧社会的痕迹⑤。王谦光（1983）认为，马克思恩格斯设想中的未来社会即社会主义社会，是一切生产资料归全社会占有和共同使用，即单一的公有制社会。马克思恩格斯设想，对于小生产大量存在的不发达资本主义国家，在资本主义向共产主义的过渡时期（即进入社会主义社会之前）可以建立如合作社一类的生产资料集体所有制经济。过渡时期结束之时，也就是此种集体所有制转变为更高级的形式，整

---

① 孙冶方：《论作为政治经济学对象的生产关系》，《经济研究》，1979年第8期，第3~12页。
② 周叔莲，吴敬琏：《经济核算制度和社会主义所有制》，《财经问题研究》，1980年第1期，第16~33页。
③ 刘诗白：《社会主义经济学原论》，人民出版社，1991年，第120~122页。
④ 周文，刘少阳：《马克思的社会所有制构想及其当代形式探讨》，《马克思主义与现实》，2020年第6期，第162~170页。
⑤ 贺弘毅：《马克思主义公有制理论在中国的实践——对我国社会主义全民所有制特点的探讨》，《社会科学研究》，1983年第5期，第23~30页。

个国家为单一公有制形式的社会主义即共产主义低级阶段之日。①

第二种观点认为,未来社会所有制直接是社会主义公有制。如朱元珍等(1982)认为,马克思恩格斯曾经设想,社会主义将在一些发达的资本主义国家同时取得胜利,并指出:"无产阶级将取得国家政权,并且首先把生产资料变为国家财产。"但是,不能据此认为我们现在还不具备建立社会主义国家所有制的生产力。事实上,对于社会主义革命和社会主义国家所有制的物质条件——现代工业生产力发展的水平来说,也不是绝对的②。于光远(1988)认为,马克思恩格斯一直没有把社会主义社会和共产主义社会看成前者是共产主义社会的第一阶段而后者是更高的阶段,他们一直把社会主义社会作为共产主义社会同义语来使用的③。刘诗白(1991)认为,马克思主义经典作家在论述社会主义社会时指出"由社会全部占有生产资料",从而"社会成为全部生产资料的主人"。单一的社会公有制可以视为社会主义所有制的理论模式。生产资料社会主义所有制也是直接的公有制。④ 许传红和魏然(2020)指出,恩格斯坚持认为,未来社会应该实行生产资料公有制。恩格斯所指的未来社会的生产资料公有制的内涵和范围是十分明确的,有着质的规定性。它不是其他所谓的公有制形式,而是社会主义的公有制。未来社会公有制是以国家作为社会的代表占有生产资料,国有制是公有制的实现形式⑤。

### (三)对马克思恩格斯经典著作中关于合作制论述的阐释

学者们从马克思恩格斯经典著作出发,对社会主义的合作制进行了探讨。尤其是关于马克思恩格斯经典论述的合作社方式是不是集体所有制的观点争论较大。

第一种观点认为,马克思恩格斯所论述的合作社经济是我们集体所有制下的合作社经济。罗郁聪和许经勇(1979)认为,马克思在资本主义制度下的合作工厂内,资本和劳动之间的对立,已经被积极地扬弃了,"是在旧形式内对旧形式打开的第一个缺口",合作工厂"应当被看作是由资本主义生产方式转化为联合的生产方式的过渡形式"。这里所说的"合作工厂",体现了马克思的合作社所有制或集体所有制的思想。更重要的是,马克思还主张应该把合作社推行到农村中去,作为消灭小土地私有制并代之以公有制的办法。⑥ 贺弘毅(1983)认为,马克思恩格斯提出了无产阶级革命胜利后,如何对待农民小生产者的问题。恩格斯说我们对于小农的任务,首先是要把他们的私人生产和私人占有变为合作社的生产和占有,但不是采用暴力,而是通过示范和为此提供社会帮

---

① 王谦光:《马克思恩格斯关于社会主义社会所有制的设想和我国的实践》,《赣江经济》,1983年第5期,第8~13页。

② 朱元珍,刘循,刘志典:《经济管理体制改革的实质不是改变社会主义国家所有制》,《经济研究》,1982年第3期,第44~49页。

③ 于光远:《马恩严格区分"公有"与"社会所有",不应都译成"公有"——一个在理论上具有重要性质的翻译问题》,《马克思主义研究》,1988年第1期,第284~294页。

④ 刘诗白:《社会主义经济学原论》,人民出版社,1992年版,第124~127页。

⑤ 许传红,魏然:《恩格斯关于未来社会所有制的思想及当代启示》,《湖北省社会主义学院学报》,2020年第6期,第40~64页。

⑥ 罗郁聪,许经勇:《学习马克思和恩格斯关于社会主义集体所有制的思想》,《厦门大学学报(哲学社会科学版)》,1979年第2期,第90~95页。

助。马克思和恩格斯一致认为，合作生产可以作为向完全的共产主义经济过渡的中间环节。① 古克武（1979）认为，恩格斯所设想的合作社，也就是现在的社会主义的集体农业经济。马克思和恩格斯设想在向完全的共产主义经济过渡时，我们必须大规模地采用合作生产作为中间环节，而这个设想在列宁、斯大林领导下的苏联已经得到实现。② 黄泰岩（1984）认为，马克思恩格斯本人从来没有把农业工人生产合作社的过渡问题和小农生产合作社、较大农民生产合作社的过渡问题混淆起来。马克思在论述小农生产合作社和较大农民生产合作社的过渡时明确指出"应当促进土地私有制向集体所有制的过渡，让农民自己通过经济的道路来实现这种过渡，但是不能采取得罪农民的措施"，这里所讲的措施就是指建立小农生产合作社和较大农民生产合作社，而不包括农业工人生产合作社。③

第二种观点反对将马克思恩格斯所描述的合作社认定为我们集体所有制下的合作社经济。孙东富（1980）认为，恩格斯说的"合作社的生产和占有"不等于社会主义社会的农业集体所有制。判定合作社所有制形式的标准是该合作社的性质。恩格斯所说的合作社仅仅具有社会主义因素，并不是完全社会主义性质。恩格斯所说的合作社绝不是社会主义的集体所有制，它只是向完全的社会主义公有制过渡的桥和船。④ 王谦光（1983）认为，有的同志把马克思恩格斯关于合作社占有、合作社生产的论述，当作我国现阶段社会集体所有制的理论依据，认为马克思恩格斯说的合作社就是我们现在的集体所有制的合作经济。即从马克思恩格斯那里推导出"社会主义公有制具有集团性"的结论。这是一种误解。马克思恩格斯所说的合作社、集体所有制，指的是资本主义向共产主义的"过渡时期"在俄、德这样一些不发达国家，可以而且应该采用的一种所有制形式，而不是说在进入共产主义社会（当然包括初级阶段）后可以采用这种所有制形式。⑤

第三种观点，从马克思恩格斯经典理论本身出发阐释合作制的理论问题。张守义和王志军（1983）指出，马克思恩格斯都认为集体所有制的合作社，往往从合作社的特殊利益出发，忽视人民和国家的利益，因此恩格斯才强调由国家掌握生产资料所有权。⑥ 李本钧（1984）认为，马克思恩格斯在分析资本主义经济如何向完全的共产主义经济过渡时，创立了合作制的理论，认为合作生产是实现这个过渡的中间环节。恩格斯的"合作社的生产和占有"是土地私有制向全社会所有制过渡的形式。⑦ 钟瑛（2017）认为，

---

① 贺弘毅：《马克思主义公有制理论在中国的实践——对我国社会主义全民所有制特点的探讨》，《社会科学研究》，1983 年第 5 期，第 23～30 页。
② 古克武：《马克思和恩格斯有没有设想过社会主义的集体所有制？》，《经济研究》，1979 年第 3 期，第 80 页。
③ 黄泰岩：《马克思恩格斯合作制理论中一个不容泥淆的问题》，《经济问题探索》，1984 年第 10 期，第 42～44 页。
④ 孙东富：《马克思恩格斯真的设想过社会主义的集体所有制吗？——与古克武、梅文杰、骆耕漠同志商榷》，《中国经济问题》，1980 年第 5 期，第 50～52 页。
⑤ 王谦光：《马克思恩格斯关于社会主义社会所有制的设想和我国的实践》，《赣江经济》，1983 年第 5 期，第 8～13 页。
⑥ 张守义，王志军：《社会主义合作所有制与集体所有制的区别—再论社会主义合作经济》，《财贸经济》，1983 年第 11 期，第 10～14 页。
⑦ 李本钧：《也谈集体所有制和合作制》，《经济研究》，1984 年第 6 期，第 67～71 页。

虽然马克思恩格斯没有撰写专门论述合作制的论著，但在其有关著作中对关于改造小农的合作制思想表达过系统论述，包括改造小农的必要性、组织形式、原则和方法。其中组织形式上，马克思恩格斯是主张土地国有化的，但他们又认为对农民的小土地所有制不能过早地实行国有化，只能采取逐步过渡的办法，合作社就是改造小农的主要组织形式，可以把合作社作为将来向共产主义过渡的中间环节。原则上，马克思恩格斯强调，改造小农应实行自愿原则，通过示范和帮助的方法，决不能剥夺农民。①

### （四）对马克思恩格斯关于重建个人所有制论述的争论

关于马克思恩格斯关于重建个人所有制的论述，学界从不同角度得出了不同的阐释。这其中也引发过多次争论。

第一种观点认为，重建个人所有制，是要建立高级共产主义社会的单一的公有制。陈必吾（1990）认为，马克思所说的重建"劳动者个人所有制"的原意是指共产主义高级阶段上的"社会个人所有制"，或"自由人联合体"的社会所有制，那就不能把这种所有制理解为我国现阶段的全民所有制，因为我国现阶段的全民所有制不是建立在"自由人联合体"社会所有制的社会经济基础上，而是建立在正好与之相反的现实条件基础上的。② 胡钧（2009）认为重建个人所有制就是要建立高级共产主义社会单一的"公有制"，马克思的重建个人所有制只能是共产主义高级阶段的所有制关系，不可能是指作为它的低级阶段的社会主义阶段的所有制关系。③

第二种观点认为，重建个人所有制，指马克思恩格斯所说的"自由人联合体"下劳动者个人的共同所有制。杨坚白（1988）认为，马克思多次讲过的重建社会的个人所有制，实际指的就是生产资料公有制，即联合起来的劳动者个人对生产资料的共同占有。④ 李光远（2007）认为，有人认为马克思所说的"重建个人所有制"就是主张恢复私有制的观点是没有根据的。取代资本主义私有制的社会主义公有制，必然是联合起来的劳动者个人的共同所有制，即重新建立的不同于过去的小私有制的全体劳动者的个人所有制，这是马克思恩格斯一贯坚持的思想。⑤ 于金富（2010）不赞同胡钧（2009）的观点，认为把重建个人所有制仅仅作为共产主义社会高级阶段的所有制关系显然是不符合马克思重建个人所有制的本意。重建个人所有制是以劳动者为主体的所有，是劳动者的社会联合所有制，也是联合劳动者的个人所有制。这种个人所有制的主体是劳动者，"个人所有制"是劳动所有制。共产主义社会要重新建立的个人所有制，不是个体劳动

---

① 钟瑛：《马克思主义合作制理论及其中国化新发展》，《毛泽东邓小平理论研究》，2017年第8期，第24~33页。
② 陈必吾：《正确理解马克思关于重建"劳动者个人所有制"的理论——兼析集团股份制是全民企业改革的方向》，《学术月刊》，1990年第11期，第22~27页。
③ 胡钧：《"重建个人所有制"是共产主义高级阶段的所有制关系——兼评把它与社会主义公有制和股份制等同的观点》，《经济学动态》，2009年第1期，第61~66页。
④ 杨坚白：《论社会的个人所有制——关于社会主义所有制的一个理论问题》，《中国社会科学》，1988年第3期，第19~28页。
⑤ 李光远：《重温马克思"重建劳动者个人所有制"的思想》，《求是》，2007年第16期，第54~56页。

者的孤立的个人所有制，而是劳动者社会联合的个人所有制。① 卫兴华（2014）指出，马克思在论著中把个人所有制分成两种，一种是孤立的单个人的个人所有制，也就是个体劳动者的生产资料私有制或个人所有制；另一种是联合起来的社会的个人所有制，也就是社会主义要建立的以公有制为基础的个人所有制。后一种是与公有制相统一的个人所有制，也可以说既是公有的（社会所有的）也是个人的。马克思所说的重建个人所有制指的就是后者。②

第三种观点认为，重建个人所有制，是重建生产资料的个人所有制。谢韬和辛子陵（2007）认为，马克思设想革命胜利后建立社会主义经济体制的道路分为两步：第一步，把原属于资本家的大公司、大工厂等生产资料收归国有，由政府控制起来；第二步，政府要寻找一定的形式将社会财富回归社会，回归人民，重新建立个人所有制。③

第四种观点认为，重建个人所有制，是实现消费资料的个人所有制。程恩富（1989）认为，在马克思的总体思想中，重新建立的个人所有制只限于个人消费品；未来新社会要建立的生产资料公有制是全社会的，而不是多元化的所有制④。王成稼（2007）认为，马克思在《资本论》中提出重新建立的个人所有制不是指生产资料公有制，也不是指生产资料私有制，而是指在公有制的基础上重新建立的生活资料个人所有制。他坚持认为马克思所讲的重新建立个人所有制是指生活资料的个人所有制，是重新建立或"恢复"封建社会末期劳动者的生活资料个人所有制。⑤

第五种观点认为，重建个人所有制，是建立劳动力的个人所有制的观点。其中，劳动力的个人所有制包括全部的劳动力所有制和局部的劳动力所有制的观点。吉铁肩和林集友（1986）认为，所有制概念包括生产资料、劳动力、劳动和产品这样三个方面的所有关系，而社会主义所有制包括生产资料所有制，劳动力个人所有制、劳动者对自己的劳动及其产品的局部所有制，因而马克思所说的个人所有制就是社会主义劳动者对自己的劳动及其产品的局部个人所有。⑥ 于金富和安帅领（2011）指出，马克思主义创始人认为，社会主义所有制的本质特征是以劳动者为主体、以社会联合方式而实现的个人所有制。改革开放以后，以劳动者股份制和个体所有制为实现形式的个人所有制逐步形成并快速发展起来。从其基本特征与发展趋势来看，"劳动者个人所有制"应当而且必然成为中国特色社会主义所有制的一般形态。⑦

---

① 于金富，安帅领：《"重建个人所有制"是共产主义社会所有制关系的本质特征——兼论公众股份制是我国现阶段"重建个人所有制"的重要形式》，《经济学动态》，2010 年第 4 期，第 50~55 页。
② 卫兴华：《对错解曲解马克思"重建个人所有制"理论的辨析——评杜林对马克思的攻击和谢韬、辛子陵及王成稼的乱解错解》，《河北经贸大学学报》，2014 年第 3 期，第 24~31 页。
③ 谢韬，辛子陵：《试解马克思重建个人所有制的理论与中国改革》，《炎黄春秋》2007 年第 6 期，第 2~5 页。
④ 程恩富：《什么是重建"个人所有制"》，《社会科学报》1989 年 11 月 23 日，第 2 版。
⑤ 王成稼：《论"重建个人所有制"逐步实现"共同富裕"——兼评谢韬、辛子陵对"重建个人所有制"的试解》，《当代经济研究》，2007 年第 10 期，第 36~40 页。
⑥ 吉铁肩，林集友：《社会主义所有制新探—释"在生产资料共同占有基础上重建个人所有制"》，《中国社会科学》，1986 年第 3 期，第 99~111 页。
⑦ 于金富，安帅领：《劳动者个人所有制：中国特色社会主义所有制的一般形态》，《经济学家》，2011 年第 8 期，第 13~18 页。

第六种观点认为，重建的个人所有制是一个多级所有的综合所有制概念。李风华和易晨（2021）认为，"共产主义社会里重建的个人所有制与公有制在本质上是同一的，但两者并非同一事物。公有制是个人所有制建立的基础，重建的个人所有制是在公有制的基础上进行的各种具体探索，两者包含着两种不同的规定性，各自表达着不同的内涵与特征"①。

## 二、对列宁、斯大林关于社会所有制论述的阐释

### （一）对列宁、斯大林关于国家所有制、全民所有制有关论述的阐释

学者们指出，列宁、斯大林都认为在无产阶级革命胜利之后，国家所有制将长期存在。斯大林强调全民所有制有集体所有制的低级形式和国家所有制的高级形式。蒋学模（1979）认为，对于马克思在《哥达纲领批判》中阐发的关于共产主义社会形态的发展和国家消亡的理论，列宁指出尽管国家的政治职能（镇压剥削阶级）已经消亡，但是国家还没有完全消亡，全体公民仍将是"全民的、国家的'辛迪加'的职员和工人"，全民所有制企业仍将表现为国家企业，生产资料全民所有制仍将表现为社会主义国家所有制。②忠东（1998）指出，列宁认为，不仅在资本主义向社会主义过渡时期需要国家，从而需要国家所有制，而且在这个过渡时期结束后的社会主义社会，即共产主义第一阶段，仍旧需要保留国家和国家所有制。在共产主义高级阶段到来以前的整个社会主义阶段，都将存在国家，存在国家垄断全部财产的国家所有制。③朱元珍等（1983）谈到列宁关于全民所有的国家所有制的管理问题，强调了全民所有制企业的不可分割的社会主义国家所有权的统一性。④

### （二）对列宁、斯大林关于社会主义所有制形式有关论述的阐释

学者们认为列宁发展了马克思恩格斯关于未来社会的所有制理论，而斯大林将社会主义所有制分为国家所有制和集体所有制两种形式。刘国平（1983）指出，列宁逝世之后，斯大林不再坚持多种经济成分的理论和做法，认为社会主义只能有全民所有制和集体所有制两种公有制形式，不允许私人经济的存在。在工业方面把全民所有制作为唯一的形式，在农业方面把集体所有制作为唯一形式。⑤吴仁彰（1984）认为，列宁并没有把社会主义所有制划分为高级形式和低级形式。但在列宁的论述中，社会主义国家所有制显然占主导地位。列宁提出国有企业是"彻底的社会主义式的企业"，合作制"使我们找到了私人利益、私人买卖的利益与国家对这种利益的检查监督相结合的尺度，找到

---

① 李风华，易晨：《消灭私有制与重建个人所有制：基于多级所有的解释》，《当代经济研究》，2021年第11期，第5—13页。
② 蒋学模：《论我国社会主义全民所有制的性质和形式》，《学术月刊》，1979年第10期，第36~43页。
③ 忠东：《社会主义所有制研究论稿》，中国社会科学出版社，1998年版，第43页。
④ 朱元珍，刘循，刘志典：《经济管理体制改革的实质不是改变社会主义国家所有制》，《经济研究》，1982年第3期，第44~49页。
⑤ 刘国平：《马克思关于社会主义生产资料所有制理论在苏联和东欧国家的实残》，《河南师大学报》（社会科学版），1983年第6期，第55~60页。

使私人利益服从共同利益的尺度,而这是过去许许多多社会主义者解决不了的难题",因此合作制与社会主义完全一致。① 解书森(1988)认为,列宁实行了二元公有制模式最初实践。列宁的实践有三个特点:第一,列宁十分重视生产资料国有化的作用;第二,列宁认为国家资本主义是走进社会主义大门的"入口";第三,列宁最终发现,合作制是通往社会主义的大门②。忠东(1998)认为,斯大林的观点可以概括为三个基本点:第一,社会主义所有制=国家所有制+集体所有制;第二,国家所有制=全民所有制;第三,社会主义所有制的发展过程也就是把集体所有制提高到全民所有制水平的过程。③

(三)对列宁、斯大林关于合作制有关论述的阐释

国内学者基本上都认为,列宁、斯大林将合作制看作是社会主义所有制的一种过渡形式。列宁强调通过合作制对个体农民进行改造,斯大林则强调合作制是集体所有向全民所有的过渡形式。刘国平(1983)指出,在对个体农民的社会主义改造方面,列宁首先提出对农民小生产者必须进行改造,而对小农经济改造的道路就是把个体农民组织起来,先变个体农民的私有制为合作形式的集体所有制,然后随生产力的发展,逐步过渡到社会主义的大农业。斯大林主张国家所提供的一切农业机器和大农具,都应采用国营拖拉机站的办法,使其保持全民所有制的性质。集体所有的只有小型农具和产品,这样把它提高到全民所有制就较为容易了。④ 黄道霞(1984)认为,列宁的合作制思想继承和发展了恩格斯把小农私人生产和私人占有变为合作社的生产和占有的思想。列宁没来得及探索俄国农业的过渡究竟需要"经过哪些中间的途径、方法、手段和补助办法"或需要什么"过渡阶梯和中间环节"。斯大林的合作制思想强调集体化使土地由农庄共同使用,集体化注重搞生产环节的共同耕作。⑤

---

① 吴仁彰:《列宁论苏联社会主义国家所有制》,《世界历史》,1984年第2期,第32~40页。
② 解书森:《对社会主义生产资料所有制起点理论与实践的再认识》,《青海师范大学学报》(社会科学版),1988年第4期,第15~22页。
③ 忠东:《社会主义所有制研究论稿》,中国社会科学出版社,1998年版,第43页。
④ 刘国平:《马克思关于社会主义生产资料所有制理论在苏联和东欧国家的实残》,《河南师大学报》(社会科学版),1983年第6期,第55~60页。
⑤ 黄道霞:《集体所有制与合作制—对马列主义经典作家有关论述的考证》,《经济研究》,1984年第1期,第40~46页。

## 第二节　中国共产党对社会主义所有制认识的变迁

### 一、对毛泽东思想中关于社会主义所有制理论的阐释

对毛泽东思想关于社会主义所有制理论的阐释，学界主要关注毛泽东对私人资本主义利用、对农村合作制的态度这两个方面的内容。

#### （一）对毛泽东关于"公私关系"处理的论述的理论阐释

学界认为，对毛泽东关于"公私关系"的处理，要积极利用私营经济理论进行分析。如陈万松（1999）认为，1956—1958 年毛泽东对计划经济体制改革进行了有益探索。在这期间，毛泽东允许非社会主义生产关系在社会主义社会中存在，提出"可以搞国营，也可以搞私营。可以消灭了资本主义，又搞资本主义"。毛泽东在这里讲的"又搞资本主义"是指在所有制结构上允许在国营经济和集体经济为主体的前提下适当保存和发展一些私营经济和个体经济。① 朱金瑞（2000）指出，毛泽东十分关注私人资本主义发展，不同革命阶段需要分别提出了不同的策略。民主革命时期主张"鼓励""节制"，新中国成立初期国民经济恢复后则力求"绝种"，三大改造完成后又提出"可以消灭了资本主义，又搞资本主义"，但 1958 年后又回到了"绝种论"。② 肖建忠（2003）总结了毛泽东民主革命时期私营经济思想的主要内容：保护根据地的私营经济，鼓励私营经济的发展，争取国营经济的领导。其中鼓励私营经济的发展是根据现实不同历史时期不同的社会背景及历史条件下作出的策略选择。③ 李艳秋（2014）指出，新中国成立之前，以毛泽东为代表的共产党人，明确在当时中国条件下，应该而且有必要允许私人资本主义经济有一定程度的发展，因为这对社会发展有益。④ 韩平和吴怀友（2017）认为，毛泽东允许一定程度、一定范围的私有制存在，甚至认可"不过分剥削"的存在，都是在特定的历史时期作出的策略性选择，其方向仍然是"公""大同"，使人民过上共同富裕的幸福生活。他们也指出，毛泽东主张利用合法私有财产的积极作用，并把消灭私有制看作是一个长期的过程。⑤

---

① 陈万松：《试析毛泽东对经济体制改革的两次探索》，《毛泽东思想研究》，1999 年第 5 期，第 23~26 页。
② 朱金瑞：《毛泽东关于私人资本主义认识的历史分析》，《史学月刊》，2000 年第 4 期，第 77~84 页。
③ 肖建忠：《论毛泽东民主革命时期的私营经济思想及启示》，《江汉大学学报》（社会科学版），2003 年第 12 月，第 36~39 页。
④ 李艳秋：《中国特色社会主义所有制结构的演变及启示》，《中国特色社会主义研究》，2014 年第 2 期，第 36~43 页。
⑤ 韩平、吴怀友：《毛泽东认识和处理公与私关系的思想及其现实意义》，《求索》，2017 年第 12 期，第 37~44 页。

### （二）对毛泽东关于农村合作化运动论述的阐释

学界普遍认为，毛泽东较早将马克思恩格斯关于合作化的理论与中国实际相结合，提出中国特色的农村合作化改革理论。

李熠煜（2009）分析毛泽东的农村合作化思想时认为，毛泽东提出农业合作化应分三步走，即互助组阶段、农业合作社阶段、集体农庄阶段，从而逐步实现对农业的社会主义改造。① 钟瑛（2017）指出，20 世纪 50 年代前期，毛泽东在马克思主义关于社会发展规律的理论基础上，结合马克思主义合作制理论，从小农经济社会这一实际国情出发，提出建立农业合作社经济的目的是发展生产力，为向社会主义转变提供必要的条件。农业合作化必须贯彻"自愿互利"的原则。必须先合作化，后机械化。农业合作化应当同时开展变革生产资料所有制的社会革命和改变农业落后的技术革命，由此推进农业现代化和工业化。② 张杨（2020）认为，1949 年到 1953 年五年间，毛泽东对我国农业合作化的探索经历了从土地改革到互助合作，再到初级合作社的三个阶段，他对农业合作化的经济效益、发展原则、外部因素等方面的探索构成了较为完整的农业合作化理论。③

## 二、对中国特色社会主义理论体系关于社会主义所有制理论的阐释

### （一）对邓小平关于社会主义所有制理论新发展的阐释

学界对邓小平关于社会主义所有制理论创新的阐释，主要关注所有制的多样化实现形式和非公有制经济地位转变两个方面的内容。陈平祥（2000）指出，改革开放刚开始的时候，一些人闭眼不看非公有制经济的发展对社会生产力的促进作用，反而死抱着生产资料"一大二公三纯"的抽象社会主义观点不放，指责非公有制经济的发展影响和削弱了公有制经济的主体地位。对此，邓小平抛弃了非公有制经济是社会主义经济"对立面"的"左"的思想，把它看作社会主义经济必要的有益的"补充"。④ 任晓（2001）指出，邓小平所有制结构变迁理论的贡献在于它原创性地为社会主义市场经济体制的确立奠定了产权基础。邓小平有关所有制变革的观点完整地再现了中国多元所有制（也有人称之为混合所有制）界定的演进过程。它为社会主义市场经济理论研究开辟了一个广阔的领域和展示了一个全新的前景。⑤ 王拓彬（2012）指出，党的十一届三中全会后，

---

① 李熠煜：《毛泽东农业合作化思想与当代农民专业合作化组织的发展》，《马克思主义与现实》，2009 年第 2 期，第 157~159 页。
② 钟瑛：《马克思主义合作制理论及其中国化新发展》，《毛泽东邓小平理论研究》，2017 年第 8 期，第 24~33 页。
③ 张杨：《组织起来的力量——论毛泽东对农业合作化的探索与贡献（1949—1953）》，《毛泽东邓小平理论研究》，2020 年第 11 期，第 81~90 页。
④ 陈平祥：《试论江泽民同志对邓小平发展非公有制经济理论的丰富和发展》，《毛泽东思想研究》，2000 年第 4 期，第 80~84 页。
⑤ 任晓：《论邓小平关于所有制结构变迁的理论发展》，《中共宁波市委党校学报》，2001 年第 4 期，第 21~24 页。

党中央适时制定以公有制为主体、多种经济成分共同发展的方针,逐步消除所有制结构不合理对生产力的羁绊,出现了公有制实现形式多样化和多种经济成分共同发展的局面,使我国所有制结构发生了显著变化,推动了社会生产力的发展。①

### (二) 对江泽民关于社会主义所有制理论新发展的阐释

学界对江泽民关于社会主义所有制改革有关认识的阐释,主要以党的十五大提出的一些改革新思路、所有制有关的新提法为焦点进行阐释。

#### 1. 对江泽民关于公有制为主体,多种所有制共同发展的阐释

对江泽民关于公有制为主体,多种所有制共同发展的阐释而言,一种观点以公有制的主体地位为侧重点,另一种观点则从多种所有制共同发展的侧重点出发。

第一,以公有制的主体地位为侧重点。陈征(1999)认为,江泽民在党的十五大报告中指出:"公有制的主体地位主要体现在:公有资产在社会总资产中占优势;……国有经济控制国民经济命脉,对经济发展起主导作用。"这就明确指出,公有制为主体要求公有资产占优势,既要有量的优势,还要注重质的提高。要坚持公有制的主体地位,也必须发挥国有经济的主导作用。②项启源(2006)认为,江泽民同志早就指出,以国有经济为核心的公有制经济是社会主义的经济基础。"正是因为如此,我们一直强调要把国有企业搞好,把国有经济搞好。我们这么重视搞好国有企业,就是要保证国有经济控制国民经济命脉、对经济发展起主导作用,就是要不断巩固和加强我们党执政和我们社会主义国家政权的经济基础"。③林其屏(2001)认为,江泽民指出,公有制的主体地位主要体现在"公有资产在社会总资产中占优势""公有资产占优势,要有量的优势,更要注重质的提高"。这一论断具体化了主体地位的表现形式,揭示了主体的实质:不仅认同量,更加注重质。从质与量的辩证关系来认识公有制主体地位,是认识公有制经济主体地位的新视野、新思路。④

第二,以多种所有制共同发展为研究侧重点。

毕宪顺和张术环(1999)指出,以江泽民同志为核心的党的第三代中央领导集体深化和拓展了党的第二代中央领导集体以公有制为主体,多种经济成分共同发展的思想,将"共同发展论"发展为"基本经济制度论",党的十五大实现了由"共同发展论"到"基本经济制度论"认识上的飞跃。⑤陈平祥(2000)指出,党的十五大提出的发展非公有制经济的新理论,不再把非公有制经济看成社会主义经济的"补充",而是把它作

---

① 王拓彬:《中国共产党历代中央领导集体在社会主义所有制结构理论上的创新和发展》,《中国浦东干部学院学报》,2012年第4期,第34~42页。
② 陈征:《马克思主义的新发展——学习江泽民同志有关社会主义初级阶段基本经济制度论述的体会》,《当代经济研究》,1999年第12期,第1~8页。
③ 项启源:《在深化改革中壮大国有经济——学习〈江泽民文选〉的一点体会》,《马克思主义研究》,2006年第12期,第30~37页。
④ 林其屏:《第三代领导集体对国企改革与发展理论的新贡献》,《福建论坛(经济社会版)》,总第222期,第2~6页。
⑤ 毕宪顺,张术环:《建国以来中国共产党对社会主义所有制结构认识的深化与贡献》,《烟台大学学报》(哲学社会科学版),1999年第4期,第16~20页。

为社会主义市场经济的重要组成部分;不再把它排斥在社会主义基本经济制度之外,而是把它纳入社会主义基本经济制度以内,这就正确反映了非公有制经济的性质和地位,是江泽民对邓小平发展非公有制经济理论的丰富和发展,对大力发展的非公有制经济,加快社会主义现代化建设进程具有非常重要的意义。① 周新城(2007)提出,江泽民强调我国是社会主义国家,必须坚持公有制为主体。同时必须坚持多种所有制经济共同发展,积极鼓励和引导非公有制经济健康发展。② 王槐生(2007)指出,江泽民针对改革开放的新形势和新实践,对社会主义初级阶段公有制与非公有制的辩证关系作了新的探索和深刻论述。一是坚持"两点论",把非公有制与公有制一起共同确立为社会主义基本经济制度的内容,坚持两个"毫不动摇"。二是创新了"统一观"。③

2. 对江泽民关于国有企业改革论述的阐释

第一,就国有企业改革的标准来说,冒天启(1996)指出,江泽民就国有企业改革问题时指出:"深化国有企业改革,建立现代企业制度,必须以邓小平同志提出的'三个有利于'的判断作为是非得失的标准。"④ 陈征(1999)认为,国有企业的改革,尤其是国有企业"股份制改革""抓大放小"的战略调整等,都要坚决反对私有化的错误观点。江泽民郑重而明确地指出:"我们要积极开拓,勇于进取,但决不搞私有化。这是一条大原则,决不能有丝毫动摇。""推进国有企业的改革和发展,说到底,就是要在发展社会主义市场经济条件下使国有经济不断发展壮大,增强国有经济的主导作用和控制力。这和搞私有化是根本不同的。"⑤

第二,就国有经济战略结构调整来说,陈征(1999)认为,江泽民在党的十五大报告中指出:"要从战略上调整国有经济的布局。对关系国民经济命脉的重要行业和关键领域,国有经济必须占支配地位。在其他领域,可以通过资产重组和结构调整,以加强重点,提高国有资产整体质量。"要对国有经济进行战略性调整,在调整过程中"要坚持有进有退,有所为有所不为"⑥。

(三) 对胡锦涛关于社会主义所有制理论新发展的阐释

学界对胡锦涛关于中国特色社会主义所有制理论新发展的阐释,主要讨论国有企业的深入改革以及所有制结构的新变化。孙海军和郑克清(2010)详细阐释了胡锦涛对社会主义所有制理论新发展的一些内容。他们指出,党的十六大以来,胡锦涛同志在坚持

---

① 陈平祥:《试论江泽民同志对邓小平发展非公有制经济理论的丰富和发展》,《毛泽东思想研究》,2000年第4期,第80~84页。
② 周新城:《必须坚持社会主义初级阶段的基本经济制度——学习〈江泽民文选〉的一点体会》,《学习论坛》,2007年第1期,第32~35页。
③ 王槐生:《江泽民同志论公有制与非公有制的辩证关系》,《毛泽东思想研究》,2007年第3期,第92~94页。
④ 冒天启:《坚持公有制为主体多种经济成分共同发展》,《中国特色社会主义研究》,1996年第5期,第8页。
⑤ 陈征:《马克思主义的新发展——学习江泽民同志有关社会主义初级阶段基本经济制度论述的体会》,《当代经济研究》,1999年第12期,第1~8页。
⑥ 陈征:《学习江泽民同志有关社会主义初级阶段基本经济制度的论述》,《中共福建省委党校学报》,1999年第10期,第46~52页。

邓小平同志与江泽民同志所有制结构理论的基础上，进一步提出诸如"形成各种所有制经济平等竞争、相互促进新格局""国有企业改革是整个经济体制改革的中心环节""发展多种形式的集体经济""大力发展和积极引导非公有制经济""建立健全现代产权制度"和"大力发展混合所有制经济"等一系列新观点、新认识，进一步丰富和发展了社会主义所有制结构理论，把科学社会主义学说推向了一个新境界。① 何成学（2012）指出，2002年党的十六大以来，胡锦涛在坚持邓小平与江泽民所有制结构理论的基础上，提出一系列新观点、新认识，包括首次明确提出了要大力发展国有资本、集体资本和非公有资本等参股的混合所有制经济，实现投资主体多元化，使股份制成为公有制的主要实现形式。首次明确提出了要大力发展国有资本、集体资本和非公有资本等参股的混合所有制经济，实现投资主体多元化，使股份制成为公有制的主要实现形式等内容。②

### 三、对习近平新时代中国特色社会主义思想关于社会主义所有制理论的阐释

学界对习近平新时代中国特色社会主义思想关于社会主义所有制的阐释，基本上是从习近平关于坚持和完善基本经济制度、关于国有企业改革、关于基本经济制度内公有制与非公有制经济的地位和作用的认识三个方面来研究。

#### （一）对习近平关于完善基本经济制度论述的阐释

学界对习近平关于完善基本经济制度的阐释着重从基本经济制度的内涵和基本经济制度的形成逻辑两方面来研究。关于基本经济制度的内涵，程恩富和黄世坤（2016）指出，把握习近平总书记完善社会主义基本经济制度的思想，必须把握其总体思路：一是强调坚持"两个毫不动摇"，二是必须深化改革。我国基本经济制度的科学内涵包括：在全社会上是以推动公有制经济为主体、多种所有制经济混合发展，在微观上是以推动公有资本控股为主的混合所有制经济大大发展，并适当发展非公资本控股的混合所有制经济，使之成为基本经济制度的重要实现形式。③ 关于基本经济制度的形成逻辑，于国辉（2019）指出，学术界对习近平关于基本经济制度理论的研究主要围绕基本经济制度的历史沿革与比较优势的研究、国有企业改革经验与重要贡献的研究以及如何推进国有企业的改革、民营企业的发展过程与支持路径等方面展开，需要加强的是对基本经济制度进行历史、理论与现实逻辑统一研究。④

#### （二）对习近平关于国有企业改革的观点的阐释

对于习近平关于国有企业改革的一些观点的阐释，学界基本上从习近平对国有企业

---

① 孙海军，郑克清：《胡锦涛对中国特色社会主义所有制结构理论的丰富和发展》，《探索》，2010年第5期，第10~13页。
② 何成学：《论党的十六大以来的理论创新与理论意义》，《桂海论丛》，2012年第4期，第1~7页。
③ 程恩富，黄世坤：《习近平治国理政的若干经济思想》，《前线》，2016年第4期，第4~8页。
④ 于国辉：《关于中国特色社会主义基本经济制度的研究》，《经济研究参考》，2019年第10期，第39~48页。

的性质与地位的评价、对国有企业改革方向的论述、国有企业改革的内涵三个方面来研究。

第一，习近平对国有企业的性质及地位的论述。谢地（2015）对习近平关于国有企业的角色定位的观点进行了自己的阐释。他指出，习近平关于国有经济的一系列讲话，从根本上回答了中国特色社会主义及社会主义市场经济条件下，国有经济是什么、国有经济应该做些什么以及应该怎样做等一系列根本性问题，对中国国有经济的角色进行了明晰的历史定位，也澄清了对国有经济的认识及实践环节的很多误区，对于全面深化国有经济改革，完善社会主义市场经济具有重大理论意义和现实意义。① 周新城（2015）以严格区分马克思主义思想和新自由主义思想为出发点，对习近平关于国有企业的论述进行了详细的阐释。他指出，要坚持国有企业在国家发展中的重要地位：国有经济起主导作用，鼓励、支持和引导非公有制经济朝着社会主义方向发展。我们应该坚持国有企业在国家发展中的重要地位不动摇。② 宋方敏（2017）认为，习近平关于国有经济重要地位的论述是中国特色社会主义政治经济学的核心理论，是习近平治国理政思想的重要根基，是新常态下中国经济改革和发展的重要指导思想。③

第二，习近平对国有企业改革方向的论述。郭敬生（2017）对习近平关于国有企业改革的一些观点进行了总结概括，他指出，党的十八大以来，习近平发表了一系列关于推进国有企业改革发展的重要讲话，深刻阐述了国有企业改革发展的战略考量、根本遵循和重点任务，形成了内涵丰富的国有企业改革发展思想，是我国国有企业改革发展的理论指导，是对马克思主义政治经济学的继承、创新和发展，是习近平全面深化改革思想的重要内容和习近平治国理政思想的重要构成。④ 陈燕和（2018）指出，习近平关于国有企业的系列重要讲话，明确国有企业应当承担什么样的社会责任，中国特色社会主义市场经济国有企业有三重性：从社会主义经济视角看，国有企业是"社会主义性质的企业"；从宏观经济管理视角看，国有企业是"特殊企业"；从市场经济视角看，国有企业是"一般企业"。国有企业的三重性决定了其应当从社会主义经济主体、宏观调控主体、市场主体这三个维度承担社会责任。⑤

第三，关于习近平对国有企业改革的内涵。张国（2018）指出，在新时代，习近平有关国有企业改革的重要论述涵盖的内容十分丰富，主要涉及国有企业的重要性、国有企业发展中的主要问题、国有企业改革的基本原则、国有企业改革的目标与方向、国有

---

① 谢地：《中国国有经济角色的历史定位——学习习近平总书记系列讲话关于国有经济的论述》，《理论界》，2015年第9期，第25~28页。
② 周新城：《坚持把国有企业搞好——学习习近平视察吉林的讲话，划清马克思主义与新自由主义的界限》，《毛泽东邓小平理论研究》，2015年第8期，第9~12页。
③ 宋方敏：《习近平国有经济思想研究略论》，《政治经济学评论》，2017年第8卷第1期，第3~24页。
④ 郭敬生：《论经济新常态下的国有企业改革发展——以习近平系列重要讲话精神为主线》，《马克思主义研究》，2017年第3期，第68~76页。
⑤ 陈燕和：《国有企业应该承担三个维度的社会责任——学习习近平总书记系列重要讲话的体会》，《学术研究》，2018年第4期，第81~87页。

企业改革的主要任务等方面。① 江剑平等（2020）梳理了学界对习近平关于国有企业改革的有关认识的一些已有研究，指出既有研究多为对习近平关有国有企业改革的一些观点的理解，并未形成体系。在这个基础上，他们对习近平关于国有企业改革的有关思想进行了逻辑总结，将习近平国有企业改革发展思想的内在逻辑概括为"七个明确"。②

### （三）对习近平关于民营经济等非公有制经济发展论述的阐释

学界主要是以习近平关于民营经济的系列讲话来研究习近平关于民营经济等非公有制经济发展的观点。刘迎秋（2018）认为，习近平以历史唯物主义和辩证唯物主义为指导，根据浙江实践，在总结归纳基础上明确提出和阐明了"民营经济是浙江经济的重要支柱"观点，即"民营经济支柱论"。在此基础上，他又站在"新时代坚持和发展什么样的中国特色社会主义、怎样坚持和发展中国特色社会主义"高度，进一步分析和阐明了从全国角度看的"民营经济基础论"思想。全国范围的"民营经济基础论"是对局部地区的"民营经济支柱论"思想的进一步深化和发展。③ 康德颜（2019）梳理了党的十八大以来习近平关于非公有制经济发展的重要论述，从新时代对非公有制经济地位作用的再认识，新时代发展非公有制经济的原则、路径和对非公有制经济发展环境的建构四个方面，阐释习近平对新时代发展非公有制经济的思考与认识，是新时代认识和发展非公有制经济的重要指导和遵循。④ 林柳琳和吴兆春（2019）对习近平关于民营经济系列重要论述进行了梳理，他们认为，习近平关于民营经济系列重要论述系统阐释了社会主义制度下民营经济的性质、逻辑起点、发展方向、发展理念、发展途径和内在要求。其理论内涵包含"七个坚持"。其理论特质可总结为四个方面：时代性、创新性、实践性和系统性。⑤

## 第三节  社会主义所有制结构

社会主义所有制的结构，并不是一成不变的。早期马克思恩格斯对社会主义所有制的结构并没有进行详细的论述，只是预设了未来社会的所有制高级形式就是公有制形式。并且对小农经济大量存在的资本主义发展不充分国家的革命实践，提出了社会主义

---

① 张国：《习近平有关国有企业改革的重要论述及其贯彻执行》，《毛泽东邓小平理论研究》，2018年第12期，第6~12页。
② 江剑平，何召鹏，刘长庚：《论习近平国有企业改革发展思想的内在逻辑》，《经济学家》，2020年第6期，第5~15页。
③ 刘迎秋：《习近平民营经济思想的逻辑演进——从"民营经济支柱论"到"民营经济基础论"》，《治理研究》，2018年第2期，第14~20页。
④ 康德颜：《习近平关于新时代发展非公有制经济的重要论述研究》，《经济研究导刊》，2019年第31期，第1~5页。
⑤ 林柳琳，吴兆春：《习近平关于民营经济重要论述的科学内涵、理论特质与时代价值》，《改革与战略》，2019年第35卷第10期，第9~17页。

合作制是实现所有制由低级向高级转变的有效途径。相当长一段时间里，国内大部分学者也都遵循斯大林的社会主义所有制只包含国家所有制和集体所有制两种所有制形式的教条。关于社会主义社会是否能够吸纳私有制对解放和发展生产力的积极作用，经典作家并没有详细探讨。国内学者在社会主义市场经济体制改革开启之前，对社会主义所有制的探讨主要集中在对社会主义所有制的具体存在形式以及社会主义所有制内关于所有制结构的调整，尤其是在改革开放后一段时间内国内形成了计划经济和市场经济并存的"双轨制"经济，学者们针对社会主义公有制的存在形式以及社会主义公有制和社会主义市场经济能否相容的问题探讨较多。就社会主义所有制结构的讨论而言，学者们对社会主义所有制的形式（国家所有制、集体所有制和全民所有制以及混合所有制）的理解，所有制结构变化的决定因素（原因），社会主义所有制结构内劳动者与生产资料的结合形式，社会主义生产资料所有制内涵下所有权、占有权、支配权及收益权的关系处理，我国所有制结构改革完善，社会主体市场经济体系改革下社会主义所有制内公有制与非公有制关系等问题进行过详细的讨论。

## 一、社会主义所有制概念及内涵

国内学者基本上都接受了马克思关于所有制概念定义，都认识到政治经济学里所说的所有制是一个经济范畴的概念，而不只是片面的法律意义上的物权概念。刘诗白（1992）指出：所有制不仅是现代经济学的重要概念，也是现代社会学的概念，作为表现法律关系即财产关系的概念，属于法学概念，而作为表现经济关系的所有制概念属于政治经济学的范畴；作为经济学意义上的所有制概念，表现的是社会生产关系，即通过人和物的关系而展现出来的人与人的关系，具体地说，它是通过人对物的支配权而展示出来的人对人的关系。[①] 但经济学对所有制是否作为社会全部生产关系的总和，学者的理解出现分歧，也即马克思所论述的所有制定义是否应该单独列为生产关系的一部分，还是作为社会全部生产关系的总和。关于社会主义所有制的概念和内涵主要有两种不同的观点。

第一种观点也是学术界长期的主流观点，认为社会主义所有制的范畴就是指生产资料所有制是包含在生产关系内的，即生产资料所有制是社会生产关系的总和。孙冶方（1979）认为，斯大林把流通排斥在政治经济学对象之外，把生产资料所有制形式独立出来，作为政治经济学对象的生产关系的三个方面之一，都是有问题的。[②] 有人赞成其观点。洪远朋（1979）指出有些同志认为，马克思的生产关系四环节（生产、分配、交换、消费）与斯大林的生产关系三方面（生产资料所有制、相互关系、产品分配）基本上是一致的。事实并非如此，应该恢复马克思关于生产关系的定义。斯大林的定义片面强调了一些东西。生产关系当然包括有生产资料所有制，但是他们都没有把生产资料所有制单独列为生产关系的一个组成部分。[③] 周叔莲和吴敬琏（1979）提出：不能把社

---

① 刘诗白：《社会主义经济学原理》，人民出版社，1992年1月第1版，第120~121页。
② 孙冶方：《论作为政治经济学对象的生产关系》，《经济研究》1979年第8期，第3~12页。
③ 洪远朋：《应该恢复马克思的定义—也谈作为政治经济学对象的生产关系》，《学术月刊》，1979年第12期，第26~29页。

主义所有制和社会主义生产关系分割开来。所有制是从法学引入政治经济学的,但是,政治经济学不把所有制作为法学概念,而是作为经济范畴来研究。而作为经济范畴,所有制指的也就是生产关系的总和。因此,政治经济学研究的社会主义所有制,也就是全部社会主义生产关系,绝不能把它们两者分割开来。[1] 于光远(1980)不那么赞成斯大林关于生产关系所讲的三条内容,强调在研究所有制问题时不要把所有制问题孤立起来,把它看成是一个抽象的东西,特别是把它看成是一个法律上的东西,而应该把所有制问题看成是一种现实的经济关系,应该在研究各方面的关系当中来明确所有制问题。[2] 也有学者反对将生产资料所有制包含在生产关系内,而应该将生产资料所有制单独列出作为生产关系的一个组成部分。计缓澄等(1979)认为斯大林将所有制从生产关系里单独列出是正确的。他们指出,把斯大林对生产关系内容的概述与马克思恩格斯的观点对照一下,可以发现,从对生产关系内容概述的历史过程来看,斯大林的定义把生产关系的内容具体化了,也可以说是进一步深化了。就这个意义上讲,斯大林对恩格斯定义的某些改动是必要的,正确的;斯大林的定义是前进,而不是后退。[3] 孙矩(1980)并不赞同孙冶方关于"斯大林的定义是从恩格斯的定义'后退了两步'的结论",认为斯大林把生产资料的所有制形式作为生产关系的第一条内容是科学的,也是对恩格斯定义的一种进步。[4] 吴宣恭(1981)认为生产资料所有制应该有广义和狭义之分。他指出在马克思著作中,"所有制这个范畴具有广义和狭义之分"。广义的所有制泛指或解释为生产关系的总和,狭义的所有制则分别指生产资料所有制、流通资料所有制、劳动产品所有制和有时提到的劳动力所有制。[5]

第二种观点认为,社会主义所有制的范畴应该更为广泛,不仅仅是生产资料所有制,将社会主义所有制定义为生产资料所有制是不够全面的。主要争论在于"劳动力所有制"存在与否的问题。吉铁肩和林集友(1986)指出,所有制概念包括生产资料、劳动力、劳动和产品这样三个方面的所有关系;社会主义所有制包括生产资料所有制,劳动力个人所有制、劳动者对自己的劳动及其产品的局部所有制。[6] 忠东(1988)指出所有制是包括劳动力所有制与生产资料所有制两者在内的统一体。社会主义所有制的定义仅仅局限在生产资料所有制是不准确的,所有制内涵应该也包括劳动力的个人所有制,即我们可以把社会主义所有制更为准确地概括为社会占有生产资料的基础上的劳动力个人所有制。[7] 卫永明(1993)也指出:生产力包括生产资料和劳动力两个基本因素,同样,所有制也包括生产资料所有制和劳动力所有制两个方面,我们在论述生产关系时,

---

[1] 周叔莲,吴敬琏:《不能把社会主义所有制和社会主义生产关系分割开来》,《经济研究》,1979年第12期,第67~69页。
[2] 于光远:《在全国城市集体所有制经济理论讨论会的报告》,1980年1月7日,第4~8页。
[3] 计缓澄,徐海阔,李运福:《关于作为政治经济学对象的生产关系的几点意见》,《学术月刊》,1979年第12期,第20~25页。
[4] 孙矩:《与孙冶方同志论作为政治经济学对象的生产关系》,《经济研究》,1980年第9期,第16~20页。
[5] 吴宣恭:《论生产资料所有制是生产关系的基础》,《中国社会科学》,1981年 第2期,第58页。
[6] 吉铁肩,林集友:《社会主义所有制新探—释"在生产资料共同占有基础上重建个人所有制"》,《中国社会科学》,1986年第3期,第99~111页。
[7] 忠东:《社会主义所有制研究论稿》,中国社会科学出版社,1998年版,第258页。

不能只提生产资料所有制,否定劳动力所有制。①涂大杭(1994)提出生产力所有制的概念,即劳动力所有制与生产资料所有制一起,决定着劳动者与生产资料的结合方式,构成了生产关系的基础。② 也有学者不同意劳动力所有制这个提法。詹彪(1981)认为讨论劳动力所有制"只能使人不去争取做自由的主人,不去实现'自由的联合劳动的社会经济规律'的作用,而去争劳动力个人所有权……建议用学习和探讨马克思的'自由的联合劳动'理论,来代替劳动力所有制问题的争论"③。蒋学模(1980)认为,只有在劳动力和生产资料分离的情况下,才会在现实生活中发生劳动力的归属关系。在劳动力和生产资料直接结合的条件下,不论它是生产资料公有制基础上的结合还是生产资料个体所有制基础上的结合,都不发生劳动力所有制的问题。④ 李光远(1982)认为,劳动力所有制的理论是很难成立的,它也没有能够正确回答上述那些问题,特别是没有能正确说明社会主义所有制的实质和劳动者个人在社会主义生产关系中的地位(如图4-1所示)。⑤

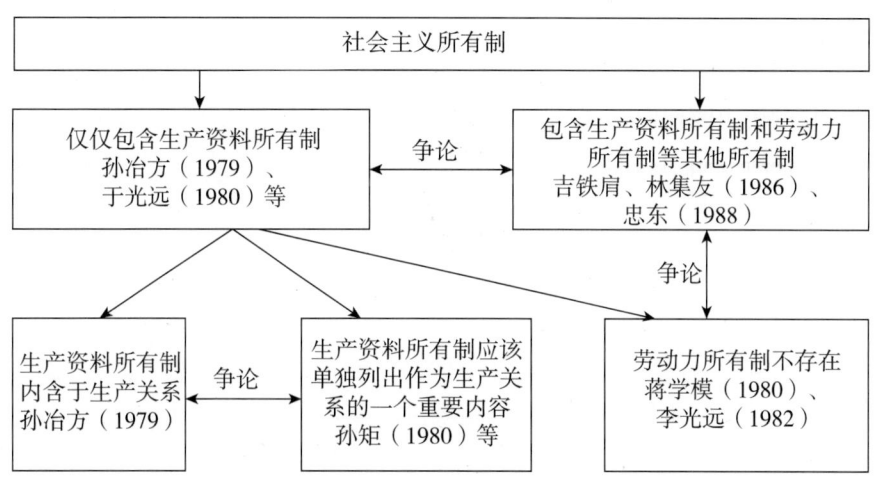

**图4-1 关于社会主义所有制概念及内涵的争论**

## 二、社会主义所有制的结构

学界基本上认为,从中国共产党建党一百年间社会主义所有制结构变化史来看,我国所有制结构的变化经历了"多元化所有制—单一公有制—多元化所有制"的发展历程。国内学者对社会主义所有制结构的认识随着经济体制改革的推进而不断深入。学界从多个角度对我国社会主义所有制结构进行研究。主要从对传统单一所有制结构的反

---

① 卫永明:《论劳动力所有制——政治经济学(社会主义部分)亟待解决的理论问题之一》,《学术交流》,1993年第1期,第23~26页。
② 涂大杭:《生产力所有制初探——兼论劳动力所有制是生产关系第一方面的主要内容之一》,《生产力研究》,1994年第6期,第44~46页。
③ 詹彪:《评生产条件所有制论及其他》,《学习与探索》,1981年第2期,第61~64页。
④ 蒋学模:《社会主义制度下劳动力所有制问题的我见》,《学术月刊》,1980年第11期,第32~35页。
⑤ 李光远:《劳动力所有制论质疑》,《经济研究》,1982年第1期,第8~17页。

思，对我国社会主义所有制结构变革，对社会主义所有制内生产资料所有、占有、支配和使用的关系三个方面来研究。

第一种视角，是对传统单一所有制结构的反思。刘诗白（1992）总结新中国成立到改革开放这一历史时期大家对所有制结构的认识指出，我国长期以来把"一大（企业的规模大）二公（占有的公有化）"作为社会主义经济是否具有更大优越性的尺度，这实际上是用公有化程度的高度作为判断所有制的适合性标准，人们就热衷于"割私有制尾巴"，推行"穷过渡"和集体单位的升级于国有化。① 包炜杰和周文（2019）指出，1957年后相当长一段时间内，我国存在着盲目追求"一大二公"的所有制形式，大搞"穷过渡"和所有制形式的"升级竞赛"，完全排斥非公有制经济的存在的错误思潮。②

第二种视角，是对改革开放后我国所有制结构变革的研究。改革开放以后，学者们开始破除公有制的单一纯粹形式的迷信，开始研究社会主义所有制结构变革问题。杨新铭和杜江（2021）认为，"改革开放以来，在经济体制改革和社会主义市场经济渐进发展中，所有制结构调整不断深化。在'两个毫不动摇'方针指导下，以国有企业为代表的公有制经济得以快速发展，以私有企业为代表的民营经济得以恢复发展，并成长为中国经济发展不可或缺的力量"。③ 刘诗白（1981）认识到社会主义所有制具有多样性，即在一个很长的历史时期内，在所有制领域还必须有社会主义全民所有制、社会主义集体所有制、个体所有制和其他所有制形式并存。社会主义所有制结构不是单一的，而是有社会主义全民所有制与社会主义集体所有制的并存、有公有制与作为补充的个体所有制并存。社会主义所有制结构内除社会主义公有制、个体所有制以外，还包括一定的国家资本主义经济，以及联合所有制经济。④ 薛暮桥（1988）指出，社会主义经济是否需要百分之百的社会主义，是否可以容许小商品经济甚至资本主义经济在一定时期、一定范围以内存在，并有一些发展？"暂时让个体经济和资本主义经济来填补"那些社会主义经济"还不能达到的角落"，发展到一定程度还要"再对它们进行社会主义改造"。⑤

第三种视角，是对社会主义所有制内生产资料所有、占有、支配和使用的关系进行研究。吴宣恭（1984）认为，在整个社会主义时期，社会主义全民所有制内部的所有、占有、支配、使用关系是相互分离的。即使到了实现单一的全民所有制的阶段，这种"四权"的分离和相应的物质利益的差别总会继续存在，只是具体的情况可能有所差异。劳动者在生产资料的占有、使用上都不可能完全平等。⑥ 刘诗白（1987）也指出，传统的社会主义所有制理论不是将所有制这一范畴作为生产关系的总和来把握，综合考虑生

---

① 刘诗白：《社会主义经济学原论》，人民出版社，1992年1月第1版，第160页。
② 包炜杰，周文：《新中国70年来我国所有制理论发展演进与进一步研究的几个问题》，《人文杂志》，2019年第9期，第15页。
③ 杨新铭，杜江：《所有制结构调整的演进逻辑、现实基础与政策取向》，《政治经济学评论》，2021年第9期，第80~106页。
④ 刘诗白：《论社会主义所有制的多样性》，《四川财经学院学报》，1981年第1期，第1~7页。
⑤ 薛暮桥：《薛暮桥学术精华录》，北京师范学院出版社，1988年，第204~205页。
⑥ 吴宣恭：《我国的国家所有制实质上是社会主义全民所有制》，《中国经济问题》，1984年第2期，第1~6页。

产资料的占有、使用以及产品的分配等关系，而往往是单纯着眼于生产资料的占有方式。① 刘国光和黄光凯（1999）指出，新中国成立50年来我国的所有制结构经历了一个由多元到一元又到多元的否定之否定的变化过程。② 黄文忠（2011）回顾了改革开放30年来我国所有制结构改革的经验，中国共产党从"所有制教条"转向多元所有制结构，跳出经典社会主义单一社会所有制构想，确立与市场经济相适应的公有制经济主体。③

### 三、公有制与非公有制关系

公有制与非公有制经济的关系，是社会所有制结构内的一对关系。对公有制与非公有制经济关系的研究，国内学者也是在所有制结构内进行研究。

第一种观点，从社会主义所有制结构内探讨公有制和私有制的关系。薛暮桥（1987）指出由于我们现在还远没有实现全社会公有制，所以在公有制这个主体中还不能完全排除私有制的痕迹，在这个基础上就必然要保存商品货币关系。在全民所有制经济中并不是完全没有私有制的痕迹和所有制关系上的差别。两种所有制往往互相渗透，集体所有制还可能与个体所有制互相渗透。④ 但是他也提出要防止私营经济过渡盲目发展，应"限制乡村企业的盲目发展""限制个体经济的盲目发展"⑤。王拓彬（2012）指出，邓小平比较系统地阐述了公有制与非公有制的关系，在领导改革开放和现代化建设的过程中，邓小平始终强调坚持公有制的主体地位，是社会主义的一条根本原则。在坚持公有制为主体的前提下，大力发展其他所有制经济形式。⑥

第二种观点，非公有制是公有制经济助手的"助手论"。薛暮桥（1990）认为个体经济是国有和集体经济的必要补充。认为个体经济发展到私人企业也是"可以对国营集体经济管不到的部分起拾遗补阙的作用"⑦。刘诗白（1981）认为，社会主义社会的个体所有制是社会主义公有制的补充与助手。要从各地区、各领域的生产力的具体状况出发，寻找与规定个体所有制存在与发展的适当的范围，并在这一合理范围内，对个体所有制予以鼓励和扶持，以充分发挥它对社会主义公有制经济的补充作用。⑧ 于光远（1980）指出社会主义制度下面的一些劳动者从事一些副业是社会主义经济的补充或助手。⑨

---

① 刘诗白：《在总结改革实践经验中发展社会主义所有制理论》，《江西社会科学》，1987年第4期，第23~25页。
② 刘国光、董志凯：《新中国50年所有制结构的变迁》，《当代中国史研究》，1999年第Z1期，第26~38页。
③ 黄文忠：《改革开放30年来我国社会主义所有制结构理论的重大突破》，《福建论坛·人文社会科学版》2011年第4期，第25~31页。
④ 薛暮桥：《我国生产资料所有制的演变》，《经济研究》，1987年第2期，第15~28页。
⑤ 薛暮桥：《论中国经济体制改革》，天津人民出版社，1990年，第449页。
⑥ 王拓彬：《中国共产党历代中央领导集体在社会主义所有制结构理论上的创新和发展》，《中国浦东干部学院学报》，2012年第4期，第34~42页。
⑦ 薛暮桥：《论中国经济体制改革》，天津人民出版社，1990年，第458页。
⑧ 刘诗白：《论社会主义社会所有制的多样性》，《财经科学》，1981年第1期，第1~7页。
⑨ 于光远：《所有制·社会主义·社会主义所有制》，1980年1月7日，全国城市集体所有制经济理论讨论会报告。

第三种观点，非公有制的积极作用论。董辅礽（2003）认为，于光远指出的"私有制最终是会被消除的"，如果将"消除"理解为"扬弃"，那么这就与于光远说的私有制将"一直长期存在下去"的观点相统一了。我们从包括股份公司所有制在内的各种公众所有制的蓬勃发展可以看到，公众所有制的出现和发展的确不是在消灭私有制，而是在扬弃私有制，在公众所有制中私有制既被否定又被肯定，既被克服又被保存。① 吴敬琏（2007）指出，除公有制经济外，非国有经济适应现代社会生产力的多层次性要求，可以积极发挥个人创造性的重要作用，应当支持和鼓励各种非国有经济成分，包括合作社经济、民营经济以及外资经济的发展。②

第四种观点，公有制与非公有制是相辅相成的关系。简新华（2000）指出，公有制与非公有制的相互关系，总的来说是对立统一的关系，既有统一性，又有矛盾性。统一性表现在两者是平起平坐，不是完全对立的关系。矛盾性表现在，非公有制经济的存在，既有促进社会主义经济繁荣的积极作用，也有与社会主义的本质相悖，不利于实现社会主义最终目标的消极因素，非公有制自身不能消除两极分化、消灭剥削、达到共同富裕。③ 程恩富（2013）批判了把非公有制经济排斥在社会主义初级阶段的基本经济制度之外，把发展非公有制经济看作是权宜之计和公开提倡实行私有化或民营化的错误观点，进而提出公有制和非公有制之间是优势互补、相互促进、共同发展的关系。改革开放已经证明，在社会主义市场经济中，公有制经济和非公有制经济完全可以而且应该在长期并存中优势互补、相互促进、共同发展。④ 晓亮（1996）认为，不要把非公有制经济的发展同搞好公有制经济对立起来。二者是相辅相成的关系，协作的关系，平等竞争的关系，而不是互相排斥的关系。⑤

## 第四节 公有制经济及其实现形式

### 一、公有制经济的地位及作用

关于社会主义公有制的地位和作用，学界多从我国所有制结构的发展完善的角度出发，提出了三阶段论，即公有制的主体地位的形成具有历史性。也有从特定历史时期的视角去研究公有制的地位及作用，早期是讨论所有制结构内公有制的地位及作用，后期则是主要讨论国有经济的性质、地位及作用。

---

① 董辅礽：《谈于光远社会主义所有制和私有制的论述》，《产经评估》，2003年1月，第24~26页。
② 吴敬琏：《把社会主义的理论创新提高到一个新的水平——关于社会主义再定义问题》，《当代世界与社会主义》（双月刊），2007年第3期，第7~11页。
③ 简新华：《改革以来社会主义所有制结构理论的发展》，《学术月刊》，2000年第3期，第34~39页。
④ 程恩富，杨承训，徐则荣，张建刚：《中国特色社会主义经济制度研究》，经济科学出版社2013年版，第51页。
⑤ 晓亮：《社会主义市场经济与非公有制》，《经济学家》，1996年第3期，第81~87页。

## （一）公有制主体地位形成发展的"三阶段"论

张兴茂（2007）指出，新中国成立以来的所有制结构经历了国民经济恢复时期（1949—1952年）所有制结构与经济发展的良性互动、"一大二公"所有制结构的逐步确立（1953—1978年）及其对经济社会发展的严重制约，以及改革开放以来（1978年至今）以公有制为主体、多种所有制经济共同发展格局的基本形成及其对经济社会发展产生积极影响三个阶段。① 王胜利（2011）指出，新中国成立以来，公有制经济规模不断扩大，同时公有制经济在国民经济中的地位经历了公有经济地位不断提高、单一公有制经济和公有制经济占主体三个阶段。② 刘国光（2011）指出，坚持公有制为主体、多种所有制经济共同发展的社会主义初级阶段基本经济制度，既不搞私有化，也不搞单一公有制，这是共产党从长期社会主义经济建设和改革开放实践中总结得出的重要理论成果③。

## （二）关于国有经济的主导力和国有企业的性质分析

关于国有经济的主导作用和国有企业的控制力、影响力的分析，学界主要从国有经济尤其是国有企业的性质、地位和作用的评价着手分析，争议一直不断。争议的重点在对国有企业的定位及转型的看法不同。有部分学者认为国有企业的战略性重组，是新一轮的国有化兼并，国有企业要回归到传统的高度集中的公有制，从而挤压私营经济的生存空间，引起"国进民退"。一些学者对这个观点进行了批评，并指出提出"国进民退"的人是要"国企从竞争性领域全面撤出"，从而实现私有化的企图。

关于国有企业的性质和地位的认识，学者们提出了不同的看法。

第一种观点，国有企业的"特殊企业"论。杨灿明（1998）认为，市场经济中的国有企业政府性与企业性双重性质，是政府宏观调控的一个手段，国企改革应包含两个层次。其一是立足于政府与市场分工，明确国有企业定位；其二是选择适宜的组织形式与经营方式。④ 金碚（2001）认为国有企业就有双重性质，因而坚持认为国有企业是"特殊企业"。他认为无论是在现代市场经济中，还是在现代企业制度下，就其基本性质而言，国有企业都是一种特殊企业。国有企业的特殊性主要表现为：国有企业具有不同于一般企业的特殊性质和功能，在国有经济中居于特殊地位，发挥特殊作用；在各类企业中，国有企业只能是少数，而不能成为普遍适用的企业形式。⑤ 袁志刚和邵挺（2010）认为，从经济学的角度来看，国有企业存在的作用在于缓解收入分配不公，为全民提供诸如教育、基础设施、交通、能源等公共产品和服务。在这些领域，由于国企所处的特殊地位和所要发挥的特殊功能，不能以其本身利益的最大化为目标，而只能以公共的社

---

① 张兴茂：《新中国所有制结构的嬗变及其历史经验》，《河南大学学报》（社会科学版），2007年第4期，第68~73页。
② 王胜利：《新中国成立以来公有制经济发展历程解析》，《长白学刊》，2011年第4期，第115~118页。
③ 刘国光：《深化对公有制经济地位和作用的认识》，《人民日报》，2011年6月21日，第20版。
④ 杨灿明：《国有企业的双重性质与双层改革》，《中南财经大学学报》，1998年第3期，第57~60页。
⑤ 金碚：《国有企业的历史地位和改革方向》，《中国工业经济》，2001年第2期，第5~16页。

会利益最大化为目标。①

第二种观点，国有企业不是"特殊企业"论。文洪朝（2016）总结学界对国有企业的定位的研究时指出，目前我国学术界对我国社会主义制度下国有企业的定位有较大争议，主要流行"二重企业论"和"国有企业中西相同论"两种观点。我国的国有企业即便是按照功能调整完布局后，仍然会有少数国有企业在一段时间内停留在一般竞争性领域。只有处在非竞争性领域的国有企业才属于"特殊企业"，而处在一般竞争性领域的国有经济则属于一般企业，不是"特殊企业"。②卫兴华（2017）指出，长期以来，国内存在这样一种观点："否定国有经济的社会主义性质及其重要地位和作用，主张用民营经济（私有制经济）取代国有经济，批判、否定国有企业作为社会主义国家的标志和党的执政基础，反对简单地将国有化和社会主义等同起来，认为这种'基础论'站不住脚。"社会主义国家的国有经济归全民所有，是社会主义制度的经济基础，当然是社会主义性质的经济。③

第三种观点认为，国有企业是我国国民经济的支柱，应该在国民经济中占主导地位。张卓元（1998）认为随着社会主义市场经济的发展，国有经济需要从过于宽泛的竞争性行业适当退出，集中力量控制国民经济命脉的重要行业和关键领域，以便更好地发挥国有经济的主导作用。④胡培兆（1999）指出，在发展社会主义市场经济的今天，国有企业在国民经济中举足轻重的决定性地位仍然是不可动摇的。⑤宗寒（2010）认为我国国有企业与西方国家的国有企业有着本质区别。我国建立发展国有经济不是为了"弥补市场失灵"，不宜将国有企业的主导地位与垄断相混同，垄断与控制经济命脉有统一、有差别。⑥张卓元等（2018）对国有企业的定位进行了界定：改革开放40年来，虽然公有制经济所占的比例大幅度下降了，但公有制的主体地位和国有经济的主导作用没有变。其一，公有资产仍保持量的优势。其二，公有资产不仅有量的优势，更具有质的优势。⑦

## 二、社会主义公有制的实现形式

学界关于社会主义公有制的实现形式的研究，有从所有制结构延伸出来的概念区分研究，也有从公有制实现形式的多样化改革的历史视角来研究公有制多样化实现形式。

---

① 袁志刚，邵挺：《国有企业的历史地位、功能及其进一步改革》，《学术月刊》，2010年第1期，第55～66页。
② 文洪朝：《社会主义初级阶段公有制创新研究》，山东大学出版社，2016年5月第1版。第97～98页。
③ 卫兴华：《评析当前关于国有经济的混淆认识》，《中国特色社会主义政治经济学研究》，山东城市出版传媒集团·济南出版社，2017年版，第211-212页。
④ 张卓元：《国有企业的公司制改革和资产重组》，《中国特色社会主义研究》，1998年第2期，第16～19页。
⑤ 胡培兆：《正确认识国有企业的重要地位和作用》，《思想理论教育导刊》，1999年第12期，第14～15页。
⑥ 宗寒：《正确认识国有经济的地位与作用——与袁志刚、邵挺商榷》，《学术月刊》，2010年第8期，第74～82页。
⑦ 张卓元，胡家勇，万军：《中国经济理论创新四十年》，中国人民大学出版社，2018年10月第1版，第109～111页。

## （一）概念界定看，要正确区分社会主义公有制的存在形式和实现形式

卫兴华（2017）认为公有制的存在形式有多种，如原始社会公有制、社会主义社会公有制（包括全民所有的国有经济和部分劳动群众集体所有制）、共产主义高级阶段公有制等。社会主义公有制的实现形式有多种，如所有权和经营权"两权分离"下国家所有、企业经营形式有承包制、租赁制、股份制等。① 董辅礽（1997）指出，过去，人们往往没有区分公有制与公有制的实现形式，而把公有制及其实现形式看作是简单的、凝固不变的。共同所有制也只是公有制的一种实现形式，还有一种公有制的实现形式，这就是公众所有制。例如合作社所有制就是公众所有制的一种实现形式。作为公有制的实现形式的共同所有制和公众所有制又都有其不同的实现形式。② 李运福（2000）也指出，有的同志把国家所有制、集体所有制、股份制、股份合作制、合资企业等都说成是公有制实现形式，其实混淆了公有制的存在形式与实现形式。③

## （二）社会主义公有制的多样化实现形式的发展脉络

### 1. 计划经济体制下国有国营、集体经营的单一化实现形式

张卓元等（2018）指出，毛泽东在 1949 年七届二中全会发言中谈到，就中国在新民主主义发展阶段有五种经济形态，但 1955—1956 年通过三大改造运动后，我国个体经济和私营经济等非公有制经济开始萎缩，甚至完全被消灭。④ 刘诗白（1987）认为，从微观的即企业的所有制形式来说，我国传统的国家所有制，实行国家集中决策，直接干预和指挥企业的一切活动。实行统收统支，企业赢利全部上缴财政，国家集中占有全部剩余产品。规定统一的按级别的劳动报酬标准，国家直接对职工分配消费基金。这是一种国家集所有权、经营权于一身的全民所有制模式。⑤ 简新华（2000）回顾我国传统的单一所有制结构时指出，在传统的所有制结构单一公有化理论的影响下，改革以前的中国所有制结构，存在单一国有化的趋势。国有经济的范围越来越广、比重越来越大，政府采用许多管理国有经济的办法管理集体经济，急于实现城乡集体经济向国有经济的过渡，甚至不惜搞"穷过渡"。与单一公有化的所有制结构相伴随的是单一的经营方式，国有只能国营，集体所有只能集体经营，不允许有其他经营方式。⑥

### 2. 改革开放后，公有制实现形式趋于多样化

改革开放后，公有制的实现形式开始在国有企业的改革中有所突破。关于公有制经济的多样化实现形式，学界的研究是不断深入的。

---

① 卫兴华：《中国特色社会主义政治经济学研究》，济南出版社，2017 年，第 41 页。
② 董辅礽：《共同所有制和公众所有制都是公有制的实现形式》，《经济研究参考》，第 B5 期，第 6~7 页。
③ 李运福：《关于社会主义公有制理论的一些难点、误区与新理念》，《上海交通大学学报》（社科版），2000 年第 4 期，第 79~85 页。
④ 张卓元，胡家勇，万军：《中国经济理论创新四十年》，中国人民大学出版社，2018 年 10 月版，第 86 页。
⑤ 刘诗白：《在总结改革实践经验中发展社会主义所有制理论》，《江西社会科学》，1987 年第 04 期，第 23~25 页。
⑥ 简新华：《改革以来社会主义所有制结构理论的发展》，《学术月刊》，2000 年第 3 期，第 34~39 页。

（1）关于承包制改革的讨论。

关于承包制及租赁制成为公有制性质的国有企业的主要实现形式，学者们有过争论。争论的焦点在于对承包制的评价。也有人认识到承包制存在着许多问题，但对存在的问题的看法也不一致。

第一种观点认为，承包制是公有制的有效实现形式。杨培新（1989）认为，承包制是治疗社会主义大锅饭、铁饭碗、瞎指挥的特效良药，是中国社会主义经济体制改革的必由之路。承包制救了社会主义，因为承包制可以使社会主义企业创造出更高的劳动生产率。承包制不是救急的、暂时的措施，而是正确解决社会主义企业中国家、企业、职工三者关系的根本制度。① 苏小冬等（1990）认为承包制是改革实践中的现实选择。承包制建立了一种较好地处理国家、企业、职工三者利益关系的企业经营形式。承包制适用范围广，政策透明度高，操作难度较小。承包制比其他形式如"两步利改税"、租赁制、股份制等，有其优势所在。② 马庆泉（1990）认为承包制是一种适应商品经济发展要求的企业模式，它有利于培育社会主义公有制商品经济所需要的微观经济主体，并促使企业学会自觉按照价值规律调节自身行为。③ 宋涛（1988）提出企业承包制有助于价格改革的推进。处理价格改革和推行企业承包经营责任制的关系，应把后者放在首要位置上。④

第二种观点认为，承包制是公有制多样化实现形式的有效探索之一，但存在诸多问题。陈元声（1988）认为现在有些人一讲到承包，就把它说的完美无缺，似乎它就是企业改革的目标模式，这也是一种片面性。首先，要看到承包制本身也存在一些缺陷，需要进一步发展完善。其次，正因为承包制还存在一些不可避免的缺陷，所以，它只是企业改革较好的过渡形式，并不是企业改革的目标模式，企业改革的目标，是在坚持公有制的基础上，使企业真正成为相对独立、自主经营、自负盈亏的社会主义商品经济实体。⑤ 荀大志（1990）认为承包制沿着两权分离、责权利相结合思路进行的改革，确实在一定时期内调动了企业和职工积极性，但现行企业承包制存在的问题已大大超出了人们的预料。⑥ 周叔莲（1991）指出，企业承包制确实具有不少优越性，我们应该在一定时期内认真地完善企业承包制，发挥它的优点，促进企业管理水平的提高。但是企业承包制也有其固有的缺陷。这不仅是指承包制在实行过程中存在着不完善的地方，而且是指即使承包制完善以后，它也难以使企业成为自主经营、自负盈亏、自我发展、自我制约的商品生产者和经营者。⑦ 魏达志（2002）认为尽管推行承包制在增加财政收入、促进技术进步、激活企业经营机制等方面有积极的成效，但承包制的推行过程中也出现了一系列的问题，并且由于这些问题难以从根本上得到解决，因而决定了承包制只能是改

---

① 杨培新：《论坚持和完善企业承包制》，《经济研究》，1990年第3期，第44~50页。
② 苏小冬，刘松皓，张宪平，刘轩：《承包制：现实与选择》，《经济研究》，1990年第6期，第51~59页。
③ 马庆泉：《试论承包制的产权关系、运行特征及其历史地位》，《江汉论坛》，1990年第3期，第14~20页。
④ 宋涛：《价格改革与企业承包制》，《中国人民大学学报》，1988年第6期，第25~34页。
⑤ 陈元声：《承包制与股份制租赁制的比较》，《经济纵横》，1988年第4期，第10~13页。
⑥ 荀大志：《承包制：困境与出路——调整时期的企业经营机制改革》，《经济研究》，1990年第3期，第51~58页。
⑦ 周叔莲：《我国企业管理的现状和对策》，《管理世界（双月刊）》，1991年第1期，第146~153页。

革进程中的一种过渡形式。① 戴园晨等（1990）认为企业承包制虽然有较多优点，但它依旧没有完全跳出政府对企业实行行政管理的"框框"，而仅仅是一种委托经营制。企业承包制由于其固有的缺陷，难以使企业真正自主经营和自负盈亏。②

第三种观点，应该将承包制、租赁制和股份制的优劣性进行综合比较。陈元声（1988）将承包制、租赁制和股份制进行比较。他认为股份制作为"两权分离"的一种形式，可以选择少数有条件的全民大中型企业进行试点。承包制和租赁制在形式上相似，但两者在内容上存在着重要区别。必须明确现阶段企业改革的过渡性和多样性。③ 四川省体改委微观改革研究课题组（1989）认为承包制兼容了新旧体制因素，并推动旧体制向新体制转换。承包制在未来发展中将与股份制形成对接，但这不是改革试错纠偏的选择，而是改革发展阶段的客观延续。④ 刘文库（1988）对"三制"改革持谨慎态度，他认为全民所有制企业实行"三制"只具有局部性和暂时性，没有普遍意义和长远意义，不能成为继农业家庭联产承包责任制之后城市经济体制改革的又一个里程碑，不能成为企业改革的目标模式。⑤

（2）关于股份制的讨论。

20世纪80年代末至21世纪初，我国学界对于股份制的研究争议不断，主要对股份制的性质、股份制与社会主义市场经济的相容性、股份制在国有企业改革的作用等方面进行了不同的探讨。在十六届三中全会之后，学界开始进一步深入研究如何充分发挥股份制在我国社会主义国有企业改革中的作用。

首先是对股份制性质的探讨。

第一种观点认为，股份制不适合用于全民所有制企业，尤其不能作为国有企业改革的方向。马宾（1986）认为全民所有制企业的动力不能是化公为私的股份制。他认为如果要把全民所有国家经营的公有制改为股份制，则是允许私有制进入公有制，并且是带着获取最大利润的积极性和内在动力，变公有为私有。在公有制企业，调动职工的积极性，只有也只能靠共产主义教育和按劳分配⑥。吴天然（1986）认为股份制只是合作制的一种形式，是采用资金合作的办法形成的一种所有制形式，和合作制的其他形式一样，当然可以在社会主义的所有制结构中占有一席之地。但仅此而已，它又不能强占社会主义公有制的其他形式（其中包括合作制的其他形式）的地位。把它看作现有国有企

---

① 魏达志：《国有企业改革三大模式的体制效应与缺陷——对承包制、租赁制、股份制改革的再评说》，《2002中国经济特区论坛：现代化建设中的体制问题学术研讨会论文集》，2002年12月，第57~62页。
② 戴园晨，吕政，冒天启，李晓西，蔡昉：《以改革促稳定 在稳定中发展——90年代"稳中求进"的发展和改革的基本思路》，《经济研究》，1990年第7期，第3~19页。
③ 陈元声：《承包制与股份制租赁制的比较》，《经济纵横》，1988年第4期，第10~13页。
④ 四川省体改委微观改革研究课题组：《论承包制的历史地位》，《中国工业经济研究》，1989年第1期，第10~17页。
⑤ 刘文库：《经济体制改革中企业实行的股份制、承包制和租赁制》，《求是学刊》，1988年第1期，第34~39页。
⑥ 马宾：《全民所有制企业的动力不能是化公为私的股份制》，《经济学动态》，1986年第10期，第25~28页。

业改革的方向也是错误的。①关梦觉（1987）认为典型的股份制，包括全民、集体、个人三种股份（至少两种股份）组成一个股份有限公司，构成一个经济实体。在这种情况下，国有企业的所有制性质变了，这类股份企业是一种公私并包的混合所有制，而不是原来的全民所有制，是全民所有制的分化、瓦解，是国有企业的私有化。②许毅（1987）认为，股份制是在资本主义生产方式内部，为了解决生产社会化与资本私人占有的矛盾而产生的，但它并没有改变资本主义私有的性质。社会主义也可以搞些股份制，如中外合资企业可以搞，集体、私营、小型企业都可以搞，但国营大中型企业不适合。③

第二种观点认为，股份制本身不具有所有制的属性，要区分股份制与所有制属性的差别，坚决反对将股份制与公有制相等同。蒋学模（2004）指出凡是现代市场经济条件下的现代企业，都适宜采取股份制这种资本组织形式。十六届三中全会的决定中提出要"使股份制成为公有制的主要实现形式"，是针对我国现阶段社会主义市场经济而言的，并不是泛指一般股份制，并不意味着股份制本身具有公有制的性质。④卫兴华（2004）认为股份制是一种资本组织形式，它与所有制是两个不同层面的问题，两者存在性质和地位的不同。股份制可以是资本主义私有制的实现形式，也可以是社会主义公有制的实现形式。我们不能把公有制的实现形式同公有制形式等同起来，从而否定国有经济和集体经济这两种公有制形式的存在。⑤黄范章（2004）认为不应该因为股份制启动了投资社会化进程，就简单地把股份制说成是公有制，不应在二者之间画上等号。股份制本身并不具有所有制属性，它的核心问题是由"控股权"掌握在谁手里来决定企业法人产权的归属，所以，股份制与公有制不是一回事，是两张皮。⑥黄泰岩和张培丽（2004）指出，公有制的实现形式并不就是公有制，二者是内容与形式的区别。不同的内容完全可以用同一种形式表现出来，也就是说，股份制成为公有制的实现形式，并不排斥它同时成为私有制的实现形式。⑦

第三种观点认为，股份制只是一种现代企业的资本组织形式，不会改变公有制的性质。刘诗白（1986）在对股份制进行分析时指出，股份制不仅带来企业组织形式的变化，而且也要引起企业所有制的结构和具体形式的调整和变化。原来的单一国家所有制和单一的集体所有制就会转化为"一企三制"，从而产生交错的和联合的所有制形态。

---

① 吴天然：《股份制不可能成为社会主义所有制的主导形式》，《安徽财贸大学学报》，1986年第2期，第1～4页。
② 关梦觉：《股份制是对国营企业全民所有制的否定》，《经济社会体制比较》，1987年第3期，第9页。
③ 人民大学经济系资料室：《国营企业改革中的几个问题——记社会主义经济理论与实践研讨会》，《经济学动态》，1987年第2期，第8～9页。
④ 蒋学模：《解读"使股份制成为公有制的主要形式"——与李连仲商榷》，《上海行政学院学报》，2004年第3期，第98～101页。
⑤ 卫兴华：《简论所有制与股份制的联系与区别》，《当代财经》，2004年第2期，第5～7页。
⑥ 黄范章：《不应把股份制跟公有制画上等号——关于社会主义市场与股份制的研究之一》，《经济学动态》，2004年第10期，第48～51页。
⑦ 黄泰岩，张培丽：《股份制成为公有制主要实现形式的内涵与机制》，《中国特色社会主义研究》，2004年第1期，第50～53页。

股份化实现了原来的单一的企业公有制形式的多元化。① 厉以宁（1986）指出，一部分全民所有制企业（指国有经济命脉部门的现有大型企业）可以继续保持国家所有、国家经营的方式，另一部分全民所有制企业（指一般行业的大中型企业）则可以实行股份化；以股份所有制来取代传统意义上的全民所有制，形成国家、企业和劳动者联合办企业的模式。这种做法并不改变社会主义公有制的性质，而是以新型公有制的股份企业的建立作为改革的目标。② 杨钢（1988）认为，无论是在资本主义还是在社会主义条件下实行股份制，都不是对现有所有制形式的改变，而只是改变了所有制关系的内部结构，即改变了财产的组织形式。③

其次是对国有企业股份制改革的前景的探讨。

第一种观点认为，国有企业股份制改革不宜过早全面推行，应该稳妥推进。吴树青（1986）分析指出，国有大中型企业能否改变为股份制度，需要进一步做深入的理论分析，以及有一定的社会验证。即使实行股份制度，不仅其经济本质不同于资本主义，而在形式上也有自己的特点。目前股份制不宜作为一种可行的对策推广，更不宜于匆忙宣布是国有大中企业改革的方向。④ 李成瑞（1987）认为，股份制可以搞试点，不要过早下结论。但试点要坚持正确方向。⑤ 陈璇（1992）指出，积极而稳妥地推进，是指在我国推行股份经济不能操之过急，不要忙于铺摊上数量，而应积极多做体制基础工作，视条件成熟程度逐步加大推行股份经济的步伐。⑥

第二种观点认为，就国有企业股份制的范围而言，国有企业股份制改革要因类而异。刘国光（1998）认为要从根本上搞活国有企业，必须着眼于国有经济的整体布局，对国有企业实行战略性重组，国有企业的股份制改造，要根据国有经济战略性重组的要求来进行。不是所有国企改革都要采取股份制形式。⑦ 杨瑞龙（2017）在分析国有企业的分类改革具体路径时指出，国有企业分类改革的路径应该是多元化的，其中，提供公共产品的国有企业宜选择国有国营模式，垄断性国有企业宜选择国有控股模式，竞争性国有企业一部分宜进行产权多元化的股份制改造，一部分宜实行民营化。⑧

第三种观点认为，目前我国市场经济并不完善，股份制改革作为我国国有企业改革的主要方向还欠缺重要条件。沈经农（1987）认为，不能认为全民所有制不行就想用股份制。即使股份制有很多好处，我国当下也不具备实行股份制的条件。⑨ 林毅夫和沈明

---

① 刘诗白：《试论社会主义股份制》，《经济研究》，1986年第12期，第62~66页。
② 厉以宁：《所有制改革和股份企业的管理》，《中国经济体制改革》，1986年第12期，第25~28页。
③ 杨钢：《股份制理论与实践研讨会观点介绍》，《经济学动态》，1988年第5期，第11~14页。
④ 吴树青：《略论股份经济》，《经济学动态》，1986年第3期，第25~28页。
⑤ 人民大学经济系资料室：《国营企业改革中的几个问题——记社会主义经济理论与实践研讨会》，《经济学动态》，1987年第2期，第98~101页。
⑥ 陈璇：《我国推行股份经济的正负效应论析》，《四川大学学报（哲学社会科学版）》，1992年第1期，第11~17页。
⑦ 刘国光：《关于国有企业的股份制改造》，《经济改革与发展》，1998年第4期，第3~6页。
⑧ 杨瑞龙：《新时期新国企的新改革思路—国有企业分类改革的逻辑、路径与实施》，《经济理论与经济管理》，2017年第5期，第5~24页。
⑨ 人民大学经济系资料室：《国营企业改革中的几个问题——记社会主义经济理论与实践研讨会》，《经济学动态》，1987年第2期，第98~101页。

高（1992）认为从股份制改革的外部条件来看，我国目前的市场机制还很不完善，股份制改革可能会因为缺乏充分竞争的市场基础而难以发挥应有的作用。股份制本身并不自动具备解决国营大中型企业的活力问题，而当下我国还不存在必要的外部条件，因此我们不能期望通过股份制的改革迅速达成搞活国营大中型企业的目的。[1]

第四种观点认为，股份制是我国公有制经济的有效实现形式，尤其是实现是可以实现国有企业的现代企业治理。周叔莲（1989）认为，股份制能促进企业经营机制改革的深化，把价格改革和企业改革结合起来。在传统体制下，国有企业固然由于国家管得太紧而缺少活力，同时也由于产权关系不明确、企业主管部门众多造成所有者缺位。现行的企业承包制，仍没有解决国有企业所有者缺位问题。而在股份制条件下，股东的股权是一种最终所有权。公司有法人所有权，国有企业的产权关系就明确起来。[2] 何伟（2004）认为股份制的优越性，不仅可以在企业层面上实现所有权与经营权的分离，实现政企分开，实现企业制度创新，使所有者到位，而且由于股权主体的多元化，还可以建立起科学合理、相互制约的企业治理结构，加强企业内部的科学管理，加强监督，使企业更加适应市场经济的需要。[3]

### 三、全民所有制和集体所有制

#### （一）全民所有制和集体所有制的性质

关于全民所有制和集体所有制的性质，由于学者们对其概念的理解不一致，因此学界对于全民所有制和集体所有制的性质的分析存在着不同的观点。

第一种观点认为，我国全民所有制和集体所有制是有别于马克思理论下的社会主义公有制形式。于光远（1988）就回答社会主义所有制存在哪些形式时指出，社会主义所有制只包含社会主义国家所有制和社会主义劳动群众集体所有制的观点现在看来是不确切的。各种社会主义所有制的复合形式将取代现在完全是社会主义国家所有制的社会主义所有制形式，在社会主义所有制形式结构中居主导地位。[4] 厉以宁（2003）指出，在"共同所有制"和"公众所有制"这两种形式以外确实存在着"公益性基金所有制"这第三种公有制的形式。公益性基金所有制在我国已经出现，尽管为数极少，这是不足奇怪的。但从发展趋势来看，将来肯定会有越来越多的"公益性基金所有制"形式的公有财产。[5]

第二种观点认为，我国全民所有制和劳动群众集体所有制就是社会主义公有制的存在形式，但两者有差别。吴敬琏和陈吉元（1962）认为，社会主义全民所有制是生产资料归全社会的劳动者公有的所有制形式。生产资料归全体劳动者所有，注重的是全体的整体概念。在社会主义阶段，全民所有制采取国家所有制的形式。在集体所有制经济单

---

[1] 林毅夫，沈明高：《论股份制与国营大中型企业改革》，《经济研究》，1992年第9期，第48～55页。
[2] 周叔莲：《股份制可以深化企业机制改革》，《农村金融研究》，1989年第2期，第59页。
[3] 晓亮：《使股份制成为公有制的主要实现形式》，《企业活力》，2004年第1期，第4～5页。
[4] 于光远：《对企业所有制发展前途的思考》，《经济研究》，1988年第6期，第17～31页。
[5] 厉以宁：《进一步开展公有制形式的探讨》，《经济导刊》，2003年第3期，第1～5页。

位之间、在不同所有者之间实行的分配原则和全民所有制经济内部的分配原则迥然不同。①谢地（2015）认为全民所有制和劳动群众集体所有制经济是我国现阶段两种主要的社会主义公有制存在形式。②

第三种观点认为，我国集体所有制是低级的全民所有制，集体所有制要向全民所有制过渡。薛暮桥（1978）认为社会主义集体所有制是生产资料的社会主义公有制的低级形式，是不成熟、不完善的社会主义公有制。集体所有制是从个体所有制到全民所有制的过渡形式，它必然要向全民所有制继续发展。③李泽中（1981）认为，社会主义全民所有制意味着生产资料同联合劳动者在全社会范围内直接结合。但是，全民所有制本身有一个发展和完善过程，即由不完全到完全的全民所有制。因此，生产资料同联合劳动者在全社会范围内直接相结合，也有一个由低级到高级的发展过程（由不完全的直接结合，发展到完全的直接结合）。④董辅礽（1984）指出，许多人也认为，全民所有制企业作为商品生产者只具有相对独立的地位，这是不同于生产资料私有制的商品生产者的，并有别于集体所有制的商品生产者的。⑤蒋明（1986）认为，集体所有制自身并不能决定它自身的社会主义性质，保证自己社会主义的发展方向，而是要取决于它的外部条件的社会主义全民所有制的性质与主导作用，集体所有制经济向全民所有制经济过渡要讲条件。⑥

第四种观点认为，我国的集体所有制与全民所有制不存在高低层次之分，集体所有制不一定要向全民所有制过渡。彭必源（1987）指出，因为集体所有制的社会主义性质是由它自身决定的，集体所有制和全民所有制就没有高低之分，集体所有制不存在向全民所有制过渡的必然性。全民所有制经济与集体所有制经济是相互平等的，不存在领导与被领导的关系。⑦王拴乾（1981）认为，集体所有制和全民所有制之间的差别，并不是低级形式与高级形式的区别。这种区分把社会主义公有制完整的内容"一分为二"，人为地制造公有制两种形式之间的矛盾，是不利于社会主义经济发展的。集体所有制向全民所有制过渡并不是一条必然的规律。⑧

## （二）全民所有制和集体所有制：公有制的主要实现形式

在改革开放以前，国内学者大部分都认为社会主义所有制只包含国家所有制和集体所有制这两种公有性质的所有制。董辅礽（1979）对此首次提出疑问，他认为，经济体

---

① 吴敬琏，陈吉元：《关于社会主义全民所有制的几个问题》，《经济研究》，1962年第7期，第23~32页。
② 谢地：《论社会主义公有制的存在形式、载体形式、实现形式》，《政治经济学评论》，2015年第6期，第183~200页。
③ 薛暮桥：《论社会主义集体所有制》，《经济研究》，1978年第10期，第2~9页。
④ 李泽中：《关于社会主义全民所有制的理论和实践》，《经济研究》，1981年第3期，第46~52页。
⑤ 董辅礽：《全民所有制企业的性质和地位问题》，《学术月刊》，1984年第4期，第10~14页。
⑥ 蒋明：《全民所有制经济对集体所有制经济的主导作用——兼与何伟同志商榷》，《学术月刊》，1986年第1期，第10~14页。
⑦ 彭必源：《集体所有制的社会主义性质新论》，《湖南师范大学社会科学学报》，1987年第4期，第54~59页。
⑧ 王拴乾：《对集体所有制向全民所有制过渡问题的几点看法》，《新疆师范大学学报》（社会科学版），1981年第1期，第11~19页。

制的改革的实质在于改革全民所有制的国家所有制形式,应该把国家所有制有步骤地改革为全民自主的所有制形式,使劳动者共同占有的生产资料能够按照全体劳动者的共同利益来使用。① 实际上董辅礽提出这个观点之后,国内经济学界对社会主义所有制形式问题产生了争论。关于社会主义所有制的具体实现形式有哪些,学界争论不断。这里列举几种主要的观点(见表 4-1)。

**表 4-1 关于社会主义所有制形式的争鸣汇总表**

| 社会主义所有制的形式观点讨论 | 代表学者 |
| --- | --- |
| 观点一：坚持国家所有制为全民所有制现阶段的表现形式 | 蒋学模(1979),朱元珍等(1982),吴宣恭(1984),等等 |
| 观点二：全民所有制的表现形式不限于国家所有制 | 董辅礽(1979),贺力平(1980),于光远(1980),薛暮桥(1987),等等 |
| 观点三：社会主义全民所有制与社会主义国家所有制并不是一个概念 | 方生等(1980),李泽中(1982),于光远(1988),等等 |
| 观点四：企业所有制是社会所有制改革的方向 | 何伟(1986),杨宇和余关福(1989),等等 |
| 观点五：社会所有制有多种实现形式 | 刘诗白(1985),厉以宁(1987),等等 |

第一种观点认为,社会主义国家应该坚持国家所有制和集体所有制这两种实现形式。蒋学模(1979)坚持认为,属于全民所有的生产资料,只能由一个代表全体人民利益的社会中心来支配,而且"只有社会主义国家才能代表全体人民的利益",所以社会主义全民所有制的唯一可能的表现形式是社会主义国家所有制在整个社会主义历史时期,国家将要存在,因此社会主义全民所有制也就始终要表现为国家所有制。② 朱元珍等(1982)指出经济管理体制改革的实质不是改变社会主义国家所有制,那些主张要改变社会主义全民所有制的国家所有制形式,试图将我国的社会主义国家所有制改变成所谓"社会所有制""全民自主的所有制"或者什么"企业所有制",只会在思想上和实践上为我国的经济改革带来混乱。③ 吴宣恭(1984)认为,社会主义全民所有制和国家所有制虽然不完全等同,不能画等号,但是,它们的差别只在于前者是就本质来说的,后者是具体形式,而全民所有制的具体形式可能不止一个。我国现阶段的国家所有制已经实现了所有制客体在全社会规模的公有化,所有制主体是全社会的劳动人民。我们应当承认,它已具备了社会主义全民所有制的基本特征,在实质上属于全民所有制。④

第二种观点认为,社会主义公有制不只包含国家所有制和集体所有制这两种实现形式。贺力平(1980)认为社会主义全民所有制是否要采取国家所有制的形式,应当根据

---

① 董辅礽:《关于我国社会主义所有制形式问题》,《经济研究》,1979 年第 1 期,第 21~28 页。
② 蒋学模:《论我国社会主义所有制的性质与形式》,《学术月刊》1979 年第 10 期,第 36~43 页。
③ 朱元珍,刘循,刘志典:《经济管理体制改革的实质不是改变社会主义国家所有制》,《经济研究》,1982 年第 3 期,第 44~49 页。
④ 吴宣恭:《我国的国家所有制实质上是社会主义全民所有制》,《中国经济问题》,1984 年第 2 期,第 1~6 页。

一定的历史经济政治条件来决定，在某些时候、某些条件下采取国家所有制形式可能是合适的；在另一些时候、另一些条件下采取国家所有制形式则可能是不合适的。[①] 董辅礽（1979）从劳动者和生产资料直接结合的角度分析坚持国家所有制为全民所有制唯一形式的缺陷，他指出，社会主义全民所有制作为劳动者同生产资料直接结合的社会形式，理应由劳动者直接管理全民所有制的生产资料，管理企业的生产、交换、分配等活动。[②] 于光远（1980）指出，社会主义经济低级阶段的所有制形式有三种，即有三种社会主义经济，或者说有三种社会主义的生产经济：一是社会主义的国家所有制，二是社会主义的集体所有制，三是社会主义的个人所有制。[③] 吴敬琏（1982）指出，在存在国家的条件下，全社会所有就有必要表现为国家所有。我们经济体制改革的方向是国有经济"既保持国家所有制，又使企业成为独立经营的主体"的双重所有制，即社会主义国有制和部分的企业制。[④] 薛暮桥（1987）认为全民（国家）所有制和集体所有制这两种所有制往往互相渗透，集体所有制还可能与个体所有制互相渗透，我国在经济体制改革中，所有制的形式日益复杂。首先是产生不同行业、不同地区之间的国营与国营、国营与集体、集体与集体、集体与个体之间的合资经营或合作经营，这样就形成多种形式的混合所有制。[⑤]

第三种观点认为，社会主义全民所有制与社会主义国家所有制并不是一个相同的概念。刘诗白（1979）认为，社会主义全民所有制是社会主义所有制的高级形式，现阶段社会主义国家所有制并不是完全的社会主义全民所有制。社会主义全民所有制一旦产生，就不可能以完整的全民所有制的形态出现。社会主义全民所有制是不完整的全民所有制。生产资料的全民所有关系与产品的企业局部占有关系是社会主义全民所有制不完整的基本特点。[⑥] 方生等（1980）认为只有当生产力发展到能由全社会占有一切生产资料，全社会是一个统一的生产和分配单位时，全民所有制才能成为历史的必然性。[⑦] 陈德华等（1980）认为经济管理体制改革的核心问题，是要在生产资料归国家所有的前提下，使各个企业真正成为独立经营的商品生产者，而不是要从根本上取消社会主义国家所有制。[⑧] 李泽中（1982）指出部分人认为我国时行国家所有制形式还不是真正的全民所有制形式，经济体制改革下所有制改革就是要改国家所有制的现行形式，使社会主义国家所有制成为真正的全民所有制，他同时指出也有人认为只有到社会主义发达阶段，"社会主义公有制的多种形式已经成为单一形式"的时候，全民所有制才将不采取国家

---

[①] 贺力平：《社会主义全民所有制必然要采取国家所有制的形式吗——与蒋学模同志商榷》，《学术月刊》，1980年第6期，第38~43页。
[②] 董辅礽：《关于我国社会主义所有制形式问题》，《经济研究》，1979年第1期，第21~28页。
[③] 于光远：《所有制·社会主义·社会主义所有制》，《全国城市集体所有制经济理论讨论会报告》，1980年1月7日。
[④] 吴敬琏：《关于我国现阶段生产关系基本结构的若干理论问题》，《经济改革的政治经济学问题探讨》，中国社会科学出版社，1982年，第14~15+17页。
[⑤] 薛暮桥：《我国生产资料所有制的演变》，《经济研究》，1987年第2期，第15~28页。
[⑥] 刘诗白：《试论经济改革与社会主义全民所有制的完善》，《经济研究》，1979年第2期，第24~29页。
[⑦] 方生，胡乃武，陈德华：《关于社会主义国家所有制》，《光明日报》1980年2月2日。
[⑧] 陈德华，方生，胡乃武：《社会主义国家所有制和企业自负盈亏》，《社会科学辑刊》1980年第4期，第72~77页。

所有制形式。① 于光远（1988）认为现阶段全民所有制下国家虽然代表全体人民的利益，但是它作为社会主义社会中的当事者之一，也有自己局部的利益。因而在理论上全民所有制不可能成为社会主义所有制的某种形式。"全民"作为所有的主体是界限不清楚不明确的，所以只使用"社会主义国家所有制"这样的概念就可以了。②

第四种观点认为，我国不存在真正的全民所有制，企业所有制是新的发展方向。何伟（1986）认为我们通常所说的全民所有制，实际上并不存在，存在的只是国家所有制。③ 杨宇和余关福（1989）指出，经济体制改革的深化，必然会深入所有制关系中，将国家所有制一统天下的又"纯"又"公"状况，分解为国家所有制和企业所有制。④

第五种观点认为，全民所有制和集体所有制的实现形式应该是多样化的。刘诗白（1985）认为社会主义社会的所有制具有多样的形式，社会主义全民所有制和社会主义集体所有制而存在不同的具体形式。⑤ 厉以宁（1987）主张实行多元化的所有制形式。企业生产资料所有权也可以不是单一的，而是由全民、集体和个体按照多种方式交叉、渗透而形成的混合性质的。所有制的多元化，包括混合性质的所有制的形成。⑥

## 四、混合所有制

关于混合所有制的研究，学界主要从联合所有制、国有企业改革的实践，以及从我国所有制结构完善积极作用三个角度出发去研究。

### （一）联合所有制

关于联合所有制的论述，在混合所有制改革提出之前，有学者认为其可以作为所有制改革的一个方向。龙华（1985）指出，联合所有制是国营企业、集体企业和个人三种类型资金的联合，各种资金都以股份资金的形式构成股份企业资金的总和，从而形成多种经济成分共同占有的一种公有制形式。⑦ 孙洪敏（1986）认为，社会主义联合所有制，是以公有制为基础、以自愿互利为原则的多种所有制形式的结合体。它不同于全民所有制和社会所有制，它同劳动群众集体所有制也不是一回事。它同资本主义联合所有制也存在着本质区别。前者是以公有制为基础，按社会主义生产关系和生产目的而组合起来的，后者则是股份资本，"即那些直接联合起来的个人的资本的形式，是私人资本的社会化形式"。⑧ 张绍礼（1984）认为，社会主义联合所有制是社会主义公有制。因为

---

① 李泽中：《关于社会主义全民所有制的经济改革问题》，《经济改革的政治经济学问题探讨》，中国社会科学出版社，1982年，第32~34+40页。
② 于光远：《对社会主义所有制的再认识》，《哲学研究》，1988年第3期，第3~9页。
③ 何伟：《试论社会主义公有制的发展规律——兼论企业所有制不是集体所有制》，《经济研究》，1986年第9期，第38~44页。
④ 杨宇，余关福：《社会主义企业所有制的必然性及其优点》，《学术月刊》，1989年第5期，第51~55页。
⑤ 刘诗白：《论社会主义所有制具体形式的多样性》，《社会科学战线》，1985年第4期，第41~45页。
⑥ 厉以宁：《社会主义所有制体系的探索》，《河北学刊》，1987年第1期，第78~86页。
⑦ 龙华：《社会主义联合所有制初探——兼论社会主义股份企业的性质》，《山西财经学院学报》，1985年第5期，第39~44页。
⑧ 孙洪敏：《试论社会主义联合所有制的性质和特点》，《理论探索》，1986年第3期，第21~22页。

社会主义联合所有制下的生产资料不是由某个人私人占有,而是由参加联合的经济实体共同占有的。如果参加联合的经济实体是公有制,实现联合后生产资料的占有仍然是公有制性质的。社会主义联合所有制不是经济实体的简单联合,而是独立的所有制形态。①

### (二) 从所有制结构完善角度看混合所有制发展

晓亮(1993)认为,由于混合所有制经济是一种活力很强的所有制形式,因而通过深化改革,这种所有制关系必定还会大大发展。在国家所有制、集体所有制中,会有一些企业通过改革而成为混合所有制企业。混合所有制必将成为我国现阶段所有制结构中一种重要的所有制形式。② 何伟(2004)认为,党的十六届三中全会将股份制作为公有制的主要实现形式,这意味着我国不仅在所有制结构上是混合经济,而且在企业里的资本构成上也是混合经济,并将它确定为我国经济结构的基本形式,这在社会主义所有制结构上是一个重大发展。③ 方茜(2020)认为,"中国公有制的实现形式已过渡到紧跟现实、创新发展的阶段,混合所有制是对传统模式的继承与创新"。④

### (三) 发展混合所有制的积极作用

随着我国国有企业改革的深入发展,发展混合所有制成为大势所趋。学界大多数都从不同角度对发展混合所有制推动国有企业深入改革的积极作用作了详细的阐述。卫兴华(2015)指出,为什么要发展混合所有制经济?过去学界讨论的重点,主要是将其作为公有制的有效实现形式,以增强国有经济的控制力、影响力,并搞好搞活国有经济。党的十八届三中全会《决定》深化了对发展混合所有制的经济功能和目的的认识:既是为了放大国有资本的功能,提高其竞争力,更好地发展国有经济;也是为了扩大民营资本的发展领域,让民营资本更多进入国有经济,更好地发展非公有制经济。⑤ 卢江和葛杨(2015)明确指出,发展混合所有制经济绝不是要实行混合经济制度,它是社会主义初级阶段完成向高级阶段过渡的手段,在提升经济效率和改善收入差距等问题上有积极的作用。⑥ 程恩富和董宇民(2015)认为,我国实行社会主义市场经济,可以采用混合所有制经济,但目的和形式应有所不同,混合所有制经济是社会主义基本经济制度的重要实现形式,公有资本为主体的混合所有制经济是社会主义的必然要求。⑦ 顾钰民和廉国强(2020)认为,"党的十九届四中全会指出,坚持'两个毫不动摇',探索公有制多种实现形式,发展混合所有制经济,这是我国完善社会主义基本经济制度的重要内容和

---

① 张绍礼:《对社会主义联合所有制的探讨》,《理论探讨》,1984 年第 1 期,第 44~48 页。
② 晓亮:《大有发展前景的一种所有制形式——混合所有制》,《中国党政干部论坛》(曾用名《党校论坛》),1993 年第 11 期,第 9~11 页。
③ 何伟:《论混合经济》,《经济学家》,2004 年第 4 期,第 15~19 页。
④ 方茜:《中国所有制理论演进与实践创新》,《社会科学战线》,2020 年第 9 期,第 56~65 页。
⑤ 卫兴华:《发展混合所有制经济的新视角》,《人民日报》,2015 年 7 月 27 号,第 7 版。
⑥ 卢江,葛杨:《王亚南对混合经济制度论的研究及其启示》,《经济学家》,2015 年第 7 期,第 21~26 页。
⑦ 程恩富、董宇坤:《大力发展公有资本为主体的混合所有制经济》,《政治经济学评论》2015 年第 6 卷第 1 期,第 116~128 页。

主要途径,应该成为全面深化改革的基本遵循。'两个毫不动摇'是发展混合所有制经济的基本原则,发展混合所有制经济是完善社会主义基本经济制度的根本路径"。①

## 第五节 积极发展非公有制经济

### 一、对非公有制经济的性质、地位及作用的认识变迁

非公有制经济的发展,与公有制经济一样,经历了从有到无,再从无到有的二重否定发展阶段。关于非公有制经济的性质、地位及作用的认识,不同时期的学界对其评价也有不同。

#### (一)改革开放前学界对非公有制经济的认识

1956年"三大改造"完成,标志着社会主义制度在我国建立。以此为转折点,学界对不同时期的非公有制经济的认识是不断深入完善的。

1. 新民主主义时期:既鼓励又限制非公有制经济发展

学界基本上都认为,在新民主主义时期,为了团结可团结的所有力量进行革命斗争,中国共产党对非公有制(私营经济/私有经济)采取既鼓励发展又限制其剥削功能的政策。张闻天(1933)提出:"要发展苏维埃的经济,在目前不尽量利用私人资本是不可能的。私人资本主义的这种发展,可以增加我们苏区内的生产,流通我们的商品,而这对苏维埃政权现在是极为重要的。"② 毛泽东(1941)在抗日根据地建设时期也提出尊重私营经济发展的观点。他在《陕甘宁边区施政纲领》指出:"要奖励私人企业,保护私有财产,欢迎外地投资,实行自由贸易,反对垄断统制,同时发展人民的合作事业,扶助手工业的发展。"③ 刘国光(2000)就新民主主义时期的非公有制经济的发展问题指出,在1949—1952年的国民经济恢复时期,我国实施"公私兼顾、劳资两利、城乡互助、内外交流"的基本经济政策,使各种经济成分在国营经济领导下"分工合作、各得其所"。④

2. 社会主义建设探索期:从全面限制到全面消灭"私有制"

学界基本上都认为在社会主义探索期"一大二公"的传统计划经济体制下,由于个体经济、私营经济都视为非社会主义的性质,非公有制经济几乎被消灭。刘诗白(1987)指出,就宏观的社会主义所有制结构来说,我国在生产资料的社会主义改造取得胜利后,由于对个体所有制和其他的前社会主义所有制存在的必然性和意义认识不

---

① 顾钰民,廉国强:《发展混合所有制经济与完善社会主义基本经济制度》,《中州学刊》,2020年第06期,第25—32页。
② 张闻天:《张闻天选集》,人民出版社,1985年版,第25—26页。
③ 毛泽东:《毛泽东文集》第2卷,人民出版社,1993年版,第336页。
④ 刘国光:《新中国50年所有制结构的变迁》,《中南财经大学学报》,2000年第1期,第5~14页。

足，采取了"割私有制尾巴"的做法，从而形成了单一性公有制结构。① 简新华（2000）指出，在传统的单一公有化理论的影响下，生产关系不断革命，实行"一平二调"，取消自留地、家庭副业、集市贸易，个体经济被当作"资本主义尾巴"几乎砍光，私营经济完全绝迹。② 刘雪明（2005）指出，1966—1976年间，我国对个体私营经济采取了严格限制的政策，到1976年底私营经济在我国已经绝迹，个体经济也微乎其微，全国城镇个体工商业者只剩下19万人，仅为1966年的12.2%。在"文化大革命"中，党和国家对个体私营经济采取了极端严厉的政策，私营经济被坚决消灭，个体经济被严格限制、积极改造。③

当然，也有学者提出过非公有制经济对社会主义建设有积极作用的论点。薛暮桥（1957）在社会主义建设探索时期就正确地认识到非公有制经济的补充作用。他指出，暂时让个体经济和资本主义经济来填补那些社会主义经济"还不能达到的角落"，发展到一定程度还要再对它们进行社会主义改造。④

### （二）改革开放至今学界对非公有制经济的认识

改革开放至今，学界对非公有制经济的认识，随着所有制结构的不断完善和社会主义市场经济的不断深入发展而发展。改革开放以来，学界对非公有制的性质、非公有制对社会生产力发展的积极作用等问题，在不同阶段有不同的讨论。该时期对非公有制经济的认识基本上也可以划分为两个阶段，一个是社会主义市场经济体制改革启动前的计划经济向市场经济过渡时期，另一个是社会主义市场经济体制改革启动之后的深入改革阶段。在前一阶段，学界普遍赞同非公有制经济具有双重性的观点，但社会主义制度下的非公有制经济是严格有别于资本主义制度下的私人所有的私有制。在后一阶段，学界更关注的是非公有制经济与市场经济的关系。

1. 20世纪80年代至20世纪90年代初对非公有制经济性质的认识

这一时期，学界对非公有制经济性质和作用的认识已经有所突破，认识到非公有制经济具有双重性作用。

于光远（1980）对社会主义个人所有制的性质认识很充分，他指出，有了社会主义个人所有制这种社会主义的辅助经济，社会主义的集体所有制经济只会更加巩固。整体来看，社会主义个人所有制还是附属于社会主义集体经济的，或附属社会主义国营经济的。⑤ 方生（1981）指出，社会主义制度下的劳动者的个体经济，是社会主义经济的附属和补充，这讲的是个体经济在整个社会主义国民经济体系中所处的地位和作用，但绝不意味着个体经济是社会主义性质的经济。把个体经济的"地位""作用"和它的"性

---

① 刘诗白：《在总结改革实践经验中发展社会主义所有制理论》，《江西社会科学》，1987年第4期，第23~25页。
② 简新华：《改革以来社会主义所有制结构理论的发展》，《学术月刊》，2000年第3期，第34~39页。
③ 刘雪明：《1966-1976年我国个体私营经济政策述评》，《当代中国史研究》，2006年第3期，第42~49页。
④ 薛暮桥：《薛暮桥学术精华录》，北京师范学院出版社，1988年，第204~205页。
⑤ 于光远：《所有制·社会主义·社会主义所有制》，《全国城市集体所有制经济理论讨论会的报告》，1980年1月。

质"混同起来,是不妥当的。① 刘诗白(1982)就改革开放以后,我国社会主义个体经济的性质进行了评价。他指出,社会主义制度下的个体经济逐步具有社会主义的因素,从而完全能成为社会主义公有制经济的助手与有效补充。尽管个体经济是对公有制经济的补充,并产生积极作用,但是个体经济作为私有制经济的残余和社会主义经济总结构的异质因素,它与社会主义公有制经济之间又存在着矛盾。② 单东和王政挺(1990)认为,作为私营经济,其生产资料归业主所有,雇主靠剥削工人获取剩余价值,这是私营经济的一般性。但是,我国的私营经济是在社会主义经济的大环境中存在的,公有制经济影响和支配着私营经济,从而使之有不同于资本主义社会中的性质和地位。③ 吕时达和赛晓序(1992)认为我国现阶段的社会经济生活中,私营经济的作用是双重的,即既有利于社会主义经济发展的积极作用,又有不利于社会主义经济发展的消极作用。④

2. 非公有制经济与我国社会主义市场经济关系

1992年,中国共产党十四大提出要建设社会主义市场经济体制,标志着我国进入社会主义市场经济体制改革的新阶段。该时期,非公有制经济与市场经济的关系成为学界争论的焦点。

晓亮(1996)回答了社会主义非公有制经济与市场经济能否相容的问题。他指出,发展非公有制经济是同社会主义相容的。因为非公有制经济的发展,在社会主义现阶段是不可避免的,它利于调动各方面的积极性,也利于生产力发展。在建立社会主义市场经济体制的过程中和社会主义市场经济建立后,非公有制经济都是不可缺少的组成部分。⑤ 周叔莲(2000)反对那些认为非公有制只能在社会主义初级阶段存在、社会主义最终目标是要消灭私有制和市场经济,只实行计划经济的观点。他认为,说非公有制经济是社会主义经济的重要组成部分,和说非公有制经济是社会主义市场经济的重要组成部分一样,都是有科学依据的。⑥ 董辅礽(2003)认为,要建立和发展市场经济就必须发展非公有制经济,因为非公有制经济是市场经济的基础,没有非公有制经济就没有市场经济,没有非公有制经济的发展也没有市场经济的发展。发展非公有制经济绝对不是权宜之计。⑦ 程恩富等(2013)在批判社会上两种错误的观点时指出,有一种观点把非公有制经济排斥在社会主义初级阶段的基本经济制度之外,把发展非公有制经济看作是权宜之计。⑧ 刘伟(1998)认为,从宏观经济运行层面看,我国非公有制经济的发展缓解了市场经济运行的通货膨胀压力。他认为,非国有经济的成长是"软着陆"中经济高

---

① 方生:《关于城镇个体经济的几个问题》,《东岳论丛》,1981年第2期,第18~24页。
② 刘诗白:《论社会主义制度下个体所有制的性质》,《经济问题探索》,1982年第6期,第40~42页。
③ 单东、王政挺:《对个体经济、私营经济和搞活公有制企业的一些理论问题的探讨》,《经济学动态》1990年第5期,第23~25页。
④ 吕时达、赛晓序:《我国私营经济的性质及其两重作用》,《山东师大学报》(社会科学版),1992年第1期,第14~20页。
⑤ 晓亮:《社会主义市场经济与非公有制》,《经济学家》,1996年第3期,第81~87页。
⑥ 周叔莲:《非公有制经济是不是社会主义经济的重要组成部分》,《当代经济研究》,2000年第4期,第48~51页。
⑦ 董辅礽:《发展非公有制经济的几个认识问题》,《宏观经济研究》,2003年第4期,第5~8页。
⑧ 程恩富、杨承训、徐则荣、张建刚:《中国特色社会主义经济制度研究》,经济科学出版社2013年版,第51页。

速增长的主要支撑。非国有经济是"软着陆"中低通胀得以实现的重要力量。从总供给侧方面看，非国有经济抑制通胀作用大于国有企业，从总需求侧看，非国有经济的发展对缓解通胀压力起到至关重要的作用。①

3. 非公有制经济发展存在的一些问题

也有部分学者对非公有制经济本身发展存在的一些问题进行了讨论。卢志鑫（1980）对个体经济这一非公有制经济的积极作用进行研究时也指出，即使是正当经营的城乡个体经济，它也会带有小商品生产的某些特点，其生产与交换还有一定的盲目性，它与公有制经济会发生一定的矛盾。② 白永秀（1999）指出，非公有制经济具有无可比拟的优越性，但目前仍受到人们的认识不到位、自身局限性和政府管理不规范三个方面的局限。③ 简新华（2000）指出，非公有制经济的存在既有促进社会主义经济繁荣的积极作用，也有与社会主义的本质相悖、不利于实现社会主义最终目标的消极因素，非公有制经济自身不能消除两极分化、消灭剥削、达到共同富裕。④ 刘迎秋等（2010）指出，改革开放以来，我国非公有制经济发展取得了一系列重大成就，但在非公有制经济理论研究、政策环境以及非公有制企业融资、家族企业治理等方面面临一些矛盾和问题。尤其是在行政垄断、政策限制、融资困难以及家族企业向现代化企业重组建设方面需要加大努力。⑤

## 二、大力发展非公有制经济

大力发展非公有制经济，要从非公有制经济发展的历史脉络梳理中找寻线索。就非公有制经济的发展阶段问题，学者们进行了不同的历史阶段梳理（见表4-2）。

表4-2 关于非公有制经济的发展阶段划分汇总表

| 观点 | 代表学者 |
| --- | --- |
| 三阶段论 | 方生（1981），许桂娟和陈杰（1998），刘玉江和能建国（2013），任保平等（2008），等等 |
| 四阶段论 | "非公有制经济发展问题与对策研究"课题组（2004），刘迎秋和刘砚辉（2009），方茜（2020），等等 |
| 五阶段论 | 白永秀和宁启（2018），白永秀和王泽润（2018），等等 |
| 六阶段论 | 周鸿铎和王永江（1981），等等 |

### （一）三阶段论

方生（1981）对新中国成立到1976年"文化大革命"结束的全国个体工商业的发

---

① 刘伟：《经济"软着陆"与非国有经济》，《经济研究》，1998年第4期，第65~69页。
② 卢志鑫：《怎样看待我国现阶段的个体经济》，《经济问题》，1980年第4期，第38~42页。
③ 白永秀：《非公有制经济：优势、制约及对策》，《经济体制改革》，1999年第2期，第15~18页。
④ 简新华：《改革以来社会主义所有制结构理论的发展》，《学术月刊》，2000年第3期，第34~39页。
⑤ 刘迎秋，赵三英，余慧倩：《论进一步促进我国非公有制经济健康发展》，《中国社会科学院研究生院学报》，2010年第3期，第5~13页。

展情况进行了阶段划分。大体上可以分为三个阶段：第一阶段，1949—1955 年，全国个体工商户在国民经济中比重较大。如个体工商业收入占国民收入50%以上，个体商户有 280 万户。第二阶段，1955—1965 年，社会主义改造后个体工商业急剧下降。第三阶段，"文化大革命"时期继续下降，全国工商业只剩下 15 万人。① 许桂娟和陈杰（1998）也将我国非公有制经济发展划分为三个阶段：第一阶段为 1949—1976 年，我国非公有制经济是社会主义经济的对立物，被逐步消灭。第二阶段为 1978—1997 年，非公有制经济是社会主义经济的有益补充，允许多种所有制并存。第三阶段为 1997 年至 1998 年以后，非公有经济与公有经济共同发展。② 刘玉江和能建国（2013）将改革开放以来我国非公有制经济发展划分为三个阶段：1978—1991 年为非公有制经济在探索中发展前行阶段；1992—2001 年为非公有制经济快速发展阶段；2002—2012 年为非公有制经济的转型升级阶段。③ 任保平等（2008）认为，改革开放以来我国非公有制经济是与市场经济同步产生和发展起来的。它在理论上经历了"利用论"到"补充论"再到"重要组成论"三个发展阶段；在实践中经历了"艰难起步"到"夹缝中求生存"再到"实践中高速发展"等三个阶段。第一阶段（1978—1981 年）为理论上的"利用论"与实践中的"艰难起步"。第二阶段（1982—1997 年）是理论上的"补充论"与实践中的"夹缝中求生存"。第三阶段（1997 年至今）是理论上的"重要组成论"与实践中的"跨越式发展"。④

（二）四阶段论

"非公有制经济发展问题与对策研究"课题组（2004）将改革开放以来至 2004 年我国非公有制经济发展概括为四个阶段：个体经济恢复发展阶段（1979—1986 年）；允许私营经济存在和发展阶段（1987—1991 年），该阶段党的十三大提出了包括非公有制经济特别是私营经济存在发展的必要性，宪法修正案确立了私营经济的合法地位。从此，私营企业从无到有，蓬勃发展；个体私营经济快速发展阶段（1992—1996 年）；非公有制经济稳定健康发展阶段（1997 年至 2004 年）。⑤ 刘迎秋等（2009）对改革开放 30 年来我国非国有经济的发展进行了一个阶段划分。他们指出，中国非国有经济改革和发展大体经历了起伏不平的四个阶段：（1）1978—1988 年，非国有经济改革与发展的起步阶段；（2）1989—1991 年，非国有经济的曲折发展期，个体私营经济发展受到了重创；（3）1992—2001 年，非国有经济恢复性快速发展时期，个体私营经济在波动中实现快速发展，如外商对华协议投资额不断扩大，实际投资额也大幅度增长等；（4）2000 年

---

① 方生：《关于城镇个体经济的几个问题》，《东岳论丛》，1981 年第 2 期，第 18~24 页。
② 许桂娟，陈杰：《我国非公有制经济的发展历程与前景展望》，《经济纵横》，1998 年第 12 期，第 31~33+40 页。
③ 刘玉江，能建国：《改革开放三十五年来非公有制经济发展的回顾与启示》，《中央社会主义学院学报》，2013 年第 2 期，第 42~47 页。
④ 白永秀，任保平，吴振磊：《我国非公有制经济发展 30 年：回顾与展望》，《江西社会科学》，2008 年第 7 期，第 67~73 页。
⑤ "非公有制经济发展问题与对策研究"课题组：《制度、市场与非公有制经济》，《经济社会体制比较》，2004 年第 3 期，第 48~57 页。

以后，非国有经济在产业素质大提升和结构大调整过程中实现大发展时期。① 方茜（2020）提出，改革开放以来我国非公有制经济经历了四个发展期：恢复发展期、快速发展期、持续发展期和全面发展期。其中，1979—1984 年是个体经济的恢复发展期；1985—1992 年是个体经济、私营经济的快速发展期；1993—2011 年，伴随社会主义市场经济体制的建立，个体经济和私营经济进入持续发展期；党的十八大以来，中国非公有制经济进入全面发展阶段。②

### （三）五阶段论

白永秀和宁启（2018）将改革开放以来我国非公有制经济发展划分为五个阶段：（1）起步恢复阶段（1978—1981 年），利用非公有制经济恢复生产、改善民生；（2）规模扩大阶段（1981—1997 年），非公有制经济是公有制经济的补充；（3）全面发展阶段（1997—2002 年），非公有制经济成为我国社会主义市场经济的重要组成部分；（4）规范发展阶段（2002—2012 年），非公有制经济与公有制经济平等竞争；（5）混合发展阶段（2012 年至今），非公有制经济是我国经济社会发展的重要基础。③ 白永秀和王泽润（2018）对改革开放以来非公有制经济理论进行创新发展，以我国所有制结构调整的演进逻辑为基础，以公有制与非公有制经济的关系转变为依据，将改革开放以来我国非公有制经济地位的演进划分为五阶段：（1）第一阶段（1978—1981 年）为"利用论"阶段；（2）第二阶段（1981—1997 年）为"补充论"阶段；（3）第三阶段（1997—2002 年）为"重要组成论"阶段；（4）第四阶段（2002—2012 年）为"同等待遇论"阶段；（5）第五阶段（2012 年至今）为"同等地位论"阶段。④

### （四）六阶段论

周鸿铎和王永江（1981）指出，新中国成立至 1981 年，我国个体经济发展大致经历了社会主义改造（1949—1958 年）和社会主义建设（1958—1981 年）两个时期。又细分为六个阶段：第一阶段（1949—1952 年）为国民经济恢复期。第二阶段（1952—1957 年）为"一五"计划时期的社会主义改造期。第三阶段（1958—1960 年）为"大跃进时期"，在这个时期内使我国个体经济遭受到了第一次大破坏。第四阶段（1961—1965 年），该时期实行了"八字方针"，对个体经济放宽了政策限制，取得明显发展，在国民经济得到恢复和发展以后，政策上又限制了个体经济的发展。第五个阶段（1966—1976 年）"文化大革命"时期，我国个体经济遭到了第二次大破坏。第六个阶段（1977—1981 年）个体经济得到恢复发展。⑤

---

① 刘迎秋，刘砚辉：《非国有经济改革与发展 30 年：回顾与展望》，《经济与管理研究》，2009 年第 1 期，第 29~34 页。
② 方茜：《中国所有制理论演进与实践创新》，《社会科学战线》，2020 年第 9 期，第 56~65 页。
③ 白永秀，宁启：《改革开放 40 年中国非公有制经济发展经验与趋势研判》，《改革》，2018 年第 11 期，第 40~48 页。
④ 白永秀，王泽润：《非公有制经济思想演进的基本轨迹、历史逻辑和理论逻辑》，《经济学家》，2018 年第 11 期，第 13~21 页。
⑤ 周鸿铎，王永江：《关于我国个体经济的几个问题》，《经济与管理研究》，1981 年第 2 期，第 26~31 页。

## 第六节 总体考察

对我国社会主义所有制的研究是推动我国经济改革、不断调整生产关系、促进生产力发展的重要力量。社会主义应该实行什么样的所有制、中国在社会主义初级阶段推进社会主义建设应该实行什么样的所有制，这些从理论到实践，再从实践到理论的问题一直是我国学术界研究的重点。在这一极富意义的研究领域，我国学术界研究成果丰硕，就这些研究来看，可以总结出一些重要特点，并提出未来的研究展望。

### 一、特点总结

**（一）注重从生产力与生产关系相互作用中审视社会主义所有制理论的发展历程**

社会主义所有制理论，在中国共产党成立一百年的时间里，由酝酿到早期探索再到成为社会主义基本经济制度的重要组成部分，是不断完善的，且过程是曲折反复的。学界对社会主义所有制的认识，也是随着实践的不断向前推进并在总结全部经验的基础上不断完善的。社会所有制理论的曲折探索，就体现了生产力与生产关系的互动关系。学界早期对社会主义所有制理论认识的不足，主要是因为当时学界对马克思恩格斯经典理论预设条件没有完全充分的认识，以及全盘照搬苏联社会主义所有制理论与实践经验，并没有结合中国国内生产力发展的实际来进行具体分析。改革开放后，学界对传统所有制理论的有关反思，直接推动了我国社会主义所有制理论创新和发展。变革了的生产关系，大大解放了生产力的发展桎梏，生产力的进一步发展，反过来又进一步推进生产关系的不断完善。

**（二）强调党的领导在社会主义所有制理论发展中的地位**

社会主义所有制理论，是党在社会主义建设道路上不断总结经验并逐步丰富完善的。在不同阶段的所有制改革都是由党在总结经验基础上，主动进行的生产关系变革，党始终领导着社会主义所有制的改革。从早期"摸着石头过河"的探路式的摸索，到后期"顶层设计"的全局领导，体现了党领导社会主义建设的领导能力的质的提升。学界对社会主义所有制理论的研究，大多数是对经典理论假设的思考，并且结合了党中央有关所有制改革实践相关问题。例如所有制结构改革、公有制的实现形式可以多种多样、国有企业的改革等问题的研究都是紧紧贴合所有制改革的实践。

**（三）社会主义所有制理论的内涵与实现形式不断拓展，是马克思主义不断中国化的理论成果**

经过实践探索形成的中国特色社会主义所有制理论，是区别于传统的马克思恩格斯以及列宁、斯大林等经典作家所描绘的社会主义所有制理论的。我国学界大多都认识到在中国处于并将长期处于社会主义初级阶段的基本国情条件下，对马克思恩格斯经典作家所预设的社会主义所有制理论并不适用。列宁部分经济思想如"新经济政策"的运用，成为我们处理公有制与非公有制关系的有力借鉴，而斯大林的"所有制教条"对马克思恩格斯经典理论的理解过于片面，在一段时间里对工业化建设有所帮助，但长期而言对生产力发展形成桎梏，学界在改革开放前也并没有充分认识到苏联模式下的传统单一所有制模式的弊端。改革开放后随着生产关系的调整，学界开始认识到传统所有制与生产力发展不相适应的地方，并开始思考与中国国情相适应的中国特色所有制理论的发展。公有制的形式不再局限于全民所有制，公有制的形式不限于国家所有制和集体所有制，公有制的实现形式也不再局限于国家集中经营，并且承包制、租赁制以及股份制成为公有制的有效实现形式，最终确立股份制成为公有制的重要实现形式。学界对公有制形式以及公有制实现形式的多样化、所有制结构变革、公有制与非公有制关系、非公有制经济的性质、地位及作用等理论问题的认识也随着所有制改革实践的推进而逐步深入。中国特色的社会主义所有制全部理论创新，都是马克思主义不断中国化发展的理论成果。

（四）重视从学术争鸣视角理解社会主义所有制理论的发展

对于社会主义所有制的研究，学界在不同时期就不同的研究热点都有过重大的学术争鸣。特别是改革开放以来，对斯大林有关传统所有制理论的反思，引起了一系列的争鸣。如孙冶方关于社会主义所有制的内涵的讨论、董辅礽关于社会主义所有制形式的讨论、厉以宁关于股份制应该成为社会主义公有制的有效实现形式等问题的讨论，都引起了学界对社会主义所有制理论问题的深入思考。针对不同的学术观点，学术争鸣使得真理越辩越明，最终去伪存真。激烈的学术争鸣，指出了社会主义所有制理论研究的相关的疑难点，推动了社会主义所有制理论的深入发展；同时，也推动了我国社会主义所有制改革的实践。

## 二、未来展望

中国特色社会主义所有制理论，与社会主义所有制改革的实践相统一。改革并没有完成时，社会主义所有制理论的丰富完善也没有完成时。未来，社会主义所有制理论将进一步细化、深化。我们最终将向马克思恩格斯等经典作家设想的未来共产主义社会的所有制靠近，但中国仍将处于并将长期处于社会主义初级阶段是基本国情，现阶段社会主义仍不足以达到马克思恩格斯经典作家所设想的未来共产主义所有制所需的应然条件。理论上，我们要与社会主义所有制改革实践紧密结合，深入研究现阶段我国社会主义所有制理论的缺陷，使其日臻完善。未来社会主义所有制研究的方向应在以下几个方面加强：在社会主义基本经济制度框架下如何继续坚持"两个毫不动摇"原则；如何在新发展理念指导下实现公有制经济的高质量发展，推动公有制企业的实现形式进一步多样化发展；如何实现公有制经济内部科学管理和市场化运行；如何深入挖掘非公有制经济的积极作用；如何推动农村集体经济进一步的深入改革发展；如何继续做强做优做大国有企业，搞好国有企业的深入改革及混合所有制改革等等。

### （一）社会主义所有制的改革必须始终坚持"两个毫不动摇"的原则

"毫不动摇巩固和发展公有制经济，毫不动摇鼓励、支持、引导非公有制经济发展"，即是社会主义所有制改革中对所有制结构内的公有制经济和非公有制经济关系地位的一个定性规定，也是指引下一步社会主义所有制改革的一个必须坚持的原则和方向。毫无疑问，社会主义公有制经济是社会主义的制度基础，更是保证社会主义不走样、不变调的一个定性要求。但在生产力发展不平衡，人民日益增长的对美好生活的需求和发展不平衡不充分之间的社会主要矛盾要求下，仅仅依靠公有制的发展，还不足以解决社会多样化需求的矛盾。因而要积极利用非公有制经济在推进市场改革、提高创新新激励、实现市场主体多元化、促进就业等方面的积极作用，同时强化反垄断和防止资本无序扩张，促进公有制经济和非公有制经济健康发展。

### （二）在新发展理念指导下探索更加多样化的公有制经济实现形式

新一轮"混合所有制改革"，成为公有制经济实现形式的新探索。在公有制为主体，多种所有制共同发展的前提下，公有制属性的国有企业与非公有制属性的私营企业及外资企业的混合发展成为新的发展方向。未来，要继续深入研究公有制属性的国有企业与非公有属性的其他企业的新一轮的混合所有制的发展模式、发展方向及混合所有制下国有企业与其他市场主体的兼容发展问题。国有企业虽然体量巨大，但不可能做到面面俱到。未来，在国有企业与非国有企业的混合持股发展前提下，如何确保国有企业的属性定位不变、如何确保国有企业的多重功能有效区分、如何在社会主义市场经济下实现国有企业与非公有制企业之间的合作共赢，以确保"两个毫不不动摇"原则的问题等等，值得继续深入研究。尤其是新一轮的混合所有制改革，原先国有企业入股非公有制企业的单向混合开始向国有企业与非公有制企业之间交叉持股的方向发展。未来在新的混合所有制改革的方向，如何既保持国有企业的主导地位不动摇，又充分利用非公有制企业在解放和发展生产力提高市场效率方面的积极作用，限制非公有制企业的消极影响的问题，值得深入探讨。概言之，在新一轮的混合所有制改革背景下，如何正确处理国有企业和非公有制企业之间的关系，值得深入研究。

### （三）继续探索国有企业做强做优做大的改革

中国特色社会主义市场经济体制下的社会所有制问题研究，核心问题在于探讨国有企业的功能分类、国有企业的市场化改革、国有企业的效率评价标准以及国有企业现代化管理体制改革等问题。公有制为主体的突出地位，就表现为国有经济的主导控制力上。而现代社会主义市场经济体制下，国有企业成为国有经济的主导力量。国有经济的主导地位不动摇，就是要在社会主义市场化体系建设的前提下，通过国有企业的系统改革，令其成为社会主义市场经济体制内市场的主体。国有企业的效率评价、功能分类、国有资产的有效监管、国有企业与市场经济进一步相兼容的形式、如何在社会主义市场经济体制深入改革背景上做强做优做大国有企业的问题，依旧是我国社会主义所有制问题研究的重点内容。

### （四）积极推动公有制经济与非公有制经济平等发展的市场建设

中国特色社会主义进入新时代，要求在社会主义所有制改革中必须始终贯彻新发展理念，尤其是在"公有制"与"非公有制"关系处理上，需要更加深入全面的研判，需要在坚持"政府"与"市场"双方互补发展，在混合所有制改革里，既要发挥强有力的"政府"的作用，又要发挥强有力的"市场"的作用，实现"政府"与"市场"的优势结合。对公有制经济的功能分类要继续深入推进，将"市场"能够有效发挥作用的部分还给"市场"，除需要"政府"介入的事关国计民生、国家发展安全、重大科研攻关、公共服务提供及大规模基础设施建设投入等行业和领域外，其他只要市场能发挥作用的就应该积极推向市场，使得公有制经济下的国有经济和非公有制经济下的民营经济、外资经济享受同等的市场准入待遇、同等的产权保护地位、同等使用资源要素的权利、公平公正的参与市场竞争的权利以及享有同等的法律地位。

### （五）乡村振兴视野下，进一步加强农村集体经济深入改革的研究

改革开放从农村经营体制改革入手，当前和未来一段时间仍然要以农村特别是农村集体经济改革为重点。比如如何探索新"三权分置"改革，如何实现小农户与现代农业衔接、如何推进巩固拓展脱贫攻坚成果与乡村振兴战略有机衔接、如何实现小农户的分散经营与规模化、市场化、产业化、现代化经营有效结合等一系列关系农业农村现代化的重大问题，有待深入研究。

# 第五章 社会主义分配理论

以按劳分配为主体、多种分配方式并存的分配制度是由公有制为主体、多种所有制经济共同发展的所有制制度决定的。社会主义分配制度是实现社会主义公平正义、全体人民共同富裕的重要保障。中国共产党成立 100 年以来，国内学术界对社会主义所有制理论进行了大量研究，形成了诸多研究成果。本章首先回顾国内学术界对马克思主义经典作家关于社会主义分配理论论述的阐释，接着阐释中国共产党对社会主义分配认识的变迁，然后分别从社会主义初级阶段的分配格局、社会主义的按劳分配、按生产要素分配等多种分配方式、正确处理效率与公平的关系四个方面梳理学界对社会主义分配理论的研究，最后总结国内学术界对社会主义分配理论研究的特点，并对社会主义分配理论的未来研究方向进行展望。

## 第一节 对马克思主义经典作家关于社会主义分配理论的阐释

### 一、对马克思恩格斯关于社会主义收入分配理论的阐释

#### （一）对按劳分配的阐释

党的早期领导人李大钊主要基于剩余价值理论和资本集中理论阐述了工人阶级贫困的根本原因。依据马克思的剩余价值理论，李大钊指出：资本家付给工人的工资只是"由他自己的劳工生产的一小部分"。余下部分就是马克思所说的"余值"，即雇佣工人在生产过程中由"余工"创造出来，而被资本家无偿占有的剩余价值。"余值"产生的原因就在于"工人的工力为工银所买"①，因为在雇佣劳动制度下，工人除劳动力外一无所有，不得不"和一个拥有百万财产的资本家订起合同"以求谋生。于是，"资本家是买主，劳动者是卖主；工银是价格，劳力是商品"。正是这样，资本家按工银交易条件，"把处分物品的权保留在自己手中"②。把"工人所生产的价值，全部移入资本家的手中，完全归他处分。而以其一小部分用工银的名目还给工人，其量仅足以支应他在生

---

① 《李大钊文集》，人民出版社，1959 年，第 197 页。
② 《李大钊文集》，人民出版社，1959 年，第 490 页。

产此项物品的期间所消用的食品，余则尽数归入资本家的囊中。"① 李大钊进一步指出，"工人的工力为工银所买""劳力是商品"乃是形成"余工"和"余值"的原因，是资本主义发生剥削的关键。而"其量仅足以支应他在生产此项物品期间所消用的食品"②，则永远致使"劳动力商品"。对于未来社会主义社会的分配方式，李大钊认为，就分配而言，既然在社会主义社会的生产形式已经变成社会的，这分配的方法，也该随着改变应归公有了。这是一种极公平的分配。具体说来就是将生产品直接分配于消费者，分配于他业者，且"使直接从事生产的人得和他劳工相等的份"，③ 即实行按劳分配。

陈独秀设想未来社会主义的分配方式，应是按劳力平均分配。陈独秀设想，在社会主义社会中，人人都必须参加劳动，"对于劳动者所生产的价值，不是直接使劳动者全收，也是由国家收取一部分仍间接的用在劳动者身上"。④ 陈独秀肯定了"不劳动者不得食"的原则，否定了剥削；他还将劳动者的收入分为直接收入和间接收入，指出了社会主义国家同劳动者个人利益上的一致性。但是，陈独秀又坚持平均分配观，主张"资本归公"后就立即废除"工银制度"，用"法律的强迫"来实现社会劳动量的分配，最后的劳动成果则按劳力平均分配。⑤ 这种"按劳力平均分配"，违反了"按劳分配"的原则，实际上也是根本行不通的。

对于未来社会的分配原则，张闻天主张消除城乡差别，实行平均分配⑥，而彭湃则主张实行各取所需的按需分配⑦。李达明确指出社会主义时期还不能实行各取所需的分配原则。因为那时社会生产力还不能发达到无限制的程度。他认为社会主义社会个人消费的物质有一定的限制，不得超过自己收入所得的价值，就是说，还只能实行按劳分配的原则。李达认为，"社会主义的分配制度，以自由平等为根据。"⑧ 其分配原则应与社会阶级的发展水平相适应，他不赞成无政府主义者"各尽所能各取所需"的原则，认为当"社会生产力为发达的地方与生产力未发达的时期内，若用这种分配制度，社会的经济的秩序就要弄糟了"，"若果社会的生产力发达到无限制的程度，生产物十分丰富，取之不尽，用之不竭，则'各取所需'的分配原则是很可能实行的。"⑨

李达不仅强调社会主义的分配不能实行"各取所需"，而且强调在行使分配的过程中必须发挥货币的作用："生产力既有制限，生产出来的物质当然也有制限，我们分配这有限的物质要求其平等，就不可不行使货币经济，对于各人所收入的货币额加以制限"，"在人类的道德程度没有达到至圣至神的地位时，对于有限的生产物要行公平的分配，再没有比这种制度还好的了"。⑩

---

① 《李大钊文集》，人民出版社，1959年，第198页。
② 《李大钊文集》，人民出版社，1959年，第198页。
③ 《李大钊选集》，人民出版社，1959年，第211页。
④ 《陈独秀文章选编》（中册），生活·读书·新知三联书店，1984年，第86页。
⑤ 《陈独秀文章选编》（中册），生活·读书·新知三联书店，1984年，第6页。
⑥ 《张闻天文集》（第一卷），人民出版社，1990年，第9页。
⑦ 《彭湃文集》，人民出版社，1981年，第5~6页。
⑧ 《李达文集》（第一卷），人民出版社，1980年，第50页。
⑨ 《李达文集》（第一卷），人民出版社，1980年，第51页。
⑩ 《李达文集》（第一卷），人民出版社，1980年，第51页。

于光远（1981）认为，按劳分配是社会主义公有制本身一个不可缺少的规定性。因为，所有制不仅仅是一个生产资料的归属问题，而是一定历史阶段上社会生产、分配、交换和消费这几个方面生产关系的总和。这是因为所有制必须通过生产、分配、交换和消费才能在经济上得到实现，否则就没有意义，成为虚幻的东西。产品的分配，正是所有制在经济中实现自身的一个重要方面。他明确指出："存在不存在按劳分配，是区分一种公有制是不是社会主义公有制必不可少的规定性。不存在按劳分配就不是社会主义公有制。社会主义公有制要在社会主义生产中实现，也一定要在按劳分配中实现。"①

卫兴华（2017）认为资本主义生产关系决定了资本主义分配原则必然是按生产要素所有权分配；社会主义公有制则决定了社会主义分配原则必然是按劳分配。②张朝尊等（1979）指出按劳分配承认劳动差别，体现劳动差别，但劳动差别不能成为决定按劳分配个人消费品的因素。实行按劳分配规律办事，就是要实行多劳多得、少劳少得、不劳动不得食的原则，劳动报酬的差别符合劳动差别。③晓亮和项启源（1981）认为马克思所说的按劳分配，是指个人消费品的分配，而个人消费品的分配不论从历史上看，还是从现实中看，都是以个人作为对象的。个人占用消费品的多少，取决于在分配这个环节中得到的份额的大小。④还有观点指出，按劳分配主要是由社会主义社会生产资料公有制的基本条件决定的，其实现是由包括生产力发展水平、消除商品货币关系等在内的严格条件限制的，劳动创造价值是按劳分配的重要尺度，但显然不是理解和贯彻按劳分配原则的充分必要条件。⑤

## （二）对马克思收入分配理论主要内容的研究与阐释

经典的马克思主义收入分配理论应包括两大部分：一部分是建立在对资本主义生产方式的深刻剖析基础上的，对资本主义分配关系、分配方式及其历史发展规律的解释；另一部分是在深刻剖析资本主义生产关系和分配关系的同时，批判并吸收空想社会主义者关于未来社会分配问题的观点，创立起的科学的按劳分配理论。⑥董全瑞（2011）认为马克思收入分配理论的主要内容包括以下两个方面：第一，生产方式决定分配方式是马克思收入分配理论的基础；第二，雇佣劳动关系下的工资决定过程是马克思收入分配理论的核心。⑦屈炳祥（2012）认为马克思收入分配理论的内容主要包括以下五个方面：第一，关于生产的"生产条件的分配"理论；第二，关于社会总产品分配的理论；第三，关于个人消费品分配的理论；第四，关于未来社会总产品分配的科学构想；第

---

① 于光远：《政治经济学社会主义部分探索》（二），人民出版社，1981年，第102页。
② 卫兴华：《中国特色社会主义政治经济学的分配理论创新》，《毛泽东邓小平理论研究》，2017年第7期，第1~5页。
③ 张朝尊，项启源，黄振奇：《关于按劳分配规律的几个问题》，《经济科学》，1979年第1期，第18~23页。
④ 晓亮，项启源：《按劳分配的几个理论问题——同蒋一苇通知商榷》，《江汉论坛》，1981年第1期，第22~25页。
⑤ 逄锦聚：《关于价值论、劳动价值论与分配理论的一些思考》，《南开经济研究》，2001年第5期，第22~27页。
⑥ 刘灿，李萍等：《中国收入分配体制改革》，经济科学出版社，2019年，第2页。
⑦ 董全瑞：《马克思的收入分配理论及其当代价值》，《海派经济学》，2011年第4期，第81~92页。

五，关于在分配问题上对资产阶级经济学家庸俗分配理论的批判。① 于金富（2011）认为马克思主义分配理论的主要内容包括以下两个方面：第一，关于分配方式决定于生产方式的一般原理；第二，关于社会主义分配制度本质特征的基本原理。② 刘旭友和郭蓓（2009）认为，马克思分配理论的主要内容主要包括以下三个方面：第一，按劳分配；第二，按需分配；第三，按要素分配。③ 王朝明和王彦西（2017）则认为马克思的收入分配理论是以劳动价值论为逻辑起点，劳动力商品理论、剩余价值论和资本积累论为理论支点的。④ 马克思在《资本论》中从分析商品开始，提出了劳动二重性、社会必要劳动时间、价值、使用价值、劳动力、可变资本、不变资本、剩余价值等一系列基本范畴，并在这些范畴的基础上创立了他的收入分配学说。这种学说虽然是以早期自由放任的资本主义为研究对象的，但同时也是对一种不存在社会不同利益集团的平等协商和政府干预这些其他机制的纯市场交换机制的市场经济，即单一市场交换机制的市场经济的科学抽象分析。⑤ 有论者认为，在马克思看来，"三位一体"公式的庸俗性就在于将资本、劳动、土地都同等地看作是价值的源泉。但马克思并没有否认，土地所有权、资本和雇佣劳动成为收入的源泉。《资本论》关于剩余价值分割的分析说明了分配中实现要素所有权对提高生产力和增加社会财富所起的积极作用。⑥

## 二、对列宁斯大林关于社会主义收入分理论的阐释

有论者提出列宁的收入分配思想经历了从平均主义到注重效率与公平兼顾的发展转变，认为列宁传承了马克思与恩格斯的收入分配思想，更加强调共享劳动成果与共同富裕，反对不劳而获，重视对激励劳动实践积极性的制度引导与制度设计。⑦ 俄国十月革命后，列宁按照马克思的科学社会主义的原则，结合本国的社会主义建设实践，在五个方面发展了马克思的收入分配理论：一是明确地肯定了按劳分配原则是社会主义社会的一个基本经济特征；二是系统阐述了社会主义社会实行按劳分配的历史必然性；三是把"不劳动者不得食"作为按劳分配的一个重要方面，从而扩展了按劳分配原则的科学内涵；四是提出并肯定了社会主义条件下的个人物质利益原则；五是提出了社会主义时期存在商品货币关系，指出实现按劳分配的形式是货币工资制的思想。⑧

斯大林时期形成的"公有制+计划经济"模式曾经在较长时期内支配了苏联与其他社会主义国家经济建设实践。有学者指出，斯大林将"社会主义的消费资料领域还存在

---

① 屈炳祥：《马克思的收入分配理论及其当代价值》，《学习论坛》，2012年第11期，第28～33页。
② 于金富：《马克思主义分配理论与我国国民收入分配结构及其调整》，《长春市委党校学报》，2011年第4期，第36～41页。
③ 刘旭友，郭蓓：《马克思分配理论研究述要》，《中共贵州省委党校学报》，2009年第4期，第77～79页。
④ 王朝明，王彦西：《马克思收入分配理论基础探究——基于〈资本论〉的逻辑视角》，《经济学家》，2017年第10期，第13～20页。
⑤ 裴小革：《论收入分配理论的历史演变和劳动价值论的实践价值》，《当代经济科学》，2003年第1期，第22～26+93页。
⑥ 洪银兴：《以富民为目标的收入分配》，《当代经济研究》，2003年第12期，第8～12+64页。
⑦ 刘文勇：《社会主义收入分配的思想演进与制度变迁研究》，《上海经济研究》，2021年第1期，第42～55页。
⑧ 孙晓娜，谢斌：《转型期中国收入分配问题研究》，陕西人民出版社，2016年，第20～22页。

商品经济而且价值规律依然发生作用""公有制下存在两种所有制形式"作为前提,首次提出了"各尽所能、按劳分配"的思想,认为这就是马克思主义的"社会主义公式"即"共产主义社会的第一阶段公式"。① 还有学者指出,斯大林在领导苏联的社会主义建设中,反对分配领域的平均主义,认为社会主义按劳分配是公平的分配原则,但是,按劳分配原则不是均等分配,分配的结果必然产生收入差距、贫富差距,如城乡差距和体力劳动与脑力劳动的差距等。斯大林认为产生收入差距的根本原因是生产资料私有制,因此,缩小收入差距,就必须消灭私有制。但是斯大林这一看法,忽视了生产力和生产关系之间的辩证关系,尤其是忽视了生产力对生产关系的决定作用,加快了苏联向单一的公有制过渡的进程。② 斯大林承认城乡差别、脑力与体力劳动的差别,如在1931—1933年期间,主导推进了工资等级、累计计件、职务工资制的改革,但同时又希望通过建立单一公有制来消灭差别,在一定程度上促成了超越生产力水平的生产关系构建,导致体制内的激励性发展动力不足。

## 第二节 中国共产党对社会主义分配理论认识的变迁

### 一、对毛泽东思想关于社会主义收入分配理论的阐释

毛泽东是中国共产党的创建者之一,也是新中国的缔造者。毛泽东在1949年以前的收入分配思想主要体现在他对土地革命理论和新民主主义的经济政策的阐述中。在革命战争时期,毛泽东对民众个人的收入分配谈得不多,即使涉及提高和改善人民群众的生活,也是从政治意义上给予强调的。毛泽东在"一五计划"中后期,对收入分配问题进行了一些宝贵论述,构成了毛泽东关于收入分配的思想,是毛泽东思想的重要组成部分,对我国现阶段收入分配体制改革具有重大的现实意义和指导意义。毛泽东对收入分配的有关论述主要体现在《论十大关系》《在省市自治区党委书记会议上的讲话》《关于正确处理人民内部矛盾的问题》等文章或讲话中,其主要思想可以概括为四个方面:一是在分配问题上兼顾国家利益、集体利益和个人利益,二是在生产发展的基础上及时调整和提高工人的工资和农民的收入,三是努力提高农民的收入,四是避免过大的收入差距。③ 杨辉(2009)提出,毛泽东在社会主义建设实践中,坚持并发展了马克思按劳分配的理论,提出了反对平均主义,又要防止过分悬殊的正确观点;毛泽东在分配中强调把按劳分配原则和政治思想工作结合起来,但更多强调革命精神的作用。毛泽东承认社

---

① 刘文勇:《社会主义收入分配的思想演进与制度变迁研究》,《上海经济研究》,2021年第1期,第42~55页。
② 孙晓娜,谢斌:《转型期中国收入分配问题研究》,陕西人民出版社,2016年,第20~22页。
③ 赵满华:《"一五计划"中后期毛泽东关于收入分配的思想及其现实意义》,《太原师范学院学报》(社会科学版),2014年第5期,第50~53页。

会主义社会不能没有个人利益,必须统筹兼顾,适当安排。① 罗雪中和彭栋梁(2006)认为由于受当时国际国内环境的制约以及苏联模式和"左倾"思想的影响,使毛泽东的按劳分配理论和实践之间存在一定的差距,如过早地否定收入差距,包括按劳分配收入差距,致使个人收入分配结果趋于均等化;在收入分配问题上过分强调人的精神、生产关系、上层建筑的作用,忽视了生产力的决定作用和物质的激励作用等,这些都不利于社会主义生产力的发展。②

## 二、对中国特色社会主义理论体系关于社会主义收入分配理论的阐释

### (一)以邓小平同志为主要代表的中国共产党人对社会主义收入分配理论的阐释

作为改革开放的总设计师,邓小平对马克思主义收入分配理论作出了重要贡献,他紧密结合中国社会主义经济建设的实际情况,运用和发展了马克思主义收入分配理论。有观点认为,邓小平收入分配理论的基础是以按劳分配为主体,本质是"共同富裕",政策主张是在坚持公平与效率统一的前提下,选择"效率优先、兼顾公平"的原则,提出"让一部分先富起来,先富带动后富"。③ 邓小平"先富共富"思想为党的十一届三中全会精神的贯彻落实找到了突破口,并成为新时期全党和全国人民思想解放的先导,帮助人们摆脱了平均主义的思想束缚,加速了中国改革开放的历史进程,引导全党和全国人民对马克思主义科学社会主义理论进行在探索,揭示了社会主义初级阶段社会的发展动力,帮助中国人民闯出了一条中国特色社会主义道路。④ 有学者指出,"先富、后富、共同富""大政策"是一个有机整体,其要义是"致富",本质是"共富",核心是允许和鼓励通过诚实劳动、合法经营"先富",关键是"先富"带帮"后富"、"后富"赶超"先富"。⑤ 面对当前社会贫富差距扩大的现象,有必要重温邓小平"先富共富"思想,完整领会和深刻认识邓小平"让一部分人先富""共同富裕""防止两极分化"的相关论述,并从中找出解决当前贫富差距过大问题的启示。⑥

有学者指出,邓小平的收入分配理论从社会主义本质的高度论述收入分配问题,贯穿了"共同富裕"这一社会主义的最终目标。邓小平收入分配理论的特点就在把分配关系同社会主义初级阶段和社会主义市场经济联系起来,奠定了社会主义初级阶段分配理

---

① 杨辉:《中共收入分配思想和政策的发展及其历史启示》,《学术论坛》,2009第9期,第39~42页。
② 罗雪中,彭栋梁:《马克思按劳分配理论在我国的历史发展和突破》,《学海》,2006年第2期,第5~9页。
③ 石磊:《对邓小平社会收入分配思想的再认识》,《市场周刊(理论研究)》,2010年第6期,第84~86页。
④ 蔡天新:《对邓小平"先富与共富"思想的再认识》,《南京航空航天大学学报》(社会科学版),2012年第4期,第1~7页。
⑤ 曾端祥:《在把握整体特性中突出主体——对邓小平"先富、后富、共同富"思想的再认识》,《学习与实践》,2008年第10期,第60~64页。
⑥ 付春:《邓小平先富共富理论对解决当前贫富差距过大问题的启示》,《毛泽东思想研究》,2010年第6期,第77~81页。

论的框架,发展了马克思主义收入分配理论。① 有学者认为,邓小平收入分配理论没有被前人的本本所束缚,不仅对按劳分配理论正本清源,克服了平均主义,重新明确为社会主义不可动摇的分配原则,同时又对社会主义商品经济与按劳分配作了重大发展,明确了按劳分配仍然是社会主义市场经济的主要分配原则,区分了按劳分配的层次,增加了单位(企业)这个集体分配层次,明确了农民家庭承包责任制符合按劳分配原则以及强调按劳分配和责任制结合。其基本内容和原则完全适用于整个社会主义初级阶段和社会主义市场经济全过程,应当作为中国特色社会主义经济学分配理论的重要组成部分。②

防止两极分化,实现共同富裕一直是邓小平考虑的重点问题,他不只是重视社会主义分配关系,即消除两极分化,更加重视与分配有关的整个社会主义生产关系,特别是所有制关系的问题。③ 党的十一届三中全会以来,我国进行了全方位多层次宽领域的改革开放,涉及经济政治文化社会各个方面,随着社会生产力的发展,社会财富的增加,特别是市场经济的价值指向追求效率,实现利益最大化,由此,贫富差距也就产生了。贫富差距如果不断拉大,社会财富会逐步向少数人转移集中,而绝大多数人的财富会越来越少,两极分化也就不可避免。我国是社会主义国家,坚持社会主义制度,根本原则是全体人民共同富裕,社会出现两极分化与社会主义的发展目标完全是背道而驰的。针对有些人认为"先富共富论"已经成为历史,从而提出"过时论"的观点,有学者强调"先富共富论"的内核,是邓小平对客观经济社会发展与收入分配关系的分阶段、有差别的基本规定性的高度概括,即,"先富共富论"反映的是人类经济社会的非均衡发展及其差别收入理论和实践规律。④ 还有学者指出"收入差距论"和"共同富裕论"是邓小平收入分配理论的两个创新观点,"收入差距论"运用非均衡发展原理,打破平均主义分配模式,"共同富裕论"运用非均衡发展原理,否决了绝对的、形而上学的"共同富裕论"。⑤

## (二)以江泽民同志为主要代表的中国共产党人对社会主义收入分配理论的阐释

以江泽民同志为核心的党的第三代中央领导集体,在推进我国经济体制改革和社会主义现代化建设的实践中,根据发展社会主义市场经济条件下收入分配领域出现的新情况、新问题,勇于创新,丰富与发展了邓小平收入分配思想,在坚持按劳分配为主体的前提下,提出了按劳分配和按生产要素分配相结合,并根据我国地区收入差距扩大的新

---

① 杨承训,张新宁:《中国特色社会主义分配理论的来龙去脉》,《中共天津市委党校学报》,2005 年第 3 期,第 98~103 页。
② 洪银兴:《以富民为目标的收入分配》,《当代经济研究》,2003 年第 12 期,第 8~12+64 页。
③ 刘国光:《关于分配与所有制关系若干问题的思考》,《红旗文稿》,2007 年第 24 期,第 9~20 页。
④ 郭军:《"先富共富论"与非均衡发展的理论和实践》,《毛泽东邓小平理论研究》,2011 年第 4 期,第 16~21 页。
⑤ 冯招容:《把握邓小平收入分配"两论"适度控制收入差距》,《厦门特区党校学报》,2006 年第 2 期,第 31~35 页。

情况，适时提出了地区经济协调发展和实施西部大开发战略。① 有学者指出，江泽民对社会主义的分配理论进行了一系列的创新：确立了多种所有制并存的收入分配的所有制基础，确立了收入分配必须通过市场的途径，确立了效率优先、兼顾公平的原则，肯定了非劳动生产要素获取报酬的地位，提出扩大中等收入者的比重，提出了不以是否劳动和财产多少作为收入分配的合理性和政治上先进性的判断标准。② 还有学者认为，以江泽民同志为代表的党的第三代中央领导集体将马克思按劳分配的基本思想与中国社会主义市场经济条件下个人收入分配条件的现实相结合，对按劳分配的主体、尺度、对象和客体范围进行了创新。③ 有学者指出，江泽民的效率与公平思想，是"三个代表"重要思想的重要组成部分，实现效率与公平的辩证关系是社会主义的本质要求。④ 还有学者认为江泽民收入分配思想坚持和完善了社会主义初级阶段的所有制结构和收入分配制度，丰富了邓小平的效率与公平观。⑤ 还有学者指出：党的十六大报告，不仅明确了劳动是一种生产要素，而且确认劳动作为首要生产要素的地位，从理论上概括了"按生产要素分配"的基本含义；在强调"坚持效率优先、兼顾公平"原则的基础上，进一步指出了如何贯彻这一原则的思路以及市场与政府在调节效率与公平相互关系中所应当发挥的作用。⑥

**（三）以胡锦涛同志为主要代表的中国共产党人对社会主义收入分配理论的阐释**

中共十六届五中全会提出了中国今后五年的收入分配制度改革的目标、指导方针和重大部署，为解决我国贫富差距问题、避免两极分化、最终实现共同富裕提供了制度保障，同时也使我国的收入分配理论达到一个新的高度。党的十七大很好地继承了邓小平收入分配理论，特别是以江泽民同志为核心的党的第三代领导集体发展了的邓小平收入分配理论。特别是四个"提高"，即"提高居民收入在国民收入分配中的比重""提高劳动报酬在初次分配中的比重""提高低收入者收入""提高扶贫标准和最低工资标准"，具有特别的新意。它是针对我国市场经济体制改革与经济社会发展进入崭新时期、出现崭新形势后，提出的既符合邓小平收入分配理论，特别是经以江泽民同志为核心的党的第三代领导集体发展了的邓小平收入分配理论，又具有崭新的内容和特别的新意，符合我国社会主义初级阶段实际，是科学而正确的政策。⑦

---

① 邹志勇，张明池：《以江泽民为核心的党的第三代中央领导集体对邓小平经济理论的丰富与发展》，《山东经济》，2001年第3期，第3~5页。
② 彭必源：《江泽民社会主义分配思想研究》，《湖北社会科学》，2003年第11期，第16~19页。
③ 彭升，罗雪中：《论党的三代领导人对马克思按劳分配理论的历史发展》，《中南大学学报》（社会科学版），2006年第1期，第19~24页。
④ 陈为，郑晓晖：《江泽民效率与公平思想阐析》，《经济研究导刊》，2006年第1期，第22~24页。
⑤ 陈德祥：《论江泽民对邓小平经济伦理思想的丰富和发展》，《学术论坛》，2004年第5期，第15~18页。
⑥ 陈希敏，白永秀：《论十六大报告对收入分配理论的新贡献》，《经济学动态》，2003年第1期，第33~36页。
⑦ 刘嗣明，郭晶：《党的收入分配理论体系的创立历程及十七大的新发展》，《当代经济研究》，2008年第4期，第34~38页。

### 三、对习近平新时代中国特色社会主义思想中社会主义收入分配理论的阐释

党的十八大以来,以习近平同志为核心的党中央高度重视收入分配问题,针对收入分配提出了一系列指示,形成了符合中国国情的、具有鲜明时代特征的、科学系统的收入分配改革思想。习近平指出:"收入分配是民生之源,是改善民生、实现发展成果由人民共享最重要最直接的方式。"① 中央多次研究收入分配改革问题,出台了一系列改革措施和政策文件,强调公平正义、共同富裕和人民的"获得感","共享"被作为新发展理念的重要组成部分,收入分配改革取得了新的显著成效。

有学者指出,习近平新时代中国特色社会主义收入分配理论,以马克思主义为理论基础,以社会主义基本经济制度为制度基础,以社会主义市场经济为体制基础,以新时代新矛盾为现实基础,以人民共享为核心,强调初期分配中坚持按劳分配原则,完善按要素分配的体制机制,再分配更加侧重社会公平正义,积极缩小收入差距,推进社会公共产品均等化发展。② 还有学者提出,习近平"共同富裕"思想是对我国不平衡不充分社会主要矛盾的回应,也是对党的第一、第二代中央领导人"共同富裕"思想的继承与发展。③

习近平从马克思主义的世界观和方法论出发认识分配问题,提出了以人民为中心的发展思想和共享发展理念,以脱贫攻坚为抓手推进全面建成小康社会,形成了一系列新论述新思想,进一步丰富和发展了社会主义分配理论。在习近平总书记针对收入分配改革及相关问题的诸多论述中,核心目的就是希望经济发展的成果能够公平惠及每一个人,让人民群众都能公平、充分地享受经济发展的成果,从而消除收入分配上的两极分化,最终实现共同富裕。④ 习近平关于分配的重要论述将生产与分配、国内与国际、公平与效率、目标与价值有机结合起来,是一个完整的理论体系。站在新发展理念的立场上对其进行阐释,主要包含坚持与时俱进,推动分配理论制度创新;不断协调分配失衡,实现共同富裕的理想目标;坚持绿色生产,向"绿水青山"要"金山银山";坚持分配的国际视野,回应国际不合理分配秩序;坚持共享发展理念,遵循以人民为中心的价值取向等五个方面。⑤ 习近平新时代分配理论以新时代我国社会主要矛盾的转化作为问题的逻辑起点,把高质量发展作为解决收入分配问题的关键和基础,贯彻新发展理念,推进供给侧结构性改革,全新定位政府与市场关系,以建设体现效率、促进公平的现代化收入分配体系为目标追求,以满足新时代人民群众对公平正义的分配需要为价值诉求。习近平新时代分配理论诠释了生产力与生产关系的辩证统一,理论与实践的辩证

---

① 《习近平总书记系列重要讲话读本(2016年版)》,人民出版社,2016年,第217页。
② 董宇坤,白暴力:《习近平新时代中国特色社会主义收入分配理论探讨——马克思主义政治经济学的丰富与发展》,《西安财经学院学报》,2018年第4期,第5~12页。
③ 郭瑞萍,李丹丹:《习近平对邓小平共同富裕思想的继承与发展》,《中共云南省委党校学报》,2020第3期,第49~53页。
④ 徐充,胡晁坊:《新时代我国收入分配改革的现状、导向及对策研究》,《福建师范大学学报》(哲学社会科学版),2019年第6期,第72~77+169~170页。
⑤ 吴松:《新发展理念下习近平关于分配的重要论述探析》,《理论建设》,2020年第2期,第41~48页。

统一，真理与价值的辩证统一。①

## 第三节 社会主义初级阶段的分配格局

国民收入分配格局是指国民收入在国家、企业和居民之间的比例，反映了各个主体之间的利益关系。合理的收入分配格局必须兼顾国家、企业和个人的利益，有利于调动各个方面的积极性，利用好各个方面的资源。

### 一、国民收入分配格局

改革开放初期，按劳分配收入等劳动收入是居民收入的主体，按劳分配的主体地位显而易见。随着按生产要素分配等多种分配方式的引入，按劳分配收入等劳动收入的比重下降，生产要素收入等非劳动收入的比重上升。有学者认为，整个国民收入分配的格局也发生了变化，劳动报酬在初次分配中的比重下降（李稻葵等，2009②；白重恩，2010③），居民收入在国民收入分配中的比重下降，是我国劳动收入差距扩大的主要原因。④ 收入结构不合理是经济结构最突出的问题，两极分化与逐渐扩大的趋势，在国民收入分配中，资本所得不断上升，劳动所得不断下降，会带来投资和消费结构的失衡，⑤ 不利于扩大内需及经济发展方式的转变。⑥

#### （一）积累与消费的比例

我国主要坚持以自力更生为主、争取外援为辅的方针来解决建设所需的资金问题，这就要求主要依靠自己的内部积累来取得建设所需的资金，这无疑会给处理积累和消费的关系问题带来一些困难。社会主义改造时期的主要经济任务是恢复国民经济，建立独立的工业体系，加速工业化建设，提高积累基金和压缩消费基金比例，而积累的负担落在了农民身上，对于会不会影响农民的收入乃至扩大工农之间的差距，当时存在着较大的争论。梁漱溟认为"近年来工人生活提高而农民生活仍然很苦"，"建国运动忽略或遗漏了农民"。⑦ 毛泽东反对这种观点，提出了为实现国家工业化，主张优先发展重工业，必须节制一部分消费为实现工业化提高积累。在积累和消费的分配上，毛泽东强调"统筹兼顾，全面安排"，进一步论证了马克思恩格斯提出的在社会主义条件下积累与消费

---

① 武晓光：《习近平新时代分配理论的逻辑生成》，《学理论》，2020年第7期，第67~69页。
② 李稻葵，刘霖林，王红领：《GDP中劳动份额演变U型规律》，《经济研究》，2009年第1期，第70~82页。
③ 白重恩，钱震杰：《劳动收入份额决定因素：来自中国省际面板数据的证据》，《世界经济》，2010年第12期，第3~27页。
④ 李实：《收入分配与和谐社会》，《中国人口科学》，2007年第5期，第6~9页。
⑤ 林毅夫：《最突出的结构问题是收入分配不合理》，《江苏经济报》，2008年1月16日。
⑥ 刘树杰，王蕴：《合理调整国民收入分配格局研究》，《宏观经济研究》，2009年第12期，第11~16页。
⑦ 《梁漱溟全集》（第七卷），山东人民出版社，1993年，第16页。

的一致关系。① 陈云提出了国家"建设规模大小必须和国家的财力、物力相适应"的著名论断。②

经济学界关于积累与消费问题的讨论。薛暮桥和苏星认为，工人和农民的劳动报酬的差异在目前大体上是适当的，基本上是合理的。③ 但也有人不同意这种看法，认为工农收入差异有些偏大，农民生活没怎么改变。④ 刘国光（1980）用数学模型测算了两大部类间不同投资比例对扩大再生产速度和平均消费水平的不同影响。⑤ 许毅（1982）在总结三十年财政理论与实践的发展时，提出了要通过进行国民经济核算做好综合平衡，确定合理的再生产比例关系，其中就包括积累与消费的比例关系。⑥ 还有学者指出，改革开放之前的三十年高积累低消费的国民收入分配格局，虽然适应了加速我国工业化进程和改变我国产业布局不合理状况的需求，使国家在较短时间内获得了大量的积累基金，但由于它抑制消费，牺牲消费来换取高积累，也就不可避免地带来消极后果。⑦ 董辅礽（1981）认为国民收入用于积累的数量是必须增加，积累的比重在一段时期内也是必须提高的，但都必须在国民收入增长的基础上，以保证人民消费水平的提高为前提，而且积累率的提高也应有限度。⑧ 需要正确处理国民收入、积累和消费三者的关系。⑨ 20世纪80年代，运用数学模型精确计算出最佳积累率，成为积累与消费比例研究的一个显著特点，代表学者有李柱锡（1980）⑩、吴维嵩（1981）⑪、张守一（1983）⑫、李国璋（1985）⑬ 等。

## （二）个人收入中的劳动报酬占比

对于我国劳动报酬占比下降，目前学术界有以下几种观点。

一种观点认为，劳动报酬长期下降是产业结构变化的自然结果，经济中第一产业比重下降会自动导致劳动份额下降；等到我国产业结构升级完成之后，劳动份额就会自动上升。但是，理论和实践都表明，产业结构变化并不是导致我国劳动份额变化的唯一原

---

① 桑豫：《毛泽东同志关于积累与消费问题的理论浅析》，《中央财政金融学院学报》1993年第1期，第11~14页。
② 《陈云文选（1956—1985）》，人民出版社，1986年，第45页。
③ 汤国钧：《我国关于"按劳分配"的讨论》，《经济研究》1958年第7期，第72~76页。
④ 胡晓风，韩淑颖：《中国社会主义经济问题讨论纲要》，吉林人民出版社，1983年，第486页。
⑤ 刘国光：《社会主义再生产问题》，生活·读书·新知三联书店，1980年，第95页。
⑥ 许毅：《财政理论与实践》（上册），经济科学出版社，1982年，第3页。
⑦ 王刚：《我国积累与消费比例关系的历史回顾和未来选择》，《经济科学》，1992年第3期，第17~31+51页。
⑧ 董辅礽：《我国经济发展中积累和消费的关系问题》，《武汉大学学报》（哲学社会科学版），1981年第1期，第44~52页。
⑨ 石涛：《论国民收入、积累、消费三者之间的增长关系》，《财经研究》，1982年第6期，第1~9页。
⑩ 李柱锡：《论最优积累率》，《财经研究》，1980年第2期，第90~101页。
⑪ 吴维嵩：《关于最优积累率问题探索》，《厦门大学学报》（哲学社会科学版），1981年第3期，第103~106+86页。
⑫ 张守一：《积累与消费比例及其优化问题》，载杨坚白主编的《社会主义国民收入的若干理论问题》，中国社会科学出版社，1983年。
⑬ 李国璋：《最优积累率模型》，《数量经济技术经济研究》，1985年第6期，第15~20页。

因。从各国长期的历史经验来看，在产业结构保持稳定的情况下劳动份额也会出现变化，不存在劳动份额先下降后上升的规律。

另一种观点认为，劳动份额长期下降是工人相对于企业的谈判力下降的结果。在获取工资性收入的人群中，工人毫无疑问是主体，工人谈判力下降导致工资性收入在社会财富中所占比例下降。这种观点进一步认为，有三种因素导致工人谈判力下降。一是20世纪90年代以来国有经济在我国经济中的比重大幅下降，而私有企业工人的权利普遍得不到维护。二是在全球化条件下我国严重依赖出口，导致企业在面临国际竞争的情况下竞相压低工资。三是大量农民工进城务工和国企改革过程中职工下岗，导致工人之间竞争加剧。

从这一观点来看，2008年之后劳动份额稳中有升正是这三种因素发生变化的结果。表现为：第一，国有经济进入21世纪以来蓬勃发展，国有经济的比重趋于稳定。第二，全球经济危机使主要资本主义国家的经济陷入低迷，迫使我国对出口的依赖程度出现下降。第三，下岗职工大多数已经就业或退休，农民工数量增速放缓，部分地区甚至出现了"民工荒"，工人之间的竞争激烈程度有所放缓。第四，政府实行的一系列完善收入分配的措施，如提高最低工资标准、提高企业离退休人员基本养老标准等，也发挥了积极作用。

### （三）收入差距产生的原因与收入分配是否合理的测度与指标

#### 1. 关于收入差距持续扩大原因的讨论

长期以来，关于贫富差距的研究比较重视收入分配的基尼系数和城乡居民收入差距，但是基尼系数和城乡居民收入差距来自家庭收入抽样调查，这些调查并未反映财产分配情况，并且由于受调查者瞒报等因素的影响，这些调查会低估利润、利息、红利、租金等财产性收入，这样在很大程度上忽视了财产性收入的分配问题。实际上，劳动份额比基尼系数和城乡居民收入差距更能反映贫富分化的程度。劳动份额简单明了地反映了劳动者报酬（主要是工资性收入）和财产性收入的分配情况，并且，各国长期的历史经验表明，劳动份额还与财产分配的不平等相关。通常情况下，劳动份额越低，财产分配就越集中。抓住了劳动份额也就抓住了贫富分化的要害。劳动份额提高了，贫富分化就能明显改善。

近年来，劳动相对于各生产要素的报酬偏低以及偏向性技术进步理论，用于解释我国居民收入差距持续扩大的原因。有观点阐述了劳动价值被严重低估的现实情况，指出了要素价格失衡是导致收入差距扩大的重要根源。[①] 也有观点指出，通过对地区面板数据的分析得出，"各地区技术进步偏向性与全国走势趋同，基本呈资本偏向型"，"技术进步越偏向于资本，越有助于提升资本的收入份额而恶化劳动在收入中的地位"。[②] 还有论者在分析收入分配差距具体原因时就提到，不同分配形式是拉大收入差距的基本原

---

① 彭定赟：《要素价格失衡与收入差距变化的动态关联研究》，《华中师范大学学报》（人文社科版），2003年第1期，第47~52页。
② 王林辉，赵景：《技术进步偏向性及其收入分配效应：来自地区面板数据的分位数回归》，《求是学刊》，2015年第4期，第51~60+173页。

因，造成收入扩大的具体原因主要有：第一，"单一所有制变革为公私并存的多元所有制结构，……相应引起按劳分配与按要素分配相结合的多元分配方式"；第二，不完善的市场经济体制为部分人"寻租和暴富提供了巨大机遇"；第三，劳动力市场化使按劳分配的形式异化为劳动力的价格，减少了按劳分配在剩余价值中应有的分配，第四，"先富、后富"及"发展才是硬道理"等政策安排也拉大人们之间的收入差距；且强调体制转轨时期的各种不规范收入来源及分配方式才是导致收入差距急剧扩大的根本原因。①

收入差距的扩大和市场化的改革目标有一定的关系，有学者认为市场化改革有扩大收入差距的作用。换言之，有些收入差距是市场化改革的产物。市场化是我国经济体制改革的基本方向，这一改革方向决定了我们必须接受一定程度的贫富分化，因为收入差距在一定程度上的扩大是市场化改革的必然结果，是走向市场经济所必须付出的代价。这是由市场经济的基本规律和特点所决定的。另一种观点认为，我国的贫富分化是市场化不足的结果，似乎只要加强市场化改革，贫富差距就会缩小。还有一种观点认为，我国贫富分化是由"机会不平等"造成的。贫富分化与改革开放的政策选择有一定的关系，认为改革的政策选择推动了收入差距的扩大。首先，乡镇企业和非农产业的发展对收入差距的有重要影响。其次，多种分配方式并存的格局造成了个人收入形式的多样化，进一步拉大了贫富差距。第三，非国有经济的发展对收入差距扩大也具有影响。最后，国有企业的改革与改制也从三个方面对收入分配发生着重要影响。一是企业内部分配体制的改变引起职工之间收入差距的扩大；二是现代企业制度的改革加速了企业破产、停工和职工下岗分流的过程，从而导致部分职工的收入下降，其结构自然引起城镇内部收入差距的扩大；三是20世纪90年代后期开始的国有企业改制扩大了城镇职工工资差距，从而对城镇内部个人收入差距也产生重要的影响。② 贫富分化是经济转轨时期的特殊产物，与社会转型时期制度不健全、法律体系不完善有一定的联系，是转轨这一特殊时期的产物。有学者指出，坚持按劳分配作为社会主义制度下个人收入分配的基本原则或标准，平均主义和收入悬殊都是分配不公的表现。平均主义是原来已存在的社会分配不公，收入过分悬殊则是新出现的社会分配不公。

还有学者指出："主流经济学家更多地从发展的角度考察发展中国家的收入分配，假定了制度或经济体制是不变的或经济体制是不变的或不重要的。这样一种研究方式显然无法全部说明中国收入分配的'来龙去脉'。"③ 对于收入差距持续扩大问题，学者们逐渐将马克思收入分配理论的研究范式与西方经济学的分析工具相结合，开始了对收入分配与经济增长关系的研究，不仅聚焦城乡、区域、行业、阶层的收入差距，还对居民财产性收入、扩大中等收入比重、人力资本投资、民生建设等影响收入差距方面进行深入探讨。

农村剩余劳动力的减少和流动能降低农业部门和工业部门之间劳动生产率的差异，

---

① 权衡：《收入分配与社会和谐》，上海社会科学院出版社，2006年，第3页。
② 姚洋：《转轨中国：审视社会公平和平等》，中国人民大学出版社，2004年，第103~105页。
③ 李实：《中国农村劳动力流动与收入增长和分配》，《中国社会科学》，1999年第2期，第16~33页。

提高农村居民的收入，因此有助于缩小城乡收入差距。①但是中国劳动力市场制度改革严重滞后，特别是在户籍制度的影响下，劳动力市场的分割和扭曲问题尤为突出。在就业机会上，户籍歧视、性别歧视、年龄歧视扩大了工资差距和收入差距。②劳动力市场制度的不完善不仅导致了劳动力资源配置的低效率，也带来严重的收入分配不公平。金融业的垄断导致金融部门员工的薪酬水平过高，特别是金融部门高管的收入过高。这在很大程度上拉大了行业间的收入差距。林幼平等指出不合理的收入分配有：二元结构影响论、制度因素论和市场机制及管理缺陷论、地下经济因素、土地所有权不能在经济上有效实现和地租分配不合理、行业之间的不公平交易和部分行业生产能力闲置等。③曾湘泉（2002）认为，"制度外"收入成为当前城镇职工收入差距的主要原因，"制度外"收入来源可归为以下几个方面：单位大面积的创收所得；个人合法的"制度外"收入补充；个人利用手中权力获得大量回扣以及其他的非法收入；职工工资不反应劳动力市场价格；精英垄断；职位垄断，职位不能上不能下、职位不开放问题在现在企业中非常突出。④还有观点认为，非国有部门就业减少、非国有部门劳动权益状况差、"强资劳弱"、劳资关系协调机制"欠账多"等原因导致收入分配状况的恶化。⑤

朱光磊（2001）认为，自然资源的相对不足、城乡二元结构、基础教育低下与人力投资的不平衡、对外开放和特区政策、税制改革、寻租和腐败行为、垄断行业的存在、退休年龄偏低、住房体制改革和财产收入增加等因素，导致了贫富差距的拉大。⑥曾世宏（2005）认为，经济转轨过程中市场机制发育具有非均衡性、经济转轨过程中存在的制度真空、经济转轨过程中国家产业政策、税收政策和地区经济发展政策的实施等都会对收入分配产影响，可能造成收入差距的扩大。⑦

王小鲁（2007）认为由于中国的"灰色收入"主要集中于高收入居民中，但这部分收入很难被统计和观测到，导致这部分居民的实际收入远远大于实际统计值。⑧市场化本身必然使收入差距扩大，收入差距扩大在相当程度是因为在市场化过程中，制度不健全、政府行为不规范和腐败现象，导致资源分配扭曲和收入分配不公。因此，需要通过政府改革，建立一套公平、规范、透明的制度框架来与市场体制相配套，需要形成一套社会公众监督体系来约束政府行为，在经济发展中保障社会大众的利益不受侵害。丁任重等（2003）认为，经济体制、经济发展、政府政策和对外开放是影响和主导我国转型

---

① 李实，罗楚亮：《我国居民收入差距的短期变动与长期趋势》，《经济社会体制比较》，2012年第4期，第186~194页。
② 李实，朱梦冰：《中国经济转型40年中居民收入差距的变动》，《管理世界》，2018年第12期，第19~28页。
③ 林幼平，张澍：《20世纪90年代以来中国收入分配问题研究综述》，《经济评论》，2001年第4期，第56~60页。
④ 曾湘泉：《价值理念、收入分配差距与社会保障制度构建》，《中国人民大学学报》，2002年第3期，第60~66页。
⑤ 夏小林：《就业结构、劳资关系和收入分配——兼评私权、市场、公共服务的局限》，《经济研究参考》，2007年第45期，第2~25+36页。
⑥ 朱光磊：《贫富差距制约因素问题初探》，《开放时代》，2001年第8期，第76~85页。
⑦ 曾世宏：《转型期的经济发展与收入分配公平》，《生产力研究》，2005年第1期，第115~116+203页。
⑧ 王小鲁：《灰色收入与居民收入差距》，《中国税务》，2007年第10期，第48~49页。

期收入差距变动的四个主要因素，通过对这四个方面因素的深入分析，可以对改革开放以来的我国居民收入差距演变和机制提供一个有说服力的解释框架。[1] 郭熙保和陈燕赟（2019）认为工业化、城市化是导致中等收入阶层收入分配差距最大的根本原因。在工业化初期，工业化和城市化加快发展，导致收入分配不平等在中低收入阶段达到最严重；在工业化中后期，工业化和城市化速度放缓，导致一国经济进入中高收入阶段后收入分配恶化趋势开始出现逆转。[2]

关于收入差距是否合理的争论，存在三种观点。一是适当论。持这一观点的学者主要是从是否影响经济增长和社会稳定的角度来论证我国居民收入差距大体适当[3]。萧灼基（2006）认为，目前我国的基尼系数虽然比较高，应该十分重视，但是从我国的具体情况来说，引起社会动乱的可能性不大，不要搞到多么严重、可怕。[4] 二是过高论。持这一观点的学者主要是从国际比较来看，认为20世纪90年代中期以来，我国居民收入差距已经到了相当高的程度，不均等程度处于中等偏上水平。[5] 三是两极分化论。持这一观点的学者认为20世纪90年代以来，随着我国市场化进程的推进，分配状况不断恶化（宋冬林，1995[6]；李强，2001[7]）。

2. 收入分配是否合理的测度与实证研究

蔡昉利用国民收入生产总值收入法构成项目表研究了国民收入分配格局问题，结果显示，劳动报酬在中国国内生产总值中的比重有所下降，资本分配的比重提高，导致这一结果的主要原因在于收入分配的不平等。李扬和殷剑峰（2007）利用1992—2003年的资金流量表进行了同样的研究，得出大致相同的结论，指出主要原因是住户部门的劳动报酬支出和利息支出长期被稳定在较低的水平上。[8] 但是，常兴华和李伟（2012）认为，政府实际可支配的收入要比资金流量表中反映的大，相应地，企业和居民的可支配收入要比资金流量表中反映的小。[9] 白重恩和钱震杰（2009）认为，资金流量表反映的劳动收入报酬和生产税额的信息不够准确，应该利用城乡住户抽样调查数据中公布的城镇居民人均可支配收入和农村居民人均可支配收入乘以城乡人口数，计算全国居民可支配收入总额的估计值；使用国家财政收入、预算外收入以及社会保险净收入只可作为政

---

[1] 丁任重，陈志舟，顾文军：《"倒U假说"与我国转型期收入差距》，《经济学家》，2003年第6期，第43~49页。

[2] 郭熙保，陈燕赟：《中等收入阶段的收入分配：格局与机制的跨国比较》，《财经科学》，2019年第4期，第48~63页。

[3] 陈宗胜：《经济发展中的收入分配》，上海三联书店，1991年。

[4] 萧灼基：《基尼系数并非决定性因素》，《党政干部文摘》，2006年第8期，第38页。

[5] 赵人伟，李实，卡尔·李思勤：《中国居民收入分配再研究 经济改革和发展中的收入分配》，中国财政经济出版社，1999年。

[6] 宋冬林：《我国现阶段收入分配问题分析及其理论思考》，《财经问题研究》，1995年第8期，第12~18页。

[7] 李强：《关于中国贫富差距：告别平均主义，拉大收入差距——访李强》，《中国企业报》，2001年6月18日，第16版。

[8] 李扬，殷剑峰：《中国高储蓄率问题探究——1992—2003年中国资金流量表的分析》，《经济研究》，2007年第6期，第14~26页。

[9] 国家发改委社会发展研究所课题组，常兴华，李伟：《我国国民收入分配格局研究》，《经济研究参考》，2012年第21期，第34~82页。

府收入的代理变量，对资金流量表要素分配额进行适当调整。① 在中国居民收入区域差异研究方面，林毅夫（2003）采用变异系数和基尼系数法通过研究全国31个省区市1978—1999年人均GDP变动，认为1990年后地区差异逐渐增大。② 还有学者采用GDP相对差异系数法研究了全国地区1952—1995年人均GDP，得出结论是：1952—1978年差距不断扩大，1978—1992年差距不断缩小，1992—1995年差距重新出现上升趋势。③

居民收入差距主要涉及地区之间、行业之间、城乡之间、各阶层之间收入差距形成的原因、判断合理差距的标准等问题。国内外学者对我国居民个人收入差距问题的研究主要开始于20世纪80年代后期，大致可以分为两个阶段：20世纪80年代后期到90年代初期为第一阶段，其中最具代表性的工作是基于库兹涅茨曲线的"公有制经济收入差异倒U曲线假说"以及"阶梯形变异论"的提出（陈宗胜，1994）④，从而开始了国内学者对收入差距问题的广泛研究。中国社会科学经济研究所收入分配课题组赵人伟、李实等在城乡住户调查的基础上研究中国城市、农村、区域收入分配的变动趋势及其原因。第二阶段是20世纪90年代初到现在，在这个阶段，随着我国经济体制改革实践，收入差距扩大问题加剧，学者们越来越关注个人收入差距问题的研究，出现了大量研究文献，已有研究成果主要从个人收入的现状、成因、调节建议等各侧面研究中国居民收入分配问题，引发了关于居民个人收入分配两极分化的讨论。持"两极分化论"观点的学者认为，我国目前已经出现了一定程度的两极分化，因为两极分化的经典定义就是贫富差距的不断扩大。两极分化是一种世界性的社会现象，产生的原因大致有三：第一，凭借生产要素的垄断而占有他人剩余价值；第二，在市场机制作用下各类参与主体在竞争中发生两极分化；第三，非正常手段扩大收入差距。"两极未分化"观点从本质上否定出现了"两极分化论"。认为抛开影响收入分配的公有制方面的因素不谈，仅就收入分配差别的程度而言，参照私有经济社会的经历看，至少基尼系数要达到0.5以上的水平才算得上是两极分化，而我国即使各种财产及非法收入的影响都计算在内也没有达到这个程度。李实等（1998）通过引入两极分化的绝对标准和相对标准计算验证，他们对城镇居民抽样调查的分组数据进行计算，得出结论：我国并没有出现两极分化的问题，认为主张"两极分化论"的学者大多数是将两极分化混同于收入差别扩大。⑤ 还有学者采用相对分布非参数核密度估计方法，对影响中等收入群体比重变动的因素进行分解，发现影响中等收入群体比重变动的因素中，"经济增长效应"大于"收入分配效应"，并

---

① 白重恩，钱震杰：《谁在挤占居民的收入——中国国民收入分配格局分析》，《中国社会科学》，2009年第5期，第99~115+206页。
② 林毅夫，刘培林：《中国的经济发展战略与地区收入差距》，《经济研究》，2003年第3期，第19~25+89页。
③ 胡鞍钢：《中国：走向区域协调发展》，《经济前沿》，2007年增刊1期，第4~9页。
④ 陈宗胜：《倒U曲线的"阶梯形"变异》，《经济研究》，1994年第5期，第55~59+33页。
⑤ 李实，赵人伟，张平：《中国经济改革中的收入分配变动》，《管理世界》，1998年第1期，第43~56+220页。

且"收入分配效应"的短期效应大于长期效应。①

基尼系数是衡量收入分配是否合理的重要指标之一。基尼系数在中国是否适用,在一定时期内存在争论,形成了三种观点。一是适用论,基尼系数可以用来衡量中国居民收入分配是否合理的重要参考指标。认为基尼系数抽象掉了各类经济主体之间在收入分配方面的具体差异,使一些本不可比的现象变为可比,因而能够概括性反映整体分配的差异程度。二是质疑论。有些学者以中国国情为依据,对基尼系数提出了质疑。刘吉(2007)提出,基尼系数"是在一元工业结构社会里面,一个小国衡量贫富的系数。中国不适用这个,中国是一个大国,又是一个二元结构的社会,实际上可以说是多元结构"。② 因此,本质上是不适用的。还有学者认为,处于城市化和工业化进程中的国家,基尼系数往往要高于完成城市化和工业化的国家,这是正常现象。中国目前城市化和工业化水平都比较低,而且城市化的速度滞后于工业化的速度,因此,不能简单地套用西方国家城市化和工业化完成后的评价标准来衡量中国收入差距的合理性。③ 三是修正论,认为基尼系数毕竟是西方学者提出和运用的一项评价指标,而居民间收入分配的"高度平均""比较合理""差距偏大"以及"高度不平均"等各种标准之间的数量界限既包含了相当成分的人的主观因素,也与本国或本地区的文化背景、人们心理承受能力的变化等因素有关,因此有必要将基尼系数的运用方法加以修正。

对于库兹涅茨倒"U"假说能否用来解释中国收入分配与经济增长的关系,学术界一直存在较大争论。一种观点认为,库兹涅茨倒"U"曲线对社会主义市场经济国家的收入分配变动规律具有借鉴意义。中国收入差距的变动轨迹与经济体制改革的进程相关,当前我国收入分配差距变动仍处于倒"U"曲线的前半部分,因此,现阶段伴随着经济增长,收入差距的扩大不可避免④。另一种观点认为,库兹涅茨倒"U"曲线并没有得到实证研究的有力支持。李实和赵人伟(1999)等学者从经验研究的角度提出,在中国经济制度和经济结构特殊背景下,收入差距的变动轨迹是与库兹涅茨倒"U"曲线不一致的。因此,倒"U"曲线不能反映出发展中国家收入分配变动的普遍现象,不能简单套用到我国,不能成为收入分配差距扩大的理论依据,也不能据此认为收入分配悬殊是我国经济发展到一定阶段必然付出的代价。⑤

## 二、如何改善收入分配格局

对于如何缓解与消除贫富分化,改善收入分配格局,有学者指出,分配方面出现的问题,根本原因在所有制结构方面。解决的根本途径也需要重在从所有制结构方面做文章。只要坚持和完善国有经济为主导、公有制为主体,多种所有制共同发展;坚持和完

---

① 龙莹:《中等收入群体比重变动的因素分解——基于收入极化指数的经验证据》,《统计研究》,2015年第2期,第37~43页。
② 刘吉:《社会差距是好事,中国根本不存在两极分化——专访中国社科院前院长刘吉》,《南方周末》,2007年2月9日。
③ 魏杰,谭伟:《基尼系数理论与中国现实的碰撞》,《光明日报》,2006年2月14日。
④ 徐宗玲,陈涓:《经济增长与收入分配变动分析》,《汕头大学学报》,2000年第1期,第1~8页。
⑤ 李实,赵人伟:《中国居民收入分配再研究》,《经济研究》,1999年第4期,第5~19页。

善按劳分配为主体，多种分配方式并存；坚持和完善我国宪法中所规定的社会主义经济制度，即以全民所有制和集体所有制为基础，就可以缓解和缩小贫富过大的差距。① 有观点认为，我国以户籍制度为特征的二元结构会导致分配格局呈现"葫芦形"，应该要努力缩小区域间、城乡间、行业间过大的收入差距，调节高收入阶层的增速，取缔非法收入。② 有观点认为，必须通过政治体制改革建立一套完善的初次分配与再分配的政策体系来解决收入差距问题。③ 还有观点指出，个人所拥有的要素不同产生收入差距，因此要解决收入差距扩大的问题应该通过缩小不同人群所拥有的参与分配要素的差别，尤其是财产和知识的差别。④ 也有论者发现收入差距大主要表现为城乡收入分配差距过大，应该平等分配城乡生产要素尤其是公共生产要素以缩小城乡收入差距。⑤

还有学者就如何缩小收入差距提出了具体政策措施。有观点认为，要通过建立规范完善的财产交易市场来保障财产的有序流通，这是居民取得财产性收入的必要条件。⑥ 也有观点指出，应该降低财产性收入的准入门槛和加大对农村居民的金融支持来缩小城乡居民财产性收入差距。⑦ 还有学者认为初次分配环节形成的过大收入差距，可以通过再分配环节进行调整。⑧ 也有论者提出，对于收入差距的不平等以及扩大趋势问题，应该从市场和政府两方面入手解决，而另一种意见则认为要对政府和相关的不合理制度安排进行改善。⑨ 还有论者认为，承认分配差距，也要注意社会和谐，改善低收入人群的收入主要途径就是运用社会再分配特别是财政再分配手段，加强对低收入群体的扶持力度。⑩

关于如何扩大中等收入者阶层，缩小收入差距，促进"橄榄型"分配结构形成的路径及措施讨论方面，有论者就扩大中等收入者比重、扭转收入差距扩大的问题进行了中等收入群体的测算，并提出要通过转移支付向低收入者倾斜、提高农民现金收入、制定个人所得税与消费挂钩等相关政策、开征财产税等六个方面扩大中等收入群体；⑪ 也有学者认为所有制结构变迁、"低价工业化"增长机制和产业结构升级缓慢是影响中等收入者比重扩大的主要因素，提出应将大力发展公有制经济、大幅提升中等收入者工资水

---

① 卫兴华：《中国特色社会主义分配理论与实践的是是非非》，《海派经济学》，2018年第2期，第1~12页。
② 陈宗胜、高玉伟：《论我国居民收入分配格局变动及橄榄型格局的实现条件》，《经济学家》，2015年第1期，第30~41页。
③ 李实：《中国收入分配格局的变化与改革》，《北京工商大学学报》（社会科学版），2015年第4期。
④ 洪银兴：《非劳动生产要素参与收入分配的理论辨析》，《经济学家》，2015年第4期，第5~13页。
⑤ 崔朝栋、崔翀：《马克思分配理论与当代中国收入分配制度改革》，《经济经纬》，2015年第2期，第5~13页。
⑥ 武岚：《缩小我国居民收入差距的现实选择——基于提高财产性收入的分析》，《经济师》，2008年第12期，第11~14页。
⑦ 付敏杰：《什么影响了居民的财产性收入？——兼论城市化的首要功能》，《经济与管理研究》，2010年第10期，第18~23页。
⑧ 蔡昉、王美艳：《中国面对的收入差距现实与中等收入陷阱风险》，《中国人民大学学报》，2014年第3期，第1~7页。
⑨ 权衡：《收入分配与社会和谐》，上海社会科学院出版社，2006年第4页。
⑩ 袁恩桢：《收入差距与社会和谐》，《上海交通大学学报》（哲学社会科学版），2005年第9期，第5~8页。
⑪ 李培林：《关于扩大中等收入者比重的对策思路》，《中国党政干部论坛》，2007年第11期，第43~45页。

平、加强企业对人力资本投资三方面作为扩大中等收入阶层的路径。①

## 第四节　社会主义的按劳分配

### 一、关于劳动价值论与按劳分配问题的研究

学术界关于劳动价值论与按劳分配关系的争论，实际上涉及基础理论上价值创造与价值分配关系的理解，主要有三种观点：无关论、关联论和基础论。

一是无关论。这种观点认为，马克思的劳动价值论与收入分配理论没有必然联系，劳动价值论仅仅回答了分配的对象和分配的数量，但没有回答如何分配的问题，这不是价值理论的任务，而是分配理论的任务。进而认为，马克思提出社会主义实行按劳分配与劳动价值论无关，劳动价值论不能作为我国现阶段分配制度的理论依据，分配关系只决定于生产资料所有制。只有这样，才既能坚持马克思劳动价值论的劳动创造价值的一元观，又能保证按劳分配理论的科学性。因此需要区分价值创造和价值分配。以卫兴华（2018）为代表的一些学者认为价值创造和价值分配没有必然联系，所以坚持劳动价值论和按生产要素分配并不矛盾。卫兴华指出马克思在《资本论》和《哥达纲领批判》中提出了社会主义将实行按劳分配原则，但并没有与劳动价值论相联系，恰恰是与劳动价值论分离开来的。② 黄萍和张存刚（2002）指出，"马克思从来没有把按劳分配作为分配关系的依据"，并从三方面对此观点进行了论述：第一，二者属于不同的经济范畴，前者是价值创造范畴，后者是价值分配范畴；第二，劳动价值论在共产主义第一阶段已失去了理论基础，但社会主义仍要采纳按劳分配，这也证明了劳动价值论不是按劳分配的理论依据；第三，分配关系由生产资料所有制决定的。由此得出结论，先有了要素所有权在社会各阶级分配然后才是依赖这种所有权在收入中获得一定比例，前一种分配关系属于生产关系，后一种分配关系属于收入分配，生产资料所有权分配与收入分配之间存在因果关系。③ 徐茂魁（2002）也阐述了相同的观点，指出应区分价值创造与价值分配，"马克思的劳动价值论与社会主义实行按劳分配的理论没有任何联系。认为按劳分配是以劳动价值论为其基础是一种误解。因为，马克思设想在社会主义制度中商品生产消亡了，劳动不再形成价值。分配是个人消费的实物分配，不再存在价值分配，劳动价值论已失去其存在的社会经济基础，因而也失去其自身存在的理论意义。因此，马克思从来没有用劳动价值论来说明社会主义按劳分配。即使社会主义国家事实上存在商品经济和价值关系，也应把价值的生产与价值的分配区分开来，不能简单地说劳动价值论是

---

① 夏华、李金凤：《扩大中等收入者比重的影响因素分析和政策建议》，《环渤海经济瞭望》，2015年第5期，第37~41页。
② 卫兴华：《中国特色社会主义分配理论与实践的是是非非》，《海派经济学》，2018年第2期，第1~12页。
③ 黄萍、张存刚：《劳动价值论、按劳分配与按要素分配》，《经济评论》，2002年第1期，第33~36+48页。

按劳分配的理论基础。"①

二是关联论。此种观点认为劳动价值论不构成按劳分配的理论基础，两者是不同但又有联系的事情。顾海良指出，劳动创造价值的原理，所要解决的是商品经济条件下商品价值决定的本原问题。分配制度说明的却是商品价值被创造出来以后如何在社会各阶层、各成员中分配、分配比例的大小等问题。不同社会制度下的商品经济，尽管都是劳动创造价值，但却有着不同的分配制度。结论为二者是属于两个不同领域的问题。没有价值创造就没有价值形成，也不可能有价值分配。而从价值形成到价值分配又存在着一系列的转化过程，即由"价值创造—价值形成—价值"的抽象规定转化为生产价格的具体规定——价值分配。郑志国（2002）指出："价值的形成与分配是两件有联系但又不同的事情。"他认为在商品经济中，凡是有效的经营性劳动就会形成价值。劳动贡献可以是创造商品价值，也可以是直接为社会服务，都能够成为参加按劳分配的依据。一般来说，按劳分配要求人们通过自己的劳动作出贡献，而不要求以劳动创造价值为必要前提。但同时指出二者的联系，"在市场经济中，按劳动力价值分配可以成为按劳分配的一种形式或一个层次。因此按劳分配应当遵循劳动价值论和价值规律，这样也有利于实行按劳分配"。②

三是基础论。持此种观点的代表性学者余陶生（2003）指出，劳动创造的价值是价值分配的基础，也必然成为社会主义条件下实行按劳分配的基础。无论从马克思创立科学的劳动价值论的历史来看，还是从深化劳动价值论的今天来看，两者的关系应该是肯定的。分配的方式不仅决定于生产资料的所有制形式，还决定于劳动者创造价值的多少，这就说明劳动价值论与分配有密切关系。在社会主义条件下，不论是实行按劳分配，还是实行按生产要素分配，都是在劳动创造价值的基础上对新创造价值的分配。没有新创造的价值，任何分配方式都将失去基础，分配也无从谈起。③ 如钱伯海（1994）提出社会劳动价值的观点④、谷树堂和柳欣（1993）提出的新劳动价值一元论⑤，以及钱津（2001）提出的整体劳动创造价值的观点⑥等，都是以价值创造决定价值分配方式为前提的。在这一前提下，一种观点认为马克思的按劳分配是以劳动价值论为基础的。坚持劳动价值论才能坚持按劳分配，才能保证按劳分配和按生产要素分配结合起来。另一种观点认为，既然谁创造价值谁就参与分配，那么现实中存在的按生产要素分配方式就和马克思的劳动价值论一元论相矛盾，所以重新认识劳动价值论就是要肯定生产要素价值论，承认生产要素也创造价值。还有人提出，价值分配虽然由生产关系决定，但分配理论又是价值理论的逻辑结论，不同的价值理论，会得出不同的分配理论，按劳分配

---

① 徐茂魁：《〈马克思主义政治经济学原理疑难解析〉编写指导思想和特点》，《教学与研究》，2002年第9期，第69～73页。
② 郑志国：《深化劳动价值论研究的方向和思路》，《当代经济科学》，2002年第1期，第69～74页。
③ 余陶生：《劳动价值论与社会主义分配制度》，《武汉大学学报》（社会科学版），2003年第5期，第548～552页。
④ 钱伯海：《社会劳动创造价值之我见》，《经济学家》，1994年第2期，第5～12+126页。
⑤ 谷书堂，柳欣：《新劳动价值一元论——与苏星同志商榷》，《中国社会科学》，1993年第6期，第83～94页。
⑥ 钱津：《论当代劳动价值论的新发展》，《南开经济研究》，2001年第5期，第15～19页。

是由马克思劳动价值论演绎出的在社会主义社会存在的必然分配方式。并从反面进行了论证,"否则,价值是由公有的生产资料创造的,劳动者完全可以凭借观念上属于他那一份的公有生产资料取得价值,如果没有劳动价值论,这种观点便无法证伪。"①

## 二、关于按劳分配是否具有客观规律性的争论

在计划经济时期,受"左倾"思潮的影响,有些人对于按劳分配的必然性和规律性产生了怀疑。有人认为,社会主义阶段没有实行按劳分配的客观必然性,"在社会主义革命胜利以后,这个'按劳取酬'的口号,也仅仅是为了对付懒汉、怠工者、过去的剥削者"。② 还有人提道:"大跃进后人民公社已经形成的情况下,按劳取酬的分配原则,必须由共产主义的分配原则——供给制代替,这是符合社会发展规律的。"③ 但也有人反对上述观点,认为在新中国成立一定历史时期内,贯彻按劳分配原则,把供给制改为工资制势在必行,具有不可避免的客观必然性。④ 在1959年初以后,理论界逐渐取得了比较一致的意见,仍然承认实行按劳分配具有必然性。

对于按劳分配的客观依据,理论界主要有四种不同观点。第一种观点是"由生产资料公有制决定"。喻良新(1957)提出"产品的分配原则,始终是以生产资料所有制的形式为转移,有什么样的所有制,就有什么样的分配方式"。⑤ 徐崇温(1959)也认为:"按劳分配的可能性和必要性都是由社会主义所有制决定的,它是社会主义所有制的结果和表现。"⑥ 第二种观点是"由公有制和生产力水平决定"。比如薛暮桥(1959)认为:"产品的分配制度是由生产资料的所有制决定的……而生产资料所有制的改变,又决定于生产力的发展水平。"⑦ 第三种观点是"由劳动力个人所有制决定"。艾思奇(1958)认为:"按照自己所供给的劳动取得相应的报酬的这种等价交换的权利,仍然是一种资产阶级的法权。因为这里虽然没有生产资料的私有,单个人劳动力实际上仍被承认私有。由于这样的私有权力,人民才可能按照自己的劳动向社会要求相应的报酬。"⑧ 于伍(1962)提出:"社会主义社会按劳分配原则的依据不是别的,而是劳动力本人私有制。"⑨ 第四种观点是"多种因素决定说"。王爱珠(1964)认为:"生产资料所有制是按劳分配的决定性前提;三大差别和人民觉悟水平不高是实现按劳分配的客观依据;生产力的发展需要又决定了社会主义必须实行按劳分配。"⑩ 有学者指出,依据马克思收入分配理论,生产决定分配,在社会主义阶段,建立了社会主义公有制,消费资料的

---

① 何雄浪,李国平:《论劳动价值论、按劳分配与按要素分配三者之间的逻辑关系》,《经济评论》,2004年第2期,第7~11页。
② 俞文伯,安烈鹰:《革命队伍中改行"工资制"是倒退》,《安徽日报》,1985年10月27日。
③ 侯春芳:《法权不能超过经济制度》,《吉林日报》,1958年11月17日。
④ 《人民日报》1958年10月17日、11月22日、11月28日发表的刘艺、彭海、贺天中等的文章。
⑤ 喻良新:《试论社会主义社会存在商品生产的原因》,《大公报》,1957年1月27日。
⑥ 徐崇温:《论按劳分配的性质》,上海人民出版社,1959年,第47页。
⑦ 薛暮桥:《社会主义社会的按劳分配理论》,《人民日报》,1959年10月23日。
⑧ 艾思奇:《努力研究社会主义社会的矛盾规律》,《哲学研究》,1958年第7期,第6~8页。
⑨ 于伍:《试论社会主义社会的劳动力所有制形式》,《新建设》,1962年第6期。
⑩ 王爱珠:《关于按劳分配的客观必然性》,《中国经济学问题》,1964年第4期,第16~24页。

分配必须实行按劳分配。但是马克思恩格斯所设想是以社会实行的单一的全民所有制而不存在商品货币关系的产品经济为前提。因此，它同我国当前的社会主义市场经济条件存在明显的差距，因此需实行按劳分配为主体的多种分配形式。①

### 三、按劳分配的性质

关于按劳分配的性质，当时学术界主要有三种不同观点。第一种观点是"按劳分配具有或者就是资产阶级法权性质"，认为："按劳分配的方法贯彻了资产阶级法权的平等原则，因此，我们说这种分配原则是资产阶级法权。"② 也有人着重依据按劳分配原则针对分配领域中存在着等价交换原则，说明它虽然是社会主义原则但也具有资产阶级法权的性质。③ 还有人对按劳分配存在的资产阶级法权的原因作了具体分析，一是社会主义分配领域中还存在通行着资本主义商品交换的原则；二是按劳分配的平等权利只是形式平等而事实上不平等；三是资本主义残余因素的影响。④ 第二种观点认为"按劳分配是无产阶级法权"，提出按劳分配原则只有一重属性，它是无产阶级法权，等价交换与平等、不平等不能作为区分按劳分配阶级属性的标准，决定按劳分配原则的阶级属性是它所反映的经济内容和阶级意志。⑤ 第三种观点认为"按劳分配原则具有两面性"。骆耕漠（1962）称："按劳分配原则有这样两重属性，一是有它的平等性，是无产阶级法权或社会主义法权；而是有它的不平等性，从某一联系来说，又是资产阶级法权。"⑥

### 四、关于如何计算按劳分配的劳动量问题的讨论

这是围绕按劳分配数量和质量，亦即衡量"劳"的标准的讨论。讨论主要从两个角度展开，一是从劳动的自然形态来考察，包括潜在的劳动形态、流动劳动形态、凝结形态或物化的讨论；二是从劳动的社会性质来考察，包括"劳"是社会必要劳动、"劳"是个别劳动支出、"劳"是社会平均劳动的讨论等。⑦

劳动报酬的形式，主要关于供给制还是工资制好的争论。开始赞成供给制的观点比较多。有人主张应该取消计件工资制、奖金制，应该实行供给制和取消农村评工记分制。比如，有人认为，新中国成立后实行按劳分配的工资制是错误的，应该继续实行"带有共产主义因素的供给制"。⑧ 并且他们认为，把原来实行的"供给制改工资制是一

---

① 谢鹏：《十年来党对分配理论的新阐述——以按劳分配为主体的多种分配形式》，《渤海学刊》，1988年第3期，第1~7页。
② 郑季翘：《再谈消除在产阶级法权》，《人民日报》，1959年1月27日。
③ 吴敬琏：《按劳分配的平等权利"不具有资产阶级法权的属性"吗》，《经济研究》，1963年第12期，第27~39页。
④ 漆琪生：《关于按劳分配原则的几个问题》，《新建设》，1964年第8期。
⑤ 刘庆堂，张玉瑛：《按劳分配原则是无产阶级法权——与骆耕漠、徐崇温同志商榷》，《江汉学报》，1963年第4期，第26~30页。
⑥ 骆耕漠：《论按劳分配原则的两重性》，《大公报》，1962年4月6日。
⑦ 经济研究，经济学动态编辑部：《建国以来政治经济学重要问题争论》，中国财政经济出版社，1981年，第324~328页。
⑧ 任仲平：《不要让前人的理论束缚后人的手脚》，《人民日报》，1958年10月27日。

种倒退"①，"供给制改为工资制，不仅对革命干部害多利少，更严重是增加了改造社会、扫除种种资产阶级法权残余的困难"②。与此相反，也有反对意见，认为把原来的供给制改为工资制"不是倒退，而是前进"③"工资制好处大"④"工资制在新中国成立后势在必行"⑤等。1960年开始，意见初步趋于统一在社会主义阶段唯一可行的是按劳分配的工资制的观点。而后开展了关于该不该采用工资以及其作用的讨论。

### 五、按劳分配与社会主义市场经济的适应性

在改革开放之初，理论界重点讨论了按劳分配与商品经济的兼容性这一问题。1984年10月，中国共产党的十二届三中全会通过了《中共中央关于经济体制改革的决定》，首次提出了中国要实行"有计划的商品经济"的论断，改变了过去"计划经济为主、市场调节为辅"的提法，突破了把计划经济同商品经济对立起来的传统观念。有观点认为，在商品经济条件下，按劳分配的分配规律不复存在。这种观点实际上把产品经济看成了按劳分配的根本条件。有观点认为只有在商品经济条件，才能真正实现按劳分配。这种观点实际上把商品经济看成按劳分配的根本条件。还有观点认为，在商品经济条件下，按劳分配实现范围、方式与马克思主义创始人的设想相比发生了变化，形成了按劳分配的新特点。⑥

党的十四大以后，学界继续深入社会主义市场经济与按劳分配的相容性的讨论，发表了大量文章。有学者认为，社会主义市场经济与按劳分配具有相容性就在于，市场经济作为一种资源配置手段是能为社会主义经济制度服务的；而按劳分配作为社会主义经济制度的有机组成部分，它必然要选择适合自己的实现形式。因此，二者互为条件，互相兼容。⑦还有论者从市场经济与按劳分配都"以生产力发展到一定阶段为客观基础，……都与生产资料公有制相联系"⑧等十个方面论述了两者的统一性。也有论者不认同社会主义市场经济与按劳分配不能相结合的看法，原因主要有三点：首先，从方法论上说，必须坚持生产决定分配的方法论；其次，从生产条件分配看，在社会主义市场经济中，按劳分配仍然是存在的；最后，从交换对个人消费品分配的制约、影响和某种程度的"决定"作用看，按劳分配也仍然存在。⑨还有人提出了"按劳分配与市场经济的矛盾分析"认为，马克思所设想的按劳分配，是在全社会统一实行的狭义按劳分配，即物质生产要素不参与产品分配的按劳分配。一个社会如果不具备实行马克思所设想的按劳分配的条件，就不应该实行马克思所设想的按劳分配，倘若勉强实行，也不能真正实现马克思所设想的按劳分配。如在计划经济体制下，从来没有贯彻过按劳分配，从来

---

① 王茂湘：《供给制改工资制是一种倒退》，《人民日报》，1958年10月28日。
② 《改工资制是一个历史教训》，《人民日报》，1958年10月27日。
③ 何培煌：《不是倒退，而是前进》，《人民日报》，1958年10月27日。
④ 方偟：《工资制大有好处》，《人民日报》，1958年10月11日。
⑤ 刘艺：《工资制在解放后势在必行》，《人民日报》，1958年10月27日。
⑥ 陆立军，王祖强：《新社会主义政治经济学论纲》，中国经济出版社，2000年，第226~227页。
⑦ 张作云等：《社会主义市场经济中收入分配体制研究》，商务印书馆，2004年，第38~29页。
⑧ 赵满华：《社会主义市场经济与按劳分配相互统一》，《经济问题》，1993年第6期，第18~20页。
⑨ 王克忠：《论社会主义市场经济与按劳分配》，《学术月刊》，1997年第4期，第50~57页。

都是平均主义"大锅饭式"的分配。因而这种"产品型的按劳分配"必然会同市场经济改革目标发生矛盾。[①] 但也有人提出了"按劳分配市场化"的看法,这一观点认为,在社会主义市场经济条件下,按劳分配虽然仍居主体地位,但其前提是必须对按劳分配实现模式作出适应市场经济的根本转换。而实现模式以市场为导向的改革条件跨出的第一步就是实现劳动计量的市场化。在这个基础上还要实行工资形成市场化和工资总量的企业自主分配制,这一环节对市场发育及企业改革的依赖程度更大。[②]

## 第五节 按生产要素分配等多种分配方式

按生产要素分配是指生产要素所有者凭借要素所有权,按照生产要素在生产中的贡献参与收入分配的制度。按要素贡献分配是现代市场经济中基本的收入分配制度。生产要素主要包括劳动、资本、土地、技术、管理与数据等。

### 一、关于按生产要素分配的含义讨论

大多数学者认为,生产要素是人们进行生产经营活动所必需的各种条件,主要包括劳动、土地、资本、技术、信息等。按生产要素分配就是指社会根据各种生产要素在商品和劳务生产服务过程中的投入比例和贡献大小基于收益分配的一种方式。简单说,是要素所有者的所有权在经济上的实现。但在传统的经济理论中,把按生产要素分配理论与萨伊的三要素是创造价值的源泉联系起来,成为资产阶级庸俗经济学。谷书堂(1989)较早提出了按生产要素分配,认为按贡献分配是指在整个社会范围内,各种生产要素一起对社会财富的创造所作出的实际贡献取得报酬,在这过程中,劳动者以他们对社会财富的创造所作出的劳动贡献,在全部劳动要素所得的分配总额中获取报酬。[③] 有学者认为只有劳动才有权参与分配,对非劳动要素参与分配一概加以否定,是脱离物质利益基本制约性的历史唯心主义观点。[④] 也有人指出,按生产要素分配并不违背按劳分配。劳动价值论是指商品价值是由人的活劳动所创造的,它涉及的是生产领域,而生产要素分配是指在生产过程中创出的价值如何分配,它涉及的是分配领域,根本不涉及价值是如何创造的。萨伊的要素参与分配是要素创造价值,我们所说的是要素参与分配,并不涉及要素创造价值,而是指要素在形成财富中的作用。[⑤]

---

① 赵晓雷:《中华人民共和国经济思想史纲(1949—2009)》,首都经济贸易大学出版社,2009 年,第 191~192 页。
② 赵晓雷:《中华人民共和国经济思想史纲(1949—2009)》,首都经济贸易大学出版社,2009 年,第 192 页。
③ 谷书堂,蔡继明:《按贡献分配是社会主义初级阶段的分配原则》,《经济学家》,1989 第 2 期,第 100~108+128 页。
④ 于祖尧:《中国经济转型期个人收入分配研究》,经济科学出版社,1997 年,第 48~49 页。
⑤ 黄泰岩:《论按生产要素分配》,《中国经济问题》,1998 年第 6 期,第 1~9 页。

## 二、关于按生产要素分配依据的理论探讨

关于生产要素按贡献参与分配的理论依据,有观点认为,生产要素按贡献参与分配的依据是生产要素的所有权或产权关系,这是生产要素所有权在经济上的实现,也是合理利用生产要素、有效配置资源的需要。① 应按照马克思的理论明确论述"按生产要素所有权分配"是资本主义经济的分配方式,也是我国私营企业和外资企业的分配方式卫兴华(2018)②、洪银兴(2003)认为,要素报酬依据的不只是各种要素的投入,更为重要的是产出中各种要素的贡献。贡献的含义根据马克思的价值理论和分配理论,可做如下界定:第一,对价值创造做贡献的只能是劳动要素,作为分配依据的要素贡献则是指各种要素在社会总产品(财富)中的贡献;第二,可分配收入限于新创造价值(V+M)。在新创造价值(V+M)中,按劳分配取得劳动报酬即 V 的分配。由于新价值是劳动创造的,因此在分配中必须体现按劳分配为主体。其他要素则是参与 M 的分配。③ 还有观点则认为,马克思劳动价值论讲过,商品具有价值和使用价值两个属性,物质财富是由使用价值构成的。因此,劳动不是一切财富的唯一源泉,其他生产要素与劳动一样也是财富的源泉之一。依据这个原理,财富的分配不仅要在劳动力的所有者中进行分配,而且要在其他生产要素所有者中按投入要素的多少来分配。④

进入 21 世纪,学术界关于生产要素"贡献"是创造价值的贡献还是生产财富(即使用价值)贡献的讨论,形成了三种基本观点。第一种观点认为,"价值和财富是由劳动和其他生产要素共同创造的,原来那种认为价值是由劳动创造,其他生产要素不创造价值,只参与创造财富的观点应予以突破"。⑤ 第二种观点认为,"生产要素按贡献参与分配,是指生产要素在生产财富即使用价值中的贡献分配,而不是指他们在创造价值中的贡献"。"劳动是价值的唯一源泉","创造新价值的只是劳动",如果认为"劳动、知识、技术、管理和资本都创造价值,就把创造财富和创造价值、把财富源泉与价值源泉混淆起来了"。⑥ 第三种观点则认为,应该把以上两种观点综合起来,"生产要素按贡献参与分配,承认的是各种生产要素在价值形成和财富创造中的贡献,对非劳动的其他生产要素而言,这种贡献只是为价值形成和财富创造提供了条件,而并非说它们本身也创造了价值,这与活劳动创造价值(包括剩余价值)不但并行不悖,而是更好地承认并保证了劳动创造价值的实现"。⑦ 因此,"对于各种生产要素作出的贡献,应该在财富包括

---

① 赵晓雷:《中华人民共和国经济思想史纲(1949—2009)》,首都经济贸易大学出版社,2009 年,第 204 页。
② 卫兴华:《中国特色社会主义分配理论与实践的是是非非》,《海派经济学》,2018 年第 16 卷第 2 期,第 1~12 页。
③ 洪银兴:《以富民为目标的收入分配》,《当代经济研究》2003 年第 12 期,第 8~12、64 页。
④ 黄燕芬:《分配的革命:部分劳权向股权的转换》,中国水利水电出版社,2004 年,第 33 页。
⑤ 劳动和社会保障部劳动工资研究所课题组:《深化劳动价值论和分配理论的认识》,《经济日报》2002 年 3 月 18 日。
⑥ 卫兴华:《按贡献参与分配的贡献是指什么》,《人民日报》,2003 年 2 月 18 日。
⑦ 逄锦聚:《马克思劳动价值论的继承与发展》,经济科学出版社,2005 年,第 333~334 页。

价值和使用价值的分配中得到承认"。①

### 三、关于按劳分配和按要素分配相结合的理论探讨

学术界对此有两种不同观点,一是按劳分配和按生产要素分配能够结合。这种观点认为,在社会主义市场经济条件下,从不同的所有制经济实行不同的分配方式这一层面去理解,公有制实行按劳分配,非公有制实行按生产要素分配。从整个社会看,按劳分配和按生产要素分配作为同时起作用的两种分配方式并存结合。② 正如有专家将社会主义初级阶段的按要素分配与按劳分配的密切关系概括为,并存与结合、主体与补充的关系。即在社会主义初级阶段,允许存在两种不同的分配方式并且结合起来运用,在两者关系上,必须坚持按劳分配为主体,按生产要素分配为补充。③ 二是按劳分配和按生产要素分配不能结合。这种观点的一个依据是市场经济的一切分配方式都可以概括为按生产要素分配,劳动者也不例外,市场经济实际上否定了按劳分配。这种观点的另一依据是,按劳分配是社会主义调节下消费品的分配原则,而按要素分配是国民收入的大分配,两者不是一个层次问题,不存在结合。④ 更有人提出,按生产要素分配并不是按劳分配。因为,按劳分配建立在劳动价值论基础上,而按生产要素分配的基础是资产阶级庸俗价值论,并且两者分配的尺度和结果均不相同。⑤

### 四、社会主义市场经济条件下按要素贡献分配与按劳分配的关系

有观点认为,现实社会分配与传统的按劳分配是不同的,从整个社会经济来说,社会主义公有制同样是按要素贡献分配,按劳分配是从属于按要素贡献分配的。也有观点认为,通常所说的按劳分配,是指按劳动贡献分配,而与按劳分配并存的其他分配形式,如利息(包括股息、红利)、地租和企业家收入等,实质上也都是按贡献分配的形式,并且按贡献分配谈的是使用价值的创造和由此决定的分配形式,而不涉及价值的创造,不能把它等同于萨伊的"三位一体公式"。还有观点认为,按劳分配为主体,多种分配方式并存的实质是按贡献分配;持相反观点的则认为,按劳分配是社会主义分配原则,要以社会主义公有制的存在为前提,而按生产要素(包括劳动要素)贡献分配,在资本主义社会就普遍实行,也存在于我国外资企业和私营企业中,两种分配方式所体现的生产关系和分配关系是不同的,按劳分配是由社会主义生产方式决定的社会主义分配方式,而按生产要素贡献分配适用于特定的私有制经济相联系的分配方式。⑥

---

① 逄锦聚:《论劳动价值论与生产要素按贡献参与分配》,《南开学报》(哲学社会科学版),2004年第5期,第1~4页。
② 高培勇:《收入分配:经济学界如是说》,经济科学出版社,2002年,第81页。
③ 赵晓雷:《中华人民共和国经济思想史纲(1949—2009)》,首都经济贸易大学出版社,2009年,第191页。
④ 高培勇:《收入分配:经济学界如是说》,经济科学出版社,2002年,第81页。
⑤ 李楠:《关于社会主义市场经济与按劳分配的关系》,《江汉论坛》1995年第5期,第12~16页。
⑥ 赵晓雷:《中华人民共和国经济思想史纲(1949—2009)》,首都经济贸易大学出版社,2009年,第185~186、204~205页。

## 第六节　正确处理效率与公平的关系

效率和公平的关系是复杂的和不确定的，它们之间有相互矛盾的一面，但在许多方面是相互促进的。因此，认识效率和公平的关系必须从实际出发，具体问题具体分析。如何处理效率和公平的关系，是收入分配领域需要重点关注的问题。这个问题的研究主要涉及公平与效率的区别，社会主义初级阶段的公平原则，经济增长与收入分配之间的联系，效率优先、兼顾公平的内涵以及具体贯彻的原则等问题。关于公平与效率关系问题，近年来理论界主要有以下几种观点。

### 一、效率优先论

第一种观点是效率优先论，坚持"效率优先，兼顾公平"的提法。持这一观点的学者，反对把收入公平作为社会福利最大化的一个必要条件，反对通过政府干预来纠正市场机制自发调节所形成的收入不平等，因为再分配或多或少牺牲效率；他们还认为，效率是与自由不可分割的，这种自由是市场机制正常运行从而实现资源有效配置的前提条件，如果追求公平破坏了自由，必将牺牲效率，是不可取的；即使追求公平也应该是有助于效率提高的机会公平，不是损伤效率的结果公平。有学者提出，所谓效率优先，是指要通过建立健全生产要素市场来提高资源配置效率，由市场决定要素价格从而决定分配；所谓兼顾公平，就是在初次分配后，政府通过税收、社会保障制度和转移支付来进行再分配，以解决社会公平问题。[1] 有人还提道："在起飞前这个至关重要的阶段，对平等与效率的选择，应以效率为主导。"[2] 晓亮认为，"效率优先，兼顾公平"是我国几十年的经验总结。如果把公平放在首位，不把蛋糕做大，只能是大家一起穷。正确的做法只能是毫不动摇发展经济，把蛋糕做大的前提下，注重缩小收入差距。[3] 高尚全（2006）认为，搞市场经济就要有竞争，要讲究效率，不讲究效率的市场经济就不是好的市场经济，容易搞成平均主义。大家不希望要这样贫穷的公正。市场要讲求效率，政府要强调公平。要更好地实现公平，使公平与效率有机地结合起来，而不是简单的效率优先或公平优先的问题。[4]

### 二、公平优先论

第二种观点是公平优先论。持这种观点的学者认为，公平或平等本来就是人的天赋权利，保护弱势群体权利，就该将公平放在优先地位；并且收入不公平会导致权利和机

---

[1] 徐茂魁、杨达伟：《"马克思主义政治经济学原理"疑难解析》，中国人民大学出版社，2002年，第331页。
[2] 王珏等：《分配制度十人谈》，广西人民出版社，1998年，第160页。
[3] 晓亮：《"效率优先，兼顾公平"的原则过时了吗?》，《中共长春市委党校学报》，2006年第5期，第14~16页。
[4] 高尚全：《深化分配制度改革 促进和谐社会建设》，《中国改革》，2006年第11期，第8~14页。

会的不公平，进而损害人的积极性和工作热情以致降低效率，还会侵犯人的尊严，使"人人生而平等"成为一句空话。也有观点认为，"效率优先、兼顾公平"的关键在于兼顾公平，因为市场经济先天具有效率优先的内在机制，而不具有兼顾公平的内在机制，并且如果没有公平的兼顾，不能妥善处理社会分配不公、收入差距扩大的问题，可能导致各种社会矛盾的激化。① 刘国光（2005）近年来多次提出在效率与公平关系上应向公平倾斜，加重公平的分量。他认为，"效率优先，兼顾公平"是一个时期的说法，到了一定阶段，我们的生产力发展起来了，效率优先的副作用就出来。"效率优先"不是不可以讲，而是不要放在收入分配领域。在收入分配领域不用再提"效率优先，兼顾公平"，也不要再提"初次分配注重效率，再分配注重公平"，要更加注重社会公平，这符合改革的大势所趋和人心所向，也有利于调动大多数人的改革积极性。②

### 三、效率与公平兼顾论

第三种观点是效率与公平兼顾论。持这种观点的学者既不赞同效率优先，也不同意公平优先，而是主张二者兼顾，试图找到一条既能保持市场机制的优点，又能消除收入差距扩大的途径，在提高效率的同时，又不过分损害公平。③ 有学者坚持效率与公平是统一的观点，认为公平与效率在根本上是一致的，两者的关系是交互促进并发生同方向变动的，即越是公平越有效率，越不公平越无效率，效率越高越能促进公平；两者的关系不是此消彼长的关系。④ 也有观点认为，现阶段坚持"效率优先、兼顾公平的原则"是由公平与效率内在决定，是由社会主义的本质和根本任务决定的，是一条很重要的历史经验总结；也是社会主义初级阶段基本经济制度的必然要求和社会主义市场经济的客观要求。⑤ 还有人提到，之所以在主张"效率优先"的同时要求"兼顾公平"，是因为效率与公平往往不容易同时兼顾，社会的任务就是在这两者之间进行权衡，或者以牺牲效率为代价而获得更多的公平，或者以放弃一定的公平为前提而谋得更高的效率，这是一种艰难的抉择。⑥ 张宇（2005）主张用"在发展社会生产力的基础上努力实现公平与效率的统一"这一新提法，代替"效率优先，兼顾公平"的原有提法。⑦

有观点认为，效率是市场和企业的直接目标，公平是政府的首要目标，因此，初次分配必须注重效率，发挥市场的作用，鼓励一部分人通过诚实劳动和合法经营先富起来；再分配必须注重公平，加强政府对收入分配的调节职能，调节差距过大的收入。⑧ 还有观点从实际操作层面提出，要运用财政再分配手段，改善和提高低收入群体的收入，这才是"初次分配讲效率，再次分配讲公平"。⑨ 也有观点认为，公平与效率之间

---

① 胡长清：《共同富裕论——中国公平分配模式》，湖南人民出版社，1998年，第46页。
② 刘国光：《把"效率优先"放到该讲的地方去》，《经济学动态》，2005年第11期，第4～5页。
③ 徐茂魁：《马克思主义政治经济学研究述评》，中国人民大学出版社，2003年，第368～376页。
④ 程恩富：《公平与效率是相互同向变动关系》，《中国改革报》，2005年10月31日。
⑤ 青连斌：《分配制度改革与共同富裕》，江苏人民出版社，2004年，第139～141页。
⑥ 赵晓雷：《中华人民共和国经济思想史纲（1949—2009）》，首都经济贸易大学出版社，2009年，第204页。
⑦ 张宇：《"效率优先、兼顾公平"提法需要调整》，《经济学动态》，2005年第12期，第14～19页。
⑧ 青连斌：《分配制度改革与共同富裕》，江苏人民出版社，2004年，第142页。
⑨ 袁恩桢：《收入差距与社会和谐》，《上海交通大学学报》（哲学社会科学版），2005年第3期，第5～8页。

不是相互排斥、非此即彼的关系,也不应有先后顺序的排列,在和谐社会的构建过程中,应逐步由"效率优先,兼顾公平"向"效率与公平"并重转变。① 还有学者也指出,初次分配注重效率,不是不要公平,在初次分配中也有一个公平问题。即初次分配中必须完善市场机制,创造公平竞争环境,实现机会均等,保证生产要素按贡献大小得到公平合理的回报和补偿。② 也有一些学者对"效率优先,兼顾公平"作了"重新反思",指出"效率优先,兼顾公平"多年来一直是政策建议的价值判断基础,但这是一种"有重大缺陷,甚至错误的观点",其错误的根源在于它对"公平"狭隘的、不恰当的理解,进而赋予了效率以一种完全优于任何其他社会经济目标的地位。有些观点在讨论效率与公平关系时认为,公平是最广大人民群众的效率,在公平与效率的辩证关系中,公平是矛盾的主要方面,公平促进效率。于是,有的论者宣称要"公平优先、兼顾效率"。③

当然,不同意上述观点的论者也提出了自己的看法。有学者对"效率优先,兼顾公平"仍持肯定意见,指出"效率优先,兼顾公平"是20世纪80年代针对当时占统治地位的平均主义提出的,这有个前提,即人们的机会是平等的情况下,效率与公平之间才会呈现某种相关的关系。目前中国居民收入不平等的主要原因恐怕是机会不平等的而非效率。也有观点认为,注重效率而忽视公平,似乎是现在不少人对新体制的一种流行性批评,但这种批评是没有实践根据的,其根本错误是将效率与公平绝对地对立起来。也有论者不赞成"效率优先"原则已经过时,应转为"公平优先"或"效率与公平并重"的意见,认为在目前经济全球化趋势下,各国都在强调效率优先,以确立自己的竞争优势,如果我们放弃效率优先,就可能在国际竞争中处于劣势。还有论者总结改革开放30年来,特别是从党的十三大到党的十七大这20年间,实现了由"唯平等论"依次向"效率与公平并重"和"效率优先,兼顾公平"的转变,由此才促进了我国社会生产力和国民经济持续、稳定、高速增长,人民生活水平才有了普遍的大幅度提高,社会才更加和谐。而在收入分配领域之所以还存在许多不公平现象,并不是因为主张"效率优先,兼顾公平"和按生产要素贡献原则造成的。④

### 四、如何兼顾效率与公平

效率和公平的关系是复杂的和不确定的,它们之间有相互矛盾的一面,但在许多方面是相互促进的。因此,认识效率和公平的关系必须从实际出发,具体问题具体分析。如何处理效率和公平的关系,是收入分配领域需要重点关注的问题。

改革开放以来,中国共产党在探索中国特色社会主义发展道路的实践过程中逐步形

---

① 赵晓雷:《中华人民共和国经济思想史纲(1949—2009)》,首都经济贸易大学出版社,2009年,第205、206页。
② 青连斌:《分配制度改革与共同富裕》,江苏人民出版社,2004年,第143页。
③ 赵晓雷:《中华人民共和国经济思想史纲(1949—2009)》,首都经济贸易大学出版社,2009年,第205、206页。
④ 赵晓雷:《中华人民共和国经济思想史纲(1949—2009)》,首都经济贸易大学出版社,2009年,第205、206页。

成了国民收入分配应坚持公平和效率并重的重要思想。在收入分配中处理好效率与公平的关系，是关系改革、发展和稳定的重大问题。初次分配和再次分配都要处理好效率和公平的关系，再分配更加注重公平。在初次分配环节，要完善劳动、资本、技术、管理等要素按贡献参与分配的初次分配机制，消除因体制机制带来的规则不公平和权利不公平，增进市场竞争中的机会公平。在再次分配环节，要加快健全以税收、社会保障、转移支付为主要手段的再分配调节机制，强化政府对收入分配的调节职能，加大再分配调节力度，着力解决收入分配差距较大问题，使发展成果更多、更公平地惠及全体人民。

如何兼顾公平与效率，使得二者在社会发展过程中都得到保护，这成为关注当前我国收入分配领域问题的学者们要探讨的另一个重要课题。对此，刘照蓉和范晓宇（1998）提出了四条措施：一是要实行"两个转变"，建立健全生产要素市场是提高经济效率的根本途径，认为"东西方经济发展的实践证明，市场经济是高效经济，计划经济是低效经济；集约型增长方式是高效型增长方式，粗放型增长方式是低效型增长方式。中国要提高经济效率，必须走以市场为配置资源方式和以集约型增长方式为主的发展道路"；二是要将公有制作为实现经济公平的基本保证，认为"在以私有制为基础的市场经济中，市场机制在收入分配上的作用之所以会导致商品生产经营者两极分化……除了市场自身缺陷之外，最根本的原因在于私有制"；三是坚持将合理的宏观调控作为协调、兼顾效率与公平的主要手段；四是要完善社会保障制度。[①] 陈享光（1999）提出"实行双层收入分配制度"的观点，认为社会主义初级阶段的社会公平应该坚持两个原则：差别利益原则和利益平衡原则，为此，社会分配的过程应该划分为两块，即微观收入分配过程和宏观收入分配过程。微观收入分配过程集中在生产过程之中，体现的是差别利益原则，追求的是效率；宏观收入分配过程是建立在微观收入分配过程基础上并独立于这一分配过程的再分配过程，要体现利益平衡原则，追求公平。[②] 卫兴华（2006）重新诠释公平与效率，认为公平是一种标准，收入分配领域的公平问题实际上讲的是收入分配合理与否的问题；效率则是质量与速度的统一，收入分配领域的效率问题实际上讲的也是分配领域的合理与否问题，并不是分配领域本身的质量与速度问题，效率只是作为公平在分配领域的一种提法而已，因此，公平与效率之间有着内在统一的基础，二者可以实现有机的统一。他还认为"市场管效率、政府管公平""初次分配体现效率、再分配体现公平"等提法是不科学的，市场调节和政府调节都需要贯彻公平与效率的原则，初次分配领域形成的收入分配不公平、差距过大问题，通过再分配环节是很难矫正的。[③]

---

[①] 刘照蓉，范晓宇：《公平与效率：按劳分配与按生产要素分配的追求》，《兰州大学学报》，1998年第1期，第30~36页。
[②] 陈享光：《建立效率优先、兼顾公平的双层收入分配制度》，《教学与研究》，1999年第1期，第10~15+79页。
[③] 卫兴华：《实现分配过程与效率的统一》，《价格理论与实践》，2006年第9期，第64~65页。

## 第七节　总体考察

在百年历程中，我们党对社会主义分配理论的研究不断深入，在实践中不断检验与深化，实践在理论指导下发展与创新，社会主义收入分配的思想渊源、制度结构变迁仍在不断升级演进，不仅结合国情实际与时代要求，创造性发展了独具中国特色的社会主义分配理论体系，更在理论运用、制度建设、深化改革的探索实践中积累宝贵的历史经验。

### 一、主要特点

#### （一）坚持以科学态度对待马克思主义分配理论

作为马克思主义的重要组成部分，马克思主义分配理论是我们把握分配这一经济现象的本质规律、全面深化分配制度在内的经济体制改革、推进社会主义现代化建设走向伟大胜利的强大思想武器。中国共产党始终坚持以科学的态度对待马克思主义分配理论，党领导人民对社会主义分配制度进行的一系列探索与改革，这是一个本着科学的态度恪守马克思主义分配理论并结合实际加以创造性运用和发展的伟大实践过程。

#### （二）坚持注重将理论的先进性转化为制度显著优势

马克思主义理论，是揭示自然界、人类社会、人类思维发展普遍规律的先进理论。党的十九届四中全会，将坚持党的科学理论作为中国国家制度和国家治理体系的首要显著优势中的内容加以强调。善于运用和发展先进理论、总结革命与改革历程中的经验智慧推进党和国家事业发展，正是中国共产党的理论优势所在。马克思主义分配理论作为揭示人类社会经济活动中分配现象的本质及运行规律的先进理论，其先进性必须放在我国社会主义分配制度建设与改革实践中加以检验，并将之转化为优越完善的社会主义分配制度才能体现。

#### （三）坚持恪守人民立场、维护社会公平正义

自中国共产党诞生起，中国共产党人就坚持把马克思主义分配理论中国化，这正是从人民的立场出发，"尊重人民的主体地位，保证人民当家做主"的体现。在马克思主义分配理论中国化的实践历程中，中国共产党人始终坚持将人民摆在至高无上的位置，致力于回应人民对美好生活的共同期待。合理的分配制度是社会公平正义的重要体现，构建科学合理、公平公正的分配制度，关系到每个劳动者的切身利益。中国共产党在以马克思主义分配理论为指导，通过探索社会主义分配制度建设与改革的伟大实践，建立维护劳动者尊严的、保障人民根本利益的社会主义分配制度，就是为了促进与实现社会的公平正义。

## （四）坚持推进收入分配制度改革

收入分配制度是经济社会发展中的一项基本经济制度。党的十九届四中全会明确提出，按劳分配为主体、多种分配方式并存的分配制度是社会主义基本经济制度的重要组成部分。深化收入分配制度改革，推进形成合理有序的收入分配格局，是保持经济长期稳定发展的重要基础。

## 二、研究展望

### （一）深化社会主义所有制改革，完善社会主义收入分配制度

分配方式取决于所有制关系。改革开放以来，我国逐渐形成了坚持以按劳分配为主体、多种分配方式并存的分配制度，这是对马克思分配理论的重大突破，更是对马克思收入分配理论中国化的新发展。这种分配制度的变迁背后反应的是所有制结构的变革。可以说，改革开放以来，所有制结构多元化的变迁，使理论界也逐渐突破了"产品型按劳分配"的实现模式，突破了按劳分配方式唯一性的传统观念，人们从开始承认非劳动性收入，到探索劳动、资本、技术、管理等生产要素按贡献参与分配这些具有社会主义市场经济特点的分配方式，表明所有制结构的不断改革为中国特色社会主义收入分配理论探索突破提供了深厚基础。而目前所有制结构上的深化国有企业改革，发展混合所有制；推进农村集体产权制度改革，探索农村集体经济新的实现形式和运行机制等产权层面的深化改革，都将为中国特色社会主义收入分配理论发展提供不竭的创新动力和源泉。

### （二）发挥市场机制作用，拓展社会主义收入分配理论

十九届四中全会提出健全劳动、资本、土地、知识、技术、管理、数据等生产要素由市场评价贡献、按贡献决定报酬的机制，为生产要素市场的改革指明了方向。经济理论界关于社会主义市场经济探讨的诸多方面，如市场机制、市场运行、市场主体、市场体系、市场开放与国际金融贸易、市场失灵与政府干预等等研究，都有助于推动马克思收入分配理论中国化向"中国特色社会主义收入分配理论"研究的新阶段迈进，并为中国特色社会主义收入分配理论探索突破提供理论框架。在此之中，结合中国市场经济改革实践收入分配的定量研究借鉴应用了计量模型、实证方法等西方经济学的分析工具，形成了一批新研究成果。应该看到，虽然大部分的研究越来越注重实证，但缺乏对其背后理论依据的深入透析，即缺乏对马克思主义收入分配理论的深刻分析，理论品质不高。正如有学者提到，"有必要在马克思主义理论基础上，对当前的收入分配状况作深入地研究"，还要通过"努力挖掘马克思主义经济理论的丰富内涵，创新理论对收入分配问题给予科学的说明"。[①] 因此，中国特色社会主义收入分配理论的研究远未穷期，随着全面深化改革的推进和社会主义市场经济体制的发展完善，收入分配理论的研究还

---

① 张俊山：《关于当前我国收入分配理论研究的若干问题思考》，《经济学家》，2012年第12期，第21~30页

在路上，并且中国改革开放的丰润土壤将使理论研究结出更加丰硕的果实。

### （三）坚持以人民为中心的新发展理念，实现社会主义共同富裕

改革开放以前，我国实行计划经济体制下的分配模式，将收入分配结果平均化理解为按劳分配，尤其在"极左"思潮时期，完全否定了经济利益对劳动效率的促进作用，一味地强调分配结果平均化，挫伤了人们劳动的积极性。改革开放后，随着收入分配体制改革的推进，才逐渐开始对效率与公平的内涵以及二者权衡的讨论。特别是中央的文献从"效率优先、兼顾公平"到"初次分配和再分配都要兼顾效率和公平，再分配更加注重公平"，并且提出构建和谐社会的任务，明确"以人为本、公平正义"，实现全面建成小康社会的宏伟目标等纲领性的提法为中国特色社会主义收入分配理论的进一步探索突破提供了新的方向和目标。可以说，对效率与公平在收入分配中的不断演进和运用，都是为了更好地促进收入分配的改革实践。不管从改革初期打破平均主义僵局，促使经济腾飞角度看，认为效率更为重要的观点，还是后来的强调以人为本，着眼于遏制收入差距扩大、着眼于公平分配，着眼于提高低收入水平，应该认为在初次分配与再分配阶段强调效率与公平兼顾的论述，都是收入分配各环节上既要鼓励按要素贡献大小获得收益，承认合理的收入差距，同时又要调节收入差距的过大，防止贫富悬殊的两极分化，以此更好更快地建设社会主义和谐社会、实现全面建成小康社会的宏伟目标。因此，可以说，中国特色社会主义收入分配理论在新的方向和目标引领下，还在不断地突破创新，比如围绕新时代中国特色社会主义发展实践不断贴近马克思主义倡导追求的"人的全面自由发展"目标，还待探索创新出更具新时代特征的理论成果。

### （四）发挥再分配和第三次分配作用，调整国民收入分配格局

在完善初次分配环节提高劳动收入的前提下，再分配环节的制度设计有助于矫正初次分配产生的结构失衡，对于收入分配格局的调整具有重要意义。当前，缩小收入差距的关键就在于建立与成熟市场经济相配套的具有调节收入分配功能的再分配机制。十九届四中全会专门提出要健全以税收、社会保障、转移支付等为主要手段的再分配调节机制，强化税收调节，完善直接税制度并逐步提高其比重。事实证明市场机制并不具有自发地缩小收入差距的功能，而政府的调控是不可或缺的手段。收入再分配是剩余价值的一部分在社会层面的分享，对于调节由初次分配产生的收入差距能够产生一定的作用。一些制度安排和设计还有利于维护劳动力的再生产，提高劳动者参与初次分配的能力。但是应当看到，收入再分配的调节力度和保障范围及水平归根结底取决于政府能够掌握和支配的剩余价值总量。除了初次分配和政府政策的再次分配，还需要特别重视三次分配的作用。十九届四中全会专门提出重视发挥第三次分配作用，发展慈善等社会公益事业。重视提高第三次分配的作用，要完善相关政策激励引导居民财富合理流向社会公益事业，以更好地解决贫困和缩小收入分配差距。

### （五）提高劳动者劳动报酬，缩小居民收入差距

收入分配改革是我国经济转型的重要组成部分，总体而言，我国的收入分配制度改

革是成功的，但随着生产力发展，"蛋糕"的做大，分配不公出现，收入差距扩大成为引人关注的问题，研究者们开始探讨收入差距扩大的原因、效应及治理路径，深入具体关注城乡、区域、行业、阶层的收入差距，人力资本投资与收入差距，经济增长与收入差距，财产性收入差距，权力寻租与收入差距，民生建设与收入差距，以及制度与政策对收入差距的影响等课题，这些研究在相当程度上为中国特色社会主义收入分配理论的不断探索和创新开辟了更新的学术空间。党的十九届四中全会就特别提到要不断保障和改善民生、增进人民福祉，鼓励勤劳致富，保护合法收入，增加低收入者收入，扩大中等收入群体，调节过高收入，清理规范隐性收入，取缔非法收入，从而把收入差距水平拉回到合理水平。我国国民收入中劳动报酬份额在过去近20年间一直处于下降趋势，近几年虽略有回升，但仍低于21世纪初期水平。劳动报酬份额下降也导致了居民收入份额的下降，因此，党的十九届四中全会提出坚持多劳多得，着重保护劳动所得，增加劳动者特别是一线劳动者劳动报酬，提高劳动报酬在初次分配中的比重。

# 第六章　社会主义市场经济理论

正确处理政府和市场的关系，一直是经济体制改革的核心问题。从党的十二届三中全会提出"有计划的商品经济"，到党的十八届三中全会明确"让市场在资源配置中起决定作用"，再到党的十九届四中全会将社会主义市场经济体制上升为基本经济制度，中国共产党对社会主义市场经济理论的认识不断深化。中国共产党建党 100 年以来，国内学术界对社会主义市场经济理论进行了大量研究。本章首先从学界对马克思主义经典作家关于商品与市场相关论述的阐释出发，考察中国共产党对社会主义市场经济认识的变迁，梳理理论界对社会主义市场经济与资本主义市场经济联系的不同观点，总结有关社会主义市场经济中政府和市场关系的相关论述，最后概括和提炼其中的基本结论和演进特征，并对社会主义市场经济理论的未来研究方向进行了展望。

## 第一节　对马克思主义经典作家关于商品与市场论述的阐释

对于商品与市场，马克思、恩格斯、列宁、斯大林都曾有过相关论述。学术界主要从两个视角对这一理论进行了研究，一是从纵向视角比较和分析不同时期对社会主义市场经济的阐释，二是从横向视角阐述某一时期对社会主义市场经济论述的不同方面。

### 一、对马克思恩格斯有关商品与市场（市场经济）的论述的研究

马克思恩格斯关于商品与市场（市场经济）的论述是社会主义市场经济理论体系的理论基础，是后继马克思主义者发展社会主义市场经济理论的理论来源。学术界主要从两个方面对马克思恩格斯关于商品与市场（市场经济）的论述进行了研究。

一是对马克思恩格斯关于商品、市场与计划的论述的研究。刘文清（1992）认为，商品是为交换而生产的劳动产品。商品的基本规律是价值规律，有商品生产和商品交换的地方，价格规律必然存在并发挥作用。市场是商品交换的场所，是商品生产和商品交换的客观要求。而商品价格是否符合价值，关键在于商品生产者或社会主义国家计划工作水平的高低。[①] 王友洛（1995）认为，从社会历史进程角度，马克思的"三形态说"（人的依赖关系、以物的依赖性为基础的人的独立性、建立在个人全面发展和他们共同

---

[①] 刘文清：《论商品、市场与计划》，《理论学刊》，1992 年第 4 期，第 27~30 页。

的社会生产能力成为他们的社会财富这一基础上的自由个性)比"五形态说"(原始社会、奴隶社会、封建社会、资本主义社会、共产主义社会)更能揭示社会历史进程的主线,对认识现实社会主义与商品市场经济的关系有重要意义。其中商品经济作为人类共同活动和互相交换其活动的方式,其社会关系的基本特征是以物的依赖性为基础的人的独立性,它既是对自然经济的人的依赖关系的否定,又是走向自由个性的不可逾越的阶段和历史前阶。与自然经济相比,商品经济的物的依赖关系对社会个人的发展有巨大的推动作用;同商品经济相比,商品经济的物的依赖关系又显示出一种历史的局限性。[1] 时家贤(2014)认为,马克思恩格斯市场经济理论是马克思主义理论的重要组成部分。马克思认为,市场是全部关系的总和,是商品流通的场所,是商品经济运动中的交换行为的总和。市场经济运行规律是价值规律,价值规律的作用表现为价格、供求与竞争之间的相互作用、相互制约。关于市场经济条件下政府的作用,马克思认为,利益分化使得国家或政府的作用成为必要,随着经济社会的发展,政府或国家的职能有扩大的趋势,主要体现为公共支出的膨胀和公共部门的强大。国家或政府的作用必须与经济发展保持同向才能促进经济的发展,否则会带来巨大的浪费。此外,政府的行为方式有好坏之分。[2] 杨小苏(1993)认为,马克思恩格斯的计划思想中,"有计划的盲目性"思想和"无计划的计划性"思想,为社会主义市场经济体制下实施有效的计划管理奠定了理论和实践基础。在无计划的市场经济社会中,市场机制的双面刃作用既可能产生盲目性,也可能产生计划性。[3] 罗文东(2008)认为,马克思和恩格斯从经济学的角度揭示了商品经济消亡的历史趋势,及其被产品经济所替代的客观规律,但商品生产和商品经济形态的消亡是一个自然历史过程,既不能跳过也不能用法令去人为地消灭。[4]

二是对马克思恩格斯关于资源配置论述的研究。郭海霞和康旭华(2017)认为,马克思依照不同的社会劳动的联系方式和性质将资源配置的基本方式归纳为三种:直接配置资源方式、市场配置资源方式和计划配置资源方式,三种分配方式分别对应于前资本主义社会、资本主义社会和共产主义社会。我国正处于共产主义第一阶段的社会主义社会,社会主义经济仍属于商品经济范畴,应遵循生产力发展规律结合现实来继承。[5] 王元龙(1995)认为,马克思是用社会劳动的概念来解释资源配置的,一方面资源配置是社会化生产的客观要求,另一方面资源配置是人类社会经济发展共有的一般规律。区别于西方经济学的资源配置理论,马克思揭示了资源配置的深层次原因,即社会化的生产必然要求在社会规模上按一定比例分配社会总劳动,强调了根据社会需要按一定比例

---

[1] 王友洛:《马克思的社会历史进程理论与商品市场经济》,《学习论坛》,1995年第2期,第21~23页。
[2] 时家贤:《马克思恩格斯的市场经济理论与社会主义市场经济》,《当代世界与社会主义》,2014年第6期,第44~50页。
[3] 杨小苏:《马克思恩格斯计划思想与社会主义市场经济》,《经济理论与经济管理》,1993年第1期,第20~26页。
[4] 罗文东:《正确认识马克思主义经典作家的社会主义经济思想》,《重庆邮电大学学报》(社会科学版),2008年第4期,第1~6页。
[5] 郭海霞、康旭华:《〈资本论〉的转型发展理论与中国经济"新常态"研究》,《价格理论与实践》,2017年第2期,第58~61页。

将社会总劳动分配于各个不同的生产领域,是社会化生产的客观要求。① 杨三省(1998)认为,马克思和恩格斯的设想是社会主义初期不能排斥商品经济。马克思恩格斯分别在《资本论》和《反杜林论》中证明了商品交换的产生、发展和存在的重要原因之一就在于社会分工和私有制的产生、发展和存在。无产阶级在掌握国家政权以后或在社会主义的初级阶段还存在全民所有制、集体所有制甚至个体所有制。在多种经济实体并存的情况下,它们内部和它们之间实现经济联系最好的方法就是通过商品货币来实现。②

## 二、对列宁和斯大林社会主义商品经济理论的阐释

列宁和斯大林在不断丰富和发展马克思主义思想的过程中,也形成了自己关于社会主义商品经济理论的思想。学界对列宁和斯大林关于社会主义商品经济理论的研究主要围绕这几个方面:社会主义是否存在商品货币关系,商品经济在社会主义中的性质、社会主义制度下商品生产的必然性等。

### (一)对列宁社会主义商品经济理论的阐释

一是社会主义是否存在商品货币关系问题。邱济洲(1996)认为,列宁对于社会主义经济运行方式的认识随着实践的检验而不断变化。列宁在十月革命胜利后尝试把马克思恩格斯关于消灭商品、货币的设想付诸实现,实行战时共产主义管理体制,强化了经济联系的实物化,企图把它作为消灭商品、货币关系,直接向社会主义过渡的方式,但没有成功。后来列宁根据社会主义革命的实践经验,指出在从资本主义向社会主义过渡的时期,商品货币关系具有重要作用,但仍把商品货币看作与社会主义不相容,并强调实行新经济政策、利用商品货币关系,只是特殊社会经济环境下向社会主义社会过渡的特殊手段。③ 卫兴华(1997)认为,十月革命前后,列宁主张在资本主义向社会主义过渡的时期内就消灭商品经济、废除货币。在新经济政策时期,列宁改变了对社会主义的看法,既强调要发挥商业从而市场机制和市场调节的作用,又强调"国家正确调节(引导)"的作用,把政府行为与市场行为结合起来,市场、商业要受政府的调节和计划的引导,而经济计划又要以掌握市场规律为基础。④

二是商品经济在社会主义中的性质问题。郭连城和张振坤(1999)认为,列宁在社会主义经济发展史上首次明确提出了发展商品经济和利用商品货币关系建设社会主义的重要思想,是对马克思主义经济理论的极大发展。列宁在对以前坚持越过贸易自由,越过市场,直接过渡到共产主义的生产和分配这一思想进行深刻反省的基础上,形成了发展商品经济和实行新经济政策转变的具体构想。他认为,能够既在一定程度上给小农以

---

① 王元龙:《论马克思的资源配置理论》,《当代经济研究》,1995年第2期,第1~7页。
② 杨三省:《社会主义市场经济理论:从马克思到邓小平》,《毛泽东思想研究》,1998年第2期,第62~65页。
③ 邱济洲:《社会主义市场经济理论的产生与发展》,《内蒙古大学学报》(哲学社会科学版),1996年第4期,第17~26页。
④ 卫兴华:《列宁的商品经济、市场与政府理论的再评析》,《中共中央党校学报》,1997年第3期,第30~39页。

贸易自由和资本主义自由，又不至于因此而破坏无产阶级政权的根基，关键在于掌握尺寸。如果能把一部分商品掌握在无产阶级国家手中，并把这些商品投入流转，就能够活跃小农业，并使国家获得经济权力。① 刘建军等（2015）认为，列宁指出在一个生产力落后、多种经济成分并存的复杂国度内，不能"直接过渡"到社会主义，必须实行一定意义上的退却，其中重要的一项就是利用国家资本主义来建设社会主义。列宁在肯定社会主义制度的条件下，客观评价并逐步肯定商品货币关系及国家资本主义对落后的、小农占优势的国家建设社会主义具有积极作用。②

（二）对斯大林社会主义商品经济理论的阐释

对于斯大林社会主义商品经济理论的阐释，主要集中于这几个方面：社会主义商品经济存在必然性、商品生产与资本主义的关系、社会主义商品生产性质、社会主义商品生产范围等。陈家彦（1992）认为，斯大林在《苏联社会主义经济问题》一书中针对苏联的"产品经济"论正确指出，由于交换改变了产品的所有者，因而两种社会主义公有制之间交换的产品，国家售卖给个人的消费品，对外贸易通流领域内消费品与生产资料都是商品，从而论证了社会主义制度下商品生产的客观必然性。但受限于客观经济条件，斯大林把商品在社会主义条件下的活动范围仅限于个人消费品，否认了全民所有制内部存在商品交换关系。③ 顾海良和张雷声（2001）认为，斯大林的计划经济思想和经济计划化的实践是对马克思关于未来社会有计划经济形式思想的丰富和发展。斯大林明确提出社会主义商品生产反映的是联合起来的社会主义劳动者之间的互助互利关系，社会主义商品生产的活动范围只是个人消费品。斯大林认为，商品生产只有在国内存在资本主义剥削雇佣工人的制度下，才会导向资本主义，不认同把商品生产和资本主义生产混为一谈。④ 刘建军等（2015）总结了斯大林关于社会主义商品经济的思想观点，具体包括五个方面：社会主义条件下商品经济仍有其存在的必要性和积极作用；商品生产与资本主义生产不存在必然联系；社会主义商品生产不是通常的商品生产；社会主义制度下的生产资料不是商品，仅仅保持着商品的外壳；在社会主义经济中价值规律的作用被严格限制，在社会主义生产中价值规律并没有调节的意义。⑤

## 第二节　中国共产党对社会主义市场经济认识的变迁

正确认识和处理社会主义与市场经济的关系，是我国改革开放取得重大成就的原因

---

① 郭连成，张振坤：《略论列宁的商品经济思想》，《中央财经大学学报》，1999年第6期，第14~19页。
② 刘建军，梁媛，李跃华，等：《科学社会主义理论与实践》，北京理工大学出版社，第2015年，第143~144页。
③ 陈家彦：《浅谈社会主义商品经济理论的三次重大突破》，《西北民族大学学报》（哲学社会科学版），1992年第4期，第21~25页。
④ 顾海良，张雷声：《从马克思到社会主义市场经济》，北京出版社，2001年，第274~275页。
⑤ 刘建军，梁媛，李跃华，等：《科学社会主义理论与实践》，北京理工大学出版社，2015年，第144页。

之一，也是对马克思主义商品经济思想的探索与发展。一直以来，理论界针对这一命题进行了诸多探讨，有不少重要研究成果问世。在毛泽东思想、中国特色社会主义理论、习近平新时代中国特色社会主义思想中，有关市场经济的论述是重要组成部分。整体上来看，学术界各方观点在时间线索上呈现出较强的差异性。因此，我们依据每个时期社会经济发展的特征，梳理出不同阶段理论界对社会主义市场经济认识的变迁过程。

## 一、对毛泽东思想中关于社会主义商品经济相关论述的阐释

新中国成立之初，中国确立了高度集中的计划经济体制模式。计划经济体制对于迅速恢复国民经济发挥过积极作用，但是 20 世纪 50 年代中期以后，随着国民经济体系的完善，计划经济体制逐渐表现出不适应社会生产力的发展要求。针对计划经济实行过程中出现的问题，党和国家及时调整了指导思想和工作重心，打破传统的中央高度集中的计划管理系统。在这样曲折发展的社会主义建设探索中，中国经济界展开了对商品经济的理论探索。

### （一）对毛泽东思想中社会主义商品经济相关论述的阐释

毛泽东思想中有关社会主义条件下商品经济问题的论述，是对马克思恩格斯相关论述的进一步发展，学者们从不同角度对此进行了分析，主要分为三个方面。

一是社会主义条件下发展商品经济的原因，这部分学界的观点主要包括生产力适应说、社会性质决定说、生产力发展两阶段论等。黄爱民（1994）认为，毛泽东的商品经济思想指出，商品关系是社会主义普遍存在的经济关系，商品关系存在的必然性在于生产力水平的适应性，要敢于使用有积极意义的资本主义范畴。① 费利群（1996）认为，毛泽东在我党历史上第一次使用了"社会主义的商品生产"的概念，并把商品生产同资本主义区分开来，认为商品生产不是孤立的，与资本主义联系就是资本主义商品生产，与社会主义联系就是社会主义的商品生产。由于中国已经没有了资本主义的经济基础，商品生产不会引导到资本主义，它会"乖乖地为社会主义服务"。② 贺全胜（2015）认为，毛泽东将社会主义分为"不发达的社会主义"和"比较发达的社会主义"两个阶段，在不发达的社会主义阶段，我国存在全民所有制和集体所有制，生产力水平低、商品经济不发达，决定了商品经济存在与发展的客观必然性。③ 沙健孙（2009）认为，在社会主义条件下，商品生产的积极作用表现在：商品交换是农民唯一可以接受的交换产品的形式；发展商品生产、商品交换，有利于促进生产力的发展，满足人民的需要；只要存在商品生产和商品交换，价值规律就必然存在并起作用。④

---

① 黄爱民：《毛泽东商品经济思想与邓小平市场经济理论》，《毛泽东思想论坛》，1994 年第 1 期，第 21～23 页。
② 费利群：《马克思主义商品市场理论的逻辑发展》，《发展论坛》，1996 年第 2 期，第 32～33 页。
③ 贺全胜：《从〈毛泽东年谱（一九四九——一九七六）〉看毛泽东社会主义商品经济思想》，《毛泽东邓小平理论研究》，2015 年第 3 期，第 66～67 页。
④ 沙健孙：《毛泽东关于正确处理经济建设中若干重要关系思想再认识》，《马克思主义研究》，2009 年第 3 期，第 86～91 页。

二是重视价值规律作用。费利群（1999）认为，提出价值法则"是一个伟大的学校"的著名论断，尊重价值规律的作用，是毛泽东商品经济思想的核心立论。同时毛泽东对价值规律的论述仍未完全突破斯大林的框子，把价值规律作为计划工作的主要依据，存在把价值规律同其他经济规律割裂开来的倾向，把价值规律同计划经济规律的作用看成是互相对立的两个东西。① 李炳炎（1993）认为，在关于社会主义条件下价值规律的作用问题上，毛泽东否定了斯大林关于价值规律只在流通领域起调节作用而不是商品生产的调节者的看法，并从社会基本矛盾的角度，指出社会主义条件下的商品生产和价值规律，现在是适合生产力发展的要求的。② 沙健孙（2009）认为，在毛泽东看来，中国国民经济的有计划按比例发展，同商品经济不仅相容，而且必须是同发展商品经济相联系的；同利用价值规律不仅并不矛盾，而且还应当把价值规律作为计划工作的工具。③

三是发展怎样的社会主义商品经济。张亚斌（1995）认为，毛泽东提出要有分析有批判地学习苏联经验，在所有制和经济管理体制方面大胆提出改革，反对否认商品交换和价值规律，提倡发展商品经济和尊重价值法则，扩大地方权限和扩大企业自主权，调动地方和企业的积极性。④ 韩显生和刘国斌（2000）认为，早在新中国成立之前毛泽东就主张利用商品货币关系，恢复国民经济，完成对资本主义工商业的社会主义改造。中国生产力水平低的国情，应有计划地发展商品经济，而不是盲目发展。⑤ 黄伟（2005）认为，毛泽东对于计划经济高度集权暴露出的弊端，运用辩证唯物主义方法论以独到的思辨对计划经济进行了分析，指出计划是意识形态，意识是实际的反映，又对实际起反作用。社会主义社会里，有可能经过计划来实现平衡，但不能说计划都是完全合乎规律的。毛泽东希望解决计划的主观性与客观实际相脱离的失误的同时，坚持那时作为社会主义经济特征之一的计划经济。⑥

## （二）对毛泽东思想中关于社会主义商品经济相关论述的评价

学界对毛泽东思想中社会主义商品经济相关论述的评价集中在两方面，一方面是对毛泽东关于社会主义商品经济相关论述的理论贡献与实践指导意义的肯定；另一方面，是对毛泽东关于社会主义商品经济理论探索不充分原因的分析。朱民强（2016）认为，毛泽东针对社会主义中的商品交换和商品生产提出了比较系统的观点，毛泽东提出的有关社会主义商品经济的思想是他对马克思主义经济理论的重大贡献之一，这些正确认识

---

① 费利群：《邓小平对毛泽东计划经济与商品经济理论的继承和发展》，《山东师大学报》（社会科学版），1999年第4期，第10~13页。
② 李炳炎：《论毛泽东的社会主义商品经济思想及其发展》，《唯实》，1993年第6期，第3~7页。
③ 沙健孙：《毛泽东关于正确处理经济建设中若干重要关系思想再认识》，《马克思主义研究》，2009年第3期，第86~90页。
④ 张亚斌：《50年代毛泽东对苏联建设经验的认识》，《东北师大学报》，1995年第6期，第1~5页。
⑤ 韩显生，刘国斌：《论毛泽东对社会主义商品经济的理论贡献及走向偏狭之原因》，《社会科学战线》，2000年第5期，第70~75页。
⑥ 黄伟：《毛泽东商品经济与社会主义关系思想探微》，《当代中国史研究》，2005年第5期，第69~77+127页。

大部分都体现在了党的文献和方针政策中,并在实践中产生了重大作用。① 刘正妙和褚贻炜(2019)认为,在新中国成立之前,毛泽东把主要精力放在领导国内革命战争和抗日战争的同时也非常重视经济工作。从商品经济关系政权存亡的高度,毛泽东充分肯定了商品生产和流通存在的重要意义,并在新中国建立前夕构建发展商品经济的国家经济模型,确立发展商品经济的经济建国大政,奠定了新中国成立后在矫正排斥商品经济错误中取得理论突破的坚实基础。② 郭山根(2015)认为,毛泽东探索社会主义商品经济的理论未果的原因包括:第一,对马克思主义经典作家一定程度上存在着理论崇拜和理论依赖;第二,社会主义建设实践展开得不充分,毛泽东对计划经济和市场经济的属性了解不深;第三,时代主题转换展现得不明显、不充分,毛泽东未认识到苏联模式在中国暴露出来的问题不仅是因为它与中国国情不适,而且更是因为它已经开始不适应时代主题转换的要求。③

## 二、对中国特色社会主义理论体系中关于社会主义市场经济相关论述的阐释

1978年召开的中国共产党十一届三中全会,拉开了中国经济体制改革的序幕,经过不断实践探索与争论,中国要建设怎样的社会主义经济逐渐清晰。1984年党的十二届三中全会《关于经济体制改革的决定》肯定了我国社会主义经济是"有计划的商品经济",发展了马克思主义社会主义经济理论,为我国社会主义经济体制改革确定了正确目标和方向。1992年邓小平南方谈话后,社会主义市场经济理论逐渐确立并发展。

### (一)对邓小平关于社会主义市场经济的相关论述的阐释

十一届三中全会以后,邓小平领导中国共产党总结了历史经验,指出中国要发展,在坚持社会主义基本制度的同时,必须对原有的经济体制进行根本性的变革。邓小平创造性地提出了社会主义市场经济的理论,实现了社会主义经济理论上的重大创新,为我国经济体制改革由高度集中的计划经济体制向社会主义市场经济体制转变,建立社会主义市场经济体制指明了方向。

1. 对邓小平对计划与市场问题的论述的阐释

1992年之前,关于邓小平对计划与市场问题的论述,张翼翔和李晓玉(1988)认为,邓小平提出了要尊重社会经济发展规律办事的思想,指出按照社会经济发展规律的要求,商品经济的充分发展是社会经济发展不可逾越的阶段。在全社会规模上,自觉运用价值规律,用经济的方法管理经济,成为社会主义国家的基本职能。④ 赵锡斌(1992)认为,社会主义经济最本质的特征是生产资料的社会主义公有制。计划和市场

---

① 朱民强:《毛泽东社会主义商品经济思想研究》,《人民论坛》,2016年第8期,第193~195页。
② 刘正妙,褚贻炜:《改革开放40年来毛泽东社会主义商品经济思想研究成就及展望》,《思想理论教育导刊》,2019年第8期,第156~159页。
③ 郭根山:《毛泽东探索社会主义商品经济理论未果的原因新探》,《河南师范大学学报》(哲学社会科学版),2015年第6期,第7~10页。
④ 张翼翔,李晓玉:《试论邓小平经济思想的特色》,《江西社会科学》1988年第1期,第25~31页。

都是社会化商品生产条件下的经济调节手段,完全的计划调节或完全的市场调节都难以使国民经济持续、稳定、协调发展。只有把两者有机结合、交互作用、功能互补,才有可能实现经济的稳定协调,充分发挥社会主义优越性。① 李华(1991)指出,早在1980年邓小平就深刻指出,实行计划指导下的市场调节是场彻底革命。从而彻底否定了计划为社会主义经济所独有、市场为资本主义经济所独有的思想。邓小平的计划与市场相结合思想,不仅是对马克思社会主义经济理论发展史的深刻总结,也是对马克思主义关于社会主义经济理论的创造性发展。②

2. 社会主义商品经济时期的学术争论

党的十二届三中全会正式肯定我国社会主义经济是有计划的商品经济,是对马克思主义的重大发展,成为我国经济体制改革的基本理论依据。党的十三大报告指出,我国所处的历史阶段是社会主义初级阶段;我国社会主义有计划商品经济是计划与市场内在统一的体制,计划和市场都是覆盖全社会的,要把计划工作建立在商品交换和价值规律的基础上;强调了利用市场调节决不等于搞资本主义。

伴随着改革实践的深入,学术界也加深了对社会主义商品经济作用的认识。马洪(1984)认为,社会主义经济之所以是大力发展商品生产和商品交换的计划经济,这是因为社会主义经济内涵地具有商品经济的属性,这一认识是对传统社会主义经济理论的重大突破。③ 薛暮桥(1992)总结道,这一阶段我国生产力发展水平不高且不平衡,只能以社会主义公有制经济为主体(国有经济为主导,集体经济是重要组成部分),允许多种经济成分并存,不同经济单位之间的交换只能是商品交换;肯定了在国有经济内部,各个企业仍是具有各自相对独立经济利益的商品生产者和商品经营者;社会主义经济从总体来看,是公有制经济为主体基础上的社会主义商品经济。对于商品经济,在宏观上要有计划管理,但计划管理的方法必须适应商品经济本身特点。④ 谷书堂和常修泽(1990)认为,坚持实现社会主义与商品经济的"对接"的可行性在于,商品经济的"中性"特点使得它与社会主义并非决然排斥的关系,商品经济与社会主义结合在一起,形成"社会主义有计划的商品经济"。⑤

随着"有计划的商品经济"命题的提出,学界对有计划的商品经济理论的研究逐渐增加。杨坚白(1986)认为,社会主义经济是在公有制基础上的有计划的商品经济。有计划的商品经济是自觉地掌握和运用价值规律的商品经济,而自觉地掌握和运用价值规律就是要把商品经济变成有计划的经济。关键在于把计划机制与市场机制结合起来。⑥ 蒋学模(1985)认为,"公有制基础上的有计划的商品经济"的提法,全面反映了社会主义经济的客观实际,是社会主义政治经济学理论上的重大突破。要从公有制经济、计

---

① 赵锡斌:《计划和市场的质的规定性论纲——学习邓小平关于计划与市场思想的一点体会》,《武汉大学学报》(社会科学版),1992年第4期,第10~15页。
② 李华:《邓小平经济思想学术研讨会综述》,《社会科学战线》,1991年第4期,第96~98页。
③ 马洪:《关于社会主义制度下我国商品经济的再探索》,《经济研究》,1984年第12期,第3~15页。
④ 薛暮桥:《关于社会主义市场经济问题》,《经济研究》,1992年第10期,第3~7页。
⑤ 谷书堂、常修泽:《社会主义与商品经济论纲》,《经济研究》,1990年第6期,第3~11页。
⑥ 杨坚白:《关于有计划的商品经济和市场实现问题》,《天津社会科学》,1986年第2期,第2~7页。

划经济和商品经济这三个相互联系着的命题,来全面理解社会主义经济。① 在此基础上,蒋学模(1986)进一步提出,对于社会主义商品经济来说,计划调节和市场调节、计划经济和市场经济不是互相排斥而是可以互相结合的,这种结合存在由客观经济条件决定的主次关系。② 齐守印和蒋和胜(1985)认为,有计划的商品经济条件下,社会主义国家经济职能改革的基本方面,是把国家经济职能的内容与形式从管理产品经济和自然经济为出发点,转移到管理公有制为基础的有计划的商品经济的轨道上来,使社会主义国家更好地发挥维护和完善社会主义经济制度,促进生产力发展,保证有计划的商品经济健康而高效地运行的作用。③

3. 社会主义市场经济理论的形成与发展

在社会主义市场经济理论的形成过程中,学术界重点考察了以下两个方面的问题。

一是关于社会主义商品经济理论向社会主义市场经济理论转变的问题。刘国光(1992)认为,商品经济和市场经济两个概念既有联系,又有区别。商品经济是相对于自然经济和产品经济而言的;与市场经济相对应的是计划经济,是作为资源配置方式来说的。市场经济是商品经济的一种高度发展了的现象形态。④ 于光远(1992)认为,计划经济存在广义和狭义两种含义:前者指有计划发展的经济,后者指社会资源主要由计划来调节,而不是由市场来调节的一种经济制度。党的十一届三中全会以后,狭义的计划经济与市场经济并存的格局仍未改变,市场经济不够成熟。在下一阶段的改革应充分发展市场经济,扬弃狭义的计划经济,从而过渡到以社会主义市场经济为主体的经济。⑤ 吴敬琏(1992)认为,实践证明市场取向的改革,是社会主义走向复兴的必由之路。市场经济是具有一定社会化程度的商品经济,在市场经济中,市场是社会资源的基本配置者。我国经济体制改革的实质,是用以市场机制为基础的资源配置方式取代以行政命令为主的资源配置方式。⑥

二是关于社会主义市场经济改革的性质问题,学界从解放生产力与生产关系、社会主义基本经济制度、社会发展阶段等方面切入。陈甬军(1998)认为,我国社会主义市场经济改革的性质体现在两个方面:一是中国改革是从解决生产力与生产关系的角度,从发展生产力,解放生产力的高度提出来的;二是中国改革是在坚持社会主义基本经济制度的基础上进行的,与实行从根本上放弃社会主义基本经济制度的市场经济改革划清了界线。⑦ 张建军(1998)认为,社会主义市场经济是同社会主义基本经济制度结合在

---

① 蒋学模:《论公有制基础上有计划的商品经济》,《学术月刊》,1985年第1期,第1~6页。
② 蒋学模:《再论公有制基础上的有计划的商品经济》,《学术月刊》,1986年第2期,第1~8+18页。
③ 齐守印,蒋和胜:《有计划的商品经济条件下国家的经济职能与宏观经济调控》,《四川大学学报》(哲学社会科学版),1985年第4期,第9~16页。
④ 刘国光:《关于社会主义市场经济理论的几个问题》,《经济研究》,1992年第10期,第8~18页。
⑤ 于光远:《从市场经济和计划经济并存到社会主义市场经济为主体的经济》,《经济体制改革》1992年第4期,第4~9+126页。
⑥ 吴敬琏:《建议确立"社会主义市场经济"的提法》,《财贸经济》,1992年第7期,第3~6页。
⑦ 陈甬军:《邓小平社会主义市场经济改革理论与中国改革战略——写在中国改革开放二十年之际》,《中国经济问题》,1998年第4期,第8~16页。

一起的，要充分认识建立社会主义市场经济体制的艰巨性、复杂性和长期性。① 叶连松（1997）认为，我国社会主义市场经济改革，应坚持一切从社会主义初级阶段这个最大的实际出发，正确认识公有制与公有制实现形式的区别，努力寻找能够极大促进生产力发展的公有制实现形式，围绕增强国有和集体经济的活力，推动多种所有制经济公平竞争、共同发展，更加积极扎实地推进经济体制改革。②

4. 关于邓小平社会主义市场经济相关论述的评价

邓小平关于社会主义市场经济的思想，从根本上解除了把社会主义与市场经济对立起来的思想束缚，对社会主义市场经济理论的发展产生了极大的推动作用，成为我们党制定改革方向和目标的基本理论依据。

陈甬军（1998）认为，社会主义市场经济思想是邓小平理论的主要核心，也是他的经济改革理论的基石，它包括关于计划与市场关系的论述（"计划和市场都是经济手段"）和关于社会主义市场经济论述（"社会主义也可以搞市场经济"）两大主要内容。③ 李铁映（1996）认为，邓小平同志的社会主义市场经济学说，是在总结包括我国在内的现实经济实践的基础上，以马克思主义理论为依据，根据生产力发展的客观要求提出来的。其非凡之处在于，他依据经济发展的实践，揭示了计划、市场与社会制度之间并没有必然联系，从而确认了它们作为"手段"和"方法"的性质。④ 马丽娜（1998）认为，邓小平为我们找到了在社会主义条件下，公平与效率结合的内在基础，即社会主义基本制度与市场经济的结合。效率优先，兼顾公平是邓小平提出的在社会主义初级阶段公平与效率关系的原则。社会主义市场经济虽然提供了公平与效率统一的可能，但要消除公平与效率的矛盾，实现两者的统一是一个历史过程。⑤

## （二）对江泽民关于社会主义市场经济的相关论述的阐释

1992年6月9日，江泽民在中央党校省部级干部进修班上发表讲话，第一次确认了"社会主义市场经济体制"这个提法。罗时光（1993）认为，党的十四大提出我国经济体制改革的总目标是建立社会主义市场经济体制，是对过去改革实践的正确概括和高度升华。⑥ 罗任权（2001）总结，江泽民在党的十五大报告上指出要全面认识公有制经济的含义，认为公有制经济不仅包括国有经济和集体经济，还包括混合所有制经济中的国有成分和集体成分。社会主义市场经济运行机制必须是两只手都要发挥作用，在要求

---

① 张建军：《坚持社会主义市场经济改革方向》，《探索与求是》，1998年第12期，第19页。
② 叶连松：《坚持社会主义市场经济改革方向努力实现经济体制改革新突破》，《探索与求是》，1997年第11期，第3~5页。
③ 陈甬军：《邓小平社会主义市场经济改革理论与中国改革战略——写在中国改革开放二十年之际》，《中国经济问题》，1998年第4期，第8~16页。
④ 李铁映：《当代中国的社会主义政治经济学——学习邓小平经济思想的体会》，《求是》，1996年第23期，第2~8页。
⑤ 马丽娜：《社会主义市场经济条件下公平与效率的统一——兼论邓小平公平效率观》，《政法论坛》，1998年第1期，第104~110页。
⑥ 罗时光：《愈是发展市场经济 愈要加强思想政治工作——学习江泽民同志有关指示的思考》，《西南民族学院学报》（哲学社会科学版），1993年第5期，第61~63页。

市场发挥作用的时候，社会经济任由价值规律起作用；但当需国家出面用计划等手段调控的时候，国家必须出面去调控。① 杨宜勇（1998）认为，江泽民在中共十五大的政治报告中详细阐述了社会主义初级阶段有中国特色社会主义的经济，并指出建设有中国特色社会主义的经济，就是在社会主义条件下发展市场经济，不断解放和发展生产力。②

### （三）对胡锦涛关于社会主义市场经济的相关论述的阐释

胡锦涛在中共十六届三中全会第二次全体会议上提出，要适应新形势新任务的要求，不断提高自觉运用市场机制的能力，不断增强驾驭市场的本领，做到既使市场在资源配置中起基础性作用，又充分发挥社会主义制度的优越性，有效克服市场本身存在的缺陷，推动经济社会更快更好地发展。2004年胡锦涛在中央经济工作会议上强调，避免社会主义市场经济条件下经济运行出现周期性波动引发的通货膨胀和通货紧缩，关键是不断增强驾驭社会主义市场经济的能力。③

冷溶（2006）认为，科学发展观是我们党在深刻总结社会主义市场经济实践经验过程中概括出来的理论精华，反映了我们党对社会主义市场经济规律认识的深化，是发展和完善社会主义市场经济的指导思想。④ 孙海军和郑克清（2010）认为，十六大以来胡锦涛在坚持邓小平与江泽民所有制结构理论的基础上，进一步提出"形成各种所有制经济平等竞争、相互促进新格局""国有企业改革是整个经济体制改革的中心环节""发展多种形式的集体经济""大力发展和积极引导非公有制经济""建立健全现代产权制度"和"大力发展混合所有制经济"等一系列新观点、新认识，进一步丰富和发展了社会主义所有制结构理论，把科学社会主义学说推向了一个新境界。⑤ 程恩富（2015）指出，在总结30年改革开放的经验时，胡锦涛阐明了必须把坚持社会主义基本制度同发展市场经济结合起来，发挥社会主义制度的优越性和市场配置资源的有效性。⑥

## 三、对习近平新时代中国特色社会主义思想中关于社会主义市场经济相关论述的阐释

### （一）对习近平关于社会主义市场经济的相关论述的阐释

#### 1. 关于社会主义市场经济的争论

随着我国的市场经济改革的深入，社会经济生活中出现了诸多矛盾和摩擦，学界对此产生了不少对于社会主义市场经济的争论，主要观点大致分为两派。第一类学者认

---

① 罗任权：《科学把握江泽民的社会主义市场经济思想》，《经济体制改革》，2001年第3期，第10~14页。
② 杨宜勇：《社会主义市场经济：市场机制与宏观调控——江泽民的经济思想之四》，《广东大经贸》，1998年第4期，第4~6页。
③ 本刊编辑部：《邓小平、江泽民、胡锦涛关于建立和完善社会主义市场经济体制重要论述摘编》，《党的文献》，2009年第1期，第5~7页。
④ 冷溶：《科学发展观与社会主义市场经济》，《求是》，2006年第14期，第9~12页。
⑤ 孙海军，郑克清：《胡锦涛对中国特色社会主义所有制结构理论的丰富和发展》，《探索》，2010年第5期，第10~13页。
⑥ 程恩富：《社会主义市场经济理论是重大创新》，《中国社会科学报》，2015年12月24日，第1版。

为，社会主义市场经济改革是引发诸多社会问题的原因。李建立（2002）认为，在市场经济条件下，市场竞争机制在通过优胜劣汰增进效益的同时，也会引起个人收入差距扩大。① 殷建国和郭兴仁（2005）认为，我国市场取向体制转轨导致了政府职能的错位和缺位、专门信用管理部门与法律的缺乏与产权改革不到位等问题，成为当前我国信用缺失的根源。② 第二类学者认为，不应把社会问题完全归咎到社会主义市场经济。早些年，姜作培（1994）反对将通货膨胀、收入差距扩大、市场秩序混乱和企业职工失业等问题归咎于市场经济改革，并分别分析了这些问题产生的背后原因，以及和市场经济改革之间的关系。③ 在此基础上，张宇（2010）认为，首先，针对"公有制产权不清，无人负责，效率低下"观点而掀起的大规模私有化浪潮在全球实践的结果是：成功的经验不多失败的教训不少。事实证明，在国有制的基础上，完全可以建立自主经营、自负盈亏、产权清晰、责任明确的高效率的管理体制，国有经济效率低下的论断是完全站不住脚的。其次，指出"公有制与市场经济是不能兼容的"观点完全是偏见，并提出社会主义初级阶段的公有制经济包括了国有经济、集体经济和混合所有制经济中的国有成分和集体成分等多种形式，这些不同形式的公有制企业之间的关系是独立的自主的市场交换关系。公有制与市场经济的有机结合，把社会主义优越性与市场经济的长处更好地结合起来。最后，指出"国有经济的存在会造成垄断，不利于市场竞争"观点，是把反垄断与私有化混为一谈。垄断作为一种市场结构状态，与所有制形式并没有直接的关系，私有企业的垄断要比国有企业的垄断多得多。④

2. 对习近平关于社会主义市场经济的相关论述的阐释

关于社会主义市场经济本质上是法治经济的论述。党的十八届四中全会通过的《中共中央关于全面推进依法治国若干重大问题的决定》指出："社会主义市场经济本质上是法治经济。"裴长洪（2015）指出，法治经济是习近平社会主义市场经济理论新亮点。⑤ 赵振华（2014）认为，社会主义市场经济本质上是法治经济的论断，是30多年来对我国社会主义市场经济实践经验的总结，也是对社会主义市场经济本质的准确清晰界定。法治是现代市场经济的重要特征，成熟的市场经济体制与健全的法制相呼应。⑥

关于市场充分发挥决定性作用的论述。肖林（2016）总结了中共十八大以来习近平对社会主义市场经济的论述，包括：使市场在资源配置中发挥决定性作用和发挥政府的作用；公有制为主体、多种所有制经济共同发展的基本经济制度，是中国特色社会主义制度的重要支柱，也是社会主义市场经济体制的根基；加快构建开放型经济新体制，发

---

① 李建立：《社会主义市场经济个人收入分配问题研究》，《宏观经济研究》，2002年第10期，第15～20页。
② 殷建国、郭兴仁：《论社会主义市场经济条件下诚信问题》，《金融理论与实践》，2005年第1期，第37～38页。
③ 姜作培：《论我国市场经济改革中的几个新问题》，《桂海论丛》，1994年第3期，第4～8页。
④ 张宇：《正确认识国有经济在社会主义市场经济中的地位和作用——兼评否定国有经济主导作用的若干片面认识》，《毛泽东邓小平理论研究》，2010年第1期，第23～29+85页。
⑤ 裴长洪：《法治经济：习近平社会主义市场经济理论新亮点》，《经济学动态》2015年第1期，第4～12页。
⑥ 赵振华：《社会主义市场经济本质上是法治经济》，《学习时报》，2014年11月03日，第5版。

展更高层次的开放型经济；要更加注重供给侧结构性改革等。① 钱路波（2016）指出，习近平在《切实把思想统一到党的十八届三中全会精神上来》一文中指出："坚持社会主义市场经济改革方向，核心问题是处理好政府与市场的关系，使市场在资源配置中起决定性作用和更好发挥政府作用"。把市场在资源配置中的"基础性作用"修改为"决定性作用"，是我们党在理论和实践上的重大推进，标志着我们党对市场规律的认识和驾驭能力的不断提升。习近平总书记提出的中国特色社会主义"市场决定论"包括两层含义：一是要尊重和承认市场在资源配置中的权威性，二是市场在资源配置中起决定性作用。② 杨静（2015）指出，"使市场在资源配置中起决定性作用和更好发挥政府作用"成为社会主义市场经济条件下政府和市场关系的新定位。关于市场在资源配置中发挥决定性作用的层次划分，从把资源配置划分为微观和宏观两个层次来看，市场在资源配置中发挥决定性作用的层次主要在微观，在微观层次的资源配置要减少政府对市场主体的干预和管理。关于更好发挥政府作用，习近平进一步在关于《中共中央关于全面深化改革若干重大问题的决定》的说明中指出："政府的职责和作用主要是保持宏观经济稳定，加强和优化公共服务，保障公平竞争，加强市场监管，维护市场秩序，推动可持续发展，促进共同富裕，弥补市场失灵。"这段论述很好地概括出政府在社会主义市场经济中所应发挥的职能，以此为指导，在妥善处理政府和市场关系时，可以有效避免政府在市场经济中出现的越位、错位及缺位等问题，能够更好地发挥政府作用。③

关于有效市场和有为政府的论述。万鹏和谢磊（2017）汇总了党的十八大以来，习近平围绕社会主义经济建设发表的一系列重要论述，其中习近平在十八届中央政治局第二十八次集体学习时的讲话强调，我国经济发展获得巨大成功的一个关键因素，就是既发挥了市场经济的长处，又发挥了社会主义制度的优越性。发展社会主义市场经济不能忘"社会主义"这个定语。要坚持辩证法、两点论，继续在社会主义基本制度与市场经济的结合上下功夫，把两方面优势都发挥好，既要"有效的市场"，也要"有为的政府"，努力在实践中破解这道经济学上的世界性难题。④ 陈龙和伍旭中（2019）指出，习近平新时代政府—市场观深刻阐述了"两个辩证统一"论、政府与市场"两手"论以及"市场不起全部作用"论等重要命题。习近平新时代"政府—市场观"体现了对中国传统政府—市场观的回归与升华、中国特色"政府—市场观"的继承与发展以及对西方经济学"政府—市场观"的批判与吸收。习近平新时代"政府—市场观"的矛盾分析法、两点论思想、系统性思维的方法论特征，体现了对马克思主义唯物辩证法的遵循。⑤

---

① 肖林：《新供给经济学——供给侧结构性改革与持续增长》，格致出版社·上海三联书店·上海人民出版社，2016年，第144页。

② 钱路波：《论习近平系列重要讲话对社会主义市场经济理论的发展和创新》，《长春师范大学学报》，2016年第11期，第42～44页。

③ 杨静：《社会主义市场经济条件下政府和市场关系的新定位——习近平相关思想的解读》，《河北师范大学学报》（哲学社会科学版），2015年第6期，第137～144页。

④ 万鹏，谢磊：《习近平：既要"有效的市场"，也要"有为的政府"》，人民网，2017年06月19日。

⑤ 陈龙，伍旭中：《习近平新时代政府—市场观——市场经济3.0的政治经济学》，《广西社会科学》，2019年第12期，第1～7页。

## (二) 对习近平关于社会主义市场经济相关论述的评价

韩刚（2015）指出，党的十八届三中全会《决定》对政府和市场作用作出科学论断，进一步推进了深化改革。习近平强调，党的十八届三中全会提出使市场在资源配置中起决定性作用，是我们党对中国特色社会主义建设规律认识的一个新突破，是马克思主义中国化的一个新的成果，标志着社会主义市场经济发展进入了一个新阶段。[①] 肖林（2016）指出，中共十八大以来，习近平关于社会主义市场经济的相关论述，进一步充实和完善了中国特色社会主义政治经济学理论，并将中国特色社会主义政治经济学理论建设推向一个崭新高度。[②] 顾钰民（2018）认为，习近平对于社会主义市场经济的理论贡献解决了社会主义和市场经济运行机制是否相一致的理论问题。坚持中国特色社会主义市场经济发展道路和市场经济改革方向不动摇，建设现代化经济体系，是深化改革和持续发展的基本遵循。[③] 任一林、谢磊（2019）指出，党的十八大以来，习近平围绕社会主义经济建设发表的一系列重要论述，立意高远，内涵丰富，思想深刻，全面回答了我国经济发展怎么看、怎么干的重大问题，具有十分重要的指导意义。[④]

## 第三节 社会主义市场经济的内涵和性质

中国经济体制改革实践至今，社会主义市场经济问题一直受到学者的关注。随着社会经济的发展，社会主义市场经济的内涵不断得到丰富和拓展，社会主义市场经济性质问题研究被不断完善。

### 一、社会主义是否存在商品生产的争论

研究社会主义条件下商品生产的存在，是研究社会主义市场经济的起点。这一部分的争论主要围绕着社会主义条件下商品生产是否存在、社会主义商品生产存在的原因、社会主义商品生产的范围和性质、社会主义制度下价值规律是否发挥作用四方面展开：

#### （一）社会主义条件下商品生产是否存在

在《苏联社会主义经济问题》与《政治经济学教科书》出版后，斯大林的社会主义特种商品经济论一度在我国迅速传播并占据了统治地位。陆立军和王祖强（2000）总结，在20世纪50年代中期，关于社会主义商品经济问题的讨论中，当时的主流观点是

---

[①] 韩刚：《读懂中国：变化世界中的中国与我们每个人的生活》，长江出版传媒，2015年，第40~41页。
[②] 肖林：《新供给经济学——供给侧结构性改革与持续增长》，格致出版社·上海三联书店·上海人民出版社，2016年，第144页。
[③] 顾钰民：《习近平社会主义市场经济体制和运行机制思想研究》，《毛泽东邓小平理论研究》2018年第1期，第1~6+107页。
[④] 任一林，谢磊：《习近平谈市场经济：不能忘了"社会主义"这个定语》，人民网，2019年01月28日。

限制商品经济，限制价值规律的作用，具体可归纳为"三论"：一是"异己力量论"，认为商品经济是社会主义公有制的异己力量，同社会主义公有制是格格不入的，随着社会主义公有制的发展、商品经济必然要被取消；二是"寿命不长论"，认为社会主义制度的建立使商品经济失去了继续生存、发展的土壤，随着公有制经济的发展和集体所有制向全民所有制过渡，产品经济必然取代商品经济；三是"洪水猛兽论"，认为商品经济对社会主义经济来说如同洪水猛兽，若不加以限制，就会冲击整个社会主义经济。①

随着社会经济的发展，经济学家逐渐发现斯大林特种商品经济论的矛盾，开始承认商品经济有存在的必然性。于光远（1959）认为，社会主义制度下两种公有制之间的交换、国营企业与国营企业之间的交换以及社会与个人之间的交换都是商品关系。各个历史时期的商品都是具体的，都有具体的社会性质。"商品交换一般"的概念应该理解为在交换中比较产品所包含的社会必要劳动，实行等量劳动与等量劳动交换原则的交换方式。商品生产存在的前提是：社会分工，从生产到消费不能完全经过直接分配来实现，以及交换有采取商品形式的必要。②孙冶方（1956）认为，商品是历史范畴，在商品经济中，价值规律变成了自发的、极灵敏的、计算产品的社会平均必要劳动量的自动计算机。计划统计指标着重于表现物量而忽略了价值，否定或低估价值规律在社会主义经济中的作用，便是否定了计算社会平均必要劳动量的重要性。③卓炯（1998）认为，从广义上说，商品经济就是社会分工的产物，只要社会分工存在，我们就可以利用商品经济，而且商品经济在同公有制结合以后，又会显现它们的公有制特征。④

### （二）社会主义商品生产存在的原因

在1956~1978年这一阶段，社会主义各国普遍存在着全民所有制与劳动人民集体所有制两种所有制形式。斯大林在《苏联社会主义经济问题》一书中指出，社会主义社会建成以后，商品生产还不能消除的原因在于集体农庄尚为集体所有制经济而非全民所有制经济，其产品还不能同国家企业的产品一样受国家支配。⑤对于这一观点，经济学界的认识并不一致，由此产生了争论。这一时期关于社会主义商品生产存在原因的论述，主要观点集中在两种所有制之间的交换、按劳分配原则、经济核算制度、生产力等，但是具体内容存在争议（见表7-1）。

---

① 陆立军，王祖强：《社会主义：从商品经济到市场经济》，《当代经济研究》，2000年第9期，第1~10+71页。
② 于光远：《关于社会主义制度下商品生产问题的讨论》，《经济研究》，1959年第7期，第19~51页。
③ 孙冶方：《把计划和统计放在价值规律的基础上》，《经济研究》，1956年第6期，第30~38页。
④ 卓炯：《论社会主义商品经济》，广东经济出版社，1998年，第3页。
⑤ 斯大林：《苏联社会主义经济问题》，人民出版社，1953年，第13~14页。

表 7-1　关于社会主义仍存在商品生产原因的主要观点汇总表

| | 社会主义商品生产存在原因主要观点 | 代表学者 |
|---|---|---|
| 一元论 | 经济核算制度 | 顾准（1957） |
| | 多种经济形式并存 | 朱剑农（1959） |
| | 全民所有制经济和集体所有制经济间的商品生产关系 | 萧功禹（1957） |
| | 社会主义全民所有制经济发展的内在需要 | 张朝尊（1959） |
| 二元论 | 按劳分配原则和经济核算制度 | 骆耕漠（1956） |
| | 生产关系（两种所有制的存在）和生产力（社会生产力发展到一定程度的结果） | 关梦觉（1959） |
| | 全民所有制和集体所有制的同时存在（主要原因）和按劳分配 | 卫兴华（1959） |
| 多元论 | 两种公有制的存在（全民所有制和集体所有制）、实行按劳分配的原则、按劳分配有联系的经济核算 | 于光远（1959） |

持一元论观点的学者认为，社会主义仍存在商品生产是单因素决定的。顾准（1957）认为，社会主义之所以存在着"商品生产"，其原因在于经济核算制度，而不是两种所有制并存的结果。因为只要内部分配关系是社会主义关系，两种所有制之间的关系就必然是社会主义的关系，这与私有制下两个商品生产者之间的关系是根本不同的。[①] 朱剑农（1959）认为，社会主义革命和建设时期多种经济形式的同时并存，决定了还有商品交换的必要，从而决定了还有商品生产的存在。[②] 萧功禹（1957）认为，社会主义制度下商品生产是由全民所有制经济和集体所有制经济间的商品生产关系所决定的，并认为社会产品的按劳分配需通过商品流通而实现，以及企业必须采用经济核算的方法，都不是社会主义制度下商品生产存在的原因，而是商品生产存在的结果。[③] 张朝尊（1959）认为，社会主义全民所有制内部保留商品生产和商品交换，完全出于社会主义全民所有制经济发展的内在需要，并反对用按劳分配、经济核算等来说明商品生产存在原因的观点。[④]

持二元论观点的学者认为，社会主义仍存在商品生产是基于两层原因，但是具体内容存在争议。骆耕漠（1956）认为，在社会主义制度下生产资料在国内仍保留商品的"外壳"，是基于两个依据：第一，按劳分配原则下，消费品尚为计价销售的商品，因而生产资料作为其成本因素之一必须相应作价；第二，由于国家对其企业要实施经济核算制度，因而生产资料必须具有商品的"外壳"并在国家企业内部作价调拨。[⑤] 关梦觉（1959）认为，这一阶段商品生产存在的必要性由生产关系和生产力两方面决定：从生

---

① 顾准：《试论社会主义制度下的商品生产和价值规律》，《经济研究》，1957 年第 3 期，第 21~53 页。
② 朱剑农：《论我国的商品生产及其性质问题》，《理论战线》，1959 年第 1 期，第 14~19 页。
③ 萧功禹：《关于社会主义制度下存在商品生产的原因》，《经济研究》，1957 年第 4 期，第 18~29 页。
④ 张朝尊：《社会主义全民所有制内部商品生产的必要性及其特点》，《教学与研究》，1959 年第 6 期，第 46~53 页。
⑤ 骆耕漠：《论社会主义商品生产的必要性和它的"消亡"过程——关于斯大林论社会主义商品生产问题的研究》，《经济研究》，1956 年第 5 期，第 3~11 页。

产关系层面,我国存在两种所有制;从生产力层面来说,商品生产的出现是社会生产力发展到一定程度的结果。① 卫兴华(1959)认为,社会主义的商品生产和商品流通,首先是由全民所有制和集体所有制的同时存在决定的。此外,按劳分配可以引起商品交换的必要,而商品交换的必要便决定商品生产的存在。②

持多元论观点的学者认为,商品生产必然存在原因具有多元性。于光远(1959)认为,商品生产存在的前提,是社会分工从生产到消费不能完全经过直接分配来实现,交换有采取商品形式的必要。在社会主义条件下,各种商品关系,各种商品关系之所以必然存在,原因在于:两种公有制的存在(全民所有制和集体所有制)、实行按劳分配的原则以及按劳分配有联系的经济核算。③

### (三)社会主义商品生产的范围和性质

关于社会主义条件下商品生产的范围,学界有"两类论"和"五类论"。骆耕漠(1956)认为,在社会主义制度下,商品生产关系可以划分为两类:一是真正的或完全意义的商品生产(国家和集体农庄、合作社之间;国家和集体农庄庄员、手工艺合作社社员之间;国家和国家企业、事业及军政机构内的职工成员之间;集体所有制经济和集体所有制经济之间;集体所有制经济和居民之间),二是非真正的或非完全意义的商品生产〔国家企业之间采取价格形态(商品的外壳)互相调拨的生产资料〕。④ 王学文(1959)认为,从经济关系看,我国这一阶段商品的交换关系基本可以分为五类:全名所有制的国营企业与集体所有制之间的交换、集体所有制与集体所有制之间的交换、国家与职工之间消费品与劳动的交换、全民所有制中各个企业之间的交换、国营商业部门或集体所有制企业与农民个人之间的商品交换。⑤

关于社会主义商品生产的性质问题,顾准(1957)认为,社会主义各国利用货币作为分配工具与核算工具这种制度,应称之为特种商品生产(形式上存在货币经济,实质上不同于私有制下的商品生产)。全民所有制与劳动人民集体所有制之间的交换,交换价格由计划规定,反映的是全社会的按劳计酬原则,与国家对工农收入间的调节,并不是按照竞争原则进行的,不是生产的无政府状态所自发形成的,因此两种所有制之间的交换不同于私有制下的商品交换。⑥ 孙冶方(1959)提出,要用历史观点来认识社会主义社会的商品生产。在全民所有制和集体所有制的相互关系上,商品交换的重要性在于等价而不在于交换。不应根据商品经济中价格和价值经常背离的事实,来宣布马克思的等价交换原则从未实现过。肯定国家和人民公社之间以及个人和人民公社之间的交换是商品交换(等价交换),也就是肯定或尊重人民公社的集体所有制性质。⑦ 于风村

---

① 关梦觉:《关于当前的商品生产和价值规律的若干问题》,《经济研究》,1959年第2期,第6~9页。
② 卫兴华:《社会主义制度下为什么存在商品生产?》,《经济研究》,1959年第2期,第21~22页。
③ 于光远:《关于社会主义制度下商品生产问题的讨论》,《经济研究》,1959年第7期,第19~51页。
④ 骆耕漠:《论社会主义商品生产的必要性和它的"消亡"过程——关于斯大林论社会主义商品生产问题的研究》,《经济研究》,1956年第5期,第3~11页。
⑤ 王学文:《社会主义制度下的商品关系与价值规律》,《经济研究》,1959年第5期,第31~37页。
⑥ 顾准:《试论社会主义制度下的商品生产和价值规律》,《经济研究》,1957年第3期,第21~53页。
⑦ 孙冶方:《要用历史观点来认识社会主义社会的商品生产》,《经济研究》,1959年第5期,第38~44页。

(1962)认为,经典作家对商品是有宽窄两种不同的定义的:窄的定义是同私有制联系起来的;宽的定义只同交换联系起来,因而可以适用于不同的所有制形式。在社会主义制度下,仍有自给性生产,但这些产品并不投入交换过程。不应片面用所有制来说明商品的规定性,产品的商品性质只能由社会分工来说明,商品的社会性质才能由所有制说明。[①] 朱剑农(1959)认为,在我国社会主义革命和社会主义建设时期,不论哪种经济成分的产品都还是商品;不论哪种经济成分的生产都还是商品生产。[②] 樊弘(1957)认为,在社会主义下的商品与在资本主义下的商品有本质区别,但不代表在社会主义下的产品没有商品的性质。因在社会主义制度下的产品仍是具有商品的基本矛盾的,即局部劳动和社会劳动的矛盾。[③]

### (四)社会主义制度下价值规律是否发挥作用

关于价值规律在社会主义条件下发挥的作用问题,经济学家也有不少讨论。薛暮桥(1959)认为,从农业生产合作社发展为人民公社后,国家计划对人民公社生产所起的作用显著增强,价值规律所起的作用同前一个时期比较是进一步受到了限制,但仍起到相当大的作用。只要商品生产还在扩大而不是缩小,价值规律所起的作用就不会一下子缩小到无足轻重的地步。[④] 许涤新(1959)认为,在社会主义制度下,价值规律对纳入国家计划的商品不起调节作用,但是国家不可能把所有商品在供、产、销上都加以计划,因而价值规律在商品生产的领域中,还有发挥调节作用的余地。随着国民经济计划化的加强和工农生产事业计划化的扩大,价值规律的自发性调节作用会逐步缩小。[⑤] 关于社会主义制度下价值法则的作用范围问题,王思华(1959)认为,这一阶段我国国民经济中,社会主义经济占有绝对统治地位,因此我国国民经济必然受社会主义的基本经济法则和有计划按比例发展的法则支配,价值法则只能起辅助作用。在全民所有制的国营经济中,价值法则只起经济核算工具的作用,在集体所有制下的合作经济中,经济法则才起一定作用。[⑥]

## 二、社会主义市场经济的内涵

把握好市场经济、社会主义市场经济等基本概念内涵,是社会主义市场经济理论研究的起点。

---

[①] 于风村:《论商品经济》,《经济研究》,1962年第10期,第48~54页。
[②] 朱剑农:《论我国的商品生产及其性质问题》,《理论战线》,1959年第1期,第14~19页。
[③] 樊弘:《論社会主义制度下的商品生产和价值规律》,《北京大学学报》(人文科学),1957年第3期,第41~48页。
[④] 薛暮桥:《对商品生产和价值规律问题的一些意见》,《经济研究》,1959年第1期,第18~19页。
[⑤] 许涤新:《论农村人民公社化后的商品生产和价值规律》,《经济研究》,1959年第1期,第14~18页。
[⑥] 王思华:《我对社会主义制度下商品生产和价值法则的几个问题的一些看法》,《经济研究》,1959年第1期,第20~22页。

## （一）市场经济的内涵

### 1. 市场经济的含义

对于市场经济的含义，学者们主要从资源配置手段、交换和流通、经济形态等角度进行了界定。邓小平同志在 1979 年 11 月 26 日同外宾谈及市场经济问题时，谈到了两种市场经济：一种是资本主义经济意义上的市场经济，一种是市场调节意义上的社会主义市场经济。李金亮（2001）认为，市场经济是一种高效的资源配置方式与经济手段，具有中性的特点。现代市场经济的运转结构，由分立但又相互联系的多元化经济活动主体以及多元化的市场构成。现代市场经济活动，就是在这种框架结构中进行运转的。① 马钟成（2014）认为，关于"市场经济"的概念，一般有两种理解：第一种是将其视作从交换和流通角度对商品经济进行的描述；第二种，是将其视作商品经济高度发达并获得基本统治地位的经济形态，既然商品经济处于统治地位，那么劳动力也必然实现了商品化和市场化。② 对于市场经济认识偏差问题，钱津（2011）指出，市场经济与计划经济并不对立，因为只要国民经济有计划在内就是计划经济。市场经济并非政府退出，所谓市场经济是针对计划经济而言的，指的是市场在资源配置中起决定性作用，由价值规律协调资源的流动，认为市场经济就是政府退出的错误来源于将市场经济与计划经济相对立的认识。市场经济并不完全等同于商品经济，因为从客观的角度认识，市场经济与计划经济并不对立，市场经济与商品经济也并不相同。③

### 2. 市场经济与商品经济的关系

关于市场经济与商品经济关系的研究，学者们对两者的内涵和外延进行了界定，对于两者的从属关系以及区别也进行了阐释。周春和蒋和胜（2006）认为，商品经济与市场经济虽有联系，但也存在着区别。不能简单地把商品经济直接等同于市场经济。商品经济是一种经济形式，它是同自然经济和产品经济相对应的。市场经济则是一种经济运行体制，它是在资源的配置过程中，市场机制起着基础性的作用。市场经济必然是商品经济，而商品经济却不一定是市场经济。④ 钱津（2011）认为，从经济学基础理论研究的角度来看，商品经济只有一个市场，即商品交换市场；而市场经济有两个市场，即商品交换市场和生产要素市场。市场经济与商品经济的根本不同就在于商品经济不存在生产要素市场。与传统的市场经济相区别，现代市场经济的主要标志是建立了高度发达的资本市场。⑤ 卫兴华（2009）认为，改革传统经济体制需要重视发挥市场机制的作用，这就需要突破对计划经济与商品经济关系的传统认识，需要进一步认识与评价商品经济与市场机制在社会主义经济中的地位和作用。商品经济是商品生产与商品流通的统称，市场经济是通过市场调节实现社会资源配置的经济体制。从我国社会主义经济的发展历

---

① 李金亮：《社会主义市场经济论纲》，中山大学出版社，2001 年，第 29~44 页。
② 马钟成：《正确理解"使市场在资源配置中起决定性作用"——马克思主义视野中的"社会主义市场经济"》，《探索》，2014 年第 3 期，第 157~164 页。
③ 钱津：《论市场经济与商品经济的区别》，《社会科学研究》，2011 年第 3 期，第 46~50 页。
④ 周春，蒋和胜：《市场价格机制与生产要素价格研究》，四川大学出版社，2006 年，第 1 页。
⑤ 钱津：《论市场经济与商品经济的区别》，《社会科学研究》，2011 年第 3 期，第 46~50 页。

史过程来看,商品经济与市场经济是两个既相互联系又有区别的概念。我国在实行计划经济时期,也存在商品经济和市场,但市场不起调节经济和配置资源的作用,这种市场不起调节经济和资源配置作用的商品经济,不是市场经济。①

### (二)社会主义市场经济的内涵

我国社会主义市场经济的内涵,是伴随着社会主义改革实践的发展而形成和发展起来的。关于社会主义市场经济内涵的变迁,有不少学者对此进行了梳理。曹培强和丁德昌(2015)总结,1982年党的十一届六中全会提出了"计划经济为主,市场经济为辅"的思想,突破了完全排斥市场调节的大一统的计划经济观念。1984年党的十二届三中全会首次提出了"社会主义经济是公有制基础的有计划的商品经济"的思想,突破了把商品经济同计划经济、商品经济同社会主义制度相对立的传统观念。党的十三大提出社会主义有计划商品经济的体制是"计划与市场内在统一的体制",后来又提出"计划经济与市场调节相结合",体现出实践中市场配置资源作用的逐步提升趋势。1992年党的十四大在邓小平南方谈话的基础上,指出了计划和市场都是经济手段,不是社会主义与资本主义的本质区别,从根本上突破了把计划经济和市场经济看作属于社会基本制度范畴的思想束缚。1993年党的十四届三中全会进一步明确建立社会主义市场经济体制的基本框架,指出了"建立社会主义市场经济体制就是要使市场在国家的宏观调控下对资源配置起基础性作用"。新世纪我国进入全面建设小康社会、加快推进社会主义现代化的新发展阶段,党的十六大明确提出了"建成完善的社会主义市场经济体制和更具活力、更加开放的经济体系"的战略部署。2007年,党的十七大根据在新的历史时期要实现的经济发展目标,提出在"完善社会主义市场经济体制方面要取得重大进展,从制度上更好发挥市场在资源配置中的基础性作用,形成有利于科学发展的宏观调控体系。"2012年,党的十八大提出"更大程度更广范围发挥市场在资源配置中的基础性作用"。2013年,十八届三中全会明确提出,"要使市场在资源配置中起决定性作用和更好发挥政府作用"。② 2019年,中共十九届三中全会首次提出"把社会主义制度和市场经济有机结合起来",对社会主义与市场经济的结合提出了更高的要求,并在十九届五中全会上提出了新的目标"构建高水平社会主义市场经济体制"。蔡常青(2019)指出,充分发挥社会主义市场经济制度优势体现着三个方面:社会主义市场经济体制把社会主义制度和市场经济有机结合起来,在改革开放实践中彰显巨大优势;把社会主义市场经济纳入社会主义基本经济制度的范畴,本质上是由社会主义的制度属性决定的;坚持党的领导是充分发挥社会主义市场经济制度优势的根本保证。③

关于社会主义市场经济的特征的阐释,学者普遍从社会主义市场经济内在关系和与其他经济体制区分两个角度出发。习近平(1998)曾提出,要正确处理社会主义市场经

---

① 卫兴华:《从商品经济到市场经济探索与认识的曲折历程——建国60年来一个重要经济学问题讨论与发展的历史轨迹》,《新视野》,2009年第5期,第15~19页。
② 曹培强,丁德昌:《毛泽东思想和中国特色社会主义理论体系概论》(第3版),北京理工大学出版社,2015年,第102~103页。
③ 蔡常青:《充分发挥社会主义市场经济制度优势》,人民网,2019年12月25日。

济中的两个内在辩证关系：一是社会主义市场经济是社会主义与市场经济的辩证统一，建立和发展社会主义市场经济必须将市场经济与社会主义有机地融为一体；二是社会主义市场经济是经济与政治的辩证统一，建立社会主义市场经济体制必须充分发挥经济和政治两个方面的优势。① 陈希亮（2014）认为，与资本主义市场经济、传统的计划经济相比，社会主义市场经济是以广大劳动人民为基本主体和基本动力的经济，是建立在社会主义初级阶段基本经济制度基础上的经济，是使市场在国家宏观调控下对资源配置起基础性作用的经济，是提高效率同促进社会公平相结合的经济，是坚持独立自主同积极参与经济全球化相结合的经济。② 关于市场社会主义与社会主义市场经济，张金才（2002）认为，西方市场社会主义与中国社会主义市场经济都认为社会主义可以而且能够搞市场经济，但社会主义市场经济与市场社会主义有着本质的不同。社会主义市场经济在克服了市场社会主义外部结合论等局限的同时，又基于我国社会主义的性质和初级阶段的国情，在市场与公有制的结合形式等方面进行了理论创新，实现了对市场社会主义的超越。③

### （三）社会主义市场经济的基本内容

#### 1. 社会主义市场经济的基本要点

杜军龙（2015）总结了社会主义市场经济理论的要点有：一是计划经济和市场经济不是划分社会制度的标志，计划经济不等于社会主义，市场经济也不等于资本主义；二是计划和市场都是经济手段，对经济活动的调节各有优势和长处，社会主义实行市场经济要把两者结合起来；三是市场经济作为资源配置的一种方式本身不具有制度属性，可以和不同的社会制度结合，但它和不同的社会制度结合具有不同的性质。④ 胡家勇（2016）认为，社会主义市场经济理论的精髓，是社会主义作为一种社会制度和市场经济作为一种资源配置机制可以有机结合起来，同时发挥二者的优势，并生成新的制度、体制优势。社会主义市场经济理论的重要理论观点主要包括：政府与市场的关系、所有制理论的创新和发展、收入分配理论的创新和发展、社会主义经济运行理论（市场经济运行）和对外开放理论等重大理论和实践问题。⑤

#### 2. 公有制同市场经济相结合的问题

林自新和安增军（2005）认为，公有制同市场经济能否兼容，问题归结为国有经济同市场经济能否兼容。国有经济同市场经济两者不可能天生兼容，必须在产权制度上进行改革，才可能解决两者兼容问题。⑥ 周新城（2016）认为，公有制同市场经济相结合的问题，实质是市场经济这种运行机制，对进入市场的行为主体提出的要求是什么，公

---

① 习近平：《正确处理社会主义市场经济的两个辩证关系》，《内部文稿》，1998 年第 11 期，第 1~5 页。
② 陈希亮：《当代中国经济问题战略思考》，中国言实出版社，2014 年，第 98~102 页。
③ 张金才：《市场社会主义与社会主义市场经济》，《社会主义研究》，2002 年第 1 期，第 59~62 页。
④ 杜军龙：《毛泽东思想和中国特色社会主义理论体系教学指导》，北京理工大学出版社，2015 年，第 137 页。
⑤ 胡家勇：《试论社会主义市场经济理论的创新和发展》，《经济研究》，2016 年第 7 期，第 4~12 页。
⑥ 林自新，安增军：《社会主义公有制同市场经济的兼容性研究》，《科学社会主义》，2005 年第 2 期，第 28~30 页。

有制能不能满足这种要求。关键在于公有制经济（尤其是国有经济）对市场机制运行所需要的行为主体的塑造。如果公有制能够塑造这样的主体，它就可以同市场经济相结合；如果不能塑造这样的主体，它就同市场经济不相容了。① 张宇（2016）认为，在公有制与市场经济之间既有内在的一致性和兼容性，又存在着一定的矛盾和冲突。这种对立统一的关系，根源于社会主义公有制的特殊性质以及由此导致的商品性与非商品性并存的二重属性。② 简新华和余江（2016）反对市场经济只能建立在私有制基础上的论断，指出中国社会主义初级阶段的经济是商品经济或者市场经济的基本条件是存在社会分工和多种不同的所有制，公有制与市场经济是能够相结合的。中国处于社会主义初级阶段的现状，需要把公有制与市场经济结合起来。社会主义市场经济理论与马克思主义政治经济学具备相容性，并不违背马克思主义政治经济学的商品经济和社会主义经济运行特征的基本原理。③

3. 中国特色社会主义市场经济下的公平与效率问题

党的十四届三中全会首次提出"坚持效率优先，兼顾公平"。党的十六大在坚持"效率优先、兼顾公平"基本原则的基础上，进一步提出在坚持效率优先、兼顾公平方面，既要提倡奉献精神，又要落实分配政策，既要反对平均主义，又要防止收入悬殊。改革开放以来，针对公平与效率问题，我国政府根据改革进程和经济社会发展的不同阶段不断完善分配制度。随着实践深入，学界对于中国特色社会主义市场经济下的公平与效率问题研究逐渐深入。王立国（2011）认为，实现公平与效率统一的具体路径包括：一方面，追求社会公平与效率的和谐发展；另一方面，坚持科学发展观，实现公平与效率的内在统一。④ 陈学明（2011）认为，这一阶段我们消除两极分化的唯一出路就是切实地将市场经济这种有效配置资源的手段与社会主义的价值目标结合在一起，一方面清除影响"形式上的公平"得以实现的各种因素，削弱利用生产手段占有他人劳动的客观基础；另一方面创造条件使"形式上的公平"向"事实上的公平"过渡，使公平更体现于"起点的公平"和"结果的公平"。⑤

## 三、社会主义市场经济的性质

### （一）社会主义经济的属性

关于社会主义经济是不是商品经济这一问题，学界存在三种观点（见表7-2）。

---

① 周新城：《关于社会主义市场经济的几个理论问题——在市场经济问题上马克思主义与新自由主义的原则分歧》，《当代经济研究》，2016年第7期，第33~48+97页。
② 张宇：《论公有制与市场经济的有机结合》，《经济研究》，2016年总51期6期，第4~16页。
③ 简新华，余江：《市场经济只能建立在私有制基础上吗？——兼评公有制与市场经济不相容论》，《经济研究》，2016年第12期，第4~17页。
④ 王立国：《中国特色社会主义市场经济下公平与效率的认识与实践》，《生产力研究》，2011年第4期，第120~121+143页。
⑤ 陈学明：《马克思的公平观与社会主义市场经济》，《马克思主义研究》，2011年第1期，第5~13+159页。

表7-2 关于社会主义经济属性的主要观点汇总表

| 主要观点 | 代表学者 |
| --- | --- |
| 社会主义经济是商品经济 | 王珏（1985），卓炯（1998），等等 |
| 社会主义经济不是商品经济 | 孙冶方（1959），蒋明（1981），等等 |
| 判断社会主义经济是不是商品经济，要看判断依据 | 卫兴华（2009） |

持第一种观点的学者认为社会主义经济就是商品经济。王珏（1985）认为，社会主义和商品经济的关系问题，是一个重大的理论问题，也是一个重要的实践问题；把社会主义经济作为一个整体来看，一方面是计划经济，另一方面又是商品经济，因此，社会主义经济是有计划发展的商品经济，把两者割裂开来是片面的、错误的。[1] 卓炯（1998）认为，从广义上说，商品经济就是社会分工的产物，只要社会分工存在，就可以利用商品经济，而且商品经济在同公有制结合以后，又会显现它们的公有制特征。共产主义经济是商品经济。中国的商品是有计划的商品，货币实质上是劳动券，这种商品与货币将随着生产力和生产关系的发展更加完善，成为建设共产主义的有效工具。[2]

持第二种观点的学者反对社会主义经济是商品经济的论断。蒋明（1981）认为，社会主义公有制从本质上讲，与商品经济是相排斥的。从公有制出发，说社会主义经济仍然是商品经济是难以成立的。社会主义生产目的与商品经济的矛盾，反映了社会主义经济在本质上与商品经济的矛盾。因此，说社会主义经济仍然是商品经济不正确。[3] 孙冶方（1959）认为，不能因为强调商品生产和商品交换在社会主义社会的重要性，而把商品的定义扩大是投入交换的都是商品。中国处在从资本主义过渡到共产主义的社会主义社会时期。整个过渡时代，就是旧的因素日渐衰亡，新的因素日渐壮大的过程，是一个复杂的漫长过程。在社会主义社会中，既有商品经济的因素，也有非商品经济的共产主义因素，但是二者都不是"纯粹的"，因此对于社会主义社会的商品，只能说基本上是商品经济性质的，也是非商品经济性质的。[4]

持第三种观点的学者认为，判断社会主义经济是不是商品经济，要看判断的依据是社会主义经济的本质属性还是具体体制和运行机制。卫兴华（2009）认为，强调社会主义经济是商品经济的学者，实际上有两种不同的着眼点：一种是从本质属性的角度进行界定的；另一种是从经济体制和运行机制的角度进行界定的。从本质属性上界定社会主义经济是商品经济的观点是有问题的。因为商品经济存在于几个不同的社会经济形态，不能用共有的经济形式表明不同社会经济制度的本质属性，商品经济不能用以说明社会主义经济的本质。重视商品经济在社会主义经济发展中的作用，讲社会主义经济是商品经济，主要是从经济体制和运行机制着眼的。人类社会发展的经济运行形式，可区分为自然经济、商品经济和产品交换经济。社会主义经济既不是自然经济，也不是消灭了商

---

[1] 王珏：《社会主义商品经济理论探讨》，中共中央党校出版社，1985年，第105~118页。
[2] 卓炯：《论社会主义商品经济》，广东经济出版社，1998年，第7~14页。
[3] 蒋明：《"社会主义经济是商品经济"质疑》，《学术月刊》，1981年第3期，第14~18页。
[4] 孙冶方：《要用历史观点来认识社会主义社会的商品生产》，《经济研究》，1959年第5期，第38~44页。

品经济后的产品交换经济,而依然是商品经济。而商品经济可分两类,一种是完全自发的、无计划的商品经济,另一种是有计划的商品经济。社会主义经济应是有计划的商品经济。商品经济虽不是社会主义经济的本质属性,但强调社会主义经济是商品经济,具有重要的理论和现实意义。①

### (二) 社会主义市场经济的性质

学界关于社会主义市场经济的性质的讨论主要集中于对社会主义市场经济性质的总结,和对一些国外认知偏差的驳斥两个方面。

关于中国社会主义市场经济的性质问题,韩荣璋(1998)认为,社会主义市场经济是与社会主义的基本制度联系在一起的。坚持公有制为主体、多种经济成分共同发展的方针是社会主义市场经济区别于资本主义市场经济的一个基本标志。② 汪强(2005)认为,从根本上讲,社会主义市场经济体制是一个能够有效促进生产力发展,进而促进人的自由全面发展的经济体制。当前社会主义市场经济基本性质体现在:有效地促进了我国社会生产力的发展,和有利于促进人的自由全面发展。③ 周新城(2020)认为,计划经济、市场经济的性质取决于它同哪种社会基本制度相结合,为哪种社会服务。与资本主义基本制度相结合,为资本主义服务,就是资本主义性质的,与社会主义基本制度相结合,为社会主义服务,就是社会主义性质的。我们是在社会主义公有制为主体的基础上运用市场经济的,所以是社会主义市场经济。市场经济前面的"社会主义"四个字,点明了我国运用的市场经济的性质。④

针对国外学者对中国社会主义市场经济性质的认知偏差,刘明明(2018)首先反驳了国外学者将中国道路归为市场社会主义的论断。因为市场社会主义是带有空想性质的经济思潮,而中国道路则涵盖了经济、政治、文化等各个维度,是理论与实践的结合。其次,反驳了国外学者将中国道路误读为是向资本主义的退却的观点。因为从经济基础上看,私有制经济在中国远没有占支配地位,国有经济控制着国民经济的命脉;从上层建筑来看,人民民主专政这一社会主义国体有着坚实的宪法保障、群众基础和强力后盾。再次,指出对中国道路摇摆于资本主义与社会主义之间的论断也不妥当,但是公有制经济的主体地位从根本上否决了中国道路是混合模式的论断。⑤ 赵云姣(2011)认为,西方的市场社会主义理论与我国的社会主义市场经济之间有着相同或相似之处,但二者也有本质的区别,具体表现为:二者出现背景不同;社会主义市场经济是建立在生产资料公有制的基础之上,其他经济成分是公有制经济的补充,而市场社会主义经济的基础是建立在私有制基础之上,占据主导地位的是私有经济,公有制处于次要地位;我

---

① 卫兴华:《从商品经济到市场经济探索与认识的曲折历程——建国60年来一个重要经济学问题讨论与发展的历史轨迹》,《新视野》,2009年第5期,第15~19页。
② 韩荣璋:《中国共产党对有中国特色社会主义道路的探索》,湖北教育出版社,1998年,第420~422页。
③ 汪强:《对社会主义市场经济的哲学审视》,中国言实出版社,2015年,第54~62页。
④ 周新城:《关于市场经济的性质和作用的思考——重新学习邓小平有关市场经济理论的体会》,《中共石家庄市委党校学报》,2020年第7期,第25~28页。
⑤ 刘明明:《如何认识改革开放以来中国道路的性质——基于对国外学者不同视点的批判性分析》,《科学社会主义》,2018年第4期,第111~116页。

国的社会主义市场经济是在国家宏观调控下发挥市场对资源的基础性配置作用,而市场社会主义从本质上而言,是一种无政府状态的经济;市场社会主义的提出,目的是将市场效率与社会主义公平结合起来,而我国的社会主义市场经济是为了追求共同富裕。[①]

## 第四节　社会主义市场经济体制的建立和完善

建立成熟定型的社会主义市场经济体制,实现社会主义基本制度与市场经济的有机结合,把社会主义的制度优势和市场经济配置资源的优势都发挥好,是坚持和发展中国特色社会主义一项极其重要的内容。理论界对于社会主义市场经济体制的研究一直处于不断完善的状态,主要讨论了社会主义市场经济体制的含义与性质、社会主义市场经济体制的建立以及社会主义市场经济体制的不断完善。

### 一、社会主义市场经济体制

#### (一)计划经济体制与社会主义市场经济体制的对比研究

王石奇(1992)就计划经济体制与社会主义市场经济体制两种经济体制在实际运行过程中的重要差异进行了梳理,两者差异主要体现在:在资源配置机制上,前者把经济置于统一的经济计划控制下,后者在运用计划机制力量同时更重视市场机制的作用;权力的配置关系上,前者权力高度集中于中央政府,后者下放权力,调整中央和地方的利益关系,调动两方积极性;计划的地位和范围上,前者政府制定的指令性计划具有法律效力,计划覆盖经济和社会发展各个方面,后者的指令性计划建立在价值规律基础上,主要事关全局的经济活动方面;政府职能方面,前者对国民经济进行宏观规划和管理的同时又依赖于行政权力,后者建立以间接管理为主的宏观调控体系;企业地位方面,前者企业由国家统管,成为政府行政部门的附属品,后者把企业推向市场,成为独立的商品生产者和经营者。此外两者还存在所有制成分形式、社会的经济联系、企业运作形态与行为动机、劳动就业和工资分配等多方面的差异。[②] 韩敬(2015)认为,完全放任自流的市场经济和高度集中统一的计划经济,都有其局限性,它们对当代生产力发展的促进作用都是有限度的,计划调节与市场调节相结合而以市场调节为基础,或者说宏观调控下的市场经济体制,成为现代社会化大生产的共同要求和普遍规律。[③]

---

① 赵云姣:《市场社会主义与社会主义市场经济之比较分析》,《改革与开放》,2011年第14期,第124～126页。
② 王石奇:《高度集中的计划经济体制与社会主义市场经济体制的主要差异》,《学习与研究》,1992年第10期,第61～63页。
③ 韩敬:《马克思主义哲学与社会主义》,云南大学出版社,2015年,第210～211页。

## (二) 社会主义市场经济体制的基本特征

关于社会主义市场经济体制的基本特征,曹培强和丁德昌(2015)认为,社会主义市场经济体制是社会主义基本制度与市场经济的结合,一方面必然体现社会主义的制度特征;另一方面,又具有市场经济的一般特征。社会主义市场经济体制具有的社会主义的制度特征主要表现在:所有制结构、分配制度、宏观调控三个方面。[①] 周春(2015)认为,我们要建立的市场经济体制,是同社会主义的基本制度结合在一起的,是社会主义的市场经济,与资本主义的市场经济相比,其特点体现在三个方面:在所有制结构上,以公有制经济为主体,多种经济成分长期共同发展;在分配制度上,以按劳分配为主体,其他分配方式为补充,兼顾效率与公平,逐步实现共同富裕;实行市场经济体制的目的,是为了发展经济,满足人民的物质和文化的需要,把人民的当前利益和长远利益局部利益与整体利益结合起来,国家要发挥计划和市场两种手段的长处。这些特点保证着市场经济的社会主义方向。[②] 王志民等(2014)认为,社会主义市场经济体制基本特征主要表现在两个方面:一方面,社会主义市场经济体制是使市场在社会主义国家宏观调控下对资源配置起基础性作用的经济体制,具有市场经济体制的一般特征;另一方面,社会主义市场经济体制是同社会主义基本制度结合在一起的市场经济体制。[③] 肖林(2016)指出,坚持党的领导,发挥党总揽全局、协调各方的领导核心作用,是中国社会主义市场经济体制的一个重要特征。[④] 迟福林(2018)认为,我国经济发展取得历史性成就的主要原因在于以处理好政府与市场关系为主线的社会主义市场经济体制的不断确立和完善,具体体现在处理好政府与市场关系的重大突破、建立开放型经济体制的重大突破、在协调利益关系上实现重大突破。[⑤]

## 二、社会主义市场经济体制的建立

### (一) 为什么建立社会主义市场经济体制

关于社会主义国家能否建立以及是否应该建立市场经济体制问题,理论界和学术界曾出现过争论。魏礼群(1992)认为,提出建立社会主义市场经济体制的改革目标,是我经济社会发展的历史必然,是对我国几十年社会主义历史经验和现代世界经济发展经验的深刻总结,反映了现代社会化大生产和商品经济一般规律的要求,符合我国现阶段社会经济发展的实际情况。确立这样的改革目标,有利于进一步解放与发展社会生产力

---

[①] 曹培强,丁德昌:《毛泽东思想和中国特色社会主义理论体系概论》,北京理工大学出版社,2015年,第103~104页。

[②] 周春:《周春文集》,四川大学出版社,2015年,第225页。

[③] 王志民,李景瑜,曹永栋:《时代发展与马克思主义理论创新》,对外经济贸易大学出版社,2014年,第238~239页。

[④] 肖林:《新供给经济学——供给侧结构性改革与持续增长》,格致出版社·上海三联书店·上海人民出版社,2016年,第144页。

[⑤] 迟福林:《改革开放40年建立与完善社会主义市场经济体制的基本实践》,《改革》,2018年第8期,第35~48页。

和促进社会的全面进步。① 刘建军等（2015）认为，在社会主义国家实行市场化改革的进程中，对市场经济体制本身的选择存在分歧，表现在是照搬西方市场经济体制，还是结合社会主义国家的实际进行市场经济体制的创新。与苏联、东欧社会主义国家改革的不同，邓小平不仅用市场经济体制代替了传统的计划经济体制，而且进一步用社会主义市场经济体制取代对现已存在的西方市场经济体制的机械照搬，成功实现了具有重大意义的选择与创新，同时，也实现了市场经济本身在理论上和实践上的双重创新。② 周春（2015）认为，建立社会主义必须实行市场经济体制，其根本原因就在于，我们的社会主义经济是商品经济，必须要按照商品经济的规律来发展。社会主义的根本任务就是发展社会生产力，由于我国经济发展水平较低，各个地区和部门的发展又很不平衡，所以更加迫切地需要迅速发展生产力，为此就要大力发展商品经济。在商品生产和商品交换成为社会经济的普遍形式的条件下，市场经济体制就不可避免地成为社会经济的管理体制。③

（二）社会主义市场经济体制的基本框架

姚红（2014）认为，社会主义市场经济的基本框架，是在党的十四届三中全会通过的《中共中央关于建立社会主义市场经济体制若干问题的决定》中阐述的，归纳起来主要包括三个"制度"（建立现代企业制度；建立以按劳分配为主体，效率优先、兼顾公平的收入分配制度；建立多层次的社会保障制度）和三个"体系"（建立全国统一开放的市场体系；建立以间接手段为主、完善的宏观调控体系；健全和完善法律体系），这是社会主义市场经济体制的"安全阀"和"稳定器"。④ 张宗和（2011）认为，现代市场经济体制的一般框架包括四个基本要素：规范化的市场主体、现代化的市场体系、灵活有效的宏观调控系统和完善的社会保障制度。构建中国社会主义市场经济体制的基本框架，主要包括四个内在要素：一是加快企业改革，使企业切实成为规范的微观主体；二是加快要素市场培育，完善市场体系；三是健全宏观调控体系；四是深化分配制度改革和建立社会保障制度。⑤

### 三、社会主义市场经济体制的完善

（一）社会主义市场经济体制的进一步完善

对于社会主义市场经济体制的进一步完善，学者们主要观点集中在：修正社会主义市场经济运行的问题、中国经济体制转型适配、经济体制改革取向三个方面。曹培强和

---

① 魏礼群：《建立社会主义市场经济体制与加快计划工作改革》，《中国计划管理》，1992年第12期，第13～16页。
② 刘建军，梁媛，李跃华，郭利华，陈永胜：《科学社会主义理论与实践》，北京理工大学出版社，2015年，第141页。
③ 周春：《周春文集》，四川大学出版社，2015年，第224页。
④ 姚红：《毛泽东思想和中国特色社会主义理论体系概论》，中共党史出版社，2014年，第126页。
⑤ 张宗和：《新编政治经济学教程》，浙江工商大学出版社，2011年，第152～153页。

丁德昌（2015）指出，我国社会主义市场经济体制已经初步建立，市场化程度大幅度提高，宏观调控体系更为健全，但是我国的社会主义市场经济在运行中还存在着很多问题，主要包括：市场秩序不规范，以不正当手段谋取经济利益的现象广泛存在；生产要素市场发展滞后，要素闲置和大量有效需求得不到满足并存；市场规则不统一，部门保护主义和地方保护主义大量存在；市场竞争不充分，阻碍优胜劣汰和结构调整等。要解决这些问题，进一步完善我国社会主义市场经济体制，关键是处理好政府和市场的关系。① 王建均（2013）认为，社会主义市场经济体制是中国发展的根本体制保证，完善社会主义市场经济体制是加快转变经济发展方式、充分发挥市场配置资源的基础性作用、激发社会主义市场经济强大的生机活力、促进自主创新和全面协调可持续发展的体制基础。当代中国经济体制转型面临着转型中的现代产权制度问题、转型中的现代市场体制问题、转型中的宏观调控体系问题，完善社会主义市场经济体制可以从四个方面进行深度攻坚：进一步完善基本经济制度，加快形成统一开放竞争有序的现代市场体系，完善和加强宏观调控水平，加快政府职能转变。② 梁洪学（2010）认为，我国经济体制改革的取向是现代市场经济，要进一步完善我国社会主义市场经济体制，应在尊重市场经济规律的基础上把宏观调控与市场机制有机结合起来，更好地发挥市场在资源配置中的基础性作用，具体需要在四个方面下功夫：一是加强与社会主义市场经济相适应的法治建设，营造健康和谐的市场秩序；二是转变政府职能，建立现代政府；三是继续完善所有制结构；四是增强宏观调控的预见性、针对性和有效性。③

## （二）社会主义市场经济体制上升为社会主义基本经济制度

刘伟（2015）认为，积极发展混合所有制经济，是推进社会主义市场经济体制建设及完善的根本性制度创新，既是社会主义基本经济制度的重要实现形式，也是协调和厘清政府与市场相互关系的重要微观制度基础，更是使市场在资源配置方面切实能够起决定性作用的关键环节。④ 张宇（2010）认为，社会主义市场经济中，国有经济的主导作用是与社会主义初级阶段的基本经济制度和中国的特殊发展阶段相联系的，而不能局限于补充私人企业和市场机制的不足。⑤

关于社会主义市场经济体制上升为社会主义基本经济制度的内在逻辑，庞庆明（2021）认为，社会主义市场经济体制上升为社会主义基本经济制度的重要组成部分，有三大逻辑：从历史逻辑看，它以公有制与市场经济由"结合"到"融合"的升级为历

---

① 曹培强，丁德昌：《毛泽东思想和中国特色社会主义理论体系概论》，北京理工大学出版社，2015年，第103页。
② 王建均：《关于完善社会主义市场经济体制的思考》，《中央社会主义学院学报》，2013年第1期，第93~98页。
③ 梁洪学：《"看不见的手"的引导与"看得见的手"的行动——兼论进一步完善我国社会主义市场经济体制》，《江汉论坛》，2010年第11期，第30~34页。
④ 刘伟：《发展混合所有制经济是建设社会主义市场经济的根本性制度创新》，《经济理论与经济管理》，2015年第1期，第5~14页。
⑤ 张宇：《正确认识国有经济在社会主义市场经济中的地位和作用——兼评否定国有经济主导作用的若干片面认识》，《毛泽东邓小平理论研究》，2010年第1期，第23~29+85页。

史前提;从理论逻辑看,它遵循了从个别到一般,再由一般到个别的认识规律,是中国共产党运用马克思主义基本原理并结合中国具体实际所作出的重大理论创新;从实践逻辑看,它具有特定的问题指向、功能指向和目标指向,回应了社会主义市场经济体制和基本经济制度完善的双重时代呼唤。[①] 乔榛和李丽娜(2021)认为,中国特色社会主义制度的完善包括一系列基本制度的构建,其中,中国特色社会主义基本经济制度把社会主义市场经济体制纳入其中是一个伟大创造。它不仅是社会主义经济理论与实践探索的结果,也是社会主义为提高资源配置效率与发展生产力的现实选择,还是人类社会发展的历史逻辑和社会主义发展的实践逻辑演进的结果。让社会主义市场经济体制成为社会主义基本经济制度,体现了社会主义制度优越性、与生产力发展水平适应性以及党和人民的伟大创造性。[②]

## 第五节 社会主义市场经济与资本主义市场经济

全面深化改革的前提是划清"社会主义市场经济"与"资本主义市场经济"的界限。理论界对于社会主义市场经济与资本主义市场经济关系的研究,主要集中于两个方面:社会主义市场经济与资本主义市场经济的区别,以及社会主义市场经济对资本主义市场经济的超越。

### 一、社会主义市场经济与资本主义市场经济的对比研究

#### (一)资本主义市场经济的本质

马钟成(2014)认为,无论商品经济在其萌芽阶段、初始阶段、发展阶段还是发达阶段(资本主义阶段),其基本特征之一就是商品交换者是独立的利益主体,在经济行为中都追求自身利益的最大化,交换的过程是零和博弈。资本主义市场经济存在对等量劳动交换原则的扭曲,资本主义剥削存在的重要缘由是劳动力商品的使用价值大于其价值。对"等价值交易"原则的扭曲,是资本主义商品经济和市场经济的本质特征。[③] 李民圣(2018)认为,资本主义市场经济存在经济危机的周期性爆发、收入分配上的两极分化、日益突出的生态环境危机、商品交换原则泛滥成灾等弊端,其深刻弊端本质上源于资本主义制度和资本主义生产方式,而市场经济作为资源配置方式只是第二位,以追求剩余价值为目的的资本主义生产方式规定了社会生产力发展方式,社会生产力在这种

---

① 庞庆明:《社会主义市场经济体制上升为社会主义基本经济制度的内在逻辑》,《马克思主义与现实》,2021年第1期,第173~178页。
② 乔榛、李丽娜:《社会主义市场经济体制成为社会主义基本经济制度的根据与逻辑》,《求是学刊》,2021年第1期,第21~29页。
③ 马钟成:《正确理解"使市场在资源配置中起决定性作用"——马克思主义视野中的"社会主义市场经济"》,《探索》,2014年第3期,第157~164页。

方式下发展到一定程度就会背离其作为人类发展和社会进步的目的的本质。①

### (二) 社会主义市场经济的本质

党的十八届四中全会通过的《中共中央关于全面推进依法治国若干重大问题的决定》指出："社会主义市场经济本质上是法治经济。使市场在资源配置中起决定性作用和更好发挥政府作用，必须以保护产权、维护契约、统一市场、平等交换、公平竞争、有效监管为基本导向，完善社会主义市场经济法律制度。"关于社会主义市场经济的本质问题，学者们也有诸多讨论。鲁品越（2012）认为，建立社会主义市场经济，实现社会主义的本质，用社会主义力量驾驭与导控资本力量，最根本的保证当然是政治上的保证，就是一定要使国家政权掌握在坚持马克思主义信仰、坚持社会主义道路的中国共产党手中。② 马钟成（2014）认为，社会主义市场经济的两大特征表现为：一是生产资料的有限市场化，社会主义市场经济的市场是受代表全民利益的中央政府的计划和宏观调控所主导的市场，是有计划的市场，并非纯粹的市场关系；二是劳动力的有限商品化，劳动力的价值存在很大弹性，在公有制经济范围内没有真正的劳动力市场，因为工人实际上是在属于自己的企业里劳动，公有制企业不剥削工人的剩余价值的基本原则，对私营企业的劳动力价格产生很大的制约。③ 赵云姣（2011）认为，我国的市场经济体制是社会主义制度与市场经济的结合，一方面具有市场经济的基本特征，另一方面体现社会主义制度的本质，主要表现在：在所有制结构上，以公有制为主体，多种所有制经济共同发展；在分配制度上，以按劳分配为主体多种分配方式并存，把按劳分配与按生产要素分配结合起来，坚持效率优先，兼顾公平的原则；在宏观调控上，以实现最大劳动人民的利益为出发点和归宿，使市场在社会主义国家宏观调控下对资源配置起基础性作用，更好地发挥计划与市场两种手段的长处。④ 黄宗智（2012）认为，社会主义市场经济的基本概念是，这个经济体系是市场主导和市场推动，但其目标则是社会主义的。⑤

### (三) 社会主义市场经济与资本主义市场经济的关系

关于社会主义市场经济与资本主义市场经济的共性，曹培强和丁德昌（2015）认为，从市场经济的产生和发展而言，社会主义市场经济与资本主义市场经济都属于现代市场经济，两者具有共性：经济关系市场化，企业行为自主化，宏观调控间接化，经济

---

① 李民圣：《社会主义市场经济是对资本主义市场经济的全面超越和扬弃》，《红旗文稿》，2018年第1期，第19~23页。
② 鲁品越：《社会主义市场经济与资本主义市场经济的本质区别——兼论私有化对中国的毒害》，《思想理论教育》，2012年第21期，第18~22页。
③ 马钟成：《正确理解"使市场在资源配置中起决定性作用"——马克思主义视野中的"社会主义市场经济"》，《探索》，2014年第3期，第157~164页。
④ 赵云姣：《市场社会主义与社会主义市场经济之比较分析》，《改革与开放》，2011年第14期，第124~126页。
⑤ 黄宗智：《国营公司与中国发展经验："国家资本主义"还是"社会主义市场经济"？》，《开放时代》，2012年第9期，第8~33页。

运行法制化。这些是市场经济具有的一般特征。① 张宗和（2011）认为，市场经济体制在不同社会制度下的共同特征包括：一是经济活动市场化，二是企业经营自主化，三是宏观调控间接化，四是经济秩序的法治化，五是保障事业社会化。②

关于社会主义市场经济与资本主义市场经济的区别，高林远（2011）认为，社会主义市场经济理论科学阐述了社会主义市场经济与资本主义市场经济的区别，明确了社会主义市场经济是同社会主义基本制度结合在一起的经济体制。市场经济作为资源配置的一种方式，本身不具有任何社会制度的基本属性，社会主义国家运用这一手段的目的是促进社会主义经济的发展，通过经济的发展来进一步巩固社会主义的基本制度，因此，市场经济的固有弊端必须通过社会主义的基本制度来加以消除，使之更好地体现社会主义基本制度的要求。把运用市场经济方法与坚持社会主义基本制度有机结合起来，是社会主义市场经济理论的基本要求。③ 马钟成（2014）认为，按照中国特色社会主义理论，在社会主义市场经济中，工人阶级应是生产资料的主要所有者及社会和政治上的统治阶级，是社会主义市场经济的主导者，这决定了社会主义市场经济与资本主义市场经济有本质不同。社会主义市场经济和资本主义市场经济最本质的区别之一体现在：公有制经济在党和政府的配合下，主导全国的劳动力市场，以特殊的社会主义性质的市场关系（等量劳动交换），限制和消灭资本主义性质的市场关系，从而限制和消灭资本主义式的扭曲，恢复完全的等价值交换和等劳动量交换原则，从而抑制和最终消除两极分化。因此，只有这种由人民大众主导的、社会主义性质的、以"等量劳动相交换"为基本原则运行的市场，才能在资源配置中起决定性作用。④ 刘国光（2010）认为，社会主义市场经济与资本主义市场经济有两个根本性区别，一方面，社会主义市场经济有"计划性"，是国家宏观计划调控下的市场经济；另一方面，两者基本制度不同，社会主义市场经济以社会主义初级阶段的基本经济制度为基础，不同于资本主义私有经济制度。社会主义初级阶段的基本经济制度是公有制为主体、多种所有制经济共同发展的经济结构，坚持这一基本经济制度是维系社会主义市场经济的前提条件。⑤

## 二、社会主义市场经济对资本主义市场经济的超越

李民圣（2018）认为，社会主义市场经济是对资本主义市场经济的超越。从实践来看，我国的社会主义市场经济实现了对资本主义市场经济的超越，具体体现在：实行公有制为主体、多种所有制经济共同发展的基本经济制度，中国共产党领导下的有为政府与有效市场，坚持共同富裕的发展原则，发挥国家发展规划的战略导向作用，促进国民

---

① 曹培强，丁德昌：《毛泽东思想和中国特色社会主义理论体系概论》，北京理工大学出版社，2015年，第103页。
② 张宗和：《新编政治经济学教程》，浙江工商大学出版社，2011年，第143~144页。
③ 高林远：《论建国以来我党对商品经济和市场经济的认识历程》，《四川师范大学学报》（社会科学版），2011年第3期，第5~9页。
④ 马钟成：《正确理解"使市场在资源配置中起决定性作用"——马克思主义视野中的"社会主义市场经济"》，《探索》，2014年第3期，第157~164页。
⑤ 刘国光：《社会主义市场经济与资本主义市场经济的两个根本性区别》，《红旗文稿》，2010年第21期，第9~11页。

经济有序协调发展。① 杨承训（2008）认为，"自由市场经济制度"先天带来充满矛盾而又无法克服的残疾，一是世界上从来没有存在过绝对自由的市场经济，因为它违背社会化的客观规律；二是大垄断资本主义利用市场的自发性，大肆进行投机活动，更不可能使其真正"自由"起来。社会主义市场经济的活力在于两大优势的有机结合，在公有制为主体的基础上，以共同富裕和人的全面发展为宗旨，正确运用市场经济体制，既发挥它的活力，又以社会主义市场经济制度克服和限制它的负面效应。② 鲁品越和王玉（2013）认为，恩格斯指出的要解决资本主义的根本矛盾，必须"消除商品生产"，实现国家对经济的"计划调节"，关键在于实现社会生产目的的根本转换，即从资本主义商品经济那种以价值为目的而以使用价值为手段，转变为以使用价值为目的而以价值为手段。资本主义商品经济是只以价值为目的而以使用价值为手段的商品经济，在实际运行中必然造成各种危机和市场失范。而社会主义商品经济，以发展生产力和增强综合国力为手段，以满足人民群众日益增长的物质文化需求为目的，从根本上消除了各种危机和市场失范的理论根源。③

## 第六节　社会主义市场经济中政府和市场的关系

处理好政府与市场的关系，是激发社会主义市场经济活力、构建高水平社会主义市场经济体制的核心。对于社会主义市场经济中政府和市场的关系，学者们的讨论集中于探讨社会主义市场经济中的政府职能和市场作用，以及政府和市场的关系。

### 一、社会主义市场经济中的政府职能

政府职能是政府在国家政治、经济和社会生活中的功能、任务和所负的责任。政府职能由国体、政体和经济社会发展状况决定，不同社会制度和经济体制下的政府职能各不相同。关于社会主义市场经济中的政府职能，学界主要有三种观点（表7-3）。

表7-3　关于社会主义市场经济中政府职能的主要观点汇总表

| 主要观点 | 代表学者 |
| --- | --- |
| 政府决定论 | 邱海平（2015），冯新舟（2015），等等 |
| 职能补充论 | 王树春（2000），王澜明（2005），杜飞进（2014），等等 |
| 有限政府论 | 陈振明（1996），李炳炎和向刚（2008），等等 |

---

① 李民圣：《社会主义市场经济是对资本主义市场经济的全面超越和扬弃》，《红旗文稿》，2018年第1期，第19~23页。
② 杨承训：《科学发展观规导社会主义市场经济更完善——从改革开放30年成就看社会主义市场经济优于资本主义市场经济》，《高校理论战线》，2008年第11期，第4~10页。
③ 鲁品越，王玉：《论社会主义市场经济与资本主义市场经济的本质区别——对恩格斯"消除商品生产"思想的当代解读》，《理论学刊》，2013年第1期，第20~23页。

## (一) 政府决定论

持这种观点的学者认为，市场在我国社会主义市场经济中发挥决定性作用的同时，必须保证政府干预的主导作用。邱海平（2015）认为，社会主义国家政府与资本主义国家政府在资源配置中的作用上的差别，最突出地表现在：社会主义国家政府除了运用一般的财政政策和货币政策进行宏观经济调控之外，还能够充分运用经济计划或规划以及产业政策等多种手段对社会经济进行宏观管理。那种认为市场在我国社会主义市场经济中发挥决定性作用必然意味着政府的作用必须处于次要地位，甚至像西方资本主义国家那样只能对"市场失灵"起弥补作用，把社会主义国家政府的宏观管理政策和手段完全等同于资本主义国家政府的宏观经济政策和手段的观点，都是错误的。① 冯新舟（2015）等认为，市场经济与社会主义的有机结合主要体现在政府与市场二者的地位和关系上。中国模式中的市场与政府关系本质上是政府主导下的社会主义市场经济模式，在发挥政府主导作用、保证国家性质的前提下，充分发挥市场在资源配置中的决定作用。②

## (二) 职能补充论

持这种观点的学者认为，政府在社会主义市场经济中的作用主要是弥补市场失灵和克服市场缺陷。王树春（2000）认为，政府干预经济不是为干预而干预，不是否定或替代市场机制的作用，而是弥补市场缺陷或市场失灵，否则，政府干预同样会产生浪费和无效率，即"政府失灵"，以至于较"市场失灵"造成更多浪费和更大的效率损失。③ 王澜明（2005）认为，在市场经济体制下政府职能主要体现着市场的要求和特征，党的十六大把政府的职能确定为"经济调节、市场监管、社会管理、公共服务"。这十六个字是对我国社会主义市场经济条件下的政府职能的科学总结和高度概，转变政府职能是政府适应市场经济的根本途径。④ 杜飞进（2014）认为，政府之所以能够发挥克服市场缺陷和弥补市场失灵的作用，是因为与分散的市场主体相比，政府干预具有强制性和规模性，政府的优势体现在：有较强的公信力和财政资源，有集中配置社会资源的能力，拥有依法收税的权力，可以通过相关法律和规制规范市场秩序，防止垄断，可以通过税收、财政手段调节社会收入分配，缩小贫富差距，可以出台公共政策鼓励企业扩大招工，扩大劳动者就业。只要政府的公共管理和服务是高效、科学的，政府就具备弥补市场失灵和缺陷的能力。⑤

---

① 邱海平：《使市场在资源配置中起决定性作用和更好发挥政府作用——中国特色社会主义经济学的新发展》，《理论学刊》，2015年第9期，第47~60页。
② 冯新舟，何自力：《中国模式中的市场与政府关系——政府主导下的社会主义市场经济》，《马克思主义研究》2015年第11期，第50~58+160页。
③ 王树春：《现代市场经济与政府经济职能》，《南开经济研究》，2000年第1期，第12~14+137页。
④ 王澜明：《社会主义市场经济体制下的政府职能定位》，《中国行政管理》，2005年第1期，第11~14页。
⑤ 杜飞进：《论政府与市场》，《哈尔滨工业大学学报》（社会科学版），2014年第2期，第34~44页。

### (三) 有限政府论

持这种观点的学者认为，在社会主义市场经济条件下，政府的作用是有限的，这种有限性体现在政府作用的边界和政府干预的局限。陈振明（1996）认为，公共选择理论及其政府失败论指出，政府干预行为存在公共决策失误、政府职能过度扩张、官僚机构的低效率和寻租等局限性，为我们在社会主义市场经济的发展过程中，处理好政府与市场的关系，合理而有效地发挥政府的经济职能，避免政府失败具有一定的启发意义，具体表现在：提高对市场经济条件下政府干预行为的适度性和局限性的重视；经济体制的变革要大力转变政府职能；加强法制建设，实现公共决策（政府决策）的法制化；正视市场经济条件下政府行为的经济人特征，并适当考虑政府行为的经济效益。[①] 李炳炎和向刚（2008）认为，在社会主义市场经济条件下，要把政府职能限定在社会主义市场经济的需要范围之内，限定在实现公共利益的范围之内，限定在实现社会公平的范围之内。要认识到政府在伸出"看得见的手"之前，把握好"有所为"和"有所不为"的界限，实现从"全能政府"转变为"有限政府"，从社会的控制者转变为服务的提供者，从"以自我为中心"转变为"以客户为中心"，从市场竞争参与者转变为市场规则的制定者和执行者，从"离线政府"转变为"在线政府"。[②]

## 二、社会主义市场经济中的市场作用

对于市场在社会主义市场经济中的作用，国内比较流行的观点主要有三种："市场中性论""微观作用论"和"市场工具论"（表7-4）。

表7-4 关于社会主义市场经济中市场作用的主要观点汇总表

| 主要观点 | 代表学者 |
| --- | --- |
| 市场中性论 | 顾珏民（1994），狄仁昆（2005），张宇（2016），等等 |
| 微观作用论 | 刘国光（2014），杜飞进（2014），彭俞超和张雷声（2014），张宇（2014），等等 |
| 市场工具论 | 黄少军（1998），何力平（2000），林金忠（2002），等等 |

### （一）市场中性论

关于市场是否中性的争论，目前学界主要有两种观点，一种观点认为市场是中性的，但并不否认其特殊社会属性；另一种观点认为市场是共性与个性的辩证统一。顾珏民（1994）认为，1992年邓小平在南行时对计划与市场的属性问题作了精辟的概括："计划多一点还是市场多一点，不是社会主义与资本主义的本质区别，社会主义也有市

---

[①] 陈振明：《市场失灵与政府失败——公共选择理论对政府与市场关系的思考及其启示》，《厦门大学学报》（哲学社会科学版），1996年第2期，第1~7页。

[②] 李炳炎，向刚：《完善社会主义市场经济体制背景下政府职能的定位与转变》，《南京理工大学学报》（社会科学版），2008年第4期，第1~7+20页。

场。计划和市场都是经济手段。"从理论上确立了"计划中性论"和"市场中性论"的全新观点,为市场在资源配置中起基础性作用铺平了道路。① 狄仁昆(2005)认为,市场中性论并不否认资本主义市场的特有属性,从"一般市场"的视野出发,"市场"仅仅是经济交往的共同体,构成这个共同体世界的基本元素是"交易"。对于交易事件,"自由竞争"仅仅是该活动过程中某个阶段的活动样态,"互利合作"才是贯穿整个过程的活动样态。"一般市场"的中立性和工具性揭示了"社会主义市场"的可能存在。② 张宇(2016)认为,一方面,市场是一个存在于许多社会形态中的,共有的经济现象,具有某些共同的特点和属性,是中性的;另一方面,市场不可能脱离特定的社会历史环境而孤立存在,总是与某种特殊的社会制度结合在一起,具有自己特殊的社会属性,并不完全是中性的。因此,市场是共性与个性的辩证统一。③

(二)微观作用论

持这种观点的学者认为,市场在配置资源中起的决定性作用主要体现在微观经济领域,需要政府运用宏观调控和政府治理来弥补。刘国光(2014)认为,资源配置有宏观、微观不同层次,还有许多不同领域的资源配置。在资源配置的微观层次,即多种资源在各个市场主体之间的配置,市场价值规律可以通过供求变动和竞争机制促进效率,发挥"决定性"的作用。但是在资源配置的宏观层次,如供需总量的综合平衡、部门地区的比例结构、自然资源和环境的保护、社会资源的公平分配等方面,以及涉及国家社会安全、民生福利等领域的资源配置,就不能都依靠市场来调节。市场机制会在这些宏观领域存在很多缺陷和不足,需要国家干预、政府管理、计划调节来矫正、约束和补充市场的行为,用"看得见的手"来弥补"看不见的手"的缺陷。④ 杜飞进(2014)认为,在市场经济中,市场是联结主要经济关系和各种交易行为的纽带,各市场运行主体之间的交易活动引起商品、服务和生产要素等市场客体的流动,从而推动整个市场体系的运行。⑤ 彭俞超和张雷声(2014)认为,在社会主义市场经济运行中,市场配置资源的决定性作用是在一定范围内有效的,市场在配置资源的过程中存在着市场缺陷或市场失灵问题。在完全竞争条件下,市场是没有外力干扰的自由市场,市场缺陷或市场失灵主要表现在公共物品、外部负效应、收入分配不均、区域经济不协调等方面;在不完全竞争条件下,市场缺陷或市场失灵主要表现为垄断、不正当竞争等。这就要求政府运用宏观调控和政府治理之手,弥补市场在配置资源中的不足,矫正市场失灵。⑥ 张宇(2014)认为,市场的决定作用是市场经济的一般规律和本质特征。但是,在不同的社

---

① 顾钰民:《论邓小平关于计划与市场的思想》,《上海交通大学学报》(社会科学版),1994年第2期,第13~16+47页。
② 狄仁昆:《"社会主义市场"存在论——对当代西方"市场社会主义"合理性问题的哲学思考》,《国外社会科学》,2005年第1期,第17~23页。
③ 张宇:《在实践中不断深化对社会主义市场经济的认识》,《经济导刊》,2016年第12期,第56~67页。
④ 刘国光:《关于政府和市场在资源配置中的作用》,《当代经济研究》,2014年第3期,第5~8+96页。
⑤ 杜飞进:《论政府与市场》,《哈尔滨工业大学学报》(社会科学版),2014年第2期,第34~44页。
⑥ 彭俞超,张雷声:《正确认识和处理政府与市场关系的创新与发展》,《山东社会科学》,2014年第1期,第10~14页。

会制度下，市场的决定作用所发生的范围和条件是不完全相同的。在社会主义市场经济中，市场的决定作用主要体现在微观经济领域，从社会发展和宏观经济的层面看，则需要强调党的领导和政府的积极作用。①

（三）市场工具论

对于市场工具论，学术界进行过讨论，经历了从认为市场经济有工具性质，开始向"市场经济不仅仅是工具性的东西"的观点转变。对于前种观点，德国经济学教授维利·克劳斯在其《社会市场经济》一书中就指出：市场经济的核心是一种形态经济过程，具有工具性质，即它是一种核算或经营活动的手段，一种灵活的协调计算系统。黄少军等（1998）认为，市场经济的核心是一种形态经济过程，具有工具性质，即它是一种核算或经营活动的手段。市场经济的工具性质，使得它需要得到顺应市场的经济政策、有效的竞争秩序，合乎人尊严的劳动和社会保障制度以及宏观经济调控体系机制的补充。② 对于后种观点，何力平（2000）认为，自动配置资源不过是市场经济的一个功能或者作用，用市场经济所具有的自发调节的功能来表达市场经济的内在本质，没有达到应有的深刻性，并且市场经济除了自动调节功能外，还有竞争、创新等诸多功能。对市场经济本质属性的认识关键在于对"通过市场"的认识，并指出了市场经济工具性质的观点根源在于三个方面：从功能作用、运行机制这些外在形式上对市场经济内在本质的错误认识；把市场经济看成是可以选择的东西，隐含着对市场经济必然性的轻视和对人的主观作为的夸大；没有看到市场经济是一种我们现阶段应当追求和努力实现的制度文明。并针对市场经济"工具论"，提出了市场经济作为一种制度文明必然也是一种价值追求的观点。③ 林金忠（2002）认为，"市场工具论"有两个思想来源：一是新古典经济学的"资源配置中心论"，二是东欧的"市场社会主义"理论，这两种思想都是片面和狭隘的。并指出"市场工具论"影响着人们对改革的认识和实践：在思想认识上，使得社会主义经济理论家和改革实践者们相信，市场经济与社会制度是相互外在的或互不相干的，所谓"市场经济不具有社会制度属性"；在实践上影响着人们对改革的认识，比如，既然市场与社会制度无关，那么产权制度改革压根儿就不是必要的了。整顿社会主义市场秩序，应该从清理对社会主义市场经济的错误认识开始，首先需要深刻反思"市场工具论"这一错误认识。④

## 三、社会主义市场经济中的政府和市场的关系

我国改革开放40多年取得了巨大成就，坚持在社会主义制度下发展市场经济，不断理顺政府和市场的关系，是中国特色社会主义建设实践的重要内容。更好地认识和处理政府和市场的关系，对于在新时代推进全面深化改革、全面建设社会主义现代化国家

---

① 张宇：《市场有效，党政有为，根基牢固——正确认识社会主义市场经济中政府和市场的关系》，《红旗文稿》，2014年第8期，第4~8页。
② 黄少军，何华权：《政治经济学》，中国经济出版社，1998年，第322页。
③ 何力平：《也谈市场经济的内在本质》，《社会主义研究》，2000年第2期，第42~45页。
④ 林金忠：《"市场工具论"批判》，《学术月刊》，2002年第6期，第44~49页。

具有重大意义，学者们对此进行了不同的论述。

关于社会主义市场经济中的政府和市场的关系问题，学界研究集中在处理好政府和市场关系的意义、政府和市场作用边界的界定、政府和市场的辩证关系、政府和市场的主次地位四个方面。胡钧（2013）认为，处理好政府与市场的关系是科学发展观的客观要求，为了保证经济社会的科学发展，在资源配置上最根本的是不能依靠市场的自发性，而必须是依靠对整个经济有科学预见的计划的引导和强有力的实施，只能依靠发挥代表全社会利益的政府的指导作用。在资源配置的大的目标和方向确定后，具体贯彻实施时，在现阶段必须重视尊重市场规律，充分发挥市场机制的激励和一定范围的调节作用，以有利于整体目标的实现。① 杜飞进（2014）认为，能够对社会资源进行配置的力量有两种：一种是市场的力量，这种力量是自发形成的；另一种是政府的力量，政府是生产力发展到一定阶段的产物，天然地具有经济责任与功能。把有效率的市场和有效的政府治理结合起来、统一起来，是社会主义市场经济体制的重要特征。他还梳理了现阶段政府与市场作用的边界：一是把"市场能有效形成价格"作为政府与市场的边界；二是把"市场机制能有效调节的经济活动"作为政府审批的边界；三是把市场不能发挥作用的领域作为政府的补位边界。明确政府与市场两者作用边界，就是抓住了正确处理政府与市场关系的根本原则。② 彭俞超和张雷声（2014）认为，正确认识和处理政府与市场的关系，既要对市场在资源配置中起决定性作用作出科学定位，也要科学认识政府在市场经济发展中的宏观调控和政府治理作用；既要认识到市场在配置资源中起决定性作用是市场经济的一般规律，也要把握好政府干预经济的"度"；既要看到市场在资源配置中起决定性作用绝不是对政府作用的弱化，也要看到这是通过对政府作用范围、程度的正确界定，以更好地发挥政府的积极作用。③ 刘汉超（2016）认为，在政府与市场关系中，政府处于主导地位，这是社会主义市场经济中政府与市场关系的根本格局。从我国当前社会发展的实际情况来看，政府与市场逐步呈现出向"强政府和强市场"的"双强"效果趋近。所谓"强政府与强市场"是指在政府与市场关系中，政府是有力和有效的，与此同时市场保持着高效和繁荣。④ 刘儒和郭荔（2021）认为，随着社会主义市场经济的发展和完善，我国形成了"有为政府"和"有效市场"相结合的新型"政市"互补关系，呈现出有效市场以有为政府为先导、有为政府以有效市场为基础的"双螺旋"结构特征。新型"政市"组合模式既能充分发挥市场在资源配置中的决定作用，又能更好地发挥政府作用，超越了政府和市场"二元对立"传统思维定式，实现了政府和市场关系的优化和资源配置效率的提高。⑤

对社会主义市场经济中政府和市场关系的评价，学界普遍认为是合理的、有效的。

---

① 胡钧：《政府与市场关系论》，《当代经济研究》，2013年第8期，第22~30页。
② 杜飞进：《论政府与市场》，《哈尔滨工业大学学报》（社会科学版），2014年第2期，第34~44页。
③ 彭俞超，张雷声：《正确认识和处理政府与市场关系的创新与发展》，《山东社会科学》，2014年第1期，第10~14页。
④ 刘汉超：《社会主义市场经济体制下的政府与市场关系》，《经济问题》，2016年第4期，第46~50页。
⑤ 刘儒，郭荔：《社会主义市场经济条件下政府和市场的互补关系及特征》，《东南学术》，2021年第1期，第61~70页。

陈云贤（2019）认为，"有为政府"和"有效市场"相融合理论，一是突破了西方主流经济学体系和市场理论框架的局限；二是从经济学角度有效解释了中国改革开放以来的主要原因之一；三是创建新经济学体系和市场理论。[①] 刘国光和程恩富（2014）认为，提出政府和市场双重调节思想的重要意义在于，需要将市场决定性作用和更好发挥政府作用看作一个有机的整体。既要用市场调节的优良功能去抑制"国家调节失灵"，又要用国家调节的优良功能来纠正"市场调节失灵"，从而形成高效市场即强市场和高效政府，即强政府的"双高"或"双强"格局，既有利于发挥社会主义国家的良性调节功能，同时在顶层设计层面避免踏入新自由主义陷阱和金融经济危机风险。[②]

## 第七节　总体考察

这一部分对中国经济体制改革以来我国社会主义市场经济理论的研究进行总体考察，包括研究演进的特点和研究展望。

### 一、研究特点

社会主义市场经济理论的发展是中国特色社会主义经济思想的重要内容，处理好政府和市场的关系是经济体制改革的主线。伴随着中国特色社会主义实践的深入和国情的变化，学术界对社会主义市场经济的争鸣和认识也相应地出现阶段性起伏。总的来说，其演进过程主要呈现出以下特点。

#### （一）始终坚持在公有制基础上发展市场经济不动摇

从中国经济体制改革的探索到中国特色社会主义进入新时代，对社会主义市场经济理论的探索始终贯穿我国经济社会发展全过程，经济学界始终坚持要在公有制基础上发展市场经济的观点。但纵观我国经济建设的不同阶段，学术界对市场经济在社会主义经济中的作用持有不同的看法。如20世纪50年代中期，学者们在马克思主义经典作家研究成果的基础上，就社会主义制度下为什么存在商品生产和价值规律如何发挥作用进行了争论；改革开放初期，学者们对商品经济如何在社会主义制度下发挥作用有了更加深入的认识；随着中国经济体制改革实践的不断深入，理论界对社会主义市场经济理论开始了新的探索；随着经济社会的不断发展，市场经济在资源配置中发挥的作用不断提升，社会主义市场经济中政府和市场的关系又成为新的争论焦点。但随着我国的市场经济改革的深入，社会经济生活中出现了新的矛盾和挑战，正确认识社会主义市场经济的性质与作用，对于解决这些问题至关重要。

---

[①] 陈云贤：《中国特色社会主义市场经济：有为政府＋有效市场》，《经济研究》，2019年第1期，第4~19页。

[②] 刘国光，程恩富：《全面准确理解市场与政府的关系》，《毛泽东邓小平理论研究》，2014年第2期，第11~16+91页。

## （二）社会主义市场经济的内涵随着时代变迁而不断丰富和发展

随着社会主义改革实践的发展，理论界对社会主义市场经济的内涵的认识不断深入，经济体制改革初期，经历了从计划经济为主，市场经济为辅的思想，到公有制基础上的有计划的商品经济的论断，再到计划经济与市场调节相结合，越来越依靠市场配置资源的阶段。1992年邓小平"南方谈话"之后，理论界对市场在国家的宏观调控下对资源配置中扮演的角色的认识，实现了从市场起基础性作用，到市场在资源配置中起决定性作用的变化。进入社会主义新时期后，党中央提出把社会主义制度和市场经济有机结合起来，对社会主义与市场经济的结合提出了更高的要求。

## （三）不断深化对政府和市场关系的认识

伴随着中国特色社会主义建设实践的深入，以及西方市场社会主义理论和公共选择理论等思想的影响，学术界对社会主义市场经济中政府和市场关系的认识不断加深。对于政府和市场在社会主义经济中的分工，学者们持不同观点，也进行了激烈的讨论。经过理论上的论证与实践中的印证，最终学者们普遍认同，在社会主义市场经济中政府与市场都有着不可替代的作用，但也都有局限性。但是现阶段，学术界对于在社会主义市场经济体制中究竟是政府起到主导性作用，还是市场起到主导性作用尚有争论。

## 二、未来展望

社会主义市场经济理论的变迁与演进始终紧密结合我国经济社会发展实践的最新变化，随着中国特色社会主义进入新时代，社会主义市场经济理论也将随之得到创新和发展。

### （一）用法治引领和推动市场经济改革

我国社会主义市场经济发展已进入历史新阶段，依法推进改革，提升国家治理能力显得更加突出。然而现阶段我国的市场经济仍存在法律基础薄弱、法律规范不完善、法治建设与体制改革不同步等问题。社会主义市场经济本质上是法治经济，法治是现代市场经济发展的必然要求，让改革在法治轨道上运行可以进一步规范市场秩序，激发各类市场主体活力，进一步提升我国社会主义市场经济的发展质量和法治水平。成熟的市场经济体制应与健全的法治相呼应，一方面，要让市场在资源配置中起决定性作用，相应地就要求制定与此相适应的社会主义市场经济的法律体系，以实现资源配置效率的最大化；另一方面，政府作用的充分发挥需要法律规范，政府的宏观调控行为需要在法律框架内进行。因此，如何完善社会主义市场经济法律制度，用法治引领和推动市场经济改革，是需要进一步研究的问题。

### （二）促进社会主义制度和市场经济的有机结合

我国社会主义基本经济制度逐渐发展和完善，是坚持把马克思主义基本原理同中国具体实际相结合，深刻总结国内外正反两方面经验，不断探索实践和改革创新的结果。

社会主义基本经济制度把社会主义制度和市场经济有机结合起来，既有利于解放和发展社会生产力、改善人民生活，又有利于维护社会公平正义、实现共同富裕。现有研究中，学者们对公有制与市场经济的兼容性，以及有效市场和有为政府的有机结合问题都进行了深入的探讨，论证了社会主义与市场经济的内在契合性。在此基础上，如何进一步完善社会主义基本经济制度，更好地促进社会主义制度和市场经济的有机结合，在实践中不断发挥社会主义市场经济的强大活力，仍值得深入研究。

### （三）构建高水平社会主义市场经济体制

社会主义市场经济体制是中国特色社会主义的重大理论和实践创新，是社会主义基本经济制度的重要组成部分。改革开放特别是党的十八大以来，我国坚持全面深化改革，不断完善社会主义市场经济体制，极大促进了生产力发展，取得了经济快速发展的成就。与此同时，中国特色社会主义进入新时代，社会主要矛盾发生变化，经济已进入高质量发展阶段。党的十九届五中全会明确提出，要"全面深化改革，构建高水平社会主义市场经济体制"。这是习近平总书记立足我国新发展阶段和国际形势复杂深刻变化作出的重大抉择，标志着社会主义市场经济体制建设进入新的历史阶段。"十四五"时期是我国全面建成小康社会、实现第一个百年奋斗目标之后，乘势而上开启全面建设社会主义现代化国家新征程、向第二个百年奋斗目标进军的第一个五年，对构建高水平社会主义市场经济体制提出了迫切要求。然而，我国市场体系尚不健全、市场发育尚不充分，政府和市场的关系没有完全理顺，还存在市场激励不足、要素流动不畅、资源配置效率不高、微观经济活力不强等问题，推动高质量发展仍存在不少体制机制障碍。如何进一步完善社会主义市场经济体制，促进高质量深层次市场化改革，实现社会主义市场经济体制与新形势新要求相适应，是下一步需要研究的问题。

# 第七章 社会主义经济体制改革理论

社会主义经济体制是社会主义国家的社会主义生产关系的集合,经济体制改革则是对生产关系进行调整以适应生产力发展的需要。① 改革涉及方面广泛,本章从纵向和横向两个维度对中国共产党建党百年来经济体制及其改革的相关研究进行了梳理。纵向上,对改革前的计划经济体制和改革后的经济体制的相关研究进行了梳理;横向上,对改革的核心内容进行梳理,重点研究了农村经济体制改革、财税体制改革、流通体制改革、金融体制改革和社会保障制度改革五个方面的内容。

## 第一节 计划经济体制

中国共产党成立以来,对社会主义经济体制进行了不懈探索,学者们对社会主义经济体制的研究始终热度不减。对学者们的研究进行梳理,主要争议集中在四个方面:一是计划经济体制形成的理论根源问题;二是对工资制与供给制的看法;三是对农产品统购统销的看法;四是对计划经济体制的评价。

### 一、计划经济体制形成的理论根源

新中国成立以后,我国逐步建立起了高度集中、排斥市场机制的计划经济体制。学者们追溯其形成的理论根源,形成了两种主要观点:一是自然经济论,二是产品经济论。

#### (一) 自然经济论

有学者认为,计划经济体制排斥商品货币关系、忽视价值规律的调节作用,这是受限制商品生产和商品流通的封建自然经济影响的。从理论到实践,许多人把计划经济看成是自然经济——"计划经济等于自然经济"②,新中国成立之后,经济学者的看法依

---

① 于光远:《关于经济体制改革理论的若干观点》,《财经问题研究》,1986年第5期,第3~8页。
② 孙冶方:《对社会主义政治经济学中若干理论问题的感想》,1961年10月21日、22日在南京经济学会上的讲话记录稿,载于《社会主义经济的若干理论问题》,人民出版社,1984年,第175页。

然"没有跳出自然经济的圈子"。①

第一，否认价值规律的作用。学者们或将价值规律同私有制绑定起来，主张在社会主义公有制经济下，价值规律不发挥作用，即使是有作用，也是受国民经济有计划按比例发展规律主导的，或干脆认为社会主义社会同自然经济一样不存在"价值"范畴。朱剑农（1955）强调，社会主义改造完成之后，"在城市和乡村中，已经没有生产资料私有制，已经把生产资料公有化，在这个基础上发生作用的国民经济有计划按比例发展的规律，已经替代了竞争和生产无政府状态的规律"。② 丽石（1958）认为价值规律发挥调节作用的前提是生产资料的私有制，而"在社会主义条件下，这个前提已不存在，在公有制基础上产生的社会主义基本经济规律和有计划按比例发展规律本身就发生调节社会生产的各部门之间的比例的作用"。因此，"价值规律对社会主义生产不再起调节作用，只能起影响作用"。③ 大凡（1958）指出，"不能把价值规律与劳动固定地连在一起，在自然经济下，就不存在'价值'这个范畴"，从而也就不存在价值规律的作用了。④

第二，不承认社会主义经济的商品属性。朱剑农（1955）认为，社会主义过渡时期，国营企业将生产的产品按照国家计划调拨给别的国家机关使用的生产资料的生产是不算商品生产的。⑤ 孙冶方（1961）指出，"很多同志受'自然经济论'的影响，认为社会主义经济没有流通，只有有计划的分配和调拨，企业与企业之间的关系，只是调拨关系，好像用吊车把工作物从这个车床调到那个车床的机械移动一样，这里没有什么经济关系"。⑥

（二）产品经济论

有学者将社会主义的本质看成是建立在高度社会化生产基础上的以实物分配为特征的"产品经济"，这种"产品经济"比"自然经济"和"商品经济"更发达，在这个阶段社会主义实行单一公有制，不存在商品交换，没有买卖关系，不受价值规律调节，表现为高度集中的计划经济体制。

第一，全民所有制内部交换不是商品交换。学者们认为社会主义制度下，进行交换的是"产品"而不是"商品"。吴敬琏（1959）在《社会主义制度下的两类交换》中，否认了社会主义的全民所有制内部交换的商品交换性质。他指出，"在全民所有制企业之间，虽然也进行'买卖'、计价和付款，但是，交换的性质已经改变了，并不包含真正的你卖我买的关系，生产产品的劳动数量无需迂回曲折地通过别的商品表现"。他认

---

① 孙冶方：《对社会主义政治经济学中若干理论问题的感想》，1961年10月21日、22日在南京经济学会上的讲话记录稿，载于《社会主义经济的若干理论问题》，人民出版社，1984年，第175页。
② 朱剑农：《价值规律在我国过渡时期的作用》，《经济研究》，1955年第5期，第36~55页。
③ 丽石：《价值规律对社会主义农业生产不起调节作用》，《理论与实践》，1958年Z1期，第63~66页。
④ 大凡：《关于人民公社所有制的性质、商品生产、价值规律问题的学术讨论》，《财经研究》，1958年第9期，第33~34页。
⑤ 朱剑农：《价值规律在我国过渡时期的作用》，《经济研究》，1955年第5期，第36~55页。
⑥ 孙冶方：《对社会主义政治经济学中若干理论问题的感想》，1961年10月21日、22日在南京经济学会上的讲话记录稿，载于《社会主义经济的若干理论问题》，人民出版社，1984年，第182页。

为全民所有制内部不具有商品交换的社会条件，"因为这里既没有私有者，也不存在两种公有制之间那种集体和集体、集体和全民之间的你我界限"，由此，他进一步指出，"把全民所有制企业之间的交换称作'产品交换'看来是妥当的"。① 骆耕漠（1957）认为，在社会主义制度下，一切生产都不受价值规律的调节作用，他认为价值规律仅对集体农庄的生产有一定"影响"，而不是"调节"。② 1959他在《论商品和价值》中进一步指出，"可以把全民所有制经济内部的这个非商品交换的交换称为'产品交换'；这就是说，社会产品可以不再特殊地作为商品来交换，而只作为单纯的产品（回到本来面目）来交换。""这种产品交换是不同于商品交换的更高一级的交换，在社会主义阶段，是在劳动直接社会化的基础上，直接遵照按劳分配和按劳核算的关系，采取'等价交换'的形式进行的"。③ 此外，工人和国营企业之间也不存在劳动力买卖关系。骆耕漠（1956）指出，在社会主义制度下，国家企业付工资给工人，工人在国家企业中劳动，并不是商品买卖关系，因为劳动力已经不是商品，工资也就不是劳动力的价格形态。④

第二，消灭商品经济，过渡到产品经济。有学者指出，商品经济是私有制的产物，在社会主义制度下，必须消灭商品经济，排除商品流通，也就是主张从商品经济过渡到产品经济。郑景彬（1975）指出，在社会主义的商品经济、货币交换方面，还存在着"资产阶级法权"和"产生资本主义和资产阶级的土壤和条件"。他指出，"限制商品经济、货币交换及其体现的资产阶级法权，逐步造成资产阶级既不能存在，也不能再产生的条件，是无产阶级专政下继续革命的一项重大无比的任务"。他还强调，"单靠经济措施加以限制还是不行的，还必须加强无产阶级对资产阶级的全面专政"。⑤ 何寿枢和周刚（1975）也持这个观点，他们认为，"在社会主义社会中，商品制度、货币交换同按劳分配一样，还不可避免地存在着资产阶级法权，还是滋生资本主义的土壤"。因此，他们指出，要"坚持政治统帅经济，加强社会主义计划经济，坚持计划第一、价格第二"。⑥

## 二、工资制与供给制

随着工农业生产的"大跃进"和人民公社化推进，半工资制半供给制的分配制度逐渐推广，虽然有少数学者认为实施供给制还为时尚早，但绝大多数学者都主张半工资制半供给制是当时最好的分配制度。学者们对半工资制半供给制进行了热烈的讨论，其中对按劳分配是否已经过时、计件工资制是否应该取消、工资部分和供给部分的比例如何等问题上存在一定争议。

---

① 吴敬琏：《社会主义制度下的两类交换》，《经济研究》，1959年第1期，第50~52页。
② 骆耕漠：《评"社会主义制度下的商品生产和价值规律"》，《读书月报》，1957年第5期，第4~7页。
③ 骆耕漠：《论商品和价值》，《经济研究》，1959年第10期，第63~81页。
④ 骆耕漠：《论社会主义商品生产的必要性和它的"消亡"过程——关于斯大林论社会主义商品生产问题的研究》，《经济研究》，1956年第5期，第3~11页。
⑤ 郑景彬：《社会主义社会的商品经济还会产生资本主义和资产阶级》，《陕西师范大学学报》（哲学社会科学版），1975年第2期，第17~20页。
⑥ 何寿枢，周刚：《商品经济是滋生资本主义的土壤》，《四川师范学院学报》（社会科学版），1975年第2期，第1~6页。

## （一）按劳分配是否已经过时

关于按劳分配在社会主义社会是否仍有存在意义，学者们争论不一。有学者从生产关系角度出发，认为按劳分配是资本主义的东西，在社会主义社会已经过时了；也有学者从生产力角度出发认为实行什么分配制度是由生产力决定的，社会主义社会必须实行按劳分配。

一种意见从生产关系角度出发，认为按劳分配是资本主义的产物，在社会主义社会已经过时。何畏（1958）认为，供给制的实施"从根本上动摇了按劳取酬的原则，在很大程度上破除了资产阶级法权思想"，[①] 他将按劳分配和资产阶级法权思想挂钩，因为按劳分配是生活资料家庭所有和个人所有的制度根源，暗含着私有观念，不利于生产发展。他进一步指出，随着我国生产力水平的提高，"按劳取酬制度，特别是它的具体方法，已经不能适应农村工农业生产再翻几番的大发展形势"。[②]

一种意见从生产力角度出发，认为按劳分配制度是由社会生产力发展水平决定的，社会主义社会必须坚持按劳分配。凡兵（1959）对何畏的按劳分配过时论提出了质疑，他指出，"何畏同志低估了按劳分配在现阶段的积极作用……忽视了'生产关系一定要适合生产力的性质，只有生产力发展到某种状况才会引起生产关系的某种变革'，这条基本原理，从而忽视了作为生产关系一个方面的分配关系是由生产力发展水平所决定的"。[③] 李琪（1958）认为，按劳分配制度并不是资产阶级法权，不属于资本主义体系，而是"我国社会主义革命胜利的结果，是中国社会发展史上一个伟大的进步"，[④] 并进一步阐述了按劳分配制度实施的必要性，他指出，"分配制度不是取决于人们的善良愿望，而是取决于社会生产力发展的水平"，[⑤] 在我国实现"四化"之前，在工农之间、城乡之间、脑力劳动和体力劳动之间这三大差别还存在的时候，在产品还很缺乏，贫穷落后面貌没有根本改变的时候，实施按需分配制度是不可能，且不利于生产的迅速发展的，若过早实施按需分配，"其结果只能出现农民的'粗鄙的平均主义'，决不会是马克思的共产主义"。[⑥]

## （二）计件工资制是否应该取消

一种意见认为，计件工资制是资本主义的产物，应该取消。作为按劳分配制度的主要实现形式，一些学者们认为其同按劳分配一样，是资本主义的东西，体现了资本主义剥削关系，应该取消。饶绍群（1959）指出，计件工资是资本主义社会加强对工人阶级剥削程度和劳动强度的手段，计件工资制用货币刺激的方法来达到提高工人生产积极性

---

[①] 何畏：《农村实行供给制的伟大意义》，《经济研究》，1958年第11期，第9~15页。
[②] 何畏：《农村实行供给制的伟大意义》，《经济研究》，1958年第11期，第9~15页。
[③] 凡兵：《关于供给制的意义和按劳分配问题——与何畏同志商榷》，《经济研究》，1959年第3期，第45~46页。
[④] 李琪：《怎样正确认识——社会主义按劳分配制度》，《前线》，1958年第3期，第15~18页。
[⑤] 李琪：《怎样正确认识——社会主义按劳分配制度》，《前线》，1958年第3期，第15~18页。
[⑥] 李琪：《怎样正确认识——社会主义按劳分配制度》，《前线》，1958年第3期，第15~18页。

的目的,过分地强调物质利益的刺激,"容易使工人滋长经济主义思想,阻碍共产主义思想的生长",从而"束缚生产力的飞速发展,不利于当前的社会主义建设事业和将来向共产主义的过渡。因此,必须取消弊多利少的计件工资制"。① 这里需要注意的是,他虽然否定计件工资制,却肯定按劳分配和除计件工资外的其他工资形式的积极作用,认为按劳分配和计件工资制应该分开来看。

一种意见认为,社会主义社会的计件工资制性质已经发生了变化,不体现剥削关系。孙尚清(1959)认为,"社会主义的计件工资和其他工资形式一样,都是体现没有剥削的、按劳分配的关系",② 他指出,根据企业自身情况不同,计件工资制是可以加以适当改革或者继续保留的,"因为对部分企业来说,取消计件工资制的条件尚不具备、不成熟,急于取消,对发展生产的好处并不多"。③ 李岳(1959)认为,那些将计件工资看成资本主义的产物的同志,实际上是没有了解问题的实质。他认为,应该辩证地看待计件工资的优缺点,不能采取完全否定的态度,也不能采取完全肯定的态度,他认为采用计件工资制,必须采取慎重的步骤,主要在"生产过程还以体力劳动为主,生产过程中还占有重要地位的企业(或车间),如搬运、建筑、包装等,一般还是采用计件制。某些难以计算和统计工时的工作(如家庭工人)也采用计件制为好"。④

### (三) 工资部分和供给部分的比例如何

学者们认为要恰当规定工资部分和供给部分所占比例。

从短期看,工资应该占主要部分。何卓(1959)指出,"一般要使90%以上的社员收入比上年有所增加,其余的社员收入也不致比上年减少。一般的人民公社,按人口计算,工资部分和供给部分,应当各占实际分配总额的50%。随着生产的发展,工资部分和供给部分要增加,而按劳分配的工资部分,在长期内还必须占有重要地位,在最近几年之内,工资部分的增长幅度,还应当大于供给部分的增长幅度。"⑤ 饶绍群(1959)认为目前要保留工资和一段时期内工资部分应占主要地位的依据是:第一,"按劳分配"的原则在社会主义分配领域仍然起着主要作用;第二,工资对促进人民劳动积极性,提高劳动生产率有重要影响;第三,货币工资便于满足人民复杂的生活需要;第四,保证绝大多数社员收入增加。⑥

从长期看,供给制所占比例将扩大。骆耕漠(1958)指出,由于工资制和供给制各有优缺点,在供给比例上必须合理搭配,关于工资与供给的比例的未来趋向,他指出,"按社会主义向共产主义逐渐过渡的要求来说,工资制部分会逐渐缩小,供给制部分会逐渐扩大"。⑦

---

① 饶绍群:《谈谈分配制度中的工资问题》,《政治与经济》,1959年第2期,第25~28页。
② 孙尚清:《目前我国计件工资的性质和命运问题》,《经济研究》,1959年第4期,第17~21页。
③ 孙尚清:《目前我国计件工资的性质和命运问题》,《经济研究》,1959年第4期,第17~21页。
④ 李岳:《不能完全否定计件工资制》,《经济研究》,1959年第4期,第13~16+60页。
⑤ 何卓:《正确贯彻按劳分配政策的几个问题》,《理论战线》,1959年第2期,第11~13页。
⑥ 饶绍群:《谈谈分配制度中的工资问题》,《政治与经济》,1959年第2期,第25~28页。
⑦ 骆耕漠:《论供给制——我国共产主义分配制度底萌芽》,《经济研究》,1958年第11期,第1~8页。

### 三、农产品统购统销

对农产品统购统销,在改革开放前学者们主要持支持态度,但也有部分学者看到了它的局限性,主张对购销政策进行适当调整。①

#### (一) 支持农产品统购统销

大多数的学者在改革开放以前对农产品统购统销持积极态度,认为统购统销政策支援了国家经济建设,体现了社会主义优越性,防止了资本主义复辟。

第一种意见,统购统销对国家经济建设起到重要作用。有学者认为,粮食统购统销政策对人民生活提高和国家经济建设起到了积极作用。1959 年,张珂(1959)在《驳斥右倾机会主义分子攻击国家价格政策的谬论》一文中,将反对国家计划供应政策和价格政策,主张发挥市场作用的学者,称为"右倾机会主义分子",并在文章中对他们进行了猛烈的抨击。他认为,农产品的统购统销政策,"对保证市场物价的稳定,满足城乡人民的生活需要以及支援国家大规模的经济建设都起了十分重大的作用"②。杨波(1956)指出,"解决供不应求问题的唯一正确办法,就是由国家对人民生活所必需的重要消费品,实行计划收购和计划供应的政策"。③

第二种意见,粮食统购统销是社会主义优越性的体现。有学者指出,实行统购统销政策体现了社会主义制度的优越性。张珂(1959)指出,"国家实行计划收购与计划供应政策是完全正确的,这正是社会主义制度优越性的标志"④,而那些"大肆污蔑和歪曲党和国家的价格改革,大肆攻击党和国家的计划供应政策"的"右倾机会主义分子"的终极目的,"实质上是在为资本主义自由市场的复辟鸣锣开道"⑤。楚青(1957)也持这个观点,他们指出,"主要农产品统购统销政策实施后,使小农经济自发势力与整个国家计划经济之间的矛盾得到克服,并截断了与城乡资本主义的联系"。⑥

#### (二) 农产品统购统销的局限性

有学者指出农产品统购统销具有局限性,他们认为统购统销忽视了人们需求的多样性,强制征购不利于农业生产发展,打击农民生产积极性。

第一种意见,统购统销不能满足人们需要的多样性。有学者指出,人们生产生活需要种类和数量是不同的,统购统销政策不能很好满足人们的需要。刘日新(1961)指出,"在我国农业生产自给性生产还占很大比重的情况下,如果我们的农业计划不顾这个特点,统一由国家自上而下地全面安排各种农畜产品的生产,必然很难适应各地人民

---

① 本节内容详见:蒋永穆等:《新中国"三农"十大理论问题研究——70 年发展与变迁》,社会科学文献出版社,2019 年,第 105~106 页。
② 张珂:《驳斥右倾机会主义分子攻击国家价格政策的谬论》,《理论战线》,1959 年第 12 期,第 9~12 页。
③ 杨波:《计划收购计划供应与国家的社会主义建设》,《经济研究》,1956 年第 1 期,第 33~42 页。
④ 张珂:《驳斥右倾机会主义分子攻击国家价格政策的谬论》,《理论战线》,1959 年第 12 期,第 9~12 页。
⑤ 张珂:《驳斥右倾机会主义分子攻击国家价格政策的谬论》,《理论战线》,1959 年第 12 期,第 9~12 页。
⑥ 楚青,朱中健:《我国农村市场商品流转的变化》,《经济研究》,1957 年第 3 期,第 100~126 页。

生产和生活的需要"。①

第二种意见,国家普遍征购容易打击农民生产积极性。有学者从农业征购计划角度指出,普遍的征购计划不利于农业生产。张柱中(1962)认为,普遍的农业征购计划应该在"国家和地区掌握了足够的农产品储备",人们对自然控制力量加强,以及"农业生产的稳定性相对增加"等条件下才能实施,否则,"将会产生各年度、各地区之间苦乐不均、生活水平悬殊等不良现象,带来消极的后果,影响农业生产的积极性"。②

### 四、对计划经济体制的评价

学者们对计划经济体制的态度有所不同,大多数学者持肯定态度,他们认为计划经济体制是社会主义的本质要求,而人民公社作为基层计划组织,是通向共产主义的捷径。也有学者认为计划经济体制是造成经济矛盾产生的主要原因,阻碍生产力发展。

#### (一) 充分支持并肯定计划经济体制

多数学者是支持并肯定农村计划经济体制的,他们认为社会主义要求必须实行计划经济体制,而人民公社是从社会主义过渡到共产主义的最优选择。

第一种意见,计划经济体制是社会主义本质的要求。有学者认为,社会主义就是要实行计划经济。北京第二毛纺织厂工人理论组(1975)认为,"无产阶级专政的国家对整个国民经济实行计划领导和计划管理,是社会主义经济的一项根本制度,是社会主义制度优越于资本主义制度的一个重要方面"。③ 齐光(1960)在《关于生产资料的分配问题》一文中指出,生产资料的计划管理体制,是"完全正确的方针",因为这种计划下的分级管理体制"体现着经济管理中的民主集中制的原则,反映着我国社会主义经济发展的规律"。④

第二种意见,人民公社的建立是通向共产主义的捷径。学者们认为,"一大二公"的人民公社是最能体现共产主义特征的组织方式。尹士杰(1958)对人民公社的建立给予了高度评价,他指出"人民公社的建立,标志着我国农业合作化制度又大大向前迈进了一步,标志着生产关系的重大变革,标志着生产力的新的飞跃"。他还指出,"人民公社不仅是建成社会主义的最好组织形式,也将是过渡到共产主义的最好的组织形式"。⑤ 关梦觉(1958)也持这种观点,他指出,人民公社这种组织形式,"既加快了社会主义建设,又加快了向共产主义的逐步过渡"。⑥ 轻工业部计划司(1959)指出,人民公社是"社会主义社会结构的工农商学兵相结合的基础单位",它的活动"包括国民经济的各个方面,只有实行计划管理,才能使公社各项事业得到巩固和不断发展"。⑦

---

① 刘日新:《关于改进我国农业计划制度的商榷》,《经济研究》,1961年第7期,第17~23页。
② 张柱中:《关于我国农业生产计划制度几个问题的商讨》,《经济学动态》,1962年第12期,第4~7页。
③ 北京第二毛纺织厂工人理论组:《社会主义必须实行计划经济》,《北京师范大学学报》,1975年第4期,第17~23页。
④ 齐光:《关于生产资料的分配问题》,《经济研究》,1960年第3期,第38~45页。
⑤ 尹士杰:《人民公社是过渡到共产主义的最好组织形式》,《江汉论坛》,1958年第8期,第4~6+15页。
⑥ 关梦觉:《人民公社是通往共产主义的捷径》,《经济研究》,1958年,第12期,第45~50页。
⑦ 轻工业部计划司:《对人民公社计划体制的初步意见》,《计划与统计》,1959年第2期,第20~21页。

## （二）反对计划经济体制

有部分学者看到了计划经济体制存在的弊端，他们指出，计划管理出现的主观错误是导致经济问题产生的主要原因，计划经济体制束缚了生产力发展。辛华文（1964）摘译了捷克斯洛伐克科学院经济研究所所长奥·西克的文章《关于改善计划管理体制的问题》，并在译文中加入自己的观点。在文中他谈道，经济中出现的一些"缺点"，如："经济实际需要的发展同生产的使用内容的发展，特别是生产结构的发展之间的矛盾"，"绝大部分是由于计划管理中的主观错误"而产生的。① 王宗瑞（1959）认为，不能一味地注重计划管理，应该处理好管与放的关系，才能更好促进生产力的高速发展。② 刘日新（1961）指出，在人民公社化以后，农业计划出现了"指标过细，规定过死"的情况，"缺乏机动灵活的余地"。他还指出，这些计划没有从实际出发，"违反了因时因地制宜的原则，因而不利于调动公社各级干部和广大社员群众的积极性，不但达不到增产的目的，反而给生产造成困难，给群众生活造成不便"。③

# 第二节　经济体制改革的性质与目标

能否正确认识经济体制改革的性质，明晰改革的目标，直接关系改革能否健康顺利进行。改革开放以来，学者们对经济体制改革的性质和目标进行了热烈的讨论，意见不一。

## 一、经济体制改革的性质

关于经济体制改革的性质，主要有三种不同观点，即补课论、趋同论和社会主义的自我完善和发展。

### （一）补课论

有极少数学者认为，经济体制改革的性质就是"补资本主义的课"。他们的依据主要有两点：第一，他们认为中国建立的社会主义跳过了资本主义这个阶段，现在社会主义走不通，必须"补资本主义的课"。第二，他们指出经济体制改革要发展市场经济，建立社会主义市场经济体制，实际上就是"补资本主义的课"的体现。

众多学者纷纷对"补课论"表示了质疑甚至强烈批评，主要内容有：

其一，中国走社会主义道路是历史的必然选择。中国的社会主义并不是"早产儿""畸形儿"，不存在"跳过了资本主义这个阶段"的说法，而是历史的必然选择。厉以宁

---

① 辛华文：《捷经济研究所所长撰文谈改变管理体制问题》，《经济学动态》，1964年第2期，第12~18页。
② 王宗瑞：《正确认识管和放的关系》，《计划与统计》，1959年第6期，第17页。
③ 刘日新：《关于改进我国农业计划制度的商榷》，《经济研究》，1961年第7期，第17~23页。

(1988)指出,在帝国主义列强的侵略下,中国建立资产阶级共和国、发展资本主义的希望注定要破灭,"资本主义道路是走不通的",他强调,"如果要走资本主义道路,其结果只能停滞于半殖民地半封建社会,所以社会主义是中国人民唯一可以选择的出路"。他认为,"补资本主义的课"就是"历史的倒退,是违反社会发展潮流",违反人民心愿的。①

其二,发展市场经济不等于走资本主义道路。市场经济并不是资本主义专有的,樊江串(1994)指出,"市场经济虽然是在资本主义社会产生的,并且存在了一定时间,有了一定的发展,但它并不等于资本主义经济,不是资本主义社会所专有"。发展市场经济是由我国社会主义初级阶段下,生产力发展水平所决定的,是经济发展的客观要求。关于"补课论",他驳斥道:"中国发展的社会主义市场经济根本不能说是'补资本主义的课'。"②

## (二)趋同论

还有少数学者主张"趋同论",即认为社会主义和资本主义有着相同的主题和相同目标,将资本主义和社会主义等同起来,有学者还提出应该走社会主义与资本主义交融的民主主义道路,即"第三条道路"。

对于"趋同论",绝大多数学者们都持反对态度,并积极进行了驳斥。这些学者们强调,社会主义与资本主义相互对立,不能交融。周新城(2011)指出,"社会主义与资本主义这两种社会制度从根本上讲是对立的,不可能交融成为一种制度"。资本主义表面上向社会主义靠拢,所谓"交融",实质上是实行和平演变,企图同化社会主义国家,将运行机制上的相似同基本制度混淆,将国家经济的依存关系同社会制度的趋同相混淆。他斥责那些鼓吹"趋同论"的人,"只看到社会主义社会与资本主义社会在运行机制方面的某些共性,而抹杀了两种社会形态在基本制度方面的对立性"。③厉以宁(1988)也指出,人类社会的发展趋势看,资本主义必将被社会主义取代,"而不可能是这两种截然不同的制度的趋同或合流"。④

## (三)社会主义的自我完善与发展

大多数学者都认为社会主义经济体制改革的性质是社会主义的自我完善和发展。卫兴华(1986)指出,"我们的改革是社会主义经济体制的改革,是以坚持和发展社会主义经济制度为前提的,改革是社会主义制度的自我完善和发展。"⑤ 其中,关于"社会

---

① 厉以宁:《补课,趋同还是社会主义的自我完善?——我国经济体制改革的性质和任务》,《高校理论战线》,1988年第1期,第8~14+48页。
② 樊江串:《中国发展市场经济是"补资本主义课"吗?》,《华北水利水电学院学报》(社科版),1994年第3期,第39~42页。
③ 周新城:《未来世界是社会主义与资本主义的交融、结合吗?——评"趋同论","交融论"》,《学习论坛》,2011年第11期,第75~80页。
④ 厉以宁:《补课,趋同还是社会主义的自我完善?——我国经济体制改革的性质和任务》,《中国高等教育》(社会科学理论版),1988年第1期,第8~14+48页。
⑤ 卫兴华:《有关我国经济体制改革的理论问题》,《江西社会科学》,1986年第4期,第1~8+44页。

主义制度的自我完善和发展"学者们的理解略有不同。

一种意见认为，经济体制改革是指社会主义生产关系本身的部分改革。文宗瑜（1991）从社会基本矛盾运动规律出发，说明社会主义改革的性质，他指出，"任何一种社会制度，都有一个适应生产力发展而不断完善和发展的过程，这是社会基本矛盾运动规律决定了的"。他明确指出，"自我完善和自我发展，是社会主义改革的根本性质"。从而经济体制改革的性质就是社会主义生产关系的自我完善和发展。① 陈德华和刘伟（1987）认为改革的实质"是在社会主义制度下，按照生产力发展的要求，变革和完善社会主义生产关系的深刻革命。"② 汪海波（1987）指出，社会主义改造完成之后我国建立起的社会主义公有制、计划经济和按劳分配制度是很不完善的，"经济体制改革就是要使这些不完善的部分完善起来"。③

另一种意见认为，经济体制改革是作为社会主义生产关系具体表现形式的经济体制的根本改革。郭飞（1996）指出，经济体制与经济制度是不同的经济范畴，经济体制是指某一社会的经济制度或某种经济制度所采取的具体组织形式和管理制度，是生产关系的具体实现形式。从这一层面，他理解的经济体制改革性质是以建立社会主义市场经济体制为目标的改革。④ 裴大琦和刘承宽（1985）指出，"我们改革经济体制，是在坚持社会主义制度的前提下，改革生产关系和上层建筑中不适应生产力发展的一系列相互联系的环节和方面，从而创造出同我国生产力发展要求更加适应的生产关系的具体形式"。⑤

## 二、经济体制改革的目标

关于经济体制改革的目标，学者们的意见可分为单一目标论和多层次目标论。主张单一目标论的学者，有的将改革的目标理解为经济体制改革的任务，有的理解为目标模式，从其中一个角度来阐释改革的目标；主张多层次目标论的学者则将经济体制改革看成一个系统性工程，从多层次多维度阐明改革的目标，认为其包括改革的具体目标即改革的内容，改革的任务以及改革的目标模式等多个层次。

### （一）单一目标论

单一目标论，顾名思义是从某一个角度出发，对经济体制改革的目标进行阐释。这其中又分为两种不同观点。

第一，经济体制改革的目标是发展生产力，实现共同富裕。持这种观点的学者实际上将经济体制改革的目标视为经济体制改革的任务。有学者认为，中国经济体制改革的

---

① 文宗瑜：《论社会主义改革的性质》，《理论学刊》，1991年第3期，第52~55页。
② 陈德华，刘伟：《经济体制改革是社会主义制度的自我完善》，《北京大学学报》（哲学社会科学版），1987年第1期，第110~118页。
③ 汪海波：《经济体制改革性质刍议》，《经济管理》，1987年第9期，第14~20页。
④ 郭飞：《论经济体制改革的基本性质与转轨方式》，《东欧中亚研究》，1996年第3期，第24~31页。
⑤ 裴大琦，刘承宽：《略论我国经济体制改革的性质》，《安徽师大学报：哲学社会科学版》，1985年第2期，第8~13页。

目标是发展生产力。迟树功（1984）认为，经济体制改革就是"要大大促进社会生产力的发展，实现国家繁荣富强和人民富裕幸福"。① 也有学者认为，经济体制改革的目标是实现共同富裕。刘国光和王佳宁（2018）认为中国经济体制改革的目标是处理好公平与效率、先富和共富、民富与国富的关系，最终实现共同富裕。他指出，要"强调效率与公平兼顾并重，要更加重视社会公平"，坚持公有制和按劳分配为主体，防止两极分化，将政策目标转变为逐步"实现共同富裕"上来，从"先富"过渡到"共富"。②

第二，经济体制改革的目标模式是建立社会主义市场经济体制。持这种意见的学者非常多，他们将经济体制改革的目标和经济体制改革的目标模式等同起来。其中，大多数学者认为经济体制改革的目标模式是建立社会主义市场经济体制。张卓元（2012）指出，"确立建立社会主义市场经济体制的改革目标，意味着我们要在社会主义条件下发展市场经济，即实现社会主义与市场经济相结合。这既是史无前例的创举，也是马克思主义经典著作中没有提出过的摆在我们面前的全新课题。"③ 李艳秋（2016）指出，中国经济体制改革的目标是社会主义市场经济体制改革，这一目标模式的确立是经济体制改革的第一次大突破。④ 有少数学者对这种观点持反对态度。杜光（2010）不赞同将经济体制改革的目标模式定为社会主义市场经济体制，他认为社会主义市场经济实际上就是国家垄断下发展市场经济，违背了市场经济自由竞争、优胜劣汰的特点。他认为，中国改革的目标模式是经济市场化，即"使市场经济成为统御整个经济领域的经济形态"，具体来说就是大力发展民营经济，"使以民营经济为主体的市场经济成为整个社会的经济形态"。⑤

### （二）多层次目标论

持这种观点的学者认为，改革是一项复杂的系统工程，不能从单一的角度来理解改革的目标。

有学者从具体目标、改革任务、改革的目标模式三个层次对经济体制改革的目标进行阐述。常荆莎和易又群（2018）指出"我国经济体制改革在根本目的的基础上，具有相互关联、对立统一的多层次目标"。其一，经济体制改革的具体目标即"我们要改革哪些具体对象，体现为改革的具体内容"，包括生产关系改革和上层建筑中不适应生产力发展的一系列改革。其二，改革的直接目标即改革的基本任务，体现为通过改革期待收获的直接结果，即促进生产力发展。其三，经济体制改革的目标模式即要建立什么样的新体制，也即建立社会主义市场经济体制。⑥

---

① 迟树功：《关于改革的性质、目的和基本任务》，《理论学刊》，1984 年第 4 期，第 6~7+2 页。
② 刘国光，王佳宁：《中国经济体制改革的方向、目标和核心议题》，《改革》，2018 年第 1 期，第 5~21 页。
③ 张卓元：《确立建立社会主义市场经济体制改革目标的重大实践和理论意义》，《新视野》，2012 年第 4 期，第 21~23+29 页。
④ 李艳秋：《中国经济体制改革发展历程及启示》，《中共福建省委党校学报》，2016 年第 3 期，第 84~89 页。
⑤ 杜光：《我看中国改革的目标模式》，《炎黄春秋》，2010 年第 8 期，第 1~7 页。
⑥ 常荆莎，易又群：《认识经济体制改革性质与目标必须厘清的几个问题》，《当代经济研究》，2018，年第 12 期，第 26~32+99 页。

# 第三节 经济体制改革的方式、进程及评价

学者们对如何推进经济体制改革进行了讨论，梳理了经济体制改革进程，并对经济体制改革的成效进行探讨，学者们意见不一。

## 一、经济体制改革的方式

对于经济体制改革是如何推进的，以及主要采取什么方式推进，学术界的争论主要体现在三个方面。一是在改革的速度上，存在激进式与渐进式的争议；二是在改革的顺序上，存在"自上而下"与"自下而上"的争议；三是在改革的方向上，存在摸着石头过河与顶层设计的争议。

### （一）渐进式改革还是激进式改革

对于经济体制改革改革的速度是快还是慢，学者们进行了激烈的争论，比较有代表性的是两种完全相反的观点。

1. 渐进式改革

许多学者认为，中国经济体制改革，不是一蹴而就的，而是逐步推进的渐进式改革。

第一，社会主义制度的自我完善和发展的性质决定了改革的方式是渐进的、温和的。张宇（2013）指出，经济体制改革不是对社会主义制度的根本否定，"新旧体制之间不是泾渭分明、截然对立的，而是具有明显的连续性和继承性"，改革的性质"决定了改革的方式和过程必然具有温和渐进的特点"。[①]

第二，改革是由易到难进行的。一方面，中国经济体制改革是从农村起步，逐步向城市推进的。张湛彬（2002）指出，中国经济体制改革是"从薄弱环节突破，再'啃硬骨头'"，这种改革方式具有渐进特征。[②]另一方面，改革是分领域进行的。马晓河（2008）也指出，中国的改革是从容易取得成效的领域开始的，承包制、市场化改革、分配制度改革等对人们生活影响大、涉及利益部门少的先进行，而关联部门多、改革阻力大的则是在20世纪90年代中期后才大规模推行的。[③]张宇（1994）指出，中国经济体制改革是由易到难分步推进的，"形成农村'包围'城市，沿海'包围'内地，非国有经济'包围'国有经济，市场'包围'计划，最后实现经济体制整体转换的独特道路"。[④]

---

[①] 张宇：《全面深化经济体制改革若干重大问题的思考》，《红旗文稿》，2013第5期，第4~10页。
[②] 张湛彬：《中国渐进式改革的路径选择和制度变迁评析》，《中共党史研究》，2002年第4期，第24~30页。
[③] 马晓河：《渐进式改革30年：经验与未来》，《中国改革》，2008年第9期，第12~15页。
[④] 张宇：《通向市场经济的道路——关于渐进式改革的几点思考》，《哲学研究》，1994年第11期，第12~16页。

第三，改革是由点到面展开的。布成良（2008）指出，社会主义改革是没有先例的，因而中国的改革是一个"试点、扩大试点、全面推广的过程"，例如家庭联产承包责任制是先从安徽、四川开始，再向全国推广；价格改革是从基本消费品以外的消费品开始，再扩展到生活消费品和生产领域；税费改革从安徽开始试点；对外开放由经济特区和沿海开放城市先行启动，再分步向内地推进。①

2. 激进式改革

有学者认为，中国经济体制改革不能用"渐进式"来概括，而应该结合经济体制改革的重要内容，用"激进式"来阐释。激进式改革主要体现在农村经济体制改革和价格改革上。

第一，家庭联产承包责任制改革规模大、速度快。王贵宸（1998）指出，从家庭联产承包责任制改革出发，"中国农村经济体制的第一步改革，即把人民公社体制改为政社分开的家庭经营为主要形式的经营承包制，从1979—1984年只是短短五年的时间，就以包产到户，包干到户来说，大规模地群众行动只是在1980—1982年上半年，也就是两年半的时间，1.2亿农户行动起来"，他认为这种改革，"可以说是一场大规模、悄悄地自发性群众运动。这种情况可以说是一种突变式行动。"② 牛若峰（1997）指出，"农村第一步改革实行家庭承包制时同样犯了急性病，看到'大包干'效应好就作为普遍（几乎唯一）形式迅即推行，在很短时间内推及全国，占到农户总数的96.6%，占原生产队总数的99%，承包耕地占农村耕地总量的95.7%。搞'一刀切'比当年合作化时有过之而无不及。"③ 吴敬琏（1994）鲜明地指出，"不能用'渐进论'概括中国的改革"，"'渐进改革论'是否符合中国改革的实际？是否符合（邓）小平同志体制改革的战略思想？我的答案是否定的"，他举例道，"1980年9月中共中央发布的《关于进一步加强完善农业生产责任制的几个问题》允许在某些地方实行包产到户和包干到户。1980年秋到1982年秋短短两年时间内，就实现了农村改革，家庭联产承包责任制取代了人民公社三级所有的体制"④，故他隐含的认为，家庭联产承包责任制在短短几年内全面实行使改革带有浓厚的激进主义色彩。⑤

第二，价格改革具有激进特征。宋承先（1995）分析了我国改革成功的原因，认为关键是两条：其一，遵循马克思历史唯物主义和唯物辩证法的思考问题的方法，对于生产力和生产关系以及经济基础与上层建筑，在任何社会的任一时刻，总是政治决定经济，政权决定政策，生产关系决定生产力；其二，在经济政策方面，以'菜篮子'工程作为突破，并配套进行激进的价格改革和激进的全面改革；在通货膨胀方面实现了反"休克疗法"。紧接着他分析了价格改革，指出："我国推行激进的价格改革，虽然引起了成本推进通货膨胀，但每个人无一例外地因改革而程度不等地提高了自己的生活（水

---

① 布成良：《渐进式改革的张力——中国改革的特点、风险及前景》，《当代世界与社会主义》，2008年第5期，第121~126页。
② 王贵宸：《中国农村经济改革新论》，中国社会科学出版社，1998年，第242页。
③ 牛若峰：《中国农业的变革与发展》，中国统计出版社，1997年，第246页。
④ 吴敬琏：《中国采取了"渐进改革"战略吗？》，《经济学动态》，1994年第9期，第3~7页。
⑤ 张军：《"双轨制"经济学：中国的经济改革（1978—1992）》，上海三联书店，2006年，第97页。

平)。所以中国改革成功的经验,可以简括表述为:坚持实践后毛泽东思想的邓小平思想指导的反'休克法'的激进改革。"①

### (二)"自上而下"还是"自下而上"的改革

按改革顺序来分,通常有"自上而下"和"自下而上"两种分法。但就中国经济体制改革来说,学者争论的焦点主要在"自下而上"还是"上下结合"这两种不同方式上。

1. "自下而上"推动改革

有学者倾向于,中国经济体制改革是一种自下而上的改革。

第一,改革具有自发性。张湛彬(2002)指出,中国经济体制改革是"在中国计划体制内经过多年的酝酿和发育自发生长出来的一种带有突破意义的制度变迁,如中国农村改革之初的包产到组、包产到户乃至家庭联产承包责任制的建立,以及后来'公司+农户'和农村经济组织的股份合作制等等"。② 马晓河(2008)指出,我国的许多不同领域的改革,都是从"农民、工人、农村、城镇的基层力量在实践中自发进行改革探索,然后将改革的成功信息向上传递,逐渐为上层接受并转化为推进改革的意志"。③

第二,经济体制改革充分尊重农民意愿。郭书田(1998)分析了农村经济体制改革,指出,"重要的一条就是坚持了把权力下放给基层,把权力下放给农民,实行最大的民主。尊重农民的意愿,尊重农民的选择,善于总结群众在实践中的创造"。④

第三,经济体制改革充分调动群众积极性。李文(2011)指出,"农村经济体制改革的结果是农民发展'个体经济的积极性'最终占了上风",他分析了改革的方法,指出,"从方法论上讲,思维活动只能在实践基础上发生,其成果也只能在实践中接受检验,正确的就会得到推广、应用,错误的会得到修正。将这一方法应用到决策当中,就是要'允许试,大胆闯,看准了就干'",他认为,"这是我们党改革开放以来的一条宝贵的工作经验,这条工作方法的实践性原则是中国特色的民主制度的集中体现"。⑤

2. "上下结合"推动改革

有部分学者认为,经济体制改革并不能简单地概括为"自上而下"或者"自下而上",而是采取"上下结合"的改革方式。

第一,经济体制改革最初并没有明确的时间表和路线图。蔡昉等(2008)指出,"中国在改革之初并没有形成一个改革的蓝图和推进的时间表。因此,最初的改革除了获得来自高层决策者的政治支持之外,不可能是'自上而下'推动的"。⑥ 然而,"中国

---

① 宋承先:《中国经验:反"休克疗法"的激进改革》,《上海经济研究》,1995年第3期,第8~17页。
② 张湛彬:《中国渐进式改革的路径选择和制度变迁评析》,《中共党史研究》,2002年第4期,第24~30页。
③ 马晓河:《渐进式改革30年:经验与未来》,《中国改革》,2008年第9期,第12~15页。
④ 《农村改革20年回顾与展望——"纪念党的十一届三中全会召开20周年与深化农村经济体制改革学术研讨会"综述》,《农村合作经济经营管理》,1998年第12期,第12~14页。
⑤ 李文:《农村经济体制改革的若干基本经验》,载于中共中央文献研究室科研管理部编:《中国共产党90年研究文集》(下),北京:中央文献出版社,2011年。
⑥ 蔡昉,王德文,都阳:《中国农村改革与变迁 30年历程和经验分析》,格致出版社,2008年,第5页。

的改革道路也不能简单地归结为'自下而上'的推动方式"①。中国的改革,是"中国领导层的改革决心和理论上的改革共识,与人民群众的改革愿望和探索"②,形成的"'上下结合'的改革方式"③ 所推动的。

第二,改革的发动和推进是自下而上与自上而下相统一的自觉行为。张宇(1994)指出,中国经济体制改革如果完全由政府自上而下加以推动是难以成功的,他表示,"改革的发动虽然是自上而下的",但"如果没有自下而上的推动,没有基层单位的创新活动,单靠政府自上而下的行政强制是无法顺利进行的"。④

第三,改革的方式在不同阶段和不同领域是不同的。一方面,改革的方式在不同阶段是不同的。以农村经济体制改革为例,张神根(2002)指出,"如果说20世纪80年代的农村改革更多地表现为'自下而上'特点,那么20世纪90年代农村经济体制改革,无论是从微观经营体制的完善,还是农村市场体系的建立以及对农业支持和保护体系的探索,都体现出'自上而下'政府设计和推动的特点"。⑤ 另一方面,城市经济体制改革和农村经济体制改革的方式不同。许经勇(2009)指出,"如果说我国城市经济体制改革更多地表现为自上而下地推动,那么农村经济体制改革则更多地表现为自下而上地倒逼"。⑥

### (三)摸着石头过河还是顶层设计

在经济体制改革的初期和探索阶段,学者们普遍认为,改革是采取"摸着石头过河"的方式进行的。在农村经济体制改革的发展和深化阶段,学者们认为,改革是在政府顶层设计的基础上进行的。

在经济体制改革初期,学者们普遍认为它是一种摸着石头过河的改革。

首先,中国经济体制改革是在理论准备不足的情况下展开的。王贵宸(1998)认为,"我国的经济体制改革是从农村开始的。改革是在理论准备不足的情况下开始并进行的。由于经验不足,由于改革是复杂的,所以采取了'摸着石头过河'的方式进行"。⑦

其次,经济体制改革是事先并没有设计好的改革。张宇(1994)指出,"完美的设计、精确的计算和全面的规划,往往还没有形成就被实践抛到了后面,摸着石头过河,走一步看一步却具有更高的指导意义"。⑧ 林毅夫等(2006)指出,"中国的改革并没有

---

① 蔡昉,王德文,都阳:《中国农村改革与变迁30年历程和经验分析》,格致出版社,2008年,第5页。
② 蔡昉,王德文,都阳:《中国农村改革与变迁30年历程和经验分析》,格致出版社,2008年,第6页。
③ 蔡昉,王德文,都阳:《中国农村改革与变迁30年历程和经验分析》,格致出版社,2008年,第6页。
④ 张宇:《通向市场经济的道路——关于渐进式改革的几点思考》,《哲学研究》,1994年第11期,第12~16页。
⑤ 张神根:《试析九十年代以来农村经济体制改革的主要进展》,《中共党史研究》,2002年第6期,第60~66页。
⑥ 许经勇:《中国农村经济制度变迁六十年的回顾与思考》,《天津行政学院学报》,2009年第11卷第5期,第5~19页。
⑦ 王贵宸:《中国农村经济改革新论》,中国社会科学出版社,1998年,第224页。
⑧ 张宇:《通向市场经济的道路——关于渐进式改革的几点思考》,《哲学研究》,1994年第11期,第12~16页。

一个事先设计好的所谓'一揽子的改革方案',已出台的改革措施及其强度是针对经济运行中出现的主要问题和社会的承受能力确定的,具有'摸着石头过河'的基本特征"。①

随着经济体制改革的推进,政府对改革进行了顶层设计,学者们认为改革是在政府的推动下进行的。首先,经济体制改革的过程是由政府和党主导并推进的。任生德(2009)指出,中国进行的渐进式改革是以"摸着石头过河"为特点的,"其基本特征是在政府的主导和推进下,体制外改革与体制内改革同时并举、先试点后推广、先简单后复杂、先经济后政治等"。②郭威(2019)认为,中国渐进式改革是自发性和强制性相结合的,是"基层摸着石头过河与政府进行顶层设计相统一的改革",政府将群众实践经验进行提升使其制度化、合法化,并自上而下全面推行。③其次,农村经济体制改革的成功离不开党和国家的统筹协调。杜志雄和肖卫东(2019)指出,"正是在中央的坚强领导和战略部署下,在中央持续实施的一系列支农强农惠农政策支持下,中国农业发展取得了举世瞩目的成就,迈上了新台阶,步入了新时代。可以说,如果没有中央的正确领导、统揽全局、协调各方,中国的农业发展不可能取得如此卓著的成就"。④

## 二、经济体制改革的进程

关于经济体制改革的进程,学者们有不同意见。一是从建立社会主义市场经济体制目标出发,将改革分为两个阶段;二是从社会主要经济形式或市场作用变化角度将改革分为三个阶段;还有学者按照阶段性任务将改革划分为四个阶段。

### (一)二阶段论

从建立社会主义市场经济体制的目标出发,将经济体制改革的历程分为两个阶段。周忠丽和汤建奎(2014)认为经济体制改革分为两个阶段,第一阶段,1978年至1992年,是我们国家从计划经济体制向社会主义市场经济体制过渡的阶段;1992年至今是第二阶段,这一时期,社会主义市场经济开始建立,并逐步得以完善。⑤

### (二)三阶段论

有学者认为,经济体制改革进程分为三个阶段。

有学者从社会主要经济形式角度出发,对改革进程进行划分。邢雅萍(2014)将中国经济体制改革历程分为三个阶段。第一阶段:计划经济为主的经济增量改革阶段

---

① 林毅夫,蔡昉,李舟:《中国的奇迹:发展战略与经济改革(增订版)》,上海三联书店,2006年,第173页。
② 任生德:《农村改革中的权威与秩序》,中国方正出版社,2009年,第94页。
③ 郭威:《中国渐进式改革的实践演进、逻辑机理与借鉴意义》,《科学社会主义》,2019年第5期,第121~127页。
④ 杜志雄,肖卫东:《中国农业发展70年:成就、经验、未来思路与对策》,中国经济学人:英文版,2019年第14卷第1期,第2~33页。
⑤ 周忠丽,汤建奎:《中国经济体制改革的历程与基本经验》,《中共山西省直机关党校学报》,2014年第5期,第16~18页。

(1978—1984 年)。第一阶段的主要任务是思想解放,回归市场经济。这一阶段改革的主要特征是放权、分权、从包产到户的农村改革—财政包干的性质分权改革—扩大自主权的国企改革—发展私人经济—建立市场体系等经济改革。第二阶段:商品经济为主的经济整体改革阶段(1985—1992 年)。这个阶段的主要特点:一是仍然以经济改革为主,但在 1997 年党的十五大中除了经济体制改革的内容,还涉及依法治国的内容;二是将建设社会主义市场经济作为我国经济体制改革的大方向开展;三是提出了全新的改革方案,将经济体制改革深化扩展到了社会经济的各个方面。第三阶段:社会主义市场经济体制占主导的全面协调改革阶段(1993 年至今)。主要标志:现代社会的经济发展格局是以公有制为主体、其他多种所有制经济共同发展。市场体系基本建立起来,建立了比较健全的以间接调控为主的宏观调控体系并开始发挥其主要作用,分配方式不断完善,逐步形成了按劳分配为主、多种分配并存的分配方式,初步形成养老、失业、医疗保险和城镇最低生活保障等方面的社会保障制度。[①]

有学者从市场的作用变化将经济体制改革阶段划分为三个阶段。张丽丽和杨志平(2015)认为改革进程分为三个阶段。第一个阶段:仍徘徊在计划经济体制阶段。这个阶段,由计划经济为主、市场调节为辅到利用市场机制、发展商品经济,再到计划与市场是内在统一的等关于经济体制改革理论认识的逐步发展,虽然没有突破计划经济体制的框架,但为党的十四大确立建立社会主义市场经济体制的改革目标奠定了基础。第二个阶段:建立社会主义市场经济体制,使市场起"基础性"作用。第三阶段:不断完善社会主义市场经济体制,使市场由"基础性"作用升华为"决定性"作用。[②]

### (三)四阶段论

有学者按每个不同阶段任务将经济体制改革划分为四个阶段。王冰(2009)将经济体制改革分为四个阶段。第一阶段:改革启动阶段,以 1978 年党的十一届三中全会召开为标志。中国从"以阶级斗争为纲"到以经济建设为中心,从计划经济到市场化的全面改革,从封闭半封闭经济状态到对外开放的历史性转变,开启了我国改革开放的历史进程。第二阶段:目标探索阶段,从 1982 年确立家庭联产承包责任制,到 1992 年党的十四大确立实行社会主义市场经济体制。第三阶段:框架构建阶段。从 1993 年党的十四届三中全会通过《中共中央关于建立社会主义市场经济体制若干问题的决定》,到 2002 年党的十六大初步建立社会主义市场经济体制。第四阶段:体制完善阶段。从 2003 党的十六届三中全会通过《中共中央关于完善社会主义市场经济体制若干问题的决定》至今。[③]

### (四)五阶段论

赵莹(2018)按改革推进的程度,将经济体制改革划分为五个阶段。第一阶段:改

---

① 邢雅萍:《对中国经济体制改革历程的认识》,《中国集体经济》,2014 年第 5 期,第 18~20 页。
② 张丽丽,杨志平:《我国经济体制的改革历程及现实启示——以改革开放以来历届党代会和三中全会为视角》,《长春理工大学学报》(社会科学版),2015 年第 9 期,第 1~4+20 页。
③ 王冰:《我国经济体制改革的主要历程及宝贵经验》,《宁夏党校学报》,2009 年第 1 期,第 21~24 页。

革启动与局部试验阶段（1978—1984年）。特点：分散的局部性的。主要内容：农村基本经营制度变革。第二阶段：经济改革的全面探索阶段（1984—1992年），改革重点由农村转向城市。第三阶段：社会主义市场经济体制的初步建立（1992—2003年），国有企业为中心环节进一步向纵深发展，广泛推进财政、税收、金融、外汇与投融资体制等多领域改革，以分税制为核心的新的财政体制框架最终确定下来，社会主义市场经济体制初步建立。第四阶段：社会主义市场经济体制的改革完善（2003—2013年），重点任务为巩固并完善基本经济制度，构建和健全现代产权制度、金融财税体制的改革与完善、政府职能转变、社会管理和公共服务等多个领域协同迈进，农村税费改革试点推进、农业税全面取消、国有经济布局、结构不断调整、国有企业股份制改革大力推进。第五阶段：经济体制改革全面深化阶段（2013年至今），以完善产权制度和要素市场化配置为重点，系统推进国资国企体制改革、持续深化放管服改革，在投融资、财政、税收、金融等重点领域深入改革。①

### 三、经济体制改革的评价

学者们对经济体制改革的成效予以了肯定，按李琼等（2019）对改革开放以来经济体制改革取得的成就分类方法，将经济体制改革的成效分成三个方面来梳理学者们的观点，一是促进社会生产力显著提升；二是推动经济结构持续优化；三是推进农业现代化和城镇化水平不断提高。

第一，促进社会生产力显著提升。史亚洲（2019）指出，中国的经济改革遵循了生产力和生产关系的矛盾运动规律，通过不断改革束缚生产力发展的各种体制机制，逐步建立适应生产力发展水平需要的各种经济制度，促进了生产力的解放和提高。他表示，"中国的经济改革缘起于比较低下的生产力发展水平，行进在生产力不断解放和发展的伟大历史变革中"。②李琼等（2019）认为，改革开放取得的首要成就就是社会生产力显著提升，他们指出，"改革开放的制度红利给中国经济增长带来巨大的动力，中国已成为世界第二大经济体和世界第一制造业大国，货物贸易第一大国、商品消费第二大国、外资流入第二大国，我国外汇储备连续多年位居世界第一，人民生活水平、教育、收入、就业、生活环境、人口流动性等方面均有显著提升"。③

第二，推动经济结构持续优化。李琼等（2019）指出，"改革开放以来，我国实现了从重工业优先发展、工业经济主导、计划经济主导，向新型工业化、农业现代化、服务业现代化、三大产业均衡发展、城市集群发展、可持续发展、科学发展、市场经济主导的转变"。④黄群慧（2018）从产业成长、产业结构、产业政策等角度分析了改革开放40年中国的产业发展和工业化的成就。他得出结论，从产业成长看，中国的基本经

---

① 赵莹：《中国经济体制改革40年的实践历程、逻辑进路与未来展望》，《新疆社会科学（汉文版）》，2018年第5期，第1~9+162页。
② 史亚洲：《改革开放40年经济改革成就、特征与经验》，《西安财经学院学报》，2019年第4期，第30~37页。
③ 李琼，贾点点，叶青等：《纪念改革开放40周年》，《政治经济学评论》，2019年第3期，第100~121页。
④ 李琼，贾点点，叶青等：《纪念改革开放40周年》，《政治经济学评论》，2019年第3期，第100~121页。

济国情已经从一个落后的农业大国转变为一个工业大国;从产业结构演进看,经济增长的动力更多地依靠技术创新,通过提升全要素生产率来促进经济增长;从产业政策看,中国正确处理了政府与市场关系,产业政策总体上是成功的。①

## 第四节 农村经济体制改革

农村经济体制改革是我国经济体制改革的突破口,农村经济体制改革的问题引起了学者们的高度关注。学者们对农村经济体制改革发展历程进行了梳理,并对改革的主要内容中的重要方面进行了探讨,对改革的成效作出了评价。

### 一、农村经济体制改革的历程

关于农村经济体制改革阶段的划分,学者们有不同的看法,根据不同时期农业生产方式的差别、改革重点内容的不同,学者们提出了"三阶段论""四阶段论"。

#### (一) 三阶段论

有学者根据不同的时期农业生产方式的区别,将农村经济体制改革划分为三个阶段。宋冬林等(2019)将农村经济体制分为三个阶段,第一阶段是基于简单商品经济的个体农业生产方式(1949—1953),这个时期国家对农村经济的控制加强,农业为工业化发展服务。第二阶段是基于传统计划经济的社会主义农业生产方式(1953—1978),这一阶段主要内容是进行农业合作化、建立人民公社。第三阶段是基于现代市场经济的社会主义农业生产方式(1978年至今),这一阶段实行家庭联产承包责任制,进行农地"三权分置"改革。② 还有学者根据改革重点内容不同,将农村经济体制改革分为三个阶段。房列曙和张神根(2008)持这种观点,他们将改革划分为三个阶段,第一个阶段为1978年至1984年,重点内容是调整经济政策,改革农村经营管理体制;第二个阶段为1985年至1988年,重点内容是改革流通体制,推动农村产业结构调整;第三个阶段为1989年至1991年,重点内容和目标是努力实现农业增产,稳步推进体制改革。③

#### (二) 四阶段论

有学者根据改革的重点内容不同将农村经济体制改革分为四个阶段。孔祥智等(2008)将农村经济体制改革分为四个阶段:第一阶段是1978年至1984年,主要内容是家庭联产承包责任制的推进和农村微观经营主体的重构;第二阶段是1985年至1991

---

① 黄群慧:《改革开放40年中国的产业发展与工业化进程》,《中国工业经济》,2018年第9期,第5~23页。
② 宋冬林,谢文帅:《新中国成立七十年农村经济体制改革的政治经济学逻辑》,《苏州大学学报》(哲学社会科学版),2019年第5期,第82~92页。
③ 房列曙,张神根:《新时期农村经济体制改革的历程及特点》,《中共党史研究》,2008年第2期,第75~83页。

年,主要内容是改革农产品流通体制,特征是乡镇企业异军突起;第三阶段是 1992 年至 1997 年,主要内容是实施农业产业化经营战略,强调土地承包经营的稳定性,稳步推进粮食等主要农产品的流通体制改革。第四阶段是 1998 至今,主要内容是实施城乡统筹战略,以工补农、以城带乡。① 刘晓敏(2008)持这种观点,他将农村经济体制改革划分为四个阶段:第一阶段(1978—1984 年)的重点内容是家庭联产承包责任制取代人民公社体制。第二阶段(1985—1991 年)的重点内容是农村流通体制改革,第三阶段(1992—1998 年)的重点内容是向社会主义市场经济体制转轨。第四阶段(1999 年以来)的重点内容是进行综合改革和社会主义新农村建设。② 还有学者根据不同阶段的时代特色将农村经济体制划分为四个阶段。石静(2019)持这种观点,他认为,第一阶段是 1978—1984 年,以家庭联产承包责任制的出现为标志,我国农村经济体制开始转型,形成中国社会主义的农村经济体制;第二阶段是 1985—1992 年,实现了对农村商品流通体制的深度创新,正式将市场竞争机制引入农村市场;第三阶段是 1993—1998 年,建立社会主义市场经济体制,促进农村生产方式转变,为农村改革创造了良好环境;第四阶段是 1998—2019 年,对农村的政治、文化等各方面实施进一步地深入改革。③

## 二、农村经济体制改革的主要内容

学者们对农村经济体制改革主要内容的探讨集中在三个方面,一是家庭联产承包责任制,二是"三权分置",三是农村税费改革。

### (一)家庭联产承包责任制

家庭承包责任制改革打响了中国经济体制改革的第一枪。学者们对家庭承包责任制的争议主要体现在三个方面,一是为什么要实行家庭联产承包责任制;二是家庭承包责任制的形式;三是对家庭承包责任制的评价。④

1. 实行家庭联产承包责任制的动因

关于为什么实行家庭联产承包责任制,学者们主要从农业、农民和农村三个方面进行了讨论。农业方面,有学者认为原有的责任制不利于农业生产,甚至对农村生产力起了限制作用;农民方面,有学者指出原有的责任制不能调动农民积极性;农村方面,有学者认为原有的责任制不利于农村社会稳定。

(1)原有的责任制不利于农业生产。

有学者指出,原有的责任制存在弊端,对农业生产存在阻碍作用。刘明安(1984)

---

① 孔祥智,涂圣伟,史冰清:《中国农村改革 30 年:历程、经验和前景展望》,《教学与研究》,2008 年第 9 期,第 19~25 页。
② 刘晓敏:《中国农村经济体制改革的阶段性特征》,《经济与管理》,2008 年第 12 期,第 20~21 页。
③ 石静:《我国农村经济体制改革的发展趋势研究》,《农村经济与科技》,2019 年第 24 期,第 201~202 页。
④ 本节内容详见:蒋永穆等:《新中国"三农"十大理论问题研究——70 年发展与变迁》,社会科学文献出版社,2019 年,第 120~124 页。

指出,"在过去农业经济的经营管理体制下,劳动生产率踏步不前"。① 王跃生(1999)指出,原有的责任制由于"产权约束功能的丧失和集体劳动的过大的监督成本,致使农业生产效率低下"。② 冯子标(1981)指出,我国原有的集体所有制,"只注意到落后的生产关系会成为生产力发展的桎梏,而忽视了超越生产力的生产关系对生产力的破坏作用",导致"生产力不但没有得到发展,反而遭受压抑和破坏"。③ 冯丛林和汤造宇(1983)指出,高度集中的经营方式,"既同我国农村生产力发展要求相矛盾,又是对集体所有制生产关系的破坏"。④

(2) 原有的责任制不能调动农民积极性。

有学者指出,原本的集体经营制度不能充分调动农民积极性。叶剑峰(2013)指出,"农村土地集体所有、集体经营的制度安排在1956年后的实际运行中,并没有发挥出期望中的社会主义公有制的优越性,相反挫伤了农民的生产积极性,导致农业生产率大幅度滑坡,农村经济处于崩溃边缘"。⑤ 李梅村和文占申(1984)指出,过去在管理制度上过分集中,"严重地束缚了群众的积极性,影响了农业生产的发展"。⑥

(3) 原有的责任制不利于农村社会稳定。

有学者指出,原有的生产经营制度引起了很多农村社会问题。杜润生(2008)指出,农业的集体化造成农产品供给严重不足,农民温饱问题得不到解决,城市食品短缺,"影响了国民经济的整体发展,并引发出很多社会、政治问题"。⑦ 欧远方(1985)指出,改革开放以前,受"左倾"错误影响,"造成农村经济的停滞和徘徊,在经济上和生态上都产生恶性循环的影响"。⑧

2. 家庭联产承包责任制的形式

学者们对农业生产责任制的讨论体现了家庭联产承包责任制形式的变迁和形成过程。学者们的争议主要在劳动计酬方式上是实行定额计酬还是联产计酬;另一方面是实行包产到组还是包产到户,或是包干到户。

(1) 定额计酬与联产计酬。

对劳动计酬方式,学者们有不同的看法,有的学者认为定额计酬是加强人民公社经营管理的有力措施,也有学者指出联产计酬能更好地促进农业产量增加,还有学者认为

---

① 刘明安:《家庭承包责任制与共产主义在我国的实践》,《大连海事大学学报》,1984年第2期,第107~118页。

② 王跃生:《家庭责任制、农户行为与农业中的环境生态问题》,《北京大学学报(哲学社会科学版)》,1999年第3期,第43~50+157页。

③ 冯子标:《农业联系产量责任制和生产关系一定要适合生产力性质的规律》,《经济研究》,1981年第4期,第60~64页。

④ 冯丛林,汤造宇:《论家庭承包制的历史地位和作用》,《辽宁大学学报》,1983年第2期,第43~48页。

⑤ 叶剑锋:《传承与创新:中国农村土地制度变革的现实困境与路向抉择》,《学习与实践》,2013年第11期,第61~68页。

⑥ 李梅村,文占申:《家庭承包责任制的出现是合作化理论和实践的发展》,《陕西师范大学学报(哲学社会科学版)》,1984年第4期,第32~35页。

⑦ 杜润生:《土地家庭承包制的兴起》,《中国合作经济》,2008年第10期,第45~51页。

⑧ 欧远方:《我国农村经济体制改革的伟大成功》,《安徽大学学报(哲学社会科学版)》,1985年第3期,第21~25页。

应该因地制宜选择生产责任制。

定额计酬曾是人民公社经营管理的主要计酬方式。有学者认为实行定额计酬有利于生产发展。杨炳坤（1979）指出，"定额管理是农村社队计划生产和经济核算的基础"。他认为，"定额管理既是贯彻按劳分配，提高农业劳动生产率，加强人民公社经营管理的一项有效措施，也反映了农业集体生产和分配过程中干部与社员之间、社员群众之间的社会主义互助合作关系"。①

有学者认为，应该实行联产计酬的生产责任制。周诚（1980）指出，产量责任制能极大促进农业产量增加，降低成本，实现"增产增收"。② 他还指出，实行产量责任制，"能把维护生产队组织管理的统一性和作业组独立进行生产活动的灵活性结合起来，使队和组两者的职能和作用都得到充分发挥，有力地促进农业生产的发展"③。吴岩（1980）认为，"实行联系产量责任制是农村集体所有制经济的生产、分配等经济管理活动的一种现实形式和体现"。他指出，"实行联系产量责任制，既不是为了眼前增产而采取的权宜之计，也不是经营管理的方法问题，它是关系到能否很好地坚持社会主义公有制和促进社会主义公有制不断完善和发展的问题"。④

（2）定额与联产相结合。

有学者认为，生产责任制可根据实际情况，选择定额还是联产。张之愚（1980）指出，生产责任制的形式应该根据生产条件和规模的实际情况来选择。他认为，生产队的主要形式是"小组作业，小段包工"，就采取"定额计酬"；如果是生产队规模大，则应该采取"包产到组，以产计酬"的形式。⑤ 祁国玺（1980）也持这种观点。他认为，生产责任制应该因地制宜，在"生产条件比较稳定，管理水平较高的地方"实行联产计酬，更容易发挥其优越性；反之，则更适合定额管理的办法。⑥

（3）包产到组或包产到户还是包干到户。

学者们对农业生产责任制另一方面的探讨在于，是包产到组还是包产到户，甚至是包干到户。

有学者指出，包产到组有利于农业增产。在改革开放初期，人们不敢大幅度改革生产责任制，而是从包产到组开始试探性改革。苏福海（1980）持这样的观点，他表示，"搞了包产到组，结果都增了产"。⑦ 王守禄和高玉祥（1981）也指出，"庙沟生产队实行包产到组，联产计酬，超产奖励的生产责任制以来，生产连续增长，对国家的贡献增加，集体经济壮大，社员收入增加，生活改善"。⑧

---

① 杨炳坤：《关于农村人民公社的定额管理问题》，《厦门大学学报（哲学社会科学版）》，1979年第2期，第103~107页。
② 周诚：《农村人民公社生产队实行产量责任制问题的探讨》，《经济研究》，1980年第10期，第38~42页。
③ 周诚：《农村人民公社生产队实行产量责任制问题的探讨》，《经济研究》，1980年第10期，第38~42页。
④ 吴岩：《试论实行联系产量责任制与坚持社会主义公有制》，《农业经济问题》，1980年第11期，第5~9页。
⑤ 张之愚：《谈谈生产队的生产责任制问题》，《经济问题》，1980年第3期，第28~34页。
⑥ 祁国玺：《生产责任制应当因地制宜》，《兰州学刊》，1980年第2期，第59~61页。
⑦ 苏福海：《我们是怎样搞联产责任制的》，《兰州学刊》，1980年第2期，第62~63+68页。
⑧ 王守禄、高玉祥：《包产到组 庙沟变富》，《现代农业》，1981年第9期，第21~22页。

有学者指出，包产到户比包产到组更能实现农民增产增收。在体会到包产到组的好处之后，人们开始尝试包产到户，不少人从贫困户变成富裕户，包产到户在农民中产生了强大吸引力。唐洪潜和陈武元（1980）认为，包产到户贯彻了按劳分配原则、符合农业生产特点，挖掘了社员户人、财、物的潜力，因此能够实现增产。① 周诚（1980）也持这种观点，他指出，"目前实现'包产到户'的社队几乎毫无例外地获得了显著增产增收的效果。这是'包产到户'具有优越性的无可辩驳的证明"。② 杨勋（1980）认为，包产到户具有合理性和合法性。他指出，"包产到户作为农业生产责任制的一种形式，在我国农村经济生活中，曾一再显示出促进生产、改善生活的积极作用。包产到户在一些生产技术落后、管理水平低下、长期落后的社队中，更是起着特别显著的作用，甚至被农民群众赞扬为'良方妙药'、'锦囊妙计'"。③

有学者认为包干到户的产生具有必然性和优越性。随着改革的推进，各种生产责任制遍地开花，其中包干到户大受群众欢迎。陈家骥（1981）指出，"包干到户是从包产到户派生出来的，两者同属一类，都是农民集体经济对其成员实行的'包到户'的一种责任制形式"，他指出，包干到户是在一定社会经济条件之下所必然产生的事物。④ 张木生等（1981）指出，包干到户之后"生产发展了，社员收入大幅度增加"。⑤ 王松霈和郭明（1981）指出，包干到户"是纠正农村工作中'左倾'错误干扰的产物，客观上具有存在的合理性"。⑥

3. 对家庭联产承包责任制的评价

家庭联产承包责任制改革是农村经济体制改革的第一步，为解放农村生产力作出了重大贡献。学者对家庭联产承包责任制改革褒贬不一，有学者认为，家庭联产承包责任制改革有力地推动了农业现代化，激发了农民生产积极性，并推动了农村生产力的解放，成效十分突出。也有少数学者指出，家庭联产承包责任制存在所有权不清、农村公共产品供给水平下降的问题。

大部分学者认为，家庭联产承包责任制成效显著，有以下三种代表性观点。

第一，家庭联产承包责任制有力地推动了农业现代化。有学者认为，家庭联产承包责任制对农业现代化起了强有力的推动作用。巴志鹏（2004）指出，"家庭联产承包责任制对中国农业现代化产生了巨大的推动作用。从1978年到1984年，中国农业机械总动力年均增长8.8%，农用大中型拖拉机拥有量年均增长7.6%，小型机引农具年均增长13.5%，农用动力排灌机械年均增长3.5%，化肥施用量年均增长12.1%"。⑦

第二，家庭联产承包责任制极大程度地激发了农民的生产积极性。有学者认为，家

---

① 唐洪潜，陈武元：《对"包产到户"的初步探讨》，《农业经济问题》，1980年第12期，第37~40页。
② 周诚：《"包产到户"初探》，《经济学动态》，1980年第12期，第28~30页。
③ 杨勋：《包产到户是一个重要的理论和政策问题》，《农业经济丛刊》，1980年第5期，第34~39+61页。
④ 陈家骥：《论包干到户》，《经济问题》，1981年第12期，第2~8页。
⑤ 张木生，杜鹰，谢扬：《包干到户基础上的协作和联合问题初探——安徽省滁县地区调查报告》，《农业经济问题》，1981年第12期，第9~18页。
⑥ 王松霈，郭明：《论"包产到户"和"包干到户"》，《经济研究》，1981年第10期，第43~49+59页。
⑦ 巴志鹏：《家庭承包责任制：新时期农村现代化的加速器》，《石家庄学院学报》，2004年第4期，第5~8页。

庭联产承包责任制所取得的显著成效体现在提高农民生产积极性上。林毅夫等（2006）指出，"1978年实行经济改革以来，中国的情况发生了一系列变化。尤其是农村以家庭联产承包责任制取代生产队的集体生产体制，极大地激发了农民的生产积极性"。他们进一步指出，"1978—1984年间的农业增长中有一半可归功于推行家庭联产承包责任制所激发出来的农民的生产积极性"。①

第三，家庭联产承包责任制大大地解放了农村生产力。有学者指出，家庭联产承包责任制的实施推动了农村生产力的解放，促进农村经济发展。陈吉元（2000）认为，"以家庭联产承包责任制为核心内容的农村改革，由于符合亿万农民的意愿，极大地解放了农村生产力，使农业发展实现了巨大的飞跃，不仅使农村社会经济面貌发生了历史性变化，也为整个国民经济的改革和发展奠定了基础"。②

有部分学者认为家庭联产承包责任制有一定局限，主要有以下两种观点。

第一，所有权不清。程海（1990）指出，现行土地制度下，土地虽然名义上仍然是集体所有，"但所有权不清，是归乡、村还是村民小组的集体所有"。③ 叶剑锋（2013）也持这种观点，他认为家庭联产承包责任制最突出的问题就是"土地所有权主体'虚位'"。他指出，虽然我国的《民法通则》规定了集体所有权，却"没有明确规定集体所有权的主体"。从法律层面上看，我国农村土地是实行"三级所有"的集体所有制，"实质上农村土地所有权主体在法律上只是徒有虚名"。④

第二，农村公共产品供给水平下降。张军（1998）指出，"1978年改革以后，以家庭为基础的农作制度取代了生产队制度，解决了激励问题，农民成了剩余权利的享有者，生产积极性自然提高了。但是，至少在短期，农作制度的变迁对农村公共产品供给水平的影响却是负面的。面对改革的巨大成功，政府对农业的总投资持续下降，相应地，对农村公共产品（如水利）的投资也在削减"。⑤

## （二）"三权分置"

农村土地产权制度变革的重要内容就是实行"三权分置"，学者们对"三权分置"的概念和发展方向进行了深入探讨，并形成了不同意见。

### 1."三权分置"的概念

关于"三权分置"究竟是哪三权相分置，学者们有不同的看法，有学者认为是所有权、承包权和经营权，也有学者认为是所有权、承包经营权和经营权，还有学者认为是所有权、使用权和经营权。

---

① 林毅夫，蔡昉，李舟：《中国的奇迹：发展战略与经济改革》（增订版），上海三联书店，2006年，第183页。
② 陈吉元：《中国农业改革的经济学思考》，见《中国改革开放经验的经济学思考》，经济管理出版社，2000年，第28页。
③ 程海：《社会主义经济体制改革概论》，经济科学出版社，1990年，第102页。
④ 叶剑锋：《传承与创新：中国农村土地制度变革的现实困境与路向抉择》，《学习与实践》，2013年第11期，第61~68页。
⑤ 张军：《中国经济改革的回顾与分析》，山西经济出版社，1998年，第26页。

(1) 所有权、承包权和经营权。

大多数学者都持这一观点，认为"三权分置"是土地所有权、承包权和经营权分置。潘俊（2014）认为"三权"是指农村土地所有权、承包权、经营权。他强调必须坚持三条底线，即坚持农村土地集体所有制，坚持稳定农村土地承包关系，坚持农户家庭经营的基础性地位。① 柯炳生（2017）在谈到为什么土地要三权分置时指出，将土地产权关系划分为所有权、承包权、经营权有利于满足土地生产资料功能流转和社会保障功能稳定双重要求。他指出，集体所有权体现社会主义公有制性质，还能更好地管控土地用途。农户承包权是农村集体组织成员权益的体现。经营权则是承包权的价值体现。② 张红宇（2017）也持此种观点，他指出，"所有权、承包权、经营权'三权分置'格局形成的制度绩效，是理解把握总书记论述精髓的钥匙"。他指出，"三权分置"的设计，"在坚持农村土地集体所有、维护农户承包权益的基础上，土地经营权在更大范围内得到优化配置，在更多主体中得以分享，为规模经营创造了条件"。③

(2) 所有权、承包经营权和经营权。

有部分学者认为，"三权分置"指的是所有权、承包经营权和经营权的权利结构。高圣平（2016）将承包土地的权利构造表达为"集体的土地所有权＋农户的土地承包经营权＋农业经营主体的土地经营权"④

(3) 所有权、使用权和经营权。

有学者认为"三权分置"是指农地所有权、使用权和经营权相分离的农地产权体系。刘志刚和郭仁慈（2003）提出了关于农地产权制度改革的设想，他们在维护农村集体土地公有制的前提下，提出要构建农地所有权、使用权和经营权"三权分离"的农地土地产权新体系。他们主张，强化土地所有权、设立土地使用权、放开农地经营权。⑤

2."三权分置"的发展方向

关于"三权分置"朝着哪个方向发展，学者们各持己见，主要形成了国有化、私有化、永包制、承包制退出四种观点。

(1) 国有化。

有学者主张"国有化"，将耕地收归国有再由国家租赁给农民经营。

张德远（2002）持这一观点，他指出，"解决农村制度问题的最根本、最彻底方式是土地国有制"其一是因为实行土地国有制之后，产权清晰，调节更加灵活；其二是国家成为土地所有者之后，可以通过租金来调节土地供求；其三是农民已经具备了实行土地国有制的心理基础，不会遭遇很大的阻力。因此，他认为，现行的土地集体所有制在

---

① 潘俊：《农村土地"三权分置"：权利内容与风险防范》，《中州学刊》，2014年第11期，第67~73页。
② 柯炳生：《土地为何要三权分置》，《农村新技术》，2017年第10期，第1页。
③ 张红宇：《从"两权分离"到"三权分置"——中国农地制度的绩效分析》，《农村经营管理》，2017年第8期，第6~7页。
④ 高圣平：《承包土地的经营权抵押规则之构建——兼评重庆城乡统筹综合配套改革试点模式》，《法商研究》，2016年第33期，第3~12页。
⑤ 刘志刚、郭仁德：《农地产权制度改革的设想》，《领导决策信息》，2003第5期，第25页。

长期是不稳定的,"经过一段时期就进行一次集体化,不如一次性地、彻底地实行国有化"①。韩洪今和马秋(2005)持这一观点,他们指出,中国农村土地所有权制度的最佳选择就是将中国农村土地国有化。首先,土地国有化是顺理成章的,不会引起大的社会震荡;其次,土地国有化不会加重农民负担;再次,实行土地国有化有利于稳定现行家庭承包经营制度。②

(2) 私有化。

有学者提出彻底的耕地私有化改革方案,把耕地的所有权交给农民,实行耕者有其田。张五常(2004)指出,解决中国过渡性财政困难最可行的办法就是出售土地,出售土地既可以减少和简化税收,同时还可以改进经济制度。③

(3) 永包制。

有学者认为,耕地承包关系最好实行永久承包,永远不变。李作峰(2010)认为,农地永包制是具有中国特色的推动农地产权制度改革和农地有序流转,以及实现农业现代化的路径选择,实施永包制有着其必要性,永包制使农地经营模式发展方向更明确,适应了农村市场经济发展要求,为农村土地的产权问题提供了解决思路,提高了农民对土地的预期。④

(4) 承包制退出。

有学者在研究和探讨我国耕地"三权分置"的发展方向时提出了耕地承包权退出的主张。李洪波(2010)和楚德江(2011)指出我国人多地少的情况下,实行退出承包权是实现农业现代化的必然要求,也是推进农村城市化的关键环境,有利于农村剩余劳动力向城市转移,保持农村稳定。⑤⑥ 钟涨宝和聂建亮(2012)指出,家庭联产承包责任制虽然有积极作用,但随着农村劳动力转移,农村人口与耕地资源配置发生变化,逐步建立健全农村土地承包经营权退出机制,对于提高耕地资源的配置效率有重要意义。⑦

## (三) 农村税费改革

农业税费改革是农业支持保护政策的重要内容,学者们的研究主要集中在以下两个方面。一是在农村税费改革的目标上,从生产关系和生产力两个角度进行了研究;二是在农村税费改革的内涵上,对"三个取消"的内容进行了不同的研究。

---

① 张德远:《适应我国农业劳动力转移的土地制度改革》,《上海财经大学学报》,2002 年第 1 期,第 9~15 页。
② 韩洪今,马秋:《论中国农村土地集体所有权制度改革》,《哈尔滨工业大学学报》(社会科学版),2005 年第 6 期,第 56~59 页。
③ 张五常:《出售土地一举三得》,《中国土地》,2004 年第 11 期,第 16~18 页。
④ 李作峰:《论永包制——农地产权制度改革的路径探索》,《理论导刊》,2009 年第 5 期,第 104~107 页。
⑤ 李洪波:《关于"长久不变"几个关节点的分析与思考》,《农村经营管理》,2010 年第 11 期,第 23~25 页。
⑥ 楚德江:《我国农地承包权退出机制的困境与政策选择》,《农村经济》,2011 年第 2 期,第 38~42 页。
⑦ 钟涨宝,聂建亮:《论农村土地承包经营权退出机制的建立健全》,《经济体制改革》,2012 第 1 期,第 84~87 页。

## 1. 农村税费改革的目标

学者们对什么是农村税费改革,主要有两个角度、三个方面的研究。从生产力的角度看,学者们认为农村税费改革的目标是切实减轻农民负担;从生产关系的角度看,学者们认为农村税费改革的目标是进行制度的变革和创新,也有学者认为是根治"三乱"这一不合理的现象。

(1) 降低农民负担。

大多数的学者认为,农村税费改革的目标是降低农民负担。周黎安(2015)指出,"为了减轻中国农民长期以来负担过重的症结,中央政府在全国范围内逐渐推行以降低农民负担为主要目标的农村税费改革。"① 赵阳(2001)指出,"要从根本上解决农民负担过重的问题,必须尽快建立与当前农村经济结构相适应的税收体制。"② 刘刚(2001)明确指出,"农村税费改革是对农村收入分配关系的一次重大调整,其根本目的是减轻农民负担"。③

(2) 制度变革和制度创新。

有学者指出,农村税费改革是一场重大变革和制度创新。肖捷(2012)认为,"农村税费改革是一场涉及农村经济、社会、文化、政治的重大变革和制度创新"。④ 袁贵仁(2012)指出,农村税费改革是"对农村生产关系(主要是分配关系)的深刻调整,是进一步解放农村生产力的重大举措,直接导致了农村公共服务体制的重大变革"。⑤ 也有学者认为改革的目标是建立一个新的农村税费制度框架。高培勇(2004)指出,"改革的目标是借此建立一个以农业税、农业特产税及其附加,以及村级一事一议筹资筹劳为主要内容的农村税费制度框架"。⑥

(3) 根治"三乱"。

有学者提出,农村税费改革的目的在于根治"三乱"。徐琰超等(2015)认为,1994年的分税制改革使得地方财政出现了较大缺口,"为了完成上级政府下达的各项任务,乡镇政府的选择是征收各类规费以填补财力缺口。这最终演变成农村的'三乱'现象(乱摊派、乱收费、乱集资),加重了农民负担,干群关系趋于紧张。为了解决上述问题,党中央、国务院出台了一系列改革措施,农村税费改革便是其中较为重要的一项"。⑦

---

① 周黎安,陈祎:《县级财政负担与地方公共服务:农村税费改革的影响》,《经济学》(季刊),2015年第2期,第417~434页。
② 赵阳:《农村税费改革:包干到户以来又一重大制度创新》,《中国农村经济》,2001年第6期,第45~51页。
③ 刘刚:《农村税费改革试点的成效和问题分析》,《宏观经济研究》,2001年第7期,第49~52页。
④ 肖捷:《一场终结了2600年"皇粮"历史的改革》,见于《农村税费改革十年历程》,经济科学出版社,2012年,第56页。
⑤ 袁贵仁:《从农民办学走向政府办学——农村税费改革以来农村义务教育的发展与展望》,见于《农村税费改革十年历程》,经济科学出版社,2012年,第34页。
⑥ 高培勇:《中国税费改革问题研究》,经济科学出版社,2004年,第162页。
⑦ 徐琰超,杨龙见,尹恒:《农村税费改革与村庄公共物品供给》,《中国农村经济》,2015年第1期,第58~72页。

2. 农村税费改革的主要内容

学者们对农村税费改革的主要内容认识大致相同,即概括为:"三个取消、一个逐步取消、两个调整、一项改革"[1][2][3]。具体内容是:取消屠宰税、乡镇统筹款、教育集资等专门向农民征收的行政事业性收费和政府性资金,逐步取消劳动积累工和义务工,调整农业税政策和农业特产税征收办法,改革村提留征收和使用方法。

但其中对"三个取消"的内容概括略有不同,从早期的"三个取消"扩展到"三个取消"和"一个逐步取消"。早期何开荫(2001)将农村税费改革的内容概括为"三个取消,两个调整和一项改革"。其中"三个取消"指:"一是取消乡统筹费、农村教育集资等专门面向农民征收的行政事业性收费和政府性基金集资;二是取消屠宰税;三是取消统一规定的劳动积累工和义务工"。[4] 随着改革推进,改革的内容也不断丰富,从调整农业税到取消农业税,再转向农村综合改革。

### 三、农村经济体制改革的评价

农村经济体制改革各个方面展开以来,学者们对农村经济体制改革的成效,多给予了肯定评价。他们认为,农村经济体制改革的作用集中体现在两个方面。一是在对农村生产力发展的作用上,存在有效促进与作用有限的争议,但以促进作用为主;二是在对城市改革的作用上,存在推动作用与阻碍作用的争议,但以积极作用为主。

#### (一) 对农村生产力的促进作用

对于农村经济体制改革在生产力发展中的作用,有学者认为,农村经济体制改革解放了农村生产力,但也有学者指出,农村经济体制改革对生产力的促进作用并不显著。

1. 农村经济体制改革解放了农村生产力

有学者认为,农村经济体制改革大大解放了农村生产力。刘明钢等(1993)认为,"改革也是解放生产力。农村经济体制改革给长期死气沉沉的农村经济注入了新的生命力,扭转了中国农业长期徘徊的局面,带来了生产力的解放和农村经济的繁荣。从1978年到1990年,农业总产值由1397亿元,增长到8008亿元,增长了4.73倍"。[5] 王瑞璞(1988)指出,"实践证明,农村经济体制第一个阶段的改革是成功的",进而分析了第二个阶段的改革,他认为"第二个阶段的改革刚刚开始,但已明显表现出对农村生产力发展的推动力。第二阶段的改革既巩固了第一个阶段改革的成果,又在此基础上为农村商品经济的发展开辟更为广阔的前景。两个阶段的改革初步革除了原来经济体制中的某些弊端。在集体经济中引进家庭经营,这是对原来经济体制的深刻的调整,这种调整的直接成果就是推动了生产力的发展"。[6] 李文(1999)认为,"经过20年来的改

---

[1] 高培勇:《中国税费改革问题研究》,经济科学出版社,2004年,第162页。
[2] 高尚全:《农村税费改革十年历程》,经济科学出版社,2012年,第4页。
[3] 刘刚:《农村税费改革试点的成效和问题分析》,《宏观经济研究》,2001年第7期,第49~52页。
[4] 何开荫:《农村税费改革的路该怎样走》,《调研世界》,2001年第8期,第14~18页。
[5] 刘明钢,宋开文:《农村经济体制改革的成功经验与重大意义》,《党史研究与教学》1993年第5期。
[6] 王瑞璞:《农村经济体制改革的基本理论与实践》,《经济纵横》1988年第4期,第17~23页。

革,我国初步构筑了适应发展社会主义市场经济要求的新体制框架,极大地解放和发展了生产力,给农村带来了翻天覆地的历史性变化",这些变化主要表现在四个方面:"农业综合生产能力大幅度提高,结束了主要农产品长期短缺的历史;乡镇企业异军突起,推动了农村工业化、城市化进程和剩余劳动力转移;农村经济结构、农业内部产业结构、劳动力就业结构、农民收入结构以及农村所有制结构都发生了历史性的深刻变化;农民收入显著提高,生活质量大为改善"。①

2. 农村经济体制改革对生产力的促进作用是不够的

但也有学者认为,农村经济体制改革对农村生产力的促进作用是有限的。张烈彩(1989)指出,"十一届三中全会以后,农村经济体制改革的第一步所走的路子和取得的成效,事实上是新中国成立以后农村经济发展史上的周而复始。从总体上来讲,农村经济体制和形式大致同合作化时期的情况相似,虽然生产发展水平有所提高,但仍然是在传统农业模式内的恢复和发展"。②

## (二) 对促进城市改革的作用

有学者认为,农村经济体制改革推动了城市经济体制改革。刘明钢等(1993)指出,农村经济体制改革打响了中国经济体制改革的第一炮。农村改革的成功也向我国的城市提出了改革的要求,为城市经济体制改革创造了良好的环境。③ 李文(1999)指出,农村经济体制改革带动了全国经济体制的改革,农村经济的大发展将整个国民经济推上了快速发展的轨道。④

也有学者对此持反对意见,他们认为农村经济体制改革阻碍了城市化的进程。刘福垣(1998)认为,"由于对我国经济发展中的主要矛盾及其运动规律缺乏认识,在农业剩余劳动力转移政策上片面强调就地消化,离土不离乡,加剧了农村内部矛盾,抑制了农业生产方式的改变,抑制了城市化的政策进程,终于在20世纪90年代爆发了不可抑制的农工潮,引起巨大的城乡社会问题"。⑤

# 第五节 财税体制改革

财税体制改革是重大而关键的基础性改革,牵一发而动全身。改革开放以来,学者

---

① 李文:《中国农村经济体制改革的回顾和前瞻——写在改革开放二十周年之际》,《社会科学战线》,1999年第2期,第13~24页。

② 张烈彩:《对深化农村经济体制改革的思考》,《社会主义研究》,1989年第2期,第55~59页。

③ 刘明钢、宋开文:《农村经济体制改革的成功经验与重大意义》,《党史研究与教学》,1993年第5期,第57~61页。

④ 李文:《中国农村经济体制改革的回顾和前瞻——写在改革开放二十周年之际》,《社会科学战线》1999年第2期,第13~24页。

⑤ 刘福垣、王慧敏:《农村改革初期的成本与教训》,见《中国经济体制改革二十年基本经验研究》,经济科学出版社,1998年,第267页。

们从各个方面论述了过去"统收统支"的弊端,并对财税体制改革的主要内容和改革成效进行了总结。

## 一、对过去"统收统支"的看法

随着经济不断发展,"大锅饭"和平均主义的弊端日渐显现,学者们纷纷主张进行财税体制改革,改变过去"统收统支"的状况。关于"统收统支"存在的问题,学者们主要有两种意见,一种是从生产力角度,认为"统收统支"阻碍了社会生产力发展;一种从生产关系角度,指出"统收统支"使中央和地方权责不清,影响财政管理和监督工作。

第一,"统收统支"阻碍了生产力的发展。刘佐(1988)指出,"统收统支的财务管理制度,带有浓厚的供给制成份(分)和平均主义'大锅饭'的色彩的分配制度,不符合社会主义商品经济发展的客观要求,它使得企业和职工既无经济上的压力,也谈不上什么内在的动力,从而使社会主义生产力的发展受到了严重的阻碍"。[①] 云志平和李国霞(1983)也认为,"这种吃大锅饭办法,弊病很多,搞平均主义,不讲经济效益,不能充分发挥企业和职工的积极性和主动性"。[②]

第二,"统收统支"模糊了中央和地方界限。沈立人(1987)认为,过去的"统收统支"以"高度统一、高度集中"为特点,但实际上"模糊了中央和地方的界限,财政约束是软化了而不是硬化了。于是,不可避免地造成各地的一切收入向上交、一切支出向上要,导致无限制地争投资、争开支和争减免、争还贷,潜伏着很多不稳定因素"。同时,吃"大锅饭"时,地方政府难免到年终"留一手",不利于财政政策落实,还会对加强财政管理和财政监督工作造成不良影响。[③]

## 二、财税体制改革的主要内容

学者们对财税体制改革的内容讨论,主要集中在对"分灶吃饭"和分税制两个内容上。

### (一)分灶吃饭

1980年我国实行"划分收支,分级包干"体制,打破"统收统支",吃"大锅饭"的局面,开启了"分灶吃饭"的财税体制改革。1983年、1984年进行两步"利改税",1985年实行"划分税种,核定收支,分级包干"的预算管理体制。其中,学者们对两步"利改税"的相关内容和对"分灶吃饭"的整体看法上有一定争议。

1. 两步"利改税"

关于两步"利改税",学者们探讨的内容主要集中在两个方面,一是利改税的实质和方向是自负盈亏还是盈亏责任制的问题;二是两步"利改税"的成效问题。

---

① 刘佐:《关于利改税的反思和今后改革的设想》,《中央财经大学学报》,1988年第6期,第43~46页。
② 云志平、李国霞.:《关于利改税的若干问题》,《财贸经济》,1983年第6期,第33~37页。
③ 沈立人:《"分灶吃饭"和分税制评议》,《财贸经济》,1987年第11期,第24~29页。

(1)"利改税"的实质和方向:自负盈亏还是盈亏责任制。

一种意见认为,"利改税"的实质和方向是自负盈亏。刘佐(1988)认为,"利改税"是适应社会主义有计划商品经济的要求而进行的,"其基本要求是,既要保证国家财政收入的稳定增长,又要保证企业的切身利益,使之真正做到自主经营,自负盈亏,具有自我改造和自我发展的能力,还要保证国家对于经济发展的宏观调控功能。征收企业所得税正是达到上述目标的一种有效手段"。① 吴俊培(1987)也认为,"利改税"的目的是"让企业自负盈亏,转变为独立的商品生产单位"。②

另一种意见认为,"利改税"的实质和方向是盈亏责任制。陈共(1983)认为,"国营企业的'利改税'的实质和方向并不是自负盈亏,而是社会主义条件下国家和企业之间的盈亏责任制。其内容首先是明确企业对国家应负的责任,当然不同类型企业对国家应负的责任不尽相同。但共同的责任是服从政府的统一的政策法令,完成纳税义务,在这个前提下,赋予企业相应的自主权,并将职工的生活福利和企业的盈亏状况相联系;同时也应规定国家的各级领导机关应负的责任"。③

(2)两步"利改税"的成效问题。

有学者认为第二步"利改税"是失败的,有学者却表示第二步"利改税"意义重大,是十分有必要的,也取得了一定成效。

一种意见认为,第二步"利改税"效果并不理想。吴俊培(1987)认为,第二步"利改税"对传统的计划模式只是修修补补而没有根本的触动。改革以来,财政年年困难的局面并没有改变。他指出,"利改税"只是打破了"统收"的局面,"统支的局面却没有根本改观"。他明确表示,"第二步'利改税'使大中型国营企业成为国家财政困难的主要承担者,调节税捆住了企业配置资源的手脚,国民经济低效益的状况难以真正摆脱"。④

另一种意见认为,第二步"利改税"意义重大。金鑫(1984)指出,第二步"利改税"改革在城市配套改革中占主导地位,"首先解决了国家同企业的分配关系,然后才能解决企业和职工的分配关系,为企业独立经营、自负盈亏创造条件"。⑤ 李昂和李树元(2019)认为,第二步"利改税"使国家与企业的分配关系得到较大改善,他指出,"初步统计,1985年国营工业企业上交的税款和实现的利润总和比1984年增长了13.2%,由于利改税的第二步改革,促使国家与企业之间的分配关系得到进一步的改善。企业的自主财力有了较大的提高,自我改造、自我发展的活力有所增强;利改税的第二步改革,无论在广度上、深度上,都比第一步改革大大前进了一步,取得了较好的效果"。⑥

---

① 刘佐:《关于利改税的反思和今后改革的设想》,《中央财经大学学报》,1988年第6期,第43~46页。
② 吴俊培:《对"利改税"和"承包经营责任制"的思考》,《财政研究》,1987年第11期,第36~40页。
③ 陈共:《关于利改税中的几个理论问题》,《财政研究》,1983年第4期,第4~31页。
④ 吴俊培:《对"利改税"和"承包经营责任制"的思考》,《财政研究》,1987年第11期,第36~40页。
⑤ 金鑫:《关于利改税的几个问题》,《财政研究》,1984年第6期,第8~17页。
⑥ 李昂、李树元:《我国改革开放初期实行利改税的历史过程》,《濮阳职业技术学院学报》,2019年第3期,第41~44页。

2. 对"分灶吃饭"的看法

实行"分灶吃饭"以来,学者们对它褒贬不一,有学者认为"分灶吃饭"具有重要积极作用,也有学者认为"分灶吃饭"存在诸多问题。

一种意见认为,"分灶吃饭"具有重要积极作用。其一,稳定了中央和地方的财政收支关系。沈立人(1987)指出,"'分灶吃饭'大体上划清中央和地方的收支范围,使两者关系渐趋清晰和稳定,初步做到了'各人自扫门前雪'"。[①] 徐江琴(2008)指出,"'分灶吃饭'财政体制的实行使得我国财政体制开始由集权型向分权型转变,开始重视利益机制和激励机制,开始探索以规范方式处理中央与地方财政关系"。[②] 其二,增加了地方增收节支的积极性。安体富(2008)表示,"从1980年开始实行的'分灶吃饭'体制,是我国财政体制的一次重大改革,是对原有'统收统支'的实质性突破",扩大了地方的财权与财力,调动了地方政府当家理财的积极性。[③]

另一种意见认为,"分灶吃饭"消极影响突出。其一,"分灶吃饭"的财政削弱了中央调控能力。安体富(2008)指出,分级包干使财政分配中"两个比重"下降,中央政府的宏观调控能力变弱。"财政收入占GDP的比重,从1979年的28.2%下降到1993年的12.3%,中央财政收入占全国财政收入的比重,从1979年的46.8%下降到1993年的37.6%"[④]。陈毓圭(1994)指出,"由于包干机制的不合理,使得随着经济发展而带来的财政收入增长的绝大部分留在了地方,使中央财政收入占整个国民收入的比重降低,削弱了中央财政的宏观调控能力"。[⑤] 其二,拉大地方差距。杨玉民和盛旭宏(2001)认为,"分灶吃饭"会导致"条件好的地区财力相对雄厚,进一步发展经济的后劲也大;条件差的地区财力薄弱,进一步发展经济的后劲也不足,这样长期作用的结果会形成'马太效应',富的更富,穷的更穷"。[⑥] 陈毓圭(1994)也持这种观点,他认为财政包干是以历史基数为基础的,地区之间在体制和比例上以及经济发展速度和财政收入规模上都存在较大差异,作用于经济上会拉大各地区之间的差距。[⑦]

(二)分税制改革

对分税制改革的讨论主要集中在分税制的原则上。

第一,财权与事权相统一的分税制。李炜光(2008)指出,分税制实施以后,初步规范了中央和地方财政分配的关系,但中央和地方的支出划分并没有显著变化,"即分税制没有改变中央和地方的事权划分格局",他主张进一步深化分税制改革,必须坚持

---

① 沈立人:《"分灶吃饭"和分税制评议》,《财贸经济》,1987年第11期,第24~29页。
② 徐江琴:《1980年:"分灶吃饭"拉开财政体制改革序幕》,《财政监督》,2008年第1期,第30~32页。
③ 安体富:《开启引领体制改革的先河——评80年代进行的"分灶吃饭"的财政体制改革》,《财政监督》,2008年第1期,第34页。
④ 安体富:《开启引领体制改革的先河——评80年代进行的"分灶吃饭"的财政体制改革》,《财政监督》,2008年第1期,第34页。
⑤ 陈毓圭:《分税制使中央与地方之间彻底的"分灶吃饭"》,《商业会计》,1994年第3期,第15~16页。
⑥ 杨玉民,盛旭宏:《"分灶吃饭"不宜逐级向下实施》,《经济研究参考》,2001年第26期,第14~16页。
⑦ 陈毓圭:《分税制使中央与地方之间彻底的"分灶吃饭"》,《商业会计》,1994年第3期,第15~16页。

财权与事权相统一的原则。①

第二，财力与事权相统一的分税制。刘尚希（2012）认为，支出责任划分的过程就是财力与事权相匹配的过程，"事权是支出责任形成的依据，财力是支出责任实现的保障，二者缺一不可。所以，划分支出责任，也就是同时在划分事权和配置财力，使二者互动，从而实现匹配"。他强调，不能走进误区，不能认为财权和事权匹配了就万事大吉。"即使做到了财权与事权相匹配，却也无法实现财力与事权相匹配。对任何一级政府来说，有多大事权，就应有多少财力，这是起码的要求"。②马万里（2013）也持这种观点，他认为，未来的财税体制改革是"财力与事权相匹配的改革"，"既要重视政府间事权的调整，也要赋予地方财政一定程度的财权，再以转移支付对地方财政的收支进行调节，从'事权、财权与转移支付三方互动'的视角进行综合性的改革，避免单兵突进"。③

第三，公共服务职责与财权统一、支出责任与财力相匹配。倪红日（2005）认为，我国财政体制改革之后，政府只能从直接配置资源转变为提供公共服务为主了，不能再按原来的事权划分的概念来划分政府职责。他主张将事权概念改变成公共服务职责，认为应该更新事权与财权相统一的概念，强调公共服务职责与财权的统一、支出管理责任与财力的匹配。④

3. 对财税体制改革的评价

大多数学者们对财税体制改革持积极态度，指出财税体制改革以来，我国财政实力增强，企业竞争环境改善。

第一，财政实力变强。湛志伟（2019）指出，中国财税体制改革成就巨大，"财政收入从1950年的62亿元增长到2018年的18万亿元。财政实力由弱变强，从'吃饭财政'成长为实力雄厚的'公共财政'"。⑤

第二，保证企业公平竞争，促进全国统一市场形成。刘润葵（1994）指出，实行分税制之后，地方绩效考核不再是单看利润多少，地方没必要再搞保护主义，从而为"市场统一提供了体制保证"。⑥陈毓圭（1994）也持此种观点，分税制实行统一的税制和分配方法，有利于政企职能分开，有利于企业公平竞争，促进全国统一市场的形成。⑦

---

① 李炜光：《分税制的完善在于财权与事权的统一》，《税务研究》，2008年第4期，第13~15页。
② 本课题组：《明晰支出责任：完善财政体制的一个切入点》，《经济研究参考》，2012年第40期，第3~11页。
③ 马万里：《健全财力与事权相匹配的财税体制》，《管理学刊》，2013年第2期，第31~36页。
④ 倪红日：《应该更新"事权与财权统一"的理念》，《重庆工学院学报》，2006年第12期，第1~5页。
⑤ 湛志伟：《中国财政七十年的简要回顾与启示》，《中国财政》，2019年第22期，第62~65页。
⑥ 刘润葵：《分税制与"分灶吃饭"》，《四川劳动保障》，1994年第4期，第13~14页。
⑦ 陈毓圭：《分税制使中央与地方之间彻底的"分灶吃饭"》，《商业会计》，1994年第3期，第15~16页。

## 第六节 流通体制改革

流通体制改革以来，学者们对流通体制改革的历程、内容进行了梳理，并发表了自己的看法，对改革的成效也表明了态度。

### 一、流通体制改革的历程

关于流通体制改革的历程划分，学者们有不同的依据和看法。一是根据改革的目标和重点将流通体制改革划分为三个阶段；二是按照改革的重点不同将改革划分为四个阶段。

#### （一）三阶段论

有学者根据改革的目标和重点的不同，将中国流通体制改革划分为三个阶段。魏礼群（2008）认为中国流通体制改革分为三个阶段，第一阶段为起步阶段，指导思想是"计划经济为主，市场调节为辅"，重点内容是向商业企业扩权让利、提高农产品价格、创新流通形式；第二阶段是计划调节与市场调节相结合的阶段，目标是建立在公有制基础上的有计划商品经济，重点内容是推行大企业承包制，放开大部分消费品价格，打破自上而下分配型的流通体系，发展城市各种零售业、饮食服务业和集贸市场，培育商品市场体系；第三阶段是深化市场化改革阶段，改革目标是建立社会主义市场经济体制，重点内容是加大国有流通企业改革的力度、深入推进价格改革、培育和发展多层次商品市场体系、实行商业领域对外开放试点（见表7-1）。①

表7-1 流通体制改革的三个阶段汇总表

| 划分依据 | 第一阶段 | 第二阶段 | 第三阶段 | 代表学者 |
| --- | --- | --- | --- | --- |
| 时间 | 1979—1984年 | 1984—1992年 | 1992年至今 | 魏礼群（2008），等等 |
| 目标 | 建立"计划经济为主，市场调节为辅"的流通体制 | 建立在公有制基础上的有计划商品经济 | 建立社会主义市场经济体制 | |
| 重点内容 | 1. 向商业企业扩权让利；<br>2. 提高农产品价格；<br>3. 创新流通形式 | 1. 推行大企业承包制；<br>2. 放开大部分消费品价格；<br>3. 打破自上而下分配型的流通体系；<br>4. 发展城市各种零售业、饮食服务业和集贸市场，培育商品市场体系 | 1. 加大国有流通企业改革的力度；<br>2. 深入推进价格改革；<br>3. 培育和发展多层次商品市场体系；<br>4. 实行商业领域对外开放试点 | |

---

① 魏礼群：《中国经济体制改革30年回顾与展望》，人民出版社，2008年，第196~198页。

## (二) 四阶段论

有学者按照改革的重点不同,将中国流通体制改革划分为四个主要阶段。沈云昌(2008)认为,第一个阶段是以"三多一少"为主要特征的改革阶段,重点内容是所有制结构上由单一向多元发展,商品购销体制上减少统购、派购农副产品和日用工业品计划商品的品种数量,商业企业改革等;第二阶段是建立有计划的商品经济流通体制阶段,主要内容是加快商品购销体制、批发体制、企业内部体制的改革步伐,放开计划外商品的价格;第三阶段是建立社会主义市场经济流通体制阶段,这一阶段主要内容是外贸体制改革、建立现代企业制度;第四阶段是内外贸一体化阶段,主要内容是改革流通行政管理制度,取消对外贸经营权的审批,全面放开外贸经营权(见表7-2)。①

表7-2 流通体制改革的四个阶段汇总表

| 划分依据 | 第一阶段 | 第二阶段 | 第三阶段 | 第四阶段 | 代表学者 |
| --- | --- | --- | --- | --- | --- |
| 时间 | 1978—1983年 | 1984—1991年 | 1992—2000年 | 2001年至今 | |
| 重点内容 | 1.所有制结构上由单一向多元发展;<br>2.商品购销体制上减少统购、派购农副产品和日用工业品计划商品的品种数量;<br>3.商业企业改革 | 1.加快商品购销体制、批发体制、企业内部体制的改革步伐;<br>2.放开计划外商品的价格 | 1.外贸体制改革;<br>2.建立现代企业制度 | 1.改革流通行政管理制度;<br>2.取消对外贸经营权的审批,全面放开外贸经营权 | 沈云昌(2008),等等 |

## 二、流通体制改革的主要内容

流通体制改革的内容较多,梳理总结学者们的研究,主要包括三个方面内容,一是消费品流通体制改革;二是生产资料流通体制改革;三是价格改革。

### (一) 消费品流通体制改革

消费品流通体制改革主要包括农产品流通体制改革和日用工业品流通体制改革两个方面。

1. 农产品流通体制改革

关于要建立什么样的农产品流通体制、怎么推进农产品流通体制改革,学者们观点不一。

(1) 农产品流通体制改革的目标。

一种意见认为,农产品流通体制改革的目标是国家宏观调控下、计划指导下的自由流通。吴硕和杨敏(1987)持这种观点,他们指出,未来的农产品流通要实行政府对农

---

① 沈云昌:《中国流通体制改革30年的主要成就、历程、基本经验》,经济管理出版社,2008年,第108~113页。

产品"有领导的或计划指导下的自由购销政策"。① 孟黎加（1988）也持这种观点，他认为，"农产品流通体制改革的总目标是：实行在国家计划指导、宏观控制下的市场调节。即在国家计划指导下，加强宏观控制，运用市场机制，逐步形成中国式的农产品商品市场"。②

另一种意见认为，农产品流通体制改革的目标是宏观调控下市场经济型农产品大流通。丁声俊（1997）持这种观点，他认为这是符合我国国情和国际经验，也符合客观规律的，"它一方面摒弃了传统计划经济的流通模式，另一方面又排除了放任自流的自由市场型流通模式"。③

还有一种意见认为，农产品流通体制的目标模式是"供给型"的制度变迁方式。罗必良（2003）认为，"供给主导型"变迁方式能够凸显政府作为制度供给主体的比较优势。关于"供给主导型"制度变迁的目标模式具体方式，他指出，"建立以政府宏观调控为前提，以批发市场为中心，以市场企业化为线索的农产品流通体制"。④

（2）农产品流通体制改革的思路。

一要完善农产品市场体系。丁声俊（1997）指出，"要继续健全和完善辐射广、容量大、功能全的农产品市场体系，这一市场体系以全国性农产品批发市场为中心，以少数规范化、现代化、期货与现货并举的主要农产品期货市场为试点，以集散面大、位在交通枢纽的区域农产品批发市场为骨干，以中小型、遍及城乡的农产品集贸市场为基础"。⑤ 朱岳坤和左国平（2008）也强调，"必须完善农产品市场体系，逐渐发展形成专业市场和农产品批发市场。"⑥ 蔡荣等（2009）也持这种观点，他们指出，"市场体系的发育状况决定着市场经济运行的效率，农村市场化进程缓慢，市场机制的作用在农村未能得到有效发挥，因此，推动农村产品市场体系建设是深化农产品流通体制改革的重中之重"。⑦

二要培育和完善农产品市场中介组织，提高农户组织化程度。蔡荣等（2009）持这种观点，他们指出，"在市场经济条件下，组织化生存、合作化发展是农户经济正常运转、农村经济发展和社会稳定的根本保证，政府应该从政策上加以支持和引导"。⑧ 曾欣龙等（2011）也持这种观点，他们认为，通过各种农业中介组织将小农户与大市场连接起来是解决小农户生产与大市场之间长期矛盾的很好的途径，国家要从政策上给予支持和保护。⑨

---

① 吴硕，杨敏：《农产品流通体制改革的模式构想》，《农业经济问题》，1987年第2期，第15～19页。
② 孟黎加：《农产品流通体制改革讨论会综述》，《中国经贸导刊》，1988年第23期，第15～16页。
③ 丁声俊：《深化农产品流通体制改革的目标与思路》，《农业经济问题》，1997年第7期，第9～11页。
④ 罗必良：《中国农产品流通体制改革的目标模式》，《经济理论与经济管理》，2003年第4期，第58～63页。
⑤ 丁声俊：《深化农产品流通体制改革的目标与思路》，《农业经济问题》，1997年第7期，第9～11页。
⑥ 朱岳坤，左国平：《对我国农产品流通体制改革的思考》，《江苏商论》，2008年第15期，第8页。
⑦ 蔡荣，虢佳花，祁春节：《农产品流通体制改革：政策演变与路径分析》，《商业研究》，2009年第8期，第4～7页。
⑧ 蔡荣，虢佳花，祁春节：《农产品流通体制改革：政策演变与路径分析》，《商业研究》，2009年第8期，第4～7页。
⑨ 曾欣龙，圣海忠，姜元，等.：《中国农产品流通体制改革六十年回顾与展望》，《农林经济管理学报》，2011年第1期，第127～132页。

三要加强农产品流通配套服务和制度保障。朱岳坤和左国平（2008）认为，"加强农产品流通的基础配套设施建设是农产品市场发展的基础和物质条件"。①曾欣龙等（2011）指出，"农产品流通体制的不断完善，需要相关的政策、法规相配合，要加强农产品流通的相关法律建设，严厉打击扰乱农产品市场经济秩序的行为，保证农产品市场的运行秩序"。②

2. 日用工业品流通体制改革

学者们对日用工业品流通体制改革的目标模式进行了讨论，通过梳理，主要有以下两种主要观点。

第一，国家宏观控制的企业自主经营和商品自由流通。郎书宝等（1986）认为，日用工业品批发流通体制目标模式需要满足三个方面的客观要求。第一个要求是必须反映社会主义有计划商品经济的基本特征，第二个要求是必须紧紧围绕提高批发企业经营活力这个中心建立，第三个要求是必须有一整套批发流通宏观运行的机制。在此基础上，他们提出日用工业品批发流通体制目标模式是"国家宏观控制下的多元、多极、开放、企业自主经营和商品自由流通的批发商业体制"。③

第二，市场调节为主，国营批发商业为主导。贾履让和冯雷（1992）指出，日用工业品批发体制改革的目标模式设计，"必须根据建设有中国特色的社会主义经济的总目标，按照计划经济与市场调节相结合的经济体制和运行机制的总要求，紧密结合日用工业品本身的产销特点加以考虑"，从而他们将日用工业品批发体制的目标模式概括为"在国家宏观调控下，以市场调节为主，建立以国营批发商业为主导、多渠道、多形式、高效、畅通、有序的日用工业品批发体系"。④

## （二）生产资料流通体制改革

关于生产资料流通体制改革，学者们对生产资料流通体制改革应该坚持的原则和要建立什么样的生产资料流通体制存在争论。

1. 改革生产资料流通体制的原则

改革生产资料流通体制应该坚持什么原则？有学者认为应该坚持计划经济为主、市场调节为辅的原则，也有学者认为应该坚持计划性和集中性原则。

第一种观点，计划经济为主、市场调节为辅。叶杰刚等（1984）支持这一观点，生产资料流通体制改革和整个经济体制改革一样，都应该以计划经济为主、市场调节为辅为根本原则。他们指出，"按照这样一个原则去做，我们就可以克服过去在计划与市场的关系问题上处理不当，从而为建立符合我国国情的新的生产资料流通体制和提高生产

---

① 朱岳坤，左国平：《对我国农产品流通体制改革的思考》，《江苏商论》，2008年第15期，第8页。
② 曾欣龙，圣海忠，姜元，等.：《中国农产品流通体制改革六十年回顾与展望》，《农林经济管理学报》，2011年第1期，第127~132页。
③ 郎宝书，张宏任，刘雄：《日用工业品批发流通体制目标模式的战略再构思》，《经济与管理研究》，1986年第3期，第11~16页。
④ 贾履让，冯雷：《日用工业品批发体制改革的目标模式研究》，《中国商贸》，1992年第2期，第42~43页。

资料流通的社会经济效益开创新的局面"。①

第二种观点，坚持计划性和集中性原则。秦毅（1984）在《生产资料流通体制改革理论讨论会观点介绍》中对改革生产资料流通体制的原则作了梳理，他指出有学者认为，"生产资料流通体制的改革，必须坚持计划性和集中性的原则，使改革有利于社会主义计划经济的巩固和发展；有利于发挥社会主义国家组织与管理经济的职能"。②

2. 生产资料流通体制改革的目标模式

对于生产资料流通体制改革的目标模式，有学者认为要建立自由流通、自由选购、自由运行的生产资料流通体制；有学者则认为要建立以市场为基础的商品流通体制。

第一种观点，自由流通、自由选购、自由运行。贾履让和药建英（1994）认为随着社会主义市场经济体制的建立，生产资料流通体制发育的目标应该与此相适应，从而他们提出，中国生产资料流通体制的目标模式是"全国统一的生产资料自由流通，卖方充分竞争买方自由选购，价格自由运行，法规完善统一，政府间接调控，对外开放的流通体制"。这样的体制才能呈现出市场主体的独立自主，市场价格的合理性和灵敏性，实现竞争公开、公平、公正、有序。③

第二种观点，以市场为基础的商品流通体制。丁宁宁（1988）指出，"生产资料流通体制改革，就是要从以指令性计划为主的物资分配体制，过渡到以市场为基础的商品流通体制"，因为这样既可以使社会资源配置得到优化，还可以减少社会交易费用。④

### （三）价格改革

关于价格改革，学者们的争论主要集中在价格改革的目标模式和实现路径上。

1. 价格改革的目标模式

关于实施价格改革期望达到的目标模式，有学者认为是国家统一定价、浮动价、自由价并存，以浮动价为主；也有学者认为是中央定价、地方定价、企业定价并存，以企业定价为主；但大多数学者认为是市场形成价格的价格形成机制。

第一种观点，国家统一定价、浮动价、自由价并存，以浮动价为主。李含琳（1986）认为，理想的目标模式应该符合五个原则，一是价格必须能近似地反映价值或价值的转化形态以及劳动生产率的变化；二是价格的调整必须有利于平衡供求关系；三是价格的改革必须有利于稳定社会秩序，是一个渐进式长期工程；四是价格必须是相对自由和经常波动的；五是价格的改革必须有利于生产结构和产品结构的合理化调整。由此他指出，"价格改革的目标模式既要保持价格与计划经济的联系，反映有计划商品经济的客观要求，又要保留其自动反馈、自动调节的机能，反映价值规律的客观要求"，

---

① 叶杰刚，沈军，王亚田：《浅议生产资料流通体制改革的原则和方向》，《财贸经济》，1984年第8期，第29~32页。
② 秦毅：《生产资料流通体制改革理论讨论会观点介绍》，《经济学动态》，1984年第7页，第5~8页。
③ 贾履让，药建英：《中国生产资料流通体制改革的回顾与展望》，《中国工商管理研究》，1994年第12期，第26~29页。
④ 丁宁宁：《生产资料流通体制改革的若干理论问题》，《财贸经济》，1988年第3期，第6~59页。

他认为，这一模式就是浮动价格模式。①

第二种观点，中央定价、地方定价、企业定价并存，以企业定价为主。殷克胜（1988）指出，我国价格改革的目标模式是有控制的竞争价格模式，具体来讲就是"以企业定价为主体，以市场竞争价格为主要的价格形式"，他强调，这里提的竞争价格是受国家控制的，而不是市场自发形成的竞争价格，由此来避免价格总水平和主要部类价格水平的较大波动。②

第三，市场形成价格的价格形成机制。魏礼群（2008）认为，我国价格改革的基本方向和目标，是逐步建立以市场形成价格为主的价格形成机制。③ 马凯（1999）也持这种观点，他指出，我国价格改革的目标是"实行并逐步完善宏观调控下主要由市场形成价格的机制"，他指出，新的价格制度包含了市场形成价格和政府宏观调控两个方面，两者是相辅相成的，缺一不可。④ 张卓元（2018）指出，中国价格改革的目标"是用市场价格体制代替行政定价体制"。⑤ 周绍朋（1989）也持这种观点，他支持，从国家定价转变为市场定价，可以发挥价格对生产、流通和消费的调节作用，他强调，"只有实现这一目标才能达到改革的真正目的"。⑥

2. 价格改革的路径

围绕价格改革的实施路径，学者们存在较大争议，主要体现在，是以价格改革为主线还是以企业制度改革为主线，是进行体系调整还是进行体制调整？

（1）以价格改革为主线还是以企业制度改革为主线。

一种意见认为，价格改革是关键。王振霞（2014）认为，价格体系的改革是整个经济体制改革成败的关键，在改革之初，价格的核心地位更明显，一是因为"改革初期商品短缺严重、价格形成机制和管理体制僵化"；二是因为，比起企业制度改革，"价格改革对基本经济制度的触动更小"；三是因为政府已经具备运用价格手段调节生产的经验。⑦

另一种意见认为，企业改革为主线。厉以宁（1988）认为，从我国国情来讲，我国处于非均衡状态，应该使企业变为自主经营、自负盈亏的商品生产者，另一方面政府的行为是非理想化的，不能一步到位实现价格改革，因此，他主张"企业改革是主线"，"我们必须以企业改革为主线，逐步推进，分阶段进行价格改革"。⑧ 刘诗白（1987）也持这种观点，他认为"以企业改革为中心，并为下一步价格改革作好准备，是较为稳妥的办法"。⑨

---

① 李含琳：《价格改革的目标模式》，《兰州学刊》，1986年第4期，第10~14页。
② 殷克胜：《浮动价格模式不是价格改革的目标》，《学术论坛》，1988年第2期，第18~21页。
③ 魏礼群：《中国经济体制改革30年回顾与展望》，人民出版社，2008年，203页。
④ 马凯：《中国价格改革20年的历史进程和基本经验》，《价格理论与实践》，1999年第1期，第11~18页。
⑤ 张卓元：《中国价格改革目标的较早确立及其影响——纪念价格改革40周年》，《价格理论与实践》，2018年第414期，第11~13页。
⑥ 周绍朋：《价格改革：目标、困难和对策》，《中国工业经济》，1989年第1期，第33~39页。
⑦ 王振霞：《价格改革的学术论争与阶段性特征》，《改革》，2014年第3期，第3~30页。
⑧ 厉以宁：《价格改革为主还是所有制改革为主》，《金融科学》，1988年第2期，第89~93页。
⑨ 刘诗白：《谈企业改革》，《西南金融》，1987年第2期，第12~16页。

还有一种意见认为，二者相辅相成。楼继伟（2019）持这种观点，他认为，企业如果被计划捆定，市场价格也难以配置资源，反之，企业拥有自主权，价格扭曲的话，配置也会扭曲，因此他指出，"二者是相辅相成的"。[1] 张开年（1989）也持这种观点，他认为价格改革是深化企业改革的重要前提，深化企业改革是价格改革的基础和后盾，"价格改革与企业改革无论从内容还是形式上都是有机地联系在一起，互为条件，互相贯通，互相渗透"，因此他主张对价格改革与企业改革应该进行同步性思考，同步推进，共同提高。[2]

（2）体系调整还是体制改革。

一种意见认为应该调整价格体系。体系派的改革主张是以科学核算"供求平衡价格"为基础，综合运用财政、税收、贸易、金融工具，进行价格调整，确立合理比价关系。[3]

另一种意见认为价格改革关键是价格管理体制改革。体制派主张采用调放结合的方式，国家培育市场的价格"双轨制"，改革价格管理体制。赵宗云（1987）指出要使客观差比价运行合理，必须改革价格管理体制，一要改革价格决策权划分问题，二要改革调节形式，三是组织管理，将"调、放、管"相结合。[4] 刘国光也持这种观点，他认为双轨制并存、调放结合的价格改革是适合中国国情的价格改革道路，他还指出双轨制最终向统一价格转换。[5]

### 三、流通体制改革的评价

学者们对流通体制的评价主要集中在肯定它的积极影响和成效上。

第一，市场化程度提高。刘建凤（2008）指出，商品流通体制改革打破了行政垄断，引入竞争机制，使流通体制市场化程度大大提高，并且形成了多元化的流通格局，奠定了市场在资源配置中的决定性作用。[6] 沈云昌（2008）也持这种观点，他指出，通过流通体制改革，市场配置资源的地位确立，把经营决策权下放给企业、农户等流通市场主体，流通业市场化水平提高，引导生产、拉动消费作用突出。[7]

第二，形成了多元流通市场主体格局。沈云昌（2008）指出，流通体制改革突破单一经济成分，使流通主体多元化。他指出，国家统计局2006年底的统计数字显示，按登记注册类型分限额以上批发和零售业、住宿和餐饮业，按法人企业统计，国有企业仅仅占了14%，集体企业占了6%，私营企业占到了44%，外商投资企业和中国港澳台

---

[1] 楼继伟：《40年重大财税改革的回顾》，《财政研究》，2019年第2期，第3~29页。
[2] 张开年：《对价格改革与企业改革同步性的思考（节系）》，《中共山西省委党校学报》，1989年第1期，第23~24页。
[3] 王振霞：《价格改革的学术论争与阶段性特征》，《改革》，2014第3期，第23~30页。
[4] 赵宗云：《关于价格改革的几个理论问题》，《财贸研究》，1987年第4期，第16~19页。
[5] 刘国光：《中国价格改革的若干问题》，《瞭望》，1987年第39期，第24~27页。
[6] 刘建凤：《我国商品流通体制改革的历程与展望》，《山西经济管理干部学院学报》，2008年第1期，第98~99页。
[7] 沈云昌：《中国流通体制改革30年的主要成就、历程、基本经验》，经济管理出版社，2008年，第108~113页。

商投资企业合计占到了5%，在流通领域形成了多种所有制形式的市场主体共同发展的格局。① 魏礼群（2008）也持这一观点，他指出，"商品流通领域打破了国有、集体流通企业一统天下的局面，多元化的流通组织得到了比较充分的发育与发展"。②

第三，流通领域现代化程度提高。魏礼群（2008）指出，在流通领域不断市场化的过程中，现代化进程也不断加快，主要表现在现代流通方式发展较快、新型业态发展提速、流通现代化水平逐步提高等三方面。③

## 第七节　金融体制改革

金融是现代经济的核心。学者们对金融体制改革进行了深入研究，对金融体制改革的方向进行了探讨，并梳理了金融体制改革的历程，对金融体制改革的成效进行了总结。

### 一、金融体制改革的方向

关于金融体制改革的方向，有特征方向和内容方向两类。

#### （一）特征方向：市场化、自由化、现代化

第一，市场化。赵振华（2013）指出，"只有继续按照市场化的方向深化金融体制改革，我国的金融业才能做大做强，更好地服务于实体经济"。④

第二，自由化。张鹏远（2013）认为金融体制改革应该朝着自由化的方向，"实行金融自由化可以促进金融市场更好地发展"，同时他也指出不能盲目自由化，需要遵循一定的原则，要和市场发展相适应，保证自由化和规范化一致。⑤

第三，现代化。华桂宏等（2006）指出，金融是现代经济的核心，国民经济的现代化要由金融现代化推动，"金融现代化应该是国民经济现代化的重要构件"，他们强调，金融体制改革"最终的目标无非是通过现代化的金融体系发挥金融对经济发展的支持作用，实现金融经济的良性互动和联动式发展""在全球经济金融一体化、国际竞争日趋激烈的形势下，我国越来越深入地融入国际社会，我国金融业改革和发展的方向必然是金融现代化"。⑥

---

① 沈云昌：《中国流通体制改革30年的主要成就、历程、基本经验》，经济管理出版社，2008年，第108~113页。
② 魏礼群：《中国经济体制改革30年回顾与展望》，人民出版社，2008年，第210页。
③ 魏礼群：《中国经济体制改革30年回顾与展望》，人民出版社，2008年，第211页。
④ 赵振华：《按市场化方向深化金融体制改革》，《经济》，2013年第12期，第14页。
⑤ 张鹏远：《浅谈我国金融体制改革的方向选择》，《中国市场》，2013年第13期，第65~66页。
⑥ 华桂宏，朱瑾，成春林：《论推进中国金融现代化——一个基于金融约束的视角》，《经济问题探索》，2006年第2期，第139~142页。

## （二）内容方向

第一，建立起以中小银行为主体的金融体系。林毅夫（1999）指出，"中小银行在经济运行中具有不可替代的重要作用"，而中小银行又比大银行更易受到危机冲击，因此他主张我国当前金融改革的方向是建立起中小银行为主体的金融体系。①

第二，以发展企业债券市场为重点。李扬（2005）认为，中国的债券市场和股票、票据市场相比更落后，因此"发展企业债券市场应当成为金融市场改革的重点"。②

## 二、金融体制改革的历程

关于金融体制改革的历程，学者们的观点主要有三阶段论、四阶段论、五阶段论。

### （一）三阶段论

有学者将金融体制和经济体制转变相结合，把金融体制改革分为三个阶段。杨培新（1994）认为，中国金融体制改革经历了三次大变革。第一次是 20 世纪 50 年代向社会主义计划经济金融体制转变；第二次变革是 20 世纪 80 年代向社会主义商品经济金融体制的转变；第三次变革是 20 世纪 90 年代向社会主义市场经济金融体制的彻底转变。③

### （二）四阶段论

许银杰（2011）将金融体制改革分为四个阶段。第一阶段：1979 年至 1983 年。主要内容是恢复中国农业银行，恢复银行相关的组织体系；第二阶段：1984 年至 1990 年。主要内容，设立中国工商银行，建立中央银行的贷款制度和存款准备金制度，设立中国人民银行的理事会。这个阶段初步形成中央银行制度基本框架；第三阶段：1991 年至 1993 年。主要内容：深圳证券交易所与上海证券交易所成立，金融监管指标与监管程序逐步规范化；第四阶段：1994 年至今。中国进出口银行、国家开发银行与中国农业发展银行成立，中国人民银行通过立法形式，作为中央银行的中心地位、中国金融体制最基本的法律框架已形成。④

### （三）五阶段论

周文波（2007）按照金融体制改革内容将改革分为五个阶段。第一阶段：1979—1983 年。重要事件：恢复中国农业银行和中国银行的组织体系，中国人民银行专门行使中央银行的职能。第二阶段：1984—1990 年。重要事件：新设中国工商银行，把人民银行分支行业务实行垂直领导，初步确定中央银行的制度框架。第三阶段：1991—1993 年。重要事件：上海证券交易所和深圳证券交易所成立，中国的证券市场开始迅

---

① 林毅夫：《我国金融体制改革的方向是什么？》，《中国经贸导刊》，199 年第 17 期，第 26~27 页。
② 李扬：《"十一五"的金融改革：应当十分重视债券市场发展》，《财贸经济》，2005 年第 11 期，第 15~17 页。
③ 杨培新：《中国金融体制改革的回顾》，《财经问题研究》，1994 年第 4 期，第 10~12 页。
④ 许银杰：《中国金融体制改革的艰难探索》，《时代金融》，2011 年第 9 期，第 70~71 页。

速发展,1993年中国人民银行迅速把货币发行权、资金调控利率调整权、金融机构市场准入权集中到总行,并开始建立规范化的金融监管标准和监管程序。第四阶段:1994—1996年。重要事件:国家开发银行、中国进出口银行和中国农业发展银行三家政策性银行先后挂牌成立;建立以市场供求为基础的、单一的有管理的浮动汇率制度;人民币实现经常项目下的完全兑换。第五阶段:1997年至今。重要事件:改革中国人民银行管理体制,建立银行、保险、证券业的分业经营、分业监管体制,强化金融监管;中国人民银行取消了对外资银行的地域限制,允许外资银行在中国境内所有中心城市设立分支机构。①

### 三、对金融体制改革的评价

学者们对金融体制改革多数持积极态度,他们指出,通过金融体制改革,我国金融体系逐步完善,中央银行间接金融调控机制逐步建立,金融监管制度逐渐完善。

第一,金融体系逐步完善。刘君和王宗林(2009)指出,在市场化导向下,我国逐步建立起了与社会主义市场经济体制相适应的金融组织机构体系。首先是分设了专业银行和明确了中国人民银行行使中央银行职能,打破了长期以来的"大一统"的计划金融体制的框架。其次是成立投资信托类型的金融机构和发展城乡信用合作社。三是实现了政策性金融与商业性金融的分离。②许银杰(2011)也持这种观点,他指出,金融体制改革以来,金融机构体系不断改造和完善。银行和非银行等金融机构陆续建立,国有商业银行逐步转变为现代商业银行,且金融工具在不断地创新和改进。③

第二,逐步建立起中央银行间接金融调控机制。刘伟玲(2009)在阐述金融体制改革取得的成就时指出,我国"建立了以多种间接型金融调控工具为主体的金融宏观调控体系,实现金融宏观调控的间接化"。④

第三,建立了较为健全完善的金融监管制度。何德旭(2009)指出,改革开放以来,我国陆续颁布了一系列金融法律法规,通过进行一系列银行和非银行、证券业、保险业的监管立法,建立和完善了金融监管的法律框架。⑤

也有部分学者指出,中国金融体制改革仍然面临很多困难,还有一些不足。例如金融组织体系不健全、发展不协调;金融市场总体规模较小,结构不合理;金融监管效率不高。⑥还有部分学者强调,农村金融服务供给严重缺失。⑦

---

① 周文波:《中国金融体制改革与发展》,《江西农业学报》,2007年第5期,第146~148+151页。
② 刘君,王宗林:《中国金融体制改革的现状与发展趋势》,《北方经贸》,2009年第9期,第108~109页。
③ 许银杰:《中国金融体制改革的艰难探索》,《时代金融》,2011年第9期,第70~71页。
④ 刘伟玲:《我国金融体制改革六十年回顾与展望》,《学术交流》,2009年第12期,第121~124页。
⑤ 何德旭:《我国金融体制改革30年回顾与展望》,《品牌》,2009年第11期,第30~32页。
⑥ 柳红星:《改革开放以来我国金融体制的改革与发展》,《南昌工程学院学报》,2009年第2期,第64~67页。
⑦ 何德旭:《我国金融体制改革30年回顾与展望》,《品牌》,2009年第11期,第30~32页。

## 第八节 社会主义保障制度改革

社会保障制度是国家基本的社会制度,在国家治理中发挥着重要作用。随着发展阶段的深刻变化,学者们对社会保障制度给予了越来越高的关注,对建立什么样的社会主义保障制度进行了讨论,对社会保障制度改革的历程进行了梳理,对社会保障制度改革的效果进行评价。

### 一、社会主义保障制度改革的目标定位

关于要建立什么样的社会保障制度或者说社会保障制度应该达到什么目标,学者们有不同意见,总结起来大致有三种观点:一是建立普惠性的社会保障制度;二是实现社会保障体系的城乡衔接;三是社会保障体系需要达到一系列综合性目标。

一种意见认为,社会主义制度改革的目标是建立普惠性的社会保障制度。郑功成(2007)指出,中国社会保障制度改革的目标是"一个能够免除人民后顾之忧和实现共享国家发展成果的健全的社会保障体系",他强调,"社会保障制度的核心价值观即是维护社会公平正义和促进全体国民共享国家发展成果",他表示,虽然这个目标还有一些异样的声音,但绝大多数人都开始认定中国社会保障制度建设的目标"应当是一个覆盖全民的健全的社会保障体系"。[1] 宋士云和焦艳芳(2012)也指出,"追求合理的分享和公平的普惠是现代社会保障制度的本质要求",他强调,"社会保障制度建设的理念从效率优先兼顾公平转向更加注重公平和共享"。[2]

另一种意见认为,社会保障制度的改革目标是实现社会保障体系的城乡衔接。李迎生(2006)指出,中国社会保障制度最突出的缺陷就是"它依然是在'城乡有别'的前提下进行的","这种情况既不利于实现社会公正,又与国际社会保障发展的城乡整合趋势背道而驰",从而他认为,中国社会保障改革的目标是推动中国社会保障体系的城乡衔接。[3]

还有一种意见认为,社会保障制度改革目标是综合性的。丁建定和王伟(2019)将社会保障制度目标分为基本目标、重要目标、阶段性目标、最终目标,他们指出"保障和改善民生是中国特色社会保障制度的基本目标,实现共享发展是中国特色社会保障制度的重要目标,全面建成小康社会是中国特色社会保障制度的阶段性目标,满足人民美好生活的需要是中国特色社会保障制度的最终目标"。[4]

---

[1] 郑功成:《中国社会保障制度改革的新思考》,《社会保障研究(北京)》,2007年第6期,第5~10页。
[2] 宋士云,焦艳芳:《十六大以来中国社会保障制度的改革与发展》,《中共党史研究》,2012年第11期,第55~64页。
[3] 李迎生:《中国社会保障制度改革的目标定位新探》,《社会》,2006年第2期,第175~188+209~210页。
[4] 丁建定,王伟:《改革开放以来党对中国特色社会保障制度目标的认识》,《社会保障研究》,2019年第3期,第3~11页。

## 二、社会保障制度改革的历程

学者们按照不同的标准对社会保障制度改革的历程进行了划分,主要有三阶段论、四阶段论。

### (一) 三阶段论

高书生(2005)按照改革进行的程度将它划分为三个阶段,第一个阶段是1986—1993年,试点探索时期,这个时期中国社会保障制度改革按先易后难的原则,先对新招用的工人试行社会保险,同时以失业和养老保险为重点。第二个时期是1994年至2000年,全面展开时期,这个时期确定了养老和医疗保险新的制度模式,实行社会统筹和个人账户相结合,统一了社会保障行政管理体制。第三个阶段是2001年至今,修改完善时期,这个时期主要调整和完善基本养老保险制度,确定下岗与失业并轨时间表。[1]

### (二) 四阶段论

郑功成(2008)依据社会保障在社会主义制度中的地位变化,将社会保障制度改革分为四个阶段。第一个阶段是1978—1985年,属于社会保障制度变革前的准备阶段。这个时期,主要是解决历史遗留问题和恢复被"文化大革命"破坏了的退休制度等,他认为这个时期并不能算进入社会保障改革年代,"只能算是改革前的准备阶段",这个时期的意义主要体现在社会保障的组织体制得到明显强化,从而为社会保障制度正式进入改革时期作了组织上的思想准备。第二阶段是1986—1992年,为国有企业改革配套的阶段,这个时期的改革与国有企业改革尤其是国有企业的劳动体制改革密切相关,总体上是为国有企业改革配套和缓解贫困地区的贫困问题。第三阶段是1993—1997年,这一阶段社会保障制度改革为市场经济改革服务,以养老保险改革和医疗保险改革为重点。第四阶段是1998年以来,新型社会保障制度进入全面建设时期,这个时期社会保障制度成为一项基本的社会制度进入全面建设时期,国家-社会保障制的特色日益明显地得到体现。[2]

## 三、社会保障制度改革的评价

大多数学者对社会保障制度改革给予了积极评价,主要集中在以下三个方面。

第一,社会保险的覆盖面逐步扩大。王延中(1999)指出,改革开放之后,从单一经济成分变为多种经济成分,城镇职工身份和城镇集体经济组织形式多样化,社会保险的范围扩大到城镇个体工商户、农村乡镇企业职工和农业劳动者,覆盖到城镇各种经济

---

[1] 高书生:《中国社会保障制度改革:回顾和思考》,《经济学动态》,2005年第2期,第5~8页。
[2] 郑功成:《从国家—单位保障制走向国家—社会保障制——30年来中国社会保障改革与制度变迁》,《社会保障研究》,2008年第2期,第1~21页。

成分的劳动者，扩大了社会保险的覆盖面。①

第二，逐步建立具有中国特色的社会保险模式。郑功成（2008）指出，"我国选择的不是福利国家的道路，而是以权利义务结合型为特征的、社会保险为主体的中国特色发展道路"。②王延中（1999）也持这种观点，他指出，改革形成的社会保险模式是在市场化改革进程中提出的，在总结改革试点与理论探索的基础上逐步形成的。③

第三，社会保障法制建设取得重要进展。郑功成（2012）指出，《社会保险法》正式实施之后，社会保险事务从由多个政府部门分割管理到被整合为劳动和社会保障部、人力资源和社会保障部，社会保险管理从分散走向集中。④郑秉文（2019）也持这种观点，他表示，随着现代社会保障制度的框架基本建立，相关政策法规配套也基本实现。⑤

但也有学者指出，我国社会保障制度改革仍然存在一些难点，如社会保障统筹层次不高、社会保障基金运营支付方面存在风险、企业负担较重等。⑥

## 第九节 总体考察

### 一、经济体制改革理论演进的特点

纵观百年来学术界对经济体制及其改革的研究，梳理提炼出这些研究的典型特点：一是总体方向上，学者们始终关注、研究、推进经济体制改革及其相关问题；二是改革主线上，不懈探索处理政府与市场关系的问题；三是改革方式上，坚持探寻经济体制改革的方式；四是改革思路上，坚持多元化改革的思路。

#### （一）以农村经济体制改革为突破点

百年来，学者们对经济体制及其改革问题保持高度关注，既有相互批驳，也有一脉相承。以农村经济体制改革为突破点，学者们对农村经济体制改革进行了深入探索。在改革前，学者们对农产品统购统销的积极作用和局限性进行热烈讨论，为农村经济体制改革奠定了理论基础。经济体制改革是从农村开始的，在改革后，学者们从历史维度上，梳理了农村经济体制改革的进程，代表观点有"三阶段论""四阶段论"；从主要内

---

① 王延中：《中国社会保障制度改革的进展及面临的问题》，《山东师范大学学报：人文社会科学版》，1999年第2期，第35~38页。
② 郑功成：《从国家—单位保障制走向国家—社会保障制——30年来中国社会保障改革与制度变迁》，《社会保障研究》，2008年第2期，第1~21页。
③ 王延中：《中国社会保障制度改革的进展及面临的问题》，《山东师范大学学报：人文社会科学版》，1999年第2期，第35~38页。
④ 郑功成：《坚持走中国特色的社会保障道路》，《求是》，2012年第13期，第27~29页。
⑤ 郑秉文：《社会保障制度改革20年鸟瞰与评论》，《中国人口科学》，2007年第5期，第9~13页。
⑥ 刘颖：《浅析当前我国社会保障制度改革的成效和难点》，《中外企业家》，2019第27期，第37~38页。

容上，对家庭联产承包责任制、三权分置、农村税费改革等进行了深入讨论；研究倾向上，学者们对经济体制改革大多持积极态度，表示经济体制改革促进了生产力提升、经济结构升级、农业现代化和城镇化水平提高。学者们对农村经济体制改革的研究，为全面、持续、深入地进行经济体制改革提供了理论基础和理论借鉴。

（二）不懈探索政府与市场关系问题

改革开放以来，如何正确处理政府与市场之间的关系始终是改革的主线。第一，随着市场化改革的探索和发展，学者们对经济体制改革的认识不断加深，对改革目标模式的认识也从计划经济到建立有计划的商品经济转向社会主义市场经济体制。第二，随着市场化改革的推进和深入，学者们对改革的研究不断拓展，在改革初期，学者们认为宏观调控应该占主导，市场因素起基础性作用，随着改革不断推进，学者们认为应该发挥市场因素在资源配置中的决定性作用，同时更好地发挥政府的作用。

（三）坚持探寻经济体制改革的方式

学术界对经济体制改革的方式进行了不懈探索。一方面，对于整个经济体制改革的方式，学者们的研究集中在改革的速度、顺序和方向上，形成了关于改革中激进式与渐进式、"自上而下"与"自下而上"、摸着石头过河与顶层设计的争议。另一方面，对于经济体制改革中重点改革的方式，学者们的研究集中在家庭联产承包责任制的形式、财税体制改革的政策、价格改革的路径、农业支持保护的政策等方面，形成了关于定额计酬还是联产计酬、分灶吃饭体制还是分税制、以价格为主线还是以企业制度改革为主线、体系调整还是体制改革的争论。

（四）坚持多元化改革的思路

学者们对经济体制改革的探索并不局限在单一领域，而是对多个领域的多个方面的改革进行了研究。从改革重点领域看，学者们对农村经济体制改革、财税体制改革、流通体制改革、金融体制改革、社会主义保障制度改革等多领域进行了研究；从改革的不同方面看，学者们对改革的动因、方向、形式和各领域改革的主要内容、历程以及改革的成效都进行了丰富的探索。

## 二、对经济体制改革理论的未来展望

百年来，学者们对经济体制及其改革的研究可谓汗牛充栋，不胜枚举，正是这些研究将改革推向更深入更彻底更完善的道途，然改革并非朝夕之功，改革之路仍不平坦，需要对经济体制各方面存在的问题进行深刻挖掘，探寻改革的新思路，开启改革新征程。

（一）坚持完善社会主义市场经济体制

社会主义市场经济体制是中国特色社会主义的重大理论和实践创新，也是社会主义基本经济制度的重要组成部分。进入新时代，社会主要矛盾发生变化，经济由高速增长阶段转向高质量发展阶段，如何健全市场体系、促进市场充分发育的问题值得深入研究。一是如何解决市场激励不足的问题；二是如何促进要素流动；三是如何提高市场配置资源效率；四是如何增强微观主体活力，探索公有制多种实现形式。

### （二）坚持家庭经营基础性地位

农村改革和农业发展中，发展适度规模经营的前提是坚持家庭经营。其中有三个问题需要进一步研究，一是如何坚持、巩固和完善农村基本经营制度，夯实农村经营制度基础；二是如何进一步坚持家庭经营基础性地位，推动家庭经济优化发展和提升；三是如何拓展"家庭承包经营为基础、统分结合"的双层经营体制的内涵，使之更加适应新时代的要求、反映新时代的特征。[①]

### （三）深化财税体制改革

在经济体制改革过程中，如何完善现有财政制度的基本框架，是学者们进一步研究的重点。一是如何合理划分中央、省、市县三级事权和支出责任，处理好中央与地方关系；二是市场经济体制下如何建立与之相适应的财权与事权相顺应、财力与支出责任相匹配的财税体制；三是如何建立并完善现代公共预算管理制度，提高财税管理的科学化、法制化水平。

### （四）深入推进流通体制改革

在深入推进流通体制改革过程中，如何畅通国民经济循环和建设现代流通体系的问题，是学者们下一步研究的重点。一是打造贯穿国内市场运行体系的现代流通体系，保障商品质量，释放消费潜力；二是如何将信息技术运用到流通体系之中，以提高生产和流通效率；三是如何强化政府部门顶层设计以完善全国大流通网络建设规划。

### （五）持续推进金融体制改革

在持续推进金融体制改革的过程中，如何完善中国金融体系建设是学者们亟须探讨的问题。一是如何推进资本市场的发展，完成中国金融功能的转型；二是如何将新技术渗透到金融体系之中，如何克服时空限制，推动数字金融的全面展开；三是如何推动中国金融国际化，发展开放型金融，将中国建设成国际金融中心。

### （六）坚持社会主义保障制度改革

新时代，社会保障制度承载着满足人民美好生活需要的重大职责，如何建设高质量的中国特色社会保障体系是学者们进一步研究的重点。一是如何做好社会保障体系的顶层设计，解决社会保障制度与其他制度体系发生冲突导致的效果对冲和公共资源配置失

---

① 蒋永穆，等：《新中国"三农"十大理论问题研究——70年发展与变迁》，社会科学文献出版社，2019年，第164页。

衡的现象；二是如何优化社会保障管理体制和经办体制，增强各部门协同性，提高社会保障机制运行效率；三是如何填补社会保障领域的立法空白，提高社会保障制度的公信力、严肃性与可持续性。

中国基本经济理论
百年探索（1921—2021）

运 行 篇

# 第八章　社会主义企业理论

企业作为国民经济的基本单位,是市场经济活动的主要参加者,是微观经济运行中最为重要的主体。企业理论反映了企业管理制度的手段、组织结构、方式、效果等不同侧面,对企业发展及经济增长具有重要作用。中国共产党建党百年来,国内学术界对企业理论进行了诸多研究,形成了大量研究成果。本章将首先从整体上回顾学界对社会主义企业理论相关论述的阐释,主要包括两个方面:对马克思主义经典作家关于企业理论论述的阐释与中国共产党对社会主义企业理论认识的变迁。其次,从社会主义企业产权制度、企业治理结构、国有企业的改革与发展三个方面分别梳理学界对社会主义企业理论的相关研究。最后,总结社会主义企业理论研究的特点,并对进一步研究方向进行展望。

## 第一节　对马克思主义经典作家关于企业理论论述的阐释

对于企业的研究,马克思主义经典作家都有过相关论述,学术界也对这些论述进行了诸多探讨,形成了大量的研究成果。本节将从学术界对马克思主义经典作家关于该问题论述的阐释进行学术梳理。

### 一、对马克思恩格斯关于企业理论论述的阐释

学术界对马克思恩格斯企业理论的讨论从20世纪90年代国有企业改革浪潮以来逐渐增加,主要涉及对马克思有关企业演变历程、企业本质、企业规模影响因素等方面的探讨。

#### (一)对于企业起源的阐释

"劳动生产率说"。持这一观点的学者认为,企业的起源在于通过协作等方式提升劳动生产率。张银杰(1998)认为,马克思的企业理论描绘了企业从简单协作演变为以分工协作为基础的工场手工业阶段,再演变成以机器大工业为基础的现代企业,企业的产

生及其演变的深刻根源在于劳动生产率的提高和社会生产力的发展。① 苏树厚和张福明（2001）认为，企业产生的直接原因在于其出现大大地提高了劳动生产率。② 朱富强（2003）认为，协作的演进是企业产生的内在原因，而协作之所以会演进，主要在于协作能创造比个体生产更高的生产率，协作可以创造出更大的价值。③ 顾钰民（2009）认为，社会化生产的要求与企业这一生产组织形式的出现，形成生产力发展与生产组织形式发展的良性循环，生产力因企业这一生产组织形式而不断得到发展，企业也随着生产力发展而不断向其高级形态演进。④ 吴向鹏（2008）认为，马克思关于企业如何起源的分析的结论是建立在一定的技术和协作的基础上的，企业的产生及其演变的深刻根源在于劳动生产率的提高和社会生产力的发展。⑤

"利润实现说"。持这一观点的学者认为，企业的起源在于其能够实现资本追求利润的目的。周景勤（1995）认为，协作乃至企业的产生，是由于其能够实现资本追求利润的目的。雇佣一定数量的工人，具备最低资本限额是企业起源的必要条件，协作能使资本家实现更大程度的利润则是企业起源的充分条件。⑥ 程恩富（2002）通过比较马克思的企业学说和西方企业理论，指出企业的起源就是资本主义企业的起源，协作（由技术性质决定）、劳动力、利润和资本，这是形成企业的一般要素。⑦ 沈芳和白暴力（2006）认为，马克思的企业理论的基础是历史唯物主义，企业出现的直接原因是分工和协作所带来的劳动生产率的提高，提高劳动生产率以赚取更多的利润是企业形成的直接动力。⑧ 牛建国（2018）认为，马克思研究资本主义企业的出发点，是资本雇佣劳动、资本在企业中统治劳动，马克思对有关企业的所有问题的研究都从这一点出发。马克思企业理论的核心内容是揭示资本如何通过在企业中支配和统治劳动而剥削劳动从而占有剩余价值。⑨

### （二）对于企业本质的阐释

"资本增值说"。持这一观点的学者认为，企业的本质在于使资本增值。李自杰（2004）指出，马克思还认为，企业在资本主义商品经济条件下是生产单位和价值增值

---

① 张银杰：《马克思的企业理论与西方新制度学派的企业理论之比较》，《教学与研究》，1998年第10期，第45～50+64页。
② 苏树厚，张福明：《论马克思的企业性质和起源理论——马克思主义企业理论研究之一》，《山东社会科学》，2001年第6期，第49～51页。
③ 朱富强：《企业性质阐释：综合收益增进说》，《探求》，2003年第5期，第14～19页。
④ 顾钰民：《马克思经济学与西方新制度经济学的企业理论比较》，《经济纵横》，2009年第6期，第4～10页。
⑤ 吴向鹏：《马克思的企业理论：起源、规模与治理结构》，《探索》，2008年第1期，第137～142页。
⑥ 周景勤：《马克思企业理论初探》，《马克思主义研究》，1995年第4期，第63～70页。
⑦ 程恩富：《西方企业理论的意义、误点及与马克思企业理论的比较（下）》，《韶关学院学报》（社会科学版），2002年第8期，第35～40页。
⑧ 沈芳、白暴力：《马克思企业理论和新制度经济学企业理论的比较》，《经济学家》，2006年第5期，第19～25页。
⑨ 牛建国：《〈资本论〉中的企业理论——一个古典范式的继承与批判》，《经济与管理评论》，2018年第3期，第62～71页。

场所的统一，企业作为生产的组织形式从属于资本增值的本质。① 何维达（1998）认为，在马克思看来，企业既是协作生产组织，又是生产价值和剩余价值的场所。② 宋宪伟（2010）认为，在马克思看来，企业最重要的特征是生产要素的集中，而且集中的生产要素在技术上是一个分工协作系统，而不是简单相加。③ 高玉林（2004）认为，企业是资本进行生产的机制。④ 顾钰民（2009）认为，马克思视角下企业的基本性质和功能是进行财富的生产，并能利用分工、协作及由此带来的多方面好处进行生产。企业是因社会生产需要出现的，不进行生产的组织就不是企业。⑤ 刘凤义（2008）认为，企业是适合资本集中的一种组织形式，而资本集中本质上是对资本加强控制，获取更多剩余价值的一种方式。契约关系的本质是人与人之间的经济关系，马克思主义企业理论恰恰从深层本质层面研究了企业的性质和本质关系。⑥ 刘荣材（2019）认为，企业组织是资本存在的外壳，是资本的外在形式；资本是企业的灵魂，是企业的生命线。⑦

"效率提升说"。持这一观点的学者认为，企业的本质在于提升资源配置效率。荣兆梓（1995）认为，企业的性质应在两个层面上进行分析，一方面从社会生产的组织形式这个层面看，企业是一种特定的分工形式，对外它处于商品经济社会内部分工的巨大网络之中，利用市场机制实现资源的优化配置。⑧ 刘小怡（2002）认为，资本主义企业是通过计划配置资源并生产产品的经济组织。⑨ 周景勤（1995）认为，首先企业本质是追求效率的产物，不断地改进并采用新的技术手段是提高企业效率的另一重要方法。其次企业是一个经济利益矛盾运动的统一体。企业作为经济组织，其深层次的运行动机在于对经济利益的追求。企业的利益格局体现了组成企业的人与人之间的关系，并通过企业资源的结合配置与运行得以表现。⑩ 卢周来（2017）认为，在现代生产方式下，资本在企业生产中具有中心性特征，企业的集体生产的产出超出单个生产产出的简单加总，生产资料提供者的资本家履行监督者的职能，防止实物资本被滥用。因而企业是一个效率—权力的框架。⑪

### （三）对于企业规模的阐释

"资本增殖成因说"。张富春（1997）认为，建立在资本积累基础上的个别企业分工

---

① 李自杰：《马克思的企业理论探析》，《对外经济贸易大学学报》，2004年第2期，第59~62+65页。
② 何维达：《马克思与科斯的企业理论之比较》，《当代财经》，1998年第3期，第21~25页。
③ 宋宪伟：《马克思企业理论与交易成本企业理论之间的互补性》，《云南社会科学》，2010年第4期，第34~39页。
④ 高玉林：《马克思的企业理论及其启示——兼论与西方企业理论的契合处》，《湖北经济学院学报》，2004年第1期，第19~23页。
⑤ 顾钰民：《马克思经济学与西方新制度经济学的企业理论比较》，《经济纵横》，2009年第6期，第4~10页。
⑥ 刘凤义：《论马克思主义企业理论的发展》，《经济学家》，2008年第5期，第20~30页。
⑦ 刘荣材：《马克思主义企业理论纲》，《中国集体经济》，2019年第11期，第113~116页。
⑧ 荣兆梓：《企业性质研究的两个层面——科斯的企业理论与马克思的企业理论》，《经济研究》，1995年第5期，第21~28页。
⑨ 刘小怡：《马克思的企业理论》，《华中师范大学学报》（人文社会科学版），2002年第1期，第31~36。
⑩ 周景勤：《马克思企业理论初探》，《马克思主义研究》，1995年第4期，第63~70页。
⑪ 卢周来：《对马克思企业理论的现代诠释》，《政治经济学报》，2018年第2期，第25~40页。

协作引起了企业的扩大,个别企业规模的扩张和企业内部分工协作体系的形成,符合资本增殖的内在要求,从而进一步推动了企业的扩张。因此资本的积累欲望或资本家的支配权力是企业组织扩张的主要原因。① 程恩富(2002)认为,马克思把企业的规模大小和制度变迁,看作是技术、协作、劳动力、资本、市场(竞争)和利润等基本经济条件变化的必然反映,看作是社会生产力和生产关系不断发展及相互作用的结果,其实质是相对剩余价值的提高。② 沈芳和白暴力(2006)认为,追求剩余价值和提高劳动生产率的欲望使资本家愿意不断地扩大企业规模。而分工的技术要求、管理费用、资本集中度、流通费用则是企业规模扩大的限制性因素。③ 何维达(1998)指出,马克思认为企业规模的大小与扩张,其动力来自资本增殖,其原因决定于企业生产的技术手段,其方式表现为资本的积累与集中。④

"多元因素影响说"。陈小梅(2004)认为,马克思的企业规模理论中企业规模的决定因素是多元化的,既有出于收益成本的考虑,也有企业资源限制和公共权力制约,还要受到风险因子、经营者利益因子的影响。⑤ 邱海平(2000)认为,马克思的企业规模理论从资本主义时代的生产力的具体特点出发,从资本主义生产关系的特定性质出发,并把这两个方面有机地结合起来,揭示了资本主义条件下企业规模变动的规律。⑥ 吴向鹏(2008)认为,资本家追求剩余价值的欲望推动着资本主义企业的规模扩张,而分工的技术要求管理费用、资本集中度、流通费用则是企业规模扩张的限制性因素,两者之间的张力决定了企业的规模。⑦ 李自杰(2004)认为,随着先进技术的采用,企业的规模会进一步扩大。因此只要资本条件和技术条件许可,企业的规模会不断扩大(见表8-1)。⑧

---

① 张富春:《论马克思的企业理论》,《当代经济研究》1997年第1期,第39~44页。
② 程恩富:《西方企业理论的意义、误点及与马克思企业理论的比较(下)》,《韶关学院学报》(社会科学版),2002年第8期,第35~40页。
③ 沈芳、白暴力:《马克思企业理论和新制度经济学企业理论的比较》,《经济学家》,2006年第5期,第19~25页。
④ 何维达:《马克思与科斯的企业理论之比较》,《当代财经》,1998年第3期,第21~25页。
⑤ 陈小梅:《企业规模决定因素的理论综述》,《福建行政学院福建经济管理干部学院学报》,2004年第2期,第50~54页。
⑥ 邱海平:《马克思的企业规模理论研究》,《当代经济研究》,2000年第8期,5~14+71~72页。
⑦ 吴向鹏:《马克思的企业理论:起源、规模与治理结构》,《探索》,2008年第1期,第137~142页。
⑧ 李自杰:《马克思的企业理论探析》,《对外经济贸易大学学报》,2004年第2期,第59~62+65页。

表 8-1 对马克思恩格斯关于企业论述的阐释汇总表

| | 研究方向 | 主要观点 | 代表学者 |
|---|---|---|---|
| 对马克思恩格斯关于企业论述的阐释 | 企业的起源 | 劳动生产率说 | 张银杰(1998)，苏树厚和张福明(2001)，朱富强(2003)，顾钰民(2009)，吴向鹏(2008)，等等 |
| | | 利润实现说 | 周景勤(1995)，程恩富(2002)，沈芳和白暴力(2006)，牛建国(2018)，等等 |
| | 企业的本质 | 资本增值说 | 李自杰(2004)，何维达(1998)，宋宪伟(2010)，高玉林(2004)，顾钰民(2009)，刘凤义(2008)，刘荣材(2019)，等等 |
| | | 效率提升说 | 荣兆梓(1995)，刘小怡(2002)，周景勤(1995)，卢周来(2017)，等等 |
| | 企业的规模 | 资本增殖成因说 | 张富春(1997)，程恩富(2002)，沈芳和白暴力(2006)，何维达(1998)，等等 |
| | | 多元因素影响说 | 陈小梅(2004)、邱海平(2000)、吴向鹏(2008)、李自杰(2004)，等等 |

## 二、对列宁和斯大林关于企业理论论述的阐释

### (一) 对列宁关于企业理论论述的阐释

列宁关于企业理论的论述主要集中在新经济政策实施后的国营企业，这一时期列宁的思想是通过实行"一长制"的民主集中管理体系，打通以前由于政府管辖企业造成的企业间横向联系的阻碍。同时还通过实行商业核算使得企业在市场经济条件下自负盈亏，拥有了较大的独立性，并注重以物质利益激发劳动者的积极性。因此学术界对于列宁关于企业理论的论述阐释主要从"民主集中原则""物质利益原则""商业核算原则"这三个角度进行研究。

一是"民主集中原则"。吴家俊和马泉山(1981)认为，列宁生前确立的社会主义企业管理制度是"一长制"，它的核心是责任制度。责任制度的建立，要求必须有大量精通技术、业务的干部，要求企业各级领导必须具有当机立断正确处理各种问题的能力。否则，就不可能真正对企业生产行政工作担负起全面的领导责任。[①] 何孝瑛(1987)认为，这种"一长制"不仅不妨碍社会主义民主制，而且是社会主义民主集中制的必然要求，这种集中统一是在民主基础上形成的，又是执行民主决定的多数人意见。[②] 王永治(1980)认为，实行不实行民主管理是区别社会主义企业与资本主义企业的重要标志。在社会主义企业里，领导者是在一定条件下行使权力的，所以"一长制"与民主制并不矛盾，而是统一的。[③] 赵俊臣(1985)认为，"一长制"是根据社会化大

---

[①] 吴家俊，马泉山：《论列宁的一长制与党对企业的领导》，《经济与管理研究》，1981年第3期，第1~5页。
[②] 何孝瑛：《重温列宁关于一长制的论述》，《理论学刊》，1987年第5期，第16~19页。
[③] 王永治：《正确理解列宁关于一长制的思想》，《经济科学》，1980年第1期，第67~70页。

生产的特点,即客观上要求工人群众在生产时无条件地服从统一的指挥。工人的民主管理表现在领导者是由工人选举的,工人有权了解和检查他们的工作,并有权撤换不称职者,这和资本主义工厂企业中工人处于受雇佣地位是完全不同的。① 吴恩远(1988)认为,最初提出"一长制"的原则确实想把"一长制"与民主管理结合起来。但企业自主权极小基础上的"一长制",在生产指挥中并没有充分发挥出简捷、高效的优越性。② 王金存(1985)认为,列宁虽然提出了实行一长制的种种条件,但在实践上究竟如何实现这些条件并未得到解决,当时广大劳动者文化水平很低,实际上并不具备直接进行管理的条件。③

二是"物质利益原则"。张志军和白赵峰(1994)认为,列宁高度强调物质利益原则,他指出在向共产主义过渡的阶段不是直接依靠热情,而是依靠个人兴趣,依靠个人利益上的关心,依靠经济核算。④ 董雪和姜元奎(2001)认为,国营企业扭亏为盈不断发展的动力就是企业职工的积极性和创造性,这个动力的源泉就是企业的生产经营活动必须同个人的物质利益相结合。这是列宁论及国营企业扭亏为盈的重要思想。⑤

三是"商业核算原则"。林水源(1980)认为,在新经济政策时期,由于允许商品生产有某种程度的发展,在工业管理方面相应加强了地方和企业的自主性,在企业中普遍实行经济核算制,并健全了计划管理制度,因而大大促进了生产力的发展。⑥ 蔡龙(1984)认为,经济核算的实质是使企业盈利。它的逻辑起因在于社会主义企业也是商品生产者,盈利是作为商品生产者企业的重要经营目的,贯彻经济核算和盈利原则,就是使企业对其经营成果负责,以收抵支,扭亏为盈,提高经济效益。⑦ 张志军和白赵峰(1994)认为,列宁提出改行经济核算,这实际上意味着工厂不靠国家供应和工厂在财产上独立,使企业面向市场,它要求所有企业最起码要保证收支相抵。⑧ 冯世新(1983)认为,国营企业必须以商品生产者的身份来要求自己,努力按照商品化的原则来改善经营管理,提高劳动生产率,降低成本,才能保证盈利而不亏本。所以,列宁认为国营企业实行经济核算制是在相当程度上实行商业原则。⑨ 刘国华(2008)认为,列宁最终将市场作为资源配置的基础,并不是说他放弃了政府在资源配置中的应有作用。也就是说,新经济政策不是要改变统一的国家经济计划,不是要超出这个计划的范

---

① 赵俊臣:《列宁的一长制思想及其在我国的经验教训》,《经济问题探索》,1985年第7期,第27~29页。
② 吴恩远:《苏联企业一长制发展的历史教训》,《世界历史》,1988年第5期,第1~10页。
③ 王金存:《苏联企业的一长制与民主管理》,《苏联东欧问题》,1985年第3期,第10~15页。
④ 张志军,白赵峰:《试论列宁有关国营企业经营管理思想及其在实践中的成效》,《渭南师专学报》,1994年第4期,第65~70页。
⑤ 董雪,姜元奎:《谈列宁的国营企业扭亏为盈思想》,《山东省农业管理干部学院学报》,2001年第2期,第33~35页。
⑥ 林水源:《列宁斯大林时期苏联工业管理体制的演变》,《世界经济》,1980年第2期,第36~42页。
⑦ 蔡龙:《扭亏增盈是企业经济效益的核心问题——学习列宁经济核算思想的一点体会》,《南方经济》,1984年第S1期,第46~48页。
⑧ 张志军,白赵峰:《试论列宁有关国营企业经营管理思想及其在实践中的成效》,《渭南师专学报》,1994年第4期,第65~70页。
⑨ 冯世新:《列宁论在物质利益基础上建立严格的责任制——学习列宁经济思想札记》,《经济理论与经济管理》,1983年第2期,第68~72页。

围，而是改变实现这个计划的办法。①

## （二）对斯大林关于企业理论论述的阐释

在斯大林的观点中，全民所有制的国营企业和集体所有制的农庄共同构成了商品生产与流通的基础，因此他对于国营企业的论述伴随着对商品生产、流通的论述。

一是国营企业是商品生产交换的基础。余大章和方留碧（1979）指出，斯大林认为社会主义条件下商品生产的必要性，是由于存在着全民所有制和集体所有制这两种生产资料公有制的形式。在这种情况下，国家只能支配国营企业的产品，而集体农庄的产品，只有集体农庄才有权支配。但是集体农庄只愿把自己的产品当作商品去换取工业品，而不愿以其他方式把自己的产品转让出来。因此，商品生产和商品流通仍然是必要的。② 杨兆文（1998）认为，斯大林论证了社会主义社会存在商品生产和商品交换的原因。他指出："只要还存在两种基本生产成分，商品生产和商品流通便应当作为我国国民经济体系中必要的和极其有用的因素而仍然保存着。"由于这两种所有制经济的生产资料属于不同的所有者，所以二者之间不能搞产品经济的无偿调拨，只能实行商品经济的等价交换。③ 胡钧（2007）认为，斯大林用所有制关系解释社会主义公有制条件下商品生产必然存在的理论根据。他指出："商品生产和商品流转，目前也像大约三十来年以前当列宁宣布必须以全力扩展商品流转时一样，仍是必要的东西。"④

二是全民所有制国营企业在商品生产流通中的局限性。杨兆文（1998）认为，斯大林只看到全民所有制与集体所有制之间是商品交换关系，而没有认识到全民所有制经济内部各企业之间也存在商品交换关系。斯大林不承认生产资料是商品，认为国有企业的生产资料仅仅是保持着商品"外壳"的产品。⑤ 李宗正（1980）认为，斯大林从马克思关于同一所有制不存在商品生产的原理出发，得出生产资料不是商品的结论。⑥ 王绍顺（1980）认为，斯大林在表述社会主义生产的目的和达到目的的手段时是从整个社会一元化出发的，没有使企业成为一个相对独立的并有自身物质利益的商品生产单位，没有充分考虑到集体所有制企业同全民所有制企业的区别，没有考虑到商品生产价值规律同实现生产目的之间的联系。⑦ 王仕军和邹世猛（2010）认为斯大林时代的企业

---

① 刘国华：《列宁的公平与效率思想及其当代价值》，《中共四川省委省级机关党校学报》，2008年第2期，第20~23页。

② 余大章，方留碧：《苏联社会主义经济问题和社会主义政治经济学——纪念斯大林诞辰一百周年》，《经济研究》，1979年第12期，第11~22页。

③ 杨兆文：《产权主体分散化是市场经济的客观要求——从斯大林经济理论的缺陷谈起》，《云南师范大学学报》（哲学社会科学版），1998年第6期，第90~93页。

④ 胡钧：《社会主义社会经济运动规律的探索——学习斯大林〈苏联社会主义经济问题〉》，《高校理论战线》，2007年第7期，第24~29页。

⑤ 杨兆文：《产权主体分散化是市场经济的客观要求——从斯大林经济理论的缺陷谈起》，《云南师范大学学报》（哲学社会科学版），1998年第6期，第90~93页。

⑥ 李宗正：《读斯大林〈苏联社会主义经济问题〉的几点认识——纪念斯大林诞辰一百周年》，《经济科学》，1980年第1期，第21~26+5页。

⑦ 王绍顺：《加深对社会主义经济规律的认识——斯大林经济思想研究之一》，《求是学刊》，1980年第1期，第8~11页。

理论特别突出宏观生产关系，企业问题是放在对"三大经济规律"反复诠释、演绎和推导的过程中进行考察的，因此他们的企业理论显得零散和抽象，并且明显地脱离了马克思在分析企业问题时采用的生产力与生产关系相统一的方法论原则。①

## 第二节 中国共产党对社会主义企业理论认识的变迁

### 一、对 1978 年之前社会主义企业理论的认识

1956 年，我国基本上完成了生产资料所有制的社会主义改造，建立了全民所有制的国营经济和集体所有制的合作社经济。②程恩富和侯为民（2015）指出，新中国成立之初，通过社会主义的"一化三改造"，我国建立了以国有经济为主体的强大的公有制经济。从此以后，国有经济在社会资源占有、产业分布、吸收就业、提供财政收入等多个方面占据了基础性、主导性、战略性的地位。③这一时期国有经济在国民经济中的占比有着绝对优势，自然而然成了学术界研究的焦点。

虽然新中国成立之初计划经济下的国有企业饱受诟病，但应考虑到当时的经济发展阶段与我国的实际国情，辩证地看待改革开放前国有企业的性质与作用。在这一问题上学者们有着不同的看法。

"弊端说"。许宗望（1979）认为，计划统得太死太细，企业无权进行合理安排，且统购包销导致品种、质量长期不能很好解决，经营好坏同企业、职工的直接利益无关，难以发挥企业和职工增产节约的积极性和创造性。④黄茂兴和唐杰（2019）认为，新中国成立后，我国国有企业照搬苏联高度集中的计划经济体制下的国营企业管理制度，国有企业从建设到经营的各个环节都由国家决定，企业本身并没有经营自主权。⑤陈福中（2021）认为，在这样的背景下，价值规律和竞争规律得不到很好的应用和发挥，国有企业发展失去了市场经济规律所特有的竞争性与供需关系之间的平衡：一方面国有企业经营者缺乏生产经营的积极性，另一方面国内市场结构的供需结构性矛盾也逐步凸显。⑥

"基础说"。这一派学者认为纵然计划经济时期国有企业存在种种问题，但却为我国工业化的实现打下了良好基础。金碚（2000）认为，由于特殊的历史条件和机遇，中国

---

① 王仕军，邹世猛：《社会主义企业理论的演进轨迹——一个学说史的简要考察》，《湖北经济学院学报》，2010 年第 1 期，第 18~23 页。
② 薛暮桥：《中国社会主义经济问题研究》，人民出版社，1979 年，第 50 页。
③ 程恩富，侯为民：《做强做优做大国有企业与共产党执政》，《政治经济学评论》，2015 年第 6 期，第 15~22 页。
④ 许宗望：《谈谈扩大企业自主权的问题》，《兰州大学学报》，1979 年第 2 期，第 44~50 页。
⑤ 黄茂兴，唐杰：《改革开放 40 年我国国有企业改革的回顾与展望》，《经济研究参考》，2019 年第 12 期，第 112~118 页。
⑥ 陈福中：《改革开放以来国有企业改革的实践和制度创新》，《兰州学刊》，2021 年第 1 期，第 15~24 页。

的工业化进程在相当大程度上直接依赖于国有企业的发展和国有经济的壮大。工业成为国民经济的主导，并且形成了比较完整的工业经济体系。①宗寒（2010）认为，作为社会主义国家的我们并不是为了弥补市场失灵而建立国有企业，而是为了消灭和取代旧的社会制度，为了解放和发展社会主义的生产力进而实现共同富裕，也为了构建社会主义和谐社会，为了实现社会的全面进步，为了建立发展社会主义制度的物质基础和生产关系基础，并最终巩固和完善社会主义的基本制度。②李彩华（2005）指出，始于20世纪60年代中期的三线建设，是我国进行的一次生产力布局重点由东部地区向内地的战略性大转移。调整改造三线军工企业，充分发挥三线建设和三线调整后的军工存量资产作用，依然可以推动西部产业升级和发展高新技术产业，使三线军工企业成为西部地区经济和社会的增长点和辐射源。③王学军和程恩富（2019）认为，在实现工业产业结构升级的同时，我国还对原工业产业的空间布局进行了大规模调整。工业产业空间布局调整改变了以往我国工业主要集中在东部沿海少数大城市的局面，促进了东西部地区经济社会的协调发展。④曾宪奎（2019）认为，通过聚集全国资源优先发展工业尤其是重工业，克服经济发展基础薄弱导致的资本积累劣势，正是凭借这一优势，我国国有企业才能在"一穷二白"的基础上发展起来。⑤

"社会主义性质说"。胡岳岷（2005）认为，国有企业是国家理性选择的结果。尽管世界上许多国家都拥有自己的国有企业，但各国建立国有企业的理由和目的却不尽相同，因而国有企业的性质也就不同。⑥在对社会主义制度下的企业的讨论中，刘建华（1992）认为，能表现社会主义企业本质属性的特征主要在于，社会主义企业以生产资料公有制并以集体劳动为基础、消灭了压迫与被压迫、剥削与被剥削关系。⑦洪灏（1994）认为，社会主义企业的根本任务是根据社会和市场的要求，进行商品生产，创造财富，增加积累，满足社会日益增长的物质和文化生活的需要。⑧宋宪萍和闫银（2006）认为，在社会主义市场经济条件下，旧的社会分工是企业存在的理由，建立国有企业就是为了实现生产力的极大发展。⑨张宇（2010）认为，在社会主义市场经济中，国有经济的主导作用是由公有制的主体地位赋予的，体现了社会主义基本经济制度的根本性质，国有经济的主导作用是与社会主义初级阶段的基本经济制度和中国的特殊

---

① 金碚：《国有企业的发展与中国工业化进程》，《理论视野》，2000第2期，第11～14页。
② 宗寒：《正确认识国有经济的地位和作用——与袁志刚、邵挺商榷》，《学术月刊》，2010年第8期，第74～82页。
③ 李彩华：《三线建设调整改造的得与失》，《当代经济研究》，2005年第6期，第70～72页。
④ 王学军，程恩富：《正确认识社会主义计划经济时期的历史价值和现实作用》，《毛泽东邓小平理论研究》，2019第10期，第84～92，109页。
⑤ 曾宪奎：《新中国成立以来我国国有企业的发展历程与经验》，《经济纵横》，2019年第8期，第39～48页。
⑥ 胡岳岷：《论国有企业的性质》，《江汉论坛》，2005年第8期，第5～8页。
⑦ 刘建华：《社会主义企业的性质和地位辨析》，《吉林财贸学院学报》，1992年第3期，第10～13页。
⑧ 洪灏：《论社会主义企业的性质与现代企业制度的建立》，《重庆教育学院学报》，1994年第4期，第6～11页。
⑨ 宋宪萍，闫银：《社会主义国家国有企业的性质——兼谈我国当前国有企业改革》，《理论界》，2006年第4期，第77～78页。

发展阶段相联系的。① 卫兴华（2015）认为，企业并非只要归国家所有，就必然具有社会主义性质。社会主义的性质体现在：第一，国有企业属于全民所有，其发展成果应惠及全民。第二，国有企业职工应真正成为企业的主人。第三，国有企业的社会主义性质要体现在生产资料和劳动者相结合的特定方式上。②

## 二、对1978—2012年社会主义企业理论的认识

党的十一届三中全会以来，逐步加快了对国有企业的改革并逐渐推动多种所有制经济共同发展，在经济体制由计划向市场的转变过程中党对企业理论的认识也在不断变化。汪海波（2005）认为，以党的十一届三中全会为起点，中国国有企业改革的重大理论，大体上经历三个发展阶段：全面改进的计划经济理论、有计划的商品经济理论和社会主义市场经济理论。在这些理论的指导下，国有企业改革实践大体上也经历了三个发展阶段：扩大企业自主权，在一定程度上实现所有权和经营权的"两权"分离，以及建立现代企业制度。③ 沈志渔和缪荣（2008）认为，改革开放后国有企业经历了放权让利、承包制、股份制等改革。20世纪90年代以来，建立现代企业制度成为国有企业制度建设的目标。之后，国有企业公司制改革不断深化，企业的机制、体制发生了根本性变化，现代企业制度初步建立。④ 戚聿东和肖旭（2019）认为，结合新中国成立70年以来的发展背景，国有企业制度建设的历史进程可以分为四个阶段：第一阶段是1949—1978年，在传统的计划经济体制下国营企业的经营、劳动、人事、分配均由政府进行统筹；第二阶段是1979—1992年，针对权力过于集中的问题，政府逐步赋予国营企业自主经营的权力，国营企业在既定的政策框架下拥有一定的制度灵活性，生产积极性得以提高；第三阶段是1994—2013年，以建立现代企业制度为目标，推进股份制改革，创新劳动、人事、分配三大制度；第四阶段是2013年至今，随着中国进入社会主义市场经济建设的新时期，全面深化国有企业改革，推动国有资本做强、做优、做大，培育具有全球竞争力的世界一流企业，是这一时期国有企业制度建设的主要目标。⑤

在1992—2002年期间，建立现代企业制度成为国企改革中最重要的任务，现代企业制度成为国企改革理论中的核心概念。⑥ 赵立新（2000）认为，员工持股是构建现代企业制度的有效途径。员工持股制的建立，引入了新的产权规则，实现了产权主体多元

---

① 张宇：《正确认识国有经济在社会主义市场经济中的地位和作用——兼评否定国有经济主导作用的若干片面认识》，《毛泽东邓小平理论研究》，2010年第1期，第23～29+85页。
② 卫兴华：《企业性质不仅仅取决于所有制》，《先锋队》，2015年第20期，第20页。
③ 汪海波：《中国国有企业改革的实践进程（1979—2003年）》，《中国经济史研究》，2005年第3期，第103～112页。
④ 沈志渔，缪荣：《企业制度改革三十年：回顾与展望》，《首都经济贸易大学学报》，2008年第6期，第23～33页。
⑤ 戚聿东，肖旭：《新中国70年国有企业制度建设的历史进程、基本经验与未竟使命》，《经济与管理研究》，2019年第10期，第3～15页。
⑥ 毛立言：《关于现代企业制度的新思考》，《经济纵横》，2012年第11期，第12～19页。

化，使国有企业改造为产权界定清晰的现代企业。① 洪亮（2000）认为，适应社会化大生产和市场经济要求的现代企业制度的基本特征，一是产权关系明晰，投资者是企业产权的所有者。二是企业以其全部法人财产，依法自主经营、自负盈亏。三是出资者按投入企业的资本额享有所有者的权益。四是形成包括股东大会、董事会和执行机构在内的有效的公司法人治理结构。② 张泽荣（2004）认为，现代企业制度的内涵有25个特征：企业是一个独立的市场主体，自主经营，自负盈亏；企业是一个独立的法人单位，独立向国家、向社会负法律责任；企业形式大都采取公司制，以公司的形式出现；有限责任制；资本多元化；经营权与所有权分离，实行委托—代理制度；职业经理制度；法人产权和所有者产权制度；现代企业的治理机构；现代企业的分权制衡机制；现代企业的激励约束机制；劳资谈判的职工工资决定机制和工资加奖励的分配制度；岗位制和劳动合同制；社会保障与福利制度；民主管理和职工权益保障制度；科学的管理制度与管理软件化；企业核心化；企业组织虚拟化；虚拟经营；头脑与肢体分离；企业职能组织分散化；企业生产的商品的价值结构非物质化；资源配置全球化；企业经营全球化；企业知识化。③ 毛立言（2012）认为，现代企业制度具有二重社会属性。一是由社会化大生产，亦即商品——市场经济一般决定的一般社会特征。二是由特定生产关系、特定产权基础决定的特殊社会属性。作为一般意义的现代企业制度，作为一种企业组织形式，一种产权结构形式，在理论上是可以与特定所有制关系剥离的，它并不要求必须与一定所有制基础相联系。也就是说，它是中性的、是脱离具体的所有制性质的。这样，它就既可以私有制为基础，也可以公有制为基础。④ 王妍（2013）认为，所有权与经营权分离一直被理论界认为是现代企业制度的标志，但由于所有权与经营权分离产生的代理问题挥之不去，为解决代理问题而付出的制度成本过高，知识经济催生的知识资本优势等原因，使当代企业出现了所有权与经营权融合的趋势。⑤ 黄华（2020）认为，现代企业制度是投资者投入资本并形成所有权，企业自身形成法人财产权，投资人、管理者和职工等在高效的法人治理框架内，通过按市场和社会需要来生产或服务，进而满足和引导社会消费、提升人民生活的幸福感、承担应尽的社会责任，最终实现企业内部员工和企业外部利益相关者全面发展的社会经济组织。⑥

在2002—2012年期间，对于社会主义制度下国有企业的性质学术界也有较多讨论，主要集中在它与资本主义社会国有企业的区别、形成原因以及如何体现社会主义性质上。

在社会主义国有企业的性质的讨论上，宋宪萍和闫银（2006）认为，社会主义条件下生产资料与劳动力的结合，劳动者是把劳动作为谋生手段与共同所有的生产资料相结

---

① 赵立新：《员工持股是构建现代企业制度的有效途径》，《经济学动态》，2000年第4期，第12~18页。
② 洪亮：《企业制度变迁与中国企业发展目标模式》，《中央财经大学学报》，2000年第9期，第8~13页。
③ 张泽荣：《现代企业制度的特征和国有企业改革》，《经济体制改革》，2004年第1期，第90~93页。
④ 毛立言：《关于现代企业制度的新思考》，《经济纵横》，2012年第11期，第12~19页。
⑤ 王妍：《所有权与经营权关系的当代发展及后现代企业制度的生成》，《当代经济研究》，2013年第9期，第31~36页。
⑥ 黄华：《试论中国特色现代国有企业制度的内涵与原则》，《商业研究》，2020年第1期，第1~7页。

合的。这就要求人们之间在等量的基础上互换彼此的劳动,而社会主义的等量劳动互换要求以企业为单位来进行,这样旧的社会分工的存在决定公有制经济采取了具有独立性的企业这样一种生产组织形式。这种公有制企业归全民所有,人们共同拥有生产资料。① 钱津(2007)认为,国有企业是公有制企业,在国有企业的经营中,资本不起支配作用,资本的存在只表现社会主义初级阶段公有制的不完全性,起支配作用的是员工的力量。这种以人为本的做法是由员工当家做主的表现,而国有企业与其他所有制企业相比,根本的不同就在于以人为本。② 邵传林(2011)认为,在西方资本主义国家,出于弥补市场失灵和发展战略性产业的目的而设立国有企业。在作为社会主义国家的中国,国有企业不仅在社会主义市场经济中具有主导性作用,还是公有制的重要实现形式,也即:国有企业是一种具有二重性质的企业制度安排,既要承担一定的公共目标,还要追求一定的经济目标。③ 王宏波和陶惠敏(2015)认为,社会主义条件下,国有企业可以也应该成为市场主体,成为运作资本的主体,从而在经济社会发展中起主导作用。中国国有企业是社会主义全民所有制企业,具有政治、经济、社会的本体属性,发挥着不可替代的功能和作用,国有企业大量存在和做强做大是一种常态;而资本主义条件下,私人资本家利益至上决定了其国有企业不可能成为其制度基础,不可能主导经济发展,只能作为市场失灵的补充和工具存在。④

### 三、对 2012 年之后社会主义企业理论的认识

近年来有关企业改革的争论已经从产权和所有制层面延伸到具体的组织结构和治理机制层面,因此不再仅停留在研究国有企业,同时也将民营企业纳入分析范围。新时代、新形势要求通过加强和完善党对国有企业的领导、加强和改进国有企业党的建设,使国有企业成为党和国家最可信赖的依靠力量;同时,推动民营企业党建高质量发展是贯彻新时代党的建设总要求,不断提高党的建设质量的内在要求。

#### (一)国有企业组织结构和治理机制

在关于国有企业组织结构和治理机制层面的研究中主要有两类观点:一是去行政化并通过竞争机制提升企业治理能力并提高效率的"去行政化论";二是通过加强党的建设让党组织参与企业治理,从而提高企业治理能力的"加强党建论"。

"去行政化论"。赵岳阳(2014)认为,应进一步在经理层去行政化、建立长效的非经济性经理层激励机制、理顺现有治理结构中各层级间关系、提升工会权能。⑤ 国企经营者的任用及其行为失范,主要原因是国企经营者的任用包括国企的经营管理活动受到

---

① 宋宪萍 闫银:《社会主义国家国有企业的性质——兼谈我国当前国有企业改革》,《理论界》,2006 年第 4 期,第 77~78 页。
② 钱津:《论国有企业在社会主义建设中的地位与作用》,《福建论坛》(人文社会科学版),2007 年第 1 期,第 21~26 页。
③ 邵传林:《国有企业性质的比较制度分析》,《经济学动态》,2011 年第 9 期,第 37~43 页。
④ 王宏波,陶惠敏:《中西国有企业的性质和功能比较》,《思想理论教育导刊》,2015 年第 7 期,第 74~82 页。
⑤ 赵岳阳:《优化中央企业治理结构的对策研究》,《经济纵横》,2014 年第 4 期,第 32~34 页。

了过多的行政干预。因此加大去行政化的力度是国企深化改革的主要方向。① 任艳（2016）认为，国有企业市场化变革过程仍主要靠强制性的行政手段推动，呈现出"管企业"的特征。这一悖论导致市场无法决定资源配置，造成一系列问题，如何去行政化成为进一步深化国有企业市场导向改革的重点。② 张泊涵（2016）认为，国有企业领导层的人事权集中于政府，企业党委存在干涉企业的可能且中小国企官僚习气严重，解决之道在于国企去行政化。③ 周楠（2018）认为，国有企业行政化依然严重、公司治理结构不完善、国有企业人力资本市场化程度低等因素降低了资本混合的效率和活力。要进一步"去行政化"，完善公司治理结构，提升国有企业的经营绩效。④ 范玉仙和张占军（2021）认为，混合所有制股权结构改革归根结底是要通过不同所有制股权混合，引入竞争机制，提高公司治理能力，从而促进企业提高效率和创新能力，推动经济实现高质量发展。⑤

"加强党建论"。苗小玲和田子方（2015）认为，混合所有制企业应在充分尊重市场规律和企业治理规律的基础上，明晰党组织发挥政治核心作用的权力边界，探索党组织与法人治理结构，依法履职、协调运转、相互促进、深度融合的中国特色现代企业制度，增强中国企业核心竞争力。⑥ 王丽颖（2019）认为，必须把党的领导融入公司治理的各个环节，确保党和国家方针政策、重大决策部署的贯彻执行。⑦ 强舸（2019）认为，党组织参与企业治理是中国特色社会主义政治经济学重要而独特的议题。管资本改革削弱了行政部门外部干预，而"领导作用"强化企业党组织内部干预。⑧ 刘福广等（2019）认为，党组织嵌入公司治理是中国特色现代企业制度建立的前提，也是完善国有企业治理结构、提高企业竞争力的重要保障。⑨ 王金柱和蒋福东（2021）认为，完善中国特色现代企业制度、实现党组织和现代企业制度的完美结合，这也是中国特色党企关系制度设计的核心内容。⑩

---

① 黄小彤，曾慧华：《当下我国国有企业经营者去行政化改革的路径建构——规范行政者行为还是解除公务员身份》，《理论探讨》，2015年第2期，第99~103页。

② 任艳：《国有企业坚持市场导向改革新论》，《广州大学学报》（社会科学版），2016年第6期，第77~81页。

③ 张泊涵：《浅谈国有企业去行政化问题》，《中共伊犁州委党校学报》，2016年第2期，第67~70页。

④ 周楠：《国有企业混合所有制改革的思考与建议》，《企业管理》，2018年第2期，第121~123页。

⑤ 范玉仙，张占军：《混合所有制股权结构、公司治理效应与企业高质量发展》，《当代经济研究》，2021年第3期，第71~81页。

⑥ 苗小玲，田子方：《混合所有制企业健康发展的一个重大问题——基于党组织与法人治理结构的视角》，《毛泽东邓小平理论研究》，2015年第8期，第13~17页。

⑦ 王丽颖：《国企改革中的几个重点问题及其解决路径——以吉林省16家国有企业改革为视角》，《税务与经济》，2019年第4期，第100~105页。

⑧ 强舸：《"国有企业党委（党组）发挥领导作用"如何改变国有企业公司治理结构？——从"个人嵌入"到"组织嵌入"》，《经济社会体制比较》，2019年第6期，第71~81页。

⑨ 刘福广，崔婧，徐静：《国有控股公司党组织嵌入治理影响结构效能的路径研究》，《北京联合大学学报》（人文社会科学版），2019年第2期，第116~124页。

⑩ 王金柱，蒋福东：《国有企业视阈下中国特色党企关系的制度构建》，《理论视野》，2021年第2期，第81~87页。

## （二）民营企业组织结构和治理机制

在有关民营企业组织结构和治理机制的研究中，研究的切入角度主要有两个：一是从民营企业创始人以及管理层的角度，主张通过完善现代企业制度以达到有效治理的"现代企业制度论"；二是主张通过民企党组织参与公司治理来完善企业组织结构和治理体制"党组织参与论"。

"现代企业制度论"。从民营企业创始人以及管理层的角度来看，梁小惠（2013）认为，目前中国民营企业公司治理的现状总体表现为股东亲自参与治理情况普遍；人合性特征显著；资本流通具有封闭性。因此对于有限责任公司实施股东会中心主义的权力分配模式，强化股东会会议制度；对于股份有限公司实施董事会中心主义的权力分配模式，加强对于董事的监督。① 吕如龙（2014）认为，坚持制度创新，建立现代企业制度是我国中小民营企业发展的必然选择。② 武立东等（2016）认为，民营企业的公司治理机制的完善对创始人特质与引入职业经理人之间相关关系起正向调节作用，完善的公司治理机制能够显著削弱创始人特质对聘用职业经理人的阻碍作用。③ 崔新健等（2017）认为，民营企业所有者特别关注企业运营的短期成效和实际控制权，企业治理有效运行和短期见效是关键，专业性机构、专业人员、专业知识具有重要的作用。④

"党组织参与论"。目前针对民企党组织参与公司治理的研究，主要从三个方面作为切入点⑤：

第一，"经营效益说"。从民营企业历史成长轨迹，分析民营企业设立党组织的动机。受到不同时期政策变动的影响，民企设立党组织的动机更多地基于企业发展的实际需要，以获取经营合法性、政治身份、谈判能力等。叶建宏（2017）认为，民企董事长或总经理兼任党组织成员有利于企业获取外部资源，但不能降低公司代理成本。⑥ 何轩和马骏民（2018）认为，企业党组织建设能够显著提升企业绩效水平，这一过程的作用机理在于，党组织引导民营企业投入了更多的生产性活动。⑦ 郑登津等（2020）认为，党组织在公司盈余管理需求概率较高时能更好地发挥治理作用。⑧ 李继元等（2021）认

---

① 梁小惠：《论公司类型与公司治理模式的选择——以中国民营企业发展为视角》，《河北学刊》，2013 年第 6 期，第 130~134 页。

② 吕如龙：《我国中小民营企业的制度创新与发展》，《人民论坛》，2014 年第 11 期，第 102~105 页。

③ 武立东，丁昊杰，王凯：《民营企业创始人特质与公司治理机制完善程度对职业经理人引入影响研究》，《管理学报》，2016 年第 4 期，第 505~515 页。

④ 崔新健，杨智寒，郑勇男：《民营企业现代企业制度建设现状及其竞争力——基于北京市民营企业样本的研究》，《经济体制改革》，2017 年第 5 期，第 88~95 页。

⑤ 叶建宏：《民企党组织参与公司治理：获取外部资源还是提升内部效率？——来自中国民营上市公司的经验证据》，《当代经济管理》，2017 年第 9 期，第 21~28 页。

⑥ 叶建宏：《民企党组织参与公司治理：获取外部资源还是提升内部效率？——来自中国民营上市公司的经验证据》，《当代经济管理》，2017 年第 9 期，第 21~28 页。

⑦ 何轩，马骏：《党建也是生产力——民营企业党组织建设的机制与效果研究》，《社会学研究》，2018 年第 3 期，第 1~24 页。

⑧ 郑登津，谢德仁，袁薇：《民营企业党组织影响力与盈余管理》，《会计研究》，2020 年第 5 期，第 62~79 页。

为，党组织治理有利于优化管理层的资源配置决策，提高成本管理效率。①

第二，"工人利益说"。在公司经营中，民企党组织可发挥构建和谐劳资关系、维护工人利益的功能。如龙小宁和杨进（2014）认为，党组织的建立能够显著提高企业职工工资以外的福利：在已经建立党组织的企业中，养老保险和失业保险的覆盖率、人均劳动安全支出和人均失业保险支出都要显著高于没有党组织的企业。②魏下海等（2015）认为，工会主要通过两条途径发挥作用：一是通过集体发声直接影响企业雇佣，二是通过与基层党组织的协同引发党政关注迂回影响企业雇佣。③徐细雄和严由亮（2021）认为，党组织建设有利于增强员工权益契约保障，当私营企业设立党组织或企业主担任党组织正（副）书记时，企业长期雇佣的员工比例显著增加，短期或临时雇佣比例显著降低。④

第三，"社会责任说"。党组织可以促使民营企业承担更多社会责任。如周怡和胡安宁（2014）认为，企业党组织作为外在于企业主权力的制度环境，能够通过影响企业主理念利益的作用程度，影响其慈善捐赠行为。⑤余威（2019）认为，党组织对企业慈善捐赠决策的影响与党组织成员的管理层任职比例正相关，由此说明，党组织是通过影响管理层决策而参与公司治理的。⑥郑长忠（2019）认为，实现党建工作与以民营企业为代表的非公企业有机融合，推动以民营企业为代表的非公企业健康发展与承担起现代文明建构的相应责任，成为推动中国特色现代企业形态发展与定型的关键所在。⑦

## 第三节 企业产权制度

### 一、产权理论概述

明晰的、有制度保障的产权是市场经济下企业发展的本质要求。本节将从产权的含义出发，对企业产权这一概念进行初步探索。

---

① 李继元，汪方军，赵红升，舒伟：《"党建入章"与企业成本粘性：基于党组织治理的解释》，《外国经济与管理》，2021年第3期，第1~14页。
② 龙小宁，杨进：《党组织、工人福利和企业绩效：来自中国民营企业的证据》，《经济学报》，2014年第2期，第150~169页。
③ 魏下海，董志强，金钊：《工会改善了企业雇佣期限结构吗？——来自全国民营企业抽样调查的经验证据》，《管理世界》，2015年第5期，第52~62页。
④ 徐细雄，严由亮：《党组织嵌入、晋升激励与员工雇佣保障——基于全国私营企业抽样调查的实证检验》，《外国经济与管理》，2021年第3期，第72~88页。
⑤ 周怡，胡安宁：《有信仰的资本——温州民营企业主慈善捐赠行为研究》，《社会学研究》，2014年第1期，第57~81页。
⑥ 余威：《党组织参与治理的民营企业更"乐善好施"吗？——基于慈善捐赠视角的实证检验》，《云南财经大学学报》，2019年第1期，第67~85页。
⑦ 郑长忠：《党建工作与非公企业有机融合的逻辑、空间与机制》，《毛泽东邓小平理论研究》，2019年第11期，第75~80页。

## (一) 产权的含义

"权利论"。持这一观点的学者认为，产权的含义是一系列权利的安排。蒋永穆 (1998) 认为，产权概念没有严格统一的定义。作为一种以法律和制度为后盾的财产权利，在国家产生之前是不存在的。概括起来，不外乎所有权、使用权或权利三种含义。[①] 常修泽 (1998) 认为，产权是一组权利或者权利束，它包括：所有权、使用权、收益权、转让权等。[②] 朱必祥 (2007) 认为，产权是权利所有者的行为权利，是权利束，本质是排他性的权利。[③] 费方域 (2009) 认为，产权是排他地使用资产并获取收益的权利，是剩余索取权，是剩余控制权形式的资产使用权力。[④]

"市场基础论"。持这一观点的学者认为，产权的含义在于保证了市场机制下产权的明晰，从而成为市场机制完善的前提。史正富和刘昶 (2012) 认为，现代企业产权制度的演变无疑具有历史的进步性，它为经济发展和进步成果的社会共享提供了可操作、可持续的制度安排和物质基础。[⑤] 沈开艳和陈建华 (2018) 认为，市场机制实现资源的优化配置和市场主体的优胜劣汰是关键过程，其可促进制度的改善、科技的进步和模式的创新，提高整体社会的运行效率。而单一的产权无法实现。[⑥]

"组织结构论"。持这一观点的学者认为，产权使得各方的利益得到维护，在此基础上有效构成了企业的各种组织。黄速建 (1996) 认为，为了保护有关各方的合法权益，尤其是保护原始投资者的合法权益，有必要对现有国有企业和集体所有制企业进行公司化改造或股份制改造时的产权界定确定一定的原则。[⑦] 郑厚斌 (1998) 认为，经济学中所指的产权是对财产权利的简称，它是指一种特定的"物"在一定的制度保护下所产生的一种经济利益关系。这里所说的特定的"物"，是指在社会和科技发展过程中所形成的对人们的生产和生活带来一定影响或一定利益关系中的一种可以辨明的单元。[⑧] 谢留峰 (2004) 认为，产权制度是以产权为依托，对财产关系进行合理有效地组合、调节的制度。它是由产权结构所决定的，决定着企业内部所有者、经营者和生产者在一定条件下的地位、相互关系以及各自的作用。[⑨]

## (二) 学者对马克思产权理论的阐释

关于马克思有关产权理论的论述，学术界对它的内涵有不同的解读。可归纳为"一元内涵论""二元内涵论""三元内涵论"。

"一元内涵论"。吴宣恭 (1999) 认为，马克思的产权理论进入社会主义社会以后通

---

[①] 蒋永穆，杨建川：《企业经济增长方式转变论》，四川大学出版社，1998 年，第 56 页。
[②] 常修泽：《中国企业产权界定》，南开大学出版社，1998 年，第 5 页。
[③] 朱必祥：《人力资本与新型企业产权制度》，中国经济出版社，2007 年，第 56 页。
[④] 费方域：《企业的产权分析》，格致出版社，2009 年，第 7 页。
[⑤] 史正富，刘昶：《现代企业的产权革命》，上海人民出版社，2012 年，第 84 页。
[⑥] 沈开艳，陈建华：《当代中国政治经济学》，上海社会科学院出版社，2018 年，第 86 页。
[⑦] 黄速建：《国有企业产权制度变革》，经济管理出版社，1996 年，第 140 页。
[⑧] 郑厚斌：《收购与合并——企业产权交易及其市场组织》，商务印书馆，1998 年，第 55 页。
[⑨] 谢留峰：《企业产权制度改革实务与案例》，中国轻工业出版社，2004 年，第 58 页。

过实践得到发展。它的理论目的从破坏旧制度、建立新制度，转为如何完善社会主义经济制度，促进社会生产力迅速发展，实现人民的共同富裕。其内容是人类为了进行生产，首先要按照客观条件（主要是生产力条件）的可能性，结成一定的生产关系，包括作为它的基础的所有制。① 赵义良和王代月（2013）认为，马克思产权思想的价值存在于他对资本主义私有制产权思想的理论剖析中。立足于产权理论的视角，我们认为资本主义私有制产权思想的思想误区和逻辑谬误主要表现在两个方面。一方面，混淆了两种不同性质的私有制，以小私有制的存在合理性为资本主义的私有制做合理性辩护。另一方面，回避了资本主义私有制的固有矛盾。② 于杰和尹奎杰（2013）认为，马克思从所有制的本质上分析和把握产权的内涵，揭示了产权问题的症结所在，他对产权的认识深刻而全面。马克思是基于"所有权—所有制—产权"这一理论逻辑来展开他的产权思想的。从本质上说，它是一种关涉人的问题的理论，一种关涉人的经济存在的理论。③

"二元内涵论"。何宇（2004）认为，马克思把企业产权分为两部分，一部分是界定明确的权利和约定，另一部分是契约中无法界定清晰的权利。前者是劳动力与资本签约的前提和框架，后者是劳动力所有者与资本所有者在契约框架内的权利分配与竞争。只要未来是不确定的，只要社会经济在不断地发展进步，这种权利的竞争和再界定就是一个永无止境的动态过程。④ 吴易风（2007）认为，马克思用崭新的无产阶级世界观构建了产权理论大厦的主体工程。产权是所有制的法律形态。作为财产形式的法权关系，产权不但是反映经济关系的意志关系，而且是历史的产物和历史的范畴，具有历史的形式。马克思揭示的从"消极扬弃"到"积极扬弃"的变革方向，把资本主义生产关系及其产权制度将被公有制的经济关系和法权关系所代替这一历史必然性和长期发展趋势清晰地呈现出来。⑤ 孙飞和齐珊（2010）认为，马克思深刻揭示了财产和财产权的本质，认为产权具有二重性，它既包括经济上的权利关系又包括法律上的权利关系。前者属于经济基础，后者属于上层建筑，经济关系决定法权关系。⑥

"三元内涵论"。刘桂芝（2004）认为，在马克思的经济思想中，有关产权的理论主要体现在以下几个方面：第一，在产权理论的形成和发展中，马克思的主要贡献是从生产关系的角度提示了产权的本质所在，认为产权或财产权是生产关系的法律表现，这种财产权在历史变迁过程中会随着生产关系或所有制的变换而不断变换各种存在形式。第二，马克思还系统地提出并论述了有关财产的权利统一和权利分离的学说，论述了劳动力的产权以及劳动力的所有权与使用权的统一和分离等问题，这在马克思的产权学说中占有特别重要的地位，并奠定了现代人力资本学说的理论基础。第三，对企业而言，企业所有权主要指企业控制权和剩余索取权这两项非常重要的权能。而在马克思的产权思

---

① 吴宣恭：《马克思主义产权理论与西方现代产权理论比较》，《经济学动态》，1999第1期，第4~9页。
② 赵义良，王代月：《马克思的产权思想：价值取向与当代意义》，《马克思主义与现实》，2013年第3期，第165~170页。
③ 于杰，尹奎杰：《论马克思产权思想的问题进路及理论启示》，《税务与经济》，2013年第4期，第9~12页。
④ 何宇：《马克思企业理论的产权视角：一个不完全合约框架》，《经济学家》，2004年第4期，第81~85页。
⑤ 吴易风：《产权理论：马克思和科斯的比较》，《中国社会科学》，2007年第2期，第4~18页。
⑥ 孙飞，齐珊：《马克思产权理论的当代价值》，《当代经济研究》，2010年第3期，第14~17页。

想中，也包含了剩余索取权的思想。这一思想成为我们今天探索企业所有权归属，实施企业股权分配的重要依据（见表8-2）。①

表8-2 学界对马克思产权理论内涵的研究汇总表

| 研究角度 | 主要内容 | 代表学者 |
|---|---|---|
| 一元内涵论 | 马克思的产权理论目的在于如何完善社会主义经济制度，促进生产力发展，实现共同富裕 | 吴宣恭（1999） |
| | 马克思产权思想的价值存在于它对资本主义私有制产权思想的理论剖析中 | 赵义良和王代月（2013） |
| | 马克思是基于"所有权—所有制—产权"这一理论逻辑展开产权思想论述的 | 于杰和尹奎杰（2013） |
| 二元内涵论 | 马克思把企业产权分为界定明确的权利和约定，以及契约中无法界定清晰的权利两部分 | 何宇（2004） |
| | 马克思把资本主义生产关系及其产权制度将被公有制的经济关系和法权关系所代替的发展趋势呈现了出来 | 吴易风（2007） |
| | 产权既包括经济上的权利关系又包括法律上的权利关系 | 孙飞和齐珊（2010） |
| 三元内涵论 | 马克思从生产关系的角度提示了产权的本质所在，并论述了有关财产的权利统一和权利分离，并指出企业所有权主要指企业控制权和剩余索取权 | 刘桂芝（2004） |

## （三）学者对科斯产权理论的阐释

在对科斯产权理论的阐释中，荣兆梓（1995）认为，科斯的企业理论从企业作为一种资源配置方式与市场的区别出发，因而强调企业家对全部生产资源具有有计划地协调的职能。但是商品所有者对物的支配权非但不是企业区别于市场的特点，而且还是二者得以正常运转的共同前提。从根本上说企业关系是人与人的关系，企业区别于市场的特殊性质是在人与人的关系中表现出来的。②吴易风（1995）认为，科斯研究的产权是私人财产权。按照科斯的观点，只要产权明晰，只要交易成本为零，不论产权开始时如何分配，有关当事人都可以通过谈判和协商来消除有害的外部影响，实现资源的有效配置。这就是所谓科斯定理。③吴宣恭（1999）认为，科斯极力反对庇古等人关于通过政府干预使社会成本和个人成本趋于一致以解决外部性问题的主张，认为在交易费用为零的条件下，只需利用市场的自动调节功能，便能达到产值的最大化；但现实中不存在零交易费用的情况。因此他的理论目的在于维护完全自由的市场机制，所追求的是自由市

---

① 刘桂芝：《马克思的产权理论与国有企业产权改革》，《当代经济研究》，2004年第11期，第13~16页。
② 荣兆梓：《企业性质研究的两个层面——科斯的企业理论与马克思的企业理论》，《经济研究》，1995第5期，第21~28页。
③ 吴易风：《正确借鉴西方企业理论》，《经济改革与发展》，1995年第2期，第36~41页。

场条件下资源配置的合理方式和均衡状态。但是他忽视了价格以外的市场调节因素,回避了社会财富不公对有支付能力需求的制约等,而且早被资本主义周期性经济危机的严酷事实所粉碎。① 黄少安(2013)认为,科斯的理论是关于制度选择的理论。科斯的必然逻辑是:关键是要界定产权,至于界定给谁,甲或乙,公或私,不一定,要看具体情况,原则是总福利最大化或损失最小化或交易成本最小化。科斯是把产权界定与交易和交易成本联系起来的。首先,如果产权不界定,交易就无法进行,即界定产权是交易的前提。不过科斯的"产权"不只是"所有权",而是包括所有权在内的一束权利,这一束权利是可以分离组合和分别界定清楚的;其次,不界定产权会导致资源使用的低效率和无序状态;再次,强调不同的产权安排或配置会带来不同的资源配置效率(除非市场交易成本等于零);最后,揭示了产权与外部性的关系。产权视角下的外部性问题本质上是通过界定产权从而把外部性问题内部化以节约成本或增加收益,而外部性问题多数出现在产权公域。②

## 二、我国企业产权制度发展历程

### (一) 发展历程的阶段划分

在企业产权改革历程的阶段划分中,丁孝智和季六祥(2005)认为,我国企业产权制度发展历程经历了五个阶段。第一阶段为萌动期(1978—1984),第二阶段为探索初期(1984—1988),第三阶段为徘徊期(1988—1992),第四阶段为二次探索(1992—1998),第五阶段为深度探索(1998年以后)。十五大的召开,把国有企业产权改革推向了更深层次。于是,国有企业产权改革在不同层面得以实质性展开。③

程俊杰等(2018)认为,根据产权和产权改革的定义,我国国有企业的产权改革实际上从1978年改革开放伊始就已开展,大体上可以划分为两大阶段:第一阶段是1978—1992年,以经营权改革为主题,主要内容包括扩大企业自主权、承包制等;第二阶段是1992年至今,以所有权改革为主题,主要内容包括建立现代企业制度、股份制改革、混合所有制改革等。④

程俊杰等(2018)认为,根据改革主题实施的深度,还可以将这两大阶段再细分为四个阶段:(1)1978—1986年,国家开始承认企业的使用权和收益权,并开始放权让利;(2)1987—1992年,国家进一步转变企业经营机制,推进两权分离,此时企业拥有比较完全的使用权和一定的收益权;(3)1993—2001年,国家提出开启产权制度改革,并以此建立现代企业制度,该时期单一的国有所有权开始松动;(4)2002年之后,企业进行股份制改造,所有权日益多元化,特别是2013年党的十八届三中全会提出分

---

① 吴宣恭:《马克思主义产权理论与西方现代产权理论比较》,《经济学动态》,1999第1期,第4~9页。
② 黄少安:《罗纳德·科斯与新古典制度经济学》,《经济学动态》,2013年第11期,第97~109页。
③ 丁孝智,季六祥:《1978年以来国有企业产权改革进程及效率评析》,《中国经济史研究》,2005年第1期,第69~77页。
④ 程俊杰,章敏,黄速建:《改革开放四十年国有企业产权改革的演进与创新》,《经济体制改革》,2018年第5期,第85~92页。

类改革的思想,通过发展混合所有制经济将国有企业产权改革进一步引向深入。①

(二)发展历程中公有制企业和非公有制企业存在的问题

在企业产权制度改革的进程中公有制企业和非公有制企业有着不同的问题与改革方向。在公有制企业方面:刘红和马洪(2001)认为,企业是一个人力资本与非人力资本的特别合约,人力资本所有者应参与企业所有权的分配。国有产权的最大问题在于对人力资本及其产权的剥夺。改革的重点应是如何分配企业产权使剩余控制权和剩余索取权对应,以改善企业治理机制,提高企业效率。②刘小玄(2005)等人认为,我国的国有企业虽然用了一套现成的成熟发达市场经济中的市场规则、企业规范和制度,如公司法人治理制、董事制、上市或不上市股份制等,但企业治理机制并没有得到根本改善,国有企业依然在亏损。其原因就在于公有产权中没有个人产权这个制度缺陷,而使得国有企业改革先天不足,常常陷入表层的改革。要从根本上改变国有企业的治理机制,就必须承认、容纳个人产权在公有产权中的合法性。③杨瑞龙(2005)认为,产权明晰化是现代产权制度的核心,要实现产权明晰化,必须实现产权的排他性、可分割性、可转让性和有效保护。而我国当前国有企业的低效率,是由于国有企业还远没有建立起现代产权制度,公司治理结构还存在着种种缺陷。为此,国有企业改革要实施分类改革的战略,构建国有产权有进有退机制,重点构建所有权退出机制和企业控制权退出机制。④李亚玲(2008)认为,对国有企业产权改革的许多认识误区源于对产权结构理论的误解。传统产权结构理论把收益权和让渡权与其他权能并列为独立的权能是逻辑上的错误。让渡权即产权的可自由交易性是产权的基本属性,而收益权则是各权能题中应有之意。微观产权结构中的一组权利应分为四项:狭义的所有权或归属权、占有权、支配权、使用权。产权明晰的前提是明确地界定产权边界,从产权的权能结构分析,产权明晰应包括两层含义:一是财产权的明晰,即所有权的归属是确定的且是唯一的;二是行为权的明晰,即两个以上平等的所有者之间,所有者与经营者之间,不同的经营者之间的权责利关系要明确。⑤

在非公有制企业方面,郑勇军和陈潘武(2000)认为,乡镇集体企业的发展绩效与乡镇集体所有制效率之间并不完全一致。中国传统乡镇集体企业的发展绩效并非来自集体产权安排的高效率,而是主要来自相对于国有产权安排的比较静态效率,以及相对于私有企业的制度环境的比较静态优势。乡镇集体企业的控制权配置是一个社区政府与乡镇企业经营者之间的多阶段动态博弈过程,而博弈结果是社区政府逐步向经营者转移控

---

① 程俊杰,章敏,黄速建:《改革开放四十年国有企业产权改革的演进与创新》,《经济体制改革》,2018年第5期,第85~92页。
② 刘红,马洪:《国有企业的产权特征及其改革方向》,《财经研究》,2001年第5期,第11~17页。
③ 刘小玄:《企业边界的重新确定:分立式的产权重组——大中型国有企业的一种改制模式》,《中国制度变迁的案例研究(第四集)》2005年版,第28页。
④ 杨瑞龙:《产权的排他性、可转让性与我国现代产权制度的建立》,《江苏行政学院学报》,2005年第1期,第33~38页。
⑤ 李亚玲:《产权结构、产权边界与产权明晰——企业产权制度研究》,《思想战线》,2008年第4期,第89~94页。

制权,并最终从乡镇集体企业中退出。① 陈永志和叶昶(2003)认为,私营企业在初始阶段,由于单一的产权结构和较小的企业规模,基本上是沿用所有权、剩余索取权和经营控制权直接统一的传统企业制度。这种制度安排,在小规模、单品种经营阶段和市场发育初期表现出显著的绩效。原因在于:剩余索取权的独享使得所有权具有充分的经营动力;单一的产权结构和单层次的治理结构,保证了经营主体具有充分的自主权;在剩余索取权与经营控制权之间基本不存在道德风险和代理成本等问题。但是,在企业规模达到一定水准、市场条件发生转折之后,原有的企业产权制度便面临着严峻的挑战。② 刘晓华(2003)认为,民营企业发展迅速,已成为国民经济的重要力量。但目前面临着一些亟待解决的问题,尤其是产权制度问题,已成为制约民营企业发展的因素之一。当前我国民营企业产权绝大多数是以家族血缘、亲缘关系为纽带联结成的创业积累主体,而不是严格地受市场规则约束。民营企业产权存在的问题,如产权界定不清,家族化现象严重;民营企业与外界产权关系不清;民营企业的治理结构中所有权与经营权不分;股权结构单一;等等。当前民营企业进行二次创业的关键,就是要着重解决企业产权结构的制度创新和治理结构的建设与完善问题,这样才能使民营企业进一步发展壮大。③

## 第四节 企业治理结构

### 一、企业治理的内涵

所谓企业治理是指对企业的支配、控制、管理和运营即有效地掌握和运用企业的资源以实现企业的目标;其有效性是靠一系列的组织机构和制度安排来保证的。而企业治理结构则是进行企业治理的各种组织构造,对现代企业来说它主要由股东会、董事会、监事会和经理部门组成,并通过这些组织和相关的制度安排实现对企业的治理。(吴家骏,2002)④ 但也有学者认为,公司治理又称公司治理结构,狭义地讲是指有关董事会的功能、结构、股东的权力等方面的制度安排,广义地讲是指有关公司控制权和剩余索取权分配的一整套法律、文化和制度性的安排,解决谁在什么状态下实施控制,如何控制,风险和收益如何在不同企业成员间分配等问题。因此,广义的公司治理结构是所有权安排的具体化。(董秀良,2001)⑤ 对于企业治理内涵的争论可划分为"企业控制权说""利益相关者说""剩余索取权说""多层次治理说"。

---

① 郑勇军,陈潘武:《中国乡镇集体企业产权结构变迁的制度分析》,《浙江学刊》,2000年第4期,第46~50页。
② 陈永志,叶昶:《论私营企业的产权制度变迁》,《当代经济研究》,2003年第9期,第42~46页。
③ 刘晓华:《论我国民营企业的产权制度问题》,《北京大学学报》(哲学社会科学版),2003年第1期,第35~39页。
④ 吴家骏:《完善公司治理结构与企业制度创新》,《中国工业经济》,2002年第1期,第73~79页。
⑤ 董秀良:《上市公司的股权结构、所有权安排与治理结构》,《当代经济研究》,2001年第5期,第52~56页。

"企业控制权说"。持这一观点的学者认为，企业治理的内涵在于对企业的控制。蔡继明和解树江（2000）认为，治理结构分配公司非人力资本的剩余控制权，即资产使用权如果在初始合约中没有详细设定的话，治理结构决定其如何使用。① 程恩富（1998）认为，我国企业治理结构内含着权力的运用和制衡机构，可以按照现代公司制度运行的规律和惯例及效率原则界定公司各种组织的权力与职责，防止组织费用过高。② 刘元春（2000）认为，"权力—效率"分析框架是权力从最一般的角度决定了实际利益的分配（而不是名义利益分配），因此要想完全把握制度的本质和社会经济资源配置的绩效就必须从权力范畴入手。③ 杨瑞龙和杨其静（2001）认为，投资者需要关注的不是谁拥有"剩余控制权"，而是需要明晰控制权，即清晰界定所有权的归属比探讨谁将拥有控制权更有效率。④ 樊纲（2002）认为，公司治理的实质是有关公司的权力安排和利益分配问题，这种权力安排和利益分配的合理与否是公司绩效最重要的决定因素之一。⑤

"利益相关者说"。持这一观点的学者认为，企业治理的内涵在于协调各利益主体的利益。杨瑞龙（2000）认为，决定企业效率的因素有很多种，因此应当将包括股东、债权人、劳动者、经营者在内的利益相关者纳入治理机制之中从而形成共同治理的权力分享格局。⑥ 林志扬（2003）认为，企业治理结构是从激励与约束的角度来规定企业中各利益主体的权、责、利关系，它通过一个"委托—代理"的链节关系形成了企业的治理结构模式。⑦ 敖天平（2003）认为，由于信息、知识、能力的不对称，经营权从所有权中分离出来，治理的原始含义就是出资人资本如何雇佣人力资本的问题。⑧ 吴向鹏（2008）认为，从马克思视角来看，企业的治理是以人为单位按照一定的关系形成的一种组合，体现的是人与人之间的社会关系。⑨

"剩余索取权说"。持这一观点的学者认为，企业治理的内涵在于对剩余的分配。张屹山和王广亮（2001）认为，企业的控制权和剩余索取权应尽可能地匹配或者说是权利与责任的对称。在国有企业中，经理人员在很大程度上拥有对企业的实际控制权，但并不是剩余索取者和风险承担者，这就决定了他们不大可能对企业尽心负责。⑩ 吕景峰（1998）认为，由于企业未能保证国有银行的债权的正当权益，这种"被动"状况使债

---

① 蔡继明，解树江：《公司治理结构的国际比较——兼论我国民营企业的治理结构与企业创新》，《南开经济研究》，2000年第2期，第22～27页。
② 程恩富：《国有控股公司：成因、产权关系与治理结构——国有制实现形式和国有资本营运模式分析》，《上海社会科学院学术季刊》，1998年第1期，第13～22页。
③ 刘元春：《交易费用分析框架的政治经济学批判》，经济科学出版社，2001年，第236页。
④ 杨瑞龙，杨其静：《专用性、专有性与企业制度》，《经济研究》，2001年第3期，第3～11页。
⑤ 樊纲：《公司治理制度反思与实证的创新之作——评高明华著〈公司治理理论演进与实证分析〉》，《管理世界》，2002年第1期，第150～151页。
⑥ 杨瑞龙，周业安：《企业的利益相关者理论及其应用》，《经济科学出版社》，2000年，第46页。
⑦ 林志扬：《从治理结构与组织结构互动的角度看企业的组织变革》，《中国工业经济》，2003年第2期，第77～82页。
⑧ 敖天平：《企业治理问题演进与公司治理理论发展》，《中国流通经济》，2003年第11期，第55～58页。
⑨ 吴向鹏：《马克思的企业理论：起源、规模与治理结构》，《探索》，2008年第1期，第137～142页。
⑩ 张屹山，王广亮：《论国有企业改革的根本问题是解决委托代理关系》，《中国工业经济》，2001年第11期，第63～70页。

权未能在国有企业的治理结构中发挥其应有的重要作用,从而使得国有企业的治理结构存在着重大的缺陷,而经理人员作为剩余索取者则可以解决这一问题。① 刘元春(2005)认为,对劳动力控制以及对剩余索取的权力是企业治理的核心,资本之所以在私有制市场交换体系中起着主导作用,其原因在于一种社会"权力结构"和社会生产方式的形成并不是由某一种社会因素决定的,社会生产力系统的质变是"权力结构"和社会生产方式质变的基础。②

"治理多层次说"。持这一观点的学者认为,企业治理不是孤立的而是联动的、多层次的。郑志刚(2010)认为,在公司治理两个层次治理结构和治理机制的关系上,以产权安排为内容的治理结构显然是公司治理机制设计和实施的基础和前提,而治理机制是产权安排实现和融资成功的保障。③ 张佳康(2013)认为,中国国有企业公司治理的核心要素分别是政府管理和企业发展。两者如同一个硬币的两面,一面是如何解决国有企业自主性,以获得长期增长的内生机制的问题;另一面是政府应该建立怎样的管理控制体制。④ 岳世忠(2014)认为,公司治理和内部控制具有互动关系,内部控制是公司治理的基础,公司治理是内部控制的保障(见表8-3)。⑤

表8-3 对企业治理内涵的阐释汇总表

| 主要观点 | 代表学者 |
| --- | --- |
| 企业控制权说 | 蔡继明和解树江(2000),程恩富(1998),刘元春(2000),杨瑞龙和杨其静(2001),樊纲(2002),等等 |
| 利益相关者说 | 杨瑞龙(2000),林志扬(2003),敖天平(2003),吴向鹏(2008),等等 |
| 剩余索取权说 | 张屹山和王广亮(2001),吕景峰(1998),刘元春(2005),等等 |
| 治理多层次说 | 郑志刚(2010),张佳康(2013),岳世忠(2014),等等 |

## 二、企业治理结构的类别与特征

### (一)企业治理结构的划分

对于企业治理结构的划分,白重恩等(2005)认为,我国企业治理结构有两类不同的机制。第一类是内部机制(如董事会,高管人员薪酬,股权结构,财务信息披露和透明度等)。第二类是外部机制(如外部并购市场,法律体系,对中小股东的保护机制,市场竞争等)。⑥ 陈佳贵和黄群慧(2001)认为,我国企业所有制格局已呈明显的多元

---

① 吕景峰:《债权的作用与我国国有企业治理结构的改进》,《经济科学》,1998年第3期,第22~28页。
② 刘元春:《权力与企业治理结构——一种马克思主义的动态宏观分析框架》,《教学与研究》,2005年第3期,第12~19页。
③ 郑志刚:《对公司治理内涵的重新认识》,《金融研究》,2010年第8期,第184~198页。
④ 张佳康:《中国国有企业公司治理制度变迁》,《学习与探索》,2013年第4期,第107~111页。
⑤ 岳世忠:《现代公司治理下内部控制的建立与完善》,《兰州学刊》,2014年第10期,第173~177页。
⑥ 白重恩,刘俏,陆洲,宋敏,张俊喜:《中国上市公司治理结构的实证研究》,《经济研究》,2005年第2期,第81~91页。

化趋势，这必然导致不同所有制企业的治理结构出现巨大差异。我国企业存在三类治理结构，即政府主导型、家族主导型和法人主导型治理结构。上述三种治理结构的典型特征可用表8-4描述。①

表8-4 我国企业的三类治理结构汇总表

| 结构<br>项目 | 政府主导型 | 家族主导型 | 法人主导型 |
| --- | --- | --- | --- |
| 企业所有制类型与股权结构 | 主要是国有及国有控股企业，也包括少量集体企业，股权结构的特点是高度集中控制 | 主要存在于私营企业和部分集体企业中，股权主要集中于家族成员手中 | 主要存在于法人控股的公司制企业中，股权相对集中 |
| 内部治理 | 以内部人控制为特征，董事会的决策职能与经理的执行职能不能分离。中小股东决策参与程度低，有效的经营管理者的激励约束机制欠缺，企业各权力组织之间关系复杂 | 企业主个人决策或家族成员内部决策为主，经营管理人员的来源具有封闭性和家族化的特征，重视对管理人员的报酬激励 | 法人股东积极参与董事会决策，内部治理机制比较有效，比较重视对管理人员的报酬激励，通过其董事会的相应席位而拥有撤换经营管理者的权力 |
| 外部治理 | 经营管理人员的任命权，对企业重大决策的审批权，对经营管理者的外部监督约束权，兼并、收购和接管等市场机制很少发挥作用 | 很少依靠外部市场机制的作用，产品市场、资本市场和劳动力市场的竞争对整个家族企业有巨大压力 | 较少依靠外部市场机制的作用，但比政府主导型治理模式对外部市场机制的依靠程度要大 |

资料来源：陈佳贵，黄群慧：《我国不同所有制企业治理结构的比较与改善》，《中国工业经济》，2001年第7期，第23～30页。

### （二）企业治理结构的特征

在以上"政府主导型""家族主导型""法人主导型"的企业治理结构下，企业的治理呈现出不同的特征。在"政府主导型"中，企业的治理特征主要有"有效激励说""内部控制说""职工参与说""股东利益说"；在"家族主导型""法人主导型"企业的治理中，主要体现了"内部控制说""股东利益说"等特征。

"有效激励说"。蒋永穆和杨建川（1998）认为，企业的效率低，最主要的原因是缺乏有效的动力机制。一般来说有效激励因素包括三个方面：产权激励，自主激励，分配激励。② 郑志刚（2010）认为，公司治理一方面需要通过产权安排向投资者提供投资的激励，另一方面则需要通过治理机制的设计和实施向经营者提供努力工作的激励。公司治理因此可以区分为治理结构（产权安排）和治理机制（各种公司治理机制的设计与实

---

① 陈佳贵，黄群慧：《我国不同所有制企业治理结构的比较与改善》，《中国工业经济》，2001年第7期，第23～30页。

② 蒋永穆，杨建川：《企业经济增长方式转变论》，四川大学出版社，1998年，第85～95页。

施)两个层次。① 张敏捷（2013）认为，国有股股权代表缺乏所有者的利益驱动，而且由于国有股股权代表虚位、虚置，导致国有股股权不能很好地维护。② 王洪盾等（2019）认为，企业治理结构的完善需运用激励政策增强高层管理人员的积极性，以缓解与股东目标的不一致性所带来的利益冲突。③

"内部控制说"。岳世忠（2014）认为，内部控制是公司治理的基础特征。内部控制的缺陷和不足不仅要靠其自身"免疫系统"予以修复，还依赖于公司治理对内部控制的"诊断、根治"。④ 施建辉（1998）认为，国有企业治理失误的基本特征可以概括为"内部人控制"的强化，内部人控制表明了作为委托人的国家和作为代理人的企业经营者之间的信息不对称关系。当企业控制权从国家转移到企业经营者以后，国家对企业的治理方式就表现为目标性治理和干预性治理。⑤ 黄炜（2000）认为，在公司治理中要使监事会成为公司的监督约束中心，强化其监督职能，一要加强对董事会决策的监督，二是加强对财务的监督。⑥ 张伟等（2009）认为，国有企业在改革过程中，由于缺乏相应配套措施及企业外部成员监督不力，导致企业的经理和职工控制了企业，主要特征表现为经营权对所有权的侵害和实质意义上的控制与支配。⑦

"职工参与说"。宋红梅（2006）认为，职工参与企业治理是企业治理的主要特征。职工参与企业治理是对传统企业股东本位的单边治理的否定，其必要性源于人力资本所有权理论、利益相关者理论和经济民主理论。⑧ 毛立言（2012）认为，以公有制为基础的现代企业实行的是"劳动"这个经济主体的民主控制，目的是以实现劳动者共同富裕为目标的企业发展，并因此奉行"劳动至上"的原则。⑨ 田涛（2017）认为，职工作为企业的利益相关者，其重要性已经被很多国家重视，职工参与和职工参与制度的发展也已形成世界性的潮流，应确保企业职工的社会经济地位与合法权益不受侵害。⑩ 李俊和殷峻巍（2020）认为，国有企业改革陷入困境的根源在于广大劳动者的生产资料所有权与劳动力所有权日渐式微，解决之道在于回归"劳动者治理"，即通过恰当的企业治理制度安排以体现公有制的本质要求，核心是保障广大劳动者的生产资料所有权与劳动力

---

① 郑志刚：《对公司治理内涵的重新认识》，《金融研究》，2010年第8期，第184～198页。
② 张敏捷：《国有企业公司治理之研究——完善国有资产监管机制和优化国有企业公司治理结构》，《经济体制改革》，2013年第6期，第88～92页。
③ 王洪盾，岳华，张旭：《公司治理结构与公司绩效关系研究——基于企业全要素生产率的视角》，《上海经济研究》，2019年第4期，第17～27页。
④ 岳世忠：《现代公司治理下内部控制的建立与完善》，《兰州学刊》，2014年第10期，第173～177页。
⑤ 施建辉：《国有企业资本结构的调整及对治理结构的影响》，《复旦学报》（社会科学版），1998年第4期，第25～31页。
⑥ 黄炜：《董事长与总经理两职的合一与分离——谈当前国有企业治理结构的约束问题》，《经济问题探索》，2000年第4期，第92～93页。
⑦ 张伟，朱伯玉，杜军燕：《国有企业改革中的公司法人治理结构问题研究》，《华东经济管理》，2009年第3期，第108～110页。
⑧ 宋红梅：《职工参与企业治理的理论基础与现实选择》，《经济问题》，2006年第4期，第6～8页。
⑨ 毛立言：《关于中国特色现代国有企业治理结构问题的新思考——市场型国有企业治理结构的本质内涵与基本特征》，《毛泽东邓小平理论研究》，2012年第7期，第23～29页。
⑩ 田涛：《公司治理中的职工参与》，《法制与社会》，2017第21期，第200～202页。

所有权。①

"股东利益说"。郑海航（2005）认为，我国国有企业的治理特征应该是以"股东至上"主义为导向，结合中国实际，融合多种治理理论发展而来的。公司治理看作是一种委托代理关系，由于委托人与代理人之间利益相悖，因此需要运用制衡机制来防止代理人的权力滥用。②刘黎明和张颂梅（2005）认为，"利益相关者"公司治理模式并不是最完善的，它只是在诸多的公司治理模式中的一种，但它顺应了世界范围内的公司治理模式从单边治理走向多边利益主体共同治理的趋势。③周建和张双鹏（2016）认为，在实行国际化经营的民营企业中，拥有管理权的控股股东改变了原有的国际化下部分公司治理结构，这使得控股股东能够更多地侵占控制权以谋取私人利益。④孙光国和孙瑞琦（2018）认为，控股股东会通过委派执行董事参与公司管理，以加强对经理层的监督和激励，这一治理方式能够降低公司的盈余管理水平，同时也增强了公司的薪酬—业绩敏感性（见表8-5）。⑤

表8-5 学界对企业治理结构的特征的研究汇总表

| 主要观点 | 代表学者 |
| --- | --- |
| 有效激励说 | 蒋永穆和杨建川（1998），郑志刚（2010），张敏捷（2013），王洪盾等（2019），等等 |
| 内部控制说 | 岳世忠（2014），施建辉（1998），黄炜（2000），张伟等（2009），等等 |
| 职工参与说 | 宋红梅（2006），毛立言（2012），田涛（2017），李俊和殷峻巍（2020），等等 |
| 股东利益说 | 郑海航（2005），刘黎明和张颂梅（2005），周建和张双鹏（2016），孙光国和孙瑞琦（2018），等等 |

### 三、企业治理结构存在的问题

现代企业制度是当今世界上普遍采用的一种企业制度，其"产权明晰，权责分明，政企分开，管理科学"的企业运行机制和高效率的企业治理受到世界各国企业的重视并得到普遍应用。然而国有企业的治理结构在现代企业制度下虽然有所改善，但其绩效并不尽如人意。⑥目前学术界对于企业治理结构所存在问题的探讨主要集中在对国有企业

---

① 李俊，殷峻巍：《"劳动者治理"：回归国有企业改革的本源》，《湖北师范大学学报》（哲学社会科学版），2020年第3期，第46~51页。
② 郑海航，熊小彤：《基于不同理论框架下的公司治理——兼论我国国有企业治理》，《中国工业经济》，2005年第6期，第105~111页。
③ 刘黎明，张颂梅：《"利益相关者"公司治理模式探析》，《西南政法大学学报》，2005年第2期，第96~104页。
④ 周建，张双鹏：《国际化程度与民营企业公司治理结构》，《经济与管理研究》，2016年第1期，第96~105页。
⑤ 孙光国，孙瑞琦：《控股股东委派执行董事能否提升公司治理水平》，《南开管理评论》，2018年第1期，第88~98页。
⑥ 周利国：《国有企业治理中存在的问题及其对策》，《当代财经》，2005年第9期，第64~68页。

的分析，结合学者们的观点可将问题划分为四点：一是内部人控制严重；二是股权集中度过高；三是缺乏有效激励机制；四是委托—代理机制不健全。

"内部人控制论"。荣荣和施丽霞（2002）认为，治理结构的问题主要在于企业内部普遍存在"内部人控制"问题。① 龚敏和严若森（1999）认为，国有企业治理结构中"内部人控制"严重，董事会运作失范，新老"三会"混合并存。② 周利国（2005）认为，国有企业的治理结构在现代企业制度下具有：委托人与代理人的串通合谋，内部人控制严重。③

"股权高度集中论"。吴凡和卢阳春（2010）认为，治理结构的问题主要在于国有公司股权高度集中。④ 董秀良（2001）认为，企业在治理结构上的问题在于：大股东尤其是第一大股东中普遍存在着不是所有者的"代理股东"现象。股权集中度过高，呈现出"第一大股东一股独大、国有股一股独占"的畸形结构。⑤ 龚敏和严若森（1999）认为，关于国有企业治理结构，整体而言股权过分集中，决策政企难分。⑥ 覃冬婕等（2019）认为，国有企业应该适当分散股权，实现股权多元化。⑦ 李伟（2007）认为，在我国目前的股票运行机制下，国家股、法人股占上市公司总比重较大，且不能上市流通，中小股东的利益无法得到有效保障。⑧ 张翼等（2005）认为，我国国有上市公司不合理的股权结构以及由此引发的委托代理问题严重影响了公司的多元化经营决策，是国有企业经营绩效不高的原因之一。⑨

"有效激励缺乏论"。丁志国和耿玉新（2005）认为，企业在治理结构上存在的问题主要是经理人员激励与约束机制残缺和软化。⑩ 唐欲静（2001）认为，企业在治理结构上的问题在于缺乏有效的约束和激励机制。⑪ 简新华（1998）认为，建立有效的激励监督约束机制，减少和防止代理风险，降低代理成本，增加代理收益，是中国国有企业改革的重要任务。⑫

---

① 荣荣，施丽霞：《我国国有企业公司治理结构的建立、问题及对策》，《经济问题探索》，2002年第5期，第51~54页。
② 龚敏，严若森：《关于国有公司制企业治理结构的主要问题及其对策研究》，《中国软科学》，1999年第11期，第20~23页。
③ 周利国：《国有企业治理中存在的问题及其对策》，《当代财经》，2005年第9期，第64~68页。
④ 吴凡，卢阳春：《我国国有企业公司治理存在的主要问题与对策》，《经济体制改革》，2010年第5期，第67~71页。
⑤ 董秀良：《上市公司的股权结构、所有权安排与治理结构》，《当代经济研究》，2001年第5期，第52~56页。
⑥ 龚敏，严若森：《关于国有公司制企业治理结构的主要问题及其对策研究》，《中国软科学》，1999年第11期，第20~23页。
⑦ 覃冬婕，钟海燕：《我国国有企业公司治理结构存在的问题及对策探讨》，《现代营销》（信息版），2019年第1期，第128~129页。
⑧ 李伟：《关于国有企业公司治理问题的思考》，《现代管理科学》，2007年第12期，第49~50页。
⑨ 张翼，李习，许德音：《代理问题、股权结构与公司多元化》，《经济科学》，2005年第3期，第90~99页。
⑩ 丁志国，耿玉新：《中国公司治理中存在的问题与对策》，《经济纵横》，2005年第12期，第73、74~75页。
⑪ 唐欲静：《国有企业公司治理结构的主要问题及对策建议》，《经济学动态》，2001年第6期，第29~31页。
⑫ 简新华：《委托代理风险与国有企业改革》，《经济研究》，1998年第9期，第47~52页。

"委托代理机制不健全论"。刘银国（2007）认为，委托—代理理论实际上就是激励机制设计理论。在两权分离、股权高度分散或所有者缺位情况下，由于经营者与所有者的目标不甚一致以及信息不对称，经营者可能会产生机会主义，损害所有者的利益。[①] 邓旭东和欧阳权（2004）认为，我国国有企业委托主体不明确，委托代理链条拉长，缺乏内在的连接机制。[②] 王炳文（2014）认为，国有企业治理机制的核心在于选择合适的代理人，并且由于企业管理的人力资源尤其是具有特别才干或特殊技能的优秀人才属于专用性较强的资产，这些资产的保有和流动适于内部化。[③] 徐传谌和闫俊伍（2011）认为，国有企业经理人员明显具有风险中性或风险规避的态度，企业经营风险会通过风险转嫁机制至少部分或全部转嫁给履行出资人机构（见表8-6）。[④]

表8-6 对我国企业治理结构所存在的问题的研究汇总表

| 主要观点 | 代表学者 |
| --- | --- |
| 内部人控制论 | 荣荣和施丽霞（2002），龚敏和严若森（1999），周利国（2005），等等 |
| 股权高度集中论 | 吴凡和卢阳春（2010），董秀良（2001），龚敏和严若森（1999），覃冬婕和钟海燕（2019），李伟（2007），张翼等（2005），等等 |
| 有效激励缺乏论 | 丁志国和耿玉新（2005），唐欲静（2001），简新华（1998），等等 |
| 委托代理机制不健全论 | 刘银国（2007），邓旭东和欧阳权（2004），王炳文（2014），徐传谌和闫俊伍（2011），等等 |

## 第五节 国有企业的改革与发展

习近平总书记指出："要通过加强和完善党对国有企业的领导、加强和改进国有企业党的建设，使国有企业成为党和国家最可信赖的依靠力量，成为坚决贯彻执行党中央决策部署的重要力量，成为贯彻新发展理念、全面深化改革的重要力量，成为实施'走出去'战略、'一带一路'建设倡议的重要力量，成为壮大综合国力、促进经济社会发展、保障和改善民生的重要力量，成为我们党赢得具有许多新的历史特点的伟大斗争胜利的重要力量。"[⑤] 国有企业在我国经济发展中有着举足轻重的地位，本节将从国有企业的性质、国有企业的改革与发展历程、国有企业混合所有制改革这三个方面入手，来

---

[①] 刘银国：《基于委托—代理理论的国有企业经营者激励机制研究》，《经济问题探索》，2007年第1期，第155~160页。
[②] 邓旭东，欧阳权：《委托代理理论与国企激励约束机制的构建》，《企业经济》，2004年第10期，第17~20页。
[③] 王炳文：《从委托代理理论视角论继续深化国有企业改革》，《求实》，2014年第6期，第45~49页。
[④] 徐传谌，闫俊伍：《国有企业委托代理问题研究》，《经济纵横》，2011年第1期，第92~95页。
[⑤] 《习近平在全国国有企业党的建设工作会议上强调 坚持党对国有企业的领导不动摇 开创国有企业党的建设新局面》，《人民日报》，2016年10月12日第1版。

探讨国有企业改革与发展中的诸多经济理论。

## 一、国有企业的性质及作用

目前学术界对于国有企业的性质及作用有不同的看法：一派以周新城、程恩富等学者为代表，积极肯定国有企业在社会主义建设中的积极作用，坚定认为国有企业应在国民经济中发挥主导作用，并以此推动产业结构调整和宏观经济调控，最终实现共同富裕；另一派以袁志刚、张维迎等学者为代表则认为国有企业获得了金融"输血"，凭借垄断地位导致市场体系发育受阻，并造成劳动收入占比下降和内外结构失衡以及低效率等问题。但是，对于国有企业批判的声音还是少数。大多数争论集中在国有企业应在何种领域发挥重要作用，以及如何实现国有经济对国民经济的主导作用和调整产业结构等问题。

"国企低效论"。这一理论认为国有企业低效，占用社会资源从而导致市场体系发育受阻。这一派学者中，张维迎（1995）认为，国有企业的根本改革的一个办法是将部分国有资产分给个人，从而创造出更多的个人财产所有者。国有企业以"守摊"为主，进行一些局部的改革，同时大力推进非国有经济的发展，逐步让非国有经济（包括个人、集体企业、乡镇企业、外资）插足于国有企业承担起"股东"的角色。将国有资产转变为"国家债权"。[①] 樊纲（2000）认为，体制转轨的最重要的问题首先不是改革国有经济，而是发展非国有经济。这不仅是由于非国有经济的发展支撑着经济的增长和市场体制的形成，而且也是由于它创造出使国有经济得以改革的更有利的条件。国有经济若不改革，就还要占用大量资源，而且要从非国有经济转移资源作为事实上对国有经济的补贴。[②] 袁志刚和邵挺（2010）认为，国有企业垄断程度不断上升，市场体系发育阻力重重。且国有企业垄断造成劳动收入占比下降和内外结构失衡，因此对于那些行政性垄断行业，要坚决打破垄断允许民营资本进入（见表8-7）。[③]

表8-7 国企低效论观点梳理汇总表

| 主要观点 | 研究角度 | 代表学者 |
| --- | --- | --- |
| 中国国有企业改革要真正解决经营者选择机制问题，有待于个人财产所有制度的建立 | 国有企业产权角度 | 张维迎（1995），等等 |
| 体制转轨的最重要的问题首先不是改革国有经济，而是发展非国有经济。 | 中国经济体制转轨中国有企业的性质及作用 | 樊纲（2000），等等 |
| 国有企业垄断程度不断上升，造成市场体系发育阻力、劳动收入占比下降和内外结构失衡 | | 袁志刚和邵挺（2010），等等 |

以上较为有代表性的学者们的观点可总结为，国有企业的性质是凭借国家扶持占据

---

① 张维迎：《从现代企业理论看国有企业改革》，《改革》，1995年第1期，第30~33页。
② 樊纲：《论体制转轨的动态过程——非国有部门的成长与国有部门的改革》，《经济研究》，2000年第1期，第61~79页。
③ 袁志刚，邵挺：《国有企业的历史地位、功能及其进一步改革》，《学术月刊》，2010年第1期，第55~66页。

垄断地位，从而导致低效率并占据非公有制经济的发展资源，导致市场体系的构建受阻。因此要对国有企业进行改革，引入非公有制成分。

"举足轻重论"。对于以上观点，学术界另一派坚定支持做大做强国有企业，提升国有企业控制力、影响力的学者进行了驳斥。并认为国有企业在提升社会与经济效益上发挥着不可替代的作用。对于国有企业的性质及作用，学者们的观点划分为四种："三点论""四点论""五点论"以及"六点论"。

第一，"三点论"。蒋学模（1998）认为，不仅在那些关系国民经济命脉的部门国有企业应牢牢占领阵地，即使在非命脉部门国有企业也不应自甘退出。国有企业的性质体现在为社会主义社会奠定经济基础、对国民经济发挥主导作用、实现共同富裕。① 黄速建和余菁（2006）认为，在实现既定的施政目标方面，国有企业比其他的影响经济的方式来得更为有效，实施成本更低。但国有企业的目标分为经济目标与非经济目标，因此国有企业势必要承担一定的社会责任。② 钱津（2007）认为，国有企业的设立代表了一种新的社会制度的开始，这一经济成分的存在是决定社会主义国家的基本制度的。国有企业性质体现在它使消灭剥削在更大的经济范围内实现、使社会劳动整体智力实现向更高的水平提升、使和谐社会的实现具有更坚实的基础。③ 刘建华等（2011）认为，社会主义国有企业本质属性是生产资料社会主义公有制，社会主义国有企业的性质是由社会主义国家的性质决定的，社会主义国有企业有别于资本主义国有企业，它是社会主义的一种所有制。④

第二，"四点论"。周新城（2016）认为，搞好国有企业，是巩固和发展中国特色社会主义事业的根本保证。国有企业的性质体现在它是社会主义社会性质的保障、巩固党的执政地位、引导国民经济正确发展、实现共同富裕。⑤ 朱安东等（2020）认为，体量、规模和使命决定国有企业的战略地位，它是经济独立自主与经济安全的支柱，也是建设现代化基础设施体系的中坚，同时它还是实现高质量发展的依托和共同富裕的保障⑥。

第三，在国有企业性质及作用"五点论"中，董辅礽（1995）认为，国有企业要在社会主义市场经济中发挥主导作用，但国有企业不在于数量多，而在于是否能发挥这种主导作用。发挥主导作用主要在于国有企业对市场失灵进行干预、建设基础设施、提供公益服务、维护市场公平竞争、维护国家安全这五个方面。⑦ 吴宣恭（2015）认为，充

---

① 蒋学模：《国有制、国有企业与市场经济相容问题的深层次理论研究》，《社会科学战线》，1998年第3期，第20~28页。

② 黄速建，余菁：《国有企业的性质、目标与社会责任》，《中国工业经济》，2006年第2期，第68~76页。

③ 钱津：《论国有企业在社会主义建设中的地位与作用》，《福建论坛》（人文社会科学版），2007年第1期，第21~26页。

④ 刘建华，付宇，周璐瑶，徐东辉：《我国国有企业性质的重新审视——由"国进民退"或"民进国退"引发的思考》，《经济学家》，2011年第11期，第57~62页。

⑤ 周新城：《拨开新自由主义对国企改革制造的迷雾——读中共中央国务院〈关于深化国有企业改革的指导意见〉的感想》，《贵州师范大学学报》（社会科学版），2016年第2期，第1~15页。

⑥ 朱安东，孙洁民，王天翼：《我国国有企业在现代化经济体系建设中的作用》，《经济纵横》，2020年第12期，第36~43页。

⑦ 董辅礽：《国有企业的困境与出路》，《中国工商管理研究》，1995年第7期，第3~7页。

分发挥国有经济的职能将抑制或减轻私有经济在市场经济中的消极作用,有力支持产业结构调整,促进社会经济的协调发展,有利于转换经济发展方式,实现共同富裕。① 王宏波和陶惠敏(2015)认为,国有企业作为社会主义公有制的实现主体,其主体作用体现在国有经济结构的系统特征上。国有企业是国有资本的运营主体,通过资本管理实现主导作用;是调控经济的主要手段并通过发展混合所有制统帅国民经济;还是参与经济竞争、拉动经济增长的主导力量;也是社会责任的主要承担者。②

第四,"六点论"。程恩富(1997)认为,国有经济不应定位在为非国有经济拾遗补阙,而应在基础服务、支柱构筑、流通调节、技术示范、社会创利、产权导向这六个方面发挥重要作用(见表8-8)。③

表8-8 对 国有企业的性质及作用的研究汇总表

| 代表观点 | 主要内容 | 代表学者 |
| --- | --- | --- |
| 三点论 | 奠定经济基础、主导国民经济、实现共同富裕 | 蒋学模(1998) |
| | 在实现既定的施政目标方面国有企业更为有效且成本更低、目标分为经济与非经济目标、承担社会责任 | 黄速建和余菁(2006) |
| | 消灭剥削、使社会劳动整体智力水平提升、使和谐社会的实现具有更坚实的基础 | 钱津(2007) |
| | 社会主义国有企业本质属性是生产资料社会主义公有制、其性质是由社会主义国家的性质决定的且有别于资本主义国有企业 | 刘建华,付宇,周璐瑶,徐东辉(2011) |
| 四点论 | 国有企业是社会主义社会性质的保障、巩固党的执政地位、引导国民经济正确发展、实现共同富裕 | 周新城(2016) |
| | 国有企业是经济独立自主与经济安全的支柱、建设现代化基础设施体系的中坚、实现高质量发展的依托、共同富裕的保障 | 朱安东,孙洁民,王天翼(2020) |
| 五点论 | 对市场失灵进行干预、建设基础设施、提供公益服务、维护市场公平竞争、维护国家安全 | 董辅礽(1995) |
| | 抑制私有经济的消极作用、产业结构调整、社会经济的协调发展、转换经济发展方式、实现共同富裕 | 吴宣恭(2015) |
| | 资本管理、调控经济、统帅国民经济、参与经济竞争、拉动经济增长、承担社会责任。 | 王宏波和陶惠敏(2015) |
| 六点论 | 国有经济应在基础服务、支柱构筑、流通调节、技术示范、社会创利、产权导向这六个方面发挥重要作用 | 程恩富(1997) |

---

① 吴宣恭:《对社会主义市场经济特有优势与国有经济主导作用的再认识》,《毛泽东邓小平理论研究》,2015年第1期,第74~78页。
② 王宏波,陶惠敏:《中西国有企业的性质和功能比较》,《思想理论教育导刊》,2015年第7期,第74~82,第114页。
③ 程恩富:《国有经济的主导功能与制度创新》,《北京财贸学院学报》,1997年第5期,第12~14页。

## 二、国有企业的改革与发展历程

### (一) 中国特色社会主义制度下的国企改革 (1978—2012)

#### 1. 国有企业放权让利改革

中共十一届三中全会后,国有企业进入了"放权让利"的改革阶段。这一时期改革主要任务是对企业放权让利,试图引导国营企业在扩大自主权的条件下进行自负盈亏的经营。

"放权让利有限论"。持这一观点的学者认为,放权让利无法从根本上解决企业自负盈亏的问题,也无法更大程度激发员工的积极性。钱津(2010)认为,对于国有企业来说,仅仅实行扩大企业自主权的改革是远远不够的,国有企业应成为相对独立的商品生产者和经营者。[①] 曾宪奎(2019)认为,放权让利确实能在一定程度上激发企业的积极性,但在计划经济体制不变的情况下,能够下放的权利范围有限,无法从根本上解决企业的激励问题。[②] 黄速建和胡叶琳(2019)指出,"放权让利"的改革,对于国有企业经营效率低下问题的解决效果并不明显,为此党的十四届三中全会提出了制度创新的新方向——建立现代企业制度。[③] 陈福中(2021)指出,当时,国有企业的经营者尚未具备一定的市场竞争意识与生产积极性,使得国有企业难以真正融入市场经济体制去参与市场竞争,也无法协调社会资源的优化配置。[④]

"放权让利有效论"。持这一观点的学者认为,放权让利是打破僵化体制的开端,能够提高企业及员工的积极性,为后续承包制、股份制改革奠定了基础。黄少安(2018)认为,"放权让利"作为初期的改革措施,主要是国家对企业下放经营自主权,减轻税收负担,将部分利润留给企业,有助于消除一些国有企业的弊端。[⑤] 黄茂兴和唐杰(2019)认为,放权让利具体体现为两个方面:一是调整国家与企业的关系,扩大企业自主权;二是将企业经营状况同利益挂钩,这样充分调动了企业和职工的积极性。[⑥] 胡国良和李斯捷(2019)指出,国有企业在实践中通过采用"两权"分离,将经营权下放,激发员工工作积极性,焕发企业活力,提高企业效率。[⑦]

#### 2. 国有企业股份制改革

后来几年的改革,有很多具体内容,包括国有企业改成股份制企业、抓大放小、处

---

[①] 钱津:《30年:国有企业改革思想的变迁》,《河北经贸大学学报》,2010年第2期,第64~69页。
[②] 曾宪奎:《新中国成立以来我国国有企业的发展历程与经验》,《经济纵横》,2019年第8期,第39~48页。
[③] 黄速建,胡叶琳:《国有企业改革40年:范式与基本逻辑》,《南京大学学报》(哲学·人文科学·社会科学),2019年第2期,第38~48,158页。
[④] 陈福中:《改革开放以来国有企业改革的实践和制度创新》,《兰州学刊》,2021年第1期,第15~24页。
[⑤] 黄少安:《国有企业改革40年:阶段演化、理论总结与未来思考》,《江海学刊》,2018年第5期,第99~106页。
[⑥] 黄茂兴,唐杰:《改革开放40年我国国有企业改革的回顾与展望》,《当代经济研究》,2019年第3期,第21~31页。
[⑦] 胡国良,李斯捷:《改革开放40年国有企业治理理论的发展与实践创新》,《现代经济探讨》,2019年第12期,第21~24页。

置国有企业不良债务等,都是围绕以股份制为代表的现代企业制度的建立和完善展开的。国有企业股份制改革是一项重大改革举措,对于企业明晰产权、提升激励、扩大融资等方面大有裨益,但也可能出现流于形式、国有资产流失等诸多问题。

"组织形式论"。持这一观点的学者认为,股份制是企业的一种组织形式,有益处但并不能解决国有企业的全部问题,还需要现代企业制度等方面的支持。林凌(1988)认为,从承包制发展为股份制,已越出经营形式改革的范畴,深化为企业内部财产组织形式的改革,对促进我国城市经济由产品经济向商品经济转化有重要意义。① 许明(1992)认为,股份制是适应商品经济发展的一种先进的财产组织形式和企业制度。② 戴园晨(1997)认为,股份制是一种反映社会化生产规律的企业经营方式和组织形式。③ 程恩富和王小文(2002)认为,股份制是现代企业的一种科学的组织形式,它有利于理顺我国国有企业的产权关系并建立规范的公司治理结构和现代企业制度,但需要严格的立法和执法、规范的产权制度配合。④ 周新城(2003)认为,股份制只是资本的组织形式,它只能解决组织形式方面存在的矛盾,在实行股份制改造的同时,还必须建立现代企业的治理结构等。⑤

"利益共享论"。持这一观点的学者认为,股份制改革能让企业与企业之间的利益紧密联系在一起,实现利益共享,风险共担。于祖尧(1984)认为,企业与企业之间可能通过实行集股联营的方式,扬长避短,互通有无,发挥各自的优势,加速生产力的普遍发展。⑥ 许明(1992)认为,股份制能使不同的所有者存在于同一经济实体之中,并按照共同接受的规则共担风险,共享收益。⑦ 厉以宁(1993)认为,股份制企业集团又被称为利益一体化的企业集团,核心层通过参股、控股与其他企业在利益上紧密地联系在一起,一荣俱荣,一损俱损。⑧ 杨承训和阎恒(1994)认为,股份制可以吸收技术人员以技术成果入股,既省下购买技术成果的巨额费用又使技术人员由于变成部分所有者而铁心为企业日夜操劳,为开拓市场精心设计、发明创造。⑨ 萧灼基(1997)认为,股份制有利于社会生产力的发展,通过灵活的资产重组与产权转移,提高社会经济效益。⑩

"辩证中立论"。持这一观点的学者认为,股份制应当辩证地看待,无论是在优缺点上还是在制度层面上。吴宣恭(1994)认为,股份制可以在我国新的产权结构中发挥其

---

① 林凌.:《从承包制到股份制——从企业经营形式到财产组织形式的转变》,《经济体制改革》,1988年第5期,第21~25页。
② 许明:《国有企业改革模式构想——实现从承包制向股份制的转化》,《经济问题探索》,1992年第5期,第26~28页。
③ 戴园晨:《股份制改革与民营经济发展》,《中国工商》,1997年第10期,第24~25页。
④ 程恩富,王小文:《股份制国有企业改革效应分析》,《经济纵横》,2002年第2期,第26~30页。
⑤ 周新城.:《论股份制的性质和作用》,《思想理论教育导刊》,2003年第12期,第55~58页。
⑥ 于祖尧:《积极发展社会主义股份企业》,《经济体制改革》,1984年第3期,第23~27+42页。
⑦ 许明:《国有企业改革模式构想——实现从承包制向股份制的转化》,《经济问题探索》,1992年第5期,第26~28页。
⑧ 厉以宁:《特大型国有企业的股份制改革》,《管理世界》,1993年第3期,第73~78页。
⑨ 杨承训,阎恒:《股份合作制:社会主义市场经济下新型"合作工厂"》,《经济研究》,1994年第8期,第42~47页。
⑩ 萧灼基:《股份经济是导向共产主义的最完善形式》,《环渤海经济瞭望》,1997年第2期,第5~7页。

他财产组织形式所不可能具有的积极作用（如扩大融资、培育市场体系），同时其产权关系和运行机制又规定了在其积极面背后还有一些消极的东西（如盲目生产、权力争夺）。应以辩证的观点看待股份制在社会主义市场经济体制中的地位，做到兴其利而除其弊。① 高鸿业（1994）认为，股份化可以筹集到更新设备所需的资金，提升企业效率。但仅凭股份化所造成的形式上的转变，不但很难解决国有大中型企业的效率问题，甚至还有可能带来不利的后果。② 蒋学模（1997）认为，股份公司既可以同私有制相结合成为资本主义的股份公司，又可以同公有制相结合成为社会主义的股份公司，把股份公司视作只能是私有制或把股份制直接等同于公有制，都是错误的。③ 张超和孙健（2005）认为，国有企业承包制—股份制的制度变迁过程并不是决策者依据改革成本最小或是阻力最小作出制度选择的结果，而是当时各关键利益集团相互博弈的结果。④

## （二）中国特色社会主义新时代下的国企改革（2012年至今）

自党的十八大以来，国有企业的改革也步入了新的阶段，在这一阶段中国有企业监管的转变、分类改革的推进、混合所有制改革的大力实施等成为研究的核心问题。

"监管转变论"。持这一观点的学者认为，党的十八大以来对国有企业的监管实现了从"管资产"到"管资本"的转变。陈福中（2021）认为，党的十八大明确指出了对国有企业的监管对象实现从"管企业"到"管资本"的转变。⑤ 余菁和黄群慧（2017）认为，党的十八届三中全会对新时期全面深化国有企业改革进行了战略部署，明确了建立以管资本为主的国有资本管理体制以及进一步完善现代企业制度等方面内容。⑥ 胡锋和石涛（2019）认为，以管资本为主加强国有资产监管是对国有资产监管方式的重大转变，有利于国有资本的布局结构优化和国有企业活力的提升，需要通过国有企业公司制改制、建立国有资产监管清单、实施分类监管、推进国有资本投资运营公司市场化运作、完善国有企业公司治理结构等多方面系统推进。⑦ 张行（2020）认为，健全国有资产监管体系，防止国有资产流失是深化国有企业改革的重要举措。⑧ 赵斯昕等（2020）认为，本轮国企改革是建立以"管资本为主"的国有资产监管新体系作为本轮改革的动力，微观上以混改为突破口。⑨ 杨新铭和杜江（2020）认为，党的十八大以来，国有资

---

① 吴宣恭：《股份公司的产权关系、运行机制和作用》，《中国社会科学》，1994年第2期，第35~46页。
② 高鸿业：《股份化并非唯一妙着》，《中国物资》，1994年第4期，第62~63页。
③ 蒋学模：《关于股份公司的几点理论思考》，《复旦学报》（社会科学版），1997第5期，第6~10页。
④ 张超，孙健：《利益集团理论与国有企业制度变迁——国有企业承包制—股份制案例研究》，《财经问题研究》，2005年第12期，第3~9页。
⑤ 陈福中：《改革开放以来国有企业改革的实践和制度创新》，《兰州学刊》，2021年第1期，第15~24页。
⑥ 余菁，黄群慧：《新时期全面深化国有企业改革的进展、问题与建议》，《中共中央党校学报》，2017年第5期，第113~121页。
⑦ 胡锋，石涛：《以管资本为主加强国资监管的路径研究》，《湖湘论坛》，2019年第2期，第153~159页。
⑧ 张行：《习近平新时代中国特色社会主义思想下国有企业改革路径思考》，《福建师范大学学报》（哲学社会科学版），2020年第6期，第32~38页，168页。
⑨ 赵斯昕，孙连才，关权：《本轮国企改革的重大突破与创新——"以管资本为主"的国资监管新体系解析及变革建议》，《青海社会科学》，2020年第3期，第117~123页。

产管理体制机制改革在微观上围绕优化国有资本配置，推动国有资产监管机构职能转变。①

"分类改革论"。在党的十八大之前，国有企业分类改革的呼声早已有之。如张仲秋（1998）认为，国有企业的分类改革，就是依据国有企业的职能、作用提供产品的性质，所处领域或行业的特点和规模的差异所形成的不同类型，选择与之相适应的改革方式。②杨瑞龙（1999）认为，应根据"抓大放小"的改革原则对国有企业实行分类改革，根据国有企业提供的产品的性质及所处行业的差异，选择不同类型的改革战略。③但持这类观点的学者较少，直到党的十八大以来才逐渐多了起来。目前的国有企业分类改革和以前的分类改革有着诸多不同，当前国有企业改革是以混合所有制改革为发力点，以增强国有经济的活力、控制力、影响力为落脚点，以分类推进为着眼点的改革。黄群慧和余菁（2013）认为，应将国有经济部门区分出公共政策性、特定功能性和一般商业性三类，为它们分别构造不同的治理机制。④李丽琴和陈少晖（2016）认为，中央《关于国有企业功能界定与分类的指导意见》的发布，标志着国有企业分类改革进入具体推进阶段，国有企业分类改革是深化国有资产改革，推进分类治理，从而促进国有资本战略性调整的前提和基础。⑤胡锋（2017）认为，国有企业改革的目标绝不是将国企民营化，使国有资本完全退出，当然也绝不是一味地"国退民进"，挤压民营企业生存空间，而是根据国有企业所处的不同领域和肩负的不同使命，进行分类改革。⑥

### 三、国有企业的效率

#### （一）国有企业的直接效率

对于国有企业的直接微观效率，学者们对国有企业的全要素生产率、创新效率等企业层面的效率是否有较高效率值有着不同看法，观点可归纳为"低效论""提升论""高效论"。

"低效论"。董晓庆等（2014）在分行业比较中，发现除航空航天器制造业外，其余四个行业的国有企业创新效率都明显低于民营企业。在全部行业总体效率比较中，发现国有企业的创新效率普遍低于民营企业。⑦刘瑞明和石磊（2010）认为，国有企业不仅本身存在效率损失，而且由于软预算约束的存在，它还拖累了民营企业的发展进度，从

---

① 杨新铭，杜江：《国有资本管理体制改革的基本逻辑与方案》，《理论学刊》，2020年第4期，第67~75页。
② 张仲秋：《摒弃单一改革模式，分类进行国有企业改革》，《社会科学战线》，1998年第4期，第33~37页。
③ 杨瑞龙：《国有企业分类改革的战略选择》，《中国工业经济》，1999年第8期，第9~11页。
④ 黄群慧，余菁：《新时期的新思路：国有企业分类改革与治理》，《中国工业经济》，2013年第11期，第5~17页。
⑤ 李丽琴，陈少晖：《国有企业分类改革的理论依据与现实推进》，《现代经济探讨》，2016年第4期，第25~29页。
⑥ 胡锋：《国有企业分类改革：动因、理论指导与当前实践》，《湖湘论坛》，2017年第2期，第88~94页。
⑦ 董晓庆，赵坚，袁朋伟：《国有企业创新效率损失研究》，《中国工业经济》，2014年第2期，第97~108页。

而对整个经济体构成增长拖累。① 刘瑞明（2011）认为，庞大的国有经济不仅因为自身的效率损失影响了经济增长，而且通过金融压抑、歧视和效率误配的途径对整个国民经济产生拖累效应。② 对此有学者作出了回应，洪功翔（2010）认为，国有企业对经济增长具有显著的正向效应，而不是增长拖累。③

"提升论"。龚关等（2015）认为，在1998—2007年期间，中国国有制造业和非国有制造业的全要素生产率一直处于上升阶段，然而在此期间国有制造业企业和非国有制造业企业的全要素生产率存在着差异，主要表现在国有企业的平均生产效率低于非国有企业。④ 李利英（2004）对769家国有企业1980—1999年的数据，用时间参数法对样本企业的生产率长期变动趋势进行测定，发现除个别年份外样本企业的生产率一直保持增长态势。⑤ 孔东民等（2014）认为，国企生产效率虽然低于外企，但确实有显著的逐年追赶趋势。⑥ 郝书辰等（2012）认为，国有工业企业的效率在36个行业中是逐年增长的，与其他所有制企业相比，国有工业企业效率增长速度在21个行业中超过私营企业，在34个行业中超过外资企业。⑦ 周黎安等（2007）利用1998年到2004年中国制造业企业数据，从企业代际和年龄的角度研究了中国制造业企业的生产率变动，认为尽管国有企业平均来看较其他所有制企业的生产率低，但在1988年之后新成立的国有企业日益增加的代际优势，表现出了明显的追赶效应。⑧ 谢千里等（2008）采用1998年和2005年中国所有规模以上工业企业的数据，对不同所有制企业的全要素生产率进行了对比，认为国有企业虽然全要素生产率低于外资企业、民营企业，但是15.6%的年增长率处于相当高的水平。⑨

"高效论"。刘元春（2001）认为，国有企业效率状况从微观财务角度来看是非效率的，但从全要素生产率来看是有效率的。⑩ 赵庆（2017）认为，国有企业是技术扩散的中心，从区域创新效率溢出效应角度来说，国有企业是高效的。⑪ 马荣（2011）对

---

① 刘瑞明，石磊：《国有企业的双重效率损失与经济增长》，《经济研究》，2010年第1期，第127~137页。
② 刘瑞明：《金融压抑、所有制歧视与增长拖累——国有企业效率损失再考察》，《经济学》（季刊），2011年第2期，第603~618页。
③ 洪功翔：《国有企业存在双重效率损失吗——与刘瑞明、石磊教授商榷》，《经济理论与经济管理》，2010年第11期，第24~32页。
④ 龚关，胡关亮，陈磊：《国有与非国有制造业全要素生产率差异分析——基于资源配置效率与平均生产率》，《产业经济研究》，2015年第1期，第93~100页。
⑤ 李利英：《中国国有企业生产率变动趋势的实证分析——基于对769家国有企业跟踪调查样本的判断》，《经济科学》，2004年第1页，第65~72页。
⑥ 孔东民，代昀昊，李阳：《政策冲击、市场环境与国企生产效率：现状、趋势与发展》，《管理世界》，2014年第8页，第4~17+187页。
⑦ 郝书辰，田金方，陶虎：《国有工业企业效率的行业检验》，《中国工业经济》，2012年第12期，第57~69页。
⑧ 周黎安，张维迎，顾全林，汪淼军：《企业生产率的代际效应和年龄效应》，《经济学》（季刊），2007年第4期，第1297~1318页。
⑨ 谢千里，罗斯基，张轶凡：《中国工业生产率的增长与收敛》，《经济学（季刊）》，2008年第3期，第809~826页。
⑩ 刘元春：《国有企业的"效率悖论"及其深层次的解释》，《中国工业经济》，2001年第7期，第31~39页。
⑪ 赵庆：《国有企业真的低效吗？——基于区域创新效率溢出效应的视角》，《科学学与科学技术管理》，2017年第3期，第107~116页。

2003—2008年行业加总的国有企业实证核算了全要素生产率和分解，并与外资企业和行业平均进行比较，结果发现国有企业的全要素生产率具有绝对优势。[1] 姚东旻和李军林（2016）发现在国有企业的"直接效率"事实上并不是持续较低的，国企是直接高效的。[2]

## （二）国有企业的间接效率

除了从微观的直接效率考察外，还应从间接宏观的角度考察国有企业的效率问题。学者的研究从经济效益辐射、社会性与政策性功能方面论述了国有企业的间接高效。学者们在国有企业间接效率的研究中，认为国有企业间接效率较高是一个共识。

刘元春（2001）认为，国有企业可以作为克服市场失灵和政府失灵的制度安排，可以成为技术模仿、技术扩散和技术赶超的中心，可以充当转型期宏观经济的稳定者、社会福利和公共品的提供者，因而在宏观上是有效率的。[3] 杨静（2015）认为，国有企业的性质决定了公益性社会责任在其价值导向上的主体地位。以科学发展观为指导树立科学效率观，从国有企业所承担的公益性社会责任角度考察其效率，结果表明我国国有企业是相对高效率的。[4] 伍旭中和冯琴琴（2015）认为，评价国有企业效率，必须把"经济效率"与"公共效率"统一起来。国有企业的社会效益包括公用事业单位、非营利性国有企业的经济行为、国有企业在公益性事业中的社会效益。[5] 卢俊和彭雪（2015）认为，在经济辐射效率、创新效率和社会效率方面，国有企业占绝对优势，带动其他企业相关效率的提高。[6] 倪国华等（2016）认为，国有企业具有较强的宏观效率，但国有企业在微观效率方面的短板也将随相关地区经济发展水平的提高而逐步显现。[7]

## （三）国有企业效率损失的成因

对于国有企业效率损失，造成低效率的原因，学术界有"政府干预论""产权不明晰论""社会责任论"等观点。

"政府干预论"。持这一观点的学者认为，国有企业的低效原因在于政府的政策优惠等一系列干预政策。董晓庆等（2014）认为，国有企业拥有政府的保护能够轻易获得各种优惠政策为其寻租创造了便利条件，在寻租活动中的投入精力过多，必然分散精力，

---

[1] 马荣：《中国国有企业效率研究——基于全要素生产率增长及分解因素的分析》，《上海经济研究》，2011第2期，第20～28页。
[2] 姚东旻，李军林：《国有企业多元功能与运行效率：1999—2016年》，《改革》，2016年第3期，第37～48页。
[3] 刘元春：《国有企业宏观效率论——理论及其验证》，《中国社会科学》，2001年第5期，第69～81+206页。
[4] 杨静：《国有企业效率考量——基于公益性社会责任视角》，《河北经贸大学学报》，2015年第4期，第63～67页。
[5] 伍旭中，冯琴琴：《以功能评价效率：国有企业效率的实证研究》，《当代经济研究》，2015年第6期，第67～73页。
[6] 卢俊，彭雪：《多维度视角全面评价国有企业效率》，《经济与管理研究》，2015年第6期，第27～36页。
[7] 倪国华，徐丹丹，谢志华：《国有企业在不同经济发展阶段的效率图谱研究》，《数量经济技术经济研究》，2016年第7期，第96～111页。

从而降低对创新的重视程度。①孙晓华和李明珊（2016）认为，地方政府干预动机越强，国有企业的过度投资问题越突出，尽管国有企业过度投资对地区经济增长具有显著的正效应，但也造成了生产效率损失。②徐保昌和谢建国（2015）认为，政府补贴不利于企业全要素生产率的提升。随着企业全要素生产率水平的提高，政府补贴对企业全要素生产率的阻碍作用逐渐降低。③钱雪松等（2018）认为，与政府干预较弱地区企业（或非国有企业）相比，政府干预较强地区企业（或国有企业）资本配置效率的降低作用相对更强。④

"产权不明晰论"。持这一观点的学者认为，国有企业效率损失在于产权不明晰，缺乏激励机制。解决方法在于明确产权，推动国有企业混合所有制改革。张天华和张少华（2016）认为，偏向性政策造成的效率损失已经显著下降，国有企业数量的减少和单个国有企业的效率损失不断下降是两个主要原因。产权问题的解决会缓解国有企业造成效率损失的问题。⑤吴延兵（2012）认为，国有企业的公有产权属性决定了国有企业中存在着生产效率和创新效率的双重损失。只有当生产中的剩余索取权与剩余控制权相匹配后，才能提高国有企业的生产效率。⑥赵放和刘雅君（2016）认为，从整体上看，"混改"对国有企业创新效率的提升具有促进作用。⑦祁怀锦等（2019）认为，国有企业混合所有制改革程度与企业资本配置效率显著正相关，即国有企业混合所有制改革能够提升企业资本配置效率。⑧

"社会责任论"。持这一观点的学者认为，国有企业效率损失在于其承担着部分社会责任，不能以利润为导向。姚东旻和李军林（2016）认为，国有企业的行为不只是单纯的市场经济性行为，而且还承载着政策意图，单纯从市场化指标出发，抛弃时间的因素，去讨论国企的效率，是有失偏颇的。⑨谢莉娟等（2019）认为，当国有企业的决策目标中社会福利的权重相对减少，企业利润的权重相对增加时，国有企业才可能减轻重

---

① 董晓庆，赵坚，袁朋伟：《国有企业创新效率损失研究》，《中国工业经济》，2014年第2期，第97～108页。
② 孙晓华，李明珊：《国有企业的过度投资及其效率损失》，《中国工业经济》，2016年第10期，第109～125页。
③ 徐保昌，谢建国：《政府质量、政府补贴与企业全要素生产率》，《经济评论》，2015年第4期，第45～56+69页。
④ 钱雪松，康瑾，唐英伦，等：《产业政策、资本配置效率与企业全要素生产率——基于中国2009年十大产业振兴规划自然实验的经验研究》，《中国工业经济》，2018年第8期，第42～59页。
⑤ 张天华，张少华：《偏向性政策、资源配置与国有企业效率》，《经济研究》，2016年第2期，第126～139页。
⑥ 吴延兵：《国有企业双重效率损失研究》，《经济研究》，2012年第3期，第15～27页。
⑦ 赵放，刘雅君：《混合所有制改革对国有企业创新效率影响的政策效果分析——基于双重差分法的实证研究》，《山东大学学报》（哲学社会科学版），2016年第6期，67～73页。
⑧ 祁怀锦，李晖，刘艳霞：《政府治理、国有企业混合所有制改革与资本配置效率》，《改革》，2019年第7期，第40～51页。
⑨ 姚东旻，李军林：《国有企业多元功能与运行效率：1999—2016年》，《改革》，2016年第3期，第37～48页。

资产配置的倾向,并提高轻资产配置效率。①

### 四、国有企业混合所有制改革

改革开放以来特别是党的十八大以来,国有企业的改革越来越多地被学术界讨论,这期间涌现了许多有关国有企业改革问题的研究成果。国有企业自改革开放以来经历了"扩大企业自主权""承包制""股份制改革""混合所有制改革"等改革,这期间学术界对于国企改革的核心问题在争论中不断变迁。

自党的十八届三中全会以来,混合所有制改革逐渐成为了学术界对国有企业改革领域研究的核心问题。学术界对混合所有制问题展开了激烈的讨论,从不同的立场、角度出发,提出了不同的观点。以周新城(2016)、黄速建(2006)为代表的一派学者认为,应该把发展混合经济当作扩大国有资本支配范围、巩固公有制的主体地位、加强国有经济主导作用、引导非公有制经济发展的一种形式和手段;另一派以张维迎为代表的学者则认为,应该大力鼓励和发展私营经济、外资经济控股的混合经济。张维迎(1996)认为,明确了国家的股东地位并不能决定谁是经营者的问题,而经营者对企业至关重要,同时也解决不了政企不分的问题。因此应把国有资本变债权,非国有资本变股权,由此实现投资主体的大换位,解决企业负债率过高的问题。② 这一派学者的观点属于少数,更多的学者争论焦点则是混合所有制改革对于国有企业的意义及实现路径。

#### (一)混合所有制的界定

学术界对于何为"混合所有制"有着不同的界定,可总结为混合所有制界定的"一层面论""二层面论""三层面论"。

"一层面论"。卢俊(2014)认为,混合所有制经济的本质是产权主体多元化。③ 刘崇献(2014)认为,混合所有制是由各种不同所有制经济,按照一定原则,实行资本联合、融合或混合经营的所有制形式。④ 何自力(2014)认为,混合所有制是指由不同的所有制成分在企业内部以资本为纽带结合而形成的所有制形态。⑤ 高明华等(2014)认为,"混合"意味着同一企业中存在多元股东或经济主体,不同经济主体入股同一企业的目的是寻求企业价值或利润的最大化。⑥ 可以看出主张"一元论"学者的研究角度是企业内部产权主体。

"二层面论"。学者主要从宏观和微观两个层面对混合所有制进行了界定。朱光华(2004)认为,从宏观层面看是指社会所有制结构的多种所有制并存,可称为社会的混合所有制,从微观层面来看,是指不同所有制成分联合形成的企业所有制形态,可称为

---

① 谢莉娟,王诗桪,张昊:《重资产配置与国有企业效率——兼议混合所有制改革中的价值网优化》,《经济理论与经济管理》,2019年第2期,第15~33页。
② 张维迎:《中国国有企业资本结构存在的问题》,《金融研究》,1996年第10期,第27~29页。
③ 卢俊:《推进混合所有制深化国有企业改革》,《宏观经济管理》,2014年第9期,第18~20,24页。
④ 刘崇献:《混合所有制的内涵及实施路径》,《中国流通经济》,2014年第7期,第52~58页。
⑤ 何自力:《发展混合所有制经济要坚持社会主义方向》,《山东社会科学》,2014年第11期,第23~26页。
⑥ 高明华,杜雯翠,谭玥宁,等:《关于发展混合所有制经济的若干问题》,《政治经济学评论》,2014年第4期,第122~139页。

企业的混合所有制。①黄速建（2014）认为，混合所有制经济一是指从整个国民经济的所有制结构来看，既有国有和集体所有等公有制成分，还有其他非公有制的经济成分，形成一种以公有制经济为主体，多种所有制经济共同发展的格局；二是从企业的产权结构而言，除了有国家所有或集体所有的成分外，还有其他的非公有制成分，在企业的层面形成国有资本、集体资本和非公有资本交叉持股、相互融合的状况。②邱海平（2014）认为，从宏观上来说，所有制指整个社会经济中的所有制性质和结构；从微观上来说，所有制指微观经济组织即企业的所有制性质和结构。③余菁（2014）认为，混合所有制经济指的是国有资本、集体资本、非公有资本等不同所有制资本交叉与融合的经济形态。具体讲，它有宏观和微观两个层次上的意义。第一，作为我国基本经济制度的实现形式，混合所有制经济有其宏观层次的重要意义。第二，在微观企业层面上，混合所有制强调不同所有制资本的融合。④

"三层面论"。学者主要从企业、行业、国民经济三个层面对混合所有制进行了界定。平新乔（2015）认为，混合所有制大体上有三种含义：第一种是企业层面上的混合，一家企业的产权里既有国有资本，也有民营资本；第二种是产业层面上的混合，一个行业里，既有国有企业，又有民营企业；第三种是国民经济层面上的混合，一些产业是国有资本经营，另一些产业由民营资本的企业经营。⑤臧跃茹等（2016）认为，理解混合所有制经济的一般性内涵，应该涵盖宏微观视角、不同产权主体以及实现形态三个维度。混合所有制经济在我国特定语境中的内涵应该基于狭义微观企业层面。它反映了企业内部公有制主体与私有制主体之间利益共享、风险共担的经济关系（见表8-9）。⑥

表8-9 对混合所有制的界定汇总表

| 主要观点 | 研究角度 | 主要内容 | 代表学者 |
| --- | --- | --- | --- |
| 一层面论 | 企业内部产权主体 | 混合所有制经济的本质是产权主体多元化。是由各种不同所有制经济，按照一定原则，实行资本联合、融合或混合经营的所有制形式。 | 卢俊（2014），刘崇献（2014），何自力（2014），高明华等（2014），等等 |
| 二层面论 | 宏观和微观层面 | 从整个国民经济的所有制结构和企业的产权结构看，除了公有制成分外，还有其他的非公有制成分。 | 朱光华（2004），黄速建（2014），邱海平（2014），余菁（2014），等等 |
| 三层面论 | 企业、行业、国民经济三个层面，或宏微观视角、不同产权主体以及实现形态 | 混合所有制可从企业、行业、国民经济三个层面界定，在我国特定语境中的内涵应该基于狭义微观企业层面。 | 平新乔（2015），臧跃茹等（2016），等等 |

---

① 朱光华：《大力发展混合所有制：新定位、新亮点》，《南开学报》，2004年第1期，第3~5页。
② 黄速建：《中国国有企业混合所有制改革研究》，《经济管理》，2014年第7期，第1~10页。
③ 邱海平：《论混合所有制若干原则性问题》，《人民论坛·学术前沿》，2014年第6期，第42~48页。
④ 余菁：《"混合所有制"的学术论争及其路径找寻》，《改革》，2014年第11期，第26~35页。
⑤ 平新乔：《新一轮国企改革的特点、基本原则和目标模式》，《经济纵横》，2015年第2期，第1~6页。
⑥ 臧跃茹，刘泉红，曾铮：《促进混合所有制经济发展研究》，《宏观经济研究》，2016年第7期，第21~28、113页。

## （二）混合所有制改革的原因

"高质量发展论"。持这类观点的学者认为，混合所有制改革有利于推动公有制企业和非公有制企业改善自身问题，提升效率并推动社会公平。卢俊（2014）认为，混合所有制改革可以快速推进国有企业体制制度的市场化，提升效率效益，从而增强国有经济的活力、国有经济的控制力、国有经济的影响力。① 黄速建（2014）认为，混合所有制改革对中国混合所有制经济提供制度的合法性，更有效地发展公有制经济，有利于改善公司治理、打破国有资本在一些行业中的垄断，进一步推动非公有制经济的发展。② 顾钰民（2014）认为，混合所有制是基本经济制度的重要实现形式，是放大国有资本功能的重要途径，是资本和劳动利益共同体的重要载体。③ 邱海平（2014）认为，国有企业在某些方面仍然还存在不应有的垄断现象，经营机制仍然不能完全适应市场经济环境的要求，非公有制经济也存在家族化色彩浓、治理结构不科学、持续发展能力弱以及经营领域受限制等各方面的问题。从劳资关系的角度来看，目前无论是国有企业还是非公有制企业，都还存在资本强势而劳动弱势的共同缺陷。因此要推进混合所有制改革。④ 吴爱存（2014）认为，发展混合所有制有利于优化国有经济布局，引导产业发展；有利于实现社会资源的优化配置，产生协同效应；有利于优化国有企业的股权结构，完善治理机制。⑤ 余菁（2014）认为，一是我国经济下行压力明显增大，二是我国国有企业经过十年发展呈现出国有资产规模庞大但运营效率、回报水平低下和流动性差的状态。三是非公经济的发展遇到了"天花板"。⑥ 何自力（2014）认为，推进混合所有制是进一步壮大国有经济、完善国有企业市场主体地位、健全和完善国有企业法人治理结构的需要。⑦ 翟绪权和刘仲仪（2020）认为，混合所有制经济是我国进一步发展社会生产力的必由之路，有利于国有资本放大功能与保值增值、建立现代企业制度与完善公司治理结构、公有制经济引导非公有制经济发展，也可以使国有企业与私有企业获得帕累托改进。⑧

"市场完善论"。持这类观点的学者认为，混合所有制改革有助于推动市场机制完善，提升企业治理能力与效率。臧跃茹等（2016）认为，改革有利于加快推进供给侧结构性改革、塑造公平市场秩序和公正分配格局、全面提高开放型经济水平、切实化解系统性经济风险。⑨ 刘伟（2015）认为，混合所有制改革的根本动因是出自我国社会主义初级阶段生产力发展的历史要求，直接原因则是适应社会主义市场经济体制改革目标的

---

① 卢俊：《推进混合所有制深化国有企业改革》，《宏观经济管理》，2014年第9期，第18~20，24页。
② 黄速建：《中国国有企业混合所有制改革研究》，《经济管理》，2014年第7期，第1~10页。
③ 顾钰民：《混合所有制经济是基本经济制度的重要实现形式》，《毛泽东邓小平理论研究》，2014年第1期，第35~39+92页。
④ 邱海平：《论混合所有制若干原则性问题》，《人民论坛·学术前沿》，2014年第6期，第42~48页。
⑤ 吴爱存：《国有企业混合所有制改革的路径选择》，《当代经济管理》，2014年第10期，第37~39页。
⑥ 余菁：《"混合所有制"的学术争论及其路径找寻》，《改革》，2014年第11期，第26~35页。
⑦ 何自力：《发展混合所有制经济要坚持社会主义方向》，《山东社会科学》，2014年第11期，第23~26页。
⑧ 翟绪权，刘仲仪：《市场化导向下中国国有企业混合所有制改革研究》，《福建师范大学学报》（哲学社会科学版），2020年第6期，第39~44页。
⑨ 臧跃茹，刘泉红，曾铮：《促进混合所有制经济发展研究》，《宏观经济研究》，2016年第7期，第21~28，113页。

要求。① 刘崇献（2014）认为，改革的原因首先是和宏观层面的混合所有制经济体制相适应。其次，实行混合所有制是市场经济体制下追求效率的需要。第三，实行混合所有制有利于社会公平。② 綦好东等（2017）认为，国有企业混合所有制改革的动力主要在于提升经济绩效、改善企业治理、促进社会稳定与发展（见表8-10）。③

表8-10 对混合所有制改革的原因的研究汇总表

| 研究角度 | 研究内容 | 代表学者 |
| --- | --- | --- |
| "高质量发展论" | 混合所有制改革有利于推动公有制企业和非公有制企业改善自身问题，提升效率并推动社会公平。 | 卢俊（2014），黄速建（2014），顾钰民（2014），邱海平（2014），吴爱存（2014），余菁（2014），何自力（2014），翟绪权和刘仲仪（2014），等等 |
| "市场完善论" | 推进供给侧结构性改革、塑造公平市场秩序和公正分配格局、是适应社会主义市场经济体制改革目标的要求。 | 臧跃茹等（2016），刘伟（2014），刘崇献（2014），綦好东等（2017），等等 |

### （三）混合所有制改革的实施路径

"政府主导论"。持这种观点的学者认为，国有企业混合所有制改革的推进需要在对国有企业进行明确分类的基础上由政府主导推进。对于如何"分类"，卢俊（2014）认为，一是涉及国家安全的少数国有企业和国有资本投资公司、国有资本运营公司，可采用国有独资形式。二是涉及国民经济命脉的重要行业和关键领域的国有企业，可保持国有绝对控股。三是涉及支柱产业和高新技术产业等行业的重要国有企业，可保持国有相对控股。四是国有资本不需要控制并可以由社会资本控股的国有企业，可采取国有参股形式或者全部退出。④ 在对现有国有企业进行分类后应如何推进，学者们有着不同的观点。黄速建（2014）认为，在对国有企业进行合理分类的基础上建立明确的进入机制和退出机制、明确规定国有企业混合所有制改革的程序与方式，充分尊重市场规则。在混合所有制企业建立运转协调、制衡有效、保障平等的公司治理，切实按照市场机制推进国有企业去行政化。⑤ 杨瑞龙（2014）认为，第一，应继续推进国有企业的分类改革战略，减少制度性障碍。第二，重构与混合所有制相适应的国有资产管理与经营体制。第三，积极探索国有资本有序退出的路径，为国有产权与非国有产权的融合创造条件。第四，优化混合所有制企业的治理结构，建立职业经理人制度。⑥ 刘崇献（2014）认为，应遵循以下原则：分类改革原则、共存共赢原则、市场机制为导向兼顾社会效益原则、

---

① 刘伟：《发展混合所有制经济是建设社会主义市场经济的根本性制度创新》，《经济理论与经济管理》，2015年第1期，第5~14页。
② 刘崇献：《混合所有制的内涵及实施路径》，《中国流通经济》，2014年第7期，第52~58页。
③ 綦好东，郭骏超，朱炜：《国有企业混合所有制改革：动力、阻力与实现路径》，《管理世界》，2017年第10期，第8~19页。
④ 卢俊：《推进混合所有制深化国有企业改革》，《宏观经济管理》，2014年第9期，第18~20, 24页。
⑤ 黄速建：《中国国有企业混合所有制改革研究》，《经济管理》，2014年第7期，第1~10页。
⑥ 杨瑞龙：《以混合经济为突破口推进国有企业改革》，《改革》，2014年第5期，第19~22页。

破除垄断促进公平原则。① 以上观点可总结为在政府主导下,对国有企业分类推进改革。正如李跃平(2015)认为,国有企业混合所有制改革是否推动起来,推得下去,关键在政府,而不在企业。②

"企业主导论"。还有一类观点认为,推进混合所有制改革的有效途径在于企业内部因素。其主要研究角度是企业的产权层面,主张明确资本的产权界限,依靠管理人员和各类股权的相互制衡提升企业经营效率。余菁(2014)认为,应以优秀的企业家为中心,加快探索职业经理人制度和市场化劳动用工制度以及市场化的激励、约束机制坚持程序合规和透明公正,进一步探索企业推行混合所有制的有效监管机制。③ 高明华等(2014)认为,应在股东权利保护上要保护混合所有制企业中所有股东(国有股东和非国有股东)权利并实现股权的相互制衡,要提高混合所有制企业的董事会治理水平和企业家能力。④ 刘伟(2015)认为,企业在所有制及相应的企业产权制度上,必须具有纯粹的经济性质,而不具有超经济性质。市场经济要求企业之间产权界区,即所有制上的排他性必须严格。混合所有制企业要适应市场竞争机制的要求,其内部的产权结构必须严格界定。⑤ 程承坪和邱依婷(2016)认为,只有消除所有制歧视,才能夯实中国经济社会发展的各种所有制共同发展的良好局面,促进社会主义市场经济的良性运行,有利于混合所有制企业的现代企业制度构建,从而将中国国有企业的混合所有制改革推向深入。⑥ 佟健和宋小宁(2016)认为,国有企业的混合所有制改革解决了其治理问题,私人资本引入带来产权形式的变化,并从三个方面影响国有企业的经营绩效:一是可强化国有企业对经济目标的追求,从而有利于资源的优化配置;二是有助于强化企业内部监督;三是可促使国有企业选择更有效的生产技术(见表8-11)。⑦

表8-11 混合所有制改革的两条实施路径研究汇总表

| 角度 | 主要观点 | 代表学者 |
| --- | --- | --- |
| "政府主导论" | 按涉及国家安全、涉及国民经济命脉、涉及支柱产业和高新技术产业等标准对国有企业进行分类 | 卢俊(2014) |
| | 对国有企业进行分类并明确的进入、退出机制,以市场机制为导向兼顾社会效益原则,破除垄断促进公平。 | 黄速建(2014),杨瑞龙(2014),刘崇献(2014),李跃平(2015),等等 |

---

① 刘崇献:《混合所有制的内涵及实施路径》,《中国流通经济》,2014年第7期,第52~58页。
② 李跃平:《回归企业本质:国企混合所有制改革的路径选择》,《经济理论与经济管理》,2015年第1期,第22~25页。
③ 余菁:《"混合所有制"的学术论争及其路径找寻》,《改革》,2014年第11期,第26~35页。
④ 高明华,杜雯翠,谭玥宁,等:《关于发展混合所有制经济的若干问题》,《政治经济学评论》,2014年第4期,第122~139页。
⑤ 刘伟:《发展混合所有制经济是建设社会主义市场经济的根本性制度创新》,《经济理论与经济管理》,2015年第1期,第5~14页。
⑥ 程承坪,邱依婷:《所有制歧视的政治经济学分析——兼论国有企业混合所有制改革》,《学习与探索》,2016年第4期,第101~107页。
⑦ 佟健,宋小宁:《混合所有制改革与国有企业治理》,《广东财经大学学报》,2016年第1期,第45~51页。

续表8-11

| 角度 | 主要观点 | 代表学者 |
|---|---|---|
| "企业主导论" | 以优秀的企业家为中心，保护混合所有制企业中所有股东权利并实现股权的相互制衡。 | 余菁（2014），高明华等（2014），刘伟（2015），程承坪和邱依婷（2016），佟健和宋小宁（2016），等等 |

## 第六节 总体考察

如前所述，中国共产党建立100年来，理论界围绕社会主义企业理论展开了富有成效的探讨，并在"企业产权制度""企业治理结构""国有企业改革"等方面形成了极富价值的研究成果。基于前文的分析，本部分主要就社会主义企业理论的研究特点和未来研究方向进行总结与展望。

### 一、研究特点

#### （一）中国共产党对企业理论的认识不断深入

新中国成立之初，我国建立了以国有经济为主体的强大的公有制经济。从此国有经济在社会资源占有、产业分布、吸收就业、提供财政收入等多个方面占据了基础性、主导性、战略性的地位。党的十一届三中全会以来，逐步加快了对国有企业的改革并逐渐推动多种所有制经济共同发展，在经济体制由计划向市场的转变过程中党对企业理论的认识也在不断变迁。党的十八大明确指出了国有企业改革的两个方向：其一是完善国有资产管理体系，大力发展混合所有制经济，对国有企业的监管对象实现从"管企业"到"管资本"的转变；其二是提出国有企业分类改革的实施方案。该阶段的国有企业改革制度创新，主要聚焦于界定国有企业的功能。中国共产党对于企业理论的认识随着经济社会的发展不断深入，从而保证了在社会主义市场经济体系下以公有制为主体，多种所有制经济共同发展的良好格局。

#### （二）辩证地看待西方企业理论

改革开放以来，国有企业改革的开展如火如荼。股份制改革，现代企业制度的建立等改革措施落地离不开西方企业理论的借鉴。但如果一味地萧规曹随，那么在改革中这些西方的企业理论很可能出现"水土不服"的问题。西方现代企业理论的基本方法是抽象的、局部的和静态的逻辑分析。这种方法的根本特征是抽象出经济事物的某一表象，通过假设、推理，局部地和静态地考察经济事物和现象。而这明显与马克思主义的企业理论相背。从上文中对马克思恩格斯企业理论的阐述中可以看出，马克思对于企业的研究是运用理论逻辑相统一的思维方法进行的，在生产力与生产关系的不断变化与相互影响中，用运动的、联系的视角分析并解决问题。因此借西方企业理论为我所用时一定要结合我国国情以及我国企业的固有特点，以毫不动摇巩固和发展公有制经济，毫不动摇鼓励、支持、引导非公有制经济发展为准则；以做强做优做大，不断增强国有企业活力、影响力、抗风险能力，实现国有资产保值增值为目标来进行新一轮的国有企业改革。

### （三）深入完善企业治理结构

党的十九届四中全会明确提出，"深化国有企业改革，完善中国特色现代企业制度。"[①]在上文的梳理中可以发现，混合所有制改革下的国有企业公司治理可分为内部治理与外部治理。即股东、董事会、监事会、经理人的有效安排和以市场竞争为基础的外部制度环境。因此应积极发展职业经理人市场，培育和选拔一批适应国有企业改革需要的职业经理人队伍；推进企业高管的去行政化管理，实现政企分开，保证企业经营的独立性；建立公平开放的市场竞争环境，使国有资本和非公有资本在要素使用和市场竞争上享有平等的权利和机会，完善监管体系。

## 二、未来展望

### （一）不断坚持和加强党对国有企业的全面领导

国有企业是我国国民经济的重要支柱，是中国共产党执政的重要基础，是全面建成小康社会，实现中华民族伟大复兴的重要力量。深化国有企业改革是全面深化改革的重要组成部分，在全面推进依法治国、全面从严治党中起着重要的作用。国有企业的发展与坚持党的领导密不可分，加强党组织对国企的领导，是进一步深化国有企业改革和发展的根本保证。

### （二）不断推动现代公司治理体系的完善

一是以完善公司法人制度为基础，以产权明晰、权责明确、政企分开、管理科学为基本要求，以规范经营决策、资产保值增值、公平参与竞争、提高企业效率、增强企业活力、承担社会责任为重点，通过完善现代企业制度，进一步提高国有企业发展质量，不断增强国有经济活力、控制力、影响力。二是完善国有企业监管，"深化国有企业改革，完善中国特色现代企业制度。形成以管资本为主的国有资产监管体制，有效发挥国有资本投资、运营公司功能作用。"[②]

### （三）不断坚持健全市场化经营机制

一是要放宽市场准入，进一步破除各种形式的行政垄断。分类推进垄断行业改革，

---

① 《中共中央关于坚持和完善中国特色社会主义制度 推进国家治理体系和治理能力现代化若干重大问题的决定》，《人民日报》，2019 年 11 月 6 日，第 1 版。

② 《中共中央关于坚持和完善中国特色社会主义制度 推进国家治理体系和治理能力现代化若干重大问题的决定》，《人民日报》，2019 年 11 月 6 日，第 1 版。

对已实行政企分开、政资分开的垄断行业,进一步放宽市场准入,加快形成有效竞争的市场格局。二是要推进市场公平,"营造各种所有制主体依法平等使用资源要素、公开公平公正参与竞争、同等受到法律保护的市场环境。"① 三是要加快完善社会主义市场经济体制,"建设高标准市场体系,完善公平竞争制度,全面实施市场准入负面清单制度,改革生产许可制度,健全破产制度。强化竞争政策基础地位,落实公平竞争审查制度,加强和改进反垄断和反不正当竞争执法。"② 加快推动国有企业股份制改造,积极发展混合所有制经济,鼓励非公企业参与国企改革。

## (四)不断坚持深化混合所有制改革

一是明确混合所有制改革的内涵,做强做优做大国有资本。"探索公有制多种实现形式,推进国有经济布局优化和结构调整,发展混合所有制经济,增强国有经济竞争力、创新力、控制力、影响力、抗风险能力,做强做优做大国有资本。"③ "健全管资本为主的国有资产监管体制,深化国有资本投资、运营公司改革。推进能源、铁路、电信、公用事业等行业竞争性环节市场化改革。"④ 二是国有企业与民营企业齐头并进,发挥国有企业的优势,也发挥民营企业的优势。"优化民营经济发展环境,构建亲清政商关系,促进非公有制经济健康发展和非公有制经济人士健康成长"⑤。这两个优势组合起来,形成新的优势,在这方面要进一步做好工作,真正做到各取所长,共同发展。三是严防国有资产流失。混合所有制只是改革的方式之一,不是私有化,也不可能"一混了之""一混就灵"。所以,混合所有制改革要在实践中进一步总结经验,使得混合所有制改革积极稳妥地推进,使得混合所有制企业能够健康持续地发展。

---

① 《中共中央关于坚持和完善中国特色社会主义制度 推进国家治理体系和治理能力现代化若干重大问题的决定》,《人民日报》,2019年11月6日,第1版。
② 《中共中央关于坚持和完善中国特色社会主义制度 推进国家治理体系和治理能力现代化若干重大问题的决定》,《人民日报》,2019年11月6日,第1版。
③ 《中共中央关于坚持和完善中国特色社会主义制度 推进国家治理体系和治理能力现代化若干重大问题的决定》,《人民日报》,2019年11月6日,第1版。
④ 《中共中央关于制定国民经济和社会发展第十四个五年规划和二〇三五年远景目标的建议》,《人民日报》,2020年11月4日,第1版。
⑤ 《中共中央关于制定国民经济和社会发展第十四个五年规划和二〇三五年远景目标的建议》,《人民日报》,2020年11月4日,第1版。

# 第九章 社会主义"三农"理论

"三农"问题,即农业、农村、农民问题,在 20 世纪 90 年代末才被作为一个整体问题提了出来。[①] 但是,农业农村农民问题作为关系国计民生的根本性问题,历来受到马克思主义经典作家的高度重视,形成了马克思主义"三农"发展理论。"三农"问题也是学界研究的重点、难点、热点问题。中国共产党成立以来,国内学界对"三农"发展问题进行了大量研究,取得了丰富的学术成果。本章首先从学者对马克思主义经典作家关于"三农"论述的阐释出发,考察中国共产党对"三农"问题的认识,梳理理论界对农业基础地位、农村基本经营制度、农村贫困与反贫困三个热点问题的学术观点和理论争鸣,最后概括和提炼其中的基本结论和演变特征,并对"三农"发展理论的演进做进一步的展望。

## 第一节 对马克思主义经典作家关于"三农"论述的阐释

农业、农村、农民是人类社会发展的基本问题,马克思主义自诞生以来就高度关注"三农"问题。马克思恩格斯是马克思主义"三农"理论的开创者,奠定了马克思主义"三农"理论的基本框架。列宁和斯大林在探索俄国社会主义道路的过程中不断实践和发展马克思恩格斯的"三农"理论。马克思主义经典作家关于"三农"的论述是马克思主义理论体系的重要组成部分。马克思主义经典作家关于"三农"的论述对指导中国"三农"问题具有十分重要的理论意义和现实意义。

### 一、对马克思恩格斯"三农"相关论述的研究

马克思恩格斯对"三农"的相关阐释是马克思主义"三农"理论的主要来源,是无产阶级政党和社会主义国家处理农业、农村、农民问题的重要理论依据。学术界对马克思恩格斯关于"三农"的基本观点作出梳理,主要包括以下内容:对马克思恩格斯农业基础论的研究、对马克思恩格斯土地产权理论的研究、对马克思恩格斯农业生产方式理论的研究、对马克思恩格斯反贫困理论的研究等。

---

[①] 武力,郑有贵:《解决"三农"问题之路:中国共产党"三农"思想政策史》,中国经济出版社,2004 年,第 1 页。

## （一）对马克思恩格斯农业基础论的研究

农业基础论是马克思恩格斯对农业在国民经济中重要性的肯定，是马克思恩格斯"三农"相关论述的重要组成部分。学者对马克思恩格斯农业基础论的理论来源、科学内涵进行了研究。

### 1. 对马克思恩格斯农业基础论理论来源的研究

学者对马克思恩格斯农业基础论理论来源进行研究，主要形成以下两种观点。

政治经济学视角下的农业基础论。赵崇龄（1983）指出，马克思从科学的劳动价值论和剩余价值论出发，在分析重农学派，尤其是弗朗斯瓦·魁奈的《经济表》的基础上，阐明了农业是国民经济基础的原理。[①] 陈新（1987）认为农业是国民经济基础的理论是马克思对资产阶级古典政治经济学的农业基础论的继承和发展。[②] 陈其人（1993）更为具体地阐述了马克思关于农业是国民经济基础理论的来源，即詹姆斯·斯图亚特、弗朗斯瓦·魁奈、理查德·坎蒂隆、大卫·李嘉图的有关理论。[③] 胡岳岷（2007）持相同观点，认为资产阶级古典政治经济学，特别是重农学派的农业基础地位理论为马克思主义农业基础地位理论的创立奠定了基础。[④]

哲学视角下的农业基础论。与政治经济学的分析视角不同，张文奎（1983）认为马克思从历史唯物主义基本原理出发，提出了农业是国民经济的基础的科学思想。[⑤]

### 2. 对马克思恩格斯农业基础论科学内涵的研究

对马克思恩格斯农业基础论科学内涵的研究主要有向内和向外两个角度。

向内探求农业产业结构中各部分的相互关系。许经勇（2008）指出马克思在揭示农业是国民经济的基础时，还进一步阐明了食物生产与农业的关系。认为植物性食物的生产和动物性食物的生产是最重要的生活资料，马克思将植物性食物生产称之为"真正的农业"。[⑥]

向外探求农业与人类生存、国民经济发展的相互关系。陈其人（1993）将马克思恩格斯农业基础论的科学内涵归纳为四点：第一，农业劳动者剩余的生活资料的数量，制约非农业劳动者的人数。第二，剩余的生活资料的数量构成其他物质生产部门能够独立存在的物质基础。第三，农业是社会进行扩大再生产的自然基础。第四，工业生产规

---

[①] 赵崇龄：《马克思对"农业是国民经济基础"原理的发展及其战略意义》，《经济问题探索》，1983年第3期，第1~4+18页。

[②] 陈新：《马克思主义以农业为基础理论的形成和发展》，《广西大学学报》（哲学社会科学版），1987年第2期，第10~14页。

[③] 陈其人：《马克思关于农业是国民经济基础的理论及其形成》，《复旦学报》（社会科学版），1993年第5期，第14~19页。

[④] 胡岳岷：《论马克思主义农业基础地位理论的继承与发展》，《当代经济研究》，2007年第8期，第56~61页。

[⑤] 张文奎：《马克思的农业理论与我国的农业实践》，《内蒙古师大学报》（哲学社会科学版），1983年第1期，第3~12页。

[⑥] 许经勇：《马克思论农业是国民经济的基础及其面临的市场风险》，《当代经济研究》，2008年第4期，第1~6+73页。

模和内部结构受农业劳动生产率制约。① 樊欣（2007）则将内涵概括为两个方面：第一，农业劳动是其他一切劳动得以独立存在的自然基础和前提。第二，农业生产是人类生存和社会存在、发展的首要条件。②

### （二）对马克思恩格斯土地产权理论的研究

"三农"问题的关键是土地问题，土地问题的根本是产权问题，马克思恩格斯高度重视土地所有制及产权问题。学者主要对马克思恩格斯土地产权理论的主要内容、重大意义进行了研究。

1. 对马克思恩格斯土地产权理论主要内容的研究

韩国顺（2010）、陈冬和洪名勇（2014）、刘若江（2015）等将马克思土地产权理论概括为土地产权制度及其变迁理论、土地产权权能理论、农村土地所有权和使用权相分离理论、土地产权商品化及配置市场化理论、土地地租及土地资本化理论。③ 杨德才（2001）则将马克思的地租理论概括为四个方面：一是土地所有权与土地经营权的分离是地租产生的前提。二是地租是超额利润的转化形式。三是地租的确定过程实际上是一个博弈过程。四是农产品的生产价格必须由劣等地的生产条件来决定。④

2. 对马克思恩格斯土地产权理论重大意义的研究

马克思恩格斯将土地所有制作为分析资本主义农业和未来农业的钥匙。学者对马克思恩格斯土地产权理论重大意义的研究主要有两个观点。

一是土地所有权和土地使用权分离是导致人与自然之间物质变换断裂的主要原因。李繁荣等（2011）指出马克思把人与自然之间的物质变换出现的"代谢断层"与土地所有权的存在联系起来，认为土地所有权和土地使用权的分离是农业不可持续发展和对土地掠夺性利用的主要原因。⑤

二是农地公有是"藏粮于地""藏粮于技"的根本制度保障。贺汉魂（2017）指出，马克思认为资本主义土地私有制的形成和发展过程恰是产粮之地越来越少、藏粮之地越来越无的过程。土地私有化不能保障耕者有其田，因此，要否定生产资料私有制。⑥

---

① 陈其人：《马克思关于农业是国民经济基础的理论及其形成》，《复旦学报》（社会科学版），1993年第5期，第14~19页。

② 樊欣：《社会主义新农村的理论渊源——马克思恩格斯农业思想的解析》，《学术交流》，2007年第5期，第108~110页。

③ 韩国顺：《马克思土地产权理论对中国农村土地所有制改革的启示》，《河南社会科学》，2010年第5期，第89~92页。陈冬，洪名勇：《我国农村土地产权制度的变迁分析及发展方向探究——基于马克思土地产权理论》，《国土资源科技管理》，2014年第1期，第103~109+114页。刘若江：《马克思土地产权理论对我国农村土地流转的启示——以三权分离的视角》，《西北大学学报》（哲学社会科学版），2015年第2期，第140~145页。

④ 杨德才：《马克思的地租理论及对我国若干农业问题认识的启示》，《当代经济研究》，2001年第8期，第10~12页。

⑤ 李繁荣，戎爱萍：《低碳农业发展的土地规模化问题分析——基于〈资本论〉土地所有权理论视角》，《经济问题》，2011年第9期，第71~75页。

⑥ 贺汉魂：《农地公有："藏粮于地"、"藏粮于技"的制度保障——重读马克思土地所有制思想》，《当代经济研究》，2017年第2期，第29~36页。

### （三）对马克思恩格斯农业生产方式理论的研究

马克思恩格斯论及的农业生产方式主要包括小农生产方式、资本主义农业生产方式、社会主义农业生产方式三种（王贻术，2014）①。马克思恩格斯在对小农生产方式和资本主义农业生产方式进行辩证分析的基础上，提出了社会主义农业生产方式设想。

#### 1. 马克思恩格斯关于小农生产方式的主要观点

对马克思恩格斯语境下"小农""小农经济"基本特征的研究。罗正月（2009）从生产单位、组织形式、生产方式、生产资料所有制、交往方式五个方面阐释了马克思恩格斯语境下的"小农"的主要特征。②李昱姣（2011）则从组织形式、耕地规模、生产目的、生产工具四个方面阐释了马克思恩格斯语境下的"小农"的主要特征。③总的来说，小农经济具有以下特征：一是以个体家庭为生产单位；二是生产过程的孤立、分散；三是个体劳动者直接占有生产资料，土地规模狭小；四是基本自足自给，很少参与市场交换；五是落后的生产方式导致生活水平的低下；六是人与人之间关系的封闭性。

对马克思恩格斯语境下小农经济发展命运的研究。马克思恩格斯重视农业生产规模效益，认为以私有制为基础的小农经济必然被以工业化为代表的社会化大生产所替代，同时承认在农民占大多数的农业国家，小农阶级的消亡是一个漫长的历史过程。学者结合当代实践，对马克思恩格斯"小农终结论"进行了科学分析。武力和郑有贵（2004）对马克思恩格斯的"大生产优越论""小农终结论"提出了疑问。认为马克思主义经典作家从无产阶级革命和社会主义取代资本主义的角度，认为农业发展的方向是公有制与"社会化"。然而，现代农业的发展表明"大生产"的农业在效率上也未必优于"小生产"。因此，需要更加慎重地反思农业"大生产优越论"，以及以此为基础的集体化理论、"小农保守论"、"农民改造论"。④吴存玉和梁栋（2020）指出马克思主义经典作家形成了古典马克思主义"小农终结论"，然而，当代中国语境中的小农已不是古典意义上的自然小农了。乡村振兴战略应当保障小农户作为直接农业劳动者的生产利益及小农户作为社会主义半无产化产业工人的权益。⑤

---

① 王贻术：《马克思农业生产方式理论及其现实反思》，《理论视野》，2014年第6期，第23~26+29页。
② 罗正月：《马克思小农经济思想对解决我国"三农"问题的启示》，《当代经济研究》，2009年第4期，第1~6页。
③ 李昱姣：《马克思恩格斯"小农经济"理论的原始内涵——兼论小农经济和家庭生产组织形式的异同》，《郑州大学学报》（哲学社会科学版），2011年第2期，第47~51页。
④ 武力，郑有贵：《解决"三农"问题之路中国共产党"三农"思想政策史》，中国经济出版社，2004年，第20页。
⑤ 吴存玉，梁栋：《马克思主义"小农终结论"的科学内涵：价值表征与当代实践》，《经济学家》，2020年第3期，第106~116页。

2. 马克思恩格斯关于资本主义农业生产方式的主要观点

在马克思恩格斯看来，资本主义农业具有两面性。学者对资本主义农业生产方式的两面性进行了辩证分析。屈炳祥（2009）指出，资本主义大农业在一定历史时期对促进农业生产力的发展和社会的进步起了巨大的推动作用，但同时也带来了一系列严重弊端，因此，资本主义大农业有其历史的暂时性质，必然为一种新的即社会主义的农业生产方式所代替。① 牟成文（2017）同样认为，马克思一方面认为资本主义私有制决定了资本主义农业的不合理性，资本主义农业的任何进步都是"掠夺""技巧"的进步；另一方面，肯定了资本主义农业的进步性，提出资本主义农业创造巨大生产力，为未来社会的农业发展提供物质基础。② 许涤新（1983）则从生态可持续性的角度分析了资本主义生产的弊端，指出资本主义生产的发展，是以生态平衡的破坏作为代价、作为牺牲的。因此，要发展生态经济，恢复生态平衡与物质的正常循环。③

3. 马克思恩格斯关于社会主义农业生产方式的主要观点

对社会主义农业生产方式基本构想的研究。在马克思恩格斯看来，小农经济是一种分散落后的经济形式，没有办法实现社会化劳动。而大土地所有制在社会的以及由生活的自然规律所决定的物质变换的联系中造成一个无法弥补的裂缝。不管是小土地所有制还是大土地所有制，都是农业发展的障碍。马克思恩格斯在科学分析小农经济和资本主义农业的基础上形成了以生态技术思想、持续发展思想、规模化经营思想、绿色环保思想为主要内容的社会主义生态农业思想（邓文钱，2013）④；形成了以土地所有权的变革为起点，不断改造传统农业、农民，实现农业专业化、产业化、社会化发展的农业合理化思想（邱少明，2009；杨玉华，2008）⑤；形成了以转变投入内容、优化产业结构、适度规模经济、与生态环境协调发展为主要内容的农业集约化经营思想（张时卢和王勇，2000）⑥；形成了以农业技术革新改革传统的农业生产模式，以自然生态为伦理准则，以提高农业劳动生产率为前提的农业现代化思想（郑天伦，1963；樊欣，2007；解保军，2007；许经勇，2007；刘新春和米正华，2011）⑦；并形成了以土地公有制和农业合作化为主要内容的农业社会主义改造理论。

---

① 屈炳祥：《从马克思对传统农业的评述看我国社会主义农业发展》，《经济学家》，2009 年第 4 期，第 44~51 页。

② 牟成文：《论马克思的农业观及其当代价值》，《当代世界社会主义问题》，2017 年第 3 期，第 52~60 页。

③ 许涤新：《生态经济学要为四化建设服务》，《未来与发展》，1983 年第 1 期，第 23~27 页。

④ 邓文钱：《马克思恩格斯生态农业思想的意蕴探微》，《理论月刊》，2013 年第 4 期，第 14~17 页。

⑤ 邱少明：《〈资本论〉农业思想对新农村建设的启示》，《财经科学》，2009 年第 9 期，第 102~109 页。杨玉华：《马克思的"农业合理化"思想及其对我国发展现代农业的借鉴意义》，《中共福建省委党校学报》，2008 年第 5 期，第 47~52 页。

⑥ 张时卢，王勇：《马克思农业集约化经营的论述与现实示范》，陕西省经济学学会．《陕西省经济学学会第 20 次年会暨理论研讨会论文集》，2000 年，第 7 页。

⑦ 郑天伦：《马克思论农业生产的特点》，《江淮学刊》，1963 年第 3 期，第 55~58 页。樊欣：《社会主义新农村的理论渊源——马克思恩格斯农业思想的解析》，《学术交流》，2007 年第 5 期，108~110 页。解保军：《马克思科学技术观的生态维度》，《马克思主义与现实》，2007 年第 2 期，第 121~124 页。许经勇：《马克思农业科学技术进步理论初探》，《当代经济研究》，2007 年第 12 期，第 1~5+73 页。刘新春，米正华：《马克思的农业科技理论及其当代意义》，《江西社会科学》，2011 年第 8 期，第 38~42 页。

对农业社会主义改造理论的研究。为了确立社会主义农业生产方式,需要对小农生产方式、资本主义农业生产方式进行农业社会主义改造。马克思恩格斯农业社会主义改造理论主要包括两方面内容:一是变革土地所有制,即土地公有制是社会主义农业的所有制形式;二是变革生产经营方式,即合作制是引导个体农民走社会主义道路的根本途径(张斌,2010)。① 王璠(2018)同样将马克思恩格斯对未来社会土地制度的论述归纳为两个方面:一是未来社会土地实行国家所有;二是对小农经济实行合作制改造。② 总而言之,土地国有化和农业合作化是马克思恩格斯提出的进行农业社会主义改造的两种形式。学者对马克思恩格斯土地国有化和农业合作化思想进行了研究。

观点一:对马克思恩格斯土地国有化的研究。土地国有化是实现农业社会主义改造的制度保障,魏关松(1983)指出马克思恩格斯关于建立社会主义集体所有制的道路和方法主要包括三个方面:第一,必须引导小农到集体所有制的道路上来。第二,不是采用暴力,而是通过示范和提供社会帮助。第三,办好农业合作社要搞好生产、搞好分配。③ 王志毅(1994)指出马克思恩格斯设想把农民引向集体所有制,主要有两条途径:第一条途径就是在农民小块土地私有制基础上,通过示范和提供社会帮助,引导农民走向集体所有制;第二条途径就是在土地国有化的基础上,国家将土地转交给在国家领导下独立经营的合作社的集体所有制。④

观点二:对马克思恩格斯农业合作化思想的研究。合作经济是马克思恩格斯提出的农村集体所有制思想的初级形式或过渡环节(王晓丽,2013)⑤。学者对马克思恩格斯合作经济思想的科学内涵进行了研究。沈红梅和霍有光(2014)将马克思恩格斯农民合作理论的基本内涵概括为逻辑基点、理论基础、理论实质、原则方针四个方面。⑥ 孙迪亮(2015)将马克思恩格斯农民合作理论的基本内涵概括为农民合作动因论、农民合作形式论、农民合作原则论、农民合作目标论四个方面。⑦ 王春娟和郭恒(2011)将马克思合作经济思想概括为产生基础、基本原则、组织形式、发展过程、分配方式、重大意义六个方面。⑧ 农业合作社是农民合作的主要形式,是改造小农经济、发展合作经济的组织载体,学者对马克思恩格斯的农业合作社思想进行了研究。石霞(2013)从农业合作社的发展形态、性质、原则三个方面归纳恩格斯农业合作社思想,指出农民合作

---

① 张斌:《马克思恩格斯关于社会主义农业的基本构想》,《西南民族大学学报》(人文社科版),2010年第9期,第72~76页。
② 王璠:《工业化城镇化背景下"三农"问题研究》,甘肃人民出版社,2018年,第21~22页。
③ 魏关松:《马克思恩格斯关于农业集体化思想和我国的实践》,《河南师范大学学报》(哲学社会科学版),1983年第S1期,第97~104页。
④ 王志毅:《马克思恩格斯关于农业集体所有制设想的再思考》,《晋阳学刊》,1994年第5期,第29~33页。
⑤ 王晓丽:《农村集体所有制理论探源》,《当代世界与社会主义》,2013年第5期,第136~141页。
⑥ 沈红梅,霍有光:《马克思恩格斯农业合作化理论在中国的历史实践及基本经验》,《华中农业大学学报》(社会科学版),2014年第5期,第91~97页。
⑦ 孙迪亮:《马克思恩格斯的农民合作理论初探》,《当代世界与社会主义》,2015年第4期,第49~54页。
⑧ 王春娟,郭恒:《马克思合作经济思想与中国新型农民专业合作组织》,《当代经济研究》,2011年第4期,第55~60页。

社是向共产主义过渡的中间环节。① 骆耕漠（1980）指出了农业合作社的重大政治意义，指出无产阶级在掌握政权后，必须用农业合作化的办法把广大农民群众引向社会主义。② 除了从政治性上把握合作社的性质外，还可以从生产力的角度进行理解，如张弛（2020）认为农业合作社是适应社会化大生产的生产组织。③

### （四）对马克思恩格斯反贫困理论的研究

贫困问题是人类社会发展不可忽视的，也无法避免的社会问题。马克思恩格斯分析了19世纪资本主义社会中无产阶级的贫困化现象。学者对马克思恩格斯反贫困理论进行了研究，主要观点如下。

一是制度分析框架，认为资本主义制度是导致贫困问题的根源，消灭资本主义制度是解决贫困问题的根本途径。王大超（2002）指出马克思从制度角度对贫困问题进行分析，揭示了导致无产者贫困的根源及未来社会消灭贫困的构想。④ 华正学（2014）认为马克思从制度层面来分析资本主义的贫困问题，指出只有消灭资本主义剥削制度，才可以最终消除贫困。⑤ 李创和吴国清（2019）指出，在马克思看来，资本主义制度下资本积累排斥劳动力需求，带来农村相对过剩人口的产生，导致失业和贫困问题越发严重。⑥ 燕连福和王驰（2020）指出无产阶级贫困的根源在于资本主义私有制，具体原因在于童工变成廉价的劳动力商品、男女性别之间的不平等、资本对劳动的控制以及宗教对工人的麻痹。⑦

在制度分析框架下又可细化为以下观点。资本主义生产制度是资本主义社会制度体系的重要组成，有学者持"资本主义生产方式致贫"观点田超伟（2018）认为资本主义社会无产阶级贫困产生的根源在于资本主义生产方式。⑧ 向德平和刘欣（2020）认为资本主义的生产方式导致劳动者物质贫困、精神贫困和文化贫困。⑨ 周剑（2009）构建了马克思的"资本穷人模型"概念框架，指出由于缺乏资本的人在生产关系中处于劣势，因此，缺乏资本是贫困的真正根源。⑩ 周露平（2019）指出与"天赋贫困说""机会致

---

① 石霞：《论恩格斯、列宁晚年农业合作社思想及时代价值》，《政治经济学评论》，2013年第3期，第92~104页。
② 骆耕漠：《马克思恩格斯关于两种公有制社会主义社会的科学预见》，《学术月刊》，1980年第1期，第16~19页。
③ 张弛：《中国特色农村新型集体经济的理论基础、新特征及发展策略》，《经济纵横》，2020年第12期，第44~53页。
④ 王大超：《〈资本论〉关于贫困问题的制度分析及对我国反贫困实践的启示》，《当代经济研究》，2002年第5期，第3~7+73页。
⑤ 华正学：《试论马克思反贫困理论的思想精粹》，《农业经济》，2014年第6期，第6~8页。
⑥ 李创，吴国清：《三维资本协同下的精准扶贫问题研究——基于马克思与西方资本理论视角》，《西南金融》，2019年第8期，第71~79页。
⑦ 燕连福，王驰：《恩格斯的反贫困思想探析》，《马克思主义理论学科研究》，2020年第6期，第40~49页。
⑧ 田超伟：《马克思贫困理论及对新时代我国反贫困事业的实践价值》，《东南学术》，2018年第3期，第84~91页。
⑨ 向德平，刘欣：《溯源与发展：新时代中国精神扶贫思想研究》，《西安交通大学学报》（社会科学版），2020年第1期，第8~13页。
⑩ 周剑：《马克思的资本理念及其反贫困的政策含义》，《贵州财经学院学报》，2009年第1期，第83~87页。

贫说""生存恶化说""制度剥削说""人口过剩说"不同,《资本论》以唯物史观视角澄清了贫困的现代性起源,认为资本的生产积累制度导致了工人贫困、生态贫困、精神贫困与全球贫困四大贫困问题。① 资本雇佣劳动是资本主义生产方式的核心,有学者进一步剖析资本主义生产方式,持"资本主义雇佣劳动制度致贫"观点。例如:阮瑶和张瑞敏(2016)认为贫困从现代劳动本身的本质中产生出来,在资本主义社会,无产阶级的贫困源于资本主义社会雇佣劳动制度。② 张凯(2020)认为建立在私有制基础上的资本主义雇佣劳动制度是无产阶级贫困的总根源。③ 孙咏梅(2020)认为贫困发轫于资本主义私有制条件下工人的异化劳动,资本主义制度下的雇佣劳动制度是造成无产阶级贫困的根本原因。④

二是多维分析框架。江峰和陈晨(2016)指出《资本论》的反贫困体现了辩证思维特质。既是制度的反贫困,又是实践的反贫困;既是绝对的反贫困,又是相对的反贫困;既是物质性的反贫困,又是非物质性的反贫困;既是历史的反贫困,又是现实的反贫困;既是生存的反贫困,又是道德的反贫困。⑤ 张爽和邵晓光(2020)从具体原因和根本原因两个方面探讨贫困问题,认为资本主义机器大生产条件下的生产资料私有制、雇佣劳动制度、工人的异化劳动、资本家对剩余价值的追逐、阶级的差别和压迫都是无产阶级贫困产生的原因,从本质上说,贫困的根源就在于资本主义生产方式。⑥

## 二、对列宁和斯大林"三农"相关论述的研究

列宁和斯大林在领导和推进苏联社会主义建设的过程中,结合当时苏联的国内外形势和农村的实际情况,创造性地运用马克思恩格斯在"三农"问题上的立场、观点和方法,探索苏联农村经济社会发展的新道路、新模式,形成了内涵丰富、全面系统的"三农"思想。学者对列宁和斯大林"三农"相关论述的研究主要包括:对列宁和斯大林农业基础地位思想的研究、对列宁和斯大林土地制度思想的研究、对列宁和斯大林农业合作化思想的研究等。

### (一)对列宁和斯大林农业基础地位思想的研究

学者对列宁农业基础地位思想的科学内涵进行归纳。胡岳岷(2007)指出在国际战争、国内战争、国民经济遭到严重破坏的时代背景下,列宁所考虑的农业经济问题,主

---

① 周露平:《〈资本论〉的反贫困哲学及其新时代价值》,《马克思主义研究》,2019年第12期,第83~91页。
② 阮瑶、张瑞敏:《马克思反贫困理论的经济伦理特质及其在当代中国的价值实现》,《北京师范大学学报》(社会科学版),2016年第1期,第145~151页。
③ 张凯:《〈资本论〉反贫困思想的三维审视》,《河南大学学报》(社会科学版),2020年第2期,第28~37页。
④ 孙咏梅:《马克思反贫困思想及其对中国减贫脱贫的启示》,《马克思主义研究》,2020年第7期,第87~95页。
⑤ 江峰、陈晨:《试析〈资本论〉反贫困理论的辩证思维特质》,《北京师范大学学报》(社会科学版),2016年第1期,第137~144页。
⑥ 张爽、邵晓光:《马克思反贫困理论探析》,《河北大学学报》(哲学社会科学版),2020年第2期,第65~74页。

要是狭义的农业即粮食问题，认为粮食问题是一切问题的基础。① 俞敏（2016）归纳了从十月革命胜利至国内战争结束时期，列宁的粮食生产思想：一是肯定粮食生产的重要性。二是重视对农业生产的投入。三是帮助农民获得足够的种子。四是对农民小生产者进行思想教育。五是在农村工作中必须依靠广大的贫苦农民，必须团结中农。② 俞良早（1995）梳理了苏联的粮食政策的演变。国内战争时期，列宁的着力点是流通过程和分配过程中的粮食问题，提出了余粮收集制和配给制。新经济政策时期，列宁的着力点是稳定形势和粮食生产，提出了粮食税的主张。③

列宁在继承马克思主义农业基础地位理论的基础上形成了"粮食问题是一切问题的基础"④ 的理论，开启了社会主义农业基础地位理论的先河。但是，由于时代背景和国家发展的现实需要，列宁将农业经济问题理解为狭义的粮食问题。斯大林进一步发展了马克思列宁主义社会主义农业基础地位理论。胡岳岷（2007）对斯大林的农业基础地位思想进行归纳，斯大林认为谷物生产是一切农业的钥匙或基础，把谷物或粮食的生产提到了农业中各种生产的首要地位。并且第一次明确提出并论证了社会主义国家的农业是工业发展的基础。⑤

### （二）对列宁土地制度思想的研究

"土地问题，即如何安排绝大多数居民——农民的生活问题，是我们的根本问题。"⑥ 列宁为了满足农民利益需要，建立与巩固工农联盟，对土地制度开展了多方面实践。列宁结合时代和国情，在不同历史时期实行不同的土地政策。学者梳理了列宁在不同历史时期制定与实施的土地政策。刘从德和向夏莹（2013）将列宁时期苏联土地纲领的演变分为四个阶段：第一，1903年左右，"为割地而斗争"是土地纲领的中心。第二，1905年左右，向"没收地主土地并实行土地国有化"转变。第三，1917年十月革命左右，"土地国有化"的进一步发展。第四，十月革命胜利后，无产阶级专政下土地纲领的实现。⑦ 许蓉（2008）则将列宁和俄共（布）在不同历史时期制定与实施的土地政策分为三个阶段：第一，十月革命胜利初期的土地制度是废除土地私有制，使土地成为全民的共同财产。第二，国内战争时期，列宁提出向共耕制过渡的思想。第三，新经济政策时期，主张在土地国有化的基础上，保证农民真正享有自由选择土地占有和使用形式的权利。⑧ 除了对列宁土地思想进行阶段性梳理外，学者还对其科学内涵进行归

---

① 胡岳岷：《论马克思主义农业基础地位理论的继承与发展》，《当代经济研究》，2007年第8期，第56~61页。
② 俞敏：《非常时期列宁关于粮食生产和农村工作的思想及其当代意义》，《河海大学学报》（哲学社会科学版），2016年第5期，第10~15+89页。
③ 俞良早：《论列宁关于苏俄粮食政策的思想》，《东欧中亚研究》，1995年第1期，第19~27页。
④ 《列宁全集》（第37卷），人民出版社，2017年，第353页。
⑤ 胡岳岷：《论马克思主义农业基础地位理论的继承与发展》，《当代经济研究》，2007年第8期，第56~61页。
⑥ 《列宁全集》（第43卷），人民出版社，2017年，第249页。
⑦ 刘从德，向夏莹：《列宁时期苏俄土地纲领的演变》，《学术论坛》，2013年第1期，第25~29页。
⑧ 许蓉：《列宁关于解决苏俄农民土地问题的重要思想》，《求实》，2008年第1期，第17~21页。

纳。例如：王璠（2018）指出列宁的土地理论主要有土地的国有化理论和合作社理论。①

列宁对小农经济进行社会主义改造的思想经历了从共耕制到合作制的战略转变（高继文，2000）。② 学者对这一战略转变的原因进行了分析，主要观点如下：一是资本主义农业发展具有历史暂时性。徐芹（2009）指出，列宁不仅充分肯定了俄国农业资本主义的发展，同时认为资本主义制度下农业小生产日益破坏、群众贫困化、农业危机、农村中贫富差距不断拉大是不可避免的，资本主义发展具有历史暂时性。③ 二是小农经济是没有出路的。刘长林（1993）指出，列宁认为个体农民经济有浪费人力和劳动、分散、生产效率低等弊病，阐述了个体农民走社会主义道路的必要性。④ 张慧鹏（2018）同样指出，列宁认为在资本主义环境中，小农经济是没有出路的。农民经济的根本出路在于建立社会主义的、集体经营的大农业。⑤ 三是商品经济条件下，农民的竞争必然产生阶级分化。张慧鹏（2018）指出，列宁认为在商品经济条件下，农民是面向市场追求利润的商品生产者，农民的竞争必然产生分化，这种分化是阶级分化。⑥

（三）对列宁和斯大林农业合作化思想的研究

列宁对土地政策和生产方式的认识经历了由共耕制到合作制的转变，并将土地国有化和农业合作社作为农村经济改造的重要任务。斯大林继承和发展了列宁在"三农"问题上的基本观点，不断探索农业社会主义改造的道路，提出了农业集体化的主张。学者对列宁和斯大林农业合作化思想的研究主要包括：

1. 对列宁农业合作化思想的研究

走社会主义道路是列宁农村经济改造思想的主旨。为了将旧农业改造为社会主义农业，列宁对改造路径进行了艰辛探索。学者将列宁农业改造的途径归纳为：一是"两途径说"。在地主庄园基础上建立国营农场经济；通过合作社经济引导个体农民和新获得地主土地的农民走社会主义道路（刘长林，1993）。⑦ 二是"一途径说"。列宁把合作社看作是新经济政策发展的必然归宿，是引导农民向社会主义过渡的最终实现形式（蒋锐，2002）。⑧ 在列宁看来，合作社是引导农民走向社会主义道路的必然选择，也是列宁农村经济改造思想的核心内容。学者们对列宁合作化思想进行研究。

原因说。首先，"一原因说"。徐博涵（1984）认为，列宁在反思集体农庄的基础

---

① 王璠：《工业化城镇化背景下"三农"问题研究》，甘肃人民出版社，2018年，第23页。
② 高继文：《论列宁的农业合作制理论》，《山东师大学报》（社会科学版），2000年第1期，第18~22页。
③ 徐芹：《列宁早期对俄国农业资本主义发展的态度探析》，《中南民族大学学报》（人文社会科学版），2009年第2期，第101~105页。
④ 刘长林：《列宁的农业所有制和经营形式思想评述》，《安徽省委党校学报》，1993年第4期，第87~90页。
⑤ 张慧鹏：《农民经济的分化与转型：重返列宁——恰亚诺夫之争》，《开放时代》，2018年第3期，第112~128+10页。
⑥ 张慧鹏：《农民经济的分化与转型：重返列宁——恰亚诺夫之争》，《开放时代》，2018年第3期，第112~128+10页。
⑦ 刘长林：《列宁的农业所有制和经营形式思想评述》，《安徽省委党校学报》，1993年第4期，第87~90页。
⑧ 蒋锐：《列宁关于引导农民走社会主义道路的探索——从〈论粮食税〉到〈论合作社〉》，《当代世界社会主义问题》，2002年第1期，第78~84页。

上，提出发展集体农庄不是"当前的问题"，将合作制作为小农业过渡到公有化的大农业之间的"中间环节"。① 其次，"二原因说"。陈书奇（2012）将列宁农民经济合作思想的形成原因归纳为：一是战时共产主义政策在农村实行的余粮征集制阻碍了生产力的发展。二是在农业领域退却到个体农户独立生产、允许私人贸易状态之中，如果不对私人贸易加以控制，必然出现私营商人剥削农民、操纵市场、脱离国家控制和监督的消极结果。② 姜汉斌（1983）认为，列宁在总结战时共产主义政策和集体农庄的经验教训，与党内错误意见争论的基础上发展农业合作化思想。③ 石霞（2013）指出，列宁从共耕制失败教训和新经济政策实施效果中，看到了合作社在改造小农经济、引导农民走向社会主义道路方面的重要作用。④

阶段说。合作化思想是列宁晚年的一大贡献，合作化思想的形成经历了漫长的过程。首先，"三阶段论"。顾玉兰（2003）指出列宁对合作社的认识经历了三个阶段："把合作社作为社会主义应当利用的资本主义遗产"阶段；"把合作社作为小生产向社会主义过渡的中间环节"阶段；"把合作社直接纳入社会主义经济关系"阶段。⑤ 康乃馨（2020）指出，第一阶段是对旧社会合作制的分析。第二阶段是共耕制阶段。第三阶段是重新认识合作社。⑥ 其次，"多阶段论"。王仲士和王万民（1993）指出，列宁对合作社的认识经历了一个曲折发展的过程，从最初把合作社作为资产阶级的机构，到十月革命后把它改造为产品分配的机关，再从作为"商品交换"的机构和国家资本主义的变种，到最后作为商品流通的形式和社会主义组成部分，从而找到了从流通领域入手把小农引上集体化道路的最好方式。⑦

内容说。合作社是组织农民走向社会主义的有效形式，走农业合作化的道路需要坚持科学的原则和方法。学者梳理了列宁合作化思想的主要内容。首先，"一点论"。郑海照（2010）强调文化工作需要靠物质基础来支持，肯定"文化工作"即做好合作社教育对合作化的支持作用，并指出文化工作的经济目的是合作化。⑧ 其次，"三点论"。孙振远（1986）认为，列宁阐述合作原则的重点放在群众自愿和国家帮助两方面，核心是给农民带来实际利益。⑨ 石霞（2013）将列宁农业合作社思想归纳为：一是农业合作社是

---

① 徐博涵：《列宁〈论合作制〉的真谛》，《马克思主义研究》，1984年第1期，第188~203页。
② 陈书奇：《从主张集体经营到选择流通合作——列宁对马克思恩格斯农民合作思想的继承和创新》，《郑州大学学报》（哲学社会科学版），2012年第5期，第88~92页。
③ 姜汉斌：《列宁的农业合作化思想》，《马克思主义研究》，1983年第1期，第251~271页。
④ 石霞：《论恩格斯、列宁晚年农业合作社思想及时代价值》，《政治经济学评论》，2013年第3期，第92~104页。
⑤ 顾玉兰：《列宁关于落后国家农民组织形式现代化的思想》，《当代世界社会主义问题》，2003年第4期，第86~91页。
⑥ 康乃馨：《农业合作制发展的历史逻辑和理论逻辑——列宁发表〈论合作社〉百年前后农业集体经济实现形式变革的时代启示》，《上海经济研究》，2020年第12期，第54~65页。
⑦ 王仲士，王万民：《列宁合作社思想的发展和精髓》，《四川大学学报》（哲学社会科学版），1993年第1期，第25~30页。
⑧ 郑海照：《恩格斯列宁的农业合作社思想及其现实启示》，《北京工业大学学报》（社会科学版），2010年第4期，第44~48页。
⑨ 孙振远：《苏联东欧国家农业合作化的理论与实践》，《中国农村经济》，1986年第10期，第59~62+44页。

改造小农经济的最好形式。二是农业合作社是流通组织。三是农业合作社发展需要国家的支持。① 黄立丰（2017）指出列宁关于农民发展合作社的措施有：一是简便易行和容易接受。二是坚持自愿、示范和帮助的原则。三是在农民中进行文化工作。② 再次，"五点论"。张金凤和孟令军（2013）指出列宁的农业合作化思想包括：一是对小农地位的重视。二是从低级合作逐步过渡到高级合作。三是将公共利益和个人利益结合起来。四是农业合作要遵循自觉自愿原则。五是农业合作需要国家的财政支持。③ 第四，"七点论"。刘德道（2009）指出列宁合作制思想的主要内容包括：一是合作社是建成社会主义所需要的一切。二是建设社会主义要依靠全体劳动群众。三是在政策上支持合作社。四是广泛的文化建设工作是确保合作社健康发展的基础。五是坚持长期发展原则。六是坚持奖励原则。七是简便易行、自觉自愿原则。④

2. 对斯大林农业集体化思想的研究

学者阐述了斯大林农业集体化思想的形成背景、主要内容，并进行了评价。

第一，原因说。汤德森（2001）梳理了斯大林大力推进农业全盘集体化的起因。一摆脱帝国主义国家的包围及其战争的威胁是重要外因。二是解决国内复杂的社会矛盾是重要原因。三是缓解工业化进程中的粮食危机是直接原因。⑤

第二，内容说。姜建斌和曹英伟（2009）指出斯大林农业集体化思想主要包括：一是农业集体化是巩固无产阶级政权，实现国家现代化的需要。二是苏联的农民必须走社会主义农业集体化道路。三是农民必须为工业暂时交纳"贡税"。四是集体农庄是合作社的高级形式。五是集体农庄是农村社会主义改造的杠杆。⑥

第三，价值说。斯大林的农业集体化思想有其合理性，也有历史局限性。学者对斯大林农业集体化思想进行了科学辩证的评价。例如，曹英伟（2007）指出斯大林的农业集体化思想是斯大林在特定的历史条件下对苏联农业社会主义改造和社会主义建设事业的总结和创造，因此，应把它放在苏联社会主义现代化进程中来考量。同时不可忽视斯大林的农业集体化思想的缺陷。⑦ 汤德森（2001）指出农业集体化是实行农业社会主义改造的第一次尝试，但是农业全盘集体化忽视了生产力水平。⑧

---

① 石霞：《论恩格斯、列宁晚年农业合作社思想及时代价值》，《政治经济学评论》，2013年第3期，第92～104页。

② 黄立丰：《马克思主义经典作家农民合作化动员观及当代启示》，《马克思主义研究》，2017年第12期，第116～124页。

③ 张金凤，孟令军：《列宁农业合作化思想对中国农业合作化发展的启示》，《世界农业》，2013年第2期，第116～119页。

④ 刘德道：《列宁的合作制思想及其对我国社会主义新农村建设的启示》，《东岳论丛》，2009年第10期，第184～186页。

⑤ 汤德森：《试评斯大林的农业全盘集体化运动》，《湖北大学学报》（哲学社会科学版），2001年第5期，第11～17页。

⑥ 姜建斌，曹英伟：《苏联农业集体化运动的特点及其对中国农村合作经济发展的启示》，《科学社会主义》，2009年第4期，第137～140页。

⑦ 曹英伟：《斯大林农业集体化思想合理性分析》，《马克思主义研究》，2007年第6期，第64～70页。

⑧ 汤德森：《试评斯大林的农业全盘集体化运动》，《湖北大学学报》（哲学社会科学版），2001年第5期，第11～17页。

## 第二节 对中国共产党关于"三农"认识的阐释

"三农"问题是关系我国革命、建设和改革全局的根本性问题,解决好"三农"问题是党执政兴国的重要经验。在新民主主义革命时期、社会主义革命和建设时期、改革开放和社会主义现代化建设新时期、中国特色社会主义新时代,中国共产党人在实践中创造性地运用和发展了马克思主义经典作家关于"三农"的论述,形成了具有中国特色的"三农"发展理论。回顾中国共产党人百年来对"三农"问题的探索,对于解决新时代"三农"问题有着重要的指导意义。

### 一、对毛泽东思想中"三农"相关论述的研究

以毛泽东同志为核心的党的第一代中央领导集体从近现代中国的国情农情出发,以马克思主义经典作家"三农"相关论述为理论指导,借鉴苏联建设社会主义农业的经验教训,提出了适合中国革命需要和建设需要的"三农"发展理论。学界对毛泽东"三农"相关论述的研究主要包括:对毛泽东农业基础地位思想的研究、对毛泽东土地思想的研究、对毛泽东农业合作化思想的研究、对毛泽东农业现代化思想的研究等。

#### (一)对毛泽东农业基础地位思想的研究

毛泽东的农业基础地位思想萌芽于革命战争时期,成熟于社会主义建设时期。20世纪50年代末至60年代初,毛泽东最终完整地提出了"农业是国民经济的基础"[1] 这一重要思想。

1. 对毛泽东农业基础地位思想科学内涵的研究

一点论。王环和张术环(2002)指出毛泽东从工农业的关系上说明了农业的基础地位和重要性。一定意义上可以说,农业就是工业。[2]

三点论。丁丹丹等(2013)将毛泽东农业基础论的科学内涵概括为三点:一是农业是保障社会稳定的基础产业。二是农业是推动工业发展的基本力量。三是农业是国防建设的重要保障。[3]

四点论。王叔云和吕火明(1993)将毛泽东农业基础论的科学内涵概括为四点:第一,农业关系到国计民生。第二,从工业和农业相互依存、相互转化的辩证关系,阐明了农业是国民经济基础的思想。第三,从工农业联盟的高度论述了农业作为基础的重要

---

[1] 《中共中央文件选集(1949.10—1966.5)》(第42册),人民出版社,2013年,第109页。
[2] 王环,张术环:《中国共产党对农业基础地位认识的深化》,《毛泽东思想研究》,2002年第6期,第71~72页。
[3] 丁丹丹,吕文林,齐爱兰:《传承与创新:再论毛泽东"农业基础论"》,《农业考古》,2013年第6期,第121~124页。

性。第四，阐述了农业是四个现代化的基础。①

五点论。许传红（2009）将毛泽东农业基础论的科学内涵归纳为五个方面：一是农业是解决工农业人口吃饭问题、保障社会稳定的基础性产业。二是农业为工业提供原料和销售市场。三是农业为工业提供资金积累。四是农业为工业提供长期发展基础。五是农业是国防建设的重大保障。②

六点论。王献玲（2003）从六个方面概括了毛泽东农业基础论的科学内涵：一是农业关系到五亿农村人口的吃饭问题和五亿人口的稳定问题。二是农业关系到城市和工矿区人口的吃饭问题，关系到工业发展。三是农业是轻工业原料的主要来源，农村是轻工业的重要市场。四是农村是重工业的重要市场。五是农产品是主要出口物资。六是农业是积累的重要来源。③

2. 对农轻重之间关系的研究

农轻重之间的关系是毛泽东农业基础地位思想的重要内容。学者阐释了农轻重关系的重要性。刘绍唐（1983）指出农轻重的比例关系是社会再生产中最基本的比例关系，能够大致反映出社会再生产两大部类的重要关系和主要问题。④ 郭道夫（1984）同样以马克思再生产理论为指导，认为农轻重之间的关系是中国工业化道路的主要问题，是现实的社会再生产中两大部类关系的具体表现。⑤ 王桂林（1994）认为，重工业和轻工业、农业的关系问题是国民经济产业结构合理化的主要问题，也是整个社会主义经济发展的道路问题。⑥

新中国成立之后，毛泽东多次阐明农、轻、重之间的相互关系。蒋明（1960）梳理了毛泽东关于优先发展重工业和迅速发展农业相结合的论述，主要有：农业是国民经济的基础，优先发展重工业不能离开迅速发展农业孤立地进行；农业迅速发展对重工业的迅速发展能起重大的推动作用；工业是国民经济的主导，农业的迅速发展也不能离开重工业的优先发展。⑦ 李永禄和罗象谷（1984）指出，毛泽东把正确处理农轻重关系与中国工业化道路联系起来，提出充分注意发展农业和轻工业，重工业要以农业为重要市场，按农轻重次序安排国民经济的思想。⑧ 严清华（1996）指出，毛泽东将正确处理农

---

① 王叔云，吕火明：《毛泽东农轻重思想的再认识》，《社会科学研究》，1993年第5期，第22~26页。
② 许传红：《毛泽东农业基础地位思想及其当代价值探究》，《华中农业大学学报》（社会科学版），2009年第5期，第58~62页。
③ 王献玲：《试析毛泽东关于农业发展的三大支点的思想》，《河南师范大学学报》（哲学社会科学版），2003年第4期，第87~89页。
④ 刘绍唐：《一个重要的经济发展战略思想——学习毛泽东同志关于农轻重的论述》，《贵州社会科学》，1983年第6期，第47~51页。
⑤ 郭道夫：《马克思再生产理论的重大发展——学习毛泽东同志关于农、轻、重关系的论述》，《经济与管理研究》，1984年第1期，第1~7页。
⑥ 王桂林：《论毛泽东关于农轻重的关系与我国产业结构的调整》，《江汉论坛》，1994年第6期，第79~81页。
⑦ 蒋明：《毛泽东同志关于优先发展重工业和迅速发展农业相结合的思想》，《学术月刊》，1960年第7期，第1~8页。
⑧ 李永禄，罗象谷：《关于毛泽东同志处理农轻重关系的思想的探讨》，《财经科学》，1984年第4期，第9~14+37页。

轻重关系提到"中国工业化道路"的高度来加以认识,主张以重工业为中心,充分注意发展农业和轻工业,以农业为基础,实行工业和农业并举的方针,以农、轻、重为序安排国民经济。① 鲁碧华（2009）指出,毛泽东在探索中国工业化道路的同时深入探讨了工业化同农业现代化之间的辩证关系,强调发展农业对于加快工业化进程的极端重要性,指出"农业的根本出路在于机械化""农业就是工业""把我国建成一个工业国,其实也包括了农业的现代化""以农业为基础、以工业为主导"。②

### （二）对毛泽东土地思想的研究

世界历史经验表明,大凡通过"产业革命"从传统经济过渡到现代经济的国家,或者说,大凡农业国家或经济落后的国家和地区,要实现工业化或经济起飞和经济发展,首先必然要实行土地制度的变革（张培刚,1991）。③ 农民的土地问题是中国革命的基本问题,也是社会建设的重要课题。学者从原因说、阶段说、内涵说三个方面对毛泽东土地思想进行了研究。

原因说。解决中国的农民问题,就必须首先解决土地问题。鲍和平（2001）从三个角度分析原因。解决土地问题,能废除地主及一切压迫阶级的剥削和压迫,使农民获得解放。能改良土地,提高生产力,解决农民生活的痛苦。能解决财政问题及兵士问题,保护革命。④ 李正图（2011）从方法论的角度,指出革命形势、阶级分析、调查研究三位一体的分析方法,是毛泽东土地制度思想形成的理论前提。⑤ 姜军松和谢宗藩（2018）从理论渊源和实践基础两个角度,指出中国传统的农地产权文化、马克思主义农地产权理论、近代中国哲贤农地产权观是毛泽东农地产权思想的理论来源。毛泽东农地产权变革活动是其农地产权思想形成的实践基础。⑥ 郑品芳和刘长庚（2019）从思想渊源的角度,指出我国古代土地思想、中国近代洪秀全和孙中山的土地思想、马克思主义经典作家的土地理论,是毛泽东节制土地资本思想的主要来源。⑦

阶段说。毛泽东始终高度重视土地问题,随着革命形势和建设需要,毛泽东对土地问题的看法在不断调整。龙观华（2002）将毛泽东农民土地思想的发展历程划分为四个阶段：一是大革命时期,指出中国革命的基本问题就是农民问题。二是土地革命时期,提出没收封建地主阶级土地归农民所有的思想。三是抗战时期,提出减租减息政策。四

---

① 严清华：《毛泽东的产业结构思想》,《毛泽东思想论坛》,1996年第2期,第22~24+34页。
② 鲁碧华：《毛泽东关于中国工业化与农业现代化关系的思想》,《安徽农业科学》,2009年第27期,第13379~13381页。
③ 张培刚：《土地改革与经济发展》,《经济评论》,1991年第2期,第1~7+17页。
④ 鲍和平：《试论大革命时期毛泽东的农民观》,《深圳大学学报》（人文社会科学版）,2001年第4期,第108~114页。
⑤ 李正图：《论毛泽东土地制度和土地革命思想对当代中国发展的战略价值》,《上海经济研究》,2011年第8期,第106~112页。
⑥ 姜军松,谢宗藩：《毛泽东农村土地产权思想研究》,《湘潭大学学报》（哲学社会科学版）,2018年第3期,第7~11页。
⑦ 郑品芳,刘长庚：《毛泽东节制土地资本思想论析》,《湘潭大学学报》（哲学社会科学版）,2019年第5期,第14~19页。

是解放战争时期至新中国成立初期，提出土地改革总路线，从根本上解决农民土地问题。① 姜军松和谢宗藩（2018）则将毛泽东农地产权思想的发展历程划分为五个阶段：一是毛泽东农地产权思想萌芽阶段（1921—1926 年）。二是毛泽东农地产权思想形成阶段（1927—1936 年）。三是毛泽东农地产权思想发展阶段（1937—1944 年）。四是毛泽东农地产权思想成熟阶段（1945—1952 年）。五是毛泽东农地产权思想继续探索阶段（1953—1976 年）。② 刘付春（2009）探讨了毛泽东土地思想形成的标志。他认为中央苏区时期，在局部地区逐步变封建土地所有制为农民土地所有制，标志着毛泽东土地所有权思想的正式形成。③

内涵说。姜军松和谢宗藩（2018）将毛泽东土地思想的主要内容概括为农地产权战略思想、农地产权法律思想、农地公有产权思想、农地产权制度变迁思想、农地产权权能实现思想和农地产权权能分合思想等。④ 除了系统梳理外，学者还分阶段的进行研究。陈廷煊（1992）指出进行土地改革，提高农民个体经济和劳动互助的积极性是 1949—1952 年农业生产迅速恢复发展的基本经验。⑤ 苏诚和夏俊锋（2007）梳理了毛泽东的根据地土地革命思想，中国革命的主要问题是农民问题，而在民主革命阶段，农民问题的核心是土地问题。⑥ 单孝虹（2009）指出，新民主主义革命时期毛泽东认为农民的土地问题是中国革命和建设的根本问题，并坚持让贫苦农民得到好处的解决土地问题的宗旨。⑦

### （三）对毛泽东农业合作化思想的研究

学界对毛泽东农业合作化思想的形成原因、形成阶段、科学内涵、重大意义进行研究。具体观点如下：

#### 1. 对毛泽东农业合作化思想形成原因的研究

毛泽东农业合作化思想的形成是经济、政治等因素共同作用的结果。学者的主要观点有：一是加快农业合作化是解决粮食危机的重要举措。刘德萍（2009）认为经济因素是毛泽东加快推动农业合作化的主要原因，具体来看，解决粮食危机是直接经济原因。

---

① 龙观华：《毛泽东解决中国农民土地问题的历史考察》，《江西社会科学》，2002 年第 11 期，第 110~112 页。

② 姜军松，谢宗藩：《毛泽东农村土地产权思想研究》，《湘潭大学学报》（哲学社会科学版），2018 年第 3 期，第 7~11 页。

③ 刘付春：《土地革命时期毛泽东土地所有权思想探析》，《安徽农业科学》，2009 年第 15 期，第 7296~7297+7305 页。

④ 姜军松，谢宗藩：《毛泽东农村土地产权思想研究》，《湘潭大学学报》（哲学社会科学版），2018 年第 3 期，第 7~11 页。

⑤ 陈廷煊：《1949—1952 年农业生产迅速恢复发展的基本经验》，《中国经济史研究》，1992 年第 4 期，第 24~36 页。

⑥ 苏诚，夏俊锋：《略论土地革命时期毛泽东的根据地农业经济建设思想》，《乡镇经济》，2007 年第 5 期，第 65~67+80 页。

⑦ 单孝虹：《毛泽东关于保障农民土地权益思想及其当代价值初探》，《毛泽东思想研究》，2009 年第 4 期，第 17~22 页。

满足工业化的需要是主要经济原因。建立农业集体经济是根本经济原因。① 二是加快农业合作化是满足工业化需要的重要举措。白立娟（2013）指出，开展互助合作是实现农业社会主义化、提高农村生产力的有效途径，是防止农村出现两极分化以及发展工业的需要，也符合农民的主观愿望。② 三是农业合作社是提高农民组织化程度的重要举措。刘建（2009）指出，毛泽东认为处于"马铃薯"状态的农民对中国革命不可发挥巨大力量，因此，在党、政、军体制内，通过农民协会提高农民组织化程度。在党、政、军体制外，通过农业生产合作社提高农民组织化程度。③

2. 对毛泽东农业合作化思想形成阶段的研究

学界对毛泽东农业合作化思想形成阶段的研究主要有"四阶段说"和"五阶段说"两个观点。沈红梅和霍有光（2014）将毛泽东农民合作组织思想的形成过程划分为四个阶段。一是大革命失败到抗战前夕是毛泽东农业合作化思想的萌发和提出阶段。二是抗日战争时期是毛泽东合作化思想初步形成阶段。三是解放战争时期。四是新中国成立到1956年，毛泽东合作化思想走向成熟。④ 赵宇霞和刘芳（2014）则将毛泽东农民合作组织思想的形成过程划分为五个阶段。一是毛泽东的农民合作组织思想萌芽于大革命时期。二是土地革命时期，毛泽东的农民合作组织思想大大前进一步。三是抗日战争时期是毛泽东农民合作组织思想的形成时期。四是解放战争时期，毛泽东的农民合作理论趋于成熟。五是新中国成立之后，毛泽东丰富发展了农民合作组织思想。⑤

3. 对毛泽东农业合作化思想科学内涵的研究

学界对毛泽东农业合作化思想科学内涵的研究主要有"四点论"和"五点论"两个观点。张耀奇和孟艳春（2007）将毛泽东农业合作化思想归纳为四个方面：一是合作经济是集体经济组织。二是合作经济组织应该坚持自愿互助。三是合作经济是农民摆脱贫穷落后的根本途径，也是改造农民几千年养成的小农意识的关键。四是合作化是中国工业化建设的基础。⑥ 熊星火（1984）将毛泽东农业合作化思想归纳为五个方面：一是互助合作必须坚持自愿互利的原则。二是合作化运动的目的是促进农业生产发展。三是农业合作化运动要有步骤有计划地稳步进行。四是农业合作化要从当地实际情况出发。五是提出先合作后机械化的农村社会主义发展道路。⑦ 陈李龙（1998）同样将其归纳为五个方面：一是先合作化、后机械化，逐步实现由低级到高级过渡。二是坚持典型示范、国家帮助。三是坚持自愿互利和民主管理。四是正确处理国家、集体、个人三方面利益

---

① 刘德萍：《论毛泽东加快农业合作化进程的经济原因》，《河南大学学报》（社会科学版），2009年第5期，第110~115页。
② 白立娟：《毛泽东引导农民走互助合作道路的动因分析》，《广西社会科学》，2013年第2期，第94~97页。
③ 刘建：《试析毛泽东的农民组织化思想及其现实意义》，《求索》，2009年第4期，第93~95页。
④ 沈红梅，霍有光：《毛泽东农业合作化思想与当代价值》，《贵州社会科学》，2014年第1期，第34~39页。
⑤ 赵宇霞，刘芳：《毛泽东农民合作组织思想探析》，《山西大学学报》（哲学社会科学版），2014年第6期，第138~144页。
⑥ 张耀奇，孟艳春：《毛泽东农业合作经济思想及其当代意义》，《毛泽东思想研究》，2007年第1期，第29~32页。
⑦ 熊星火：《农业生产责任制与毛泽东同志的农业合作化理论》，《理论探讨》，1984年第1期，第14~17+64页。

关系。五是坚持保护富农经济、中立富农，把经济制度的改造和对人的改造结合起来。①

4. 对毛泽东农业合作化思想重大意义的研究

第一，合作化是解放农村生产力，实现国家工业化的重要举措。徐俊忠（2013）指出将农民组织起来有利于促进农村生产力要素的全面优化与提升，实现农业发展与国家社会发展、国家工业化进程相互适应。② 第二，合作化是实现共同富裕的重要举措。王结发（2005）指出毛泽东的公平观在农业合作化中得到充分体现，毛泽东主张通过实行农业合作化来克服农村的两极分化，最终实现共同富裕。③ 第三，合作化是发挥农民主体性的重要举措。闻博和张森林（2015）指出毛泽东农业合作化思想及其实践结束了中国历史上两千余年"王权不下县"局面，把长期以来处于政治生活边缘的广大农民纳入社会主义事业建设当中。④ 第四，合作化是巩固工农联盟的重要举措。苏星（1965）指出，新中国初期的土地改革以后，我国农村出现了社会主义和资本主义两条道路的斗争。社会主义互助合作可以培育和发展农民群众的社会主义积极性。⑤ 刘堪（2002）认为，农业合作社是农民自愿互利的组织，其经济功能是资源交换、利益互补，其政治功能是工农联盟的基础。⑥ 邹华斌和刘小莉（2012）指出合作化是毛泽东对个体农民进行社会主义改造进而消解国家与农民紧张关系的基本思路。⑦ 第五，合作化是开展社会主义教育的载体。潘遥和黄达（1992）指出，供销合作社是搞好农村市场和农村商业的主渠道，是对农民社员群众进行合作制思想教育的载体。⑧

（四）对毛泽东农业现代化思想的研究

学者对毛泽东农业现代化思想的研究主要包括科学内涵，农业现代化和农业机械化、农业合作化的关系等，具体如下。

1. 对农业现代化思想科学内涵的研究

农业现代化不仅是一个理论命题，也是一个实践命题。为了实现农业现代化，毛泽东作出了理论思考和实践探索，开启了马克思主义农业现代化思想中国化的先河。学者对农业现代化思想的理解可以归纳为三点论、四点论、五点论和六点论。

三点论。郑兴明（2014）指出，毛泽东对在中国如何实现农业现代化作了很多论

---

① 陈李龙：《略论毛泽东农业的互助思想》，《江西社会科学》，1998年第10期，第20~22页。
② 徐俊忠：《农业合作化时期毛泽东农治思想及其历史回响》，《东岳论丛》，2013年第9期，第23~34页。
③ 王结发：《从农业合作化看毛泽东的公平观》，《理论探索》，2005年第4期，第29~31页。
④ 闻博，张森林：《毛泽东农业合作化思想及其当代价值》，《当代经济研究》，2015年第7期，第73~78页。
⑤ 苏星：《土地改革以后，我国农村社会主义和资本主义两条道路的斗争》，《经济研究》，1965年第9期，第14~26页。
⑥ 农业部农村经济研究中心当代农业史研究室：《中国共产党"三农"思想研究》，中国农业出版社，2002年，第8页。
⑦ 邹华斌，刘小莉：《农业合作化视域下毛泽东与统购统销政策的关系》，《湘潭大学学报》（哲学社会科学版），2012年第3期，第6~9+127页。
⑧ 潘遥，黄达：《学习〈李先念论财政金融贸易〉关于供销合作社工作的论述》，《中国商贸》，1992年第8期，第13~15页。

述，其中最重要的是农业合作化、农业机械化以及重视农民教育等思想。[1] 邓宗豪（1997）将毛泽东农业现代化思想的主要内容概括为三点，一是首先确立农业在国民经济中的基础地位。二是以粮为纲，多种经营，农林牧副渔全面发展是发展农业的方针。三是关于农业机械化和农业商品化的思想。[2]

四点论。谭首彰（2006）将毛泽东农业现代化思想的科学内涵归纳为四个方面。一是把农业现代化放在"四个现代化"的首位。二是利用科学技术促进农业发展。三是用"大农业"来调整农业生产结构以及实现农村工业化。四是实现并保护农民的利益。[3] 曹力铁（2006）将其归纳为四点，一是所有制问题解决之后最重要的问题是管理问题。二是中国就是靠精耕细作吃饭。三是以粮为纲、全面发展。四是要把农民素质提高一步。[4]

五点论。徐柳凡（2006）将毛泽东农业现代化思想的科学内涵归纳为五个方面。第一，重视发展农业科技。第二，注重农业管理的科学化、现代化。第三，注重人的素质的提高和现代化。第四，鼓励发展农村商品经济。第五，强调发展农村工业。[5] 呼志慧和李安兰（1992）同样将其归纳为五个方面。一是科学技术是实现农业现代化的首要任务。二是人的素质的现代化是实现农业现代化的关键。三是农业管理的现代化是实现农业现代化的又一个重要方面。四是大力发展农村商品经济是实现农业现代化的一个必要条件。五是实现农业现代化必须走自力更生、艰苦奋斗的道路。[6] 陆世宏（1999）从实践的角度，将其归纳为五个方面。一是走合作化之路，先合作化，后机械化。二是走工业化道路，实行工农并举。三是农业的根本出路在于机械化。四是依靠科技发展农业，实现农业现代化。五是通过人民公社模式走向现代化。[7]

六点论。成倩（2007）将毛泽东农业现代化思想的科学内涵归纳为六个方面。一是农业生产的机械化。二是农产品生产的商品化。三是农业生产和管理的科学化。四是农村人口城市化。五是农村农民的现代知识化。六是农村社会关系现代法治化。[8]

2. 对农业现代化和农业机械化、农业合作化关系的研究

毛泽东在1962年9月党的八届十中全会上明确指出："第一步实现农业集体化，第二步在农业集体化的基础上实现农业的机械化和电气化。"[9] 可见，由于受苏联模式的

---

[1] 郑兴明：《马克思主义农业现代化思想及其中国化的逻辑脉络探析》，《思想理论教育导刊》，2014年第10期，第7~12页。
[2] 邓宗豪：《毛泽东关于中国农业现代化的思想》，《毛泽东思想研究》，1997年第6期，第8~10页。
[3] 谭首彰：《论毛泽东的农业现代化思想》，《湖南师范大学社会科学学报》，2006年第5期，第63~67页。
[4] 曹力铁：《毛泽东对中国农业现代化道路的探索》，《社会主义研究》，2006年第6期，第51~53页。
[5] 徐柳凡：《毛泽东农业现代化思想简论》，《当代世界与社会主义》，2006年第3期，第79~82页。
[6] 呼志慧，李安兰：《毛泽东农业现代化思想初探》，《毛泽东思想研究》，1992年第3期，第68~72页。
[7] 陆世宏：《毛泽东对中国农业现代化道路的探索》，《广西大学学报》（哲学社会科学版），1999年第4期，第12~17页。
[8] 成倩：《毛泽东的农业现代化思想及对当今农业现代化建设的启示》，《商场现代化》，2007年第24期，第55~56页。
[9] 《中共中央文件选集（1949.10—1966.5）》（第41册），人民出版社，2013年，第57页。

影响，早期我国领导人对于农业现代化的理解就是"集体化＋机械化"（曹俊杰，2019）①。学者对农业机械化、农业集体化、农业现代化三者的关系进行了研究，主要观点如下。

第一，对农业现代化与农业机械化关系的研究。新中国成立后，党和国家领导人就认识到，在把我国建设成为一个工业化国家的同时，必须实现农业现代化，并对农业现代化的实现路径进行了讨论，认为农业的根本出路在于机械化。曹俊杰（2019）指出20世纪50年代到70年代末，农业现代化就是要实现农业机械化、化学化、水利化、电气化等"四化"，农业现代化服务工业化的模式逐渐形成。②唐信和冯永泰（2012）指出毛泽东基于中国工业现代化和农业现代化的国情，从提高农业劳动生产率、促进工农业协调发展和社会全面进步出发，提出"农业的根本出路在于机械化"。③郑兴明（2014）指出，毛泽东提出了"农业的根本出路在于机械化"的著名论断。为了加快农业机械化的发展，毛泽东提出了一些具体的措施，如成立"第三机械工业部""农业机械设计院"，为地方争一部分机械制造权等。④

第二，对农业合作化与农业机械化关系的研究。在新中国成立初期，党内就合作化和机械化的先后关系展开了争论。郑有贵（2002）指出，20世纪50年代初，毛泽东借用工场手工业阶段，提出中国的合作社，依靠统一经营形成新生产力，去动摇私有制基础，也是可行的。先机械化还是先合作化的争论划了个句号。⑤"先合作化后机械化"是毛泽东农业合作化思想的重要内容，也是我国农业机械化发展的重要理论基础。张月群和王思明（2011）分析了毛泽东提出"先合作化后机械化"主张的依据。一是为了完成国家工业化，必须先完成农业合作化。二是只有先实现农业合作化，才能为逐步实现农业机械化创造条件。三是合作化有利于整个积累过程。四是为了帮助农民摆脱贫困必须先合作化。五是在我国搞农业合作化的时候，工业生产力十分落后。⑥郑兴明（2014）指出，毛泽东认为农业合作化是改造小农经济、实现农业机械化的前提，只有农业合作化，才能增加农产品以满足工业化需要；同时，合作化将会为推进农业机械化创造条件，从而为机械制造等重工业的发展提供广阔的市场空间。⑦

---

① 曹俊杰：《新中国成立70年农业现代化理论政策和实践的演变》，《中州学刊》，2019年第7期，第38～45页。
② 曹俊杰：《新中国成立70年农业现代化理论政策和实践的演变》，《中州学刊》，2019年第7期，第38～45页。
③ 唐信，冯永泰：《简析毛泽东"农业的根本出路在于机械化"思想》，《毛泽东邓小平理论研究》，2012年第2期，第78～82+116页。
④ 郑兴明：《马克思主义农业现代化思想及其中国化的逻辑脉络探析》，《思想理论教育导刊》，2014年第10期，第7～12页。
⑤ 农业部农村经济研究中心当代农业史研究室：《中国共产党"三农"思想研究》，中国农业出版社，2002年，第87～88页。
⑥ 张月群，王思明：《毛泽东"先合作化后机械化"思想探析》，《毛泽东邓小平理论研究》，2011年第9期，第61～64+84页。
⑦ 郑兴明：《马克思主义农业现代化思想及其中国化的逻辑脉络探析》，《思想理论教育导刊》，2014年第10期，第7～12页。

## 二、对中国特色社会主义理论体系中"三农"相关论述的研究

### (一) 对邓小平"三农"相关论述的研究

以邓小平同志为核心的党的第二代中央领导集体结合改革开放以来农业农村农民发展的新情况、新问题和新需要，大力推进农村经济体制改革，开启了中国特色社会主义"三农"发展理论的新篇章。学界对邓小平"三农"相关论述的研究主要包括：对邓小平农业基础地位思想的研究、对邓小平"两个飞跃"思想的研究、对邓小平农业发展思想的研究等。

1. 对邓小平农业基础地位思想的研究

"农业是根本，不要忘掉。"① 邓小平强调农业在国民经济中的突出地位。学者对邓小平农业基础地位思想的研究主要包括以下内容。

内容说。高晓林和刘先春（2000）将邓小平关于农业战略地位的论述归纳为三个方面：第一，我国人口众多，解决吃饭问题始终是一件大事。第二，农业是社会安定的基础。第三，农业是整个国民经济发展的基础。② 陈章乐和陈东水（1999）同样将其概括为三个方面：一是以农业为改革起点及全面改革的基础。二是农业是实现社会发展战略的重要一环。三是农业是关乎稳定的头等大事。③ 韩长赋（1999）则从四个方面概括邓小平的农业基础地位思想：第一，农业的发展是工业和整个国民经济发展的基础。第二，吃饭问题始终是中国的头等大事。第三，农村稳定是中国稳定的基础。第四，没有农村的小康就没有全国的小康。④

价值说。一是肯定邓小平农业基础地位思想在邓小平理论中的重要地位。马群鸣（1998）指出邓小平关于农业基础地位的理论是其农业发展观的出发点。⑤ 胡北华和杨清玉（1994）研究了邓小平市场经济条件下农业基础地位的相关论述，邓小平认为市场经济条件下，仍然必须坚持农业基础的地位。⑥ 二是肯定邓小平农业基础地位思想的进步性。王环和张术环（2002）指出邓小平把农业的基础地位提升到了全局、提升到了四个现代化的高度。⑦ 李杰（2012）指出邓小平把农业基础地位上升到国家战略的高度来认识，提出工业反哺农业的方针，强调农业的重点是粮食问题。⑧

---

① 《邓小平文选》（第3卷），人民出版社，1993年，第23页。
② 高晓林，刘先春：《邓小平理论与中国的农村改革》，《理论前沿》，2000年第10期，第13～14页。
③ 陈章乐，陈东水：《邓小平农业战略地位思想的特色》，《福建论坛》（经济社会版），1999年第1期，第29～30页。
④ 韩长赋：《邓小平理论是我国农村改革与发展的理论指南》，《中国特色社会主义研究》，1999年第4期，第23～29页。
⑤ 马群鸣：《试论邓小平的农业发展观》，《经济问题探索》，1998年第6期，第52～54页。
⑥ 胡北华，杨清玉：《坚持市场经济条件下的农业基础地位——学习邓小平同志关于农业问题的论述》，《理论导刊》，1994年第9期，第11～12页。
⑦ 王环，张术环：《中国共产党对农业基础地位认识的深化》，《毛泽东思想研究》，2002年第6期，第71～72页。
⑧ 李杰：《解析马克思主义经典作家及我党三代领导人有关粮食安全保障条件的论述》，《西南民族大学学报》（人文社会科学版），2012年第5期，第208～212页。

2. 对邓小平"两个飞跃"思想的研究

"中国社会主义农业的改革和发展,从长远的观点看,要有两个飞跃。"① 学界对邓小平"两个飞跃"思想的发展历程、科学内涵、内在关联、重大意义等进行了研究。具体观点如下:

阶段说。王玉强(2006)将邓小平"两个飞跃"思想的形成划分为三个阶段:一是20世纪60年代初,指出发展农业生产,应当因地制宜;二是改革开放初期,提倡实行家庭联产承包责任制;三是20世纪90年代初,明确提出农业"两个飞跃"思想。②

内涵说。郑有贵(2000)指出实行家庭承包经营责任制,在此基础上为适应生产社会化的需要,实行适度规模经营,发展集体经济,是邓小平农业改革与发展思想的两个飞跃。③ 高晶和张晖(2016)指出"两个飞跃"思想主要包括两方面的基本内容:第一,废旧立新,实现农业生产方式的变革。第二,深化改革,指明农业改革和发展的根本方向。农村集体经济贯穿于邓小平"两个飞跃"思想中,发展农村集体经济可谓是"两个飞跃"思想的核心。④

关系说。孔祥云(2004)指出第一个飞跃是第二个飞跃的前提和基础,第二个飞跃是第一个飞跃的必然趋势。⑤ 钟志华和丁柏峰(1999)指出"第一个飞跃"是前提基础,第二个飞跃是对前者的继续与发展。第一个飞跃中已开始了向第二个飞跃的渐变,第二个飞跃包含着第一个的内核。⑥

价值说。第一,家庭联产承包责任制为农村市场经济的发展奠定了基础。王郁昭(2002)指出,大包干到户责任制是中国农村改革的开山之作,是市场经济条件下新的农村经营制度的核心内容,为农村市场经济的发展奠定了基础。⑦ 郑有贵(2002)指出,自20世纪50年代初期到改革开放前,由于受到苏联模式或规模经济理论的影响,中国主流观点认为集体经济组织越大越好、经营规模越大越好,然而,农村改革的实践证明,家庭经营具有广泛的适应性,与现代农业并不矛盾。土地家庭承包经营适应农业机械化发展的要求。⑧ 第二,"两个飞跃"思想是邓小平农业集体经济思想的集中体现。李崇富和温京萍(1998)指出"第二个飞跃"是变传统农业为现代农业,是使农业发展

---

① 《邓小平文选》(第3卷),人民出版社,1993年,第355页。
② 王玉强:《邓小平关于农业"两个飞跃"思想的由来及启示》,《党的文献》,2006年第1期,第28~34页。
③ 郑有贵:《"两个飞跃":邓小平与当代中国农业发展战略》,《教学与研究》,2000年第2期,第11~16页。
④ 高晶,张晖:《邓小平"两个飞跃"思想及其对发展农村集体经济的启示》,《农业经济》,2016年第7期,第3~5页。
⑤ 孔祥云:《论邓小平农业发展"两个飞跃"思想的深刻内涵与现实意义》,《清华大学学报》(哲学社会科学版),2004年第3期,第22~25页。
⑥ 钟志华,丁柏峰:《论邓小平实现农业"两个飞跃"的思想与中国农业的发展》,《兰州大学学报》,1999年第1期,第120~123页。
⑦ 农业部农村经济研究中心当代农业史研究室,《中国共产党"三农"思想研究》,中国农业出版社,2002年,第11~12页。
⑧ 农业部农村经济研究中心当代农业史研究室,《中国共产党"三农"思想研究》,中国农业出版社,2002年,第87~88页。

适应社会主义市场经济和现代化建设的必由之路和根本保证。① 张新华（2007）指出邓小平"两个飞跃"的思想指明了农村改革与发展的方向。建设社会主义新农村，需要农业发展的第二个飞跃，发展适度规模经营，发展集体经济，提高农业劳动生产率。② 陈玉萍等（2018）指出邓小平关于农业"两个飞跃"理论科学从根本上指明了适度规模经营是中国农业发展的制度变革与路径选择。③ 第三，集体化是农业现代化的发展方向。刘德定（2014）指出要把农业适度规模的集约化和社会化发展作为中国农业现代化在未来发展的重要措施。④ 郭莹和李凯（2017）指出"两个飞跃"核心是发展集体经济。邓小平的"两个飞跃"思想指明了集体化是农业现代化的发展方向，对于中国农业现代化的实现具有重要意义。⑤ 苏志宏和徐田（2019）指出邓小平"两个飞跃"理论前瞻性地提出了发展适度规模经营与发展集体经济对中国特色社会主义农业现代化建设的重要作用，提出了农业现代化建设的核心是发展集体经济。⑥

3. 对邓小平农业发展思想的研究

学界对邓小平农业发展思想的科学内涵、战略举措、目标方向等进行了研究，具体观点包括：

内涵说。首先，四点论。黄金辉（2007）将邓小平农业发展理论概括为四个方面：一是把农业放在经济社会发展战略的首位，二是农业发展要坚持在家庭联产承包责任制的基础上逐步推进适度规模经营，三是农业发展关键要靠科学技术与教育，四是发展农业必须调整农村产业结构、发展多种经营。⑦ 其次，五点论。王金艳（2001）指出邓小平农业发展战略思想主要包括五个方面：一是有中国特色的农业现代化是发展目标，二是发展农业产业化经营是发展途径，三是"一靠政策，二靠科学"是发展动力，四是粮食生产是发展重点，五是建立国家对农业的支持和保护体系是发展基础。⑧ 再次，六点论。谭志惠（1999）将邓小平农业发展理论概括为六个方面：一是一个根本即"农业是根本"，二是一个重点即粮食问题，三是一个关键即"调动农民积极性"，四是"两个飞跃"即"废除人民公社""发展集体经济"，五是两个依靠即"一靠政策，二靠科学"，六是一条必由之路即发展乡镇企业，逐步实现农村工业化和城镇化。⑨ 最后，

---

① 李崇富，温京萍：《学习邓小平"两个飞跃"思想推进农业产业化》，《清华大学学报》（哲学社会科学版），1998年第1期，第3~9页。
② 张新华：《三农问题与中国现代化》，天津社会科学院出版社，2007年，第170~173页。
③ 陈玉萍，丁士军，孙飞：《新时代中国农业农村的发展困境与出路——基于邓小平农业"两个飞跃"理论的视角》，《毛泽东邓小平理论研究》，2018年第3期，第6~12+107页。
④ 刘德定：《邓小平的"两个飞跃"思想与中国农业现代化的两种模式》，《社会主义研究》，2014年第4期，第68~73页。
⑤ 郭莹，李凯：《从邓小平的"两个飞跃"看农业现代化的发展方向》，《毛泽东邓小平理论研究》，2017年第7期，第58~64+108~109页。
⑥ 苏志宏，徐田：《邓小平"两个飞跃"理论视阈下新时代农业生产经营方式的发展创新》，《理论视野》，2019年第3期，第37~42页。
⑦ 黄金辉：《邓小平农业发展思想及其对社会主义新农村建设的启示》，《毛泽东思想研究》，2007年第5期，第8~10页。
⑧ 王金艳：《邓小平的农业发展战略思想》，《当代经济研究》，2001年第9期，第64~66+70页。
⑨ 谭志惠：《邓小平农业发展思想研究》，《农业经济问题》，1999年第3期，第33~37页。

七点论。白雪秋（1999）指出邓小平关于农业改革和发展的思想主要包括七个方面：一是明确了我国农业改革和发展的主体是农民；二是确立了我国农业改革和发展的根本指导原则是一切从实际出发，解放思想，实事求是；三是提出了我国农业发展的道路是实现"两个飞跃"；四是指出了我国农业现代化的核心内容是科学技术现代化；五是指出了加速我国农业发展的时机性和紧迫性；六是强调了农业改革和发展的基本宗旨是发展生产力，实现共同富裕；七是强调了我国农业改革和发展的艰巨性和长期性。[1]

方法说。为实现农业的发展目标，邓小平从生产力、生产关系和上层建筑等方面提出了一系列发展农业的举措，指出农业的发展"一靠政策，二靠科学"。[2] 观点一：以农业政策为保障的农业发展。邓小平认为，解决中国的"三农"问题，发展农业，关键在于制定正确的政策。李永勤和秦莹（1999）指出农业政策的制定与实施直接关系到农业经济乃至整个国民经济发展。[3] 陈占安和孟志中（2004）指出农村改革之所以能取得历史性的胜利，同以邓小平同志为核心的党的第二代中央领导集体制定出科学的农业政策是密切相关的。[4] 杨钟红（2004）指出，"农业的发展一靠政策，二靠科学"这一论断把政策对农业发展的推动作用与作为第一生产力的科学技术相提并论，是对农业政策地位的最高评价。[5] 观点二：以农业科技为动力的农业发展。陈夕（1997）指出以联产承包责任制为标志的农业第一个飞跃是调整生产关系，解放生产力。发展科技、教育则是实现农业发展第二个飞跃的根本出路。[6] 郭学旺（2003）认为农业最终要靠科学解决问题，邓小平科技兴农的战略思想，为我国农业现代化指明了切实可行的发展道路。[7] 张新华（2007）指出科学技术是建设现代农业的保障，农业科技进步与创新是传统农业向现代农业转变的第一推动力。[8]

### （二）对江泽民"三农"相关论述的研究

进入社会主义市场经济发展的新阶段，以江泽民同志为核心的党的第三代中央领导集体继承毛泽东、邓小平的"三农"思想，结合我国经济"两个根本性转变"的新需要和市场经济条件下农业农村农民面临的新情况，从全面建设小康社会的大局出发，提出了社会主义市场经济条件下促进农业农村农民发展的一系列新论断、新举措。学界对江泽民"三农"相关论述进行的研究主要包括：对江泽民农业基础地位思想的研究、对江泽民农业发展观的研究等。

---

[1] 白雪秋：《邓小平农村改革和发展思想与我国农业现代化道路选择》，《当代经济研究》，1999年第7期，第31~33页。

[2] 《邓小平文选》（第3卷），人民出版社，1993年，第17页。

[3] 李永勤，秦莹：《邓小平农业政策思想概述》，《云南师范大学学报》（哲学社会科学版），1999年第4期，第36~38页。

[4] 陈占安，孟志中：《学习邓小平农业政策思想新悟》，《学术论坛》，2004年第4期，第5~9页。

[5] 杨钟红：《邓小平的农业政策思想及其启示》，《北京党史》，2004年第S1期，第73~75页。

[6] 陈夕：《邓小平"两个飞跃"思想与农业现代化发展战略》，《中共党史研究》，1997年第2期，第51~57页。

[7] 郭学旺：《邓小平农业科技战略思想探析》，《党的文献》，2003年第4期，第55~58+54页。

[8] 张新华：《三农问题与中国现代化》，天津社会科学院出版社，2007年，第181页。

1. 对江泽民农业基础地位思想的研究

"农业问题、粮食问题,始终是国计民生第一位的大问题。"① 江泽民肯定了农业对于保持国民经济健康发展、社会稳定、全面建设小康社会的意义(王骏,2003)。② 在社会主义市场经济下,如何坚持农业基础地位是以江泽民同志为核心的党的第三代中央领导集体面临的时代课题。学者还对市场经济与农业的关系进行了研究。蔡振棠(1993)指出在建立社会主义市场经济过程中,农业这个基础地位不能变,农村市场这个主体也不能变,要走出一条建设有中国特色的农村社会主义市场的路子。③ 高仲霞(1994)指出,在市场经济条件下,为确保农业在国民经济中的基础作用,关键在于尽快建立与市场经济相适应的农村市场运行机制和管理体制,使农业从传统体制向市场经济体制转变。④ 王甲午等(1995)指出在社会主义市场经济体制下,农业没有失去其基础地位的作用,发展社会主义市场经济更需要强化农业基础地位。⑤ 孙先虎(1996)肯定了农业对市场经济的重要性,指出农业的发展是全面发展社会主义市场经济的前提,发展社会主义市场经济必须强化农业基础地位。⑥

2. 对江泽民农业发展观的研究

内涵说。李明生(2001)将江泽民的农业发展观归纳为三个方面:一是农业发展要坚持农业基础地位。二是加强农业基础地位要坚持"五靠"即靠政策、靠科技、靠投入、靠保护、靠工作。三是发展"两个飞跃"思想,提出了我国农业产业化发展方向。⑦ 郭铁民和王永龙(2002)将江泽民的农业发展观归纳为四个方面:一是农业发展的核心在于坚持和巩固农业的基础地位。二是农业发展的基本原则是"发展为民"。三是发展农业的根本保证是"稳定和不断完善双层经营机制"。四是发展农业的基础是"深化农业和农村经济体制改革"。⑧

原则说。农业发展要坚持农村基本经营制度不动摇。李洪波(2007)指出农村基本经营制度有坚实的理论基础和广泛的实践基础,有广泛的适应性和旺盛生命力,对保持我国社会稳定有不可替代的重要作用。⑨ 江泽民高度重视农村基本经营制度出现的新情况、新问题,提出加强土地管理和调控,让农民承包土地延包30年。学者对农村土地集体所有制下存在的产权不明问题提出疑问。例如,何炼成和何林(2005)认为,农村土地集体所有制下存在农地的所有权不清、产权不明,是我国农村基层组织产生腐败的

---

① 《江泽民论有中国特色社会主义(专题摘编)》,中央文献出版社,2002年,第120页。
② 王骏:《试论江泽民的"三农"思想》,《党的文献》,2003年第5期,第37~44页。
③ 蔡振棠:《社会主义市场经济与农业基础地位》,《农业经济》,1993年第11期,第11~13页。
④ 高仲霞:《关于加强农业基础地位的举措》,《实事求是》,1994年第5期,第31~32页。
⑤ 王甲午,何学连,齐艳:《发展社会主义市场经济更须强化农业基础地位》,《农业经济》,1995年第2期,第18~19页。
⑥ 孙先虎:《发展社会主义市场经济必须强化农业基础地位》,《技术经济与管理研究》,1996年第3期,第36~37页。
⑦ 李明生:《试论江泽民同志新时期发展农业的思想》,《财经理论与实践》,2001年第4期,第2~4页。
⑧ 郭铁民,王永龙:《运用江泽民农业发展观,创新农业和农村经济发展机制》,《福建论坛》(经济社会版),2002年第11期,第49~53页。
⑨ 李洪波:《进一步深化对坚持农村基本经营制度不动摇的认识——学习〈江泽民文选〉的体会》,《农村经营管理》,2007年第4期,第45~48页。

经济根源。他们还提出了农地所有权国有化,产权农户化或家庭化的对策。①

目标说。农业现代化是农业发展的目标,农业产业化是实现农业现代化的有效途径。李明生(2001)指出,农业产业化有利于家庭承包经营的巩固和完善提高,是我国农业逐步走向现代化的现实途径之一。②卢文(2002)指出推进农业产业化经营是带动广大农民进入市场的主要形式,是农村经营体制的一次重大的创新。③杜曙光和孙迪亮(2009)指出,农业产业化经营是增强农业自我发展能力、增加农民收入,提高农业市场化程度和科学化水平,在家庭承包经营的基础上实现农业现代化的有效途径。④温铁军(2009)梳理了农业现代化的来龙去脉,将农业产业化称为第二次农业现代化的高潮,指出产业化有效地提升了农业的装备系数和技术贡献,打破了农业投入产出的两头垄断,促进了农业可持续发展。⑤

### (三)对胡锦涛"三农"相关论述的研究

在全面建设小康社会的新时期,以胡锦涛同志为总书记的党中央,根据全面建设小康社会、加快推进社会主义现代化全局的客观要求,把解决好"三农"问题作为全党工作的重中之重,构建了一个具有中国特色的"三农"发展的理论框架。学界对胡锦涛"三农"相关论述进行的研究主要包括:对胡锦涛社会主义新农村建设思想的研究、对胡锦涛城乡一体化思想的研究等。

#### 1. 对胡锦涛社会主义新农村建设思想的研究

社会主义新农村是建设小康社会的重要内容,是农村综合改革的新起点。学者对社会主义新农村建设的科学内涵、任务目标、重大意义、实施路径进行了研究。

内涵说。温铁军(2009)指出"建设社会主义新农村"的国家战略是市场经济条件下采取的以国家力量反哺农村的系列政策。⑥余春林(2008)指出社会主义新农村建设战略主要包括四个方面的内容。一是发展经济,增加收入。二是建设村镇,改善环境。三是扩大公益,促进和谐。四是培育农民,提高素质。⑦何腊生(2009)指出胡锦涛建设社会主义新农村的思想体系主要包括六个方面:一是关于新农村建设的定位。二是新农村建设的新方略。三是新农村建设的新论断。四是建设社会主义新农村的目标任务。五是新农村建设的出发点。六是新农村建设的关键环节。⑧

价值说。第一,阐述了社会主义新农村建设的理论意义。钟慧容(2011)指出社会

---

① 何炼成,何林:《再论我国现阶段的农地制度》,《当代经济科学》,2005年第1期,第28～30+109页。
② 李明生:《试论江泽民同志新时期发展农业的思想》,《财经理论与实践》,2001年第4期,第2～4页。
③ 农业部农村经济研究中心当代农业史研究室:《中国共产党"三农"思想研究》,中国农业出版社,2002年,第101～103页。
④ 杜曙光,孙迪亮:《江泽民与中国特色农业现代化道路》,《当代世界与社会主义》,2009年第3期,第100～104页。
⑤ 温铁军:《"三农"问题与制度变迁》,中国经济出版社,2009年,第81页。
⑥ 温铁军:《"三农"问题与制度变迁》,中国经济出版社,2009年,第87～90页。
⑦ 余春林:《毛泽东邓小平江泽民胡锦涛社会主义农村建设战略思想考略》,《探索》,2008年第3期,第18～20页。
⑧ 何腊生:《胡锦涛建设社会主义新农村主要思想探析》,《探索》,2009年第2期,第4～8页。

主义新农村建设与马克思主义经典作家关于"三农"问题的思想一脉相承,是对中国共产党"三农"思想的继承和创新,是中国特色社会主义理论的新发展。① 第二,阐述了社会主义新农村建设的现实价值。李炳坤(2005)指出,推进社会主义新农村建设,是进一步解决"三农"问题的一项战略举措,是推进现代化建设的又一重大步骤。② 姜长云(2006)指出,建设社会主义新农村是对统筹城乡发展和"工业反哺农业,城市支持农村"方针的具体化,标志着我国城乡关系已进入了"以工促农、以城带乡"的新阶段,基本完成了解决"三农"问题的政策转型。③ 郑新立(2006)指出加快社会主义新农村建设是遏制城乡差距过大趋势、实现全面小康的战略举措,是扩大农村市场需求、消化剩余工业生产能力的需要,是我们党执政为民和代表最广大人民根本利益的集中体现。④ 钟慧容(2011)指出,建设社会主义新农村是构建社会主义和谐社会的重要基础,是我国社会主义现代化建设的根本要求,是全面建设小康社会的重要保证,是实现国民经济发展模式升级的必要前提。⑤ 韦廷柒和张学亮(2010)指出建设社会主义新农村是统筹城乡经济社会发展的战略任务。⑥ 鲁永文和朝克(2014)指出建设社会主义新农村可以确保解决十三亿多人的吃饭问题,有利于推动城乡发展一体化,有利于切实解决好"三农"问题,有利于在四化同步中加快推进农业现代化。⑦

方法说。第一,社会主义新农村建设需要多措并举。郑有贵(2006)指出,建设社会主义新农村需要国民收入分配政策实现新的突破,需要就业政策实现新的突破,需要在培育壮大产业组织上实现新的突破。⑧ 周明海和张晓路(2007)提到,把发展现代农业作为社会主义新农村建设的战略任务,把走中国特色农业现代化道路作为解决"三农"问题的战略选择。⑨ 曹应旺(2012)指出了建设社会主义新农村要走中国特色农业现代化道路,要形成城乡经济社会发展一体化新格局,要提高农民整体素质,要全面深化农村改革,要切实加强领导。⑩ 第二,社会主义新农村建设需要多方用力。陈锡文(2007)指出社会主义新农村建设需要进行全方位的把握,形成党委和政府各部门协调配合、齐抓共管的工作机制,形成充分调动广大农民积极性的激励机制,形成吸引社会各方广泛支持的参与机制,形成逐步改变城乡二元结构的统筹发展机制。⑪ 秦富

---

① 钟慧容:《社会主义新农村建设的理论意义及现实价值》,《毛泽东思想研究》,2011年第4期,第100~104页。
② 李炳坤:《扎实稳步推进社会主义新农村建设》,《中国农村经济》,2005年第11期,第4~9页。
③ 姜长云:《对建设社会主义新农村的几点认识》,《农业经济问题》,2006年第6期,第7~11+79页。
④ 郑新立:《关于建设社会主义新农村的几个问题》,《农业经济问题》,2006年第1期,第11~15页。
⑤ 钟慧容:《社会主义新农村建设的理论意义及现实价值》,《毛泽东思想研究》,2011年第4期,第100~104页。
⑥ 韦廷柒,张学亮:《中共十六大以来中国特色社会主义城乡关系理论新发展》,《学术论坛》,2010年第12期,第38~41页。
⑦ 鲁永文,朝克:《建设社会主义新农村战略探析》,《山东社会科学》,2014年第7期,第188~192页。
⑧ 郑有贵:《建设社会主义新农村的目标与政策突破》,《教学与研究》,2006年第1期,第18~25页。
⑨ 周明海,张晓路:《社会主义新农村建设的理论和实践创新——以十六大以来党中央提出的中国农村经济社会发展的重大战略思想为视角》,《农业经济》,2007年第11期,第3~5页。
⑩ 曹应旺:《十六大以来建设社会主义新农村战略思想的形成和发展》,《党的文献》,2012年第5期,第97~104页。
⑪ 陈锡文:《关于建设社会主义新农村的若干问题》,《理论前沿》,2007年第1期,第5~10页。

(2007)指出农民应该成为社会主义新农村的建设主体,政府应该成为社会主义新农村建设的投资主体,一个独立的中介机构应该成为社会主义新农村建设的监督主体。① 社会主义新农村建设尤其要发挥农民的主体地位。姜长云(2006)指出,建设社会主义新农村的关键是要促进农村生产方式和生活方式的根本性转变,增强农民、农村和农业的自我发展能力。② 陆学艺(2006)指出,建设社会主义新农村的目标是要充分调动农民的生产积极性,农民有没有自觉自主地投入社会主义新农村建设的积极性,是新农村建设成败的关键。③

### 2. 对胡锦涛城乡一体化思想的研究

党的十六届四中全会提出,我国总体上已进入以工促农、以城带乡的发展阶段。④ 其中,建设社会主义新农村是对"工业反哺农业、城市支持农村"方针的具体化,也标志着我国城乡关系已进入了"以工促农、以城带乡"的新阶段,基本完成了解决"三农"问题的政策转型(姜长云,2006)。⑤

原因说。李全胜(2007)从三个角度指出了胡锦涛城乡一体化思想的形成原因:一是进入工业化中期是推进城乡一体化发展的实践依据。二是"两个趋向"的论断是推进城乡一体化的理论依据。三是科学发展观为城乡一体化战略提供了科学的世界观和方法论。⑥ 董济杰(2016)指出"两个趋向"和"新阶段"的重要论断是对我国城乡关系的发展阶段和历史趋势的总判断,是党和国家今后制定城乡关系政策的重要理论基调。⑦

内涵说。周明海和张晓路(2007)从重中之重、战略判断、战略方针、战略决策、战略任务、战略选择六个方面归纳了胡锦涛城乡关系思想的科学内涵。⑧ 韦廷柒和张学亮(2010)从重大任务、根本宗旨、理论依据、重要途径、战略任务、主要内容、基本要义七个方面梳理了党的十六大以来以胡锦涛为总书记的党中央关于中国特色社会主义城乡关系理论。⑨

## 三、对习近平新时代中国特色社会主义思想中"三农"相关论述的研究

习近平总书记立足"三农"发展面临的现实问题和国内外环境,从实现中华民族伟大复兴的大局出发,形成了系统的"三农"发展理论。习近平总书记关于"三农"问题的论述是新时期党和国家指导农业、农村和农民工作的重要依据。理论界对习近平关于"三农"问题的重要论述进行了深入研究,并涌现出一大批高质量的研究成果,主要包

---

① 秦富:《社会主义新农村建设的若干思考》,《农业经济问题》,2007年第1期,第37~43+111页。
② 姜长云:《对建设社会主义新农村的几点认识》,《农业经济问题》,2006年第6期,第7~11+79页。
③ 陆学艺:《当前农村形势和社会主义新农村建设》,《江西社会科学》,2006年第4期,第7~21页。
④ 《十六大以来重要文献选编》(下),中央文献出版社,2008年,第140页。
⑤ 姜长云:《对建设社会主义新农村的几点认识》,《农业经济问题》,2006年第6期,第7~11+79页。
⑥ 李全胜:《城乡经济社会发展一体化战略研究》,《中共中央党校学报》,2007年第6期,第23~29页。
⑦ 董济杰:《马克思主义城乡关系理论的中国化进程》,《理论月刊》,2016年第6期,第19~24页。
⑧ 周明海,张晓路:《社会主义新农村建设的理论和实践创新——以十六大以来党中央提出的中国农村经济社会发展的重大战略思想为视角》,《农业经济》,2007年第11期,第3~5页。
⑨ 韦廷柒,张学亮:《中共十六大以来中国特色社会主义城乡关系理论新发展》,《学术论坛》,2010年第12期,第38~41页。

括：对习近平粮食安全相关论述的研究、对习近平农村基本经营制度相关论述的研究、对习近平农业现代化相关论述的研究、对习近平反贫困相关论述的研究、对习近平乡村振兴相关论述的研究等。

### （一）对习近平粮食安全相关论述的研究

在新时代，国家粮食安全不仅是保障国家安全，实现农业现代化和国家现代化的基础和保障，也是党和政府面临的最直接、最现实、最根本的重大挑战。

#### 1. 对国家粮食安全的重大意义进行研究

一种观点阐明了粮食安全对保障农业基础地位思想的重要性。例如：朱信凯等（2017）认为，农业的基础性地位，重点体现在它是保障粮食安全和国家安全的根本。[①] 另一种观点强调了粮食安全对于国家发展的重要性。例如：盛国勇和陈池波（2015）指出，粮食安全关系伟大"中国梦"的实现，关系社会和谐稳定和国际责任，必须千方百计完善国家粮食安全支撑体系。[②] 陈锡文（2021）指出在经济全球化的背景下，要切实保障国家食物供给安全。他进一步辨析了食物供给安全和粮食安全的相互关系，认为食物供给安全的概念和范畴应该比粮食安全更大一些，粮食安全是食物供给安全的基础，没有粮食安全肯定没有食物供给安全。[③] 王建国和包安（2019）肯定了粮食安全对于国家安全、人民美好生活需要、实现中华民族伟大复兴的重大意义。[④]

#### 2. 对习近平粮食安全观科学内涵的研究

学界还进一步梳理了党的十八大以来习近平总书记关于中国粮食安全问题的一系列新理念新思想新战略。王建国和包安（2019）将新时代的粮食安全观归纳为四个方面：一是粮食安全事关党和国家事业的兴旺发达。二是粮食安全必须立足基本解决我国人民吃饭问题。三是粮食安全的战略重点是推进农业供给侧改革。四是为保障中国粮食安全，要树立新型国家粮食安全观。[⑤] 张正河（2019）同样将其归纳为四个方面：一是粮食安全是治国理政的头等大事。二是准确把握我国粮食安全面临的突出问题。三是明确新时代国家粮食安全战略的实施重点。四是提出新时代保障国家粮食安全的具体举措。[⑥] 魏泳安（2020）将其基本内涵概括为五点：一是粮食安全地位论。二是粮食安全形势论。三是粮食安全目标论。四是粮食安全方法论。五是粮食安全机制论。[⑦]

---

[①] 朱信凯，张晨，杨晓婷：《习近平农业思想及十八大以来的实践》，《经济社会体制比较》，2017 年第 5 期，第 1～12 页。
[②] 盛国勇，陈池波：《习近平国家粮食安全战略思想探析》，《探索》，2015 年第 4 期，第 12～17 页。
[③] 陈锡文：《切实保障国家食物供给安全》，《农业经济问题》，2021 年第 6 期，第 4～7 页。
[④] 王建国，包安：《论新时代中国粮食安全观——学习习近平总书记关于中国粮食安全的重要论述》，《贵州社会科学》，2019 年第 5 期，第 20～27 页。
[⑤] 王建国，包安：《论新时代中国粮食安全观——学习习近平总书记关于中国粮食安全的重要论述》，《贵州社会科学》，2019 年第 5 期，第 20～27 页。
[⑥] 张正河：《习近平关于粮食安全的重要论述解析》，《人民论坛》，2019 年第 32 期，第 12～15 页。
[⑦] 魏泳安：《习近平新时代粮食安全观研究》，《上海经济研究》，2020 年第 6 期，第 14～23 页。

## （二）对习近平农村基本经营制度相关论述的研究

习近平总书记在深化农村改革的过程中，围绕农村基本经营制度，提出了一系列新思想新论断。诸如"农村基本经营制度是党的农村政策的基石"，"坚持农村土地农民集体所有。这是坚持农村基本经营制度的'魂'"①，"完善承包地'三权分置'制度"②，"坚持家庭经营在农业中的基础性地位，推进农业经营方式创新"③，等等。

### 1. 对习近平农村基本经营制度相关论述的研究

徐祥临（2016）认为，习近平总书记关于深化农村改革的诸多论述中有两个要点：一是农村土地归农民集体所有，探索其有效实现形式；二是以深化供销合作社综合改革为切入点，形成为农民生产生活提供帮助的综合服务体系。④徐俊忠（2017）指出深化农村改革必须坚持土地农民集体所有这一农村的最大制度，开展以农村土地集体所有为"魂"的"三权分置"改革。⑤朱信凯等（2017）指出，坚持农村基本经营制度，一方面，要坚持集体经济下以家庭承包经营为基础、统分结合的双层经营体制；另一方面，要创新实践"三权分置"促进土地要素有效流转，实现经营形式多元化。⑥陈锡文（2019）指出农村土地的集体所有制，是我国建立社会主义制度后农村的基础性制度。⑦何朝银（2020）将习近平关于深化农村土地制度改革的重要论述归纳为四个方面：一是分散经营影响乡村振兴总目标实现。二是土地问题是乡村治理的核心问题。三是土地流转不畅影响乡村的全面振兴。四是土地问题制约着城乡融合发展。⑧

### 2. 对习近平"三权分置"相关论述的研究

习近平在坚持土地集体所有和家庭经营的基础上，不断探索农村土地归农民集体所有的有效实现形式，推进以农村土地集体所有为"魂"的"三权分置"改革。学者对习近平"三权分置"思想进行了研究，主要观点如下。

观点一：肯定"三权分置"思想的理论意义。一是对中国共产党农村基本经营制度思想的丰富发展。苑鹏（2017）指出习近平土地"三权分置"的思想丰富了我国统分结合的农村双层经营体制的内涵。⑨韩文龙等（2018）指出农地"三权"分置是中国农村

---

① 《习近平关于社会主义经济建设论述摘编》，中央文献出版社，2017年，第173页。
② 习近平：《论把握新发展阶段、贯彻新发展理念、构建新发展格局》，中央文献出版社，2021年，第195页。
③ 《十八大以来重要文献选编》（上），中央文献出版社，2014年，第670页。
④ 王金华：《"习近平'三农'思想研讨会"会议综述》，《中国农村经济》，2016年第11期，第91~94页。
⑤ 徐俊忠：《土地农民集体所有是农村基本经营制度之魂》，《马克思主义与现实》，2017年第4期，第7~18页。
⑥ 朱信凯，张晨，杨晓婷：《习近平农业思想及十八大以来的实践》，《经济社会体制比较》，2017年第5期，第1~12页。
⑦ 陈锡文：《农村改革四十年的突破、成就和启示》，《中国农业文摘·农业工程》，2019年第2期，第5~9页。
⑧ 何朝银：《试论我国农村土地制度的形成和发展——学习习近平总书记关于乡村振兴的重要论述》，《毛泽东邓小平理论研究》，2020年第6期，第6~14+108页。
⑨ 苑鹏：《关于农村统分结合的双层经营体制的若干问题探究——习近平总书记关于稳定和完善农村基本经营制度的重要思想》，《农村经济》，2017年第10期，第1~7页。

土地产权变迁从"一权"确立、"两权"分离到"三权"分置的历史性探索产生的集体智慧结晶。① 陈锡文（2017）指出"三权分置"顺应农民要求保留承包权、放活经营权的意愿，把土地经营权单独拿出来，给农民吃了一颗定心丸，这是重大制度创新。② 二是对马克思主义土地理论的创新发展。王璠（2018）指出土地的"三权分置"制度找到了集体土地所有权的实现形式，是对马克思主义土地理论的创新与发展。③ 耿羽（2019）指出习近平关于农村集体经济的重要论述，是对马克思恩格斯农业合作论、毛泽东"组织起来"论和邓小平"第二个飞跃"论等的继承和创新。④

观点二：肯定"三权分置"思想的现实价值。宋涛等（2012）认为农村土地流转既是我国科学推进城镇化、工业化的关键动力，更是打破城乡二元结构、保障城乡统筹协调发展的重大战略。⑤ 洪银兴和王荣（2019）指出农地所有权、承包权和经营权"三权分置"改革是新时代农业现代化的制度基础。⑥

### （三）对习近平农业现代化相关论述的研究

没有农业现代化，没有农村繁荣富强，没有农民安居乐业，国家现代化是不完整、不全面、不牢固的。学界对习近平关于农业现代化的论述进行了研究，主要观点如下：

#### 1. 对习近平农业现代化相关论述的研究

赵玲玲和曾力宁（2017）从现代农业产业体系、现代农业生产体系、现代农业经营体系三个维度对习近平关于农业现代化的论述的科学内涵进行归纳。⑦ 郑兴明（2017）指出习近平关于农业现代化的论述以解放和发展农村生产力为逻辑主线，以增进农民福祉为人本旨归，以市场化、组织化和合作化为实践路向，以城乡发展一体化为目标向度。⑧ 东秀萍和王停停（2020）从基础论、发展论、改革论、系统论的角度总结了习近平关于农业现代化的论述。⑨

#### 2. 对农业现代化实现路径的研究

学者对实现农业现代化的路径进行了研究。主要观点如下：

第一，要深入推进农业供给侧结构性改革，加快转变农业发展方式。韩长赋

---

① 韩文龙，李强，杨继瑞：《习近平新时代农地"三权"分置的实践探索》，《财经科学》，2018年第11期，第37~50页。
② 陈锡文：《走中国特色社会主义乡村振兴道路》，中国社会科学出版社，2019年。
③ 王璠：《工业化城镇化背景下"三农"问题研究》，甘肃人民出版社，2018年，第21~29页。
④ 耿羽：《壮大集体经济助推乡村振兴——习近平关于农村集体经济重要论述研究》，《毛泽东邓小平理论研究》，2019年第2期，第14~19+107页。
⑤ 宋涛，蔡建明，刘彦随，等：《农地流转模式与机制创新研究》，《农村经济》，2012年第8期，第23~26页。
⑥ 洪银兴，王荣：《农地"三权分置"背景下的土地流转研究》，《管理世界》，2019年第10期，第113~119+220页。
⑦ 赵玲玲，曾力宁：《习近平农业现代化思想研究》，《长沙理工大学学报》（社会科学版），2017年第3期，第47~51页。
⑧ 郑兴明：《习近平农业现代化思想的四重维度》，《求索》，2017年第9期，第38~44页。
⑨ 东秀萍，王停停：《习近平总书记关于农业现代化的重要论述研究》，《学习论坛》，2020年第4期，第11~17页。

(2015)指出,当前,我国农业发展环境正在发生深刻变化,要加快推进农业现代化、实现农业可持续发展,迫切需要加快转变农业发展方式。[①] 郑风田(2016)指出随着工业化、城镇化的发展,食品供给面临数量和质量的安全问题。需要深入推进农业供给侧结构性改革,开创农业现代化建设新局面。[②] 黄祖辉(2017)指出,推进农业供给侧结构性改革切中我国农业转型发展和现代化发展的要害。[③] 朱信凯等(2017)认为,农业供给侧结构性改革是解放农村生产力、发展农村生产力,以农民为中心,实现共同富裕的根本之策。[④]

第二,要培育新型农业经营主体,发展多种形式适度规模经营。程恩富和张杨(2019)指出农业合作化和集体化是社会主义农业发展的方向,发展社会主义农业要以土地集体所有制为基石。[⑤] 钟丽娜等(2021)认为,新型农业经营主体是现代农业发展的重要抓手,中国的农业现代化应该走以小农户为主体的组织化道路。[⑥] 彭世广(2021)指出,培育新型农业经营主体,适度规模化是中国大国小农的农业现代化之路。[⑦] 刘琦(2021)指出,只有解决了"人"的问题,才能解决建设新农村的问题,推进农业现代化发展。[⑧]

第三,要坚持绿色发展理念,构建环境经济的协同机制。于法稳(2016)指出,要在习近平绿色发展思想的指导下,推动中国农业的转型发展。[⑨] 刘嘉敏和刘巍(2017)指出,实现农业绿色化转型,保持农业可持续发展,对加速农业现代化进程具有重要意义。[⑩] 温焜(2021)指出,绿色发展是推动农业现代化的重要方式,是促进农村现代化的必要手段。[⑪]

第四,要实施乡村建设行动,推动农业农村现代化。侯金亮和朱涛(2020)认为,当前,我国最大的发展不平衡是城乡发展不平衡、最大的发展不充分是农村发展不充分,实施乡村建设行动就是补上农业农村现代化的短板。[⑫] 金三林(2021)指出,实施

---

① 韩长赋:《坚定不移加快转变农业发展方式——学习贯彻习近平总书记在中央经济工作会议上的重要讲话精神》,《求是》,2015年第2期,第25~27页。
② 郑风田:《关于推进农业供给侧结构性改革若干问题思考》,《价格理论与实践》,2016年第12期,第10~12页。
③ 黄祖辉:《推进农业供给侧结构性改革》,《浙江经济》,2017年第2期,第21~22页。
④ 朱信凯,张晨,杨晓婷:《习近平农业思想及十八大以来的实践》,《经济社会体制比较》,2017年第5期,第1~12页。
⑤ 程恩富,张杨:《论新时代社会主义农业发展的若干问题——以马克思主义及其中国化理论为指引》,《内蒙古社会科学》(汉文版)2019年第5期,第15~22+2页。
⑥ 钟丽娜,吴惠芳,梁栋:《集体统筹:小农户与现代农业有机衔接的组织化路径——黑龙江省K村村集体土地规模经营实践的启示》,《南京农业大学学报》(社会科学版),2021年第2期,第126~135页。
⑦ 彭世广:《大国小农的农业现代化之路——基于国际经验的视角》,《农业经济》,2021年第2期,第9~11页。
⑧ 刘琦:《乡村振兴战略下新型职业农民精准培育策略研究》,《农业经济》,2021年第2期,第86~87页。
⑨ 于法稳:《习近平绿色发展新思想与农业的绿色转型发展》,《中国农村观察》,2016年第5期,第2~9+94页。
⑩ 刘嘉敏,刘巍:《论习近平农业绿色发展思想》,《理论观察》,2017年第4期,第37~39页。
⑪ 温焜:《推进绿色发展加快农业农村现代化建设》,《中国环境报》,2021年3月3日,第3版。
⑫ 侯金亮,朱涛:《把乡村建设摆在社会主义现代化建设的重要位置》,《重庆日报》,2020年11月26日,第15版。

乡村建设行动是党的十九届五中全会作出的重大战略部署，是推进农业农村现代化的重要抓手。①

第五，要加强农业科技创新，给农业插上腾飞的翅膀。陈锡文（2018）强调科技进步和体制创新在农业现代化中的支撑作用，他指出，农业现代化以提高效率为基本目标，为了实现农业的现代化，要构建现代农业的产业体系、生产体系和经营体系，健全农业的支持保护体系，健全农业社会化服务体系。也就是说，农业现代化的关键在于科技进步和体制创新。②温涛（2020）指出数字经济与农业农村经济融合发展能够多方位促进农业升级、农村进步和农民发展。③殷浩栋等（2020）认为，数字技术给农业农村发展带来了新的机遇，实现农业农村数字化转型是顺应时代变革的必然趋势。④宋洪远（2020）指出，大力发展智慧农业对促进农业转型升级、提高农业质量效益和竞争力、提升我国农业现代化水平，具有特别重要的现实意义。⑤

### （四）对习近平反贫困相关论述的研究

反贫困是中国共产党人孜孜以求的奋斗目标，党的十八大以来，以习近平同志为核心的党中央把脱贫攻坚摆在治国理政的突出位置，走出了具有中国特色的脱贫之路，形成了具有中国特色的反贫困理论。学者对习近平扶贫思想进行了研究。

1. 对习近平反贫困相关论述的研究

四点论。宁甜甜和丛松日（2017）认为习近平扶贫思想主要包含了坚持人民主体地位和首创精神、把握实事求是的实践经验、创新多种扶贫发展方式、深挖新时代中国特色社会主义思想的价值本质四个维度。⑥张传泉（2020）将习近平扶贫思想归纳为四个方面：一是"美好生活"是逻辑起点。二是"共同富裕"是着力点。三是"精准扶贫"是聚焦点。四是"弱鸟先飞"是落脚点。⑦

五点论。刘义圣和许彩玲（2016）将习近平扶贫思想归纳为五点，分别是：反贫困的目标升级；反贫困的思路创新；反贫困动力的增添；反贫困力量的强化；反贫困体制机制的创新。⑧

---

① 金三林：《大力实施乡村建设行动，加快农业农村现代化》，《中国发展观察》，2021年第Z1期，第22～24页。
② 陈锡文：《实施乡村振兴战略，推进农业农村现代化》，《中国农业大学学报》（社会科学版），2018年第1期，第5～12页。
③ 温涛：《加快数字经济与农业农村经济融合发展》，《人民政协报》，2020年7月21日，第6版。
④ 殷浩栋，霍鹏，汪三贵：《农业农村数字化转型：现实表征、影响机理与推进策略》，《改革》，2020年第12期，第48～56页。
⑤ 宋洪远：《智慧农业发展的状况、面临的问题及对策建议》，《人民论坛·学术前沿》，2020年第24期，第62～69页。
⑥ 宁甜甜，丛松日：《习近平精准扶贫思想四维分析》，《吉林工商学院学报》，2017年第6期，第103～106页。
⑦ 张传泉：《习近平关于扶贫重要论述的生成逻辑和理论体系》，《江苏大学学报》（社会科学版），2020年第1期，第11～19页。
⑧ 刘义圣，许彩玲：《习近平反贫困思想及对发展中国家的理论借鉴》，《东南学术》，2016年第2期，第1～9页。

六点论。朱方明和李敬（2019）指出习近平扶贫思想内容包括以下六个方面：一是消除贫困是社会主义的本质要求。二是精准扶贫是扶贫工作的核心战略。三是培育脱贫内生动力是贫困人口高质量脱贫的关键所在。四是社会合力共助脱贫攻坚工作扎实推进。五是创新体制机制是贫困人口高质量脱贫的有力保障。六是"能力扶贫"和"机会扶贫"是新时代反贫困思想的核心主题。[①] 李培林等（2017）根据其界定的外部介入式全过程精准扶贫的六个相关要件，指出我国已初步建立起了精准扶贫的治理体系和政策体系、方法体系、扶贫干预体系、扶贫资源投入和动员体系。[②] 欧健和刘晓婉（2017）从六个方面概括了十八大以来习近平扶贫思想的主要内容：消除贫困，改善民生，是社会主义的本质要求；贫困人口完全脱贫是全面建成小康社会的必然要求；创新扶贫思路，实施精准脱贫方略；在党的领导下依靠社会合力实现脱贫；发展是摆脱贫困帽子的总办法；要创新扶贫开发的体制机制。[③]

七点论。蒋永穆和周宇晗（2019）将习近平扶贫思想归纳为七个方面：一是消除贫困是社会主义的本质要求。二是脱贫致富贵在立志。三是发展是摆脱贫困帽子的总办法。四是扶贫需要强化扶贫开发工作管理体制创新。五是脱贫攻坚成败之举在于精准。六是社会合力构建大扶贫格局。七是民族地区是打好脱贫攻坚战的主战场。[④] 王相坤（2017）也从七个方面对精准扶贫思想进行了阐述：社会主义本质和党的重要使命的思想；补齐短板、同步进入全面小康社会的思想；找对路径、展现特色的思想；精准扶贫脱贫的思想；政策引导与内生动力相结合的思想；扶贫"先治愚、先扶智"的思想；大格局扶贫的思想。[⑤]

八点论。文建龙（2020）将习近平扶贫思想的主要内容归纳为八个方面：一是中国反贫困的领导力量。二是中国反贫困的主体力量。三是中国反贫困的动力系统。四是中国反贫困的关键问题。五是中国反贫困的战略目标。六是中国反贫困的根本手段。七是中国反贫困的具体办法。八是中国反贫困的关键策略。[⑥]

九点论。黄承伟（2016）将习近平扶贫思想的内容体系归纳为九个方面：一是扶贫开发是社会主义本质要求。二是农村贫困人口脱贫是全面建成小康社会最艰巨任务。三是科学扶贫。四是精准扶贫精准脱贫。五是内源扶贫。六是社会扶贫。七是廉洁扶贫、阳光扶贫。八是扶贫开发要坚持发挥政治优势和制度优势的思想。九是共建一个没有贫困的人类命运共同体的思想。[⑦]

---

[①] 朱方明，李敬：《习近平新时代反贫困思想的核心主题——"能力扶贫"和"机会扶贫"》，《上海经济研究》，2019年第3期，第5～16页。

[②] 李培林，魏后凯，吴国宝：《中国扶贫开发报告2017》，社会科学文献出版社，2017年，第1页。

[③] 欧健，刘晓婉：《十八大以来习近平的扶贫思想研究》，《社会主义研究》，2017年第6期，第13～21页。

[④] 蒋永穆，周宇晗：《习近平扶贫思想述论》，《理论学刊》，2015年第11期，第11～18页。

[⑤] 王相坤：《十八大以来习近平精准扶贫思想形成的历史背景、科学内涵及实践要求》，《北京党史》，2017年第6期，第33～38页。

[⑥] 文建龙：《新时代反贫困思想研究》，社会科学文献出版社，2020年，第148～293页。

[⑦] 黄承伟：《习近平扶贫思想体系及其丰富内涵》，《中南民族大学学报》（人文社会科学版），2016年第6期，第129～133页。

2. 对习近平扶贫相关论述理论特征的研究

观点一：脱贫攻坚战略体现出多维特质。文建龙（2020）将习近平扶贫思想的基本特点归纳为四个方面：一是体现了以人民为中心的价值追求。二是植根于中国改革开放伟大实践。三是具有全面系统而又科学的内容。四是具有严谨的逻辑结构体系。[1] 刘明合和李霞（2017）指出习近平把消除贫困作为社会主义的本质要求，提出了实事求是、因地制宜的基本原则，以及发展是根本路径，扶志是内生动力，精准扶贫、体制创新等扶贫开发的新论断。[2] 燕连福和马亚军（2019）指出习近平扶贫思想的精神实质主要表现在坚持以思想脱贫为前提，坚持扶贫工作的人民性、精准性、有效性、可持续性，坚持以党的领导为根本保证。[3]

观点二：脱贫攻坚战略以人民观为根本旨向。王金艳（2016）指出习近平扶贫思想是发展理念的反映，体现了发展理念的要求。[4] 刘义圣和许彩玲（2016）指出习近平反贫困思想以实现人的全面发展为价值取向。[5] 苏昌强（2018）认为，人民观标准、群众路线为"扶贫为人民"的小康事业奠定了方法论。[6] 董聪慧（2019）指出扶贫开发战略以消灭贫困、补齐民生短板为核心，彰显了以人民为中心的发展理念。[7] 王玉福和闫艳（2019）指出习近平扶贫思想的逻辑起点与价值依归在于人民性。[8] 燕连福和耿嘉敏（2020）指出习近平扶贫思想充分彰显了习近平以人民为中心的发展思想。[9]

3. 对扶贫具体路径的研究

第一，要坚持精准扶贫。易棉阳（2016）指出习近平扶贫思想的提出与实施，既是中国经济社会发展的必然要求，也是解决新时期贫困问题的客观需要。[10] 汪三贵和刘未（2016）指出"六个精准"是做好精准扶贫工作的关键所在。[11] 张俊良等（2020）指出习近平扶贫思想是对马克思主义反贫困理论的继承、创新和发展，是马克思主义反贫困理论中国化。[12] 第二，要发挥教育扶贫的作用。许经勇和黄爱东（2018）指出农村之所以贫困，归根结底是教育落后。要使农村从根本上脱贫致富，必须开发农村富余劳动

---

[1] 文建龙：《新时代反贫困思想研究》，社会科学文献出版社，2020年，第294～319页。
[2] 刘明合，李霞：《习近平扶贫开发思想探析》，《学校党建与思想教育》，2017年第6期，第80～82页。
[3] 燕连福，马亚军：《习近平扶贫重要论述的理论渊源、精神实质及时代意义》，《马克思主义与现实》，2019年第1期，第92～98页。
[4] 王金艳：《习近平扶贫开发理念探析》，《理论学刊》，2016年第2期，第18～23页。
[5] 刘义圣，许彩玲：《习近平反贫困思想及对发展中国家的理论借鉴》，《东南学术》，2016年第2期，第1～9+246页。
[6] 苏昌强：《精准扶贫的辩证法》，厦门大学出版社，2018年，第7页。
[7] 董聪慧：《从扶贫视角看习近平的人民观》，《思想理论教育导刊》，2019年第3期，第39～42页。
[8] 王玉福，闫艳：《人民性：习近平扶贫思想的逻辑起点与价值依归》，《理论导刊》，2019年第7期，第43～49页。
[9] 燕连福，耿嘉敏：《新时代中国扶贫思想的人民观探析》，《西安交通大学学报》（社会科学版），2020年第1期，第21～29页。
[10] 易棉阳：《论习近平的精准扶贫战略思想》，《贵州社会科学》，2016年第5期，第139～144页。
[11] 汪三贵，刘未：《"六个精准"是精准扶贫的本质要求——习近平精准扶贫系列论述探析》，《毛泽东邓小平理论研究》，2016年第1期，第40～43+93页。
[12] 张俊良，刘已筠，段成荣：《习近平"精准扶贫"理论研究》，《经济学家》，2020年第2期，第25～32页。

力,提高农村劳动力素质,走发展现代大农业的路子。① 李正元(2020)指出教育扶贫是扶贫的先行官和根本大计,是阻断贫困代际传递的治本之策。② 第三,要发挥生态扶贫的作用。王馗(2016)指出生态扶贫是"五位一体"总布局的一次具体实践,是全面建成小康社会的有力保障。③ 第四,要发挥金融扶贫的作用。魏革军(2020)指出金融扶贫体现"补齐短板""精准施策"和"实现共享"的发展理念。④ 第五,要发挥农村基层组织的作用。吕逆风(2019)研究了农村集体经济组织参与精准扶贫实施的路径,指出农村集体经济组织作为国民经济的重要组成部分,是实现农村经济社会发展的重要推动力量。⑤

### (五)对习近平乡村振兴相关论述的研究

乡村振兴战略是解决我国城乡发展不平衡、区域发展不协调的重要举措,被称为推进中国经济社会发展的第五台发动机(刘奇,2020)⑥。学者对习近平关于乡村振兴的重要论述生成逻辑、科学内涵和实现路径进行研究。

#### 1. 对习近平乡村振兴相关论述生成逻辑的研究

邓金钱(2019)从四个方面梳理了习近平乡村振兴相关论述的形成缘起。一是马克思主义城乡关系理论是理论逻辑起点。二是中国优秀传统农耕文化是历史文化基础。三是新中国70年城乡关系演进与时代之需。四是习近平人生阅历与"三农"情怀。⑦ 张海鹏等(2018)将乡村振兴战略的理论渊源归纳为两方面:一是马克思主义关于农村发展和城乡融合的经典论述。二是历代中国共产党人的农村发展思想。⑧ 刘汉成(2019)梳理了乡村振兴战略的理论基础。一是中国古代的重农思想。二是西方经济学派关于乡村发展理论。三是马克思主义关于乡村发展理论。四是中国历代领导人关于"三农"问题的主要思想。⑨

#### 2. 对习近平乡村振兴相关论述科学内涵的研究

李杰(2020)指出习近平关于实施乡村振兴战略的论述包括战略总目标、总方针、总要求、制度保障四大要素。⑩ 罗旋(2018)将习近平关于乡村振兴战略的重要论述归纳为定位论、要求论、任务论、重心论、核心论五个方面的内容。⑪ 王连花(2019)将习近平乡村振兴思想概括为立场论、目标论、关系论、定力论、动力论、系统论、阶段

---

① 许经勇,黄爱东:《要把教育放在脱贫致富的战略地位》,《学习论坛》,2018年第2期,第44~49页。
② 李正元:《习近平教育扶贫论述的生成基础及其丰富内涵》,《国家教育行政学院学报》,2020年第6期,第3~11页。
③ 王馗:《习近平生态扶贫思想研究》,《财经问题研究》,2016年第9期,第11~12+14页。
④ 魏革军:《用习近平金融扶贫重要论述指导实践》,《中国金融》,2020年第17期,第16~18页。
⑤ 吕逆风:《农村集体经济组织参与精准扶贫实施的路径研究》,《农业经济》,2019年第4期,第34~36页。
⑥ 刘奇:《乡村振兴:推进中国发展的第五台"发动机"》,《农村工作通讯》,2020年第21期,第64页。
⑦ 邓金钱:《习近平乡村振兴发展思想研究》,《上海经济研究》,2019年第10期,第36~45页。
⑧ 张海鹏,郜亮亮,闫坤:《乡村振兴战略思想的理论渊源、主要创新和实现路径》,《中国农村经济》,2018年第11期,第2~16页。
⑨ 刘汉成:《乡村振兴战略的理论与实践》,中国经济出版社,2019年,第1页。
⑩ 李杰:《论习近平新时代现代化理论体系的创新建构》,《经济学家》,2020年第1期,第24~32页。
⑪ 罗旋:《习近平关于乡村振兴战略重要论述的五维解读》,《广西社会科学》,2018年第11期,第1~6页。

论、保障论八个方面。①

3. 对乡村振兴实现路径的研究

单一路径说。有一种观点强调绿色发展与乡村振兴的关系。王云华（2019）指出在乡村振兴中，生态农业与"生态农业+"共同形成"内生"与"外生"的"双生"循环系统。②有一种观点强调城乡关系与乡村振兴的关系。王颂吉和魏后凯（2019）指出城市偏向是造成乡村发展困境的重要原因，实施乡村振兴战略是破解乡村发展困境、实现城乡融合发展的内在要求。③还有一种观点强调农村集体经济与乡村振兴的关系。贺雪峰（2019）指出乡村振兴的主体是组织起来的农民。将农民组织起来的最重要制度基础是农民集体土地制度及建立在该制度基础之上的农民集体经济。④

三路径说。孔祥智（2019）指出乡村振兴战略的实施必然坚持农业农村优先发展，坚持农业供给侧结构性改革，坚持农业农村现代化综合发展。⑤

四路径说。张红宇（2021）指出在新发展阶段，全面推进乡村振兴战略，要坚持农业农村优先发展，坚持以我为主的产业安全观，优先保障"三农"投入，抓好农村重点改革任务。⑥

多路径说。解安和刘承昊（2018）指出乡村振兴是新时代中国特色社会主义现代化建设的必由之路。振兴乡村要以粮食安全为底线，开展拓展与升级乡村产业布局、培育新型农业经营主体、引导带动农业产业结构转型升级、提升乡村人才结构、深化政策体制机制改革等方面的创新实践。⑦张海鹏等（2018）指出推动乡村振兴战略必须围绕构建城乡融合体制机制这一核心，从发展理念、深化改革、要素市场、产业发展以及公共服务五个方面，不断提高农业农村现代化水平。⑧

## 第三节　农业基础地位

农业是国民经济的基础。学术界围绕这一主题进行了多次探讨，形成了较为丰富的

---

① 王连花：《习近平乡村振兴思想略论》，《湖南农业大学学报》（社会科学版），2019年第1期，第1~9页。
② 王云华：《"双生"循环系统下的生态农业与乡村振兴路径探析——基于生态与经济的视角》，《吉首大学学报》（社会科学版），2019年第2期，第150~160页。
③ 王颂吉，魏后凯：《城乡融合发展视角下的乡村振兴战略：提出背景与内在逻辑》，《农村经济》，2019年第1期，第1~7页。
④ 贺雪峰：《乡村振兴与农村集体经济》，《武汉大学学报》（哲学社会科学版），2019年第4期，第185~192页。
⑤ 孔祥智：《实施乡村振兴战略的进展、问题与趋势》，《中国特色社会主义研究》，2019年第1期，第5~11页。
⑥ 张红宇：《走中国特色社会主义乡村振兴道路》，《学习时报》，2021年1月1日，第1版。
⑦ 解安，刘承昊：《农业农村优先发展的历史逻辑、现实性与路径探索》，《江淮论坛》，2018年第6期，第46~54+197页。
⑧ 张海鹏，郜亮亮，闫坤：《乡村振兴战略思想的理论渊源、主要创新和实现路径》，《中国农村经济》，2018年第11期，第2~16页。

成果。本节考察农业基础地位认识的变迁过程，梳理理论界对农业和工业关系的不同观点，研究对国家粮食安全问题的各方争鸣。

## 一、农业基础地位认识的变迁

"农业是国民经济的基础"是我国关于农业农村发展的基本理念，是对马克思主义农业基础地位思想的继承和发展。建党以来，理论界针对这一主题进行了诸多探讨，形成了许多不同的见解。整体上来看，学术界各方观点在时间线索上体现出较强的差异性。因此，我们依据每个时期国民经济发展的特征，梳理出不同阶段理论界对农业基础地位认识的变迁过程。

### （一）1921—1949 年对农业基础地位的认识

中国自古以农立国，传统农业发达，在长达两千年的时间中长期领先于世界。新民主主义革命时期尽管动荡不安，学术界一直坚持积极有效地开展农业问题研究，没有停顿，始终致力于推进农业技术创新、改良中国农业（见表 9-1）。

表 9-1  1921—1949 年关于农业基础地位原因的争鸣汇总表

| 研究方面 | 观点 | 代表学者 |
| --- | --- | --- |
| 农业对国民经济发展具有重要性 | "富国之本"论、"立国之基"论 | 御仲（1926），韩少琦（1930），颜悉达（1935），边理庭（1936），等等 |
| 农业对工商业的重要贡献 | "原料"论、"市场"论、"基础"论、"要素"论 | 廖锦良（1926），徐源泉（1935），王成敬（1943），李仁柳（1945），童润之（1945），等等 |
| 农业在政治层面具有重要作用 | "革命中心"论、"安定民生"论 | 毛泽东（1926），刘涌沧（1931），方镇五（1933），等等 |

这一时期，学术界主要从整体上指出了农业的基础性和重要性地位。御仲（1926）认为在中国经济问题中农业经济问题尤为重要，若欲有长足之进步，农业经济问题其第一步之问题也。[①] 韩少琦（1930）通过分析各国的建设指出，农业为立国之基本。农业在今日，对于各国影响之伟大。[②] 颜悉达（1935）指出，中国国民经济固然是以农业经济为基础，而农业经济的衰落，必然影响国民经济。[③] 边理庭（1936）指出农业为人类生活的资源，社会经济的基础，国家赋税的源泉，它对于人类社会的重要性，非他种事业所可比拟。[④]

同时，也有较多学者从农业与工商业之间的关系出发论证其基础性地位。廖锦良（1926）认为富国以农为本，农业是国家之基，农业唯一国之大本，存亡所系。以工为

---

① 御仲：《中国农业经济问题》，《休宁县农会杂志》，1926 年第 4 期，第 41~51 页。
② 韩少琦：《中国的基础建设在振兴农业》，《辽宁建设季刊》，1930 年第 4 期，第 47~52 页。
③ 颜悉达：《中国国民经济建设中心问题中之工农综合观》，《经理月刊》，1935 年第 5 期，第 1~12 页。
④ 边理庭：《改良农业教育刍议》（上），《大公报天津版》，1936 年 12 月 14 日，明日之教育。

商本,农为工基,无农则工商皆废也。工商所需原材料,莫不取之于农。① 王成敬(1943)认为振兴工业需要许多种农产品作原料,所以工业化也离不了农业。② 李仁柳(1945)也指出,农业振兴了,工业才有资源。③ 彭重民(1926)认为农产物是工业的原料,工业是农产物的市场。④ 徐源泉(1935)指出中国本是一个农业国生产的基础。人民的生活依存于农业上面,农业是中华民族的生命,农民是中华民族的柱石。所以说中国要发展产业,只有农业路才走得通,中国须得由发展农业以发展工业。⑤ 更进一步地,童润之(1945)指出,工业建设的基础是农业建设,就我国的情形而言,工业建设的四大要求即资本、劳力、技术与原料,除技术一项外,大半要靠农村来供给。⑥

还有学者从农民与革命的角度出发论证其重要性。毛泽东(1926)指出,国民革命的中心问题就是农民问题,无论是打倒帝国主义、军阀、土豪劣绅,还是发展工商业,都必须依靠农民问题的解决。刘涌沧(1931)面对遍国灾荒,米谷奇昂的状况,指出灾荒的来到绝不是定命论,或人口论,乃是天灾人祸的必然性存在。所以灾荒问题,便是中国革命问题的一面。要想灾荒根本救治,只有打倒帝国主义,铲除封建军阀,彻底完全革命。⑦ 方镇五(1933)认为我国以农立国,农民为人民之主体,农村为社会组成之基础,农业为国民经济之本位;农业之盛衰,则人民生计之裕绌,社会秩序之安危,国家命运之隆替咸系之。是以吾人今日欲复兴民族,强固国本,安定社会,解决民生问题,非从发展农业着手。⑧

## (二) 1949—1978 年对农业基础地位的认识

新中国成立伊始,百废待兴,国民经济基础比较薄弱。当时西方世界的孤立和威胁,尤其是朝鲜战争的爆发,促使我国采取了重工业优先发展的战略。为了实现工业化和保障民生,农业生产的重要地位显得尤其突出。学术界展开了对农业基础地位的探讨。

1. 农业基础地位的原因

在1949—1978年这一阶段,工业化刚刚起步,农业在国民经济中占较大比重。同时,工农联盟对社会主义经济建设具有重要作用,需要进一步巩固和发展。这一时期关于"农业基础地位"原因的论述主要可以归纳为两个方面:从经济层面的因素来讲,农业能够为工业化提供多方面的贡献;从政治层面的因素来讲,农业发展对于巩固工农联盟具有重要作用(见表9-2)。

---

① 廖锦良:《农业与国之关系》,《农事双月刊》,1926年第3期,第9~12页。
② 王成敬:《工业化的农业基础》,《新经济》,1943年第9期,第178~180页。
③ 李仁柳:《工业化建设中的工农配合问题》,《胜流半月刊》,1945年第10期,第1~6页。
④ 彭重民:《农业与工业》,《京报副刊》,1926年第424期,第4~7页。
⑤ 徐源泉:《告走入歧途的同胞书(绩)》,《大公报天津版》,1935年3月1日。
⑥ 童润之:《工农建设的配合与人口的调整》,《复兴关》,1945年第3期,第46~51页。
⑦ 刘涌沧:《灾荒问题的分析》,《大公报天津版》,1931年8月27日,读者论坛。
⑧ 方镇五:《民族复兴与发展农业》,《青年评论》,1933年第25~26期,第32~35页。

表 9-2　1949—1978 年关于农业基础地位原因的争鸣汇总表

| 研究方面 | 观点 | 代表学者 |
| --- | --- | --- |
| 农业对国民经济发展具有多重贡献性 | "要素"论：农业为工业提供多种要素贡献，是国民经济发展的前提 | 刘瑞龙（1955），许涤新（1962），中黄（1963），金学（1960），等等 |
| | "基本生活资料"论：农业生产粮食等基本生活资料及其原料 | 王耕今和孙德山（1959），吴启朗（1963），郑研农（1964），等等 |
| 农业在政治层面具有重要基础作用 | "工农联盟"论：既是经济问题，也是政治问题；农业的发展对巩固工农联盟有重要意义 | 武经群（1960），亦农（1960），游心超（1960），苏星（1965），等等 |

持第一种观点的学者认为农业的基础地位源于其对国民经济发展的多重贡献性。许涤新（1962）指出，农业为社会主义工业提供必要的劳动力、原料、市场和国家积累。[①] 中黄（1963）认为，农业为工业以及整个国民经济提供粮食、副食品、原料、劳动力、市场和建设资金，是国民经济发展的前提。[②] 金学（1960）认为，农业在国民经济中占了很大比重，其发展水平决定了对工业提供的粮食、原料与劳动力的多少。[③] 刘瑞龙（1955）指出，发展农业是保证工业和全部国民经济计划完成的基本条件，只有相应地发展农业，才能提供城市和工业日益增长的粮食需要，才能供应工业以原料，才能供应为换进工业装备所必须的出口农产品，才能为工业提供广阔的市场。[④] 王耕今和孙德山（1959）指出，农业首先是社会物质资料生产的主要部门之一，它为社会提供粮食、肉类及各种副食品，由为轻工业提供原料。[⑤] 郑研农（1964）同样提出，农业是人们的衣食之源、生存之本，是一部分工业原料的来源。[⑥] 吴启朗（1963）在逐一分析农业的所有贡献后，得出农业生产粮食等基本生活资料及其原料，才是农业基础地位的根本原因，而且这一基础作用是农业其他贡献的前提。[⑦]

持第二种观点的学者首先都普遍认同农业的经济基础地位，他们在强调了农业在国民经济中的基础地位之外，由于历史时期的特殊性，还着重地强调了农业在政治层面的重要基础作用。如武经群（1960）指出，大力发展农业既是一个具有重大意义的经济问题，也是一个政治问题。只有进一步加强工农业之间的经济联系，才能在新的基础上继续巩固工农联盟。[⑧] 亦农（1960）指出，农业的发展对于进一步改善人与人之间的关系

---

[①] 许涤新：《论农业在国民经济中的地位和发展农业生产的关键》，《经济研究》，1962 年第 12 期，第 1~10 页。
[②] 中黄：《以农业为基础发展工业》，《经济研究》，1963 年第 2 期，第 1~8 页。
[③] 金学：《关于农业是国民经济发展的基础问题的讨论》，《学术月刊》，1960 年第 9 期，第 2~9+17 页。
[④] 刘瑞龙：《发展农业是保证工业和全部经济计划完成的基本条件》，《农业科学通讯》，1955 年第 9 期，第 492~494 页。
[⑤] 王耕今，孙德山：《向着现代化迈进的中国农业》，农业出版社，1959 年，第 5 页。
[⑥] 郑研农：《怎样对待农业》，吉林人民出版社，1964 年，第 4~9 页。
[⑦] 吴启朗：《论农业是基础的根本原因》，《理论战线》，1963 年第 2 期，第 17~20 页。
[⑧] 武经群：《农业是国民经济发展的基础》，《理论战线》，1960 年第 1 期，第 19~23 页。

和巩固工农联盟具有十分重要的意义。① 游心超（1960）也指出，发展农业在政治上对于巩固工农联盟有着重大意义。②

2. 农业基础地位的普遍性

"普遍性"是指"农业基础地位"这一规律在不同条件下的适用性。农业是国民经济发展的基础，反映了我国的客观实际。这一规律在其他社会制度和历史阶段是否同样具有适用性，是学术界研究的一个主题（见表9-3）。

表9-3 关于农业基础地位在其他社会制度和历史阶段是否具有适用性的不同意见汇总表

| 争论焦点 | 观点 | 代表学者 |
| --- | --- | --- |
| 小农经济是不是社会主义国民经济发展的基础 | "改造"论：必须进行社会主义改造才能成为国民经济发展的基础 | 黄永轼（1960），王景全（1960），等等 |
| | "普适"论：改造完成前的小农经济也是国民经济发展的基础，不需要附加其他条件 | 胡大农（1960），柯吾荆（1960），等等 |
| 资本主义制度下农业基础地位规律是否适用 | "客观"论：在各类社会形态下都是一个客观规律 | 游心超（1960），瞿孟飞（1960），粟联（1961），等等 |
| | "消失"论：在资本主义制度中农业基础性作用不断衰落而持续减弱 | 刘诗白（1960），张友仁（1963），等等 |

（1）关于"小农经济是不是社会主义国民经济发展的基础"的争论。

为解放和发展农村生产力，国家对农业进行了社会主义改造。就改造以前的小农经济是不是国民经济的基础，学者们展开了探讨。

持否定意见的学者认为小农经济不是社会主义国民经济的基础。黄永轼（1960）提出小农经济必须进行社会主义改造才能成为国民经济发展的基础，社会主义集体农业必须进行技术改革才能成为国民经济发展的基础。③ 王景全（1960）也认为，农业是国民经济发展的基础是有条件的，社会主义制度下不实行社会主义改造和技术改造，农业就不能起到基础的作用。④

持肯定意见的学者普遍认为，小农经济需要进行社会主义改造，不能否定社会主义改造完成前的小农经济成为国民经济发展的基础。如胡大农（1960）划分了农业合作化完成以前与农业合作化完成后到农业技术改造实现前两个阶段，并指出两个阶段的农业都是国民经济发展的基础，但前者的小农经济具有局限性，影响基础作用的发挥，后者

---

① 亦农：《农业是国民经济发展的基础》，《经济研究》，1960年第6期，第1~12+61页。
② 游心超：《关于"农业是国民经济发展的基础"问题》，《理论战线》，1960年第4期，第30~33页。
③ 黄永轼：《小农经济不经改造能作为社会主义国民经济发展的基础吗？——与陈道源同志商榷》，《理论战线》，1960年第4期，第34~38页。
④ 王景全：《试谈国民经济的发展以农业为基础的方针——和陈道源同志商榷》，《理论战线》，1960年第Z1期，第35~40页。

却是社会主义集体农业，使农业的基础地位得以巩固。① 柯吾荆（1960）提出农业的基础作用自有农业以来就存在，不需要附加其他条件。任何历史时期的农业都是该时期国民经济发展的基础，只是它的社会性质或技术水平可能造成其基础作用不能有效发挥。②

（2）关于"资本主义制度下农业基础地位规律是否适用"的争论。

资本主义农业完全以追求利润为驱动力，造成了生态破坏、城乡对立等社会问题，对农业生产发展形成了阻碍。资本主义制度下的农业是不是国民经济发展的基础，是学术界关于"农业基础地位"普遍性的另一个争论焦点。

持肯定意见的学者认为，资本主义农业依然是国民经济发展的基础。尽管其发展经常受到束缚，表现出与国民经济整体不相适应的一面，但不影响它的基础性地位。如游心超（1960）认为，农业是不是国民经济发展的基础与农业的发展是否与整个国民经济的发展相适应，是两个不同的问题。资本主义农业的落后引起生产的破坏，以及资本主义经济发展使农业也一定程度地发展，都恰好证明资本主义农业是整个国民经济发展的基础。③ 瞿孟飞（1960）也认为，在各类社会形态下"农业是国民经济发展的基础"都是一个客观规律，而且由于国民经济各部门独立化程度和发展水平日益提高，这种作用随社会发展越来越重要。④ 栗联（1961）肯定了农业在前资本主义社会和资本主义社会国民经济中的地位和作用，揭示出农业是国民经济基础这一客观经济规律。并指出农业落后于工业是农业在资本主义社会发挥其国民经济基础的作用的最主要的特征之一。⑤ 高衡（1961）进一步指出，"将来农业生产水平提高了，农业劳动生产率提高了，国民经济就不需要再以农业为基础了"的观点显然是错误的。在社会主义制度下，农业的基础地位是越来越巩固的，农业的基础作用是越来越需要充分发展的。⑥

持否定意见的学者普遍认为，资本主义的发展导致农业不断衰落，使其无法起到基础性的作用。刘诗白（1960）认为，"农业是国民经济发展的基础"不适用于资本主义。农业曾经促进了资本主义大工业的确立与发展，但其基础性作用却随着农业的日益落后与不断衰落而越来越不稳定和持续减弱。⑦ 张友仁（1963）也认为，在阶级对抗的社会里，农业不能充分发挥它国民经济发展的基础的作用。只有社会主义制度建立以后，农业才能真正成为国民经济发展的基础。⑧

---

① 胡大农：《不能以小农经济需要改造就否认农业的基础作用——再与黄永轼同志商榷》，《理论战线》，1960年第5期，第15~18页。
② 柯吾荆：《对"农业是国民经济发展的基础"的认识》，《理论战线》，1960年第4期，第26~29+38页。
③ 游心超：《关于"农业是国民经济发展的基础"问题》，《理论战线》，1960年第4期，第30~33页。
④ 瞿孟飞：《农业的过去、今天和未来——论"农业是国民经济发展的基础"的普遍意义》，《经济研究》，1960年第Z1期，第40~55页。
⑤ 栗联：《论农业在前资本主义社会和资本主义社会国民经济中的地位和作用》，《经济研究》，1961年第5期，第18~31页。
⑥ 高衡：《农业是国民经济的基础》，湖南人民出版社，1961年，第8页。
⑦ 刘诗白：《在资本主义制度下农业也是"国民经济发展的基础"吗？》，《理论战线》，1960第6期，第29~34+44页。
⑧ 张友仁：《农业是国民经济发展的基础》，《北京大学学报》（人文科学），1963年第3期，第4~20页。

## （三）1978—1992 年对农业基础地位的认识

改革开放前农业和轻工业发展滞后，产品供给长期不足。正是由于率先在农村发起的改革，解放了农村生产力，农业得到恢复并持续高速发展，同时也将改革以磅礴之势推向城市、推向经济社会其他领域，开辟了改革开放的壮丽诗篇。在前一时期有关农业基础地位研究的基础上，学术界结合改革初期的基本国情，对农业基础地位的研究进行了进一步深化。

### 1. 农业基础地位的原因

改革开放后，人民的物质生活需求日益得到重视。同时农业生产率持续提高，促进了工业化的顺利进行。这一时期有关农业基础地位原因的论述，大致可以分为两个方面。一方面是从农业产品为人类提供生活资料和农业劳动是基础劳动的角度进行论证；另一方面是强调农业劳动生产率的提高对社会分工和社会经济发展的重要作用。

持第一种观点的学者普遍认为，生活资料尤其粮食是人类生存和社会发展的先决条件。农业的基础地位在于：一方面生活资料的大部分都是农业品，另一方面粮食只能由农业来生产。于光远（1979）着重论述了其他产业能否替代农业生产粮食的问题。他认为由农业生产食物是自然进化的结果，替代难度大；同时，农业生产的稳定性和效率都很高，没有替代的必要。[1] 郭继严（1979）则阐释了工业中生产生活资料的劳动如何定位的问题。这部分劳动虽然也是社会必要劳动，但必须以农业劳动为前提，所以最终起"基础"作用的还是能够直接为社会提供必要生活资料的纯农业劳动。[2] 张培刚（1984）指出农业从提供食粮、提供原料、提供劳动力以及农民作为买者方面与卖者方面与工业产生相互依存关系。[3] 陈润岐（1988）是从农产品满足基本需要的角度进行阐述的，本质上也是在强调生产资料的重要性。他指出应该用一个统一的衡量尺度来比较各部门的地位，并认为这一尺度就是消费需要。社会生产力的分配必须优先满足基本需要的要求，农业的基础地位就源于其所满足的需要的最高优先级。[4]

持第二种观点的学者认为，农业劳动生产率的提高是其他部门独立和发展的前提。从历史层面看，农业最初是人类社会唯一的产业形态，农业生产率提高促使其他产业从农业中独立出来。而且现代社会其他产业的发展，也要以农业生产率的提高为前提。于光远（1979）论述了农业劳动生产率提高对其他部门独立和发展的作用。一方面，粮食是人类赖以生存的最重要的生活资料，且必须由农业生产，所以最初的劳动只能是农业劳动，农业生产率提高后，才可以从事其他劳动。另一方面，其他劳动部门发展所需的劳动力和生活资料也必须由农业提供。[5] 李百冠（1986）在分析马克思主义经典论述的

---

[1] 于光远：《以农业为基础是我国社会主义现代化建设的一个基本方针》，《经济研究》，1979 年第 3 期，第 2~14 页。
[2] 郭继严：《社会主义再生产的比例关系与农业、轻工业、重工业的关系》，《经济研究》，1979 年第 11 期，第 8~15 页。
[3] 张培刚：《农业与工业化》，华中工学院出版社，1984 年，第 24~65 页。
[4] 陈润岐：《"农业是基础"问题新探》，《农村经济与社会》，1988 年第 6 期，第 53~56 页。
[5] 于光远：《以农业为基础是我国社会主义现代化建设的一个基本方针》，《经济研究》，1979 年第 4 期，第 2~14 页。

基础上，指出马克思是从社会不断发展的动态和各个生产部门的相互联系中来考察农业的，并认为农业是基础的本质就是：农业劳动生产率是基础。① 阮仁慧（1980）结合重农学派和马克思恩格斯的观点进行了论述，并提出资本主义国家的工业化是建立在农业劳动生产率提高的基础上，也是以农业发展为前提的。②

2. 农业基础地位的普遍性

这一阶段，我国国民经济发展特别是工业发展取得了长足的进步。在这样的背景下，学者们就农业基础地位在工业社会和生产力更发达的社会是否具有适用性的问题，展开了充分讨论（见表9-4）。

表9-4 关于农业基础地位在工业社会是否具有适用性的不同意见汇总表

| 争论焦点 | 观点 | 代表学者 |
| --- | --- | --- |
| "农业基础地位"在发达经济条件下仍然具有适用性 | 国民经济各个部门以及所有其他事业的发展是农业发展的结果 | 朱家桢等（1980），孙冶方（1984），等等 |
| | 农业劳动的产品满足人类生存的最基本需要 | 曹阳（1989） |
| | 其他产业都是农业的服务或转化产业 | 谢树农（1990） |
| "农业基础地位"在工业社会不具有适用性 | 生产力决定产业地位，重工业应是国民经济基础 | 阎嘉德（1989） |
| | 农业基础作用是农业社会向工业社会发展时期的历史性现象 | 黄焕中（1991） |

持肯定意见的学者普遍认为，农业基础地位适用于各种社会形态，并且在未来发达经济条件下，也仍然具有适用性。如朱家桢等（1980）指出，农业对工业的制约作用，在任何时候都是存在的，虽然这种制约作用的程度会有所不同。③ 孙冶方（1984）认为，"农业是国民经济的基础"是一条普遍真理，对各个社会都适用。国民经济各个部门以及所有其他事业的发展是农业发展的结果。④ 谢树农（1990）认为，只要农业是生活资料的主要来源，农业就是国民经济的基础，其他产业都是农业的服务或转化产业。⑤ 曹阳（1989）也认为，农业在一切社会、一切时代、一切国度都是国民经济的基础，由于农业劳动的产品满足人类生存的最基本需要即食物的需要，只要食物生产基本上或主要是由农业承担，那么农业就一直是国民经济的基础。⑥

---

① 李百冠：《重新认识农业是国民经济基础的几个问题》，《农业经济问题》，1986年第1期，第12~15页。
② 阮仁慧：《重农学派在农业为基础思想方面给我们的启示——学习马克思对重农学派的评价》，《经济研究》，1980年第10期，第70~73+59页。
③ 朱家桢，魏道南，张思骞：《农业是国民经济的基础》，农业出版社，1980年，第24页。
④ 孙冶方：《社会主义经济的若干理论问题》，人民出版社，1984年，第217页。
⑤ 谢树农：《试析农业是国民经济基础的普遍原理——兼与阎嘉德同志商榷》，《农业经济问题》，1990年第1期，第25~30页。
⑥ 曹阳：《也谈"国民经济基础"——兼与阎嘉德同志商榷》，《农业经济问题》，1989年第11期，第19~23页。

持否定意见的学者反对农业基础地位的普遍性。如黄焕中（1991）认为，从时间角度看，农业基础作用是一个历史范畴，是自然经济向商品经济过渡时期、农业社会向工业社会发展时期的特殊经济现象；从空间角度看，农业基础作用与各国的具体国情有关，富有而农业资源稀缺的石油国家、农业发达的美国，都不以农业为基础。[①] 阎嘉德（1989）结合辩证唯物主义和唯物辩证法，提出了生产力决定产业地位的规律。在不同的历史发展阶段，生产性质不同，国民经济的基础也不同。而我国的重工业已经具备基础的特征，并成为国民经济的基础。[②]

（四）1992—2002年对农业基础地位的认识

我国基本建立社会主义市场经济体制后，改革的步伐与节奏进一步加快，促进了工业化和城镇化的繁荣发展。由于农业比较效益低，农村劳动力大规模向城市地区和二三产业转移，部分地区的农业发展开始出现衰退。同时工业化快速发展带来的环境污染问题，也成为阻碍农业发展的重要因素。面对这些新的阶段性特征，学者们对农业基础地位有了新的认识。

1. 农业基础地位是否仍然成立及其原因

生态环境问题的出现，使农业与工业相比的生态功能优势凸显。学术界在以往研究的基础上，从生态层面出发继续探讨了农业的基础性作用。

持这一观点的学者普遍认为，农业的生态功能是传统经济功能之外的又一个农业基础地位的重要方面。农业生产与环境污染的关系是相互的。一方面环境问题提高了农业生产的生态成本，另一方面农业又具有生态服务的功能，在保护环境方面具有重要作用。如胡靖（1995）从宏观角度将农业的基础性划分为经济效应、政治效应和生态效应。经济效应是产权内资源最佳使用对社会的积极影响；政治效应和生态效应是产权外效应，前者体现为粮食的重要性和对社会稳定的保障功能，后者体现为产权外资源任意使用造成生态恶化。[③] 刘思华（1996）着重强调了农业的经济作用和生态作用的结合。农业既生产经济产品，又生产生态产品。农业基础论实质上是农业生态经济基础论，是农业生态基础论和经济基础论的统一。[④] 陈文科（1996）也认为农业提供良好生态环境的作用具有不可替代性。[⑤]

2. 农业基础地位的普遍性

这一阶段，宏观经济环境出现重大变化，一方面，我国社会主义市场经济体制基本建成；另一方面，随着工业化的不断推进，农业在国民经济中的份额不断下降。这些最新条件变化使得"农业基础地位"的适用性受到挑战，从而再次成为学术界争论的焦点（见表9-5）。

---

① 黄焕中：《农业是国民经济的基础是一个普遍规律吗？》，《中国农村经济》，1991年第11期，第51~55页。
② 阎嘉德：《国民经济基础刍议——兼与一些同志商榷》，《农业经济问题》，1989年第6期，第28~36页。
③ 胡靖：《中国农业社会效应与社会价值核算》，《农业经济问题》，1995年第9期，第45~49页。
④ 刘思华：《农业生态经济基础论》，《经济研究》，1996年第6期，第63~68页。
⑤ 陈文科：《农业是国民经济基础的再认识》，《经济研究》，1996年第7期，第59~66页。

表 9-5 关于新形势下农业基础地位是否具有适用性的不同意见汇总表

| 争论焦点 | 观点 | 代表学者 |
| --- | --- | --- |
| 农业份额下降后其基础地位是否具有适用性 | 农业仍然是国民经济发展的基础，只是其表现形式不同 | 钟展锦（1995），陈文科（1996），黄泰岩和王检贵（2001），等等 |
| | 农业对整个国民经济的影响趋于微弱；农业不应是国民经济的"唯一"基础 | 徐祥临（1996），傅晨（1998），等等 |
| 市场经济条件下农业基础地位是否具有适用性 | "农业基础地位"规律依然适用却有不同的表现形式 | 黄守宏（1994），余维祥（1994），小苏（1996），等等 |
| | 市场资源配置条件下，农业基础地位无法持续、而受保护地位 | 徐祥临（1996），王五洲（1995），等等 |

（1）农业份额下降后其基础地位的适用性问题。

随着经济的高速发展，二、三产业在国民经济中的比重上升，农业的份额不断下降。在此新背景下，农业基础地位是否仍然适用，成为学者探讨的一大主题。

持肯定意见的学者一致认为，农业份额的下降并不否定"农业是国民经济发展的基础"这一结论，他们从不同的角度出发进行了阐释。如钟展锦（1995）认为，伴随着农业在社会总产值中比重不断下降，农业生产率必将持续上升。这非但不能否定农业的基础地位，而且恰好反映了农业对人类社会具有最终决定意义。① 陈文科（1996）具体阐述了农业依然是国民经济的基础的依据：第一，农业份额下降与农业总产值增加并存；第二，工业化中后期的农业份额的下降，更加体现"农业劳动生产率是国民经济发展的基础"；第三，即使要计算农业的份额，也要包括农业的关联产业。② 黄泰岩和王检贵（2001）认为农业的贡献会随着经济社会的发展而变化，但农业仍然是国民经济发展的基础，只是其表现形式不同。③

持否定意见的学者普遍认为，某一产业处于基础地位就意味着为整体经济发展提供支撑和动力。农业在国民经济中份额下降后，不再是基础产业或不再是唯一的基础产业。徐祥临（1996）阐述了"基础"一词的内涵，指出能够成为"基础"产业应该是"承受国民经济其他部门压力的产业部门"。随着所占份额的下降，农业对整个国民经济增长速度的影响趋于微弱，其地位和作用也随之变化。④ 傅晨（1998）认为，国民经济的基础是国民经济建立和发展的根本，农业不是我国国民经济的"唯一"基础。在工业化中后期，能源、交通等部门也成为现代国民经济发展的基础。⑤

（2）市场经济条件下农业基础地位的适用性问题。

市场经济体制的建立，也为农业基础地位适用性的讨论增加了新的争论点。"农业

---

① 钟展锦：《深化农业基础地位的认识》，《岭南学刊》，1995 年第 4 期，第 28～32 页。
② 陈文科：《农业是国民经济基础的再认识》，《经济研究》，1996 年第 7 期，第 59～66 页。
③ 黄泰岩，王检贵：《工业化新阶段农业基础性地位的转变》，《中国社会科学》，2001 年第 3 期，第 47～55 页。
④ 徐祥临：《"农业基础论"剖析——兼谈"口号农业"的原因》，《社会科学战线》，1996 年第 5 期，第 63～69 页。
⑤ 傅晨：《辩证认识农业的基础地位》，《经济学家》，1998 年第 5 期，第 115～117 页。

基础地位"在市场经济条件下的适用性问题,成为学术界研究的另一个主题。

持肯定意见的学者基本认同,"农业是国民经济发展的基础"与经济体制的改革无关,在市场经济体制下这一规律依然适用。如黄守宏(1994)认为,市场经济体制只是改变了生产的社会组织形式和资源配置方式,农业基础地位规律依然适用。[①] 余维祥(1994)具体论述了农业仍然是国民经济发展基础的原因:第一,农业供应人民生存必需的食物;第二,农业维持农民家庭生存和农村社会安定;第三,农业为工业品提供了广阔市场。[②] 小苏(1996)认为,我国由计划经济体制转向市场经济,反而使农业日渐表现出巨大的市场潜力。随着市场经济体制日臻健全,农业不再是自然风险、市场风险和社会风险较大的弱质产业,将更好地强化和显示出在国民经济中的基础性地位。[③]

持否定意见的学者则提出,市场经济体制很大程度上影响到了农业的基础地位。如徐祥临(1996)认为,在市场经济体制下,农业的弱质性,以及满足社会最基本的生存需要的重要性,加上其在国民经济中的份额不断下降,决定了农业不应处于受重压的基础地位,而应处于受到保护的地位。[④] 王五洲(1995)认为,如果市场机制不加限制地自由作用,将对农业的基础地位产生一定的冲击。具体表现是,在对生产要素配置的竞争中,农业投资的严重不足、耕地面积的锐减以及劳动投入的不足,将使农业处于极其不利的地位。[⑤]

### (五) 2002年至今对农业基础地位的认识

20世纪初,我国的农业一度进入发展低潮期,粮食供求关系一度十分紧张。为发展农业生产,保障国家粮食安全和基本民生,国家陆续出台了多项支持补贴政策,促进了农业的持续增长,保证了国民经济的健康发展。农业基础地位在这一时期得到充分体现,同时,学术界对农业基础地位的认识在这一时期逐渐趋于一致,但也从不同角度做进一步探讨。

#### 1. 农业基础地位的原因

在以往研究的基础上,学者们从一些全新的角度探讨了农业基础地位的原因。如陈锡文(2002)结合食物需要基本得到满足的现实,认为对农业重要性的认识需要进一步深化。第一,要更为重视农民的就业和收入问题;第二,要更为重视农产品国际竞争力和农业自身效益的提高;第三,要更为重视生态环境的保护和可持续发展。[⑥] 韩纪江和胡星(2003)指出农业经济活动有着更为突出的外溢性,健康发达的农业将会对生态环境、经济发展社会稳定等方面产生巨大的外部效益,从而有利于国民经济的健康发展。[⑦] 张薰华(2005)从发展生产力的角度剖析农业,认为农业生产力提高具有提供原

---

① 黄守宏:《论市场经济条件下农业的基础地位》,《经济研究》,1994年第1期,第24~30页。
② 余维祥:《市场经济条件下的农业保护》,《经济研究》,1994年第4期,第29~31页。
③ 小苏:《深化农业基础地位认识加速转变农业增长方式》,《中国农村经济》,1996年第9期,第34~36页。
④ 徐祥临:《"农业基础论"剖析—兼谈"口号农业"的原因》,《社会科学战线》,1996年第5期,第63~69页。
⑤ 王五洲:《市场经济条件下农业基础地位的再认识》,《经济问题》,1995年第6期,第45~48页。
⑥ 陈锡文:《新阶段要深化对农业是国民经济基础的认识》,《理论前沿》,2002年第14期,第9~11页。
⑦ 韩纪江,胡星:《发展经济学》,中国农业大学出版社,2003年,第172页。

料和为工业提供劳动力的作用。① 曾令秋（2008）延续了以前关于农业基础地位原因的讨论，认为用农业弱势地位、农业对工业的贡献来证明农业的基础地位是不正确的。唯一的原因应该是，农业是人们衣食之源、生存之本。② 张锦洪和胡华（2009）利用世界银行的数据进行计量分析，来验证农业在国家经济中的基础地位。结果表明，农业对国民经济的边际效应虽然递减，但始终为正；中低收入国家的农业对国民经济的边际效应更大。③ 周诚（2012）结合现代对产业部门的划分，提出上级产业是下级产业的基础。不仅农业是制造业和服务业的基础，而且农业和制造业是服务业的基础。④ 王国敏（2014）从粮食需求的角度，指出现代农业的基础性源于粮食需求的必要性和公共性。而现代农业的战略性则是由于农业对党和国家事业具有全局性，并且粮食是一种国际性的重要战略物资。⑤ 李炳坤（2018）从国家安全的视角，指出农业是安天下的产业，不仅是国民经济的基础产业，而且是社会稳定的重要基石。在当前应对国际金融危机冲击中，农业同样发挥着极其重要的支撑作用。⑥ 刘守英（2020）指出应告别以农业占GDP的份额来看待农业重要程度的传统，重新界定农业的基础地位和作用。农业的基础地位和作用应主要表现为：一是农业产出品具有不可替代性；二是农业对保障国家粮食安全的重要性在相当长时期不会减弱；三是农业的功能从生产向生活和生态功能不断扩展；四是农业供给质量在供给侧结构性改革中的重要性和地位举足轻重。⑦

2. 农业基础地位的变化与发展

随着工业化的推进和现代工业体系的建立，农业所占比重继续下降，一些生产基本工业产品的部门对国民经济的发展也越来越重要。在这样的背景下，关于农业基础地位普遍性的探讨也出现了一些新的角度和观点。

学术界有观点认为，不仅农业依然处于基础地位，而且生产基础产品的工业也是国民经济的基础，学者们针对这一认识展开了探讨。如徐寿波（2009）认为，基础产业是生产农产品、服务产品和基础工业产品的产业群体，不同社会形态下的基础产业的发展重点和外延会有所不同。原始社会的生产主要是服务性质的劳动，服务业是唯一的基础产业。在农业社会里，农业就是最重要的基础产业。在工业时代，第三产业、第一产业以及第二产业中的基础工业都属于基础产业。在知识经济社会，基础产业中的服务业，特别是教育和科学技术的地位和作用会更加突出。⑧ 对此，韩俊（2008）指出，虽然农业在国内生产总值中的占比越来越低，而且原料工业、能源、交通及通信等也属于基础

---

① 张薰华：《从发展生产力剖解"三农"问题》，《世界经济文汇》，2005年第Z1期，第47~50页。
② 曾令秋：《农业基础地位唯一论》，《西南民族大学》（人文社科版），2008年第3期，第195~197+273页。
③ 张锦洪，胡华：《农业基础地位的国际证据》，《重庆大学学报》（社会科学版），2009年第5期，第32~36页。
④ 周诚：《正确认识和阐述"农业是国民经济的基础"之规律》，《中国经济时报》，2012年5月16日，第7版。
⑤ 王国敏：《加强农业基础地位和确保国家粮食安全战略研究》，四川大学出版社，2014年，第85页。
⑥ 李炳坤：《关于加快农村改革发展的几个问题》，中国言实出版社，2018年，第123页。
⑦ 刘守英：《重新界定农业的基础地位和作用》，《理论与当代》，2020年第08期，第53页。
⑧ 徐寿波：《关于基础产业理论的几个问题》，《北京交通大学学报》（社会科学版），2009年第8卷第1期，第1~10页。

产业，但农业处于最基础的母体产业。①

## 二、农业和工业的关系

如何正确处理工农业的关系是我国工业化进程中的一大课题，关系到经济社会能否长期稳定发展。新中国成立以来，学术界对工农业关系进行了大量的研究。研究内容涉及面较广且主题明确，既有对农业与工业总体关系的考察，也有对农业与工业相互支援问题的讨论。以这些主题为线索，学术界关于工农业关系争鸣的基本内容如下：

### （一）农业和工业的总体关系

作为国民经济的重要组成部分，工业和农业之间有着密切的联系。理论界对于二者关系的理解经历了一个演变过程，从最初的"以农业为基础、以工业为主导"，到"优先发展重工业"和"以农轻重为序"，再到"工农业协调发展"。

1. 对"以农业为基础、以工业为主导"的理解

在早期的社会主义经济建设过程中，党中央提出并确立了"以农业为基础、以工业为主导"的国民经济发展总方针。就如何理解和贯彻这一方针的问题，学术界从不同的角度作了探讨和阐述。

学者们一致认为，该方针客观反映了我国经济建设的实际情况，对保证经济协调均衡发展具有重要的指导作用。尹世杰（1963）认为，农业生产的发展，为生产资料、重工业以及整个国民经济的发展创造了条件和市场。②俞明仁（1960）指出，以农业为基础并没有否定重工业优先发展的方针，而是正确地执行了这个方针。只有将优先发展重工业同迅速发展农业和轻工业结合起来，重工业才能在相互促进中得到迅速的发展。③何畏（1958）也强调，发展工业和发展农业同时并举的方针，是完全根据实际情况和客观经济规律制定的，也是相应发展轻工业和农业的方针在新情况下的进一步发展。④曾启贤（1963）则认为，以农业为基础、以工业为主导，是对社会主义条件下两大部类相互关系及其作用的最完整和最具体的概括，也是马克思主义再生产理论的具体体现。⑤

2. 对"优先发展重工业"和"以农轻重为序"的理解

就国民经济发展中各部门的排列次序问题，党中央先后提出了"优先发展重工业"的方针和"以农轻重为序"安排经济计划的方针。学术界围绕这两个方针展开了热烈的讨论，论述的焦点主要是各产业的发展次序问题。

关于国民经济各部门的发展次序问题，学者们的观点大致可以分为三类：一是认为重工业应该优先发展，二是认为应"以农轻重为序"安排计划，还有学者指出"以农轻重为序"发展的结果就是重工业优先发展，两者并不冲突（见表9-6）。

---

① 韩俊：《对新阶段加强农业基础地位的再认识》，《江苏农村经济》，2008年第3期，第10~12页。
② 尹世杰：《生产资料优先增长与发展农业》，《江汉学报》，1963年第2期，第1~6页。
③ 俞明仁：《论农业、轻工业和重工业的相互关系》，《经济研究》，1960年第2期，第1~7页。
④ 何畏：《关于发展农业的问题》，《经济研究》，1958年第3期，第39~51页。
⑤ 曾启贤：《我国发展国民经济总方针与马克思的再生产理论》，《江汉学报》，1963年第2期，第7~10页。

表 9-6　关于国民经济各部门发展次序的不同意见汇总表

| 争论焦点 | 观点 | 代表学者 |
| --- | --- | --- |
| "重工业优先"论 | 生产资料应比生活资料生产优先增长 | 杨坚白（1961），王志平（1959），朱培兴（1959），等等 |
| "农轻重为序"论 | 先有农业的发展，再是轻工业的发展，最后是重工业的发展 | 孙德山（1963），王珏（1979），王永银（1980），许涤新（1978），方生（1982），等等 |
| "农轻重为序"＝"重工业优先"论 | 按农轻重顺序安排计划的结果就是重工业发展最快 | 陈立国等（1963），关梦觉（1963），等等 |

持第一种观点的学者普遍认为，重工业在国民经济中的地位极其重要，发展速度应该快于其他产业。如杨坚白（1961）认为，重工业必须优先发展是首先应该肯定的。因为生产工具以及制造生产工具的生产资料就是由重工业部门生产出来的，而且社会生产的发展过程就是生产工具的不断改进和提高的过程。① 王志平（1959）认为，为了迅速实现社会主义工业化，使社会主义生产在技术不断提高的基础上持续高速度第增长，生产资料的生产必须比生活资料的生产发展得更快。② 朱培兴（1959）从历史层面研究了生产资料优先增长规律的普遍性，认为社会主义制度下生产资料生产优先增长具有客观必然性。③ 南开大学经济研究所（1978）指出，社会主义国家"以重工业为中心"进行社会主义建设，使得重工业在农业和轻工业的支援下得到优先发展，重工业在国民经济中的作用能够得到充分的发挥。④

持第二种观点，即应"以农轻重为序"发展国民经济的学者从多方面论证了其合理性。如孙德山（1963）从总体上指出，应按照农业、轻工业和重工业的大序，作好国民经济各个部门的综合平衡，要在保证农业迅速发展的同时，使轻工业和重工业能够有相应的发展。⑤ 王珏（1979）认为，农轻重为序发展经济与社会主义生产目的（满足人民物质和文化生活需要）紧密相关。农民占人口的大多数，发展农业生产可以满足农民和城市人民生活的需要，促使农民积极性得以保持和不断提高。同时大量的农产品要经过加工和制造才能满足人民的需要，所以必须发展轻工业。⑥ 王永银（1980）也持有类似观点。他认为，以农轻重为序，不是因为农业是基础和轻工业积累资金快，而是因为我国的具体情况。我国人口多，粮食需求大，我国的社会性质也决定了必须以本国农业为基础，同时，我国居民消费水平很低，生产基本生活必需品的意义重大。⑦ 许涤新

---

① 杨坚白：《试论农业、轻工业、重工业比例和消费、积累比例之间的内在联系》（上），《经济研究》，1961年第12期，第11~21页。
② 王志平：《马克思列宁主义再生产原理的创造性运用》，《学术月刊》，1959年第12期，第14~20页。
③ 朱培兴：《试论生产资料生产优先增长规律在社会主义制度下的作用》，《教学与研究》，1959年第7期，第34~41页。
④ 南开大学经济研究所：《社会主义的农业和工业谈谈发展国民经济的总方针》，天津人民出版社，1978年，第25页。
⑤ 孙德山：《农业是国民经济的基础》，农业出版社，1963年，第21页。
⑥ 王珏：《只有搞清社会主义生产的目的才能变重轻农为农轻重》，1979年第12期，第33~35页。
⑦ 王永银：《论以农轻重为序安排计划》，《经济研究》，1980年第7期，第26~32+41页。

(1978)则认为,因为农业可以提供工业所需要的劳动力、商品粮、副食品、工业原料、市场和资金等,所以先有农业的发展,再是轻工业的发展,最后是重工业的发展。①

持第三种观点的学者一致认为,按照农轻重顺序安排国民计划的结果就是重工业发展最快。陈立国等(1963)指出,综合平衡的次序,即按照农、轻、重的次序来组织综合平衡、安排计划任务,是由国民经济内部客观存在的本质联系所决定的。但是从农、轻、重的发展速度来考察,重工业的发展速度应该是最快的,其次是轻工业,农业的发展速度最慢。②关梦觉(1963)认为,农、轻、重三者发展速度快慢的次序,不同于三者计划安排的次序。虽然按照农、轻、重的次序来安排国民经济,三者发展的速度最后却是重工业最快,轻工业次之,农业又次之。按照农轻重的顺序安排国民经济,不仅不违反生产资料生产优先增长的规律,而且正是保护生产资料生产优先增长的可靠途径。③

3. 对"工农业协调发展"的理解

党中央历来重视国民经济协调发展的问题,提出了一系列协调发展的理念,对保障国民经济的健康稳定运行发挥了重要作用。作为最主要的两大产业部门,工业和农业协调发展的意义重大。学术界对此有很多的论述,主要集中在"工农业协调发展"的内涵、必要性和实现途径三个方面(见表9-7)。

表 9-7 对"工农业协调发展"方面的不同理解汇总表

| 研究方面 | 观点 | 代表学者 |
| --- | --- | --- |
| "工农业协调发展"的内涵 | 实物量、价值量的适当比例 | 马晓河(1995) |
| | 协调、平衡的工农业互动关系 | 高占军等(1994),钟钰和蓝海涛(2008),等等 |
| "工农业协调发展"的必要性 | 工农业脱节和城乡对立 | 詹武(1995) |
| | 工业偏斜政策导致国民经济波动与调整交替循环 | 郑重(1995),郭玮(1992),等等 |
| "工农业协调发展"的实现途径 | 宏观角度:以农业生产的稳定增长和均衡增长为基础 | 曹新(1999),喻新安和陈明星(2007),等等 |
| | 微观角度:注重农业资本积累、劳动力转移、土地制度等 | 曹俊杰(2016) |

学者们从不同的视角阐释了"工农业协调发展"的内涵。马晓河(1995)从实物量和价值量两个方面对"工农业协调发展"进行了定义。实物量上的协调是指工农业产品在供求总量和结构上能保持均衡,价值量上的协调是指两大产业的价值变量在变动过程

---

① 许涤新:《有关农业经济的几个问题》,《经济研究》,1978年第12期,第8~16页。
② 陈立国,叶景哲,关其学:《关于按农、轻、重次序安排国民经济计划的两个问题》,《江汉学报》,1963年第2期,第14~17页。
③ 关梦觉:《关于我国发展国民经济的总方针和社会主义农业集体经济产生与发展的若干理论问题(1963年7月5日在吉林省经济学会首届年会闭幕会上的发言)》,《吉林大学》,1963年第2期,第1~14页。

中能保持适当的比例。[①] 高占军等（1994）提出，工业与农业协调的标准是，农业劳动力向非农产业的转移，能够促进工业就业与产出的逐渐扩大。同时，农业生产率的提高，足以使总人口中比较少的一部分人能用粮食和原料去支持整个经济。[②] 钟钰和蓝海涛（2008）则认为，工农业协同发展应顺应经济发展规律的要求，并不是对农业实行扭曲的保护政策，而是要形成一个协调、平衡的工农业互动关系。[③]

针对"工农业协调发展"的必要性，学者们表达了各自的看法。詹武（1995）着重论述了西方发达国家的"工业化"弊端，并且提出，我国应该以此为鉴，坚持工农间、城乡间协调发展的原则。[④] 郑重（1995）主要阐述了工农业协调发展在我国现代化建设中的战略性意义。我国工农业发展长期处于失调状态，国民经济呈波动与调整交替循环的状态。而且由于农民非农化滞后，形成二元结构性的矛盾，严重制约着我国现代化的进程。[⑤] 郭玮（1992）也持有类似观点。他认为，我国长期形成的工业偏斜政策导致农业生产波动，反过来又构成整个经济波动的基础。工业偏斜政策已不再适应发展的要求，应实行工农业协调发展战略。[⑥]

针对"工农业协调发展"的实现途径，有学者从宏观角度给予了回答。如曹新（1999）认为，国民经济的持续稳定快速增长，最终要建立在农业生产的稳定增长和均衡增长的基础上，因此重新确立农业增长的地位意义重大。[⑦] 喻新安和陈明星（2007）通过构建模型推导得出，农业的人均资本存量是实现工农协调发展的关键，因此要加强城乡之间的产业联系，提高农业的人均资本累积率，加快农村人口向城市的就业转移。[⑧] 也有学者从微观角度提出了一些具体措施，如曹俊杰（2016）建议，实施统筹工农业和城乡发展战略，尽快创新农地流转制度并逐步完善农村社会保障体系。[⑨]

### （二）对农业和工业相互支援问题的探讨

对于农业和工业相互支援的问题，学者们的研究或侧重农业对工业的贡献，或强调工业对农业的支援（见表9-8）。

---

[①] 马晓河：《我国工农业发展比例关系的研究》，《中国农村经济》，1995年第7期，第21～29页。
[②] 高占军，姜洪波，韩雅琴：《当前我国工农业经济协调发展的几个问题》，《黑龙江财专学报》，1994年第2期，第78～80页。
[③] 钟钰，蓝海涛：《我国工农业互动现状、协同问题及政策研究》，《农业经济问题》，2008年第9期，第86～91+112页。
[④] 詹武：《工农城乡必须协调发展共同繁荣》，《农业经济问题》，1995年第8期，第2～8页。
[⑤] 郑重：《工农业协调发展在我国现代化建设中的战略意义》，《中国农村经济》，1995年第5期，第3～6+11页。
[⑥] 郭玮：《中国工农关系研究》，《经济学家》，1992年第1期，第53～65+128页。
[⑦] 曹新：《工农业协调发展与国民经济增长》，《桂海论丛》，1999年第6期，第44～47页。
[⑧] 喻新安，陈明星：《工农业互动协调发展的内在机理与实证分析——基于河南省"以农兴工、以工促农"的实践》，《中州学刊》，2007年第6期，第48～53页。
[⑨] 曹俊杰：《实现由工业反哺农业向工农业协调发展战略转变》，《中州学刊》，2016年第11期，第24～28页。

表 9-8 对农业和工业相互支援问题的不同理解汇总表

| 研究方面 | 观点 | 代表学者 |
| --- | --- | --- |
| 对工农业相互依存关系的理解 | "农业贡献工业"论 | 旦谷（1961），王向明（1962），刘拥军（2005），等等 |
|  | "工业支援农业"论 | 季崇威（1958），何国文（1958），蒋永穆（2000），黄世杰（1963），等等 |
| 对"工业反哺农业"战略的理解 | "工业反哺农业"战略的内涵 | 蔡昉（2006），任保平（2005），简新华和何志扬（2006），马恒运等（2018），等等 |
|  | "工业反哺农业"战略的必要性 | 宋德勇等（2007），朱四海和熊本国（2005），周立群和许清正（2007），等等 |
|  | "工业反哺农业"战略的实现路径 | 陈观烈（1963），钱方明（2009），陈池波等（2012），洪银兴（2007），等等 |

侧重农业对工业贡献的学者们普遍认为，农业对国民经济发展有产品、要素、市场和外汇贡献四个方面的贡献，积极推动了工业化的进程。如旦谷（1961）详细论述了农业和轻工业的关系，指出农业内部包括粮食生产和经济作物的生产，后者直接为轻工业提供原料；轻工业分为农产品的加工业和非农产品的加工业，但归根到底都要以农业的发展为基础。① 王向明（1962）批判了重工业可以为本身发展创造条件的说法，认为工业必须以农业的发展为前提。而且生产技术水平愈低，重工业发展对农业的相对依存就愈大。② 刘拥军（2005）运用误差修正模型来分析农业对工业增长的决定作用，证明了农业增长率的短期波动是导致我国工业增长率短期波动的重要原因。③

强调工业支援农业观点的学者主张我国应不断加强工业对农业的支持。如蒋永穆（2000）提出，工业化不是对农业实行支持的原因，而只是加大农业支持力度的原因；工业化的不同阶段，只存在农业支持力度大小的问题，而不存在是否对农业进行支持的问题。④ 季崇威（1958）结合当时的国情论述道：因为农业合作化已经完成，工农业发展的相互关系中最主要的方面是重工业应该加强对农业的支援，以促进农业生产力的发展。⑤ 何国文（1958）指出，如果忽略了工业对农业发展的配合与促进作用这一方面，在实践中必然不可能实现工农业同时并举的方针。⑥ 黄世杰（1963）认为，要树立全面支援农业，把支援农业、支援集体经济放在第一位的思想，认识到农业在国民经济中的地位和作用，自觉地为农业服务。⑦ 周永（1960）也认为，大力支援农业技术改造是社会主义工业化本身的要求。只有大力支援农业技术改造，加快农业现代化的建设，才能

---

① 旦谷：《略论轻工业与农业、重工业的关系》，《经济研究》，1961年第12期，第1~10页。
② 王向明：《论重工业对农业的依存与支援》，《经济研究》，1962年第10期，第1~11页。
③ 刘拥军：《我国农业增长与工业增长关系的实证研究》，《中国农村经济》，2005年第10期，第12~17页。
④ 蒋永穆：《中国农业支持体系论》，四川大学出版社，2000年，第98~101页。
⑤ 季崇威：《我国工业应当积极支援和促进农业的发展》，《经济研究》，1958年第2期，第1~11页。
⑥ 何国文：《试论在优先发展重工业的基础上发展工业和发展农业同时并举的方针》，《理论与实践》，1958年2月期，6~11页。
⑦ 黄世杰：《工业如何更好地支援农业》，《中国经济问题》，1963年第5期，第5~6页。

保证农业、工业以及整个国民经济的高速度发展。①

特别是在我国工业化达到一定水平后，党中央提出了"工业反哺农业"的方针。学术界对这一方针进行了广泛而深入的讨论，讨论的主题有"工业反哺农业"的内涵、必要性和实现路径。

学者们从不同的视角阐释了"工业反哺农业"战略的内涵。如蔡昉（2006）认为这一战略并不意味着实行对农业的保护政策，而是指顺应经济发展规律的要求，创造良好的劳动力流动的环境，建立有保障的资金流动机制，增强农业基本资源和生产条件的可持续性。② 任保平（2005）认为，"工业反哺农业"包含三层含义：一是要由农业哺育工业转向工业反哺农业，二是改变农业的"弱质"地位，三是加快农业的现代化和提高农业综合生产能力。③ 简新华和何志扬（2006）结合我国面临的国内条件与国际环境，提出工业反哺农业的政策取向是"造血"型反哺、重点型反哺、适度型反哺，而且应遵循统筹协调、互利双赢原则、效率公平和循序渐进四个原则。④ 马恒运等（2018）指出，工业反哺农业，是对工农关系或城乡关系发展的关键时期，或产业角色相互转变的概括，是从"农业支持工业"向"工业反哺农业"的转化。⑤

就"工业反哺农业"的必要性，学者们从不同的角度、运用不同方法进行了分析。如宋德勇等（2007）建立了工业和农业相互依存的二元经济内生增长模型，经过分析后得出工业反哺农业是我国经济均衡发展的必要条件。⑥ 朱四海和熊本国（2005）从农业小部门化、资源耗竭和环境退化和农业积累的历史贡献三个方面进行了论述，都得出了工业反哺农业的结论。⑦ 周立群和许清正（2007）认为，我国当前反哺农业除了农业本身的弱质性，更多的是出于发展战略的调整，以及区域经济层面和国民收入再分配层面协调发展的要求。⑧

就"工业反哺农业"的实现路径，学者们从不同的视角进行了探讨，并给出了具体建议。陈观烈（1963）指出，工业支援农业的内容主要是依靠工业提供的先进技术，包括技术的物质形态和技术的经验形态。⑨ 钱方明（2009）以嘉兴为例研究区域层面工业反哺农业的机制和路径，提出了四条建议：一是地方政府应适时推进工业反哺农业的强制性制度变迁，二是农民和企业的主动参与是工业反哺农业的关键，三是农业部门人力

---

① 周永：《工业必须积极支援农业技术改造》，《财经研究》，1960年第4期，第8~12页。
② 蔡昉：《"工业反哺农业、城市支持农村"的经济学分析》，《中国农村经济》，2006年第1期，第11~17页。
③ 任保平：《工业反哺农业：我国工业化中期阶段的发展战略转型及其政策取向》，《西北大学学报》（哲学社会科学版），2005年第4期，第37~44页。
④ 简新华，何志扬：《中国工业反哺农业的实现机制和路径选择》，《南京大学学报》（哲学·人文科学·社会科学版），2006年第5期，第28~35页。
⑤ 马恒运，许欣，严功岸，等：《改革四十年的工农关系变化及思考》，《农业经济问题》，2018年第7期，第4~13页。
⑥ 宋德勇，姚洪斌，郭涛：《工业与农业相互依存的内生增长模型——工业反哺农业的理论基础》，《经济学家》，2007年第4期，第88~96页。
⑦ 朱四海，熊本国：《工业反哺农业实现机制刍议》，《中国农村经济》，2005年第10期，第6~13+19页。
⑧ 周立群，许清正：《"工业反哺农业"若干问题述评》，《经济学家》，2007年第2期，第72~76页。
⑨ 陈观烈：《论工业支援农业的几个问题》，《学术月刊》，1963年第3期，第1~8页。

资本的投入是工业反哺农业的重点,四是工业反哺农业需要与经济发展阶段相适应。①陈池波等(2012)分析了农业补贴的优缺点。他们认为,农业补贴在短期内可以促进生产,在长期只有收入效应,并会造成公共支出负担和经济效率损失。因此,短期内农业补贴应瞄准生产目标,长期应逐步向一般服务支持转变。②洪银兴(2007)总结了长三角地区的反哺经验:第一,应由工业对农业的反哺转变为工业和城市对农业和农村全面反哺;第二,反哺方式由反哺收入为主转向反哺要素为主;第三,反哺主体由乡镇区域内的企业为主体,转向以县级政府为中心。③

### 三、国家粮食安全战略

粮食安全不仅是经济发展和社会稳定的重要基石,更是中华民族生存和发展的先决条件。党中央历来高度重视粮食工作,制定和实施了一系列的战略与政策方针。就"粮食安全"这一主题,学术界的研究成果内容丰富且角度多元。既有理论层面的阐述,也有实践角度的探讨;既有对世界粮食安全战略的借鉴,也有对我国粮食安全的实际分析。

#### (一)粮食安全的内涵

"粮食安全"这一概念,最早是1974年由联合国粮农组织提出的。有的学者选取某一视角阐释了其内涵,也有学者从综合的角度进行全面把握。学者们从不同角度提出了对"粮食安全"概念的理解。

有的学者选取某一视角对"粮食安全"的内涵进行阐释。如任柏强(2004)从供给和需求两个方面阐述了对"粮食安全"的理解。供给方面是指,确保生产足够的粮食和最大限度地稳定粮食供给;需求方面是指,要满足有需要粮食的人生存和健康性两方面的粮食消费。④许世卫(2009)也认为,根据我国的国情,粮食安全主要体现在稳定的粮食生产能力、合理的粮食品种结构、较高的粮食自给率和健康的粮食消费模式等方面。⑤叶敬忠和安苗(2009)则提出,国家的粮食安全与农户的粮食安全并不完全等同,在确保粮食安全的政策和措施上,不仅要从宏观上确保我国的粮食生产尽可能满足国内的粮食消费需求,而且还要从微观上考虑农户的粮食生产与其家庭经济状况、社会生活需求的关系。⑥冯维江(2019)根据粮食安全的威胁来源,指出新时代粮食安全问

---

① 钱方明:《工业反哺农业的机制与路径:基于嘉兴经验的理论分析》,《农业经济问题》,2009年第4期,第16~20页。
② 陈池波,江喜林,吕明霞:《从以农补工到反哺农业:对农业补贴短期与长期涵义的探讨》,《农业经济问题》,2012年第12期,第19~27+110页。
③ 洪银兴:《工业和城市反哺农业、农村的路径研究——长三角地区实践的理论思考》,《经济研究》,2007年第8期,第13~20页。
④ 任柏强:《论粮食安全问题》,《经济学家》,2004年第2期,第47~50页。
⑤ 许世卫:《我国粮食安全目标及风险分析》,《农业经济问题》,2009年第5期,第12~16+110页。
⑥ 叶敬忠,安苗:《农业生产与粮食安全的社会学思考》,《农业经济问题》,2009年第6期,第9~14+110页。

题兼具防御型安全（security）和管理型安全（safety）双重特征。①

也有学者从综合的角度对"粮食安全"的内涵进行全面把握。朱有志（2015）指出，在工业化、城镇化过程中，粮食安全不仅包涵供给层面的粮食生产，还包括微观主体个人对粮食的获得能力；不仅包括基本的温饱供给，还包括安全、营养、健康的食品获得；在国际层面，一个国家的粮食安全战略既是粮食安全问题，也是国家的经济安全和政治安全问题。②胡岳岷和刘元胜（2013）认为粮食安全表现为数量安全维度、品质安全维度、生态安全维度与健康安全维度的有机统一。③杨东群等（2018）提出了新的粮食安全观念，认为应该包括数量平衡安全、质量无害安全、效益递增安全和生态环境安全等四大组成部分。④蒋永穆和刘涛（2011）进一步拓展了"安全"的内涵，即随着消费者对安全农产品的消费需求的不断提升，还必须要确保农产品的安全性或生产安全的农产品。⑤王国敏（2014）指出国家粮食安全应包括以粮食数量、结构和生态为基础的生产安全，以空间布局和储备为基础的粮食流通安全，以粮食质量和可获得性为基础的粮食消费安全，同时，粮食安全也意味着兼顾供给者的利益实现和消费者的效用满足这一双重目标。⑥

（二）我国粮食安全的现状

鉴于我国人多地少的基本国情，粮食安全问题格外重要。经过多年的不懈努力，我国在粮食安全方面取得了较大成就，综合保障能力得到提高。对于我国粮食安全的现状，部分学者着重论述了取得的成就，部分学者则侧重论述了当前存在的问题。

学者们从多种角度论述了我国在粮食安全方面取得的成就。如王济民等（2018）认为，在国家政策强力支持下，粮食安全形势迎来了历史最好水平。从供给看，连年丰收，库存充裕。从需求看，粮食总消费量稳定增长，短期内我国粮食供需基本平衡。同时，国际粮食价格连续5年下行，我国粮价稳定，价格优势明显。⑦刘与忠（2009）回顾了我国60年粮食产业的变化，指出我国几经调整和改革基本形成了相对稳定的粮食综合生产能力，初步建立了基本符合国情的粮食流通体制，并牢固确立了保障国家粮食安全长期任务的共识。⑧丁声俊（2008）认为，与全球粮食总产量下降和储备减少形成鲜明对照的是，中国粮食产量连续增长，供应充裕，储备增加，粮食自给率一直保持高

---

① 冯维江：《保障国家粮食安全是一个永恒课题》，《人民论坛》，2019年第32期，第20~21页。
② 朱有志：《加强农业基础地位和确保国家粮食安全战略研究》，《求索》，2015年第5期，第193页。
③ 胡岳岷，刘元胜：《中国粮食安全：价值维度与战略选择》，《经济学家》，2013年第5期，第50~56页。
④ 杨东群，王克军，蒋和平：《粮食减产影响我国粮食安全的分析与政策建议》，《经济学家》，2018年第12期，第71~80页。
⑤ 蒋永穆，刘涛：《中国现代农业产业体系构建：原则、目标、基本要求和模式》，《理论月刊》，2011年第9期，第5~9页。
⑥ 王国敏：《加强农业基础地位和确保国家粮食安全战略研究》，四川大学出版社，2014年，第104页。
⑦ 王济民，张灵静，欧阳儒彬：《改革开放四十年我国粮食安全：成就、问题及建议》，《农业经济问题》，2018年第12期，第14~18页。
⑧ 刘与忠：《创业维艰成就辉煌——简述我国六十年粮食行业巨变和粮食安全对策》，《中国粮食经济》，2009年12期，第30~32页。

水平。①

也有学者从不同的视角对粮食安全存在的问题进行了分析。如黎东升和曾靖（2015）认为，新常态下我国粮食安全的深层次矛盾逐步显现，第一，进口量与浪费量双高并存；第二，生产成本高与进口关税低并存；第三，资源减少与生态环境恶化并存；第四，支持政策空间小和种粮积极性低并存。② 肖俊彦（2012）认为，虽然我国粮食生产实现"七连增"，但也出现进口"七连增"，突破了95%的粮食自给保障线。水资源约束、耕地数量与质量下降等诸多不利因素都在动摇粮食稳产增产的基础。③ 廖西元等（2011）将我国粮食生产中存在的问题概括为，广大粮农之困惑、地方政府之心病和中央政府之无奈，并进一步指出其根源是我国粮食安全的国家战略缺失。④ 常璇（2019）指出当前我国粮食供求总量基本平衡，粮食安全领域的主要矛盾由总量不足的矛盾转变为新的结构性矛盾，诸如品种严重失衡、质量提升相对滞后等。⑤

### （三）我国粮食安全的影响因素

粮食安全是一个综合性问题，受多种因素的影响，气候变化、经济全球化、生物质能源的发展、城市化的快速进程、农村劳动力非农就业的刚性增长趋势等都对中国粮食安全提出了许多新的挑战，粮食安全还面临水资源短缺日趋严峻、农业科技体系难以适应市场经济发展等诸多问题（吕新业和冀县卿，2013）⑥。学术界多从农业科技、耕地因素、农业劳动力转移、工业化和城镇化、对外开放等角度进行论述（见表9-9）。

表9-9 关于我国粮食安全影响因素的研究汇总表

| 影响因素 | 研究方面 | 代表学者 |
|---|---|---|
| 农业科技 | 农业科技"卡脖子"问题制约粮食综合生产能力的提高 | 李建平等（2007），周华强等（2015），刘英基（2017），等等 |
| 耕地因素 | 耕地数量变化及质量状况 | 傅泽强等（2001），聂英（2015），马述忠等（2015），等等 |
| 农业劳动力转移 | 农村劳动力向城市流动 | 刘亮等（2014），匡远配（2010），卫龙宝等（2017），等等 |
| 工业化和城镇化 | 需求端、供给端 | 曾靖（2012），李岳云（2007），刘明国（2011），等等 |

---

① 丁声俊：《为世界粮食安全作出贡献——中国成就令人信服》，《中国粮食经济》，2008年第2期，第22页。
② 黎东升，曾靖：《经济新常态下我国粮食安全面临的挑战》，《农业经济问题》，2015年第5期，第42~47+110页。
③ 肖俊彦：《警惕我国粮食安全保障能力下降》，《农业经济问题》，2012年第6期，第9~16+110页。
④ 廖西元，李凤博，徐春春，等：《粮食安全的国家战略》，2011年第4期，第9~16+110页。
⑤ 常璇：《乡村振兴战略背景下确保国家粮食安全：矛盾剖析及破解策略》，《江淮论坛》，2019年第5期，第43~48+77页。
⑥ 吕新业，冀县卿：《关于中国粮食安全问题的再思考》，《农业经济问题》，2013年第9期，第15~24页。

续表9-9

| 影响因素 | 研究方面 | 代表学者 |
| --- | --- | --- |
| 对外开放 | 国际市场粮食供需结构、中美经贸摩擦、新冠肺炎疫情全球蔓延、农业外商投资 | 林毅夫（2004），苗齐和钟甫宁（2001），黄雪琴（2001），周士跃（2014），石爱虎（2001），丁声俊（2020），余偲（2020），张秀青（2021），张琳琛和董银果（2021），等等 |
| 其他影响因素 | 中国粮食生产端 | 杜志雄等（2020） |
| | 人口结构 | 向晶等（2013） |
| | 农业气象灾害 | 周曙东等（2013） |
| | 自然资源约束 | 尚旭东等（2019） |
| | 化肥使用 | 曾靖等（2010） |

加强农业科技创新是提高粮食综合生产能力的关键，农业科技"卡脖子"问题是制约我国粮食综合生产能力提高的重要原因。李建平等（2007）研究了我国区域粮食科技支撑体系，旨在通过发展我国粮食科技，增加科技储备，提高我国的粮食安全可持续保障程度。① 周华强等（2015）分析了四川土、水、肥、药、机、人、灾、钱等各粮食生产要素的科技问题，认为四川粮食生产面临耕地面积刚性减少、耕地质量下降、农民种粮效益低下、乡村劳动力不断减少、自然灾害严重、科技支撑能力不足等科技挑战。② 刘英基（2017）指出，知识资本对粮食科技进步贡献率增长的促进作用显著，通过知识资本积累提高粮食科技进步贡献率已成为促进粮食持续丰产、保障粮食安全的关键途径。③ 为了发挥科技在保障粮食安全上的重要意义，国家实施以我为主、立足国内、确保产能、适度进口、科技支撑的粮食安全战略，坚持藏粮于地、藏粮于技。

耕地是粮食生产的源泉，对粮食产量有着根本性的影响。学者们从多种角度对这一因素进行了分析。如傅泽强等（2001）分析了耕地数量变化及质量状况与粮食生产的相关关系，结论表明耕地面积对粮食总产具有明显的约束作用。④ 聂英（2015）进一步指出，新中国成立以来我国耕地的数量变化与粮食产量波动基本一致，但也不完全同步。在技术水平相对稳定而且存有可供开垦的后备耕地资源的条件下，耕地数量的增减变化与粮食产量波动之间有较高的相关关系。⑤ 马述忠等（2015）通过构建一个仿真系统，来研究高强度耕地利用模式下中国粮食生产能力的演进路径。结果表明，这一模式在短

---

① 李建平，唐华俊，罗其友，等：《我国区域粮食科技支撑体系研究》，《中国科技论坛》，2007年第10期，第104～112页。

② 周华强，王敬东，冯文帅，等：《四川粮食生产的科技挑战及对策》，《中国科技论坛》，2015年第3期，第119～125页。

③ 刘英基：《知识资本对粮食科技进步贡献率的影响》，《华南农业大学学报》（社会科学版），2017年第4期，第107～115页。

④ 傅泽强，蔡运龙，杨友孝，等：《中国粮食安全与耕地资源变化的相关分析》，《自然资源学报》，2001年第4期，第313～319页。

⑤ 聂英：《中国粮食安全的耕地贡献分析》，《经济学家》，2015年第1期，第83～93页。

期会促进粮食产量提升，在长期则将导致耕地资源的供给质量恶化。①

农村劳动力向城市转移，导致了农村的空心化，对农业生产造成了较大影响。但同时农村人口的减少也为土地要素的流动提供了条件，促进了农业生产集约化和机械化发展。学者们从不同的角度、运用不同的方法进一步阐述了农村劳动力流动对粮食安全的影响，得出了不同结论。刘亮等（2014）利用县级和农户面板数据研究发现，因为主产区农户会增加其他农业生产要素来替代劳动力投入的减少，农村劳动力转移对粮食总产量的影响并不大，尚未严重威胁到中国的粮食安全。②匡远配（2010）基于"微笑曲线"理论，研究了农村劳动力流动对粮食安全的影响，估算出我国农村劳动力流动适度规模为0.8~2.0亿人。③卫龙宝等（2017）选取黑龙江省下辖市的面板数据进行实证研究发现，总体上农业劳动力转移对黑龙江的粮食产量产生了积极影响，但高质素的农业劳动力转移会产生显著负向影响。④

学者们通过研究指出，工业化和城镇化会对粮食安全产生一定不利影响。曾靖（2012）着重从需求端进行了论述，他认为工业化促使城乡居民收入提高，改变居民膳食结构，导致农村城镇化，并引起对生物质能源的粮食需求。这些都大大提高了粮食消费需求，对粮食安全形成威胁。⑤李岳云（2007）提出，过度的工业化和城市化发展战略是中国粮食安全的直接诱因。⑥刘明国（2011）则认为，我国工业化和城市化发展战略与保障粮食安全是相互冲突的。⑦

学者还讨论了开放条件下对我国粮食安全的影响。2001年，我国加入世界贸易组织（以下简称WTO），经济社会的全球化速度开始加快。就粮食安全的影响而言，"入世"是新的发展机遇还是严峻的挑战，学者们进行了激烈讨论。持乐观态度的学者认为，加入世界贸易组织并不会对粮食安全造成太大威胁，反而会促进粮食生产的发展。如林毅夫（2004）认为，加入WTO后，中国经济会按照劳动力密集产品这一比较优势来发展，让具有比较优势的农产品能顺利出口和没有比较优势的粮食顺利进口，这对农民收入的增加和粮食安全问题的解决有很大帮助。⑧苗齐和钟甫宁（2001）认为，经济全球化对粮食安全的促进表现在两个方面，一是我国将按照比较优势主动调整粮食生产和农业生产结构，优化粮食供给结构和改善竞争力，二是会扩大具有生产优势的食物出

---

① 马述忠，叶宏亮，任婉婉：《基于国内外耕地资源有效供给的中国粮食安全问题研究》，《农业经济问题》，2015年第6期，第9~19+110页。
② 刘亮，章元，高汉：《劳动力转移与粮食安全》，《统计研究》，2014年第9期，第58~64页。
③ 匡远配：《农村劳动力流动影响粮食安全的新解释》，《人口与经济》，2010年第5期，第1~7页。
④ 卫龙宝，张艳虹，高叙文：《我国农业劳动力转移对粮食安全的影响——基于面板数据的实证分析》，《经济问题探索》，2017年第2期，第160~167页。
⑤ 曾靖：《我国工业化对粮食消费的影响及对策研究》，《安徽农业科学》，2012年第16期，第9124~9125+9145页。
⑥ 李岳云：《工业化、城市化与粮食安全》，《现代经济探讨》，2007年第1期，第27~30页。
⑦ 刘明国：《工业化、城市化与粮食安全的冲突——发展中国家的后发劣势》，《华北电力大学学报》（社会科学版），2011年第2期，第32~33页。
⑧ 林毅夫：《入世与中国粮食安全和农村发展》，《农业经济问题》，2004年第1期，第32~33+79页。

口规模。① 持谨慎态度的学者认为，加入 WTO 会对我国粮食安全形成冲击。如黄雪琴（2001）论述了中国粮食流通体制将面临的挑战：一是失去非关税手段会造成国内粮食市场保护仅剩关税屏障，二是取消出口补贴会削弱中国粮食的出口竞争力，三是进口市场集中会使中国的粮食安全问题更为突出，四是市场开放会使中国目前的某些政策很难执行，五是进口垄断状态的结束会使政府宏观调控和国有粮食企业扭亏增盈的压力增大。② 周士跃（2014）提出加入 WTO 对我国粮食安全的影响表现在国内和国际两个方面。在国内，粮食供需缺口会逐渐扩大且粮食主产区与主销区矛盾日益突出。而国际粮食市场的危机有国际市场粮食供需结构失衡、粮食能源化加剧全球粮食供给紧张、粮食金融化增加粮食不安全因素。③ 石爱虎（2001）认为，我国农业生产力水平很低，对农业的支持与保护又被限定在极低水平，过早开放农产品市场将给我国粮食生产带来冲击，导致粮食贸易依存度上升和粮食自给率下降。④ 中美贸易摩擦和新冠肺炎疫情加速了世界秩序的变革，对我国粮食安全带来了新的影响。丁声俊（2020）分析了中美经贸摩擦对国家粮食安全的影响，指出经贸摩擦对中国来说，既是大挑战，也是大机遇。为此，在农业粮食方面，要确保我国农业粮食主动权。⑤ 余佶（2020）认为 2020 年新冠肺炎疫情全球蔓延是检验我国粮食安全的一场大考。⑥ 张秀青（2021）同样指出 2020 年以来，新冠肺炎疫情横扫全球对粮食安全产生了很大影响，并指出中国要应对百年变局主动作出调整，以"双循环"新发展格局为契机，加固国家粮食安全保障体系。⑦ 张琳琛和董银果（2021）从农业研发、生产、贸易以及金融发展四个角度解析农业外商直接投资（FDI）对发展中国家粮食安全的影响机理，指出农业外商直接投资会对发展中国家粮食安全产生显著负向作用。⑧

学者们还研究了其他影响粮食安全的因素。杜志雄和韩磊（2020）从中国粮食供给侧生产端的变化特征，指出粮食生产主体结构与行为、生产成本与比较收益、供需匹配关系等生产端的重要变化，会对粮食供给能力进而对国家粮食安全产生重要影响。⑨ 人口结构方面，向晶和钟甫宁（2013）利用标准人消费权数这一概念，建立模型并分析得

---

① 苗齐，钟甫宁：《经济全球化与我国新的粮食安全策略》，《吉林农业大学学报》，2001 年第 2 期，第 117~121 页。
② 黄雪琴：《入世对中国粮食流通体制的挑战》，《国际贸易问题》，2001 年第 11 期，第 27~32 页。
③ 周士跃：《全球化视野下中国粮食安全问题研究》，《新疆农垦经济》，2014 年第 8 期，第 35~38+71 页。
④ 石爱虎：《论经济全球化进程中的中国粮食安全问题》，《集美大学学报》（哲学社会科学版），2001 年第 1 期，第 55~61 页。
⑤ 丁声俊：《中美经贸摩擦背景下确保国家粮食安全的理性应对》，《中州学刊》，2020 年第 1 期，第 39~45 页。
⑥ 余佶：《"五种思维"视阈下国家粮食安全治理现代化研究》，《同济大学学报》（社会科学版），2020 年第 06 期，第 13~21 页。
⑦ 张秀青：《"双循环"新发展格局下的粮食产业强国建设思路》，《价格理论与实践》，2021 年第 1 期，第 40~45 页。
⑧ 张琳琛，董银果：《外商投资对发展中国家粮食安全的影响》，《华南农业大学学报》（社会科学版），2021 年第 2 期，第 95~106 页。
⑨ 杜志雄，韩磊：《供给侧生产端变化对中国粮食安全的影响研究》，《中国农村经济》，2020 年第 4 期，第 2~14 页。

出，我国未来人口结构的调整很可能会进一步降低粮食需求总量的增长速度。① 农业气象灾害方面，周曙东等（2013）分析了其对粮食安全的影响，结果显示未来气温上升导致粮食单产下降。除东北地区外，其他五个地区的粮食产量都将下降，从而对未来的粮食安全形势构成威胁。② 在自然资源约束方面，尚旭东等（2019）分析了水资源约束对国家粮食供给安全的影响，并指出要发展高效节水农业，保障国家粮食供给安全。③ 在化肥的使用与粮食安全的关系方面，曾靖等（2010）指出，化肥投入对粮食安全起着极其重要的保障作用，但盲目超量施用化肥也有一定的负面作用，会造成农产品品质下降，降低粮食生产收益。④

（四）我国粮食安全的实现路径

关于粮食安全的实现路径，学者们从不同角度提出了不同的意见和建议。

有学者从宏观视角即政府的角度进行分析，提出一系列宏观政策建议。如杜鹰（2020）指出，当前世界处于百年未有之大变局，为切实保障中国粮食安全，习近平总书记非常注重粮食流通基础设施建设，提出要抓好粮食收储等工作。⑤ 何秀荣（2020）则通过分析中国粮食安全保障工作面临的突出问题，指出了实现粮食安全治理体系和治理能力现代化的必要性。⑥ 张元洁和田云刚（2020）指出，应采用以工补农、以城带乡、城乡融合发展的方式，改善农业农村的劳动力供给、公共物品供给和生产力，确保国家粮食安全。⑦ 罗光强（2012）分析了国家粮食安全责任战略的实现行为及相互关系，提出必须大力营造粮食安全责任的良好社会行为环境，努力发挥政府行为的主体性和主导性，充分利用市场行为的有效性和基础性，不断提高粮食安全责任的农户行为积极性和创造性。⑧ 周明建和叶文琴（2005）在分析了主要发达国家确保粮食安全措施的基础上，结合我国的现实情况，从切实保护和稳定提高粮食综合生产能力和供给能力、完善国家粮食储备制度和积极利用国际粮食市场等方面提出了建议。⑨ 田永强（2004）从金融方面提出了维护我国粮食安全的政策，一是发挥农业政策性银行的宏观调控职能；二是加快国有粮食购销企业市场化改革步伐；三是切实加强农业基础设施建设和科

---

① 向晶，钟甫宁：《人口结构变动对未来粮食需求的影响：2010~2050》，《中国人口·资源与环境》，2013年第6期，第117~121页。
② 周曙东，周文魁，林光华，等：《未来气候变化对我国粮食安全的影响》，《南京农业大学学报》（社会科学版），2013年第1期，第56~65页。
③ 尚旭东，朱守银，段晋苑：《国家粮食安全保障的政策供给选择——基于水资源约束视角》，《经济问题》，2019年第12期，第81~88页。
④ 曾靖，常春华，王雅鹏：《基于粮食安全的我国化肥投入研究》，《农业经济问题》，2010年第5期，第66~70+111页。
⑤ 杜鹰：《中国的粮食安全问题和挑战》，《今日国土》，2020年第11期，第22~26页。
⑥ 何秀荣：《国家粮食安全治理体系和治理能力现代化》，《中国农村经济》，2020年第6期，第12~15页。
⑦ 张元洁，田云刚：《马克思的产业理论对乡村产业振兴的指导意义》，《中国农村经济》，2020年第10期，第2~16页。
⑧ 罗光强：《我国粮食安全责任战略的实现行为研究》，《农业经济问题》，2012年第3期，第9~14+110页。
⑨ 周明建，叶文琴：《发达国家确保粮食安全的对策及对我国的借鉴意义》，《农业经济问题》，2005年第6期，第74~78页。

技兴农的信贷投入;四是完善金融服务功能,为粮食生产提供全方位的服务。① 程同顺和周卉(2021)指出,当前中国粮食安全治理现代化的过程中体现出非常明显的技术政治特色,即在保护耕地、确保粮食生产、制定并实施国家粮食战略等各个领域都实现了决策主体专家化、治理结构合理化、治理手段科技化等。技术政治在推进中国粮食安全治理现代化进程中扮演了十分重要的角色。② 何秀荣(2020)指出,为统筹考虑国家粮食安全与生态环境、资源消耗、粮农收入、市场原则、国际竞争等关系,我国必须实现国家粮食安全治理体系和治理能力的现代化。③

有学者从微观视角即从农民的利益出发进行了研究。王雅鹏(2005)认为,我国粮食安全应当选择以发展粮食生产为根本,以推动农民增收为动力,从而实现粮食安全。④ 姜明(1991)认为,政府要继续保持充足的粮食供应,必须增加政府投入,包括农业投资和粮食生产补贴,不能只靠号召来提高农民生产粮食的积极性。⑤ 蒋和平等(2019)则提出了新时期中国粮食安全保障隐患的具体解决建议:健全耕地保护监管机制体系;转变农业生产方式;优化粮食产业区域布局;打造生态高值粮食产业体系;推进我国粮食生产方式转型;加快培育新型农业经营主体;完善粮食动态补贴机制;开展全民粮食节约行动。⑥

还有学者从国际国内双轨道出发,提出应从全球化与国际合作视角审视与优化粮食安全战略。如卞靖和陈曦(2020)指出,在实现粮食自给自足基础上,我国应树立新的粮食安全观,着力构建包括研发、种植、加工、储运、贸易在内的全球农业大循环体系,全面提升国际竞争力、定价影响力、国际掌控力,实现从"数量型安全"向"资本型安全"和"能力型安全"的提升。⑦ 王永春和王秀东(2008)在分析今后粮食安全国际合作发展趋势基础上,提出了推进人类命运共同体建设,充分利用国际组织平台加强三方合作以及支持企业行动来促进民间合作等对策建议。⑧ 税尚楠(2012)认为,我国全球化平台上的粮食安全战略就是要建立自己的全球化的农产品供给链。⑨ 郑风田(2002)提出了农业国际化发展的新战略,一是制定我国农业国际化发展的战略计划;二是大力发展外向型农业;三是转变生产观念;四是有序调控农产品品质;五是注意农

---

① 田永强:《关于粮食安全问题的金融思考》,《农业经济问题》,2004年第12期,第19~22页。
② 程同顺,周卉:《当前中国粮食安全治理现代化中的技术政治》,《理论探讨》,2021年第1期,第28~37页。
③ 何秀荣:《国家粮食安全治理体系和治理能力现代化》,《中国农村经济》,2020年第6期,第12~15页。
④ 王雅鹏:《对我国粮食安全路径选择的思考——基于农民增收的分析》,《中国农村经济》,2005年第3期,第4~11页。
⑤ 姜明:《粮食安全与粮食价格——农产品价格形成机制研究》,《农业经济问题》,1991年第11期,第33~35页。
⑥ 蒋和平,尧珏,杨敬华:《新时期中国粮食安全保障的隐患与解决建议》,《中州学刊》,2019年第12期,第35~41页。
⑦ 卞靖,陈曦:《新时代粮食安全保障需提升三重能力——基于对粮食"三重属性"的分析》,《宏观经济管理》,2020年第12期,第17~23+30页。
⑧ 王永春,王秀东:《改革开放40年中国粮食安全国际合作发展及展望》,《农业经济问题》,2008年第11期,第70~77页。
⑨ 税尚楠:《全球化视角下我国粮食安全的新思维及战略》,《农业经济问题》,2012年第6期,第21~25+110页。

产品卫生健康安全问题。[①] 罗斌（2012）在借鉴美国、欧盟、印度和日本的粮食安全管理体制经验的基础上，总结了国外关于粮食行政管理体制创新方案的启示和借鉴意义。第一，粮食行政管理应统一高效；第二，以市场机制为基础、以政府调控为主导；第三，应加快粮食市场体系建设；第四，应推进粮食行政管理体制改革。[②]

## 第四节　农村基本经营制度

农村基本经营制度是党在农村工作的基石，是中国共产党成立百年来我国农业农村现代化探索的宝贵成果。围绕农村基本经营制度，学者们的争鸣主题主要集中在五个方面：农村基本经营制度包含什么内容、如何看待"家庭经营为基础"、如何认识"统一经营"、如何理解"统"与"分"的关系以及农村基本经营制度的实现形式。

### 一、农村基本经营制度包含的内容

当前我国《宪法》中，对农村基本经营制度的内涵表述为"农村集体经济组织实行家庭承包经营为基础、统分结合的双层经营体制"。对这一表述，学术界有不同理解，其争论的焦点主要在于对农村基本经营制度包含内容的解读（见表9-10）。

**表9-10　对农村基本经营制度包含内容的不同理解汇总表**

| 对农村基本经营制度包含内容的不同理解 | 代表学者 |
| --- | --- |
| "二元"论："家庭承包经营""统一经营"及两者的"有机结合" | 王立胜（2019），孙中华（2009），杨一介（2015），等等 |
| "三元"论："农村土地集体所有""家庭承包经营""统一经营" | 陈锡文（2013），张德元（2012），蒋永穆和赵苏丹（2018），许经勇（2020），等等 |
| "四元"论："农村土地集体所有""农民土地的用益物权""家庭经营为主体""农业社会化服务体系" | 米运生等（2015），国务院发展研究中心农村经济研究部课题组（2013），等等 |
| 其他观点：仅包含农地制度的"一元"论 | 张梦飒（2015） |

#### （一）"二元"论

"二元"论将农村基本经营制度"坚持家庭经营为基础、统分结合的双层经营体制"理解为"家庭承包经营""统一经营"及两者的"有机结合"。"二元"论的代表性观点如下。王立胜（2019）认为"统"就是坚持土地公有制，部分大型机具和水利设施也是

---

[①] 郑风田：《粮食安全政策代价与中国农业的国际化》，《经济理论与经济管理》，2002年第10期，第72~75页。
[②] 罗斌：《国外粮食安全管理的经验与借鉴》，《经济学家》，2012年第9期，第97~102页。

公共提供；而"分"是指以家庭承包经营为主。① 孙中华（2009）认为家庭承包经营是双层经营体制的基础，统一经营是双层经营体制不可或缺的组成部分，家庭经营与统一经营是密不可分的有机整体。② 杨一介（2015）认为，农村基本经营制度有两层含义：一是这种经营制度的基础是家庭承包经营；二是这种经营制度的目的在于实现统分结合。③ 还有学者认为，双层经营体制包括家庭承包经营和统一经营两个层面，二者是密不可分的有机整体，"分"是"统"的基础，"统"是"分"的保障，两者相互依存、相互补充、相互促进。④

### （二）"三元"论

"三元"论相比"二元论"增加了"农村土地集体所有"。持"三元"论的学者的观点如下。陈锡文（2013）认为我国的农村基本经营制度包含着三重内容：一是农村土地农民集体所有；二是集体土地承包到户实行家庭经营；三是一家一户办不了、办不好、办起来不经济的事情通过多种形式的统一经营去解决。⑤ 张德元（2012）认为农村基本经营制度要坚持主要生产资料公有制，即农村土地公有制，以家庭承包经营为基础和实行统分结合、双层经营体制。⑥ 谭小芳（2015）认为坚持农村基本经营制度要做到三点：第一，坚持农村基本经营制度的关键是坚持土地农民集体所有；第二，必须坚持家庭经营在农业中的基础性地位；第三，坚持稳定土地承包关系是维护农民土地承包经营权的根本。⑦ 许经勇（2020）指出，农村基本经营制度主要由三个方面构成：土地属于集体所有，家庭经营是基础，承包关系为纽带。⑧ 蒋永穆和赵苏丹（2018）认为农村基本经营制度包含三个构成要素——"农地产权制度""农业经营主体"和"农业经营方式"，农村基本经营制度的核心属性为农村土地的集体所有、家庭经营的基础性地位和分散经营与统一经营的有机结合。⑨

另一些学者提出了不同的"三元"观点，苑鹏（2017）和陈锡文（2018）认为，坚持土地农民集体所有、坚持家庭经营的基础性地位、坚持稳定土地承包关系是坚持农村基本经营制度的核心要义，土地的"三权分置"丰富了我国统分结合的农村双层经营体

---

① 王立胜：《改革开放40年的农村基本经营制度》，《当代经济研究》，2019年第1期，第17~20页。
② 孙中华：《关于稳定和完善农村基本经营制度的几个问题》（上），《农村经营管理》，2009年第5期，第6~9页。
③ 杨一介：《我们需要什么样的农村集体经济组织？》，《中国农村观察》，2015年第5期，第11~18+30页。
④ 农业部经管司、经管总站研究组：《构建新型农业经营体系稳步推进适度规模经营——"中国农村经营体制机制改革创新问题"之一》，《毛泽东邓小平理论研究》，2013年第6期，第38~45+91页。
⑤ 陈锡文：《加快发展现代农业》，《求是》，2013年第2期，第38~40页。
⑥ 张德元：《农村基本经营制度的异化及其根源》，《华南农业大学学报》（社会科学版），2012年第1期，第9~13页。
⑦ 谭小芳：《坚持和完善农村基本经营制度的新思考》，《农业经济》，2015年第11期，第16~18页。
⑧ 许经勇：《新时代农村基本经营制度的深层思考》，《北京行政学院学报》，2020年第2期，第74~79页。
⑨ 蒋永穆，赵苏丹：《中国农村基本经营制度：科学内涵、质规定性及演变逻辑》，《当代经济研究》，2018年第1期，第28~35+97+2页。

制的内涵。①

### （三）"四元"论

持"四元"论学者把"农民土地的用益物权"看成农村基本经营制度特征之一。如米运生等（2015）认为，无论是"二元"论或"三元"论，它们均存在共同缺陷，即忽略了个人承包和家庭经营的区别，对"统"的内容和方式没有给出明确的解释，同时也没有指出"土地集体所有""家庭承包"和"统一经营"三个组成部分之间的重要性差异和相互关系。他们对农村基本经营制度提出了"一个中心、三个基本点"的政策解读视角：一个中心是"农村土地的集体所有"，三个基本点分别是家庭经营的主体地位、农民土地的用益物权和市场主导的社会服务。② 国务院发展研究中心农村经济研究部课题组（2013）认为农村基本经营制度的主要特征包括：土地集体所有制、农户成为土地产权的拥有者、家庭经营是农业生产的主要经营和组织形式、以农民专业合作社为主的服务体系四个方面。③

### （四）其他观点

除了"二元"论和"三元"论，还有学者认为"农村基本经营制度主要包括农村土地所有制和经营管理制，简称农地制度"④，这一观点可以视为"一元"论。

## 二、如何看待"家庭经营为基础"

对于如何看待农村基本经营制度中"家庭经营为基础"，学者们有不同的观点（见表9-11）。

表9-11 对"家庭经营为基础"的不同理解汇总表

| 对"家庭经营为基础"的不同理解 | 代表学者 |
| --- | --- |
| 家庭经营不会长期存在 | 杨名远（1984），张薰华（2005），杨祥禄（2015），毕雪昊等（2020），邱婷（2020），等等 |
| 家庭经营应处于基础性地位，并会长期存在 | 柴国清（1991），詹武（1989），达凤全（1983），于祖尧（1983），杜润生（1986），王景新（2001），钟文晶和罗必良（2015），赵永平（2017），张晓山（2016），武舜臣等（2020），王颜齐和史修艺（2020），等等 |

---

① 苑鹏：《关于农村统分结合的双层经营体制的若干问题探究——习近平总书记关于稳定和完善农村基本经营制度的重要思想》，《农村经济》，2017年第10期，第1~7页。陈锡文：《从农村改革四十年看乡村振兴战略的提出》，《农村工作通讯》，2018年第9期，第19~23+2页。
② 米运生，罗必良，曾泽莹：《农村基本经营制度改革：中心线索、重点变迁与路径取向》，《江海学刊》，2015年第2期，第67~74+238页。
③ 国务院发展研究中心农村经济研究部课题组：《稳定与完善农村基本经营制度研究》，中国发展出版社，2013年，第12页。
④ 张梦飒：《关于坚持和完善农村基本经营制度的文献综述》，《天津农业科学》，2015年第4期，第58~62页。

## （一）家庭经营不会长期存在

有学者认为，家庭经营不是与社会化大生产相联系，而是与个体手工作业相联系的一种生产方式，因此，它只是一定时期，一定阶段的权宜之计（王松霈和郭明，1981）。[①] 杨名远（1984）认为，可以预料，我国农村在不太遥远的将来，一定会出现有利于因地制宜地发扬优势，有利于大规模采用先进生产措施，形式多样的更加完善的合作经济。[②] 张薰华（2005）认为，为了发展农业生产力，不应长期自我束缚，小农经济必须尽快实现规模经营。[③] 杨祥禄（2015）认为，家庭联产承包责任制促使农业和农村经济发展取得巨大成就，但是，这种经营形式也存在着许多不足。当前，小农户经营的不适应性愈加明显，改变农业经营方式的需求进一步增加，必须开展适度规模经营。[④] 毕雪昊等（2020）指出适度规模经营已成为现代农业发展的趋势，是保障国家长期粮食安全的重要路径，并且规模经营不必然引发非粮化生产，因而可以进一步发展农业适度规模经营。[⑤] 邱婷（2020）指出家庭经营最大的优势在于劳动力，但在养殖技术、资金投入、公共品供给以及市场对接等产业合作方面劣势明显，因此，应构建以家庭为核心的"双重"经营模式。[⑥] 也有学者指出，包干到户虽是生产责任制的一种形式，但这种责任制形式又有较大局限性，它的发展趋势主要是：由没有统一经营向统一经营发展。[⑦]

## （二）家庭经营应处于基础性地位，并会长期存在

柴国清（1991）认为，今后相当长的一个时期内，家庭经营仍将是我国农村的主要的生产经营形式。[⑧] 詹武（1989）认为，家庭经营不仅不妨碍农业现代化，而且是促进农业现代化的一种较好形式。[⑨] 达凤全（1983）指出实行多种形式的联产承包责任制不是权宜之计，而是发展我国社会主义农业必须长期坚持的方针。[⑩] 于祖尧（1983）认为我国农村经济结构的前景将是：公有户营经济是长期坚持的基本制度，小而专的家庭经营将成为农业的主要经济形式。[⑪] 杜润生（1986）认为，家庭经营不可轻易改变，联户承包、小组承包经营效益好的，也不必改变。[⑫] 王景新（2001）认为不能否定家庭经营

---

[①] 王松霈，郭明：《论"包产到户"和"包干到户"》，《经济研究》，1981年第10期，第43~49+57页。
[②] 杨名远：《试论农村合作经济的结构》，《农业经济问题》，1984年第4期，第17~21+13页。
[③] 张薰华：《从发展生产力剖解"三农"问题》，《世界经济文汇》，2005年第Z1期，第47~50页。
[④] 杨祥禄：《推进农业适度规模经营》，四川科学技术出版社，2015年，第1页。
[⑤] 毕雪昊，周佳宁，邹伟：《家庭劳动力约束下经营规模对农户种植结构选择的影响》，《中国土地科学》，2020年第12期，第68~77页。
[⑥] 邱婷：《双重经营：农业产业化中的家庭经营及其内在逻辑——基于鲁西南Q村蛋鸡养殖产业的调查》，《农林经济管理学报》，2020年第3期，第333~341页。
[⑦] 《全国农业生产责任制问题讨论会纪要》，《农业经济问题》，1982年第2期，第3~8页。
[⑧] 柴国清：《我国农村合作经济发展模式探讨》，《农业经济》，1991年第6期，第11~12页。
[⑨] 詹武：《全面提高我国农业的现代化水平》，《人民日报》，1989年11月10日，第6版。
[⑩] 达凤全：《农业联产承包责任制探讨》，《农业经济问题》，1983年第1期，第41~49页。
[⑪] 于祖尧：《农业实行包干到户是我国经济体制改革的前奏》，《经济研究》，1983年第3期，第44~50页。
[⑫] 杜润生：《关于当前农村发展研究的重点课题》，《国营农场经济研究资料》，1986年第Z1期，第1~3页。

的基础性地位,赋予农民长期而有保障的土地使用权决不能动摇。① 钟文晶和罗必良(2015)以产权理论为主线,从历史与现实结合的层面,认为农户家庭作为经营主体是内生决定的。② 赵永平(2017)认为坚持家庭经营基础性地位是政策底线。③ 张晓山(2016)认为从全国来讲,以农户为基本经营单位的农业基本经营制度仍然有旺盛的生命力。④ 武舜臣和刘晨曦(2020)指出小规模家庭经营及其基础上的适度规模经营已成为维系粮食安全不可或缺的两条路径。对此,一方面应强化小农扶持力度,巩固维系小农群体的粮食保障功能;另一方面应最大化避免对规模经营主体的直接干预。⑤ 王颜齐和史修艺(2020)指出农业家庭经营仍是中国农业生产经营制度的长期选择。为实现农业可持续发展,要促进农业家庭经营平稳而有效的代际传递。⑥

### 三、如何认识"统一经营"

对家庭基本经营制度中"统一经营"的认识,形成了如下几种不同的观点(见表9-12)。

表9-12 对"统一经营"的不同理解汇总表

| 对"统一经营"的不同理解 | 代表学者 |
|---|---|
| "统"的职能是提供生产领域服务 | 郑青(1992),张路雄(1985),等等 |
| "统"的职能是提供流通领域服务 | 张路雄(1985) |
| "统"的主要职能在于农业社会化服务 | 刘旭林(1984),杨雍哲(1991),刘渊春(1992),孔祥智和刘同山(2013),谭贵华(2014),郭庆海(2015),张晓山(2018),等等 |
| "统"的作用不仅在于农业社会化服务,而且是农村经济全方位的"统" | 许经勇(1991),杨一介(2015),孔祥智和刘山同(2013),谭贵华(2014),苑鹏(2017),等等 |
| "统"除生产外的其他职能 | 邵宁(1991) |

#### (一)"统"的职能是提供生产领域服务

郑青(1992)认为其"统"的职能是非常有限的,一般只能搞一些产中服务项目,不可能承担连接小生产与大市场的职责。⑦ 而张路雄(1985)指出,现在农户家庭经营规模过小,无法独立拥有和使用农机、水利设施,有的户只耕种一、二亩地,甚至连一

---

① 王景新:《中国农村土地制度的世纪变革》,中国经济出版社,2001年,第157页。
② 钟文晶,罗必良:《农户为什么成为农地产权的主体——基于产权理论的历史考察》,《农村经济》,2015年第7期,第3~7页。
③ 赵永平:《土地稳了心才定》,《人民日报》,2017年11月12日,第10版。
④ 张晓山:《农业经营体制如何影响农民》,《中国经济报告》,2016年第10期,第57~59页。
⑤ 武舜臣,刘晨曦:《再议规模经营中的粮食安全问题:争议回应与政策启示》,《西北农林科技大学学报》(社会科学版),2020年第6期,第80~87页。
⑥ 王颜齐,史修艺:《中国农业家庭经营的代际传递:基本逻辑与现实研判》,《经济学家》,2020年第7期,第108~118页。
⑦ 郑青:《关于建立农业社会化服务体系的几个问题》,《理论与改革》,1992年第1期,第47~49页。

头牛也不值得养，一些耕作环节如植保、机耕、浇水，在土地过于零碎的情况下，一户不能单独进行，必须由集体统一组织，统一耕作。①

### （二）"统"的职能是提供流通领域服务

张路雄（1985）认为受财力物力的限制，国家无法全部直接承担这些环节的工作，因此，在家庭联产承包制实行以后，流通领域合作成为农业合作的主要方向，发展流通领域的合作经济组织是我们党今后在农村中的一项重要工作。②

### （三）"统"的主要职能在于农业社会化服务

刘旭林（1984）认为，从生产和劳动的具体形式上看，家庭承包制不仅有分，而且有统，它是统与分的结合。其中统的部分，有些由集体直接统一经营，组织协作劳动，如修路、兴修大型水利、举办某些工副业等；有些则由集体包给专业户或几个人，由他们有偿地为各社员户服务，如机耕、制种、植保、运输等；也有不少社队组织技术和产前产后服务公司，为各户服务，解决一家一户难以解决的问题。③ 杨雍哲（1991）认为，完善集体经济统一经营层次的服务职能的关键是加强农业社会化服务体系。④ 刘渊春（1992）认为，"统一经营"应界定为社会化服务或者说社会化服务组织的统一经营。⑤ 孔祥智和刘同山（2013）认为，实施基本经营制度以后，"统"的职能是提供农业社会化服务，主要负责组织农民进行农田水利建设和向农民提供某些生产服务等。⑥ 谭贵华（2014）在对我国农村基本经营制度演进脉络梳理后认为，农业社会化服务是我国农村基本经营制度"统一经营"层面的主要内容。"统一经营"可以有效解决农民组织化程度低、小生产与大市场衔接不畅的问题。⑦ 郭庆海（2015）也认为统一经营的层次应当定位到为家庭经营提供服务。⑧ 张晓山（2018）认为，统一经营的目的是要以家庭经营为核心，实现产前、产中、产后的生产性社会化服务的规模效应，降低农户获取与生产相关的社会化服务的成本。⑨

### （四）"统"的作用不仅在于农业社会化服务，而且是农村经济全方位的"统"

许经勇（1991）认为集体统一经营职能应包括：对分散的家庭经营进行必要的管

---

① 张路雄：《当前农村合作经济发展中的几个问题》，《农业经济问题》，1985年第5期，第14~17页。
② 张路雄：《当前农村合作经济发展中的几个问题》，《农业经济问题》，1985年第5期，第14~17页。
③ 刘旭林：《农业生产责任制与协作》，《经济研究》，1984年第10期，第76~78页。
④ 杨雍哲：《抓住农业服务 深化农村改革》，《人民日报》，1991年12月18日，第5版。
⑤ 刘渊春：《试论稳定和完善农村双层经营体制》，《农村经济》，1992年第11期，第22~25页。
⑥ 孔祥智，刘同山：《论我国农村基本经营制度：历史、挑战与选择》，《政治经济学评论》，2013年第4期，第78~133页。
⑦ 谭贵华：《改革开放以来农村基本经营制度的内涵演变》，《农林经济管理学报》，2014年第4期，第370~375页。
⑧ 郭庆海：《当前农村改革的若干重大问题》，《当代经济研究》，2015年第2期，第36~43+97页。
⑨ 张晓山：《在稳定的基础上创新农村基本经营制度》，《农村经济》，2018年第12期，第1~3页。

理、控制与协调；对分散的家庭经营提供必要的社区性服务；从承包者的经济收入中提取必要的公共积累，不断开辟新的生产门路。① 杨一介（2015）和农业部经管司课题组（2009）指出，统分结合中的"统"既包括农民集体经营性资产的运营，还包括以农户为主体的多种形式的经济组织的设立。②③ 孔祥智和刘同山（2013）引证了中央政治局向全党发布的《把农村改革引向深入》的文件，认为该文件不仅明确了"统"的内在原因和必要性，还构建了"统"的基本框架。④ 谭贵华（2014）认为自2008年党的十七届三中全会对"稳定和完善农村基本经营制度"进行重新诠释后，"统一经营"的内涵拓展为以多样化农业产业化经营组织或农业社会化服务组织为载体的多元化、多层次、多形式的统一经营。⑤ 苑鹏（2017）认为农民专业合作、供销合作、信用合作"三位一体"的"统"是习近平总书记的宏伟构想。⑥

（五）"统"除生产外的其他职能

"统"除了生产职能外，还具有社会职能等。邵宁（1991）认为否定集体生产并不等于否定集体经济，如果把集体的生产、分配职能从现阶段集体经济的整体概念中剔除出去，我们就会发现我国农村集体经济的其他职能，如土地和公共财产管理职能、社会保障职能、生产和流通服务职能等，是不能够被否定的。⑦

### 四、如何理解"统"与"分"关系

20世纪80年代中后期，虽然确立了家庭联产承包责任制，但由于粮棉油等大宗农产品大滑坡并连年低位徘徊，质疑家庭承包经营的声音重新响起，一些地方则以实行农业规模经营之名收回农民的承包地。这一背景下，学者们开始对"统"与"分"的关系进行讨论（见表9-13）。

表9-13 对"统"与"分"关系的不同理解汇总表

| 观点 | 代表学者 |
| --- | --- |
| 强调"统"的方面 | 陈吉元等（1989），刘晓（1989），等等 |
| 强调"分"的方面 | 苏明辉（1986），许经勇（1991），孙国贵等（1985），等等 |

---

① 许经勇：《完善家庭联产承包制的思考》，《厦门大学学报》（哲学社会科学版），1991年第4期，第50~55+64页。
② 杨一介：《我们需要什么样的农村集体经济组织？》，《中国农村观察》，2015年第5期，第11~18+30页。
③ 农业部经管司课题组，贺军伟：《发挥好政策的推进作用——农村集体经济组织产权制度改革探讨之二》，《农村工作通讯》，2009年第16期，第15~16页。
④ 孔祥智，刘同山：《论我国农村基本经营制度：历史、挑战与选择》，《政治经济学评论》，2013年第4期，第78~133页。
⑤ 谭贵华：《改革开放以来农村基本经营制度的内涵演变》，《农林经济管理学报》，2014年第13期，第370~375页。
⑥ 苑鹏：《关于农村统分结合的双层经营体制的若干问题探究——习近平总书记关于稳定和完善农村基本经营制度的重要思想》，《农村经济》，2017年第10期，第1~7页。
⑦ 邵宁：《90年代我国农业的发展与改革》，《经济研究》，1991年第2期，第41~47页。

续表9—13

| 观点 | 代表学者 |
|---|---|
| 强调"统"与"分"二者结合 | 杜润生（1987），李周等（1990），李尚蒲（2013），程民选和徐灿琳（2019），周振等（2019），王立胜和张弛（2020），等等 |

## （一）家庭联产承包责任制强调"统"的方面

陈吉元（1989）指出，大量的、分散的小农户与传统的集市贸易相互依存的格局的基本问题在于：它一方面使大量的、分散的小农户在产前、产后、技术服务等方面面临着外部不经济、市场交易成本极高，致使高质量的、专业化市场不可能形成；另一方面又使传统的集市经常发生剧烈的波动。因此，这种格局无法适应商品经济进一步发展的要求，打破这种格局要以农户为基础，建立新型的合作经济组织。① 有些学者从现实案例出发，提出强化集体经济。如刘晓（1989）以遵化乡为例，详细描述了经过几年家庭联产承包责任制的实践后，一家一户经营小块土地的模式正在自行突破，发展和巩固集体经济的情况。②

## （二）家庭联产承包责任制强调"分"的方面

苏明辉（1986）认为建立生产责任制是搞好集体生产和巩固集体所有制的根本环节。③ 许经勇（1991）认为村级集体组织并不承担承包户的经营风险，这就谈不上有可能真正地形成双层经营体制。从理论上说，联产承包责任制的核心是个"包"字，而"包"字本身就是体现着分散经营与统一经营的有机结合。④ 一些同志提出，"不宜把'统'提得太早、太重了，统了20多年没有统好，还是'包'起了很大作用，好就好在一个'包'字，一包就灵。再过早过重地提'统'，弄不好又会回到过去一统就死的老路上去。"⑤ 孙国贵和韩文轩（1985）也认为，应该先完善责任制后发展合作制，它们在时间上应该有个差距。特别是在生产力水平比较低的地区。⑥

## （三）家庭联产承包责任制强调"统"与"分"二者结合

杜润生（1987）认为双层经营是在承认家庭经营和个体利益基础上的自愿联合，中国式的社会主义道路一定要既不改变包产到户，又要搞规模经营，实现现代化。⑦ 毛致

---

① 陈吉元，邓英淘，姚钢，等：《中国农村经济发展与改革所面临的问题及对策思路》，《经济研究》，1989年第10期，第17~26页。
② 刘晓：《强化集体经济完善承包责任制是农业突破徘徊的必由之路》，《计划经济研究》，1989年第10期，第68~73页。
③ 苏明辉：《邓子恢的农业生产责任制观点》，《中国经济问题》，1986年第1期，第50~54页。
④ 许经勇：《完善家庭联产承包制的思考》，《厦门大学学报》（哲学社会科学版），1991年第4期，第50~55+64页。
⑤ 《全国农业生产责任制问题讨论会纪要》，《农业经济问题》，1982年第2期，第3~8页。
⑥ 孙国贵，韩文轩：《农村合作经济问题座谈会简介》，《农业经济问题》，1985年第11期，第27~30页。
⑦ 杜润生：《把农村改革引向深入的几个问题》，《农垦经济研究》，1987年第9期，第1~8页。

用（1990）在江西调研后认为，应把土地的家庭承包经营作为一项基本政策长期稳定下来，还必须不失时机地把完善的重点摆到进一步健全和加强集体统一经营这个薄弱层次上来。① 李周等（1990）认为坚持家庭经营这一资产运作层次，是利用现实的规模经济可能性的必要条件之一，也是进行我国农业发展阶段转化的必要条件之一。要摒弃把家庭经营同小生产画等号的思维方式，确立家庭经营能够参与大生产的新思维。② 李尚蒲（2013）认为"统分结合"的目的在于利用家庭经营与合作经营两方面不同的比较优势。③ 周振等（2019）基于案例分析表明，"统"与"分"的恰当结合可以有效降低生产成本。④ 程民选和徐灿琳（2019）认为真正落实"统分结合"，不仅是进一步发展我国农业生产力的客观要求，也是社会主义生产关系的内在要求。⑤ 王立胜和张弛（2020）认为农村基本经营制度是我国实施乡村振兴战略的制度基础，而完善农村基本经营制度的重点在于协调"统"和"分"的关系。⑥

## 五、农村基本经营制度的实现形式

农村基本经营制度自改革开放初期确立以来，极大地促进了农业农村发展，也为我国社会主义现代化建设奠定了重要基础。但随着我国国情和农情发生重大变化，农村基本经营制度不断面临着新问题、新挑战。面对这些问题和挑战，学者不断探索多元化的农村基本经营制度实现形式，主要观点如下（见表9-14）。

**表9-14　对农村基本经营制度的实现形式的不同理解汇总表**

| 观点 | 代表学者 |
| --- | --- |
| 处理好"统"与"分"的关系 | 王立胜和张弛（2020），丁关良（2018），等等 |
| 完善农业经营制度 | 杨少垒等（2018），许经勇（2020），等等 |
| 创新农村土地制度 | 温铁军等（2001），何炼成和何林（2006），苑鹏（2017），刘振伟（2019），高圣平（2019），王立胜和张弛（2020），杨一介（2018）、张建刚（2018），张晓山（2020），等等 |
| 发展农村集体经济 | 黄振华（2015），韩立达等（2017），孔祥智和高强（2017），程民选和徐灿琳（2018），等等 |

---

① 毛致用：《稳定家庭承包　加强统一服务》，《人民日报》，1990年7月27日，第2版。
② 李周，蔡昉，金和辉，等：《论我国农业由传统方式向现代方式的转化》，《经济研究》，1990年第6期，第39~50页。
③ 李尚蒲：《农村基本经营制度：在稳定的前提下不断完善——"中国农村基本经营制度学术研讨会"综述》，《中国农村经济》，2013年第4期，第92~95页。
④ 周振，张琛，钟真：《"统分结合"的创新与农业适度规模经营——基于新田地种植专业合作社的案例分析》，《农业经济问题》，2019年第8期，第49~58页。
⑤ 程民选，徐灿琳：《对坚持和完善农村基本经营制度的新探索》，《江西财经大学学报》，2018年第5期，第71~78页。
⑥ 王立胜，张弛：《不断完善农村基本经营制度：乡村振兴战略的制度基础》，《理论学刊》，2020年第2期，第53~59+2页。

续表9—14

| 观点 | 代表学者 |
|---|---|
| 多维度实现形式 | 孔祥智和刘同山（2013），国鲁来（2013），米运生等（2015），张晓山（2018），郑淋议等（2019），等等 |

## （一）处理好"统"与"分"的关系

王立胜和张弛（2020）指出在进一步完善农村基本经营制度的过程中，要把握好"统"和"分"的辩证关系。一方面，要深化农村土地制度改革，让广大农民能够"分"得清楚；另一方面，要大力发展农村新型集体经济，让农民通过新的组织形式重新结合起来。① 丁关良（2018）指出，一方面，坚持家庭经营的基础性地位和遵循家庭承包的土地承包经营权属于农户是农村基本经营制度的核心内容；另一方面，统一经营是双层经营体制不可或缺的组成部分，以市场主导为主的社会化服务是夯实统一经营职能的希望。②

## （二）完善农业经营制度

杨少垒等（2018）分析了四川省崇州市探索出的"农业共营制"经营模式并指出，"农业共营制"代表着中国农村基本经营制度的变革方向，是农村基本经营制度实现形式的创新探索。③ 许经勇（2020）指出农村基本经营制度的实现形式要以家庭承包为基础，促进农业经营主体多样化和统一经营形式多样化。④

## （三）创新农村土地制度

温铁军等（2001）认为，保护农业、促进农村发展的宏观决策导向，应有针对性地指向制约小农经济向市场体制下的规模经济发展的最根本国情矛盾——"人地关系高度紧张"。⑤ 何炼成和何林（2006）从农地制度改革的角度，认为农村集体所有制不能完全废除，但其组织形式必须改变，实行农地制度国有化和产权农户化是现阶段我国农地制度改革的基本思路。⑥ 苑鹏（2017）指出稳定和完善农村基本经营制度要坚持土地农民集体所有，要坚持家庭经营的基础性地位，要落实集体所有权、稳定农户承包权、放活土地经营权。⑦ 刘振伟（2019）指出要适应农村生产力发展的新要求，稳定和完善适

---

① 王立胜，张弛：《不断完善农村基本经营制度：乡村振兴战略的制度基础》，《理论学刊》，2020年第2期，第53~59+2页。
② 丁关良：《巩固和完善农村基本经营制度》，《中国党政干部论坛》，2018年第9期，第48~52页。
③ 杨少垒，赵苏丹，蒋永穆：《"农业共营制"：农村基本经营制度实现形式的创新探索》，《农村经济》，2018年第11期，第17~22页。
④ 许经勇：《农村基本经营制度的内涵与实现形式》，《国家治理》，2020年第4期，第33~38页。
⑤ 农业部软科学委员会办公室：《农业经营制度》，中国农业出版社，2001年，第36页。
⑥ 何炼成，何林：《三论我国农地制度改革——兼及解决我国"三农"问题的关键》，《陕西师范大学学报》（哲学社会科学版），2006年第5期，第31~34页。
⑦ 苑鹏：《关于农村统分结合的双层经营体制的若干问题探究——习近平总书记关于稳定和完善农村基本经营制度的重要思想》，《农村经济》，2017年第10期，第1~7页。

合国情的农村基本经营制度,保护农民的土地权益,不断完善农村土地承包法律制度。① 高圣平(2019)指出在保障承包农户利益不受损的前提之下,农地权利的市场化是完善农村基本经营制度的关键。② 王立胜和张弛(2020)指出完善农村基本经营制度,重点在于协调"统"和"分"的关系。应进一步深化农村土地改革,在坚持农村土地集体所有制的基础上,保证土地承包关系长期稳定,健全土地经营权流转机制,充分保障农民的合法权益。③ 杨一介(2018)指出为稳定和完善农村基本经营制度,家庭承包经营方式应顺应社会经济条件的变化予以更新。实施"三权分置"为完善家庭承包经营制度提供了新途径。④ 张建刚(2018)指出"三权分置"是农村基本经营制度的自我完善,有利于明晰土地产权关系,促进土地资源合理利用,将加速促进农业"第二个飞跃"的实现。⑤ 张晓山(2020)指出"三权分置"是继家庭联产承包责任制后农村改革又一重大制度创新。要完善农村基本经营制度,必须探索"三权"权能的具体实现形式。⑥

### (四)发展农村集体经济

黄振华(2015)从能人带动的角度,将实现形式划分为三种类型:政治干部与政社合一的集体经济、家长带动与"统分结合"的集体经济和新型能人与合作经营的集体经济。⑦ 韩立达等(2017)从产权安排的角度探索了农村集体经济的多种实现途径,如土地股份制、土地混合股份制、农民委托集体经济组织托管。⑧ 孔祥智和高强(2017)则根据集体经济发展的路径,将其形式归纳为工业化模式、后发优势模式、集腋成裘模式。⑨ 程民选和徐灿琳(2018)指出在"分"的基础上要有"统",真正落实"统分结合",既是进一步发展我国农业生产力的客观要求,又是社会主义生产关系的内在要求。"统"必须符合"两个坚持"的要求,即坚持农村土地的集体所有制和坚持农户的家庭承包制,合作社则是符合新型"统"的要求的经济组织形式。⑩

---

① 刘振伟:《巩固和完善农村基本经营制度》,《农村工作通讯》,2019年第1期,第20~24页。
② 高圣平:《完善农村基本经营制度之下农地权利的市场化路径》,《社会科学研究》,2019年第2期,第42~52页。
③ 王立胜,张弛:《不断完善农村基本经营制度:乡村振兴战略的制度基础》,《理论学刊》,2020年第2期,第53~59+2页。
④ 杨一介:《论"三权分置"背景下的家庭承包经营制度》,《中国农村观察》,2018年第5期,第82~95页。
⑤ 张建刚:《农村土地"三权分置"改革将促进农业"第二个飞跃"的实现》,《经济纵横》,2018年第4期,第119~124页。
⑥ 张晓山:《完善农村基本经营制度夯实乡村治理基础》,《中国农村经济》,2020年第6期,第2~5页。
⑦ 黄振华:《能人带动:集体经济有效实现形式的重要条件》,《华中师范大学学报》(人文社会科学版),2015年第1期,第15~20页。
⑧ 韩立达,王艳西,韩冬:《农地"三权分置"的运行及实现形式研究》,《农业经济问题》,2017年第6期,第4~11+1页。
⑨ 孔祥智,高强:《改革开放以来我国农村集体经济的发展与当前亟须解决的问题》,《农村经营管理》,2017年第5期,第23~25页。
⑩ 程民选,徐灿琳:《对坚持和完善农村基本经营制度的新探索》,《江西财经大学学报》,2018年第5期,第71~78页。

## （五）多维度实现形式

孔祥智和刘同山（2013）指出稳定和完善农村基本经营制度要保持现有土地承包关系稳定并长久不变，要推进农村经营体制机制创新，借助土地流转和新型经营主体的规模经营来满足现代农业发展的需要。[1] 国鲁来（2013）指出完善和创新农村基本经营制度需要不断调整合作社的组织制度；要实现农村集体经济组织功能的重组和创新；要培育新型经营主体；要推进农村集体产权制度，探索集体经济的有效实现形式。[2] 米运生等（2015）指出未来农村基本经营制度改革的重点是在实现城乡公共服务均等化的同时，围绕农地用途、经营主体准入、食品安全、生态补偿等完善微观规制和扶持政策。[3] 张晓山（2018）指出新形势下创新农村基本经营制度要以探索农村土地集体所有制有效实现形式为前提。稳定家庭承包经营基础地位，通过农户在家庭经营基础上的各种形式的联合与合作，促进一二三产融合。[4] 郑淋议等（2019）指出为深化农村基本经营制度变革，需要加强农村土地制度与农业经营制度联动改革的制度设计，发挥要素、组织和制度的作用，发展多种形式的适度规模经营，实现小农户与现代农业发展的有机衔接。[5]

## 第五节　农村贫困与反贫困

为解决贫困问题，人类孜孜以求。中国共产党自成立之日起就将消除贫困、为人民谋幸福作为自己的奋斗目标。一百年来，中国共产党带领中国人民走出了一条中国特色的减贫道路。学术界也形成了大量的研究成果，当然对部分问题还存在分歧或争鸣。本节主要概括学术界关于农村贫困产生的根源、贫困类型、农村反贫困的阶段、农村反贫困的方式及精准扶贫精准脱贫问题的基本观点及争鸣点。

### 一、农村贫困产生的根源

贫困概念的界定与贫困原因的探讨是反贫困理论研究和实践探索的前提，因此，理论界在研究贫困问题时面对的第一个问题便是，贫困究竟是何种原因造成的。总体来看，学者们对贫困原因的复杂性并无异议，但各自切入的重点却并不相同。从定义来看，贫困意味着缺乏，不同程度的贫困也代表着不同程度的缺乏，但学术界对何种缺乏

---

[1] 孔祥智，刘同山：《论我国农村基本经营制度：历史、挑战与选择》，《政治经济学评论》，2013年第4期，第78～133页。
[2] 国鲁来：《农村基本经营制度的演进轨迹与发展评价》，《改革》，2013年第2期，第98～107页。
[3] 米运生，罗必良，曾泽莹：《农村基本经营制度改革：中心线索、重点变迁与路径取向》，《江海学刊》，2015年第2期，第67～74+238页。
[4] 张晓山：《在稳定的基础上创新农村基本经营制度》，《农村经济》，2018年第12期，第1～3页。
[5] 郑淋议，罗箭飞，洪甘霖：《新中国成立70年农村基本经营制度的历史演进与发展取向——基于农村土地制度和农业经营制度的改革联动视角》，《中国土地科学》，2019年第12期，第10～17页。

属于根源性缺乏却有不同看法。学者们的研究主要有以下几个视角（见表9-15）。

表9-15 对农村贫困产生根源的不同理解汇总表

| 观点 | 代表学者 |
| --- | --- |
| 环境决定论 | 姜德华等（1989），郭来喜和姜德华（1994），张义丰和周礼（2000），等等 |
| 要素短缺论 | 汪三贵（1994），林闽钢（1994），江亮演（1990），康晓光（1995），王今朝和蔡星（2016），等等 |
| 社会排斥论 | 银平均（2007），胡鞍钢和李春波（2001），等等 |
| 体制贫困论 | 周修睦（1953），张红宇（1988），靳涛（2004），黄少安（2003），张伟（2006），刘明宇（2004），等等 |
| 素质贫困论 | 王小强和白南风（1986），赵晓晨（2002），孙哲（2008），等等 |
| 多维贫困理论 | 陈端计（1992），龚晓宽（1999），郭熙保（2005），等等 |

（一）环境决定论

这一理论主张贫困源于自然环境恶劣以及由此带来的资源利用和开发不足。如姜德华等（1989）侧重从自然资源的角度概括贫困的分布及特征，根据自然条件、社会经济条件指标，将664个贫困县归纳为6个集中连片的区域类型。[①] 郭来喜和姜德华（1994）将当时我国592个贫困县划分为三大类型：中部山地高原环境脆弱贫困带，西部沙漠高寒平原环境恶劣贫困带，东部平原山丘环境危急及革命根据地孤岛型贫困带。[②] 张义丰和周礼（2000）认为生态环境恶化是西部农村贫困的重要根源。他们指出，西部经济发展缓慢，农民生活贫困，原因是很复杂的，但自然条件恶劣，生态环境恶化是根本原因之一。[③]

（二）要素短缺论

这一理论从要素短缺和资源配置的角度来研究贫困成因，认为贫困是要素短缺和对生产要素不能进行有效配置所导致的。汪三贵（1994）认为贫困是指缺乏生活资料，缺少劳动力再生产的物质条件，或者因收入低而仅能维持相当低的生活水平。[④] 国家统计局（1990）的"中国城镇居民贫困问题研究"课题组和"中国农村贫困标准"课题组在他们的研究报告中将"贫困"界定为："贫困一般是指物质生活困难，即一个人或一个家庭的生活水平达不到一种社会可接受的最低标准。他们缺乏某些必要的生活资料和服务，生活处于困难境地。"[⑤] 林闽钢（1994）认为，贫困是经济、社会、文化落后的总称，是由低收入造成的基本物质、基本服务相对缺乏或绝对缺乏以及缺少发展机会和手

---

[①] 姜德华，张耀光，杨柳，等：《中国的贫困地区类型及开发》，旅游教育出版社，1989年，第38~40页。
[②] 郭来喜，姜德华：《中国贫困地区环境类型研究》，《地理研究》，1995年第2期，第1~7页。
[③] 张义丰，周礼：《西部贫困的根源是生态贫困》，《调研世界》，2000年第11期，第13~15页。
[④] 汪三贵：《贫困问题与经济发展政策》，农村读物出版社，1994年，第1页。
[⑤] 国家统计局："中国城镇居民贫困问题研究"课题组和"中国农村贫困标准"课题组研究报告，1990年。

段的一种状况。① 江亮演（1990）认为，通常所称的贫困是指生活资源缺乏或无法适应所居的社会环境，也就是无法维持其肉体性或精神性生活的现象。② 康晓光（1995）指出，贫困是一种生存状态，人由于长期不能合法获得基本的物质生活条件和参与基本社会活动的机会，以至于不能维持一个人生理和社会文化可以接受的生活水平。③ 王今朝和蔡星（2016）认为，从本质上看，贫困的根源主要不是个人能力、权利的缺乏，而主要是由于贫困人口缺失必要的社会经济资源。④

### （三）社会排斥论

这种观点认为，物质缺乏并不是贫困的根源，贫困根源于社会排斥或社会剥夺进而造成的贫困群体的能力缺失。如银平均（2007）认为中国农村在经济、政治、社会生活、福利制度和文化等五个维度上长期遭受着社会排斥，这是农村贫困成为社会发展中久治不愈的深层次原因。社会排斥及其他因素的综合作用，形成了农村贫困再生产机制，使农村贫困处于恶性的代际传递与循环之中。⑤ 胡鞍钢和李春波（2001）认为收入方面的问题只是贫困问题的一个表面特征，贫困深层的原因在于人的基本能力的缺乏，而导致能力缺乏的原因在于人们无法获得本应享有的获取、吸收和交流知识的途径、机会和选择权。⑥

### （四）体制贫困论

这种观点认为，贫困是由于制度或者体制性的因素造成的。最早系统提出制度贫困论的是马克思恩格斯。在20世纪50年代，有学者在批驳马尔萨斯的人口论时重申了这一观点，周修睦（1953）在面对"人口增加是几何级数，生产增加是算术级数，这是社会贫困的根源"这一诘问时指出，"人民的生活是决定于社会制度，而不是决定于人口数量"。⑦ 我国在1956年确立起了社会主义制度，但在社会主义制度的框架下仍然存在贫困问题，这时，有学者尝试着从体制性因素中寻找贫困的根源。张红宇（1988）认为贫困有其历史、社会地理和文化传统等多种因素，但主要表现在体制方面，一种封闭、禁锢型体制与落后的生产力相混合，两种消极作用强化并加重了贫困地区社会经济文化的不发达程度。⑧ 靳涛（2004）认为制度创新供给不足和有效制度滞后是造成农民相对贫困的重要原因。⑨ 黄少安（2003）认为农民贫困是制度性贫困，是不合理的制度决定了农民贫困、制约农民致富。⑩ 张伟（2006）认为，农民贫困的根源不是源于农村和

---

① 林闽钢：《中国农村贫困标准的调适研究》，《中国农村经济》，1994年第2期，第56~59页。
② 江亮演：《社会救助的理论和实务》，中国台北桂冠图书公司，1990年，第23页。
③ 康晓光：《中国贫困与反贫困理论》，广西人民出版社，1995年，第2~3页。
④ 王今朝，蔡星：《中国贫困根源的结构性分析与治理对策》，《学术探索》，2016年第9期，第31~36页。
⑤ 银平均：《社会排斥视角下的中国农村贫困》，《思想战线》，2007年第1期，第11~19页。
⑥ 胡鞍钢，李春波：《新世纪的新贫困：知识贫困》，《中国社会科学》，2001年第3期，第70~81页。
⑦ 周修睦：《学习问题解答》（第3辑），上海通联书店，1953年，第16~17页。
⑧ 张红宇：《农业经济论丛8》，农业出版社，1988年，第80页。
⑨ 靳涛：《农民贫困的制度滞后分析》，《人文杂志》，2004年第1期，第186~191页。
⑩ 黄少安：《制约农民致富的制度分析》，《学术月刊》，2003年第6期，第96~102页。

城乡之间内在的经济基础差异,而是源于凌驾于农村和城乡物质基础之上的不合理的制度设计。① 刘明宇(2004)分析分工深化的制度阻碍,揭示农民遭遇制度性贫困陷阱的深层原因。他认为农民贫困并不是由单一因素引起的,而是制度性的贫困。②

### (五)素质贫困论

也有学者将贫困的根源归结于人的素质缺失。王小强和白南风(1986)指出,贫困的本质规定,不是资源的匮乏,不是产值的高低,也不是发展速度的快慢和收入的多少,而是"人的素质差"。③ 赵晓晨(2002)认为,发展中国家的贫困是多种因素共同作用的结果,但最根本的原因是教育水平低下。④ 孙哲(2008)认为能力贫困和文化贫困才是造成西部农村贫困的根本原因,而使所有这一切贫困恶性循环的根源就是贫困文化。⑤

### (六)多维贫困理论

多维贫困理论则认为贫困并非由单一因素造成的,而是各种因素综合作用导致的结果。如陈端计(1992)认为贫困是一个综合征,根本原因是人的素质差。外因是贫困地区内部环境的不完善,外部环境的不平等。也就是说,贫困的真正根源是:贫困地区"主体不发育—供体不平等—载体不完善"所构成的一个低质态的"三位一体"的区域经济社会运转体系。⑥ 郭熙保(2005)将贫困归结为两种形式的剥夺:生理形式的剥夺(营养、教育、健康等)和社会形式的剥夺(脆弱性、无发言权、社会排斥等)。⑦ 龚晓宽(1999)指出贫困概念是一个复合型的概念。贫困不仅包括经济意义上的狭义贫困,还包括社会文化、政治意义上的广义的贫困。⑧

## 二、贫困类型的划分

根据不同的标准可将贫困分为不同的类型,这也是理论界关注的重要问题之一。国内不少学者对这一问题进行了开创性的研究,主要体现在以下几个方面(见表9-16)。

---

① 张伟:《制度权利失衡:农民贫困问题的制度根源探析》,《莱阳农学院学报》(社会科学版),2006年第1期,第17~20页。
② 刘明宇:《分工抑制与农民的制度性贫困》,《农业经济问题》,2004年第2期,第53~57+80页。
③ 王小强,白南风:《富饶的贫困:中国落后地区的考察》,四川人民出版社,1986年,第56页。
④ 赵晓晨:《中国和发展中国家的贫困根源及其消除》,《生产力研究》,2002年第2期,第41~43页。
⑤ 孙哲:《贫困文化——探寻西部农村贫困恶性循环的根源》,《理论界》,2009年第2期,第164~165页。
⑥ 陈端计:《贫困根源新探》,《开发研究》,1992年第6期,第50~52页。
⑦ 郭熙保:《论贫困概念的内涵》,《山东社会科学》,2005年第12期,第49~54+19页。
⑧ 龚晓宽:《中国西部地区城市贫困与社会稳定问题研究》,贵州省社会科学院课题组,1999年,第2页。

表 9-16 对贫困类型划分的不同理解汇总表

| 观点 | 代表学者 |
|---|---|
| 根据生存状态和生活状态进行的划分 | 童星和林闽钢（1994），汪三贵（1994），李瑞华（2014），王今朝和蔡星（2016），等等 |
| 根据贫困的动态性特征进行的划分 | 邓成明（2001），李实和 John Knight（2002），叶普万（2006），等等 |
| 根据社会发展标准进行的划分 | 佟新（2000），谭楚贤和朱力（2012），马雷军（2006），等等 |
| 根据贫困成因进行的划分 | 康晓光（1995），原华荣（1990），王俊文（2010），等等 |
| 从历史纵深的角度进行的划分 | 蔡昉（2003） |
| 根据发展面临的最大制约因素进行的划分 | 胡鞍钢和李春波（2001） |
| 根据贫困出现的社会领域进行的划分 | 邓成明（2001），吴海涛（2013），杜仕勇和吴立博（2018），闫慧（2017），等等 |
| 根据贫困发生规模进行的划分 | 王俊文（2010） |

（一）根据生存状态和生活状态进行的划分

一些学者根据贫困者的生存状态和生活状态将贫困分为绝对贫困和相对贫困。如童星和林闽钢（1994）认为，根据贫困的程度，可分为绝对贫困和相对贫困。绝对贫困泛指基本生活没有保证，温饱没有解决，简单再生产不能维持或难以维持。如果温饱基本解决，简单再生产能够维持，但低于社会公认的基本生活水平，缺乏扩大再生产的能力或能力很弱，则属于相对贫困。[①] 汪三贵（1994）也认为按贫困的内涵，可分为绝对贫困和相对贫困。[②] 李瑞华（2014）根据收入水平和物质需求，将贫困分为绝对贫困和相对贫困，认为相对贫困概念只是绝对贫困概念的重要补充。[③] 王今朝和蔡星（2016）也认为中国的贫困分为绝对贫困和相对贫困。[④]

（二）根据贫困的动态性特征进行的划分

邓成明（2001）从贫困的表现形式上，将贫困分为现实贫困和隐蔽性贫困。现实贫困是指贫困的各种特征已经充分地显现出来，人们的生存已经发生现实的困难。隐蔽性贫困是指致贫的因素业已存在，但贫困的外部特征并未充分显露出来。[⑤] 李实和 John Knight（2002）依据调查数据，综合考虑收入标准和消费标准，将贫困分为持久性贫困、暂时性贫困和选择性贫困。收入和消费都低于贫困线为持久性贫困，收入低于贫困

---

[①] 童星，林闽钢：《我国农村贫困标准线研究》，《中国社会科学》，1994 年第 3 期，第 86～98 页。
[②] 汪三贵：《贫困问题与经济发展政策》，农村读物出版社，1994 年，第 1～2 页。
[③] 李瑞华：《贫困与反贫困的经济学研究以内蒙古为例》，中央编译出版社，2014 页，第 16 页。
[④] 王今朝，蔡星：《中国贫困根源的结构性分析与治理对策》，《学术探索》，2016 年第 9 期，第 31～36 页。
[⑤] 邓成明：《中国贫困与反贫困的政治分析》，湖南人民出版社，2001 年，第 21～22 页。

线而消费高于贫困线为暂时性贫困，收入高于贫困线而消费低于贫困线为选择性贫困。[①] 叶普万（2006）认为对贫困类型的划分，应从动态和静态两个方面进行分类。从动态或者历史演进的角度讲，贫困分为四种类型：古典贫困（老式贫困）、稀缺中的贫困或者经济不发展而导致的贫困、经济高速发展的贫困、富裕中的贫困。从静态的角度讲，可将贫困分为制度性贫困与非制度性贫困。[②] 吴海涛（2013）按照贫困持续的时间长短，将贫困分为慢性贫困与暂时性贫困两种。[③]

### （三）根据社会发展标准进行的划分

佟新（2000）将贫困分为了三种类型：生存型贫困、温饱型贫困和发展型贫困。生存型贫困表现为最低生活难以满足；温饱型贫困表现为人们基本解决了温饱，但生活水平仍然很低，经济上还相当困难，抵御灾祸的能力较弱，进一步发展受到限制；发展型贫困是指在稳定解决温饱之后，在进一步的发展过程中出现的相对贫困人口。[④] 谭楚贤和朱力（2012）指出西部民族地区转型期的农村贫困可以分为"生存型贫困、温饱型贫困、发展型贫困"三种基本类型。[⑤] 马雷军（2006）认为贫困可分为生存型贫困（危及生命的贫困）、半饥饿性贫困（妨碍人体健康的贫困）、温饱型贫困（影响社会安定的贫困）。[⑥]

### （四）根据贫困成因进行的划分

康晓光（1995）根据决定生活质量的三种因素：制度、区域、个人，将贫困分为制度性贫困、区域性贫困、阶层性贫困。[⑦] 原华荣（1990）按照贫困成因将贫困分为生产性贫困与社会性贫困。根据影响生产力发展的因素，进一步将生产性贫困分为资源性贫困、决策性贫困、结构性贫困、教育性贫困、人口性贫困、贸易性贫困、历史性贫困、观念性贫困、灾害性贫困；根据社会性贫困的成因将社会性贫困分为人口性贫困、权力性贫困、政策性贫困、失业性贫困、行业性贫困、人口特征性贫困、背景性贫困、个人特征性贫困、观念性贫困、意外性贫困。[⑧] 王俊文（2010）根据贫困成因，将贫困划分为资源约束型贫困和能力约束型贫困、生产性贫困和社会性贫困。[⑨]

### （五）从历史纵深的角度进行的划分

蔡昉（2003）从历史纵深的角度将中国的贫困划分为三种类型：整体贫困、边缘性

---

① 李实，John Knight：《中国城市中的三种贫困类型》，《经济研究》，2002年第10期，第47~58+95页。
② 叶普万：《贫困概念及其类型研究述评》，《经济学动态》，2006年第7期，第67~69+119页。
③ 吴海涛：《贫困动态性理论与实证》，武汉大学出版社，2013年，第8页。
④ 佟新：《人口社会学》，北京大学出版社，2000年，第252页。
⑤ 谭楚贤，朱力：《贫困类型与政策含义：西部民族山区农村的贫困人口——基于恩施州的实证研究》，《区域发展》，2012年第1期，第109~113页。
⑥ 马雷军：《农村贫困的差异分析》，《中国社会保障》，2006年12期，第28~29页。
⑦ 康晓光：《中国贫困与反贫困理论》，广西人民出版社，1995年，第8~9页。
⑧ 原荣华：《生产性贫困与社会性贫困》，《社会学研究》，1990年第6期，第81~88页。
⑨ 王俊文：《当代中国农村贫困与反贫困问题研究》，湖南师范大学出版社，2010年，第42页。

贫困和冲击性贫困。他认为，在改革开放前，中国处于整体贫困状态，属"整体贫困"。在改革开放后，由于实行大规模的扶贫政策，贫困人口大幅度减少，但一些"老、少、边、穷"地区仍处于贫困状态，他将这种贫困定义为"边缘化贫困"。20世纪90年代以来，在城市地区的一些弱势群体因未得到社会救助而被边缘化，从而出现了"第三类贫困"，即冲击性贫困。[1]

### （六）根据发展面临的最大制约因素进行的划分

胡鞍钢和李春波（2001）认为至少存在三类贫困：一是传统的收入贫困，即收入水平极其低下，不能维持基本生活。二是人类贫困，指缺乏基本的人类能力，如不识字、营养不良、较短的预期寿命、母婴健康水平的低下和可预防性疾病的危害等。三是知识贫困，知识贫困又可以进一步划分为获取知识能力的贫困、吸收知识能力的贫困和交流知识能力的贫困。并且三类贫困之间不是相互隔离、相互独立的，而是相互联系、相互作用的。[2]

### （七）根据贫困出现的社会领域进行的划分

邓成明（2001）认为贫困体现于社会生活的各个方面。由于人类文明包括物质文明、精神文明和制度文明三个方面，因此，贫困也与之相应表现为经济贫困、文化贫困和政治贫困。[3] 吴海涛（2013）将贫困分为收入贫困、能力贫困与权利贫困。[4] 杜仕勇和吴立博（2018）提出"信息权利贫困"概念，指出农村居民由于经济、技术、文化以及心理等原因导致获取信息的机会有限、内容有限，形成了客观上的信息权利贫困。[5] 闫慧（2017）提出了相似的概念即"数字化贫困"，指出传统脱贫工作已进入攻坚阶段，相对较新的贫困形式如信息贫困、数字化贫困等又为社会健康平衡发展提出挑战。[6]

### （八）根据贫困发生规模进行的划分

王俊文（2010）根据贫困方式的群体特征和空间特征，将贫困划分为个体贫困和群体贫困、区域性贫困和非区域性贫困。[7]

## 三、农村反贫困的阶段划分

学术界在考察中国贫困治理历程时，大多对中国减贫历程进行了阶段性的划分，以厘清我国反贫困的阶段性差异和演进过程，但学者们对我国农村反贫困的阶段性划分略有争议。主要体现在两个方面：一是关于反贫困的起点及划分标准，二是具体的阶段划

---

[1] 蔡昉：《转轨中的城市贫困问题》，社会科学文献出版社，2003年，第92~97页。
[2] 胡鞍钢、李春波：《新世纪的新贫困：知识贫困》，《中国社会科学》，2001年第3期，第70~81页。
[3] 邓成明：《中国贫困与反贫困的政治分析》，湖南人民出版社，2001年，第16页。
[4] 吴海涛：《贫困动态性理论与实证》，武汉大学出版社，2013年，第7页。
[5] 杜仕勇、吴立博：《农村居民信息权利贫困成因及对策》，《青年记者》，2018年第24期，第43~44页。
[6] 闫慧：《农民数字化贫困的结构性成因分析》，《中国图书馆学报》，2017年第2期，第24~39页。
[7] 王俊文：《当代中国农村贫困与反贫困问题研究》，湖南师范大学出版社，2010年，第42页。

分（见表9-17）。

表9-17 关于1949—1978年和1949—1985年减贫阶段的划分汇总表

| 划分标准 | 观点 | 代表学者 |
| --- | --- | --- |
| 1949—1978年 | 1949—1978年为小规模的救济式扶贫阶段 | 刘娟（2009），朱小玲（2012），等等 |
| | 1949—1978年为保障生存阶段 | 曾小溪等（2017） |
| 1949—1985年 | 1949—1985年这一阶段的特征在于以制度性变革减缓农村贫困 | 刘超等（2015） |
| | 1949—1985年这一阶段为制度式扶贫阶段，通过变革生产关系以适应和促进生产力的发展来缓解贫困 | 蒋永穆等（2018） |

## （一）反贫困的起点及划分标准

学术界在探讨1927—1949年这一阶段的减贫历程时，多将其作为中国反贫困创造前提和条件的阶段，未将其纳入狭义的减贫史。但诸如中国共产党在根据地进行的土地革命等，其直接目的就是缓解农民贫困，应当纳入中国减贫史，相关文献还有待进一步挖掘。目前，对中国减贫历程阶段性划分的分歧集中体现在对1949—1978年这段历史的处理上。一是是否将这段历史纳入中国减贫史，即如何看待1949—1978年这一阶段在我国减贫史中的地位。二是这一阶段应以何种标准来进行划分，即具体划分标准存在争议。三是对精准扶贫阶段起点的争议。

1. 划分起点的争议

学者们根据各自的研究主题，对于我国农村反贫困的起点的认识各有不同。总体上，对中国减贫道路的起点有三类代表性观点认识。

第一类是以1949年为起点的划分。杨宜勇和吴香雪（2016）、刘超和朱满德（2015）、曾小溪和汪三贵（2017）、黄承伟（2016）等都是以1949年为起点，将新中国成立后的减贫实践划分成若干阶段。第二类是以1978年为起点的划分。文建龙（2016）、刘解龙和陈湘海（2015）、李全利（2017）、吴振磊和张可欣（2018）等人着重研究了改革开放后我国减贫的若干阶段。第三类是以1986年为起点的划分。左停等（2015）将1986年后我国的减贫实践分为了三个阶段。他们认为我国自1986年成立专门性减贫工作机构并开始对农村贫困现象进行有针对性的消除，而此前主要通过经济增长所带来的自发减贫效应并辅之以救济式扶贫来消除贫困。[①]

2. 划分标准的争议

虽然刘娟（2009）、朱小玲（2012）、刘超等（2015）等学者都将1949—1978年纳入中国减贫史，但上述学者对这段减贫历史的归纳也有不同。大多将这一阶段归纳为救

---

[①] 左停，杨雨鑫，钟玲：《精准扶贫：技术靶向、理论解析和现实挑战》，《贵州社会科学》，2015年第8期，第156~162页。

济式扶贫阶段或保障生存阶段。如刘娟（2009）、朱小玲（2012）将这一阶段的反贫困归纳为小规模的救济式扶贫阶段，依托自上而下的民政救济系统，对边远落后地区、因灾致贫人口和战争伤残人口实施生活救济。曾小溪和汪三贵（2017）将这一阶段归纳为保障生存阶段。

但也有一些学者划分标准略有不同。刘超（2015）等将1949—1985划分为一个阶段，其特征在于以制度性变革减缓农村贫困。他认为，这30多年减贫行动的制度逻辑，核心在于通过全面的、综合性的制度变革调整社会生产关系，调动社会各方面特别是贫困农民的积极性，发展农业生产和农村经济，促进国民经济发展，以经济增长缓解全社会的贫困问题。①持同样观点的还有蒋永穆等（2019），他们认为，救济式扶贫与体制改革推动扶贫的共同点在于，二者都是通过变革生产关系以适应和促进生产力的发展来缓解贫困，因而也将1949－1985年划分为一个阶段，即制度式扶贫阶段。②

3. 精准扶贫阶段起点的争议

2013年11月，习近平到湖南湘西考察时作出了"实事求是、因地制宜、分类指导、精准扶贫"的重要指示。这也是习近平首次提出"精准扶贫"。但有部分学者认为，事实上我国的精准扶贫实践早在这一思想形成和提出之前便已开始。因而学者们对精准扶贫这一阶段的起点仍存在争议。

第一种意见认为精准扶贫开始于2011年，这也是多数学者的观点。如曾小溪和汪三贵（2017）以扶贫方略和政策为标准，将2011—2020定义为全面小康阶段，精准扶贫、精准脱贫是这一阶段的扶贫战略。③李全利（2017）也指出，2011—2020年是我国扶贫治理的一个全新阶段，即小康精准扶贫阶段。④持同样观点的学者还有王琳（2018）、刘超（2015）、谢卓芝（2017）等。

第二种意见认为精准扶贫开始于2012年。主要代表学者为吴振磊和张可欣（2018），他们认为精准扶贫阶段为2012年至今。这一阶段的扶贫目标是基本实现脱贫，主要扶贫方式为精准扶贫，扶贫重点为瞄准贫困户的精准扶贫。⑤

第三种意见认为精准扶贫开始于2013年。公丕宏和公丕明（2017）以习近平总书记在湖南湘西考察时明确提出扶贫开发要精准扶贫为标志，指出精准扶贫阶段始于2013年。⑥蒋永穆等（2019）将2013年至今的扶贫划分为精准靶向式扶贫阶段。⑦赵

---

① 刘超，朱满德，王秀峰：《中国农村扶贫开发的制度变迁：历史轨迹及对贵州的启示》，《山地农业生物学报》，2015年第1期，第71~76页。
② 蒋永穆，江玮，万腾：《中国特色减贫思想：演进主线与动力机制》，《财经科学》，2019年第1期，第52~62页。
③ 曾小溪，汪三贵：《中国大规模减贫的经验：基于扶贫战略和政策的历史考察》，《西北师大学报》（社会科学版），2017年第6期，第11~19页。
④ 李全利：《扶贫治理理论演进轨迹及其引申》，《重庆社会科学》，2017年第4期，第26~32页。
⑤ 吴振磊，张可欣：《改革开放40年中国特色扶贫道路的演进、特征与展望》，《西北大学学报》（哲学社会科学版），2018年第5期，第101~111页。
⑥ 公丕宏，公丕明：《论中国特色社会主义扶贫实践和理论》，《上海经济研究》，2017年第9期，第10~17页。
⑦ 蒋永穆，江玮，万腾：《中国特色减贫思想：演进主线与动力机制》，《财经科学》，2019年第1期，第52~62页。

定东和方琼（2019）也将 2013 年至今的阶段归纳为"精准扶贫"和"脱贫攻坚"阶段。①

## （二）具体阶段划分

将中国的减贫历程进行阶段性划分有助于厘清中国扶贫实践和理论的发展脉络，辩证看待各个阶段的减贫措施和成效，以更好推动新发展阶段相对贫困问题的治理。根据学者们各自划分标准的不同，划分的阶段也不尽相同，出现了两阶段、三阶段、四阶段和五阶段的划分。

1. 以 1949 年为起点的划分

两阶段论。杨宜勇和吴香雪（2016）按照经济体制的变革历程，将新中国成立至 2016 年的贫困治理实践分为两个阶段：计划经济时期的扶贫（1949—1977 年）、社会主义市场经济建立与发展时期的扶贫（1978—2020 年）。②

三阶段论。蒋永穆等（2019）以生产力发展和生产关系变革为根本标准，将中国减贫道路划分为制度式扶贫阶段（1949—1985 年）、开发式扶贫阶段（1986—2012 年）、精准靶向式扶贫阶段（2013—2019 年）三个阶段。③ 李小云等（2019）认为新中国成立 70 年以来中国减贫实践经历了三个阶段，即从新中国成立初期开始的社会主义建设的广义性减贫实践，到改革开放以来的发展性扶贫实践，再到 2013 年以来精准脱贫攻坚的扶贫新实践。④ 张力等（2021）立足于贫困治理的目标、客体、主体三大分析维度，将新中国成立以来的贫困治理过程划分为三个阶段，即救济式扶贫阶段、制度化扶贫阶段、精准扶贫阶段。⑤

四阶段论。刘超等（2015）依据政策内容及属性将我国农村扶贫开发变迁历程分为以制度变革减缓贫困程度（1949—1985 年）、以专项性扶贫措施减少贫困人口（1986—2000 年）、以综合性发展措施减少贫困人口（2001—2010 年）、全面深入扶贫开发根除贫困四个阶段（2011—2015 年）。⑥ 黄一玲和刘文祥（2020）将新中国成立以来消灭农村贫困的历程分为了四个阶段：以解决贫困根源为主要目标的扶贫阶段、以解决温饱问题为主要目标的扶贫阶段、完善先富带动后富的扶贫阶段、以解决深度贫困为主要目标的扶贫阶段。⑦

五阶段论。曾小溪和汪三贵（2017）以新中国成立为起点，将扶贫战略和政策分为

---

① 赵定东，方琼：《新中国成立以来农村反贫困政策的层次结构与历史变迁》，《华中农业大学学报》（社会科学版），2019 年第 3 期，第 1~10 页。
② 杨宜勇，吴香雪：《中国扶贫问题的过去、现在和未来》，《中国人口科学》，2016 年第 5 期，第 2~12 页。
③ 蒋永穆，江玮，万腾：《中国特色减贫思想：演进主线与动力机制》，《财经科学》，2019 年第 1 期，第 52~62 页。
④ 李小云，于乐荣，唐丽霞：《新中国成立后 70 年的反贫困历程及减贫机制》，《中国农村经济》，2019 年第 10 期，第 2~18 页。
⑤ 张力，逄强，张琦：《中国贫困治理的实践历程和主要经验》，《社会治理》，2021 年第 1 期，第 32~40 页。
⑥ 刘超，朱满德，王秀峰：《中国农村扶贫开发的制度变迁：历史轨迹及对贵州的启示》，《山地农业生物学报》，2015 年第 1 期，第 71~76 页。
⑦ 黄一玲，刘文祥：《中国共产党的领导是消灭贫困的政治保证——我国农村扶贫政策的历史演变及其展望》，《毛泽东邓小平理论研究》，2020 年第 6 期，第 15~23+108 页。

了五个阶段：保障生存阶段（1949—1978年）、体制改革阶段（1979—1985年）、解决温饱阶段（1986—2000年）、巩固温饱阶段（2001—2010年）、全面小康阶段（2011—2020年）。① 王琳（2018）将中国扶贫开发道路分为救济式扶贫阶段（1949—1978年）、农村经济体制改革推动下的农村减贫阶段（1978—1985年）、区域瞄准为主的开发式扶贫阶段（1986—2000年）、扶贫对象的村级转移与参与式扶贫阶段（2001—2010年）、扶贫开发与精准扶贫阶段（2011年至今）。② 赵定东等（2019）分为了"社会救济"阶段（1949—1977年）、"制度改革推动扶贫"阶段（1978—1985年）、"扶贫规范化、专门化"阶段（1986—1993年）、"开发式扶贫"阶段（1994—2012年）、"精准扶贫"和"脱贫攻坚"阶段（2013年至今）。

六阶段论。黄承伟（2016）则将新中国成立后的扶贫历程分为六个阶段：实施计划经济体制下的广义扶贫战略（1949—1978年），实施农村经济体制变革推动减贫的战略（1978—1985年）、实施区域开发式扶贫战略（1986—1993年）、实施综合性脱贫攻坚战略（1994—2000年）、实施整村推进与"两轮驱动"扶贫战略（2001—2012年）、实施精准扶贫精准脱贫方略（2013至今）。③

八阶段论。雷明等（2020）从战略与政策演变分析视角，以不同阶段的代表性政策为中心，将新中国70年的扶贫史分为了8个阶段，分别为共和国前30年救济式扶贫、改革开放以工代赈式扶贫、以县为中心区域式扶贫、八七扶贫攻坚、整村推进式扶贫、集中连片特困区式扶贫、精准扶贫、深度扶贫。④

2. 以1978年为起点的划分

三阶段论。文建龙（2016）认为改革开放以来，我国的扶贫实践大致可分为体制改革推动扶贫、专项计划推动扶贫和两轮驱动推动扶贫三个阶段。⑤ 李小云（2013）认为，从20世纪80年代开始至今，中国农村扶贫工作大致经历了三个阶段：体制改革推动扶贫阶段（1978-1985年）、大规模的农村开发式扶贫阶段（1986-2000年），以及"开发式扶贫"和"保护式扶贫"共同发挥作用的新阶段（2001年至今）。⑥ 叶兴庆和殷浩栋（2019）将改革开放后中国的减贫历程分为了农村改革推动减贫，工业化、城镇化与开发式扶贫推动减贫，补全面建成小康社会短板推动减贫三个阶段。⑦

四阶段论。吴振磊和张可欣（2018）指出，改革开放40年来，逐步形成了中国特色扶贫道路，这一道路可以划分为以救济式、区域式扶贫为主的阶段，以开发式的扶贫

---

① 曾小溪，汪三贵：《中国大规模减贫的经验：基于扶贫战略和政策的历史考察》，《西北师大学报》（社会科学版），2017年第6期，第11~19页。
② 王琳：《中国扶贫开发的理论演进、实践发展与思路创新》，《宏观经济研究》，2018年第1期，第75~81页。
③ 黄承伟：《中国扶贫开发道路研究：评述与展望》，《中国农业大学学报》（社会科学版），2016年第5期，第5~17页。
④ 雷明，李浩，邹培：《小康路上一个也不能少：新中国扶贫七十年史纲（1949—2019）——基于战略与政策演变分析》，《西北师大学报》（社会科学版），2020年第1期，第118~133页。
⑤ 文建龙：《改革开放以来中国共产党的扶贫实践》，《大庆师范学院学报》，2016年第1期，第26~31页。
⑥ 李小云：《我国农村扶贫战略实施的治理问题》，《贵州社会科学》，2013年第7期，第101~106页。
⑦ 叶兴庆，殷浩栋：《从消除绝对贫困到缓解相对贫困：中国减贫历程与2020年后的减贫战略》，《改革》，2019年第12期，第5~15页。

为主的阶段,以参与式扶贫为主的阶段以及精准扶贫阶段四个时期。① 公丕宏和公丕明(2017)也从1978年后的扶贫实践开始梳理分析,认为改革开放后我国的反贫困实践经历了改革推动减贫阶段、大规模扶贫攻坚阶段、综合扶贫开发阶段、精准扶贫脱贫阶段。②

五阶段论。刘解龙和陈湘海(2015)认为我国改革开放以来的扶贫工作,呈现出明确的递进关系:改革扶贫—开发扶贫—攻坚扶贫—定点扶贫—精准扶贫。③ 李全利(2017)也将我国改革开放后的反贫困治理分为了五个阶段:体制变革扶贫阶段、区域开发扶贫阶段、攻坚计划扶贫阶段、战略联动扶贫阶段和小康精准扶贫阶段。④

3. 以1986年为起点的划分

左停等(2015)指出,我国自1986年成立专门性减贫工作机构并开始对农村贫困现象进行有针对性的消除,而此前主要通过经济增长所带来的自发减贫效应并辅之以救济式扶贫来消除贫困。此后,我国的扶贫开发工作经历了大规模开发式扶贫阶段(1986—1993年)、八七扶贫攻坚阶段(1994—2000年)、新世纪整村推进扶贫开发阶段(自2001年开始)。⑤

## 四、农村反贫困的方式

在不同时期,中国经济社会发展状况、反贫困的总体形势以及贫困的具体特点有所不同,因而反贫困的方式也在不断进行调整。对农村反贫困方式演进的研究是当前学术界贫困研究的重点之一,对于应当采用何种方式来缓解贫困,学者们也有不同的看法。

### (一)合作化与责任制

对于贫困地区是否应该实行农业合作化,学者们形成了不同的观点。一种观点认为,小农经济具有明显的历史局限,走合作化道路才是农民摆脱贫困的有效途径。另一种观点认为,在边远山区和贫困落后的地区,搞合作化反而不利于发挥集体经济的优越性和个人的积极性。

一方面,支持合作化的学者们对小农经济的局限性以及合作化的优点和必然性进行了论述。1955年出版的《农业生产合作社问题解答》一书中明确指出,农民摆脱剥削,摆脱贫困就是要"在农村逐渐实行农业合作化,集体化,通过合作化逐步由限制富农经济到最后消灭富农经济,消灭人剥削人,人压迫人的剥削制度,使农民最后摆脱剥削和

---

① 吴振磊,张可欣:《改革开放40年中国特色扶贫道路的演进、特征与展望》,《西北大学学报》(哲学社会科学版),2018年第5期,第101~111页。
② 公丕宏,公丕明:《论中国特色社会主义扶贫实践和理论》,《上海经济研究》,2017年第9期,第10~17页。
③ 刘解龙,陈湘海:《精准扶贫的几个基本问题分析》,《长沙理工大学学报》(社会科学版),2015年第6期,第98~104+125页。
④ 李全利:《扶贫治理理论演进轨迹及其引申》,《重庆社会科学》,2017年第4期,第26~32页。
⑤ 左停,杨雨鑫,钟玲:《精准扶贫:技术靶向、理论解析和现实挑战》,《贵州社会科学》,2015年第8期,第156~162页。

贫困"。① 朱剑农（1955）也论述了小农经济对农业生产力发展的局限性及其最后不能摆脱贫困的境遇。② 1956年出版的《农业合作化讲话》中也指出，"农业合作化"是农民彻底摆脱贫困和剥削的唯一道路。③

另一方面，20世纪80年代的学者们用理论和实践共同论述了生产责任制对于缓解贫困和发展农业集体经济的积极作用。刘洪礼和吴海（1981）指出，"实践证明，对那些贫困落后的社队，包产到户是一种较好的选择。看起来，这似乎是一种后退，但这种后退确实退到适合于生产力水平的阵地上去，退到农民愿意接受的阵地上去，以便站稳脚跟，使农业集体经济更加健康地稳步前进"。④ 1983年出版的《家庭联产承包制200问》一书中指出，扶持贫困户是完善联产承包制的重要内容。⑤ 施由明和刘清荣（2007）认为，毛泽东在探索国家建设和人民富裕的实践中产生了一些错误，如把变革生产关系作为实现共同富裕的主要途径，过分强调公有化。⑥

（二）人口政策

人口数量对减贫有着怎样的影响这一问题在学术界也存在一定的争议。最早对这一问题进行论述的是英国经济学家马尔萨斯，他将人类的贫穷归结为人口的增长。对于人口增长与贫困之间的关系，我国学者也在具体的历史节点上展开过讨论。

一种意见认为，贫穷与人口数量无关。周修睦（1953）驳斥马尔萨斯人口数量增加导致贫困的论断时，阐明了人民的生活状况不是决定于人口数量这一观点，并通过苏联与帝俄时代人口数量与生活状况的对比，论证了这一观点。⑦

另一种意见认为，贫穷与人口数量之间存在关联，并将解决剩余劳动力转移问题作为破解贫困问题的出路。如马寅初（1979）从提高农民的劳动生产率，从而提高农民的文化和物质生活水平出发，认为我国人口增殖太快。控制人口是提高农民劳动生产率，加速工业化进程，促进科学发展，保障粮食安全的重要举措。⑧ 安自勇和宋涛（2004）指出，我国三农问题的实质是由于农业人口远远过量而造成的农民普遍贫穷。因而，解决三农问题的根本出路是从源头上减少农民和城市"消化"农民，即我国城市化的发

---

① 中国共产党湖北省委宣传部宣传处：《农业生产合作社问题解答》，湖北人民出版社，1955年，第21~22页。
② 朱剑农：《我国过渡时期的生产资料所有制》，湖北人民出版社，1955年，第85页。
③ 浙江人民出版社：《农业合作化讲话》，浙江人民出版社，1956年，第7页。
④ 刘洪礼，吴海：《农业生产责任制》，上海人民出版社，1981年，第59~62页。
⑤ 中共黑龙江省委农工部经营管理处：《农业联产承包制200问》，黑龙江科学技术出版社，1983年，第69~70页。
⑥ 施由明，刘清荣：《从毛泽东到胡锦涛：中国扶贫开发理论的不断深化》，《农业考古》，2007年第6期，第332~337页。
⑦ 周修睦：《学习问题解答》（第3辑），上海通联书店，1953年，第16~17页。
⑧ 马寅初：《新人口论——在第一届全国人民代表大会第四次会议上的书面发言》，《文献》，1979年第2期，第34~59页。

展。① 王晗（2018）认为人口压力阻碍了我国减缓贫困，② 郑丽箫（2004）也持同样的观点。③ 还有学者认为人口数量受到贫困程度的影响，"贫困出人口"。杜闻贞（1985）指出，"经济越发达，人民生活水平越高的国家和地区，出生率越低；经济越落后，人民生活越贫穷的国家和地区，出生率却越高，也就是说贫困会创造出高出生率"。④

### （三）政府主导与群众主体

我国的扶贫开发呈现出政府主导、群众主体、多元力量参与的特征。但学术界对政府主导与群众主体地位仍然存在争议。一种观点认为，在中国贫困人口基数大、分布广、贫困程度深、脱贫难度大的实际状况下，要完成如此大规模的减贫任务，必然需要集中力量办大事，需要集中统一的领导和规划。如蒋永穆等（2018）认为我国在40年的减贫实践中，探索出了一条以政府集成为主线的减贫道路。"政府集成"既是中国减贫道路的特色，也是中国减贫道路的优势。⑤ 黄承伟（2016）认为始终坚持实施政府主导、层次分明的扶贫战略是中国扶贫开发的基本经验之一。⑥ 闫坤和于树一（2014）将中国反贫困模式创新归纳为"两线一力"，"两线"即经济发展和社会安全网两条线索，"一力"即政府主导力。⑦

另一种观点认为，强调政府主导可能导致对群众主体地位的排斥，不利于"造血式"扶贫。于海利（2018）指出，精准扶贫主体共建共治要求与现有政府主导的管理机制存在低位匹配。多元主体协作下的扶贫效果并不明显。⑧ 葛志军和邢成举（2015）也提到，政策要求方面的重视个体性和特殊性与扶贫措施中的普遍性和统一性是一对矛盾。⑨ 姚迈新（2010）指出，由政府组织系统对扶贫资源进行分配、管理和运作，是中国解决农村贫困人口贫困问题的一大特点，但实践说明，政府主导的扶贫行动目标经常发生偏离和转换。⑩ 马良灿（2013）将扶贫项目的主体分为资源主体、执行主体与参与

---

① 安自勇，宋涛：《我国城市化的系统性思考——解决三农问题的路径选择》，《农村·农业·农民》，2004年第7期，第22~23页。

② 王晗：《毛泽东、邓小平、习近平的贫困治理思想比较研究》，《长沙大学学报》，2018年第6期，第79~82+96页。

③ 郑丽箫：《毛泽东邓小平江泽民的反贫困战略思想比较》，《江西社会科学》，2004年第8期，第159~163页。

④ 杜闻贞：《人口纵横谈》，中国青年出版社，1985年，第26页。

⑤ 蒋永穆，万腾，周宇晗：《基于政府集成的中国特色减贫道路（1978-2018）：历史进程和逻辑主线》，《当代经济研究》，2018年第12期，第51~58+99页。

⑥ 黄承伟：《中国扶贫开发道路研究：评述与展望》，《中国农业大学学报》（社会科学版），2016年第5期，第5~17页。

⑦ 闫坤，于树一：《论新时期我国"两线一力"的反贫困模式》，《全球化》，2014年第2期，第54~64+126页。

⑧ 于海利：《新时代背景下的精准扶贫：新要求、新困境、新方略》，《社会政策研究》，2018年第2期，第128~137页。

⑨ 葛志军，邢成举：《精准扶贫：内涵、实践困境及其原因阐释——基于宁夏银川两个村庄的调查》，《贵州社会科学》，2015年第5期，第157~163页。

⑩ 姚迈新：《对扶贫目标偏离与转换的分析与思考——政府主导型扶贫模式中的制度及行动调整》，《云南行政学院学报》，2010年第3期，第122~126页。

主体三个层次，指出项目制背景下农村扶贫工作出现了资源主体、执行主体、参与主体与受益主体的角色倒置与目标错位问题。①

### （四）资源集聚与资源分散

扶贫主体由"单一"向"多元"转变和扶贫对象由"面"到"点"的转变必然导致扶贫资源呈现愈发分散的趋势。资源集聚能够发挥"集中力量办大事"的优势，具有规模效应，而资源分散也具有"精准"的优点。理论界对这一问题也有争议。

一种意见认为，我国在扶贫实践中长期存在"大水漫灌"的问题，造成了资源极大浪费，且收效欠佳，因此提高针对性和指向性是必然之举。如刘解龙和陈湘海（2015）认为，长期以来，扶贫工作中存在方式粗放，方法漫灌的问题，扶贫方法上的创新是解决扶贫成效不高的重要出路。②任超和袁明宝（2017）认为，整村推进扶贫能够在短时间内集聚各部门项目资源，但不可能解决贫困农户的发展能力和发展机会问题，只是改善其基本生产生活条件。③

另一种意见认为，资源分散使得资源效益大打折扣，也无法解决贫困地区亟待解决的基础设施等问题，可能导致扶贫治理碎片化。如许汉泽和李小云（2018）指出，推行"精准扶贫"政策之后，扶贫资金大部分被投放到了瞄准性领域，一方面，扶贫资金被分散使用，使其效益大打折扣，不能发挥规模优势，产生碎片化的治理效果。另一方面，扶贫资金被分散地传递给贫困户之后，由于贫困户的贫困深度不同，少量分散化的资金也很难发挥脱贫致富的作用。④葛志军和邢成举（2015）认为，过分强调对个体的扶持，实际上会弱化村级组织统筹发展村庄经济的能力，小农经济即使能够获得发展，也会因为道路、水利和技术等整体性问题而无法实现经济价值。⑤

### （五）"输血式"与"造血式"扶贫

扶贫的最终目的是要从根本上摆脱贫困。大多数学者认为，为达成这一目标，必须进行"造血式"扶贫，增强贫困群众的自身造血能力，才能使脱贫成果具有可持续性。但有部分学者认为，我国现阶段的扶贫仍然没有摆脱"输血式"扶贫的框架。还有一部分学者指出，我国应当采取"输血+造血"的扶贫战略。

陈栋生（1988）指出单纯的救济易形成"年年贫困、年年救济，年年救济、年年贫困"的恶性循环，应改革国家用于贫困地区资金的使用方向和方式，变"济穷"为"治

---

① 马良灿：《项目制背景下农村扶贫工作及其限度》，《社会科学战线》，2013年第4期，第211~217页。
② 刘解龙，陈湘海：《精准扶贫的几个基本问题分析》，《长沙理工大学学报》（社会科学版），2015年第6期，第98~104+125页。
③ 任超，袁明宝：《分类治理：精准扶贫政策的实践困境与重点方向——以湖北秭归县为例》，《北京社会科学》，2017年第1期，第100~108页。
④ 许汉泽，李小云：《精准扶贫：理论基础、实践困境与路径选择——基于云南两大贫困县的调研》，《探索与争鸣》，2018年第2期，第106~111+143页。
⑤ 葛志军，邢成举：《精准扶贫：内涵、实践困境及其原因阐释——基于宁夏银川两个村庄的调查》，《贵州社会科学》，2015年第5期，第157~163页。

穷",从单纯救济转向经济开发。① 李鹍和叶兴建(2015)指出关注短期脱贫效应的思想,极易使扶贫回归"输血式"扶贫的旧办法中,不利于形成推动贫困对象内生转型的常态化效应。② 方劲(2014)认为,在具体操作过程中,输血扶贫并没有退出历史舞台,当前许多造血扶贫模式其实是以借助输血扶贫为载体发挥作用的。造血扶贫更多的是作为一种理想状态而存在。③ 张新伟(2001)也指出,在效率优先的原则下,造血式的扶贫战略的减贫效果并不尽如人意。④

另一方面,也有学者指出,中国应采取输血与造血并进的战略。如谭贤楚(2011)指出,单一实施这两种模式都具有一定的局限性。为了应对农村社会及其贫困问题的新变化,"输血与造血的协同互动"模式是较好治理农村贫困问题的必然选择和趋势。⑤ 蒋永穆等(2018)认为,在当前情况下,我国仍要坚持"输血"与"造血"的集成,坚持社会救济和扶贫开发的两轮驱动扶贫模式,既保障人的生存权,也关注人的发展权。⑥ 赵德余(2020)指出脱贫攻坚战的关键在于识别贫困发生的恶性循环陷阱或其内生的循环反馈机制。为了打破恶性循环陷阱,一方面要创造持久的收入流和不断积累其资产建设的能力;另一方面要建立长期的社会福利保障型的反贫困策略。⑦ 陈文胜(2020)指出为实现从"小康社会"到"美好社会"的跨越,要实现行政配置资源"输血"与市场配置资源"造血"相衔接。⑧

### 五、精准扶贫精准脱贫

自精准扶贫方略实施以来,学者们对精准扶贫的理论基础、主要内容、内在逻辑、实施效果等进行了诸多探讨。在精准扶贫的实施效果、历史意义等方面,学者们无甚异议,但在主要内容、内在逻辑等方面,则进行了不同的归纳和论述。

#### (一)精准扶贫基本方略的内在逻辑

精准扶贫思想的逻辑结构研究是其科学内涵研究的一大重点,学者们因研究侧重点不同而有所差别。

三维度说。多数学者从三个维度切入。刘铮和浦仕勋(2018)从精准扶贫的理论基础、价值目标和实践取向三个方面归纳了精准扶贫的科学内涵。⑨ 孙晓阳(2017)从人

---

① 陈栋生:《经济布局的理论与实践》,辽宁大学出版社,1988年,第301页。
② 李鹍,叶兴建:《农村精准扶贫:理论基础与实践情势探析——兼论复合型扶贫治理体系的建构》,《福建行政学院学报》,2015年第2期,第26~33+54页。
③ 方劲:《中国农村扶贫工作"内卷化"困境及其治理》,《社会建设》,2014年第2期,第84~94页。
④ 张新伟:《市场化与反贫困路径选择》,中国社会科学出版社,2001年,第18页。
⑤ 谭贤楚:《"输血"与"造血"的协同——中国农村扶贫模式的演进趋势》,《甘肃社会科学》,2011年第3期,第226~228页。
⑥ 蒋永穆,万腾,周宇晗:《基于政府集成的中国特色减贫道路(1978-2018):历史进程和逻辑主线》,《当代经济研究》,2018年第12期,第51~58+99页。
⑦ 赵德余:《贫困陷阱的循环反馈机制及反贫困干预路径》,《上海交通大学学报》(哲学社会科学版),2020年第6期,第9~15+58页。
⑧ 陈文胜:《脱贫攻坚与乡村振兴有效衔接的实现途径》,《贵州社会科学》,2020年第1期,第11~14页。
⑨ 刘铮,浦仕勋:《精准扶贫思想的科学内涵及难点突破》,《经济纵横》,2018年第2期,第72~77页。

的本质、实践主体、内外因三个维度来探讨习近平精准扶贫思想的哲学内涵。① 季素娇（2017）认为，习近平精准扶贫思想逻辑体系包含三个重要方面，一是以因地制宜、分类管理为主要手段，二是以精准化实施为基本理念，三是以科学化、精细化的政策跟进为根本保障。② 郝凤芹和华正学（2017）从总体性视角来阐释习近平精准扶贫思想，认为其总体性思想分为历史性、系统结构性与主体性三个维度。③ 唐任伍等（2021）认为习近平新时代中国特色社会主义思想中的贫困治理观立足于中国贫困治理的现实情境形成了内涵丰富且层次鲜明的内容体系，主要包括贫困治理的价值诉求、目标导向、根本保障和路径方法，涉及本体论、目标论和方法论三个维度。④

四维度说。杨伟智（2017）从精准扶贫的主要内涵、基本要求、基本思路和根本目的四个方面进行分析。⑤ 徐龙顺等（2016）从精准扶贫的关键、精髓、保障和目标四个维度探讨了精准扶贫的内在逻辑。⑥ 陈明生（2018）将精准扶贫的内涵理解为包含"目标—对象（含致贫原因）—手段—措施"在内的精准扶贫脱贫的完整体系。⑦ 王雨磊和苏杨（2020）将精准扶贫定义为精准行政扶贫模式，指出其四个方面的内涵：扶贫意义的政治价值引领、行政事务化和模式形成；扶贫团队与扶贫资源的行政构建；扶贫工作和常规行政工作的整合与协作；指标日益精准的过程管理与项目审计、考核问责。⑧

五维度说。梁土坤（2016）从差异性、精准性、系统性、发展性、托底性五个维度来理解精准扶贫的内涵。⑨ 蔡晓良等（2017）将精准扶贫思想的深刻内涵归纳为五论："精准扶贫目标论""精准扶贫方略论""社会合力脱贫论""精准扶贫制度论""脱贫世界合作论"。⑩ 曾维伦和谢卓芝（2018）认为习近平扶贫开发战略思想已形成了涵括战略定位、战略目标、战略内核、战略重点、战略保障在内的严密逻辑体系：以"两个重中之重"为战略定位、以"现行标准下贫困人口和贫困县脱贫"为战略目标、以"四种扶贫思路"为战略内核、以"深度贫困地区脱贫"为战略重点、以"三大机制"为战略保障。⑪

---

① 孙晓阳：《习近平精准扶贫思想的哲学内涵探讨》，《开封教育学院学报》，2017年第3期，第15~17页。
② 季素娇：《习近平精准扶贫思想逻辑体系论略》，《山东社会科学》，2017年第10期，第127~131页。
③ 郝凤芹，华正学：《总体性视域下的习近平精准扶贫思想探析》，《农业经济》，2017年第1期，第6~8页。
④ 唐任伍，孟娜，李楚翘：《习近平新时代中国特色社会主义思想中的贫困治理观：理论渊源、逻辑意蕴和当代价值》，《经济与管理研究》，2020年第12期，第3~10页。
⑤ 杨伟智：《"用绣花的功夫实施精准扶贫"——学习习近平关于精准扶贫精准脱贫的重要论述》，《党的文献》，2017年第6期，第47~53页。
⑥ 徐龙顺，李婵，宋娜娜，等：《精准扶贫：理论内涵、实践困境与对策研究——基于山东菏泽两个村庄的调查》，《中南林业科技大学学报》（社会科学版），2016年第6期，第41~45+61页。
⑦ 陈明生：《我国精准扶贫的三种方式：内涵、手段与政策措施》，《北方经济》，2018年第11期，第13~16页。
⑧ 王雨磊，苏杨：《中国的脱贫奇迹何以造就？——中国扶贫的精准行政模式及其国家治理体制基础》，《管理世界》，2020年第4期，第195~209页。
⑨ 梁土坤：《新常态下的精准扶贫：内涵阐释、现实困境及实现路径》，《长白学刊》，2016年第5期，第127~132页。
⑩ 蔡晓良，谢强，陈宝国：《习近平新时代精准扶贫思想研究》，《广西社会科学》，2017年第12期，第6~11页。
⑪ 曾维伦，谢卓芝：《习近平扶贫开发战略思想的丰富内涵》，《红旗文稿》，2018年第6期，第19~21页。

七维度说。潘慧等（2018）认为精准扶贫思想这一理论体系包括七大体系：责任体系、工作体系、政策体系、投入体系、帮扶体系、社会动员体系、监督考核体系。①

## （二）对精准扶贫基本方略"精准"的解读

不少学者认为"精准"是精准扶贫思想的核心要义，也是区别于传统扶贫方式和国外扶贫手段的重要标志。因此，围绕"精准"二字对精准扶贫思想进行归纳和定义的学者众多。着重从这一角度阐释的精准扶贫主要可以分为三个精准论、四个精准论和六个精准论。

三个精准论。易棉阳（2016）基于政府与农民关系的研究视角，认为党的十八大以来习近平在宏观层面提出的精准扶贫，蕴含着精准识别、精准帮扶、精准管理三大战略思想内涵。②刘永富（2016）将精准扶贫总结为精准施策上出实招，精准推进上下实功，精准落地上见实效。王鑫和李俊杰（2016）认为精准扶贫在目标更加明确、措施更具针对性、管理更加精细。③缑建芳等（2017）将精准扶贫概括为三大理念：精准化理念、分批分类理念以及精神脱贫理念。④

四个精准论。也有不少学者认为精准考核也是精准扶贫题中之意，形成了四个精准论。如葛志军和邢成举（2015）从贫困对象的精准识别、精准帮扶、精准管理和精准考核等四个方面来定义精准扶贫。⑤钟关华（2016）将习近平精准扶贫思想的科学内涵系统梳理为扶贫思路精准、动力精准、机制精准、策略精准。⑥

六个精准论。理论的内涵和外延随着实践的发展在不断深化，精准扶贫思想也随着精准扶贫实践的展开而不断丰富，不少学者提出了六个精准论。汪三贵（2017）认为扶持对象精准、项目安排精准、资金使用精准、措施到户精准、因村派人精准、脱贫成效精准这"六个精准"是习近平精准扶贫思想的关键内涵。⑦刘兴灿（2017）也认为，"六个精准"是习近平精准扶贫内涵，且要重点做好精准识别、精准帮扶和制度保障。⑧

## 六、相对贫困治理

2021年2月25日，习近平总书记在全国脱贫攻坚总结表彰大会上庄严宣告，脱贫

---

① 潘慧，滕明兰，赵嵘：《习近平新时代中国特色社会主义精准扶贫思想研究》，《上海经济研究》，2018年第4期，第5~16+26页。
② 易棉阳：《论习近平的精准扶贫战略思想》，《贵州社会科学》，2016年第5期，第139~144页。
③ 王鑫，李俊杰：《精准扶贫：内涵、挑战及其实现路径——基于湖北武陵山片区的调查》，《中南民族大学学报》（人文社会科学版），2016年第5期，第74~77页。
④ 缑建芳，栾奕，王猛，等：《精准扶贫理论的内涵及其策略》，《农业图书情报学刊》，2017年第5期，第9~11页。
⑤ 葛志军，邢成举：《精准扶贫：内涵、实践困境及其原因阐释——基于宁夏银川两个村庄的调查》，《贵州社会科学》，2015年第5期，第157~163页。
⑥ 钟关华：《习近平精准扶贫思想的浙江实践——以武义下山脱贫为例》，《观察与思考》，2016年第5期，第45~52页。
⑦ 汪三贵：《习近平精准扶贫思想的关键内涵》，《人民论坛》，2017年第30期，第54~55页。
⑧ 刘兴灿：《习近平精准扶贫战略思想的内涵及实践路径探析》，《贵州社会主义学院学报》，2017年第2期，第9~11+17页。

攻坚战取得了全面胜利,中国完成了消除绝对贫困的艰巨任务。在新发展阶段,如何解决相对贫困问题是党和国家面临的时代任务,学者对相对贫困问题进行了研究。

## (一)绝对贫困和相对贫困的概念辨析

姜安印和陈卫强(2021)从四个方面梳理了绝对贫困与相对贫困不同的阶段特征。一是在脱贫目标上,绝对贫困是解决生存贫困,而相对贫困是缓解发展贫困。二是在贫困构成上,绝对贫困主要针对农村贫困群体,相对贫困则以农村贫困群体为主、城市贫民为辅。三是在脱贫力量上,绝对贫困以外力为主、内力为辅,而相对贫困以内力为主、外力为辅。四是在贫困标准上,绝对贫困是单维(收入贫困),相对贫困则是多维(发展贫困)。[①] 高强和孔祥智(2020)指出,与绝对贫困相比,相对贫困具有人口基数大、贫困维度广、致贫风险高等特点。[②] 侯守杰(2021)指出绝对贫困治理相比,相对贫困治理具有分散性、多维性、艰巨性、长期性、系统性五大特征,同时也面临脱贫攻坚成效不稳定、脱贫内生动力不足、政策有效性和文化贫困四大治理难点。[③] 韩广富和辛远(2020)指出相对贫困视角下中国农村贫困治理目标、治理形势、治理动力将发生变迁。[④] 李莹等(2021)指出相对贫困阶段,中国将面临农村贫困人口规模大、城镇贫困人口增幅大的双重挑战。[⑤] 王太明和王丹(2021)指出,知识贫困、精神贫困、隐性贫困和代际贫困是后脱贫时代相对贫困的主要类型。[⑥]

## (二)相对贫困治理的实施路径

以制度创新促进相对贫困治理。杜庆昊(2021)从制度层面谋划有效解决相对贫困的治理机制。一是夯实解决深度贫困地区脱贫的帮扶机制;二是建立保障相对贫困人口生活的基础性机制;三是建立帮助相对贫困人口发展的内生性机制;四是建立一体化解决城乡贫困问题的统筹机制。[⑦] 罗必良(2020)指出相对贫困治理长效机制应该包含由底线思维所决定的遏制返贫的长效兜底机制、由管制放松所形成的机会开放的长效支持机制、由配置效率所导向的激发活力的长效动力机制、由能力提升所建立的代际阻断的长效培育机制以及由心理干预所支持的广义福利的长效诱导机制。[⑧] 王国敏和侯守杰

---

[①] 姜安印,陈卫强:《贫困时代转换的经验证据、特征研判及路径选择》,《经济学家》,2021年第3期,第63~70页。

[②] 高强,孔祥智:《论相对贫困的内涵、特点难点及应对之策》,《新疆师范大学学报》(哲学社会科学版),2020年第3期,第120~128+2页。

[③] 侯守杰:《后小康时代的相对贫困治理》,《西北农林科技大学学报》(社会科学版),2021年第2期,第36~42页。

[④] 韩广富,辛远:《相对贫困视角下中国农村贫困治理的变迁与发展》,《中国农业大学学报》(社会科学版),2020年第6期,第50~60页。

[⑤] 李莹,于学霆,李帆:《中国相对贫困标准界定与规模测算》,《中国农村经济》,2021年第1期,第31~48页。

[⑥] 王太明,王丹:《后脱贫时代相对贫困的类型划分及治理机制》,《求实》,2021年第2期,第51~69+111页。

[⑦] 杜庆昊:《中国贫困治理演进逻辑与相对贫困治理机制》,《理论视野》,2021年第2期,第75~80页。

[⑧] 罗必良:《相对贫困治理:性质、策略与长效机制》,《求索》,2020年第6期,第18~27页。

(2021)指出相对贫困治理具有艰巨性、系统性、长期性，要完善能力建设机制、加强社会保障机制、调节社会分配机制、健全城乡要素融合发展机制。①

以社会保障促进相对贫困治理。以教育缓解相对贫困的视角，袁利平和李君筱（2021）指出要完善多元衔接共治的教育扶贫格局，提高教育缓解相对贫困问题的实效，发挥教育助力相对贫困治理的作用。② 以医疗缓解相对贫困的视角，鄢洪涛和杨仕鹏（2021）指出农村医疗保险制度具有良好的相对贫困治理效应，能够显著、稳健地降低农村居民陷入相对贫困的概率，要进一步提高农村医疗保险制度的相对贫困治理效应。③ 以金融缓解相对贫困的视角，金发奇等（2021）指出数字普惠金融是减缓相对贫困的重要支撑力量④；谢升峰等（2021）同样指出数字普惠金融提供了缓解因机会与权利不平等造成的相对贫困的长效机制。⑤ 以基础设施缓解相对贫困的视角，潘锦云和程勇（2021）指出要加快补齐城乡经济一体化发展的短板，依靠互联网信息技术和农村物流体系建设来解决相对贫困等问题。⑥

多维开展相对贫困治理。汪三贵和刘明月（2020）指出开展相对贫困阶段治理要确定合适的相对贫困标准、建立差异化扶持政策、建立城乡一体化的扶贫体制、关注欠发达地区的区域发展。⑦ 叶敬忠（2020）指出，相对贫困治理需要确立长期性和包容性的社会政策目标，建立均衡性和整体性的社会政策体系，巩固多元主体参与的社会服务供给。⑧

## 第六节　总体考察

"三农"发展理论是中国共产党在新民主主义革命实践、社会主义建设实践和社会主义改革开放实践、中国特色社会主义新时代伟大实践中得出的科学理论，在中华民族经历三次"伟大飞跃"、创造"两大奇迹"、实现"两个一百年"奋斗目标中发挥着重要

---

① 王国敏，侯守杰：《后小康时代中国相对贫困的特征、难点、标准识别及应对之策》，《内蒙古社会科学》，2021年第2期，第106～113+213页。
② 袁利平，李君筱：《教育缓解相对贫困的实践逻辑与路径选择》，《苏州大学学报》（教育科学版），2021年第1期，第39～47页。
③ 鄢洪涛，杨仕鹏：《农村医疗保险制度的相对贫困治理效应——基于贫困脆弱性视角的实证分析》，《湖南农业大学学报》（社会科学版），2021年第1期，第48～55页。
④ 金发奇，言珍，吴庆田：《数字普惠金融减缓相对贫困的效率研究》，《金融发展研究》，2021年第1期，第14～21页。
⑤ 谢升峰，尤瑞，汪乐乐：《数字普惠金融缓解农村相对贫困的长尾效应测度》，《统计与决策》，2021年第5期，第5～9页。
⑥ 潘锦云，程勇：《相对贫困治理与城乡经济一体化进路》，《江汉论坛》，2021年第3期，第30～36页。
⑦ 汪三贵，刘明月：《从绝对贫困到相对贫困：理论关系、战略转变与政策重点》，《华南师范大学学报》（社会科学版），2020年第6期，第18～29+189页。
⑧ 叶敬忠：《中国贫困治理的路径转向——从绝对贫困消除的政府主导到相对贫困治理的社会政策》，《社会发展研究》，2020年第3期，第28～38页。

作用。总体来看，学术界对这一理论进行了充分的讨论，既有对马克思主义经典作家和中国化马克思主义者"三农"相关论述的研究，也有对农业基础地位、农村基本经营制度、农村贫困与反贫困等热点问题的研究。本节在综合考察前面各小节的基础上，提炼出建党百年来我国"三农"发展理论演进的本质和特点，也对"三农"发展理论未来的研究重点进行展望。

## 一、研究特点

对"三农"发展理论的探索贯穿于中国革命、建设、改革的全过程。伴随着国情、农情、世情的变化，中国共产党人不断创新和发展"三农"发展理论，对农业基础地位、农村基本经营制度、贫困与反贫困等形成了一系列新认识、新论断。学术界也积极回应时代发展的需要，对"三农"发展理论的相关命题进行了系统研究。总体来说，其演进过程主要呈现出以下特点。

### （一）"三农"发展理论的内涵不断丰富和发展

"三农"问题是关系国计民生的根本性问题。马克思主义经典作家和中国化马克思主义者高度关注"三农"问题，对农业基础地位、土地制度、农业生产方式、"三农"发展等进行系统的论述，表现出了极强的继承与发展关系，"三农"发展理论成为马克思主义理论体系的重要组成部分。学者对"三农"问题的研究也早已有之。早在20世纪20年代，学者就认识到农业发展对于革命胜利、民族独立、工业发展的重要性。随着经济社会的快速发展，"三农"领域出了一系列新问题、新期盼，"三农"发展理论的内涵随着时代变迁和研究深入而不断丰富和发展，其研究领域也随之丰富和拓展，表现出极强的时代性。从新民主主义革命时期的农业基础地位研究到社会主义建设时期的农业基础地位研究，从计划经济条件的农业发展问题到市场经济条件下的农业发展问题，从走农业集体化道路到统分结合的双层经营管理体制，从解决绝对贫困问题到相对贫困治理。

### （二）对农业基础地位的认识不断加深

农业基础地位是学者的共识，学者在坚持农业基础地位这一基本观点的基础上，不断丰富和发展农业基础地位的内涵。从强调农业在推动工业发展中的基础地位，到把农业放在发展国民经济的首位，农业的基础地位被置于国家发展全局的高度。从建党百年的时间跨度来看，学者对农业基础地位的认识在不断深化，他们探讨了农业基础地位在阶级对抗社会、资本主义形态、社会主义形态、工业社会、社会主义市场经济等不同社会制度、不同历史阶段中的适用性，对于农业和工业的关系的理解经历了从最初的"以农业为基础、以工业为主导"，到"优先发展重工业"和"以农轻重为序"的认识，再到"工农业协调发展"的转变。经过长达百年的研究，农业基础地位的内涵不断丰富，不仅强调农业的经济功能、政治功能，也更加强调农业的生态功能和农业在确保国家安全中的重要性。

### （三）对农村基本经营制度的探讨不断加强

学者在坚持农村土地集体所有制的基础上，不断探索农业生产方式和经营方式，加强对农村基本经营制度的研究。社会主义农业要坚持土地公有的所有制形式和集体劳动的农业组织形式，这是马克思主义经典作家的共识。中国共产党以马克思主义理论为指导，建立富有中国特色的农村基本经营制度。学者对农村基本经营制度的内涵进行深入研究，探讨了家庭经营的长期性问题、统一经营的主要职能问题，以及"统"与"分"的关系问题。在厘清农村基本经营制度基本内涵、"家庭经营"和"统一经营"相互关系的前提下，研究农村基本经营制度的实现形式。从处理好"统"与"分"的关系、完善农业经营制度、创新农村土地制度、发展农村集体经济等多个角度，对新时代如何巩固和发展农村基本经营制度提出科学设想。总而言之，学者对农村基本经营制度的研究是极具系统性和实践性的。

### （四）对农村贫困问题的研究不断深化

贫困问题是各种社会制度和发展阶段都会遇到的共性问题，中国对农村贫困问题的关注有上百年的历史，在实践中不断探索出一条社会主义制度下的中国特色减贫之路。围绕着农村贫困与反贫困这一问题，学者对农村贫困产生的根源、贫困的类型、农村反贫困的阶段、农村反贫困的方式进行系统的研究，为农村打赢脱贫攻坚战提供了智力支持，体现了理论的现实指导意义。学者还对新时代的反贫困思想进行研究，探讨精准扶贫基本方略的内在逻辑，阐释精准扶贫基本方略"精准"的科学内涵。并针对新发展阶段贫困治理的新任务，对相对贫困治理进行研究，对绝对贫困和相对贫困的内涵进行辨析，研究相对贫困治理的实施路径，这体现了学者对农村贫困与反贫困问题研究的先进性。总而言之，随着经济社会的发展和贫困表征的变化，学者对农村贫困问题的研究在不断深化。

## 二、研究展望

思想是行动的先导，理论是实践的指南。建党百年来，在"三农"发展理论的指导下，中国的"三农"发展取得了显著的成绩，诸如：粮食年产量连续五年稳定在一万三千亿斤以上，农业生产结构进一步优化。[①] 我国脱贫攻坚战取得了全面胜利，现行标准下9899万农村贫困人口全部脱贫，832个贫困县全部摘帽，12.8万个贫困村全部出列，区域性整体贫困得到解决，完成了消除绝对贫困的艰巨任务。[②] 2020年农村居民人均可支配收入17131元，较2010年翻一番多，城乡居民收入差距不断缩小。[③] 2018年12月以来，全国95%以上的村庄组织开展了各种形式的清洁行动，农村长期存在的脏

---

[①]《中共中央关于制定国民经济和社会发展第十四个五年规划和二〇三五年远景目标的建议》，《人民日报》，2020年11月4日，第1版。

[②] 习近平：《在全国脱贫攻坚总结表彰大会上的讲话》，《人民日报》，2021年2月26日，第2版。

[③]《国家统计局：2020年全国居民人均可支配收入32189元》，来源：经济日报—中国经济网，2021年1月18日，http://www.ce.cn/cysc/newmain/yc/jsxw/202101/18/t20210118_36233779.shtml。

乱差局面得到扭转，绝大多数农村基本实现干净整洁有序。① "三农"发展理论的变迁与演进始终紧密结合我国的时代发展要求和实践最新变化。随着我国进入全面建设社会主义现代化国家的新发展阶段，"三农"发展理论也将随之进行创新和发展，未来"三农"发展理论的研究重点主要有以下几个方面。

### （一）加强对"两个大局"背景下国家粮食安全相关问题的研究

农为邦本，本固邦宁。尽管我国创造了粮食发展与安全的伟大奇迹，但是为了更好应对当前背景下世界粮食发展与安全格局的新变化、高开放水平下的非传统压力和挑战，必须高度重视国家粮食安全问题，牢牢掌握粮食安全主动权。"十四五"时期推动农业高质量发展，必须立足新发展阶段、贯彻新发展理念、构建新发展格局。② 同时，加强对"两个大局"背景下国家粮食安全相关问题的研究。未来对国家粮食安全相关问题的研究应树立全球视野，分析全球政治经贸环境变化背景下全球粮食供需状况，科学研判近期国家粮食供需和粮食安全保障状况。针对未来粮食发展与粮食安全面临的各种挑战，加强对中国粮食安全政策的研究，聚焦耕地保护制度、农业关键核心技术攻关、种业翻身仗、农业供给侧结构性改革等领域，提升粮食和重要农产品供给保障能力，牢牢掌握粮食安全主动权。

### （二）加强对新发展阶段实现农业农村现代化相关问题的研究

为谋划"十四五"农业农村发展，党和国家对新发展阶段优先发展农业农村、全面推进乡村振兴作出总体部署，预计到2025年，农业农村现代化取得重要进展。在新发展阶段，如何实现农业农村现代化成为理论研究的重要命题。学者首先要重新审视农业的多种功能和乡村的多元价值，充分发挥农业产品供给、生态屏障、文化传承等功能，发挥农村在建设社会主义现代化国家过程中的稳定器、蓄水池、基本盘、新动能作用。同时，为了实现农业农村现代化，未来研究要聚焦乡村发展的"堵点""卡点""痛点""难点"，针对农业基础还不稳固、城乡区域发展差距较大、农村发展内生动力不足、生态环保任重道远、农村民生保障存在短板、农村基层治理还有弱项等现实问题。③ 学者要加强对城乡统筹规划、乡村建设行动、农村资源要素市场化、相对贫困治理、农村产业结构等问题的研究。

### （三）加强对"小农户和现代农业发展有机衔接"相关问题的研究

促进小农户和现代农业发展有机衔接是对邓小平"两个飞跃"思想的继承和发展，是巩固完善农村基本经营制度的重大举措，是推进中国特色农业现代化的必然选择，是

---

① 《中央农办、农业农村部召开全国村庄清洁行动部署暨春季战役视频推进会》，来源：农业农村部新闻办公室，2021年1月28日，http://www.moa.gov.cn/xw/zwdt/202101/t20210128_6360688.htm。
② 《中华人民共和国国民经济和社会发展第十四个五年规划和2035年远景目标纲要》，《人民日报》，2021年3月13日，第1版。
③ 《中共中央关于制定国民经济和社会发展第十四个五年规划和二〇三五年远景目标的建议》，《人民日报》，2020年11月4日，第1版。

实施乡村振兴战略的客观要求,是巩固党的执政基础的现实需要。① 实现小农户和现代农业发展有机衔接是一个重要的理论命题和实践命题,为了实现有机衔接,未来的研究应把握以下两大重点。第一,学者应继续加强对农村土地农民集体所有、家庭经营基础性地位的研究。农村基本经营制度是党的农村政策的基石,在坚持农村基本经营制度不动摇的基础上,要不断探索发展农村基本经营制度的实现方式。第二,要聚焦农村改革的热点难点问题。一是可以深化对农村土地制度改革的研究,完善承包地"三权分置"制度,探索宅基地所有权、资格权、使用权分置实现形式。二是可以探索农村基本经营制度新的实现形式,推动农业经营方式创新,发展适度规模经营。三是可以探究新情况下小农户和家庭经营的发展命运问题,研究发展适度规模经营和扶持小农户的关系。四是可以研究农村产权制度和要素市场化配置机制,充分激发农村发展内生动力。

(四)加强对"拓展脱贫攻坚成果同乡村振兴有效衔接"相关问题的研究

到2020年我国现行标准下农村贫困人口全部实现脱贫、贫困县全部摘帽、区域性整体贫困得到解决。但是,脱贫摘帽不是终点,而是新生活、新奋斗的起点。② 这就要求学界继续加强对贫困与反贫困问题的研究,实现"拓展脱贫攻坚成果同乡村振兴有效衔接"③。第一,要加强对"拓展脱贫攻坚成果"的研究,例如,对巩固拓展脱贫攻坚成果长效机制的研究,对防止返贫动态监测和帮扶机制的研究,对农村低收入人口常态化帮扶机制的研究等。同时要加强对脱贫攻坚的经验提炼,如梳理中国特色减贫之路蕴含的中国经验、中国智慧。第二,要加紧对乡村振兴相关问题的研究,逐步实现脱贫攻坚向全面推进乡村振兴的平稳过渡。一是要加强顶层设计,实现脱贫攻坚与乡村振兴财政政策、领导体制等有效衔接。二是要分析相对贫困阶段的社会现状和治理特点,加强对相对贫困标准、相对贫困类型、相对贫困成因、相对贫困识别机制、相对贫困治理困境、相对贫困治理路径等的研究。

---

① 《中办国办印发〈关于促进小农户和现代农业发展有机衔接的意见〉》,《人民日报》,2019年2月22日,第1版。
② 《中共中央国务院关于实现巩固拓展脱贫攻坚成果同乡村振兴有效衔接的意见》,《人民日报》,2021年3月23日,第1版。
③ 《中国共产党第十九届中央委员会第五次全体会议公报》,《旗帜》,2020年第11期,第5~8页。

# 第十章 政府经济职能理论

政府在国民经济发展中起着非常重要的作用。学术界围绕这一主题进行了多次探讨，形成了较为丰富的成果。本章首先从学术界对马克思主义经典作家政府经济职能相关论述的阐释出发，考察政府经济职能认识的变迁和市场经济条件下对政府经济职能的认识，梳理学术界对社会主义市场经济中的宏观调控和市场监管的认识，最后概括和提炼其中的基本结论和演进特征，并对政府经济职能理论的演进做进一步的展望。

## 第一节 对马克思主义经典作家关于政府经济职能论述的阐释

对于政府经济职能，马克思、恩格斯、列宁、斯大林都作过相关论述。在毛泽东思想、中国特色社会主义理论、习近平新时代中国特色社会主义思想中，政府经济职能的论述也是重要组成部分。学术界主要从两个方面对这一思想进行了研究，一是政府在经济发展中承担经济职能的原因与必然性，二是政府在经济发展中承担经济职能的内容与多元性。

### 一、对马克思恩格斯政府经济职能相关论述的阐释

马克思恩格斯关于政府经济职能的论述是马克思主义政府经济职能理论的主要来源，被后继马克思主义者广泛引用和阐释。学术界主要从两个方面对马克思恩格斯有关政府经济职能的论述进行了研究。

第一，马克思恩格斯对政府承担经济职能的依据的相关论述。如邱海平和李民圣（2015）认为，对于资本主义政府的经济职能，应该从维护资本主义生产方式的角度来加以理解，而马克思关于资本流通过程的理论是探讨政府经济职能的重要理论依据。[①] 方浩伟和颜佳华（2018）认为，马克思指出资本主义社会生产高度社会化和生产资料私人占有的矛盾，使社会生产处于无政府的状态和周期性的危机；解决这个矛盾的办法是利用无产阶级政权占有全部的生产资料，使政府能够有效地调节经济。[②] 刘志生

---

① 邱海平，李民圣：《马克思的资本流通理论与政府经济职能》，《经济学家》，2015年第1期，第5~11页。
② 方浩伟，颜佳华：《马克思政府职能理论与新时代政府职能转变》，《湖湘论坛》，2018年第3期，第25~32页。

(2008)认为传统社会主义经济理论中的政府经济职能理论源于马克思主义经典作家关于社会主义制度下的政府职能理论,并指出马克思和恩格斯认为,在社会主义革命取得胜利之后,全部生产资料将归整个社会所有,由国家代表社会来管理。[①] 高萍(2002)指出在马克思恩格斯设想的共产主义社会第一阶段中,公有制是第一经济特征,而现实中的公有制主要是采取国有制即政府所有制的形式。在社会主义阶段,政府是建立社会主义经济制度的政治前提,不仅如此,政府还是社会生产资料的直接所有者,是社会经济的计划者、组织者、领导者。[②] 张志勇和董长瑞(2009)认为,恩格斯指出:当社会革命性的"变革"完成以后,"无产阶级将取得国家政权,并且首先把生产资料变为国家财产"。那时,国家"对人的统治将由对物的管理和对生产过程的领导所替代"。这也就是说,在生产资料公有制条件下,随着社会阶级对立和差别的消除,取而代之的将是政府经济职能的发挥。[③]

第二,马克思恩格斯对政府承担经济职能内容的相关论述。如方浩伟和颜佳华(2018)认为马克思对社会主义政府的经济职能进行了设想:一是迅速提高社会主义生产力,二是取消商品货币关系,三是实行有计划、有组织的经济调节。[④] 邱海平和李民圣(2015)认为马克思阐释了资本主义的政府并不是如古典经济学家所认为只是充当"守夜人"的角色,而是积极参与了从资本主义生产方式的建立到扩张和发展的过程。政府的经济职能不只满足于通过政权力量实施财政、赋税职能,也不只满足于作为社会公共设施、公共物品的生产者,它还要介入资本的生产过程,如补助私人资本、调节阶级冲突、参与资本原始积累等。[⑤] 徐衣显(2006)指出马克思在对总资本的各种形式的分析中,根据当时资本主义的情况,反复提到现代国家的具体经济职能,主要包括以下几个方面:全面监督和协调社会生产过程,维护保障经济运行的外部环境;国家投资兴办公益性基础设施;以"国家资本"介入、引导、干预生产过程;运用国家强制手段,主导工业化发展道路。[⑥] 毛寿龙(1996)认为在马克思恩格斯看来,社会主义计划体制有三大基本要素:彻底的公有制、完全集中的计划和按劳分配。[⑦] 郭连成(2011)认为在社会主义经济建设时期政府应该承担何种经济职能,马克思恩格斯曾作出过一般性的设想。指出马克思恩格斯认为国家具有政治与经济二重性,在未来社会中,国家会随之消亡。但这是一个长期的过程,而且要经过相当长的过渡时期才能逐步从国有制转变成为社会占有制。而随着这一过程的深化,国家的形式和职能也要发生从政治职能为主向以经济管理为主的相应转变。在未来社会的低级阶段,国家和国家的经济职能不仅依然

---

[①] 刘志生:《论我国政府经济职能的定位及实现途径》,《上海经济研究》,2008年第2期,第82~86页。
[②] 高萍:《50年来中国政府经济职能的变化与启示》,《中国经济史研究》,2002年第4期,第14~24页。
[③] 张志勇、董长瑞:《论市场经济下的政府经济职能》,载王振中:《市场经济下的政府职能》(政治经济学研究报告10),社会科学文献出版社,2009年,第98~99页。
[④] 方浩伟、颜佳华:《马克思政府职能理论与新时代政府职能转变》,《湖湘论坛》,2018年第3期,第25~32页。
[⑤] 邱海平、李民圣:《马克思的资本流通理论与政府经济职能》,《经济学家》,2015年第1期,第5~11页。
[⑥] 徐衣显:《转型期中国政府经济职能内在机理缺陷及矫正对策》,《河北学刊》,2006年第3期,第180~184页。
[⑦] 毛寿龙:《中国政府功能的经济分析》,中国广播电视出版社,1996年,第42页。

存在而且还要发挥重要作用。这种职能作用主要是自觉地、有计划地组织社会生产、交换和分配。①

## 二、对列宁和斯大林政府经济职能理论相关论述的阐释

列宁和斯大林在不断丰富和发展马克思主义思想的过程中,也形成了关于政府经济职能理论的思想。学者们对列宁和斯大林政府经济职能理论相关论述的研究主要集中在以下两个方面。

一是关于政府承担经济职能的理念的论述。刘志生(2008)指出列宁继承了马克思恩格斯关于社会主义国家的政府职能思想,认为在社会主义阶段,"整个社会将成为一个管理处,成为一个劳动平等和报酬平等的工厂",并提出要"努力使国家经济机构变成一架大机器,变成一个使任何人都遵照一个计划工作的经济机体"。斯大林继承了马克思主义经典作家的上述思想,并结合苏联的具体实际,于20世纪50年代逐步建立和形成了社会主义的第一个经济体制——传统计划经济体制。② 武力(2003)认为列宁和斯大林的社会主义政府经济职能的理念,现实目的是快速工业化,理论基石是马克思的公有制和计划经济,其实二者是相辅相成的。③ 连云(1999)也认为列宁继承并发展了马克思恩格斯的思想与理论,并使社会主义由理论变成了活生生的现实。但战时共产主义政策的失败,使其思想发生了深刻变化,虽然列宁本人并不认为社会主义制度下必然存在商品经济,但他出于战略退却而对商品经济所作的妥协却使社会主义国家从马克思恩格斯设想的政府经济职能限度囊括整个社会而有了些许的收缩。④ 张志勇和董长瑞(2009)指出苏联建立了第一个社会主义国家后,列宁根据国内外形势提出了强化政府经济职能的理论,认为在社会主义这个大工厂中,国家要对整个再生产过程实行严格的集中领导。在这一理论指导下,形成了最初的社会主义模式。⑤

二是关于政府承担经济职能内容的论述。连云(1999)认为在斯大林建立的体制下的政府经济职能,实际上就是传统计划经济体制中的政府经济职能。政府不仅肩负着国有资产所有者职能、宏观调控职能、社会管理职能,而且集市场职能、企业职能、家庭职能于一身,成了社会经济运行的唯一的组织者、指挥者和调节者。⑥ 武力(2003)认为,列宁将无产阶级政府的主要经济职能定为千方百计实现工业化。⑦ 高萍(2002)认为列宁直接地将社会主义经济理解为国家统一组织、统一指挥、统一监督的生产,政府

---

① 郭连成:《经济全球化与转轨国家政府职能转换研究》,商务印书馆,2011年,第272页。
② 刘志生:《论我国政府经济职能的定位及实现途径》,《上海经济研究》,2008年第2期,第82~86页。
③ 武力:《1949—2002年中国政府经济职能演变述评》,《中国经济史研究》,2003年第4期,第144~152页。
④ 连云:《关于社会主义国家政府经济职能限度理论演变的阶段划分》,《理论与改革》,1999年第3期,第23~25页。
⑤ 张志勇、董长瑞:《论市场经济下的政府经济职能》,《政治经济学研究报告10》,社会科学文献出版社,2009年,第98~99页。
⑥ 连云:《关于社会主义国家政府经济职能限度理论演变的阶段划分》,《理论与改革》,1999年第3期,第23~25页。
⑦ 武力:《1949—2002年中国政府经济职能演变述评》,《中国经济史研究》,2003年第4期,第144~152页。

必然成为整个社会生产、流通与分配的调剂者,成为全体劳动者的"总雇主",成为全社会的分配中心。并指出"政府统制"模式的现实来源是斯大林领导的苏联社会主义经济实践,苏联社会主义经济体制的第一特征是公有制,其中主要是政府所有制,计划经济是由此派生出来的第二特征。① 朱光华(1995)提到,列宁同马克思恩格斯都曾认为社会主义国家应肩负起用行政计划组织全国生产的职能,斯大林在此基础上继承和发展了政府经济职能:国民经济发展计划的编制和组织实施职能,国有资产所有者职能,各项事业的投资者职能,国有企业的经营者职能,经济风险的承担者职能。②

## 第二节 中国共产党对政府经济职能认识的变迁

### 一、政府经济职能变迁阶段及节点的划分

整体上,学术界依据不同的时间节点对我国政府的经济职能的变迁进行了研究。如武力(2009)通过对新中国成立60多年来政府经济职能演变的考察,将政府经济职能划分为三个大的阶段:1949—1978年,1978—1997年,1997—2009年。1949—1978年"政府主导型"发展模式的形成又分为两个阶段:1949—1956年确立了政府主导型经济;1956—1978年中国内地基本形成了以单一公有制和行政性计划管理为特征的传统社会主义计划经济体制。1978—1997年十五大以前的改革又分为两个阶段:1978年底至1991年底这个阶段是打破对单一公有制和计划经济迷信的阶段,逐渐缩小直接干预经济的范围和力度;1992—1997年是政府经济职能由全能型向效能型转变阶段。1997—2009年政府经济职能的转变是从建设型、生产型政府向服务型、宏观调控型政府的转变。③ 张岩鸿(2004)回顾我国政府经济职能力度结构的演变过程,将其过程划分为三个阶段:第一阶段从新中国成立开始至1978年底,我国政府经济职能的力度结构只包含力度最深层次的政府直接经营职能这一单一要素;第二阶段从1979年到1992年,即双轨经济体制时期,政府经济职能的力度结构由单一要素向四要素完全的完备体系过渡,总体趋势是向力度结构的浅层次结构演变;第三阶段是1992年党的十四大召开以来,由于确立了建立社会主义市场经济体制的目标模式,我国政府经济职能的力度结构在上一阶段的基础上继续向浅层化、完善化发展。④ 高萍(2002)认为传统计划经济体制的形成与演变是政府经济职能模式形成与演变的逻辑结果,故将政府经济职能的演变过程划分为三个阶段:"政府统制"的形成与计划经济体制的确立,即1949—1956年;"政府统制"模式的内在调整与传统计划经济体制的强化,即1957—1978年;"政

---

① 高萍:《50年来中国政府经济职能的变化与启示》,《中国经济史研究》,2002年第4期,第14~24页。
② 朱光华:《政府经济职能和体制改革》,天津人民出版社,1995年,第46页。
③ 武力:《新中国60年"政府主导型"发展模式的形成与演变》,《教学与研究》,2009年第10期,第5~11页。
④ 张岩鸿:《市场经济条件下政府经济职能规范研究》,人民出版社,2004年,第131~149页。

府统制"模式向"政府干预"模式的转变与计划经济体制向市场经济体制的转轨。① 孙宇晖和贾非(2009)认为改革开放以来,我国政府职能转变,可分为市场取向改革目的确立前后两大阶段来概述:一是1978—1991年改革探索阶段的职能转变情况,是"摸着石头过河"的阶段;二是1992年邓小平南方谈话和党的十四大以来的政府职能转变情况,十四大明确提出了建设社会主义市场经济体制的改革目标,这就要求政府职能必须按"市场机制作为配置资源的基础"要求去改革、去转变。②

## 二、对1978年之前政府经济职能的认识

新中国成立伊始,百废待兴,国民经济基础比较薄弱。当时我国受西方世界的孤立与威胁,促使我国学习借鉴苏联模式,政府逐渐成为最主要的资源配置和经济决策者,我国政府经济职能逐渐演化成政府主导型经济职能。这是党和国家应对国际国内环境作出的符合实际的选择,政府主导型经济职能的形成有其特殊的历史条件。这一职能发挥,在一定程度促进了我国经济社会发展,同时其也有着许多弊端,学术界对这一时期政府职能进行了总结研究。

### (一)政府主导型经济职能形成原因

有学者对政府主导型经济职能形成的原因进行了研究。如孙冶方(1956)认为在这一时期生产力的分配,或投资的分配,是国家计划机构根据政策来决定的。③ 武力(2003)认为从新中国成立的第一天起,政权就牢牢地掌握在中国共产党手中,是新中国政府经济职能的政治基础和逻辑起点。新中国成立前后美苏两大阵营对峙的国际环境对我国形成强大政府起了推动作用。从国内环境来看,迅速改变中国经济落后的面貌,实际上是实现中国强大的根本。这就必须加快重工业的发展,尽可能地将剩余拿到国家手里,压低消费,并采取行政办法配置资源,使投资向重工业倾斜,即斯大林模式。④ 武力(2009)进一步指出,新中国成立以后我国即实行了强大的政府主导型经济发展模式,这个模式在1956年社会主义改造完成以后到1978年改革开放前的22年间达到了顶峰,政府几乎成为唯一的资源配置和经济决策者。⑤ 高萍(2002)认为"政府统制"模式的理论来自马克思主义经典作家对未来社会政府经济职能的论述,但是这一模式更重要的是具有中国内在的历史渊源。⑥

---

① 高萍:《50年来中国政府经济职能的变化与启示》,《中国经济史研究》,2002年第4期,第14~24页。
② 孙宇晖,贾非:《论社会主义市场经济下政府职能》,载王振中:《市场经济下的政府职能》(政治经济学研究报告10),社会科学文献出版社,2009年,第46页。
③ 孙冶方:《把计划和统计放在价值规律的基础上》,《经济研究》,1956年第6期,第30~38页。
④ 武力:《1949—2002年中国政府经济职能演变述评》,《中国经济史研究》,2003年第4期,第144~152页。
⑤ 武力:《新中国60年"政府主导型"发展模式的形成与演变》,《教学与研究》,2009年第10期,第5~11页。
⑥ 高萍:《50年来中国政府经济职能的变化与启示》,《中国经济史研究》,2002年第4期,第14~24页。

## (二) 政府主导型经济职能的作用

有学者对这一时期政府经济职能发挥的作用进行了研究。如陶大镛（1948）指出土地改革、国有化政策与经济计划，可视为新民主主义经济建设的三大支柱。① 许涤新（1955）认为当国民经济有计划发展的规律适合于社会主义基本经济规律的要求时，是社会主义经济中的生产调节者。② 薛暮桥（1959）指出社会主义经济要求高速度、按比例地发展，这也可以说，社会主义经济发展的客观规律是通过国家计划和各种主观努力来实现的。③ 武力（2003）指出政府经济职能无限度地扩大和侵占私人决策领域，是为了达到以下三个目的：一是保证政府最大限度地索取剩余并将其投入经济建设中去；二是保证投资和国民经济高效率运转，以加速经济发展；三是保证高积累、低消费水平下的社会稳定。④ 武力（2009）进一步指出政府主导型经济保证了国家安全和建立起工业化的基础。⑤ 郭小聪（1999）认为毛泽东有关政府经济职能的思想带着明显的过渡时期的时间特点。毛泽东有关政府经济职能的主要思想是新民主主义革命胜利后，要使中国由农业国变为工业国，政府必须对不同的经济成分采用不同的政策；党和政府的中心任务是大力发展生产；新政府在履行经济管理职能时，要正确处理好农业和工业的关系。这些为中国的工业化道路作了初步的探索，政府和人民循着毛泽东提出的有关政府经济工作的基本思想和基本政策，迅速恢复了国民经济，基本完成了对生产资料私有制的社会改造。⑥

## (三) 政府主导型经济职能存在的问题

有学者分析了政府主导型经济职能时期存在的问题。如武力（2003）分析了1978年以前的单一公有制和计划经济体制下的政府经济职能的内在矛盾。他认为剩余索取和政府投资确实达到了最大限度；经济效益却远没有达到预期的目标；实现了最低水平的社会保障，保证了高积累下的社会稳定。⑦ 武力（2009）进一步指出政府主导型经济抑制了经济活力及人民生活水平的提高。⑧ 高萍（2002）认为政府主导型经济职能的矛盾体现为政府经济职能的范围和方式从根本上排斥市场的作用。第一，政府不仅直接占有而且直接经营绝大部分生产资料，制约了其他多种形式的、与生产力发展水平和要求相

---

① 陶大镛：《论新民主国家的经济建设》（上），《世界知识》，1948年第3期，第9~11页。
② 许涤新：《论国民经济有计划发展规律在我国过渡时期的作用》，《经济研究》，1955年第4期，第53~59页。
③ 薛暮桥：《客观经济规律和人的主观能动性》，《前线》，1959年第5期，第3~5页。
④ 武力：《1949—2002年中国政府经济职能演变述评》，《中国经济史研究》，2003年第4期，第144~152页。
⑤ 武力：《新中国60年"政府主导型"发展模式的形成与演变》，《教学与研究》，2009年第10期，第5~11页。
⑥ 郭小聪：《政府经济职能与宏观管理》，中山大学出版社，1999年，35~37页。
⑦ 武力：《1949—2002年中国政府经济职能演变述评》，《中国经济史研究》，2003年第4期，第144~152页。
⑧ 武力：《新中国60年"政府主导型"发展模式的形成与演变》，《教学与研究》，2009年第10期，第5~11页。

适应的非公有制经济的发展;第二,政府运用直接的计划手段组织经济运行,制约了市场机制在资源配置中的作用;第三,以"条条"为主的政府组织经济生活的行政部门,制约了地方经济发展的积极性;第四,政企合一模式限制了企业谋求技术进步和自身发展的积极性。[①] 袁刚(2000)从政企关系的角度分析,认为计划经济体制下政府经济职能的弊端主要表现为:政府的社会目标代替了企业的营利目标;政府控制挫伤了企业积极性;政府控制造成组织成本高昂;寻租行为导致资源浪费和腐败滋生;政企不分造成机构臃肿,人浮于事。[②]

### (四)政府经济职能调整的过程

有学者对这一时期政府经济职能调整的过程进行了研究。如杨坚白(1964)指出想要达到国民经济的综合平衡,首先就要正确地认识和解决整体与局部的关系问题,也就是树立整体观念、从全局出发,加强计划的统一集中问题。国家经过了一定的调查和研究,掌握了一定的资料之后,先提出一个综合性的轮廓计划,摆出党和国家的总的战略意图。[③] 武力(2000)总结到既然在单一公有制和计划经济体制下的经济运行并没有达到预期的提高宏观效益和调动人民群众积极性的目的,因此,从1956年起中国共产党就开始探索改善社会主义经济管理体制,1956年提出了不少好的思想,如陈云提出"三个主体和三个补充"、李富春提出的"两种计划方法"、周恩来提出的"稳步前进"、刘少奇提出的"利用市场"、毛泽东提出的"十大关系"和"消灭资本主义,还可以再搞资本主义"等,但是1957年"反右"运动以后,由于毛泽东把公有制和计划经济看成是不能动摇的社会主义基石,那么改革就被局限在管理方面。其内容主要为:一是行政权力的集中与分散,如中央与地方经济权限的不断调整,政府与企业权限的不断调整,其结果是"一统就死,一死就放,一放就乱,一乱又统";二是调整干部与群众的关系,试图通过干部深入实际,参加劳动甚至是经常性的体力劳动,来消除官僚主义,改善干群关系,提高效率;三是加强政治动员。[④] 武力(2009)进一步指出毛泽东将"政府失灵"视为"官僚主义"的产物,是由于社会主义经济体制还是新生事物,尚未成熟和完善,因此认为这与单一公有制和计划经济没有必然的关系,是能够克服的。[⑤] 高萍(2002)认为1957—1978年间,正是由于认识到"政府统制"模式的上述矛盾,开始改革"政府统制"模式。但是,由于这种认识是局部的,有关改革是在维护传统计划经济体制一系列"固定观念"的前提下发生的,这一时期只是对"政府统制"模式进行了局部调整。[⑥]

---

[①] 高萍:《50年来中国政府经济职能的变化与启示》,《中国经济史研究》,2002年第4期,第14~24页。

[②] 袁刚:《我国政府经济职能的定位与政企关系的重塑》,《河北大学学报》(哲学社会科学版),2000年第25卷第5期,第37~40页。

[③] 杨坚白:《关于国民经济平衡的几个争论问题》,《汉江学报》,1964年第6期,第17~29页。

[④] 武力:《1949—2002年中国政府经济职能演变述评》,《中国经济史研究》,2003年第4期,第144~152页。

[⑤] 武力:《新中国60年"政府主导型"发展模式的形成与演变》,《教学与研究》,2009年第10期,第5~11页。

[⑥] 高萍:《50年来中国政府经济职能的变化与启示》,《中国经济史研究》,2002年第4期,第14~24页。

### 三、对 1978—2011 年政府经济职能的认识

改革开放前,政府经济职能的运行使得社会经济发展的效率不高。改革开放后,党和国家进行了富有成效的政府经济职能转变的改革,提出了很多解放思想、实事求是的论述,学术界对这一时期的政府经济职能进行了总结研究。

#### (一) 对邓小平关于政府经济职能论述的阐释

关于邓小平重视政府经济职能的论述。徐井万和何东(2004)指出,邓小平认为政府的首要职能是发展经济,只搞计划经济会阻碍生产力的发展,社会主义国家的政府可以借鉴西方资本主义国家政府管理经济的方式、方法,大胆吸收和借鉴人类社会创造的一切文明成果,吸收和借鉴当今世界各国包括资本主义发达国家的一切反映社会化生产规律的先进经营方式、管理方法。① 朱厚玉(1994)指出,邓小平认为政府的各个职能是相互关联、互相促进的,但从根本上说其他职能要服从于经济职能。并且指出邓小平对高度集中的产品经济管理模式进行抨击,认为政府职能必须改变这种管理经济的方式,实现由微观管理向宏观管理,由直接管理向间接管理的过渡。② 周国庆(2003)认为强化经济管理职能、弱化政治统治职能是邓小平政府职能理论的战略支点。③

关于邓小平对政府经济职能认识的总结。张尚仁和徐乐雄(1997)认为邓小平从社会主义初级阶段的客观实际出发,以其对马克思主义的准确理解,一贯坚持以经济建设为中心建立社会主义制度的基础,领导和组织经济建设是政府的主要职能。从政府职能转变的角度来看,包含着两个相互关联的职能转变:一是政府的职能从以非经济建设为中心转变到以经济建设为中心;二是在经济建设上又从非市场经济建设转变到市场经济建设上。④ 吕福新(2000)认为邓小平政府经济管理职能转换理论,是邓小平理论的重要组成部分,是邓小平政府经济管理理论的核心。它的内容非常丰富和深刻,包括职能依据、职能内容和职能方式转换等。职能依据的转换包括经济虚名管理退位、经济实质管理进位,经济政治管理退位、政治经济管理进位,政治标准管理退位、经济绩效管理进位;职能内容的转换包括对企业直接管理退位、对自己直接管理进位,放任自流管理退位、促进发展管理进位,沉入和跟从管理退位、导控和超越管理进位;职能方式的转换包括官僚主义行政管理退位、民主依法行政管理进位,计划行政和命令管理退位、经济行政和服务管理进位,单纯行使权力管理退位、充分尽职负责管理进位。⑤ 郭小聪(1999)认为邓小平对改革开放中政府经济职能的认识主要包括:计划和市场都是政府管理经济的必要手段和方法;加快经济发展必须保持中央政府的权威;要处理好中央政

---

① 徐井万,何东:《邓小平政府经济管理思想初探》,《西华大学学报》(哲学社会科学版),2004年第3期,第49~53页。
② 朱厚玉:《简论邓小平转变政府职能的思想》,《上海工会管理干部学院学报》,1994年第4期,第1~7页。
③ 周国庆:《论邓小平的政府职能理论》,《北京行政学院学报》,2003年第6期,第46~49页。
④ 张尚仁,徐乐雄:《邓小平社会主义市场经济理论与政府职能转变》,《岭南学刊》,1997年第11期,第52~57页。
⑤ 吕福新:《邓小平政府经济管理职能转换理论》,《中共福建省委党校学报》,2000年第1期,第39~43页。

府与地方政府的关系；要处理好政府与企业的关系；也要处理好政府与执政党的关系。①

(二) 政府经济职能的内容

有学者总结了转轨时期政府经济职能的内容。如汪海波（2008）总结中国转轨时期的政府经济职能主要有五个方面：第一，维护和巩固社会主义初级阶段的经济基础；第二，实现社会主义现代化建设三步走的战略目标；第三，实现以建立社会主义市场经济体制为目标的经济改革；第四，政府要承担干预经济的职能；第五，政府要建立和实施公共财政。② 阮红新和石祖葆（2000）从中国经济市场化转型的特殊角度讨论政府的特殊经济职能，认为政府具有五大特殊经济职能：一是消除行政垄断；二是管理庞大的国有资产；三是建立和维护市场秩序；四是转型性失业者的社会保障；五是保护民族经济。③ 许北海和田玉梅（1995）认为社会主义国家的基本经济职能包括互相联系的两个方面：一是国有资产所有者的职能，二是国家管理经济的职能。④

有学者研究了我国加入WTO后，政府经济职能转变的要求和转变方向。首先是进一步转变政府经济职能的要求的研究。如王廷惠（2002）认为加入WTO意味着市场经济通行的规则对政府行为的约束加强，必须加快政府职能的转变。⑤ 杜传忠（2006）认为政府职能转变成为增长方式转变的关键。只有转变政府职能，才能塑造集约型增长方式的微观载体，塑造效率主导型投资机制。⑥ 其次是进一步转变政府经济职能的方向研究。如林幼平（2003）认为在加入WTO后中国政府经济职能转变的主要方向有七：一是改革政府经济管理体制；二是改进政府管理经济的方式；三是培育市场机制，整治市场秩序，营造良好的市场环境；四是完善法律法规体系，加快司法体制改革；五是增强政府对外经济职能；六是加快国有企业改制，调整国有经济布局；七是加强社会保障体系建设。⑦ 李萍（2003）认为在加入WTO后中国政府经济职能转变的主要方向有四：一是要彻底改革传统的宏观调控制度和经济管制制度；二是不能混同经济管制政策与宏观经济调控政策；三是政府经济职能的转变要符合社会主义市场经济发展的规律；四是既要重视构建总体框架，也要抓紧具体制度建设。⑧ 陈东琪（2001）提出了进一步转变政府经济职能应遵循的原则和要求：一是宏观调控目标除对经济总量平衡和增长进行管理外，还包括对经济结构进行全局性、战略性调整，但这种调整应按市场经济规律办事，应以发挥市场的基础性作用为前提。二是社会主义市场经济的特色之处在于存在计

---

① 郭小聪：《政府经济职能与宏观管理》，中山大学出版社，1999年，37页。
② 汪海波：《我国转轨时期政府的经济职能》，《中国经济问题》，2008年第4期，第9～15页。
③ 阮红新，石祖葆：《论经济转型中政府的经济职能》，《中央财经大学学报》，2000年第7期，第6～9页。
④ 许北海，田玉梅：《社会主义市场经济体制框架研究》，首都师范大学出版社，1995年，第71页。
⑤ 王廷惠：《加入WTO与政府经济职能转变》，《上海经济研究》，2002年第7期，第3～13页。
⑥ 杜传忠：《经济增长方式转变的核心问题是转变政府职能》，《社会科学辑刊》，2006年第6期，第148～152页。
⑦ 林幼平：《经济全球化背景下中国政府经济职能问题研究综述》，《经济评论》，2003年第6期，第82～85页。
⑧ 李萍：《论加入世界贸易组织后中国政府经济职能的调整》，《经济评论》，2003年第4期，第43～45页。

划管理，但这种计划管理职能需要转变，范围应缩小，中央计划集中于国民经济全局，地方计划应以区际公共项目和城市规划为主体。①

### （三）政府经济职能存在的问题

有学者从这一时期政府经济职能存在的问题的表现与原因进行研究。周殿坤（2002）认为在我国经济体制转轨时期，由于利己动机驱使，不合理政绩考核方式误导，以及法律范畴和监督机制缺失，政府经济职能出现缺位、越位和履行不到位现象，对经济社会发展产生了严重的负面影响。②徐衣显（2006）认为转型过程中政府经济职能缺陷的实践表现有三：一是管了不该管的事，造成"越位"；二是该管的事没去管，造成"缺位"；三是该为不为、不该为而为，造成"错位"。其内在机理缺陷有四：一是目标多元性与手段单一性的矛盾；二是角色双重性与角色错位性的矛盾；三是追求统一性与协调困难性的矛盾，四是责任无限性与能力有限性的矛盾。③陈东琪（2001）认为政府经济职能之所以出现越位、缺位和错位现象，除社会主义市场经济还处在初级阶段、市场机制本身的发育还明显不足外，问题的症结在于：上层建筑的改革滞后于经济基础的变化；"政企不分"问题仍未真正解决；政府工作人员的观念仍带有较多计划经济观念的痕迹。④

### （四）政府经济职能的转变路径

有学者对政府经济职能进一步转变提出了多方面路径。如周殿坤（2002）认为应从修改完善有关法律范畴、给政府职能机关以必要而充足的人财物资源配备、改革现行政绩考核办法、加强民众和舆论监督四方面予以治理，矫正政府经济职能错位现象。⑤汪海波（2008）认为实现转轨时期政府经济职能的条件有四：第一，推进经济体制改革；第二，积极稳妥地推进旨在发展社会主义民主的政治体制改革；第三，继续推进依法治国的基本方略；第四，改革政府干部管理制度，推行国家公务员法。⑥吴惠民（1994）认为政府管理经济的职能由微观直接管理向宏观调控管理的转变，具体应抓住六个转变：一是在管理的范围上，要从过去主要管理国有经济扩大到对全社会经济进行调控，尤其要增强对非公有制经济的调控；二是在管理的物态上，要从过去的实物管理为主转向对全社会资金流量、流向和国有资产的配置进行调控；三是在计划管理上，要由过去具体的计划制定和实施过程转变为综合研究、制定和实施产业政策的过程；四是在分配管理上，要由过去国家干预初次分配转变为国家着重调节再分配；五是在管理的对象上，要由过去直接管理企业转变为调控管理市场；六是在管理手段上，要由过去单纯依

---

① 陈东琪：《进一步转变政府经济职能的若干设想》，《经济纵横》，2001年第12期，第26～33页。
② 周殿昆：《政府经济职能错位及矫正》，《经济学家》，2002年第2期，第51～56页。
③ 徐衣显：《转型期中国政府经济职能内在机理缺陷及矫正对策》，《河北学刊》，2006年第3期，第180～184页。
④ 陈东琪：《进一步转变政府经济职能的若干设想》，《经济纵横》，2001年第12期，第26～33页。
⑤ 周殿昆：《政府经济职能错位及矫正》，《经济学家》，2002年第2期，第51～56页。
⑥ 汪海波：《我国转轨时期政府的经济职能》，《中国经济问题》，2008年第4期，第9～15页。

靠各级行政组织系统转向依靠行政组织和经济组织两个系统,发挥行政和市场二元调控作用。① 宋鸣和鲁林(1993)认为我国政府经济职能的转变应按照以下设想进行:一是国有大中型企业下放权力,真正推动企业进入市场;二是大力培育和发展市场,尽快形成统一开放的社会的市场体系;三是理顺各方面关系,完善经济、行政运行机制;四是精兵简政,提高工作效率;五是坚持因地制宜原则,分类指导。② 杨泽宇(1998)认为就未来适应社会主义市场经济要求的政府职能而言,强政府主要应体现在以下几个方面:宏观调控灵活有力,市场经济法制健全,社会服务制度完善,其中财政、金融是传统的国家宏观调控的两大杠杆。③

有学者从"市场失灵"与"政府失灵"出发,研究政府经济职能的转变。如周明生等(2000)认为政府经济职能战略性重构的内涵是:防止、纠补"政府失灵"和克服、弥补"市场失灵"。相应的对策:一是限制和约束政府权力和职能;二是提升政府能力特别是宏观调控能力。④ 徐衣显(2006)认为政府经济职能的矫正,有必要以马克思国家经济职能学说为指导,充分发挥市场对资源配置的基础性作用,防止"市场失灵",同时还要避免"政府失效",最终实现政府的"有形之手"与市场的"无形之手"的最佳结合。⑤

有学者以政企分开为重点研究政府经济职能的转变。如周国庆(2003)从邓小平关于政府职能的相关论述中,比较系统和深入地分析、归纳了邓小平政府职能理论的主要内容,认为强调党政分开是邓小平政府职能理论的逻辑起点,实行政企分开是邓小平政府职能理论的关键点,政社分开、政府权力回归社会是邓小平政府职能理论关于调整政府与社会关系的主旨,权力下放是邓小平政府职能理论关于重新配置中央政府与地方政府职能的主脉络,既突出效率又重视公平是邓小平对政府履行经济和社会发展职能所作出的重大战略调整,论及政府与市场的关系是邓小平政府职能理论最具前瞻性的闪光点之一。⑥ 宋鸣(1993)认为转变政府经济职能,首先要以政企分开为突破口,还必须与精简机构和行政人员结合起来,这是转变经济职能的物质保障,也是政府机构的现状所决定了的。⑦ 袁刚(2000)认为我国政府应按照现代市场经济的要求转变经济职能,采取以市场经济体制为取向的管理模式,实行政企分开,重塑政企关系。⑧

## 四、对 2012 年之后政府经济职能的认识

随着中国特色社会主义进入新时代,经济的高质量发展对优化政府经济职能提出更

---

① 吴惠民:《转变政府职能要处理好几个关系》,《学习与实践》,1994 年第 4 期,第 18~21 页。
② 宋鸣,鲁林:《谈政府经济职能的转换》,《辽宁大学学报》,1993 年第 3 期,第 108~109 页。
③ 杨泽宇:《转变政府职能的经济思考》,《云南财贸学院学报》,1998 年第 1 期,第 14~18 页。
④ 周明生,金太军,谈镇:《论当代中国政府经济职能的战略性重构》,《学习与探索》,2000 年第 5 期,第 30~37 页。
⑤ 徐衣显:《转型期中国政府经济职能内在机理缺陷及矫正对策》,《河北学刊》,2006 年第 3 期,第 180~184 页。
⑥ 周国庆:《论邓小平的政府职能理论》,《北京行政学院学报》,2003 年第 6 期,第 46~49 页。
⑦ 宋鸣,鲁林:《谈政府经济职能的转换》,《辽宁大学学报》,1993 年第 3 期,第 108~109 页。
⑧ 袁刚:《我国政府经济职能的定位与政企关系的重塑》,《河北大学学报》(哲学社会科学版),2000 年第 25 卷第 5 期,第 37~40 页。

高的要求，尤其是党的十八届三中全会提出，经济体制改革是全面深化改革的重点，使市场在资源配置中起决定性作用和更好发挥政府作用。学术界对新时代政府经济职能展开了研究。

## （一）转变政府经济职能的内容

王朝科（2019）指出，习近平新时代中国特色社会主义经济思想外化为中国特色社会主义经济发展的政策体系中的转变政府职能和完善市场体系的政策体系。具体包括：全面实施市场准入负面清单制度、清理废除妨碍统一市场和公平竞争的各种规定和做法、深化资源型产品和要素价格市场化改革、深化商事制度改革和优化营商环境、放宽服务业市场准入限制、完善市场监管体制和能力建设。① 秦馨和黄义英（2016）指出，习近平总书记认为政府要正确地履行自己的经济职能，一是放，二是管，三是谋。所谓放，就是要从纯粹经济活动的领域及其相关事项、环节中真正退出来，不拖泥带水，不暗度陈仓；所谓管，就是对经济活动与经济建设交叉领域的相关事项和环节加强管理，不放松标准，不敷衍塞责；所谓谋，就是对经济建设领域的所有事项和全部环节统筹谋划，不尸位素餐，不空喊口号。分得清才能放得开，放得开才能管得住，管得住才能谋得好。② 王云峰（2017）强调，习近平总书记指出"在市场作用和政府作用的问题上，要讲辩证法、两点论"。处理好政府与市场的关系，关键在于政府职能的界定。其中，政府要对自身边界和职能作出清醒与合理的定位，在"有限"政府和"有为"政府之间塑造一种合理的均衡。③

## （二）转变政府经济职能的路径

张新宁和康乃馨（2017）指出，习近平认为更好发挥政府的作用应健全宏观调控体系，进一步完善政府的功能；全面正确履行政府职能，进一步突出政府的权责，该放给市场和社会的权一定要放足、放到位，该政府管的事一定要管好、管到位；优化政府组织结构，进一步创新行政体制。④ 孙彩红（2019）指出在经济领域的职能改革注重更好发挥政府作用，确定清楚政府应该管的和应该履行的职能，然后是简政放权的改革，以及作为重要部分的行政审批制度改革，确保充分发挥市场在资源配置中的决定性作用。⑤ 方浩伟和颜佳华（2018）提出以马克思政府职能理论指导新时代的政府职能转变，应从如下三个方面进行：优化政府经济职能，进一步理顺政府与市场的关系；强化公共服务职能，建设人民满意的服务型政府；科学配置机构职责，正确处理政府与社会

---

① 王朝科：《习近平新时代中国特色社会主义经济思想的理论内涵和逻辑结构》，《教学与研究》，2019年第1期，第5~15页。
② 秦馨，黄义英：《新时期政府经济职能定位探究——一种经济分类的视角》，《学术论坛》，2016年第2期，第15~19页。
③ 王云峰：《习近平政府与市场关系论的全新内涵与特质》，《探求》，2017年第3期，第18~23页。
④ 张新宁，康乃馨：《习近平总书记关于政府和市场关系的思想研究》，《经济纵横》，2017年第10期，第12~20页。
⑤ 孙彩红：《习近平总书记关于行政体制改革的重要论述及其实践价值》，《贵州社会科学》，2019年第5期，第28~33页。

的关系。① 吴培和李成勋（2017）认为政府应转变职能着眼点，充分发挥经济职能的服务作用，从战略规划和具体经济政策等方面保障五大发展理念的贯彻落实，助推中国梦的圆满实现。② 秦馨和黄义英（2016）认为要顺利推进政府经济职能的转变，政府应避免错误政绩观、利益观的干扰，科学界定经济职能的范围和强度，特别要重视建设职能的发挥。转变政府经济职能一言以蔽之，就是要一心一意谋发展，就是要使国家经济在世界经济中处在比较有利的位置，避免在竞争中沦为绝对的劣势和附庸。③

## 第三节　社会主义市场经济条件下的政府经济职能

### 一、社会主义市场经济条件下政府经济职能的定义与特性

政府经济职能的定义。宋鸣和鲁林（1993）认为政府经济职能是一个政府参与管理国家经济生活的范围、程序、模式、手段等方面的总和。④ 朱光华（1995）认为所谓政府经济职能，就是政府以政府机构为行为主体，从社会生活总体的角度，对国民经济进行全局性的规划、协调、监督和服务的功能，它是政府为了达到自己的目标而采取的组织和协调经济活动的各种方式、方法的总称。⑤ 曾国安和周启鹏（2003）认为政府经济职能是指政府在经济运行中的职责和功能，它包括后氏族社会发展各阶段共有的经济职能，也包括某几个社会形态或经济发展阶段所共有的经济职能，还包括某个社会形态或经济发展阶段所特有的经济职能。⑥

政府经济职能的特性。孙宇晖和贾非（2009）认为从社会主义市场经济对政府职能的特殊要求来看，我国政府职能必须体现以下特点：一是在政府职能的确定上，要体现"以人为本"，从社会长远利益出发，努力提高全体人民的福利水平；二是政府职能作用的发挥，在确保市场机制发挥效率的前提下，应更加侧重宏观调控和收入再分配方面，防止"两极分化"，确保"先富帮后富，最终实现共同富裕"；三是政府的经济职能应照顾大局，关注长远，有利于可持续发展以及和谐社会的构建，体现科学发展观；四是在政府对经济调控力度上，应比以私有制为基础的资本主义市场经济下政府调控的梯度要

---

① 方浩伟，颜佳华：《马克思政府职能理论与新时代政府职能转变》，《湖湘论坛》，2018年第3期，第25~32页。
② 吴培，李成勋：《充分发挥政府经济职能是贯彻落实五大发展理念的保障》，《管理学刊》，2017年第4期，第10~16页。
③ 秦馨，黄义英：《新时期政府经济职能定位探究——种经济分类的视角》，《学术论坛》，2016年第2期，第15~19页。
④ 宋鸣，鲁林：《谈政府经济职能的转变》，《辽宁大学学报》，1993年第3期，第108~109页。
⑤ 朱光华：《政府经济职能和体制改革》，天津人民出版社，1995年，第6页。
⑥ 曾国安，周启鹏：《政府经济职能的三种类型及其共性分析》，《学术研究》，2003年第6期，第23~25页。

大。① 曾国安和周启鹏（2003）认为政府经济职能具有内生性、非营利性、多方位性、层次性、从属性、公共性、权威性、成长性、相对稳定性、责任主体的单一性和实施主体的明确性等一般特点。②

## 二、社会主义市场经济条件下政府经济职能的依据

张岩鸿（2004）认为政府经济职能存在有政治依据、道德依据、经济依据、技术依据四个方面。政治依据是政府经济职能存在的实质。道德依据指市场经济下主要有背叛行为、分配不公和金钱暴君三个方面的道德缺陷。经济依据指一般来说市场经济中垄断问题、外部性问题、公共物品问题等经济问题使得政府基于效率干预经济。技术依据是政府自身具备组织优势、资源优势、成本优势和信息优势解决以上问题。③ 汪海波（2008）认为政府必然要承担经济职能的主要原因有：一是社会的上层建筑必然要维护经济基础；二是作为全社会唯一代表的政府必然要承担社会公共职能；三是政府财政必然会在不同程度上参与收入再分配。④ 吴培和李成勋（2017）认为建立在公有制基础上的社会主义国家及其政府是代表工人阶级和广大人民群众利益的，是为人民服务的。中国共产党执政的目的是实现经济繁荣、国家富强和人民幸福。因此，社会主义国家的政府必然具有组织和管理国民经济的职能，必然主动干预经济发展，为经济发展和人民生活承担责任。⑤

## 三、社会主义市场经济条件下政府经济职能限度的争论

如果说在关于中国经济市场化进程是政府主导还是市场自发演进的分析中存在一定分歧，那么在政府对于经济运行是否应该干预这一问题上则不存在大的分歧，分歧主要表现是干预多少。学术界在这一问题上大致有两种观点。

一种观点强调更多的政府干预，主张强政府。如高鸿业（1996）指出坚持邓小平指出的社会主义的体改方向，我们能看出市场的自发性、盲目性和滞后性，从而在引入市场机制的同时，还使用包括行政命令在内的国家宏观控制。⑥ 吴易风（1996）认为资本主义市场经济的自行调节论否定危机和失业以及政府调控的必要性，而国家干预论则承认危机和失业以及政府调控的必要性，这对于认识社会主义市场经济的宏观调控有重要的参考意义。⑦ 尹智博（1994）指出，陈岱孙和高鸿业等认为应科学地借鉴西方经济学理论。市场运行和效益发挥，必须借助国家的干预，市场经济并不意味着倾向于宏观放

---

① 孙宇晖，贾非：《论社会主义市场经济下政府职能》，载王振中：《市场经济下的政府职能》（政治经济学研究报告），社会科学文献出版社，2009年，第44～45页。
② 曾国安，周启鹏：《政府经济职能的三种类型及其共性分析》，《学术研究》，2003年第6期，第23～25页。
③ 张岩鸿：《市场经济条件下政府经济职能规范研究》，人民出版社，2004年，第57～61页。
④ 汪海波：《我国转轨时期政府的经济职能》，《中国经济问题》，2008年第4期，第9～15页。
⑤ 吴培，李成勋：《充分发挥政府经济职能是贯彻落实五大发展理念的保障》，《管理学刊》，2017年第4期，第10～16页。
⑥ 高鸿业：《私有制的市场经济能以最优的方式配置资源吗？》，《当代经济研究》，1996年第3期，第1～8页。
⑦ 吴易风：《资本主义市场经济自行调节论述评》，《教育与研究》，1996年第2期，第58～63页。

任。如果没有国家的宏观管理,市场经济会成为万恶之源,资源也会遭到毁灭和破坏。宏观调控是市场经济的有机组成部分,不可分割。①

另一种观点则强调更少的政府干预,主张弱政府。他们认为,政府虽然以公共利益为导向,但也有其自己的特殊利益,这两者之间的冲突使得政府干预既有可能有利于经济发展,也可能导致经济衰退。市场是实现资源有效配置和促进经济增长的最有效的机制,但也会失灵,需要政府的适当干预。如张曙光(1996)认为在自发形成的市场是可以被接受的前提下,政府只需放松对自发行动的限制,退出相关领域,为自发的制度安排提供创新空间。随着新的产权及相应的市场规则的建立,或是可以由这种自发形成的非正式安排约束、规范人们的行为;或是将其转变为正式制度,以政府的规模经济优势降低非正式制度安排的交易费用。②

### 四、社会主义市场经济条件下政府经济职能的研究视角

研究中国政府经济职能所持的观点基本上可以归纳为四大类:基于"市场失灵"进行了分析,基于"结构主义"进行了分析,基于"政府介入"进行了分析,基于外部经济环境进行了分析。这四大类分析在内容上有一定的交叉,但侧重点有所不同(见表10-1)。

表10-1 分析政府经济职能的角度汇总表

| 研究视角 | 代表学者 |
| --- | --- |
| 市场失灵视角 | 胡鞍钢和王绍光(2000),唐兴霖和金太军(2000),等等 |
| 结构主义视角 | 阮红新和石祖葆(2000),连云(2000),张岩鸿(2004),等等 |
| 政府介入视角 | 邓苏(2002),刘凤义和张朝鹏(2017),等等 |
| 外部经济环境视角 | 曾国安(2001),等等 |

有学者相信市场是比其他任何机制都更有效的资源配置机制,但他们注意到福利经济学中关于市场失灵的论述,政府只应在市场失灵的领域进行干预。在市场有效运转的领域,政府则应靠边站。胡鞍钢和王绍光(2000)认为政府应在以下市场失灵的领域进行干预:提供公共产品;保持宏观经济稳定和协调发展;使经济外部性内在化;限制垄断;调节收入和财富的分配;弥补市场的不完全性和信息的不对称性。③唐兴霖和金太军(2000)则认为政府还应划定市场主体的产权边界和利益分界,维护经济秩序。④高文和王任(2007)认为在市场经济发展的不同阶段,政府经济职能的限度虽然存在差异,但起着决定性作用的范围应界定在市场失灵领域,可修补、体现效率优先原则的市

---

① 尹智博:《陈岱孙、高鸿业等教授认为应科学地借鉴西方经济学理论》,《战略与管理》,1994年第3期,第82~84页。
② 张曙光:《中国制度变迁的案例研究》(第1集),上海人民出版社,1996年,第8页。
③ 胡鞍钢,王绍光:《政府与市场》,中国计划出版社,2000年,第1~20页。
④ 唐兴霖,金太军:《论市场化进程中的政府经济职能多元性》,《中山大学学报》(社会科学版),2000第1期,第123~129页。

场缺陷。[1]

有学者从"结构主义"的角度,界定中国政府经济职能,因此,中国政府经济职能除包括以上内容外,还包括因经济转型和实际国情所要求的内容。一方面,有学者从我国经济转型的角度出发研究政府经济职能,持有该观点的学者认为中国正处在经济转型时期,与成熟的市场经济国家相比,政府应当在更多的领域里发挥作用。如阮红新和石祖荟(2000)认为转型期政府具体经济职能表现是:促进市场发育,建立公平竞争的统一市场,政府必须积极培育市场主体,建立和维护市场规则以及取缔非法经济活动;实施产业政策,促进产业结构高度化,保护民族经济;消除行政垄断;转型性失业者的社会保障。[2] 另一方面,有学者从实际国情角度出发,研究政府经济职能,他们认为中国有特殊的国情。如连云(2000)认为政府经济职能力度结构的决定因素有一国的意识形态因素、生产力发展水平、市场发育程度、所处的特定历史时期、政治状况、当时占主流的经济理论。[3] 张岩鸿(2004)认为在市场化进程中我国政府经济职能的限度主要取决于国家的经纪约束、国家的存在目的、市场失灵的领域范围、政府集团的目标函数、国家所处的特定历史阶段以及国家主流文化价值取向。[4]

有学者根据政府介入经济生活程度和角色的不同,将政府经济职能划分为若干层次,但是这些学者各自所划分的具体的层次的内容不尽相同。如邓苏(2002)等人认为中国政府经济职能包括:浅层次职能,即制定游戏规则和保护产权,这是政府的首要即最根本的职能;次深层次职能,即弥补市场失灵,强化宏观调控;最深层次职能,即消除对经济改革的阻碍与对抗;外延层次职能,即协调国际经济活动,维护国家经济利益。[5] 张岩鸿(2004)等认为市场经济下政府经济职能适用的范围不同,其强度或力度可划分为四个层次:第一层次是政府基本经济职能——"守夜人"职能;第二层次是政府适度经济职能—宏观调控职能;第三层次是政府深度经济职能——行政管制职能;第四层次是政府核心经济职能——直接经营职能。[6] 刘凤义和张朝鹏(2017)认为国家的二重属性决定政府经济职能的不同层次:国家的阶级属性决定政府的特殊经济职能,从根本上维护统治阶级的利益;国家的公共属性决定政府的基本经济职能,如调控经济运行、调节经济结构、避免严重的贫富分化、保持经济稳定增长和维护市场经济秩序等。我国社会主义国家性质决定了政府的特殊经济职能:不断扩大再生产社会主义新型生产关系;坚持市场经济中的共享发展和共同富裕方向;通过做强做优做大国有企业更好地驾驭市场经济。[7]

经济全球化使发展中国家所面临的外部环境进一步发生了变化,有学者从国际经济发展的角度研究政府应履行的经济职能。如曾国安(2001)认为由于经济全球化使发展

---

[1] 高文,王任:《市场经济条件下政府经济职能的限度与力度》,《经济管理》,2007年11月,第31~35页。
[2] 阮红新,石祖荟:《论经济转型中政府的经济职能》,《中央财经大学学报》,2000年第7期,第6~9页。
[3] 连云:《市场经济下政府经济职能的力度分层探析》,《经济问题》,2000年第5期,第7~9页。
[4] 张岩鸿:《市场经济条件下政府经济职能规范研究》,人民出版社,2004年,第57~61页。
[5] 邓苏:《中国过渡经济中政府经济的分层探析》,《经济评论》,2002第6期,第39~42页。
[6] 张岩鸿:《市场经济条件下政府经济职能规范研究》,人民出版社,2004年,第98~150页。
[7] 刘凤义,张朝鹏:《论国家二重属性与政府的经济职能——兼论政府和市场的关系》,《社会科学战线》,2017年第10期,第36~42页。

中国家面临的外部经济环境发生了变化,发展中国家的政府还需要履行新的经济职能:一是要求或寻求国际联合干预国际游资的流动;二是使国内经济法规与国际通行的规则相适应;三是运用各种力量渐进性地调整或修改对发展中国家歧视性的非公平的原有的国际经济规则;四是积极参与制定国际经济规则;五是推动全球贸易自由化,动用政府的力量为国内企业发展国际贸易提供有利的条件;六是动用政府力量努力争取生产要素的对等流动,促进低质要素的输出和优质要素的输入。①

## 五、社会主义市场经济条件下政府经济职能的内容

学者对社会主义市场经济条件下政府经济职能的内容进行了不同的划分总结,有"三项职能论""四项职能论""六项职能论"等(见表10-2)。

表10-2 关于社会主义市场经济条件下政府经济职能内容的重要观点汇总表

| 分类 | 代表学者 |
| --- | --- |
| 三项职能论 | 石柱成和廖君沛(1994),郭连成(2011),吴超林(1999),等等 |
| 四项职能论 | 张岩森(1998),周殿坤(2002),张军涛和梁志勇(2006),等等 |
| 六项职能论 | 朱光华(1995),刘卓珺(2009),秦馨和黄义英(2016),等等 |
| 八项职能论 | 谢自强(2004),崔松虎和颜旭(2009),等等 |
| 十项职能论 | 张明龙(2009),吴培和李成勋(2017),等等 |

三项职能论。如石柱成和廖君沛(1994)认为社会主义国家作为社会中心和全民所有制经济的代表,具有宏观调控、国有资产管理、搞好基础设施的经济职能。② 杨泽宇(1998)认为就适应社会主义市场经济要求的政府职能而言,强政府主要应体现在以下三个方面:宏观调控灵活有力、市场经济法制健全、社会服务制度完善。③ 吴超林(1999)从制度、宏观、微观的角度将政府经济职能归纳为三项:社会主义制度基础决定的政府经济职能,即制度框架的创立和维护;市场失灵引起的政府经济职能,即微观规制;市场非均衡引起的政府经济职能,即宏观调控。④ 王廷惠(2002)以开放经济为背景,认为我国政府不仅要承担一般的经济职能,而且还要结合我国的实际情况构建市场运行的基本制度框架,转变为竞争型政府。其将市场经济条件下,政府的经济职能大致也分为三类:基础性职能,即由市场过程到政治过程——宪法经济学;宏观调控,即经济总量非均衡的制度安排;微观规制,即市场缺陷的政府解。⑤ 徐红兵(2003)认为市场经济条件下政府对于市场经济主要存在的三项经济职能是提高效率、增进平等以及

---

① 曾国安:《关于经济全球化背景下发展中国家政府经济职能的思考》,《财贸经济》,2001第12期,第10~15页。
② 石柱成,廖君沛:《社会主义宏观经济分析与调控》,四川大学出版社,1994年,第10页。
③ 杨泽宇:《转变政府职能的经济思考》,《云南财贸学院学报》,1998年第1期,第14~18页。
④ 吴超林:《社会主义市场经济中的政府经济职能界定》,《社会主义研究》,1999年第1期,第54~57页。
⑤ 王廷惠:《加入WTO与政府经济职能转变》,《上海经济研究》,2002年第7期,第3~13页。

促进宏观经济的稳定与增长。① 郭连成（2011）认为政府的基本职能有：纠正市场失灵和弥补市场缺陷；为市场提供必要的规则和制度框架，维护市场竞争性和规则性；提高效率、增进平等和促进宏观经济的增长和稳定。② 孙宇晖和贾非（2009）认为从市场经济对政府的一般要求看，我国政府承担三项职能：制定完善的法律法规并严格监督执行的职能；利用有效手段对经济进行调控的职能；提供公共物品的职能。③

四项职能论。如张岩森（1998）等则认为政府在市场经济运行中一般有四方面经济职能：一是发挥宏观调控作用，当好"调控员"；二是建立和维护市场规则，当好"裁判员"；三是提供社会服务，当好"服务员"；四是管理和监督国有资产，当好"管理员"。其中，政府职能转变后，宏观调控就成为政府的一项主导职能。④ 刘志生（2008）认为社会主义市场经济条件下的政府经济职能，概括起来就是国有资产管理职能、市场监管职能、宏观调控职能和提供公共产品职能。⑤ 张军涛和梁志勇（2006）认为政府的经济职能主要是通过政府的经济管理部门来实现的。具体包括制定经济和社会发展战略、计划、方针和政策，协调地区、部门和企业之间的发展计划和经济关系，制定并监督执行经济法规等。政府的经济职能一般包括四个方面，即政府的配置职能、分配职能、调节职能和稳定职能。⑥ 周殿坤（2002）认为市场经济中政府经济职能定位准则有：直接经营一定经济事务，为全社会提供公共产品及服务和基础设施；维护公平竞争秩序，防止市场垄断，管制自然垄断企业，保护消费者权益；建立健全良好的经济秩序，保持国内国际市场开放，降低交易成本，促进自由贸易；实行稳健的经济政策，维护宏观经济稳定。⑦

六项职能论。如朱光华（1995）认为社会主义市场经济条件下的中国特色的政府经济职能可以归纳为六点：国有资产的所有者和产权界定职能；制定经济社会发展战略；促进市场发育、规范市场发展；促使潜在的比较优势发挥的职能；用财政、国币等经济杠杆对宏观经济进行总量调节的职能；治理"市场失效"的职能。同时指出政府经济职能的作用手段分三种，包括经济参数调节手段、法律规范手段和行政命令手段。⑧ 秦馨和黄义英（2016）认为政府经济建设职能包括六项：改革和完善经济活动所依存的体制机制，提升经济活动的质量和效率，指引经济活动的方向和布局；关注公平，使所有人在经济活动中都能够共享经济繁荣所带来的利益；保障国家经济安全，在国际经济合作和竞争中依法、依约、依规为本国经济谋求最大利益；制定经济发展战略，并指导和监

---

① 许红兵：《市场失灵、政府失效及对策》，《郑州大学学报》（哲学社会科学版），2003年第4期，第132~135页。
② 郭连成：《经济全球化与转轨国家政府职能转换研究》，商务印书馆，2011年，第124页。
③ 孙宇晖、贾非：《论社会主义市场经济下政府职能》，《市场经济下的政府职能》（政治经济学研究报告），社会科学文献出版社，2009年，第44~45页。
④ 张岩森：《论市场经济的国家干预作用》，《北京大学学报》（哲学社会科学版），1998年第6期，第100~106页。
⑤ 刘志生：《论我国政府经济职能的定位及实现途径》，《上海经济研究》，2008年第2期，第82~86页。
⑥ 张军涛，梁志勇：《经济全球化背景下政府经济职能转变研究——基于辽宁的实证分析》，《财经问题研究》，2006年第9期，第62~69页。
⑦ 周殿昆：《政府经济职能错位及矫正》，《经济学家》，2002年第2期，第51~56页。
⑧ 朱光华：《政府经济职能和体制改革》，天津人民出版社，1995年，第33页。

督经济发展战略的落实;研判经济社会发展和科技进步的趋势、规律,领导和组织力量抢占经济发展制高点;统筹经济建设与政治、文化、社会、安全、生态建设的关系。①刘卓珺(2009)认为社会主义市场经济条件下的政府职能包括:宏观调控;培育和完善市场体系、维持市场秩序;提供公共产品和服务;建立和完善社会保障体系;为社会当家理财(即当财政税收之家,理政府开支之财,对社会生产、分配、流通施以影响,对国有资产进行管理和监督);协调对外经济关系。②

八项职能论。如崔松虎和颜旭(2009)认为政府的经济职能定位应以"改革者、执法者、协调者、服务者"四位一体,最终落脚点在服务上。包含以下八项内容:一是改善和加强宏观调控,保持国民经济的平衡、稳定、协调发展;二是遏制垄断,保持良好的市场竞争环境;三是妥善处理经济的外部性,补偿正外部性,惩处负外部性;四是协调区域经济,协调收入和财富分配,缩小贫富差距,促进社会公平;五是有效提供公共物品和服务;六是建立健全法制法规,明晰界定产权,维护市场秩序,完善市场体系;七是强化国际性经济职能,既要融入经济全球化的大潮,提高我国经济的国际竞争力,又要维护国家经济安全;八是鼓励科技创新,健全激励机制,完善国家创新体系,提升国家科技竞争力。③谢自强(2004)认为政府的经济职能主要有:一是创造和维护正常的市场运行和竞争秩序;二是抑制、限制或清除垄断及垄断的不利影响;三是政府必须解决外部经济效应问题;四是提供和组织公共产品的供给;五是提供信息和促进市场信息供应量的增加;六是进行收入再分配,缩小收入分配差距;七是维护宏观经济基本平衡,促进经济结构优化,保持宏观经济稳定;八是履行国有资产出资人职能,建立和完善国有资产管理、营运、监督体制。④

十项职能论。如吴培和李成勋(2017)认为社会主义国家政府的主要十大经济职能有:组建公有制经济、财政保障、金融支持、基础设施建设、社会保障、管控对外经贸、实施宏观调控、顶层设计、保护生态环境和倡导先进发展理念。⑤张明龙(2009)认为市场经济条件下政府的主要经济职能有:制定适宜的经济政策;完善经济法规;更好地发挥计划机制的长处;变动经济参数;加强道德规范建设;健全监督体系;提供社会公共服务,并直接参与某些经济活动;积极开展有利于市场经济发展的制度创新;建立适应市场经济的社会保障制度;综合运用示向性引导措施。⑥

---

① 秦馨、黄义英:《新时期政府经济职能定位探究——一种经济分类的视角》,《学术论坛》,2016年第2期,第15~19页。
② 刘卓珺:《中国政府职能的准确定位与调整思路》,载王振中:《市场经济下的政府职能》(政治经济学研究报告10),社会科学文献出版社,2009年,第220~222页。
③ 崔松虎、颜旭:《有限政府下的政府经济职能界定》,《生产力研究》2009年第11期,第20~21页。
④ 谢自强:《政府干预理论与政府经济职能》,湖南大学出版社,2004年,第74~76页。
⑤ 吴培、李成勋:《充分发挥政府经济职能是贯彻落实五大发展理念的保障》,《管理学刊》,2017年第4期,第10~16页。
⑥ 张明龙:《市场经济条件下政府的主要经济职能》,载王振中:《市场经济下的政府职能》(政治经济学研究报告10),社会科学文献出版社,2009年,第94~86页。

## 第四节　社会主义市场经济中的宏观调控

### 一、社会主义市场经济宏观调控的内涵

（一）宏观调控的概念

刘振彪（2004）认为所谓宏观调控，就是由国家对市场经济的运行总量与结构进行调节、控制和引导，在国民经济运行过程中，通过制定各种宏观经济政策和综合运用多种手段来调控经济总量和结构，影响微观决策，以实现国家的发展战略目标和计划任务的政府行为。① 吴树青（1997）认为所谓对国民经济的宏观调控是指国家按照国民经济能以较快的速度稳步协调发展的需要，运用经济计划以及经济的、法律的、必要的行政手段对整个国民经济进行的调节和控制。② 韩宏树（1993）认为所谓宏观调控，是指国家为使经济运行达到预定状态，从国民经济全局出发，综合运用各种调控手段，对全国或全社会经济活动进行调节和控制的行为。③ 匡家在（2004）认为宏观调控，即国家或政府运用一定的经济政策对宏观经济总量（即总供给和总需求）进行调节以趋近经济目标的行为过程。④ 张银杰（2008）认为宏观调控指中央政府作为宏观调控的主体，运用宏观经济手段和政策，通过调整其所掌握的某些经济变量，来影响市场经济中各种变量的取值，从而对宏观经济的运作进行"控制"或"调节"，并影响私人经济部门行为的决策过程。⑤

（二）宏观调控的主体与对象

宏观调控的主体。如刘振彪（2004）认为国家是宏观调控的主体。⑥ 韩宏树和刘文西（1993）认为宏观调控的主体是国家，或者说，是代表国家形式调控权的经济管理部门或行政管理部门，即计划、财政、税务、金融、工商、物价、审计、统计、技术监督部门等。⑦ 张勇（2020）认为一元化的宏观调控主体是中央政府，地方政府的经济管理权限仅限于管理调节地方经济的发展。⑧

宏观调控的对象。如刘振彪（2004）认为市场经济运行的过程及其结果是宏观调控

---

① 刘振彪：《国家宏观调控演变》，湖南人民出版社，2004年，第137页。
② 吴树青：《政治经济学》，中国经济出版社，1997年，第373页。
③ 韩宏树，刘文西：《中国市场经济与国家宏观调控》，武汉大学出版社，1993年，第367页。
④ 匡家在：《转轨条件下宏观调控的目标次序》，《中央财经大学学报》，2004年第3期，第37~41页。
⑤ 张银杰：《宏观经济理论与实践新论——政府的职能与宏观经济疑难问题探讨》，上海财经大学出版社，2008年，第1~2页。
⑥ 刘振彪：《国家宏观调控演变》，湖南人民出版社，2004年，第119页。
⑦ 韩宏树，刘文西：《中国市场经济与国家宏观调控》，武汉大学出版社，1993年，第367页。
⑧ 张勇：《中国特色社会主义的宏观调控理论范式研究》，人民出版社，2020年，第232~233页。

的对象。① 顾海兵和周智高（2006）认为宏观调控的对象可以从主体与客体两个方面进行考察。从主体的角度来看，宏观调控主要涉及的是经济中各种利益主体。从客体看，宏观调控主要涉及的是国民经济的总体和总量，实现社会总供给和总需求的平衡是宏观调控的基本目标。这主要是通过一些重要的宏观经济指标体现出来，比如经济增长的速度、货币供给量等。② 韩宏树和刘文西（1993）认为宏观调控的对象是针对社会经济活动的全过程及全方位而言的，从宏观角度，对市场经济活动的整体进行调节和控制，属于宏观经济管理范畴，这种目标一方面与一贯的社会支付紧密相连，另一方面，反映了市场经济发展的内在要求，如价值规律。③ 罗季荣和李文溥（1994）认为宏观经济调控对象范围是指从总体上、总量上对宏观经济活动进行调节与控制。④

（三）宏观调控的本质

罗季荣和李文溥（1994）认为宏观经济调控的本质是资源配置的一种方式。在社会主义市场经济条件下，宏观调控所进行的资源配置，是在市场机制其基础性作用过程中，在宏观经济方面实现的，性质上属于第二次调节。宏观调控必须源于市场，高于市场，又为市场经济服务。⑤ 匡家在（2004）认为宏观调控本质上是宏观经济政策的短期调控，主要是总量调控，如何处理短期稳定和长期增长、总量调控和结构调整、政策和体制的关系，是中国经济转轨时期宏观调控理论和制定宏观调控政策必须考虑的重要问题。⑥ 刘振彪（2004）认为国家宏观调控就其本质和基本内容而言，是对市场经济运行过程及其结果的干预和引导，它以市场机制自身的存在并充分发挥其对社会资源配置的调节功能为前提。宏观间接调控是补充市场的不足，而不是取代市场的功能；离开了市场经济本身，也就无所谓对市场经济的宏观调控，这是宏观间接调控的基本性质。⑦ 张勇（2020）认为从概念的本质看，宏观调控属于思想上层建筑和政治上层建筑的综合范畴。从概念的外在表现看，宏观调控针对的问题是传统计划经济时期所未有的，也是西方发达市场经济国家实践中没有的。⑧ 刘剑文和杨君佐（2000）认为从性质上讲，政府的宏观调控行为是一种严格意义的经济管理行为，是现代国家干预经济的基本形式，也是经济管理行为的最高形式，是相对于经济管理机关的具体经济管理行为而言的。其价值在于政府通过一系列的调控手段，使宏观经济活动通过市场中介与市场主体的微观经济活动有机结合起来，保持总供求的基本平衡，强调全社会的公共利益至上。⑨

---

① 刘振彪：《国家宏观调控演变》，湖南人民出版社，2004年，第119页。
② 顾海兵，周智高：《我国宏观调控的范式研究——对象、方式及手段》，《国家行政学院学报》，2006年第2期，第36～39页。
③ 韩宏树，刘文西：《中国市场经济与国家宏观调控》，武汉大学出版社，1993年，第367页。
④ 罗季荣，李文溥：《社会主义市场经济宏观调控理论》，中国计划出版社，1994年，第30页。
⑤ 罗季荣，李文溥：《社会主义市场经济宏观调控理论》，中国计划出版社，1994年，第33页。
⑥ 匡家在：《转轨条件下宏观调控的目标次序》，《中央财经大学学报》，2004年第3期，第37～41页。
⑦ 刘振彪：《国家宏观调控演变》，湖南人民出版社，2004年，第119页。
⑧ 张勇：《中国特色社会主义的宏观调控理论范式研究》，人民出版社，2020年，第232～233页。
⑨ 刘剑文，杨君佐：《关于宏观调控的经济法问题》，《法治与社会发展》，2000年第4期，第15～23页。

### (四) 宏观调控的要求与范围

宏观调控的要求。吴树青（1997）认为宏观调控基本要求是：使宏观经济活动通过市场中介和微观经济活动有机地结合起来，保持总供求的基本平衡，顺利实现经济发展的战略目标。[1] 靳文辉（2011）认为宏观调控行为是重要的政府行为之一，宏观调控行为欲发挥效力，必须具备伦理上的"善"和正义性，即必须符合正义性的要求。政府宏观调控行为所要实现的正义是现代制度伦理中的分配正义、规则正义、经济民主和实质公平。[2]

宏观调控的限定范围。干春晖（1994）认为宏观调控的区域应被界定在市场失效与破缺领域、高市场配置成本领域、社会目标领域。[3] 杨秋宝（2003）认为市场经济中宏观调控的有效性与宏观调控主体的调控能力直接相关，宏观调控主体进行宏观调控的利益取向能力、目标决策能力和资源动员能力都要受到一定因素和条件的约束，因而宏观调控主体的调控能力是有限度的，只有在有限能力范围以内进行的宏观调控才可能是有效的。[4] 周为民（2013）认为所谓宏观调控，是对总供给、总需求、总的价格水平等经济总量的管理和调节，而那些针对单个产品、单个市场所作的干预，都是微观干预，不能把它们混同于宏观调控，不能把不断扩大微观干预当作是"加强宏观调控"。[5]

### (五) 宏观调控的特点

张勇（2020）认为中国宏观调控具有制度属性，成为社会主义市场经济条件下的国家重大制度安排，是生产力与生产关系在中国经建设过程中互动的结果。[6] 戴天顺（1995）认为宏观调控有以下特点：一是宏观调控的应具有预测性、指导性、战略性和实际的操作性；二是宏观经济调控是在充分发挥市场机制基础性调节过程中发挥其主导作用的；三是宏观经济调控在各个国家不可能实行统一的原则，由于国情国力不同，即使是调节通用手段，运作起来也会有不同的结果。[7] 庞明川（2009）在系统总结中国30年宏观调控经验的基础上认为，中国的宏观调控虽然还存在一些不足，但明显迥异于成熟市场经济国家和转轨国家的宏观调控，具有鲜明的中国特色。从宏观调控本身来看，这些特色表现为涵盖领域广泛、政策工具多样、宏观调控频繁、调控力度适度等；在转轨经济背景下，宏观调控还表现出实践性、过渡性、综合性和创新性等特点。这一独具特色的宏观调控为中国经济的持续快速增长提供了有力的保证。[8]

---

[1] 吴树青：《政治经济学》，中国经济出版社，1997年，第373页。
[2] 靳文辉：《政府宏观调控行为的伦理基础》，《经济问题探索》，2011年第2期，第7～11页。
[3] 干春晖：《社会主义市场经济体制下宏观调控的特点和范围》，《财经研究》，1994年第3期，第23～25页。
[4] 杨秋宝：《宏观调控主体的能力及其限度》，《陕西师范大学学报》（哲学社会科学版），2003年第6期，第69～75页。
[5] 周为民：《把握市场经济的实质，厘清宏观调控与市场作用的关系》，《国家行政学院学报》，2013年第6期，第12～13页。
[6] 张勇：《中国特色社会主义的宏观调控理论范式研究》，人民出版社，2020年，第245页。
[7] 戴天顺：《市场经济运行的宏观调控》，机械工业出版社，1995年，第Ⅰ页。
[8] 庞明川：《中国特色宏观调控的实践模式与理论创新》，《财经问题研究》，2009年第12期，第18～24页。

## 二、社会主义市场经济宏观调控的依据

### (一) 宏观调控的理论依据

第一种观点认为宏观调控是基于马克思主义经济理论。如叶祥松（1999）指出马克思主义的经济均衡和非均衡理论应当作为国家宏观调控的理论基础。① 刘振彪（2004）认为马克思的均衡与非均衡理论与他独特的价值——价格理论有机融合为一体，从价值和实物两种形态上分析了市场经济从非均衡到均衡的实现机制，为社会主义市场经济的宏观调控奠定了科学的理论基础。② 张霞和李成勋（2018）认为马克思《资本论》中的社会总资本再生产理论，对于社会主义市场经济宏观调控尤为重要。③

第二种观点认为市场机制的缺陷是进行宏观调控的依据。如周春（1993）指出市场并不是万能的，它本身也存在某些弱点和消极的方面，所以国家对国民经济还要加强宏观调控。④ 刘振彪（2004）认为市场经济中国家宏观调控产生并逐步发展的必然性主要在于，存在着市场失灵的现实可能性和市场机制的调节有其自身的弱点和消极方面。微观经济层面的市场失灵包括不完全竞争、外部性、公用品存在、信息不对称产生逆向选择和道德风险、收入差距；宏观经济层面的市场失灵包括失业、通货膨胀、国际收支平衡、不发达的恶性循环；市场机制自身的弱点指微观经济主体不可能实现洞察国民经济的全局，同时它们是从自身利益出发进行决策行为的，不可能完全符合社会整体利益。⑤

第三种观点认为宏观调控与市场机制是共生关系。周春（1993）认为市场经济体制并不排斥宏观调控，相反，市场机制必须同国家的宏观调控相结合，才能引导国民经济健康发展。⑥ 刘振彪（2004）进一步指出国家宏观调控是市场经济发展的产物，是与建立在高度发达的社会分工和社会化大生产基础上的现代市场经济紧密联系的经济范畴。宏观调控在市场经济的基础上产生，反映了市场经济自身发展的内在要求。⑦ 吴超林（1999）认为宏观调控则是市场经济内在机制充分发挥作用从而导致经济总量非均衡结果的必然产物，市场经济的发展内在地要求国家对经济总量进行调节，以减少市场机制调节时滞产生的高昂成本。⑧ 周为民（2013）认为宏观调控不是对市场作用的限制或替代，它是以市场充分发挥作用为基础的，是在这个基础上为达到加进了多重目标以后的某种特定的均衡而进行的总量调节。宏观调控的有效性是依靠由市场的充分发展所形成

---

① 叶祥松：《马克思的经济均衡和非均衡理论是宏观调控的理论基础》，《中州学刊》，1999 年第 4 期，第 23～26 页。
② 刘振彪：《国家宏观调控演变》，湖南人民出版社，2004 年，第 86 页。
③ 张霞，李成勋：《我国市场经济宏观调控的路径指向——基于〈资本论〉中的按比例发展理论》，《毛泽东邓小平理论研究》，2018 年第 7 期，第 16～21 页。
④ 周春：《市场经济与宏观调控》，《四川社科界》，1993 年第 6 期，第 1～2 页。
⑤ 刘振彪：《国家宏观调控演变》，湖南人民出版社，2004 年，第 120 页。
⑥ 周春：《市场经济与宏观调控》，《四川社科界》，1993 年第 6 期，第 1～2 页。
⑦ 刘振彪：《国家宏观调控演变》，湖南人民出版社，2004 年，第 119 页。
⑧ 吴超林：《社会主义市场经济中的政府经济职能界定》，《社会主义研究》，1999 年第 1 期，第 54～57 页。

的组织工具和组织技术来实现的。①

此外,有的学者综合多方面的理论说明进行宏观调控的必要性。如韩宏树和刘文西(1993)认为在现代市场经济条件下,社会化大生产内在的按比例发展的客观要求,以及市场的失灵、缺损及其成本,使得国家对市场经济的调控成为必然。② 马德安和黄丽霞(1998)等认为政府必要的宏观调控是社会主义市场经济顺利运行的前提,由政府实行科学而有序的宏观调控,是市场经济顺利运行的内在要求,也是现代市场经济的重要标志。③ 戴天顺(1995)认为市场经济本质特征要求宏观调控;市场机制自身的缺陷需要宏观调控;建立社会主义市场经济体制要求宏观调控。④

### (二)宏观调控的现实需要

匡家在(2004)认为宏观调控是现代市场经济发展的必然要求,是国家的经济职能在宏观经济领域的体现。⑤ 黄志亮(2006)认为社会化大生产、维系全体人民的利益、实现经济的可持续发展、保持经济的稳定增长、缩小地区发展差距、构建和谐社会、维系大国的战略安全,从本质上说明了国家宏观调控是我国社会主义初级阶段经济发展的内在的制度规定;而追赶发达国家的巨大压力、中国反"和平演变"的国家走向以及取得国家的竞争优势的主动战略,从外部规定了我国必须坚持强有力的宏观调控。⑥ 张勇(2016)认为中国的历史文化传统和社会主义市场经济发展的现实需要,赋予了宏观调控作为中国式上层建筑所承担的历史使命。⑦ 并进一步总结指出中国的宏观调控行为根植于中国生产力发展的独特经济社会文化环境中,生产力和生产关系、经济基础和上层建筑之间的互动决定了宏观调控在目标设定和手段选择等方面的特殊表现,决定了宏观调控成为社会主义市场经济条件下顶层设计层面的国家重大制度安排。⑧ 石柱成和廖君沛(1994)认为社会主义市场经济条件下,国内经济对世界市场的依存度越来越大、全民所有制经济的巩固和发展,实现宏观经济的平衡,实现国家长远发展目标都需要国家进行宏观调控。⑨ 周春(1993)认为确定经济发展的战略目标、控制经济发展的合理速度、有计划安排国民经济中的重大比例和总量平衡、优化经济结构等都需要国家通过宏观调控来实现。⑩ 徐北海和田玉梅(1995)认为社会主义国家对国民经济进行宏观调控的必要性在于:协调总供给与总需求矛盾的需要;协调供给结构和需求结构矛盾的需要;协调社会主义商品经济利益矛盾的需要;协调由于市场分配原则所引起的利益矛盾

---

① 周为民:《把握市场经济的实质,厘清宏观调控与市场作用的关系》,《国家行政学院学报》2013年,第6期,第12~13页。
② 韩宏树,刘文西:《中国市场经济与国家宏观调控》,武汉大学出版社,1993年,第382页。
③ 马德安、黄丽霞、李欣:《市场经济与政府经济职能》,中国人事出版社,1998年,第79页。
④ 戴天顺:《市场经济运行的宏观调控》,机械工业出版社,1995年,第1~6页。
⑤ 匡家在:《转轨条件下宏观调控的目标次序》,《中央财经大学学报》,2004年第3期,第37~41页。
⑥ 黄志亮:《宏观调控:我国社会主义市场经济的制度规定》,《马克思主义研究》,2006年第11期,第34~37页。
⑦ 张勇:《作为社会主义市场经济重要制度安排的宏观调控:一个学理分析》,2016年第5期,第50~54页。
⑧ 张勇:《中国特色社会主义的宏观调控理论范式研究》,人民出版社,2020年,第236页。
⑨ 石柱成、廖君沛:《社会主义宏观经济分析与调控》,四川大学出版社,1994年,第9~10页。
⑩ 周春:《市场经济与宏观调控》,《四川社科界》,1993年第6期,第1~2页。

的需要。① 何克和周殿坤（1991）认为国家调控市场是宏观管理方式改革的需要，是建立商品经济秩序的需要，是经济和社会稳定发展的需要，是市场功能与计划功能相结合的需要，是建立和完善市场体系的需要。②

### 三、社会主义市场经济宏观调控演变

#### （一）宏观调控演变的阶段

赵锡斌（1995）认为对宏观调控理论的认识，关键在于对计划与市场的关系的认识。从对理论认识的程度以及宏观调控制度与方法体系的变化情况看，我国大体上有如下三个层次的发展：一是对市场经济的否定，建立高度集中的直接计划调控体系；二是对高度集中的单一的直接计划调控体系的否定，建立计划调节与市场调节相结合的"双重"调节机制；三是对计划和市场的特定社会属性的否定，建立社会主义市场经济条件下的宏观调控体系。③ 杨小勇和吴宇轩（2020）认为新中国成立70余年来，我国宏观调控经历了三个不同的发展阶段：一是计划经济条件下的直接调控阶段，二是计划与市场相结合条件下的宏观调控探索阶段，三是社会主义市场经济条件下宏观调控能力趋于科学化和现代化的新阶段。④ 左锋（2008）回顾了我国宏观调控目标体系的演变过程，认为其逐步完善的特征清晰可见：第一阶段是1979—1991年，属于推进市场导向体制改革背景下计划的宏观转型阶段；第二阶段是1992—2001年，属于建立社会主义市场经济体制背景下宏观调控目标体系调整阶段；第三阶段是2002—2007年，属于深化社会主义市场经济体制背景下宏观调控目标体系规范阶段。⑤

#### （二）宏观调控演变的特点

1. 演变的内在规定性

杨小勇和吴宇轩（2020）认为我国宏观调控演变的进程展现出了社会主义宏观调控的内在规定性：促进国民经济有计划按比例发展、促进社会生产力水平不断提高、促进社会主义生产目的的实现。社会主义宏观调控的成功机理在于，在中国共产党的坚强领导下，实现坚持社会主义基本经济制度、不断深化改革、尊重客观规律三方面的协同。⑥ 张勇（2020）认为从概念的来源看，宏观调控概念的形成呈现出独特的时间与理论进路。宏观调控作为一个经济现象，是1978年中国开始改革开放，从传统计划经济

---

① 徐北海，田玉梅：《社会主义市场经济体制框架研究》，首都师范大学出版社，1995年，第72~74页。
② 何克，周殿坤：《四川市场体系研究》，四川大学出版社，1991年，第241~244页。
③ 赵锡斌：《政府对市场的宏观调控：理论与政策》，武汉大学出版社，1995年，第12~13页。
④ 杨小勇，吴宇轩：《社会主义宏观调控内在规定性及成功机理研究》，《毛泽东邓小平理论研究》，2020年第1期，第8~16页。
⑤ 左峰：《基于和谐社会视角的宏观调控目标体系创新研究》，《中央财经大学学报》，2008年第9期，第52~55页。
⑥ 杨小勇，吴宇轩：《社会主义宏观调控内在规定性及成功机理研究》，《毛泽东邓小平理论研究》，2020年第1期，第8~16页。

向社会主义市场经济建设时间的理论产物,是一个反映中国本土化实践的概念。①

2. 演变的渐进过程

勒系琳(2012)认为从计划体制的行政分权到社会主义市场经济条件下宏观调控的演变过程,是由政府直接控制到间接调控的渐进过程。② 韩宏树和刘文西(1993)认为我国传统的宏观调控体系是建立在传统的有机化商品经济体制之上的,市场经济体制的确立对国家宏观调控提出了新的特殊要求,要求宏观调控从传统侧重于微观管理转向宏观管理;从对企业的支架管理转向间接调控;从行政管理为主转向以经济和法律、政策手段为主。③ 张勇(2020)认为宏观调控是一个在中国经济转型过程中,在中国社会主义市场经济实践中逐渐形成的本土化概念,其形成和演化经历了"宏观调节—宏观控制—宏观调控"的发展链条,而这一学术梳理和溯源的早期工作是刘瑞最早进行的。通过学术史的梳理和溯源,才能明确一个事实,即直到中国社会主义市场经济实践出现后,才有了宏观调控的概念和行为。④

3. 计划经济体制的必要性

赵锡斌(1995)认为由于特定的社会经济环境及价值取向等因素,历史让我们选择了计划经济体制,并相应地建立了以指令性计划为核心内容,以行政手段为基本方法的宏观调控体系。这种宏观调控体系,对我国社会主义建设无疑起了重大作用。但其弊端也随着经济的发展日益突出,并成为阻碍生产力进一步发展的一个重要因素。⑤ 张明鑫(1983)认为社会主义在公有制基础上实行计划经济是马克思、恩格斯创立的科学理论,计划经济是生产社会化和生产资料公有制的客观必然。⑥

4. 体制转轨时期的特点

田江海(1997)认为体制转轨时期的特殊国情决定了这一时期我国宏观调控体系的特点:一是经济杠杆的"单轨—双轨—单轨"模式,二是由直接调控为主转为向间接调控,三是由无序转向有序。⑦ 戴天顺(1995)认为我国是从中央集权式的计划经济向宏观调控的市场经济过渡,转轨的启动力量来自国家。我国是坚持公有制为主体的前提下向市场经济过渡,既要对公有制经济进行调控,又要对非公有制经济进行调控,使宏观调控的作用尤为显著。⑧

---

① 张勇:《中国特色社会主义的宏观调控理论范式研究》,人民出版社,2020年,第232~233页。
② 勒系琳:《我国宏观调控手段转变研究》,《公共管理》,2012年第11期,154~156页。
③ 韩宏树,刘文西:《中国市场经济与国家宏观调控》,武汉大学出版社,1993年,第388页。
④ 张勇:《中国特色社会主义的宏观调控理论范式研究》,人民出版社,2020年,第229~230页。
⑤ 赵锡斌:《政府对市场的宏观调控:理论与政策》,武汉大学出版社,1995年,第1页。
⑥ 张明鑫:《计划经济为主、市场调节为辅的必然性与必要性》,《江西财经学院学报》,1983年,第6~10页。
⑦ 田江海,等:《社会主义市场经济宏观调控》,中国轻工业出版社,1997年,第25~29页。
⑧ 戴天顺:《市场经济运行的宏观调控》,机械工业出版社,1995年,第Ⅰ页。

## 四、社会主义市场经济宏观调控的目标、任务与内容

### (一) 宏观调控的目标

宏观调控的总体目标。宏观调控的基本目标或总体目标,学术界的认识基本是一致的,即总供给与总需求在总量与结构上的基本平衡。在此基础上,学者进行了不同程度的延伸与扩展。如江春泽(1994)认为宏观调控的基本目标是构造社会总供给和社会总需求在总量上和结构上的基本平衡。① 戴天顺(1995)认为应优化产业结构,建立和维护市场秩序,规范各种市场主体的行为,为市场竞争创造必要条件;社会总供给与总需求的平衡是宏观调控总目标的核心。② 张勇(2020)认为宏观调控的目标既包括总量调节,也包括结构调整。③ 刘振彪(2004)认为国家宏观调控目标实际上是宏观经济政策目标的动态化,宏观经济政策目标动态化后表现为两个方面:总供给与总需求均衡、结构均衡。④ 韩宏树和刘文西(1993)认为宏观调控具有很强的目标性,在我国社会主义市场经济体制中,这种目标可表现为四个方面:一是保持社会总供给与总需求在总量和结构上大体平衡;二是促进产业结构合理化;三是保持资源和环境的良性循环,促进社会进步;四是维护市场经济秩序。⑤ 樊纲(1992)指出宏观调控的目的在于熨平波动,实现稳定增长,宏观调控的主要内容是对总供给和总需求关系的调节和控制。⑥ 石柱成和廖君沛(1994)认为宏观经济调控的总目标是保持经济社会的持续稳定增长和协调发展,以满足人们经常增长的物质和文化生活需要。为实现这一总目标,就要求对经济运行过程(生产、流通、分配、消费)和社会事业的发展进行调节,实现各项具体目标。⑦

宏观调控的具体目标。江春泽(1994)认为具体目标大致是:第一,维持社会总供给和总需求的基本平衡,达到适度的经济增长率,避免大起大落,造成浪费;第二,维持物价总水平和通货的基本稳定;第三,充分就业;第四,收入公平化;第五,维持国家对外经济关系的基本稳定。⑧ 张银杰(2008)认为政府宏观经济调控的长期目标共有三个:一是效率、增长和稳定相结合;二是经济福利;三是分配公平。⑨ 其进一步指出宏观经济调控的具体目标是总供求的平衡,具体表现为:物价稳定、经济增长、充分就

---

① 江春泽:《宏观调控是现代市场经济体制的内在要求》,《求是》,1994年第6期,第26~29页。
② 戴天顺:《市场经济运行的宏观调控》,机械工业出版社,1995年,第10页。
③ 张勇:《中国特色社会主义的宏观调控理论范式研究》,人民出版社,2020年,第232~233页。
④ 刘振彪:《国家宏观调控演变》,湖南人民出版社,2004年,第135~137页。
⑤ 韩宏树,刘文西:《中国市场经济与国家宏观调控》,武汉大学出版社,1993年,第368~370页。
⑥ 樊纲:《论经济效率、总供求关系与经济体制——兼答胡汝银、张军同志》,《经济研究》1992年第3期,第16~22页。
⑦ 石柱成,廖君沛:《社会主义宏观经济分析与调控》,四川大学出版社,1994年,第11~14页。
⑧ 江春泽:《宏观调控是现代市场经济体制的内在要求》,《求是》,1994年第6期,第26~29页。
⑨ 张银杰:《宏观经济理论与实践新论——政府的职能与宏观经济疑难问题探讨》,上海财经大学出版社,2008年,第58页。

业和是国际收支平衡。① 田江海（1997）认为我国的宏观经济调控目标，一般反映在中共中央、国务院、全国人大所制定的国家计划中。宏观调控的目标应该有经济增长、反通货膨胀、充分就业、平衡国际收支和调节收入分配。② 徐北海和田玉梅（1995）认为宏观经济调控的目标主要有几项：一是物价稳定，二是经济增长，三是充分就业，四是国际收支平衡。③ 戴天顺（1995）认为资源合理配置、加快经济增长、物价基本稳定和防止通货膨胀、充分就业、实现财政收支、信贷收支、国际收支基本平衡等，可以看作是宏观调控的具体目标。④ 何克和周殿坤（1991）认为国家调控市场的目标主要有：一是保持市场总需求和总供给的基本平衡，使市场稳定发展；二是调整产业结构和市场产品结构，使产业结构高度化，使产品结构适应市场需求；三是调节利益分配，在提高效率的基础上实现共同富裕；四是协调各种关系，促进和维护统一市场的形成和发展。⑤ 左锋（2008）指出为客观反映和谐社会的要求，应该把我国的宏观调控目标体系创新为："经济持续增长，物价稳定，充分就业，国际收支平衡，收入分配合理，人与自然和谐。"⑥

## （二）宏观调控的任务与内容

### 1. 宏观调控的任务

徐北海和田玉梅（1995）提到，十四届三中全会指出的宏观调控的主要任务为保持经济总量的基本平衡，促进经济结构的优化，引导国民经济持续、快速、健康发展，推进社会全面进步。对于这一主要任务可以理解为四点：一是保持总供给与总需求的基本均衡，防止超国民收入分配；二是促进经济结构的优化，防止生产结构比例失调；三是引导国民经济持续、快速、健康发展，防止经济发展中的大起大落；四是协调社会各阶层各社会集团的经济利益关系，防止社会两极分化和分配不公。⑦ 罗季荣和李文溥（1994）认为我国社会主义市场经济体制中宏观调控的主要任务有五：一是保持经济总量平衡和经济结构的优化；二是让市场机制在宏观调控下起基础性的调节作用，不直接干预企业的生产经济活动；三是对市场的导向作用；四是调整经济利益的功能；五是综和协调与监督服务的功能。⑧

### 2. 宏观调控的主要内容

韩宏树和刘文西（1993）认为宏观调控的内容与目标紧密相关，一是按照宏观平衡总系统的内在结构和联系，组织建立全社会总供给和总需求的平衡系统，使积累和消费

---

① 张银杰：《宏观经济理论与实践新论——政府的职能与宏观经济疑难问题探讨》，上海财经大学出版社，2008年，第209页。
② 田江海，等：《社会主义市场经济宏观调控》，中国轻工业出版社，1997年，第22页。
③ 徐北海，田玉梅：《社会主义市场经济体制框架研究》，首都师范大学出版社，1995年，第78~80页。
④ 戴天顺：《市场经济运行的宏观调控》，机械工业出版社，1995年，第10页。
⑤ 何克，周殿坤：《四川市场体系研究》，四川大学出版社，1991年，247~254页。
⑥ 左峰：《基于和谐社会视角的宏观调控目标体系创新研究》，《中央财经大学学报》，2008年第9期，第52~55页。
⑦ 徐北海，田玉梅：《社会主义市场经济体制框架研究》，首都师范大学出版社，1995年，第75~77页。
⑧ 罗季荣，李文溥：《社会主义市场经济宏观调控理论》，中国计划出版社，1994年，第46~50页。

保持恰当的比例，实现社会扩大再生产的良性循环；二是根据国力的可能，妥善安排，合理规划，做到财政、信贷、物资、外汇的各自平衡和相互之间的总和平衡；三是根据国家产业政策，促进宏观产业结构、地区结构、企业组织结构的合理化，保证国民经济的主要比例关系基本协调、经济稳定增长；四是通过行政监督和执法，调控市场经济关系。① 刘振彪（2004）认为社会主义市场经济中国家宏观调控的内容包括：一是确定国民经济发展战略，制定中长期、科技和社会发展总体规划，为社会主义经济发展确定长远目标，从而为微观经济主体提供必要的宏观经济发展信息、趋向和正确方向；二是确定国民经济总量，保持社会总需求和总供给的大体平衡和合理的经济增长速度，为社会经济发展提供良好的宏观环境；三是组织重要的基础设施和基础产业的建设，增强国民经济发展的后劲，为社会经济发展提供坚实的基础；四是调节市场分配结果和组织社会保障，为社会经济发展提供稳定和谐的社会条件，保持经济发展与社会经济的协调；五是培育市场体系，规范市场规则，监督市场规则的执行，维护正常的市场秩序。② 戴天顺（1995）认为就宏观调控内容而言有长期、中期、短期之分。从长期来说，保持国民经济发展战略的正确，科学有据地安排发展目标、发展重点、发展步骤，保证人民生活水平的提高。从中期来说，保证产业结构的合理布局及其转换，确保地区经济发展的合理布局与地区发展战略的选择。从短期来说，主要是保证当前生产的顺利进行，保证国民经济各地区、再生产各环节间的协调与衔接，保持社会总供给与社会总需求的平衡、市场稳定和物价稳定。③

## 五、社会主义市场经济宏观调控的方式与手段

### （一）宏观调控的方式

宏观调控的方式一般分为直接调控和间接调控两种。张卓元（1989）认为宏观机制本身也要改革，改变传统的直接控制、行政控制的办法，逐步学会主要运用经济手段，同时配合行政手段和立法手段的办法，即主要运用间接控制的办法。④ 顾海兵和周智高（2006）认为宏观调控具体可以分为间接的宏观调节和直接的宏观控制。宏观调节是指宏观调控主体通过经济杠杆的作用影响经济主体的经济利益，并进一步影响经济主体的行为。宏观控制是指宏观调控主体直接作用于宏观调控的对象，以达到宏观调控的目标。根据二者在宏观调控中地位和作用的不同，宏观调控的方式也就可以分为以宏观控制为主、宏观调节与控制并用和以调节为主、控制为辅三种。宏观调控应该选择宏观调节与控制并用的方式。⑤ 罗季荣和李文溥（1994）认为间接调控使经济政策手段成为最主要的宏观调控手段。社会主义市场经济中的宏观调控，主要是间接调控。间接调控的

---

① 韩宏树，刘文西：《中国市场经济与国家宏观调控》，武汉大学出版社，1993年，第370~372页。
② 刘振彪：《国家宏观调控演变》，湖南人民出版社，2004年，第137~140页。
③ 戴天顺：《市场经济运行的宏观调控》，机械工业出版社，1995年，第10页。
④ 张卓元：《推进宏观调控和流通环节改革》，《改革》，1989年第5期，第10~14页。
⑤ 顾海兵，周智高：《我国宏观调控的范式研究——对象、方式及手段》，《国家行政学院学报》，2006年第2期，第36~39页。

特点是通过颁布有关法令，发挥各种经济组织的作用，利用各种经济杠杆，采取各种经济措施，使国家的计划得以实现。①

### （二）宏观调控的具体手段

"经济＋行政＋法律"论。如韩宏树和刘文西（1993）认为宏观调控手段主要包括经济手段、行政手段、法律手段三种。② 陈庆修（2007）认为完善和加强宏观调控，应以经济手段为主，以行政和法律手段为辅，并妥善处理好宏观调控与市场机制、产业政策、经济增长的关系，增强宏观调控的预见性、科学性和有效性，不断提高宏观调控的能力和水平，以有效发挥市场机制的作用，实现经济又好又快发展。③ 张勇（2020）认为多元化宏观调控的手段体系，是指宏观调控的手段包括经济手段、法律手段和行政手段等其他必要的手段。经济手段既包括财政政策、货币政策，也包括规划，而且强调规划与财政政策、货币政策的协调运用。④ 石柱成和廖君沛（1994）认为宏观调控主要运用经济手段、法律手段以及必要的行政手段，不直接干预企业的生产经营活动。⑤

"综合手段"论。在经济手段、法律手段、行政手段的基础上有的还提出运用其他手段进行补充。如何克和周殿坤（1991）认为国家调控市场主要是通过经济手段、行政手段和法律手段，还要辅以社会协商、经济信息服务、宣传教育等手段。⑥ 洪明星（1994）认为市场经济中宏观调控的手段主要包括：计划手段、财政手段、货币金融手段、法律手段、行政手段。⑦ 王兆铮（1995）指出社会主义市场经济条件下的宏观调控，要遵循价值规律，运用好经济政策、经济法规、计划指导和必要的行政管理等手段和方法。⑧ 江春泽（1994）认为宏观调控的具体手段有：财政调节、货币调节、收入调节、产业政策、人力政策、计划调节。⑨ 顾海兵和周智高（2006）将宏观调控分为宏观调节和宏观控制进行研究。他们认为宏观调节手段有经济手段、法规手段、文化手段；宏观控制的手段主要是行政手段。在宏观调控的过程中，也必须是各种手段的综合运用。⑩ 徐北海和田玉梅（1995）认为社会主义宏观调控手段主要包括：一是国家计划，是国家从宏观上引导和调控国民经济的基本依据，其作用主要是指导中长期发展计划、产业发展方向、企业行为等；二是经济政策，主要有产业政策、财政政策、货币政策；三是法律手段和行政手段。⑪ 周春（1993）指出，对市场经济进行宏观调控必须建立和

---

① 罗季荣，李文溥：《社会主义市场经济宏观调控理论》，中国计划出版社，1994年，第61页。
② 韩宏树，刘文西：《中国市场经济与国家宏观调控》，武汉大学出版社，1993年，第372～373页。
③ 陈庆修：《于无形之手的失灵处伸出有形之手——改善和加强宏观调控的定位及途径》，《国家行政学院学报》，2007年第5期，第28～25页。
④ 张勇：《中国特色社会主义的宏观调控理论范式研究》，人民出版社，2020年，第232～233页。
⑤ 石柱成，廖君沛：《社会主义宏观经济分析与调控》，四川大学出版社，1994年，第16页。
⑥ 何克，周殿坤：《四川市场体系研究》，四川大学出版社，1991年，第255页。
⑦ 洪明星：《略论社会主义市场经济中的宏观调控》，《社会主义研究》，1994年第2期，31～33页。
⑧ 王兆铮：《加强和改善国家对经济的宏观调控》，人民日报，1995年8月16日第11版。
⑨ 江春泽：《宏观调控是现代市场经济体制的内在要求》，《求是》，1994年第6期，第26～29页。
⑩ 顾海兵，周智高：《我国宏观调控的范式研究——对象、方式及手段》，《国家行政学院学报》，2006年第2期，第36～39页。
⑪ 徐北海，田玉梅：《社会主义市场经济体制框架研究》，首都师范大学出版社，1995年，第82～88页。

完善宏观调控体系，这就需要完善调控手段，包括政策手段、计划手段、经济手段、必要的法律手段和行政手段等。①

### （三）经济手段

#### 1. 经济手段的内容与特点

关于宏观调控中经济手段的内容，理论界从不同角度进行了阐释。如韩宏树和刘文西（1993）认为经济调控手段是指按照客观经济规律的要求引导调控经济活动的经济方法，它包括运用经济杠杆、经济组织、经济措施等管理经济的各种经济办法。其核心是贯彻物质利益原则，调整市场经济关系。② 顾海兵和周智高（2006）认为经济手段主要包括经济计划（规划）、财政政策及货币政策。③ 陈军（2002）认为经济手段是国家通过调整经济变量来影响经济运行过程的一切政策措施的总和，包括财政政策、产业政策、货币政策、收入政策、价格政策等。在市场经济条件下，宏观调控最常用的经济手段是财政政策和货币政策。④ 罗季荣和李文溥（1994）认为经济手段可以分为三个层次，第一个层次是计划、金融、财政手段，第二层次是经济数量计划手段、经济政策手段、经济体制手段。第三个层次是经济杠杆，主要包括利率、税率、价格、基础货币量、信贷规模等。且随着市场经济的不断发育，经济手段的层次会更加具体和细化。⑤ 石柱成和廖君沛（1994）认为经济手段主要是依据价值规律、供求规律、竞争规律等市场经济规律，依据按劳分配规律，依靠经济主体对自身经济利益的关心，运用同上述经济规律相联系的经济参数（价格、利率、汇率、工资），采取相应的经济政策对宏观经济活动进行调节的手段。⑥

关于宏观调控中经济手段的特点，理论界从不同角度进行了阐释。何克和周殿坤（1991）认为经济手段的特点是国家综合运用各种经济杠杆，直接或间接地影响经济主体的经济利益，使市场主体的微观决策自主地与宏观经济目标相适应，从而达到宏观调控的目标。⑦ 马德安等（1998）认为经济手段的特点是它能够较好地把市场调节与政府管理目标结合起来，更广泛调动社会各方面的积极性，既发挥了政府管理的作用又发挥了市场调节的作用。他们指出经济手段的特点具体表现为：经济手段是一种间接调节方式；经济手段调节功能的推动力是利益；经济手段是政府管理经济的职能；经济手段是政府实施经济职能的主要手段，在实际运行中有严格的层次性。⑧

---

① 周春：《市场经济与宏观调控》，《四川社科界》，1993年第6期，第1~2页。
② 韩宏树，刘文西：《中国市场经济与国家宏观调控》，武汉大学出版社，1993年，第372~373页。
③ 顾海兵，周智高：《我国宏观调控的范式研究——对象、方式及手段》，《国家行政学院学报》，2006年第2期，第36~39页。
④ 陈军：《构建"三位一体"的宏观调控体系》，《经济与管理研究》，2002年第1期，第25~26页。
⑤ 罗季荣，李文溥：《社会主义市场经济宏观调控理论》，中国计划出版社，1994年，第58~59页。田江海：《社会主义市场经济宏观调控》，中国轻工业出版社，1997年，第25页。
⑥ 石柱成，廖君沛：《社会主义宏观经济分析与调控》，四川大学出版社，1994年，第16页。
⑦ 何克，周殿坤：《四川市场体系研究》，四川大学出版社，1991年，第255~259页。
⑧ 马德安，黄丽霞，李欣：《市场经济与政府经济职能》，中国人事出版社，1998年，第100~101页。

2. 财政手段

关于经济手段中的财政手段,理论界从不同角度进行了阐释。如陈军(2002)认为财政政策由税收政策、财政支出政策(包括政府购买、公共工程投资、补贴和转移支付等)、预算政策(赤字或盈余)等具体政策组成。[①] 洪明星(1994)认为财政手段包括财政政策和财政杠杆。运用财政手段,主要是指依据形势的变化和经济运行状况增减税收和政府支出,影响总供给和总需求。为了实现财政手段的宏观调控作用,当前要进一步改革财政体制;完善复式预算制度,强化财政预算约束;理顺中央与地方的关系,实行中央与地方的分税制和国有企业的税利分流;充实税收人员队伍,提高税收人员素质;严格减免税制度的管理,打击偷税漏税活动;确保财政收入的稳定增长。[②] 江春泽(1994)认为财政由财政收入和财政支出两部分组成。税收是财政收入的重要来源,通过税种、税率等手段,就可以调节国家财政收入水平、企业和个人收入水平,从而制约投资方向、投资规模和个人消费基金的增减,以促进宏观经济目标的实现。财政支出的调节是通过增加或减少政府支出,来调节社会总需求水平。[③]

3. 货币手段

关于经济手段中的货币手段,理论界从不同方面进行了阐释。如陈军(2002)认为货币政策的主要工具是存款准备金率、再贴现率和公开市场业务等。[④] 洪明星(1994)认为货币金融手段包括货币发行政策和银行信贷政策以及与此相关的经济杠杆。它主要是通过改变中央银行的法定准备金比例、公开市场业务、贴现率、利率、汇率及抵押贷款等手段,调节资金流向和经济总量的平衡,影响整个经济的变化,不断校正由于总量不协调而引起的竞争偏差。[⑤] 江春泽(1994)认为货币调节的功能在于保持通货与物价稳定和国际收支平衡。货币供应量是实现货币调节功能的控制指标。[⑥]

(四)法律手段

关于宏观调控中法律手段,理论界从多个方面进行了阐释。如韩宏树和刘文西(1993)认为法律手段是为了维护社会经济活动的正常秩序,国家运用经济立法和司法等,对社会经济活动进行指导、规范、监督的一系列管理经济的方式。[⑦] 顾海兵和周智高(2006)认为法规手段是国家通过经济立法和司法调节经济活动的强制性手段,包括一系列关于经济活动的法律、法令、条例和规章制度。[⑧] 徐北海和田玉梅(1995)认为法律手段的主要形式是经济法,如运用《反不正当竞争法》规范市场主体行为。[⑨] 陈军

---

① 陈军:《构建"三位一体"的宏观调控体系》,《经济与管理研究》,2002年第1期,第25~26页。
② 洪明星:《略论社会主义市场经济中的宏观调控》,《社会主义研究》,1994年第2期,31~33页。
③ 江春泽:《宏观调控是现代市场经济体制的内在要求》,《求是》,1994年第6期,第26~29页。
④ 陈军:《构建"三位一体"的宏观调控体系》,《经济与管理研究》,2002年第1期,第25~26页。
⑤ 洪明星:《略论社会主义市场经济中的宏观调控》,《社会主义研究》,1994年第2期,31~33页。
⑥ 江春泽:《宏观调控是现代市场经济体制的内在要求》,《求是》,1994年第6期,第26~29页。
⑦ 韩宏树、刘文西:《中国市场经济与国家宏观调控》,武汉大学出版社,1993年,第372~373页。
⑧ 顾海兵、周智高:《我国宏观调控的范式研究——对象、方式及手段》,《国家行政学院学报》,2006年第2期,第36~39页。
⑨ 徐北海、田玉梅:《社会主义市场经济体制框架研究》,首都师范大学出版社,1995年,第88页。

（2002）认为法律手段是包括各种法规在内的完整体系，它在调控经济活动中的主要作用是给经济活动主体规定一个活动的基本框架和必须遵守的行为准则。① 石柱成和廖君沛（1994）认为法律手段服务于市场经济的法律体系。市场经济是法制经济，诸如经济主体的权利与义务，经济主体的运行规则，市场主体的市场进入，交易规范，市场秩序，以及社会保障都必须有相应的法律体系来保障，政府行为和宏观经济调控的职能也必须有相应的行政和管理方面的法律规范。②

关于宏观调控中法律手段的特性，理论界有学者进行了总结。如何克和周殿坤（1991）认为法律手段进行调节市场具有显著的强制性、稳定性、规范性和广泛性。③ 韩宏树和刘文西（1993）认为法律手段有普遍适应和反复使用性能、科学的规范功能、相对稳定功能、强制功能。④

宏观调控中法律手段或者法制化建设的必要性。如徐澜波（2010）认为仅有设权、分权、责任追究而实现的宏观调控法律化是不全面的，宏观调控的法律化是法治国家的应然要求和我国宏观调控的实际要求。⑤ 洪明星（1994）认为加强法制建设，制定与宏观调控、规范微观经济行为相适应的法律和法规，建立比较完备的经济法规体系，这是市场经济体制建设的迫切要求，也是宏观调控走向成熟的标志。因此，必须大力加强立法司法工作，制定综合性经济法规；制定重要职能部门的经济法规；制定和完善规范市场运作的经济法规；制定和完善规范微观经济活动的法规；同时建立严格的执法和监督体系。⑥ 胡光志和田杨（2011）认为宏观调控决策集权、宏观调控权力制衡、维护受控者权利、保障宏观调控理性化运行、宏观调控手段法治化当是宏观调控法治化过程中应坚持的基本原则。⑦

### （五）行政手段

#### 1. 是否运用行政手段进行宏观调控的争论

理论界对市场经济下采取行政手段进行宏观调控存在一些质疑。如吴敬琏（2010）认为市场经济最本质的特点，是自由的、自主的交换，如果上面始终有行政力量在控制，如果强势政府强化到主导经济资源配置的程度，那就不叫市场经济。⑧ 卢峰（2016）认为保留了行政手段的宏观调控界定为"宏观工具宽泛化"，在某些场合下出台大尺度强制性干预措施，有时会在客观上伤及合法产权与市场合约有效性原则，对市场经济规则与政策预期稳定性带来不利影响，不利于市场经济真正上轨道。⑨

---

① 陈军：《构建"三位一体"的宏观调控体系》，《经济与管理研究》，2002年第1期，第25～26页。
② 石柱成，廖君沛：《社会主义宏观经济分析与调控》，四川大学出版社，1994年，第16～17页。
③ 何克，周殿坤：《四川市场体系研究》，四川大学出版社，1991年，第259～260页。
④ 韩宏树，刘文西：《中国市场经济与国家宏观调控》，武汉大学出版社，1993年，第372～373页。
⑤ 徐澜波：《宏观调控的政策调整与法律调整之辨》，《法学》，2010年第11期，第17～29页。
⑥ 洪明星：《略论社会主义市场经济中的宏观调控》，《社会主义研究》，1994年第2期，31～33页。
⑦ 胡光志，田杨：《宏观调控法基本原则新探——从金融危机中"救市"需要法治化谈起》，《重庆大学学报》（社会科学版），2011年第17卷第1期，第102～109页。
⑧ 笑蜀：《中国还处在艰难转型——吴敬琏访谈录》，《南方周末》，2010年8月12日。
⑨ 卢峰：《宏调的逻辑：从十年宏调史读懂中国经济》，中信出版社，2016年，第11页。

同时有更多的学者对宏观调控中的行政手段表示肯定。如刘瑞（2005）总结自1978年以来的多次宏观调控发现，越是坚定不移地运用行政手段实施宏观调控，就越是能够取得比较明显的宏观调控成效。① 王静（2008）在针对2003—2005年的宏观调控进行实证研究时也发现，尽管宏观调控的大原则和大方向一直强调在社会主义市场经济条件下，宏观调控理应以经济手段为主，行政手段为辅，但经济手段在2003年以来的宏观调控中效果不佳，而行政手段效果明显。② 张勇（2020）认为中国生产力发展的现实需求决定了行政手段仍然有存在的土壤和空间，无法完全退出宏观调控体系。③ 徐北海和田玉梅（1995）认为行政手段的必要性，是由社会化大生产的内在要求和生产资料公有制以及社会主义国家的经济职能决定的。④

2. 行政手段的基本内容

宏观调控行政手段的内容。如顾海兵和周智高（1995）认为行政手段是由上级行政机构向下级行政机构下达行政指令，或通过行政审批、许可证和配额、人事等制度，直接而明确要求贯彻执行政府宏观经济管理的政策意图。⑤ 韩宏树和刘文西（1993）认为行政手段是指国家在国民经济管理中依靠行政组织，用行政名利、指令、决定和行政规章等直接干预和控制社会经济"过冬"的一种方式。⑥ 罗季荣和李文溥（1994）认为行政手段由四种手段构成：一是行政命令手段，二是行政引导手段，三是行政信息手段，四是行政咨询服务手段。⑦

宏观调控行政手段的特点。如何克和周殿坤（1991）认为，行政手段在宏观调节有较强约束力、操作比较灵活、发挥作用较快等特点。⑧ 徐北海和田玉梅（1995）认为行政手段的主要特点是具有强制性和约束力。⑨ 顾海兵和周智高（2006）认为行政手段具有纵向性、强制性和速效性的特点，是宏观经济管理的直接手段。由于我国中央政府兼有国有资产直接所有者的身份，其行政手段也作用于国务院直管的大型企业集团。⑩ 马德安等（1998）认为行政手段有以下特点：其一，是传达政府统治意图的直接手段；其二，是国家对经济活动的直接干预和控制；其三，作用具有规范性；其四，有明显的层次性。⑪

宏观调控行政手段的运用。洪明星（1994）认为正确运用行政手段，不仅可以迅速

---

① 刘瑞：《宏观调控与中国国民经济管理理论的完成》，载《中国宏观经济管理教育学会2005年学术研讨会论文集》，第209页。
② 王静：《转型经济中的宏观调控：基于时间的探索与反思》，上海三联书店，2008年，第160页。
③ 张勇：《中国特色社会主义的宏观调控理论范式研究》，人民出版社，2020年，第245页。
④ 徐北海，田玉梅：《社会主义市场经济体制框架研究》，首都师范大学出版社，1995年，第87页。
⑤ 顾海兵，周智高：《我国宏观调控的范式研究——对象、方式及手段》，《国家行政学院学报》，2006年第2期，第36~39页。
⑥ 韩宏树，刘文西：《中国市场经济与国家宏观调控》，武汉大学出版社，1993年，第372~373页。
⑦ 罗季荣，李文溥：《社会主义市场经济宏观调控理论》，中国计划出版社，1994年，第70~71页。
⑧ 何克，周殿坤：《四川市场体系研究》，四川大学出版社，1991年，261，262页。
⑨ 徐北海，田玉梅：《社会主义市场经济体制框架研究》，首都师范大学出版社，1995年，第87页。
⑩ 顾海兵，周智高：《我国宏观调控的范式研究——对象、方式及手段》，《国家行政学院学报》，2006年第2期，第36~39页。
⑪ 马德安，黄丽霞，李欣：《市场经济与政府经济职能》，中国人事出版社，1998年，第109~110页。

有效地组织国民经济各部门、企业及广大劳动者按照宏观调控的总体目标,统一意志和行动,而且可以加强对国民经济重大比例关系和各种重要经济活动的直接控制,促进再生产各环节的协调发展。但是,行政手段容易束缚企业的手脚,使经济活动失去活力。所以,必须把行政手段的运用,限制在一定的范围内。① 陈军(2002)认为宏观调控也要以行政手段为辅助。比如,为遏制通货膨胀急剧发展的势头,控制物价的飞涨,就有必要用行政手段关闭个别重要商品市场,对关系国计民生的少数重要商品实行限制或冻结其价格,以及冻结工资等。但这些都只能是短期的非常规的手段。一旦形势好转,就要放弃。行政手段只能治标不能治本,不能作为常规手段滥用。② 石柱成和廖君沛(1994)认为行政手段是顺应经济手段、法律手段的,而在这两种手段失效的情况下,由行政机关颁布行政命令以保障市场经济的运行、经济主体的权益和社会的安定团结,必须以利于社会主义市场经济的发展为准绳,决不能滥用,阻碍改革和开放的顺利进行。③

（六）其他手段

有学者将计划作为宏观调控的一个手段进行研究。如洪明星(1994)认为政府干预经济生活的一个重要手段就是计划。为了正确运用计划手段,当前必须进一步改进计划工作方法,更新计划观念。计划的重点是制定和实施中长期发展规划和年度计划,合理确定经济和社会发展的战略目标,搞经济发展预测,集中必要的物力、财力进行重点建设,促进经济结构的优化,保证国民经济在稳定的基础上实现较快的发展。④ 江春泽(1994)认为计划调节大体有两种类型：一是短期行情计划。其主要内容是下个年度的主要经济活动指标（增长速度、国民生产总值分配、国家投资增长速度等）作预测性的规定,供生产者和经营者参考。另一种是长期发展计划（或称中期计划,更长期的属"远景规划"）。⑤ 张勇(2020)认为规划手段在中国宏观调控体系中的保留和强调是中国生产力发展的现实需要决定的。理由有四：一是计划或规划属于资源配置的手段和政策工具；二是规划是实施赶超战略的重要工具；三是规划能够强调未来长远发展并凝聚社会共识；四是规划能够发挥类似经济宪章的作用,为各类经济主体规定行为边界。⑥ 马德安等(1998)认为计划手段是国家对宏观经济运行的干预和调节,具有宏观性、战略性和政策性特点。⑦

有学者从文化、信息、宣传、就业等角度对宏观调控的手段进行研究。如顾海兵和周智高(2006)认为文化对经济具有巨大的作用力。这首先就体现在对经济制度的选择上。一个国家选择什么样的经济制度,以及这种制度能否得到顺利运行,其中一个关键

---

① 洪明星：《略论社会主义市场经济中的宏观调控》,《社会主义研究》,1994年第2期,31~33页。
② 陈军：《构建"三位一体"的宏观调控体系》,《经济与管理研究》,2002年第1期,第25~26页。
③ 石柱成、廖君沛：《社会主义宏观经济分析与调控》,四川大学出版社,1994年,第17页。
④ 洪明星：《略论社会主义市场经济中的宏观调控》,《社会主义研究》,1994年第2期,31~33页。
⑤ 江春泽：《宏观调控是现代市场经济体制的内在要求》,《求是》,1994年第6期,第26~29页。
⑥ 张勇：《中国特色社会主义的宏观调控理论范式研究》,人民出版社,2020年,第244~245页。
⑦ 马德安、黄丽霞、李欣：《市场经济与政府经济职能》,中国人事出版社,1998年,第96页。

的因素就是同该国的文化传统是否相适应。这实际上正是非正式约束对正式约束的制约作用。① 何克和周殿坤（1991）认为信息服务是必不可少的宏观调控手段，在有计划的商品经济运行机制中，如要提高计划的科学性，必须建立能为国家决策服务的信息系统，及时地、准确地、大量地汇集国内和世界的各个方面的信息。② 同时何克和周殿坤（1991）还认为宣传教育也是十分必要的宏观调控手段，人民对宏观决策的理解越深，宏观指导的作用也就越大，没有人民群众对经济、法律、行政调解的理解和支持，宏观调节就没有基础。③ 江春泽（1994）认为人力政策，主要是通过调节劳动力市场结构来降低失业率，实现充分就业。④

### （七）宏观调控手段的运用

宏观调控的各个手段在经济运行中如何运用。田江海（1997）认为宏观调控手段的选择必须考虑以下几个方面的因素：一是调控手段必须适应市场经济的需求；二是要根据不同的调控对象，手段有所侧重；三是要根据宏观调控的不同类型，选择不同的调控手段；四是必须建立综合协调、相互配套的调控手段体系。⑤ 田江海（1997）进一步指出从发展的趋势看，随着我国市场经济的逐渐成熟与完善，经济手段将在宏观调控中占据主要地位，法律手段的运用范围也将迅速扩大，法律手段是经济手段应用的法律形式，是固定、稳定、规范、有序地调节市场秩序和经济运行的重要保证。而行政手段将减少到次要的程度。⑥ 罗季荣和李文溥（1994）认为社会主义市场经济中宏观调控手段的运用，随着宏观调控决策与措施的变化而变化。宏观调控手段的运用必须适应市场经济的需要；根据不同的宏观调控对象和内容，对调控手段要有所侧重；根据宏观调控的不同类型，选择不同的调控手段。⑦

## 第五节  社会主义市场经济中的市场监管

### 一、社会主义市场经济市场监管的内涵

市场监管的定义。如郭跃进（2006）认为市场监管就是独立于市场主体的司法、行政、行业协会等第三方组织，依据法律、章程等，对市场主体的经济活动进行监督、管理，维护正常的市场秩序，保证市场机制正常运行和充分发挥积极作用的管理活动。市

---

① 顾海兵，周智高：《我国宏观调控的范式研究——对象、方式及手段》，《国家行政学院学报》，2006年第2期，第36~39页。
② 何克，周殿坤：《四川市场体系研究》，四川大学出版社，1991年，第264页。
③ 何克，周殿坤：《四川市场体系研究》，四川大学出版社，1991年，第265页。
④ 江春泽：《宏观调控是现代市场经济体制的内在要求》，《求是》，1994年第6期，第26~29页。
⑤ 田江海，等：《社会主义市场经济宏观调控》，中国轻工业出版社，1997年，第22，23页。
⑥ 田江海，等：《社会主义市场经济宏观调控》，中国轻工业出版社，1997年，第24页。
⑦ 罗季荣，李文溥：《社会主义市场经济宏观调控理论》，中国计划出版社，1994年，第46~50页。

场监管是市场经济中不可缺少的维护市场秩序的手段。[1] 何艳红（2006）认为市场监管是政府通过制定和实施法律法规对市场经济活动进行监督管理使其规范运行的行政管理行为；是市场经济条件下政府管理经济的一项重要内容和调控经济运行的重要方式。其进一步指出在我国，市场监管是由政府职能部门依据法律法规规章及规范性文件对市场经营主体以及从事的市场经济活动进行监督和管理，防止危害社会和他人利益、扰乱经济秩序的行为的产生，保障经济和谐有序、健康平稳运行和发展的行政管理活动。[2] 戈世平（2003）认为政府的市场监管职能，是指政府通过法律法规对各类市场交易行为进行监督管理的政府管理活动。[3] 熊元斌（1999）认为市场管理的过程也是一个发现、反馈、处理和控制信息的过程，特别是运动式的"专项"监督和突出检查活动更是如此。[4]

市场监管的主体。郭跃进（2006）认为我市场监管的主体有：司法部门，主要是各级各类法院；各级政府，主要是政府的行政执法部门；行业自律组织，主要是各类商会和行业协会；新闻媒体；消费者维权组织。前三种是常规性的监管力量，从事市场监管具有明确的法定依据，在市场监管中的职责比较全面；后两种是非常规力量，市场监管不是他们的分内之事，履行一部分市场监管职责是出于一种社会责任感。[5]

市场监管的目的。戈世平（2003）认为市场监管的主要目的是通过对各类市场交易中市场主体的资格认证、交易行为和秩序的规范约束、交易权益的保护等监督管理，以维护公平竞争的市场秩序，提高市场竞争的效率。[6] 何艳红（2006）认为市场监管的目的主要是防止各种损害社会公共利益和市场主体合法权益的行为产生，保证和促进国民经济的健康发展，维护市场经济和谐、稳定、有序发展。其进一步指出市场监管主要是从微观层面对单个市场经营主体的资格和行为进行监督和管理，目的是使市场经营主体的微观经济行为符合宏观经济发展的要求。[7]

## 二、社会主义市场经济市场监管的依据

经济法理论视角。如陈婉玲（2006）认为市场监管的正当性源自市场运行存在内生性缺陷及其安全风险并需要外力矫正，在法治理念指导下，市场监管的本质是一种法律监管，而不是权力监管。尽管市场监管法可能含有具有行政法属性的法律规范，但市场监管法的调整对象是市场结构利益关系，这些规范不能改变其秩序性规则的整体性质。[8]

行为经济理论视角。如邱本（2012）认为市场监管的必要性是由人的本性决定的，

---

[1] 郭跃进：《论市场监管的几个基本理论问题》，《福建论坛》（人文社会科学），2006年第4期，第27页。
[2] 何艳红：《市场经济秩序的构建与监管》，中国工商出版社，2006年，第316页。
[3] 戈世平：《转变政府职能，加强市场监管》，《江淮论坛》2003年第1期，第153～156页。
[4] 熊元斌：《论市场监管方式创新》，《商业经济与管理》，1999年第5期，第7～10页。
[5] 郭跃进：《论市场监管的几个基本理论问题》，《福建论坛》（人文社会科学），2006年第4期，第27页。
[6] 戈世平：《转变政府职能，加强市场监管》，《江淮论坛》2003年第1期，第153～156页。
[7] 何艳红：《市场经济秩序的构建与监管》，中国工商出版社，2006年，第316页。
[8] 陈婉玲：《法律监管抑或权力监管——经济法"市场监管法"定性分析》，《现代法学》，2014年第36卷第3期，第187～193页。

是社会公益的需要，是市场主体享有自由的前提和保障，也是大众智慧的所能，实践证明监管是必需的。① 郭跃进（2006）认为市场监管产生的原因不是理论界常说的市场失灵，而是市场主体之间的有关信息不对称。讨价还价的实力不对等和产权界定不足，致使市场主体的在趋利动机的作用下对市场公平交易规则的有意破坏行为存在。② 何艳红（2006）认为政府管理经济的微观规制（也被称为政府管制或公共管制），是政府为了克服市场机制的弊端，运用经济、法律和行政手段对微观经济进行的监督和管理。③

新制度经济理论视角。如佘志宏等（2004）在分析"市场失灵论"在逻辑和理论谬误的基础上，探讨新制度经济学关于制度形成和市场监管的思想，论证了新制度经济学市场监管理论的现实科学性和逻辑一致性。④

现实需要的视角。张志勇和董长瑞（2009）认为目前我国市场分割、市场体系不健全、市场主体行为不规范、市场秩序混乱等问题比较突出，严重制约着经济的健康发展和竞争力的提高。因此，政府必须强化市场监管职能，为市场主体创造良好的市场环境。⑤ 郭跃进（2006）认为一个国家市场秩序的好坏，主要取决于常规性监管力量的配置以及发挥作用的程度，也就是一个国家市场监管体制的合理化程度。⑥ 程恩富和侯为民（2014）认为在微观层面，政府科学调节的功能优势，在于其必要的规制或监管的效能。政府调节因其具有公正性和权威性，能够更好地规制经济主体的合法和诚信经营，也可以通过准入、惩罚、黑名单制度等经济和行政管理手段，来维护市场正常秩序。⑦

### 三、社会主义市场经济市场监管的演变

一种观点是把计划经济时的市场监管作为研究的起点。如刘亚平和苏娇妮（2019）回溯新中国成立以来市场监管机构改革的探索，认为可以分为行业主管、独立监管和统筹监管三个阶段，市场监管理念则经历了从最初的限制市场，到有序竞争，再到宽准入严监管的变迁，这一演进的逻辑实际上反映了政府、市场和社会之间角色和定位的转变，反映了中国对市场监管的探索和创新。但是，监管职能交叉等问题仍难以仅靠简单的机构撤并予以解决，未来的努力还需要放在监管理念的共识，综合协调机构的定位，监管的激励机制的调整上。⑧ 胡颖廉（2019）认为中国经历了从计划经济向市场监管的反向制度演进，因此塑造了行政吸纳市场、剩余监管权和非自主性社会共治的独特格

---

① 邱本：《论市场监管法的基本问题》，《社会科学研究》，2012年第3期，第70~76页。
② 郭跃进：《论市场监管的几个基本理论问题》，《福建论坛》（人文社会科学），2006年第4期，第26~29页。
③ 何艳红：《市场经济秩序的构建与监管》，中国工商出版社，2006年，第316页。
④ 佘志宏，段红涛，李德林：《新制度经济学市场监管思想初探》，《社会主义研究》，2004年第4期，第90~92页。
⑤ 张志勇，董长瑞：《论市场经济下的政府经济职能》，载王振中：《市场经济下的政府职能》《政治经济学研究报告10》，社会科学文献出版社，2009年，第102~103页。
⑥ 郭跃进：《论市场监管的几个基本理论问题》，《福建论坛》（人文社会科学），2006年第4期，第27页。
⑦ 程恩富，侯为民：《市场和政府的功能强弱性及其互补作用》，《海派经济学》，2014年第4期，第8~15页。
⑧ 刘亚平，苏娇妮：《中国市场监管改革70年的变迁经验与演进逻辑》，《中国行政管理》，2019年第5期，第15~21页。

局。其他以此为逻辑起点,分析"中国式"市场监管的内在机理,认为监管能力约束下的"政府背书式"审批导致产业基础系统性薄弱,过度管控的事中事后监管扭曲了正常市场竞争,监管事权下沉和运动整治未能构建起风险化解的长效机制。①

另一种观点是把提出建设社会主义市场经济作为研究的起点。如刘鹏(2017)认为自1992年党的十四大正式提出建设社会主义市场经济的基本目标以来,我国的社会主义市场经济监管体系建设分别经历了1992—2001年的初步创立阶段,以政企分开、培育市场为改革的重点;2002—2012年的全面建设阶段,以反垄断监管、大部制改革为重点;2013—2017年的改革创新阶段,以简政放权、放管服为改革的重点。②

有学者研究了市场监管体制的演进逻辑与趋势。如任际泰(1996)认为随着社会主义市场经济体制的建立,市场监管体制也在逐步摆脱传统计划经济管理方式的色彩,形成适应社会主义市场经济新秩序需要的新体制。与传统体制比较,新体制有以下趋势:一是从管理集贸市场向管理社会主义统一的市场体系过渡;二是从对个体私营经济的管理向对市场主体的统一管理过渡;三是从微观管理向宏观管理过渡;四是从认知向法治过渡;五是从经济管理向科学管理过渡。③金明路(2000)认为工商行政管理职能的变化和社会主义市场经济的发展,要求我们及时进行市场秩序监管体制和方式、方法的改革与创新,改革与创新的指导原则应是效益最优化,即以最小的监管成本取得最佳的监管效果。④

## 四、社会主义市场经济市场监管的基本内容

市场监管的方式与手段。熊元斌(1999)认为改革和创新市场监管方式方法,其实质在于增强市场执法的效果,提高市场监管的效益。也就是以最小的管理成本支出,以最高的管理效率,最大限度地实现既定的管理目标。市场监管方式既是一个理论问题,更是一个实践问题。国家对市场秩序的监管活动主要体现在两个大的方面,一是对市场主体的规范与监管;二是对市场主体的市场行为的规范和监管。⑤何艳红(2006)认为在我国由计划经济向市场经济转化过程中,适应市场经济发展和市场监管的要求,逐步形成了我国现行的市场监管方式:一是以行政执法为主;二是以专项行政执法为主;三是以被动静态经验型和粗放型监管方式为主;四是综合市场监管部门的管理和行业行政管理相结合;五是政府市场监管和市场经营主体的自律管理相结合;六是政府市场监管和社会监管相结合。⑥郭跃进(2006)认为市场监管采取的手段有进入管制、日常管制、行政处罚、信用等级评价和公示、取消经营资格等。这些对于我国目前的市场正常

---

① 胡颖廉:《"中国式"市场监管:逻辑起点、理论观点和研究重点》,《中国行政管理》,2019年第51期,第22~28页。
② 刘鹏:《中国市场经济监管体系改革:发展脉络与现实挑战》,《中国行政管理》,2017年第11期,第26~32页。
③ 任际泰:《我国市场监管体制改革的若干变化走向》,《宏观管理》,1996年第2期,第13~15页。
④ 金明路:《论社会主义市场秩序监管体制创新》,《商业经济与管理》,2000年第12期,第35~38页。
⑤ 熊元斌:《论市场监管方式创新》,《商业经济与管理》,1999年第5期,第7~10页。
⑥ 何艳红:《市场经济秩序的构建与监管》,中国工商出版社,2006年,第316页。

秩序的维护，都是不可或缺的。①

市场监管的目标与功能。顾煜（2000）认为市场秩序是指市场主体行为符合社会主义经济的客观规律以及社会伦理道德规范的一种市场运行状态。良好的市场秩序是市场监管的目标。为加强市场监管促进经济发展，及时监测市场秩序并分析市场秩序度及其影响因素，有利于政府采取有效措施进行必要的宏观调控。② 郭跃进（2006）认为市场监管基本的功能就是要将市场中的不公平竞争、失信（欺诈）交易、不平等交易、恶意损害竞争对手、损害交易对方利益和公共利益的经济行为控制在最低水平上。③

市场监管的主要内容。何艳红（2006）认为在社会主义市场经济条件下，市场监管的主要内容有四：一是制定市场监管规则；二是对市场经营主体的资格进行确认和验证；三是对市场经营主体的交易对象、交易行为进行监督和检查；四是对违反市场监督管理规定的行为进行行政处罚。④ 刘利人（2010）认为，在我国，按照监管内容的不同，可以把市场监管划分为两大类：一类是综合性的市场监管，如工商行政管理、质量监督检验检疫、价格监管、环境监管、社会治安管理、知识产权保护等；另一类是专业化的市场监管，如食品和药品监管、卫生监管、税务监管、城建管理、社会文化管理、金融监管、证券监管、保险监管、安全监管、房地产及建筑市场监管等。相应地，承担市场监管的职能部门主要包括工商行政管理、质量监督检验检疫、食品和药品监管、税务、环境保护、物价管理等。这两大类部门的监管职责构成了政府对市场主体及其市场行为、市场主体的市场交换关系进行直接或间接管理的主要内容。⑤

## 五、完善社会主义市场经济市场监管的挑战与路径措施

### （一）完善社会主义市场经济市场监管的挑战

关于完善社会主义市场经济市场监管，有学者从市场监管体制角度进行了研究。如刘利人（2010）认为我国现有的市场监管体制以监管主体多元、监管职责分段为特点。在监管的执法实践中，部门间职能交叉、协调不畅、监管链条"断裂"、资源难以共享的问题十分突出。⑥ 金明路和李恒年（2002）认为当时我国市场监督管理体制存在着机构重叠、权责不清、效率低下等问题和弊端。⑦ 何艳红（2006）认为我国当时市场监管体制存在的主要问题包括：一是监管机构过多、分工过细，造成公共资源浪费；二是相关部门权责不清，职能重复交叉，造成政出多门、多头管理，推诿扯皮、效率低下；三是各部门纵向分权不合理，造成监管能力弱化；四是各部门组织体系发展不平衡，造成

---

① 郭跃进：《论市场监管的几个基本理论问题》，《福建论坛》（人文社会科学），2006年第4期，第27页。
② 顾煜：《强化市场监管，维护市场秩序》，《商业研究》，2000年第9期，第39~41页。
③ 郭跃进：《论市场监管的几个基本理论问题》，《福建论坛》（人文社会科学），2006年第4期，第27页。
④ 何艳红：《市场经济秩序的构建与监管》，中国工商出版社，2006年，第316页。
⑤ 刘利人：《基于电子政务的市场监管模式的构建：从分割到协同》，《学术研究》，2010年第5期，第53~59页。
⑥ 刘利人：《基于电子政务的市场监管模式的构建：从分割到协同》，《学术研究》，2010年第5期，第53~59页。
⑦ 金明路，李恒年：《论市场监督管理体制改革》，《商业经济与管理》，2002年第9期，第18~21页。

不同领域监管能力迥异；五是各监管部门大都采取"议政合一"制，造成制度层面的腐败；六是市场监管活动缺乏强有力的法律约束。①

关于完善社会主义市场经济市场监管，有学者从市场监管体系角度进行了研究。如郭丽岩（2014）认为我国市场监管体系建设面临的问题有：一是经济性监管领域存在规则不清、方法陈旧的问题；二是社会性监管领域职能配置不尽合理、监管能力较弱；三是反垄断、反不正当竞争的执法规则不完善、能力较薄弱。②刘鹏（2017）基于已有的改革实践，集中总结了我们市场监管所面临的七大挑战：一是市场监管体系改革是否需要顶层设计；二是综合执法改革与监管专业性如何兼容；三是去垂直化能否遏制地方保护主义；四是强化事中事后监管是否能够实现目标；五是基层监管的羸弱局面是否能够得到根本改变；六是高管改革如何与市场经济新业态共容并存；七是监管改革评估如何进一步深入推进。③

关于完善社会主义市场经济市场监管，有学者从市场监管方式的角度进行了研究。如何艳红（2006）认为我国当时市场监管方式存在的问题有：与国际管理脱节；割裂统一市场活动的内在联系；不适应日益深化的市场化改革的趋向；没有形成事前预防，事中把关，事后补救的监管机制；对各类市场监管的力度不平衡；市场监管重心错位；执法手段的运用上重行政措施、轻行政处罚、重行政协调、轻行政裁决。④

有学者从我国加入WTO后市场监管面临的新挑战进行研究。如曲静（2006）认为随着我国市场经济体制的建立和发展及加入WTO，我国在市场监管规则、监管对象、监管领域、监管方式和监管模式等方面面临着新的挑战，为适应这一新的形势要求，作为国家主管市场监管和行政执法的工商行政管理部门，必须积极应对市场竞争环境和市场监管要求提高的新挑战。⑤

关于完善社会主义市场经济市场监管，有学者从市场监管权的角度进行了研究。如盛学军（2006）认为从中国市场监管权的制度设计看，明显存在定位模糊、设立缺乏合理考量、配置分散、监管者非专业性等缺陷，实质上是"政企不分"、行政主导的立法模式以及权力文化等体制痼疾在监管法制架构上的一种表象。⑥贺荣兰（2019）认为当前我国政府市场监管权的调整比较活跃，政府治理的灵活性与法律调整的稳定性之间的矛盾凸显。法律对市场监管权的配置存在突出的问题：对监管权的授权不明确，表现为纵向、横向、权力手段以及新型管理权方面授权不明；对政府市场监管权的配置内容不完整、不协调，体现为管理权和监督权与现实需求之间不匹配；法律配置方式粗放，对于法律和规章的授权过大，很难发挥法律自身的调整功能。⑦

---

① 何艳红：《市场经济秩序的构建与监管》，中国工商出版社，2006年，第316页。
② 郭丽岩：《改革我国市场监管体系的紧迫性与主要思路》，《当代经济管理》，2014年第4期，第41~43页。
③ 刘鹏：《中国市场经济监管体系改革：发展脉络与现实挑战》，《中国行政管理》，2017年第11期，第26~32页。
④ 何艳红：《市场经济秩序的构建与监管》，中国工商出版社，2006年，第316页。
⑤ 曲静：《新时期我国市场监管面临的挑战及对策》，《宁夏大学学报》（人文社会科学版），2006年第4期，第105~106页。
⑥ 盛学军：《监管失灵与市场监管权的重构》，《现代法学》，2006年第1期，第37~42页。
⑦ 贺荣兰：《政府市场监管权的法律配置及其优化》，《甘肃社会科学》，2019年第6期，第175~181页。

还有学者关注了市场监管改革中地方政府改革问题。如宋林霖和陈志超（2019）认为在大市场监管体制中央层面改革完成后，地方政府经历了大市场监管体制的"自主创新—中央政府布置试点—中央政府引领改革"的过程，监管体制模式呈现多样化和差异化，因基层政府隶属的上级政府层级不同，而造成了新的条块分割问题。① 徐鸣（2015）通过对四地市场监管体制改革的价值取向的研究，认为地方上通过机构整合，力图改变由"碎片化"的机构设置而带来的政府监管失灵现象。②

### （二）完善社会主义市场经济市场监管的路径措施

#### 1. 立足本国国情与对标国际规则

一方面，更加强调深化市场监管改革时立足本国国情的必要性。如刘鹏和钟光耀（2019）认为一国的市场监管体制必须立足于本国的基本国情，在借鉴吸取各国经验的基础上选取适合本国国情的模式。③ 刘俊生（2017）认为历史传统和现实国情是市场监管体系设计时的重要参考因素，不必照搬他国做法，创设适合于自己的监管体系才是最重要的；分散型市场监管机构虽表面呈碎片化状态，但经一段时间的协作磨合会呈现无缝化的协作发展趋势，而且分散监管极具专业化监管优势，故不宜进行经常性重组或变革，以免破坏监管工作的连续性、稳定性和专业性。④ 胡颖廉（2019）认为本土化市场监管研究应致力于从宏观、中观、微观三个层次回应亟待研究的重点领域和主题，具体包括科学监管和监管现代化、监管体系基本架构、监管机构和市场主体行为等。⑤

另一方面，注重深化市场监管改革对标国外经验与规则。如曲静（2006）认为工商行政管理机关只有更好地发挥其职能作用，按照市场经济发展的客观规律、国际惯例和WTO规则，加快完善我国市场规则，加强对市场的规范化管理，加大对经济违法违章行为的查处力度，努力为市场机制的有效运行，为市场经济的发展，为我国参与国际经济交流与合作，吸引外资和扩大外贸出口，营造良好的市场环境。⑥ 徐双敏（2016）认为加强事中事后监管是当前政府深化改革的显著特点。为了深化改革，我们有必要借鉴国外的相关经验。发达国家的主要经验包括：一是国家立法机构直接参与对国有企业的监管，包括议会直接任命国企董事会成员，或者由政府主管部门通过设置双重委员会间接监管；二是政府授权第三方机构监管市场，包括授权独立机构监管和组建调查委员会监管；三是行业组织通过行业自律实现监管，这种行业自律，既包括严格入会资质，也

---

① 宋林霖，陈志超：《深化地方市场监管机构改革的目标与路径》，《行政管理改革》，2019年第9期，第65~71页。
② 徐鸣：《整体性治理：地方政府市场监管体制改革探析——基于四个地方政府改革的案例研究》，《学术界》，2015年第12期，第217~222页。
③ 刘鹏，钟光耀：《比较公共行政视野下的市场监管模式比较及启示：基于美德日三国的观察》，《中国行政管理》，2019年第5期，第29~38页。
④ 刘俊生：《集中抑或分散：全球视野下的市场监管体制探析》，《中国行政管理》，2017年第11期，第22~25页。
⑤ 胡颖廉：《"中国式"市场监管：逻辑起点、理论观点和研究重点》，《中国行政管理》，2019年第51期，第22~28页。
⑥ 曲静：《新时期我国市场监管面临的挑战及对策》，《宁夏大学学报》（人文社会科学版），2006年第4期，第105~106页。

包括制定和实行行业规范。①

2. 完善市场监管体系

一方面,构筑市场监管体系。如郭丽岩(2014)认为进一步深化完善我国市场监管体系,应明确强化市场监管职能的重点领域,健全市场监管的规则体系,建立职能完备、分工合理的组织体系。② 刘鹏(2017)结合"十三五"市场监管改革规划纲要,从七个方面提出了下一阶段我国深化市场监管体系改革的对策建议:一是深入推进市场监管的顶层设计与创新;二是强化对重点风险领域监管机制的专业性建设;三是尽快制定市场监管事权和责任的政府间分配清单;四是吸收第三方和社会公众参与市场监管;五是补齐市场监管体系基层能力建设的短板;六是完善科学、专业和多方参与的监管评估机制;七是重视市场监管体系的相关配套方面改革。③ 宋林霖和陈志超(2019)认为为提升机构整合后的市场监管效率,应在完善监管法律法规、建立市场监管权力清单以及健全监管机制等方面进行突破,推动市场监管体系现代化,形成社会共治大监管格局。④ 唐立军和李书友(2008)认为建立和完善与我国社会主义经济体制相适应的市场监管体系尤为重要。应力求突破现行体制,完善主体结构,健全制度体系,建立以政府宏观调控为基础,行政执法、行业自律、舆论监督、群众参与相结合;实施政府主导、多主体分层监管、社会广泛参与的监管模式,不断提高监管效能,保障市场安全有效运行;进一步促进社会主义市场经济的全面建设与发展。⑤

另一方面,构建市场监管法律体系,对监管权进行约束。如苗延波(2006)认为在我国目前应当建立起一整套市场监管法律体系框架,以维护市场秩序、保障市场安全、控制市场风险为目标,并成为我国社会主义市场经济得以健康、有序、顺利发展的有力的法律保障。⑥ 许明月和单新国(2018)认为现代市场经济监管体制要求在政府与社会性市场监管权主体之间进行横向监管分权。应通过去行政化、合理授权、行权监督和维权诉讼等方式对社会性市场监管权主体的监管权进行法律规制。⑦ 有学者从监管权和市场监管法律的角度进行研究。如盛学军(2006)认为必须在推进市场化进程和政治改革的过程中,通过厘清政府经济职能、明晰政府经济职权的内涵和范围、重塑监管机构、设计适当的控制机制等路径,实现市场监管权的重构。⑧

---

① 徐双敏:《市场监管的国际经验初探》,《中国行政管理》,2016年第2期,第18~21页。
② 郭丽岩:《改革我国市场监管体系的紧迫性与主要思路》,《当代经济管理》,2014年第4期,第41~43页。
③ 刘鹏:《中国市场经济监管体系改革:发展脉络与现实挑战》,《中国行政管理》,2017年第11期,第26~32页。
④ 宋林霖,陈志超:《深化地方市场监管机构改革的目标与路径》,《行政管理改革》,2019年第9期,第65~71页。
⑤ 唐立军,李书友:《建立和完善我国市场监管体系的思路、目标与措施》,《北京工商大学学报》(社会科学版),2008年第1期,第1~7页。
⑥ 苗延波:《论我国市场监管法律体系的构建与完善》,《河南师范大学学报》(哲学社会科学版),2006年第5期,第72~77页。
⑦ 许明月,单新国:《社会性市场监管权主体监管权的法律规制》,《甘肃政法学院学报》,2018年第4期,第1~11页。
⑧ 盛学军:《监管失灵与市场监管权的重构》,《现代法学》,2006年第1期,第37~42页。

### 3. 健全市场监管体制

完善社会主义市场经济市场监管，有学者认为应改革与完善市场监管体制。如刘鹏和钟光耀（2019）对于我国正在进行的市场监管体制改革提出了如下几方面建议：一是以"引导型+社会市场"模式处理政府市场关系，建立和完善市场监管体制的首要问题是要正确认识政府和市场的关系；二是以混合模式来设置监管机构；三是以"中央主导+均衡合作"模式来处理监管中的纵向政府关系；四是以"吸纳+合作"模式推动市场监管中的社会参与。[①] 刘俊生（2017）通过分析域外国家或地区市场监管体制的形成、改革和发展，认为相近的市场监管职能（包括其他职能）根据专业化原则可以归并到同一部门中，如质量和计量管理、认证认可和标准化工作可以归并到工业部门等。[②] 刘现伟（2016）认为全面深化政府管理体制改革，建立人民满意的服务型政府，必须加快政府职能调整和组织机构优化，完善政府治理和行政管理方式，加强政府在市场监管、国有企业和国有资产监管以及垄断行业监管等方面的监管职能，有序推进政府监管行为制度化、法制化，为市场在资源配置中起决定性作用提供可靠监管体制保障。[③] 佘源（2010）通过分析中外市场监管体制，认为当前我国市场监管体制的改进应突出创新监管方式与方法，并强化市场监管中的自律机制等。[④] 金明路和李恒年（2002）认为要遵循统一、协调、权威、高效能、低成本的原则进一步深化市场监督管理体制的改革，在市场监督管理部门的设置上，应选择集中统一与适当分设相结合的模式，在市场监督管理机关内部机构的设置上，应选择划分层次，因职能、任务设置机构的模式。[⑤] 何艳红（2006）认为建立市场监管新体制的内容有：调整市场监管部门之间的横向权力配置，归并相关部门的职能，组建国家市场监督管理委员会；调整市场监管部门的纵向权力配置，理顺各自内部的管理体系；积极培育市场中介机构，充分发挥行业协会等组织间接管理市场的作用。[⑥] 张国山（2010）认为应以权威、有效为核心，以统一、科学为原则建立分类统一的市场监管体制；加强监管权威建设，提高市场监管效力；研究和营造适合于市场监管特别要求的有效机制。[⑦] 郭跃进（2006）认为市场监管必须依靠司法部门、政府行政执法部门、行业自律组织、新闻媒体以及消费者权益保护组织等第三方组织。我国应当建立的是政府执法部门与行业协会双轨支撑的市场监管模式。[⑧]

### 4. 正确处理中央与地方的关系

在市场监管发挥重要职能时，处理好中央与地方的关系，把握地方政府的监管权责

---

[①] 刘鹏，钟光耀：《比较公共行政视野下的市场监管模式比较及启示：基于美德日三国的观察》，《中国行政管理》，2019年第5期，第29～38页。

[②] 刘俊生：《集中抑或分散：全球视野下的市场监管体制探析》，《中国行政管理》，2017年第11期，第22～25页。

[③] 刘现伟：《加强政府监管创造公平竞争市场环境》，《宏观经济管理》，2016第2期，33～36页。

[④] 佘源：《中外市场监管比较研究及启示》，《学术论坛》，2010年第11期，第111～114页。

[⑤] 金明路，李恒年：《论市场监督管理体制改革》，《商业经济与管理》，2002年第9期，第18～21页。

[⑥] 何艳红：《市场经济秩序的构建与监管》，中国工商出版社，2006年，第316页。

[⑦] 张国山：《我国市场监管的价值取向与模式构建》，《天津大学学报》（社会科学版），2010年第9期，第410～414页。

[⑧] 郭跃进：《论市场监管的几个基本理论问题》，《福建论坛》（人文社会科学），2006年第4期，第26～29页。

是非常必要的。如刘鹏（2017）指出在市场监管机构的纵向权力配置上，如何科学有效地进行市场监管事权和责任在中央和各级地方政府的分配，既是市场监管合理分工的必然要求，也是监管问责的基本前提。① 徐鸣（2015）认为地方政府市场监管体制改革的路径重构应当使政府主导下的多部门共同参与的监管体系实现监管效率的最大化。② 贺荣兰（2019）认为优化市场监管法律的权力配置进程，应重点完善省级政府的动态权力配置体系，由省级政府主导权力的动态创新，促使权力配置清晰化、规范化；应全面配置政府市场监管职权，增强职权的协调性；应积极发挥组织法的基础配置功能，提升法律配置的精准性，逐步限制动态配置权的范围，改变法律的粗放式授权方式，以此实现政府市场监管权的优化配置。③

### 5. 运用信息技术加强市场监管

以互联网为代表的信息技术的创新与应用给经济发展带来了新的活力，也给市场监管提出更高的要求。如刘恒和李冠钊（2017）认为信息社会深刻地影响着当今政府的治理活动。这种影响具有双面性，一方面信息技术的发展与普及，给政府治理带来了便利，另一方面也为其治理活动带来了挑战。在市场监管领域，这种挑战表现为各市场监管法律主体间信息的不对称。为了消除信息不均衡，有必要构建信息交流法律机制，促进各监管主体间的信息交流，形成以信息交流为基础的政府、企业、社会多元协同共治的监管体系。④ 郁建兴和朱心怡（2017）认为面对尚未成熟的市场经济体制以及新技术革命带来的双重压力，中国政府需要汲取国外市场监管理论和实践的经验教训，以互联网思维合理界定市场监管内容的边界，依托多元化监管主体的力量，合理配置横向与纵向的监管权力，巧妙运用多样化的监管手段，从而有效履行"互联网＋"时代的市场监管职能，走向"互联网＋"时代的监管型政府。⑤ 熊元斌（1999）认为在改革和创新市场监管方式时，不能不考虑它与信息之间的关系。建立有效的信息网络和快速反馈系统，既是实现监管方式转变的必要条件，也是监管方式创新的重要内容。⑥ 刘利人（2010）认为为了避免分割式管理方式上的弊端，当务之急是构建一个基于电子政务的市场协同监管模式，该协同监管模式能有效化解行政管理组织架构"条块分割"、市场监管主体多元、分段管理所带来的监管效能低下、监管缺位等问题，从而达到优化部门间关系，实现跨部门合作、监管职能互补、监管效能提升的目的。⑦

---

① 刘鹏：《中国市场经济监管体系改革：发展脉络与现实挑战》，《中国行政管理》，2017年第11期，第26～32页。

② 徐鸣：《整体性治理：地方政府市场监管体制改革探析——基于四个地方政府改革的案例研究》，《学术界》，2015年第12期，第217～222页。

③ 贺荣兰：《政府市场监管权的法律配置及其优化》，《甘肃社会科学》，2019年第6期，第175～181页。

④ 刘恒，李冠钊：《市场监管信息不对称的法律规制》，《行政法学研究》，2017年第1期，第21～30页。

⑤ 郁建兴，朱心怡：《"互联网＋"时代政府的市场监管职能及其履行》，《中国行政管理》，2017年第6期，第11～17页。

⑥ 熊元斌：《论市场监管方式创新》，《商业经济与管理》，1999年第5期，第7～10页。

⑦ 刘利人：《基于电子政务的市场监管模式的构建：从分割到协同》，《学术研究》，2010年第5期，第53～59页。

## 第六节　总体考察

### 一、政府经济职能研究的主要特点

政府经济职能内容是随着经济体制的改革而演变的，伴随着我国基本国情与国内外发展环境的变化，学术界对政府经济职能的认识也在不断变化。总体来说，其演进过程主要呈现出以下特点：

（一）政府经济职能的发挥与市场化程度相关

改革开放与社会主义市场经济的建立，使政府经济职能发生了两次重大变化。学术界对政府经济职能变迁阶段的划分整体上是一致的，关键的时间节点是 1978 年（提出改革开放）和 1992 年（提出建设社会主义市场经济体制）。改革开放前，我国处在计划经济体制下，政府经济职能是以政府主导型为主，只包含政府直接经营的职能；改革开放后到提出建设社会主义市场经济体制前这一时期，政府经济职能转变为"摸着石头过河"；提出建设社会主义市场经济体制后，政府转变经济职能是伴随着社会主义市场经济体制的完善过程进行的。

（二）对政府经济职能的认识逐渐明确

社会主义市场经济体制建立之后，学术界关于政府经济职能的研究虽然在有些方面发生过争论，如政府经济职能的限度问题，但总体上看对政府经济职能的认识逐渐明确。学术界关于政府经济限度的争论不在于政府是否该干预经济，而是干预经济领域的程度，其核心都是如何让政府经济职能得到有效发挥。政府经济职能的具体内容有"三项职能论""四项职能论""六项职能论"等，其核心内容基本都是配置职能、分配职能、调节职能与稳定职能。

（三）对宏观调控目标与手段的认识逐渐深化

学术界对于社会主义市场经济下宏观调控的基本目标的认识基本一致，即社会总供给与总需求在总量上与结构上的基本平衡，在此基础上不断丰富和深化宏观调控的目标与任务。社会主义市场经济条件下，宏观调控的手段不断完善。以财政政策、货币政策为主的经济手段是政府进行宏观调控的主要手段。虽然学术界在市场经济下是否采取行政手段进行宏观调控出现过争论，但基于我国的基本国情，行政手段是进行宏观调控的重要手段之一。除此之外，宏观调控的手段还有法律手段、计划手段等。

（四）对市场监管的研究越来越丰富

我国市场经济的不断发展、市场化程度的不断提升，对市场监管的要求越来越迫切。我国社会主义市场经济确立以来，市场监管领域的改革调整也不断进行，整体上向科学化、规范化、法制化的方向演进。同时学术界针对我国市场监管存在的问题，从改革市场监管体制、构建市场监管体系、提升市场监管的科技化信息化水平、吸收外国市场监管的先进经验等多方面提出了改进思路。

## 二、政府经济职能研究的未来展望

### （一）优化政府经济职能，建设"有为政府"

党的十九届五中全会指出，坚持和完善社会主义基本经济制度，充分发挥市场在资源配置中的决定性作用，更好发挥政府作用，推动有效市场和有为政府更好结合。宏观上，政府要坚持问题导向，将供给侧结构性改革的创新突破作用与国内市场的需求引领作用有机结合起来，在顶层设计上更加系统完备，实现更高水平的市场供需均衡。同时如何把握新发展阶段、贯彻新发展理念、构建新发展格局，应对百年未有之大变局，更加积极地发挥好政府经济职能，确保全面建设社会主义现代化国家开好局、起好步是未来政府经济职能研究的重要领域。

在新时代更好发挥政府经济职能的作用，首要要求就是坚持和完善社会主义基本经济制度。这就要求理论界应重点关注高水平社会主义市场经济体制、高标准市场体系，高水平开放型经济新体制的建设。具体就是要关注国有经济布局优化和结构调整、优化民营经济发展环境、产权制度的完善、要素市场化配置改革等问题，强化经济政策基础地位，完善竞争政策框架。同时还要重点研究如何继续深化"放管服"改革，并在国际经济形势复杂严峻的环境下，如何构建面向全球的高标准自由贸易区网络等问题。

### （二）提升宏观调控手段，实现"有效调控"

科学有效的宏观调控是完善社会主义市场经济体制、推进国家治理体系和治理能力现代化的必要要求。我国经济进入高质量发展阶段，对宏观调控提出了新要求。我国经济运行稳中有变、变中有忧，外部环境复杂严峻，宏观政策要立足于推动高质量发展，主动预调微调、强化政策协同。首先要坚持需求管理和供给管理并重，坚持国内和国际相统筹，增强宏观调控的精准性，创新宏观调控手段，相机抉择协同运用确保国民经济健康稳定运行。

综合提升运用宏观调控手段，其中有五个问题需要进一步研究：一是在宏观调控中，如何保持宏观政策的连续性、稳定性、可持续性，促进经济运行在合理区间。二是在宏观调控中，如何根据形势变化适时调整，加强定向调控、相机调控、精准调控，确保宏观调控的有效性。三是如何促进财政政策提质增效、更可持续。四是如何进一步使稳健的货币政策灵活精准、合理适度。五是如何协调处理好恢复经济与防范风险的关系，把服务实体经济放到更加突出的位置。

### （三）强化市场监管体系，构建"有力监管"

党的十八大以来，市场监管体制进行了系统性顶层设计，推动市场监管发生根本性变革，开启了我国市场监管的新篇章。市场监管是市场经济下政府的一项重要经济职能，越是发展市场经济，越是需要加强和改善市场监管，越是需要构建完善的市场监管机制。强化市场监管体系，要坚持以人民为中心的发展思想，要适应开放经济的新趋势。为实现经济高质量发展营造良好市场环境，还需要从持续深化商事制度改革、严守安全底线、强化竞争政策实施、完善新型监管机制等方面进行系统化研究。

强化市场监管体系，就需要把有效监管作为简政放权的必要保障。如何深入推进监管的有效性，亟待继续研究。一是在取消或下放审批事项后，如何加强事中事后监管，完善监管机制。二是在精简机构之后，如何完善分级分类的监管政策，健全部门综合监管制度。三是大力推行"互联网＋监管"，如何广泛应用现代信息技术进行监管，提升现代化监管能力。四是随着"数字经济""平台经济"等新模式新业态等新产业的不断发展，如何对新兴产业进行合理有效的监管，以促进新兴产业的健康发展。

### （四）总结政府经济管理经验，贡献"中国方案"

改革开放以来，我国政府积极有效应对了多次困难挑战，确保了我国经济的持续发展，这些成就离不开我国政府有效发挥经济职能。我国政府经济职能的有效发挥是在"摸着石头过河"的伟大历程中实践出来的，世界上还没有一套既成的可以解释中国经济发展奇迹的经济理论，也没有一套政府经济职能理论能完全供各国参考借鉴。因此，总结中国政府在经济发展的不同阶段发挥经济职能的经验，从经济理论上解释中国特色社会主义政府经济职能的运行机理，为世界其他国家发展经济、应对各种经济风险提供理论指导，为完善全球经济治理提供"中国力量"、贡献"中国方案"是理论界亟待继续研究的。